Propyläen
Geschichte Deutschlands

Dritter Band

Propyläen
Geschichte Deutschlands

Herausgegeben von Dieter Groh

unter Mitwirkung von
Hagen Keller
Heinrich Lutz
Hans Mommsen
Wolfgang J. Mommsen
Peter Moraw
Rudolf Vierhaus
Karl Ferdinand Werner

Dritter Band

PROPYLÄEN VERLAG
BERLIN

Peter Moraw

Von offener Verfassung zu gestalteter Verdichtung

Das Reich im späten Mittelalter 1250 bis 1490

PROPYLÄEN VERLAG
BERLIN

Text- und Bildredaktion: Wolfram Mitte
Betreuung der Tabellen und Karten: Anneliese Möller
Landkarten und Graphiken: Jean Claude Lézin
Register: Dr. Ursula Moraw

Gesamtgestaltung: Andreas Brylka
Herstellung: Adalbert Reißner

Satz: Fotosatz Otto Gutfreund, Darmstadt
Offsetreproduktionen: Gries GmbH, Ahrensburg
Druck: Johs. Weisbecker, Frankfurt am Main
Buchbinderische Verarbeitung: May & Co, Darmstadt

Printed in Germany 1985
ISBN 3-549-05813-6

Inhalt

Das Erbe der Staufer und seine Überwindung: politische Ordnungen und Politik (1250–1400)

Neues Wachstum und Verfassungsdualismus (1470–1490)

Meiner Frau

Vorwort

Der vorliegende Band ist der erste Versuch einer umfassenden Darstellung des deutschen Spätmittelalters durch einen einzigen Autor seit langer Zeit – seit der glänzenden Schilderung Hermann Heimpels im »Handbuch der deutschen Geschichte« von Otto Brandt, Arnold Oskar Meyer und Leo Just; sie ist nach der Erstveröffentlichung von 1938 vor allem in der neuen Ausgabe von 1957 wegweisend geworden. In den dreißiger Jahren hatten sich – zumal mit Heimpel, Bernhard Schmeidler oder auch Erich Keyser – deutlich vernehmbare Stimmen gegen die traditionelle Mißachtung des späten Mittelalters in der reichsdeutschen Geschichtswissenschaft erhoben; wie diese »Neuerer« hatten längst österreichische oder deutschböhmisch-tschechische Fachleute gedacht. Gleichwohl endeten noch in meiner Heidelberger Studienzeit die reputierlichen Jahrhunderte um 1250, mit dem Untergang der Staufer. Zwischen der hochmittelalterlichen »Kaiserzeit« und dem »Morgenrot der Reformation« erstreckte sich eine Periode der Verlegenheit.

Seitdem sind umwälzende Veränderungen eingetreten – insbesondere während der beiden letzten Jahrzehnte. Innerhalb der stark vermehrten Gesamtproduktion der Geschichtswissenschaft zogen das 14. und 15. Jahrhundert so viel Aufmerksamkeit auf sich, daß sich zumindest das quantitative Schwergewicht der Mediävistik in Mitteleuropa dorthin verlagert zu haben scheint, vornehmlich bei den jüngeren Autoren; für die jüngsten drohen diese Jahrhunderte bald das einzig beachtenswerte Mittelalter zu werden. Aus Anlaß der sechshundertsten Wiederkehr des Todesjahres Kaiser Karls IV. (1978) haben zum Beispiel mehr als zweihundert Verfasser Einschlägiges veröffentlicht. Durch solche Wandlungen ist ein »Sonderweg« der binnendeutschen Mediävistik zu Ende gegangen; im Ausland hatte man dem Spätmittelalter schon immer besondere Aufmerksamkeit geschenkt. Die Bereicherung der heimischen Geschichtswissenschaft war wohl dort am größten, wo am meisten nachzuholen war: in der Sozial- und Wirtschaftsgeschichte im weitesten Sinne; aber auch Fachgebiete mit sehr alter Tradition, wie die Landesgeschichte, erwiesen sich weiterhin und erneut als fruchtbar. Diese Veränderungen beginnen sich bereits auf das Gesamtverständnis der deutschen Geschichte auszuwirken und werden dies wohl in noch stärkerem Maße tun. Für die Mediävistik der Bundesrepublik wird es darauf ankommen, das Auseinanderfallen des Fachs in einen »klassischen« und einen »modernen« Arbeitsbereich zu verhindern.

Das Bemühen um den neuesten Forschungsstand stieß auf nicht geringe Schwierigkeiten. Dieser Band des Reihenwerks beruht unter anderem auf der Verarbeitung von tatsächlich Tausenden von vielfach kurzen Einzelbeiträgen, wie sie für ein verhältnismäßig junges oder dynamisches Stadium im unruhigen

Ablauf der modernen Wissenschaftsgeschichte typisch zu sein scheinen. Sie sind seit längerer Zeit gesammelt worden. Nur ein kleiner Teil von ihnen konnte in das im Umfang beschränkte Literaturverzeichnis aufgenommen werden; es wurden die methodisch grundlegenden und die jüngsten Arbeiten bevorzugt. Auch wenn gemäß der Anlage des Gesamtwerks Einzelnachweise fehlen, wird der Fachmann erkennen, wo ich diesem oder jenem Kollegen zu besonderem Dank verpflichtet bin. Das Buch ist für die fortlaufende Lektüre gedacht und mischt deshalb erzählende, beschreibende und analysierende Partien. Die Gesamtkonzeption, der sie zugeordnet sind, wird in der folgenden Einleitung erläutert. Zur Konzeption gehört auch das Bemühen um die Vielseitigkeit des Stoffes. Übergangen oder ganz kurz angesprochen sind nur solche Bereiche, für die ich mich unzuständig fühle, wie für die mittelalterliche Musikgeschichte, oder jene, bei denen noch nicht hinreichend gesicherte Ergebnisse vorliegen, wie bei der Mentalitätsgeschichte. Eine kompaktere, die durchgehenden Linien betonende und die wissenschaftliche Diskussion intensiver aufgreifende Darstellung des Spätmittelalters werde ich demnächst innerhalb der »Neuen Deutschen Geschichte« vorlegen.

Angesichts der heutigen »Überlast« an bundesdeutschen Universitäten konnte der Band nur unter der Voraussetzung in neunzehn Monaten entstehen, daß viele freundlich mithalfen. Die Herren Kollegen Dieter Groh, Hagen Keller, Heinrich Lutz und Karl Ferdinand Werner lasen größere oder kleinere Abschnitte des Manuskripts und gaben zahlreiche Hinweise. Die Redaktion des Propyläen Verlags in Berlin, Herr Wolfram Mitte mit Frau Anneliese Möller, war äußerst intensiv mit dem Band befaßt; der Tafelteil, für den ich nur sehr wenig Zeit fand, ist im wesentlichen Herrn Mittes Werk. An der Professur für Mittelalterliche Geschichte, Deutsche Landesgeschichte und Wirtschafts- und Sozialgeschichte im Historischen Institut der Justus-Liebig-Universität schrieb Frau Inge Mosebach den größten Teil des Manuskripts; sie und einige Wissenschaftliche Hilfskräfte lasen die Fahnenkorrekturen. Direkt oder indirekt hatten die Wissenschaftlichen Mitarbeiter ihren Anteil zu tragen, insbesondere Herr Privatdozent Rainer C. Schwinges, der den Umbruch durchsah. Frau Dr. Ursula Moraw fertigte das Register an. Allen Helfern bin ich zu herzlichem Dank verpflichtet.

Gießen, im Februar 1985 — Peter Moraw

Deutschland im späten Mittelalter: Vielfalt und Wandel

Es ist heute allgemein üblich, nach den »Grundlagen und Anfängen« und dem »Hochmittelalter« das »Spätmittelalter« als eine dritte Phase der deutschen Geschichte aufzufassen; auf sie folgt dann die »Frühe Neuzeit«. An diesem zweckmäßigen und übersichtlichen Verfahren orientiert sich auch die »Propyläen Geschichte Deutschlands«. Voraussetzung dafür, daß die Vorteile solchen Vorgehens überwiegen, ist allerdings eine gewisse Vorsicht bei seiner Bewertung. Beim Blick allein auf die deutsche Geschichte darf weder der Begriff des Mittelalters, der einst mit ganz anderer Zielrichtung aufgekommen ist, übermäßig belastet werden, noch sollte man dem Begleitwort »spät« allzuviel Sinngehalt zumuten; jede vergangene Periode war »früh« und »spät« zugleich. In diesem Band jedenfalls wird vom späten Mittelalter rein praktisch-pragmatisch gesprochen, um umständliche Wendungen wie »das 13., 14. und 15. Jahrhundert« oder »das Zeitalter von 1250 bis 1490« zu ersetzen; der Sinngehalt der eingebürgerten Formulierung »spätes Mittelalter« sei auf chronologische Orientierungshilfe beschränkt. Umfang, Inhalt und Bewertung einer Periode dieser Art sind viel zu komplizierte Sachverhalte geworden, als daß man sie einer einfachen Wortkombination anvertrauen könnte.

Auch die zeitlichen Außengrenzen des späten Mittelalters sehe man als Daten konventioneller Art an. Beide hier vereinbarten Markierungen, die Jahre 1250 und 1490, stellen lediglich eine von mehreren Möglichkeiten ungefähr vergleichbarer Plausibilität und ähnlicher Grundproblematik dar. Um jegliche Alternative zu relativieren, genügt der Hinweis auf die große Ausdehnung des alten Reiches: Bei vielen wesentlichen Daten aus tiefer liegenden Schichten historischen Geschehens, zum Beispiel bei »Trendwenden« der Bevölkerungs-, Siedlungs- oder Konjunkturgeschichte, unterscheiden sich einander entsprechende Werte aus dem Mosel-Land und Schlesien, Tirol und Mecklenburg um mehrere Jahrzehnte.

Das wirkliche Problem liegt anderswo, bei der Grundkonzeption der Darstellung. Unter gebotener Rücksichtnahme auf die Nachbarbände des Reihenwerks bringt diese Konzeption ihre Außengrenzen in Zeit und Raum und ihre Binnengliederung selbst hervor. Der Titel des Bandes »Von offener Verfassung zu gestalteter Verdichtung« spricht diesen Entwurf in sehr abgekürzter Form an; im folgenden ist er zu erläutern.

Dem Einzelband im Gesamtwerk einer Geschichte Deutschlands ist ein Stück seiner Konzeption vorgegeben: die Vorstellung von einer kontinuierlichen deutschen Geschichte. Innerhalb ihrer wird man das späte Mittelalter heute einer ausgedehnten Periode zuordnen, die »alteuropäisches Zeitalter« heißt. Es währte vom 12. bis zum 18. Jahrhundert. Ihm ging ein »archaisches Zeitalter«

voraus, ihm folgte ein »modernes« oder »industrielles Zeitalter« nach, dem noch das endende 20. Jahrhundert zugehört. Das alteuropäische Zeitalter bildet demnach die Mitte der deutschen Geschichte und beansprucht mehr als die Hälfte ihrer jetzt ungefähr tausendjährigen Dauer. Eine Kernphase dieses alteuropäischen Zeitalters ist das ausgehende Mittelalter. Überdies liegt »noch immer ... das breite Wurzelwerk unseres politischen und sozialen Gefüges im Spätmittelalter« (F. Trautz, 1961). Solche heute weit verbreiteten, obschon mehr von vielen Details als aus einer Gesamtdeutung abgeleiteten Einsichten stellen Hauptursachen für den gegenwärtigen Aufschwung der Spätmittelalterforschung dar. Ein derartiges, stark funktionales Verständnis überwand die älteren, gänzlich unzureichend gewordenen Erklärungsmodelle: die patriotisch-moralisierende Deutung vom Schandfleck zwischen den Glanzzeiten des hochmittelalterlichen Kaisertums und der Reformation; die Kritik an Zerfall und Zersetzung vor der Folie des neuzeitlichen Anstalts- und Machtstaats, den man als zeitlose Größe ansah; die Ansammlung kleindeutsch-konfessionell-antihabsburgischer Vorurteile, weil man es mit dem aufsteigenden Brandenburg-Preußen hielt. Der Abbau alter Idealisierungen der Nachbarperioden tat das Seine. Angesichts der verhältnismäßig weit fortgeschrittenen binnendeutschen Abklärung tritt jetzt eine neue Aufgabe in den Vordergrund: Die noch recht großen Auffassungsunterschiede in den Geschichtsbildern von ungefähr einem Dutzend moderner Staaten, deren Gebiete ganz oder zum Teil auf dem Boden des alten Reiches liegen, sind auf vernünftig-erträgliche Weise auszugleichen.

Das Gegenüber der beiden Größen »Geschichte Deutschlands« und »spätes Mittelalter« führt zu zwei Fragen. Erstens: Wie verhält sich dieses Zeitalter als gleichsam horizontal gelagerte Größe zu dem durchlaufenden Faden der deutschen Geschichte? Zweitens: Ist das späte Mittelalter innerhalb dieses Ablaufs als »selbsttragende Größe« aufzufassen, der man bestimmte charakteristische Wesenszüge zuschreiben kann?

Die Nationalgeschichten aller großen europäischen Völker stehen in einem spannungsreichen Verhältnis zu den Hauptepochen der älteren Vergangenheit des Kontinents. Dies wird schon durch die unterschiedliche Blickrichtung in gleichsam vertikaler oder horizontaler Bahn herbeigeführt, hat aber auch eine ansehnliche Zahl konkreter Ursachen. Für Deutschland gehören dazu: die Weite des Raumes und der Mangel an natürlichen Grenzen; die Vielfalt der ethnischen Substrate und der Sprachen oder Mundarten; die großen regionalen Unterschiede im historischen Erbe und im Entwicklungsstand. Es handelt sich um ein Spannungsverhältnis, das im vorliegenden Buch überall gegenwärtig ist und nicht durch einige vorweggenommene Sätze aufgelöst werden kann. Daß die Antwort auf die »deutsche Frage« im späten Mittelalter schwierig und im Zeitablauf uneinheitlich ist, daß Krisen und womöglich Alternativen aufgezeigt werden, nimmt aber der schließlich von der Geschichte erteilten – bejahenden – Auskunft nichts von ihrer Verbindlichkeit für die Zukunft.

Ohne Zweifel war das für Deutschland politisch schwer erreichbare, im 19. Jahrhundert dann unvollkommen verwirklichte Ziel des Nationalstaats nicht eindeutig vorgegeben, schon gar nicht aufgrund der mittelalterlichen Geschichte. Andererseits war es eher konsequent als inkonsequent, daß man den Nationalstaat als Ergebnis auch der mittelalterlichen Geschichte aufgefaßt und, auf sie gestützt, soweit durchführbar verwirklicht hat. Ebenso bemerkenswert oder gar konsequent wie die Tatsache, daß dieses Ziel endlich erreicht wurde, ist das Faktum, daß sein Preis eine Teilung war: die Trennung von Österreich und den böhmischen Ländern im Jahr 1866. Damit geschah nichts anderes als die Exekution desjenigen Dualismus, den das 15. Jahrhundert zwischen den habsburgischen Erblanden und dem übrigen Reichsgebiet aufgerichtet hatte. Im 19. Jahrhundert wurde ein auch vom rückblickenden Historiker als notwendig verstandener Verdichtungsvorgang mit der Ausschließung derjenigen verbunden, die im entsprechenden Augenblick als störend erschienen, ohne daß die Beteiligten alle langfristigen Konsequenzen überblickten oder gar herbeiwünschten. Bei der ungefähr vergleichbaren Verfassungsverdichtung des ausgehenden 15. Jahrhunderts, im Zeitalter der »Reichsreform« – die ebenfalls in einer allgemeinen, vom politischen Handeln kaum beeinflußbaren Beschleunigungsphase des wirtschaftlich-technisch-sozialen Lebens ablief –, sonderten sich unter anderen die Eidgenossen ab. Sie wollten zwar im alten Reich der »Offenen Verfassung« verbleiben, nicht aber die neuen Elemente der Institutionalisierung hinnehmen.

Anderes mag man auf der Haben-Seite einer solchen vage skizzierten Bilanz der älteren Deutschland-Frage verbuchen und damit vom Randbereich stärker zur Binnenstruktur überwechseln. Diejenigen beiden Kräfte, die das aus dem Hochmittelalter ererbte gemeindeutsche Substrat hätten umformen oder jedenfalls in seinen Konturen verwischen können – die Großdynastie zuletzt in Gestalt des Hauses Habsburg mit ihren europäischen Interessen und die wesensgemäß nach möglichst viel »Selbstbestimmung« strebenden großen Territorien – haben solche Umformungen oder Verwischungen bis zum Ende des Zeitalters nicht bewirkt. Statt dessen wurde das Reich im 15. Jahrhundert, wenn die Formulierung erlaubt ist, immer deutscher, wiewohl noch nicht in dem Ausmaß, daß Deutsche in dieser Eigenschaft als Träger des Handelns aufgetreten wären. An dem wachsenden Bewußtsein, daß es nicht zerreißbare Bindungen gab, die man mit dem Namen »deutsch« statt mit dem Namen »Reich« oder »Christenheit« bezeichnen wollte, hatten mancherlei akute Herausforderungen durch auswärtige Feinde oder neuartige Propaganda Anteil, aber auch ein langfristiges geschichtliches Denken. Im späten Mittelalter sah man die Schicksalsgemeinschaft der Deutschen in durchaus historischer Perspektive als eine bewährte Einheit seit

Karl dem Großen oder Otto dem Großen. Die Humanisten rückten dann die germanische Stammesgeschichte in den Vordergrund. Diese Vergangenheitsbilder waren zwar anders beschaffen als das neuzeitliche, nämlich oft unperspektivisch-»zeitlos« wie in den Tafelbildern vor dem niederländischen 15. Jahrhundert, auch nicht distanziert-genetisch und nicht kritisch bereinigt und insofern nach modernem Urteil recht »unhistorisch« – aber sie waren wirksam.

Insgesamt verhält es sich mit der aus langfristiger Perspektive gestellten Frage nach den Wesensmerkmalen des Deutschen im späten Mittelalter nicht anders als mit weniger auffälligen Fragen solcher Art: Ein – weiterhin spannungsreicher – Zusammenhang von Vergangenheit und Gegenwart kann unter der Voraussetzung vertreten werden, daß man die »horizontale« Verankerung des Phänomens und damit die Verbindlichkeit auch fremdartiger Rahmenbedingungen ernst nimmt. Derart gesichert beobachtet man keinen konstruierten ideal-irrealen »deutschen Weg«, sondern den realen – mit Stationen des Mißerfolgs, des Erfolgs und womöglich der Alternativen. Demgemäß sind die Deutschen Produkte auch des späten Mittelalters, selbst im Sinne des oft zitierten Nationsverständnisses von Ernest Renan, da Führende und Geführte durch ihr Handeln gleichsam ein Plebiszit abgelegt und immer wieder erneuert haben. Dieses Handeln ist freilich nüchtern zu beurteilen. Denn es war gang und gäbe, vor Entscheidungen und Belastungen solange wie möglich auszuweichen und den Einsatz für fernerliegende und übergreifende Aufgaben klein zu halten.

Das Konzept einer »Geschichte Deutschlands« macht die Vergangenheit perspektivisch. Dies ist auch deshalb unvermeidlich, weil der Historiker des Mittelalters ein moderner Mensch wie jeder andere ist und sich den heutigen Lebensumständen zugeordnet weiß. Perspektivität ist in gewisser Weise sogar erwünscht, denn erst sie ermöglicht dem Leser, sich mit der Vergangenheit zu identifizieren. Allerdings sollte Perspektivität dem Anderssein der Vergangenheit Respekt zollen und sich dem, was an ihr befremdlich scheint, nicht widersetzen. Schon aus diesem Grund ist der Versuch zur Verflechtung verschiedenartiger historischer Themen notwendig. Er macht es möglich, das Zeitalter als selbsttragende Größe zu erfahren – nicht als Vorgeschichte irgendeiner späteren Periode bis her zur Gegenwart, sondern als das einmalige Ergebnis seines besonderen Wirkungsgefüges. Dies möge man auch dort akzeptieren, wo vorerst oder auf Dauer nur die Koordination, nicht aber die kausale Verknüpfung oder gar die Wechselwirkung so vieler Phänomene aufgezeigt werden kann. Gleichermaßen sollte man die kurz gehaltenen Mitteilungen über das Weiterwirken des Alten gegenüber den notwendigerweise ausführlicher behandelten Neuerungen nicht übersehen. Das späte Mittelalter ist bei weitem nicht nur durch den Wandel zu moderneren Verhältnissen gekennzeichnet, die dem Verständnis der Gegenwart leichter zugänglich zu sein scheinen. Gewiß ist die »Fremdschwelle« dieser

Periode gegenüber weniger hoch als bei weiter zurückliegenden Jahrhunderten, aber sie besteht sehr wohl noch.

Wenn sich trotz solcher Vorbehalte eine annähernd übereinstimmende Richtung bei verschiedenen Wandlungsvorgängen abzeichnet, die man zugleich als Modernisierungsabläufe verstehen kann, dann ist dies beachtenswert. Das gilt besonders für Prozesse in Richtung auf mehr Gemeinsamkeit und mehr Ausgleich im Reichsganzen oder in weiten Teilen davon. Zum Beispiel gewinnt die Vorstellung von einer »deutschen Wirtschaftsgeschichte« – ein geläufiger Buchtitel, der für das Zeitalter um 1250 und erst recht für weiter zurückliegende Perioden sehr problematisch ist – gegen Ende des Mittelalters immer mehr an Berechtigung. Langsamer, aber im wesentlichen gleichgerichtet dürfte sich die Entwicklung im Bereich der »deutschen Sozialgeschichte« vollziehen. Unter landesgeschichtlicher Perspektive ist zu erkennen, daß die hochentwickelten Territorien um 1500 viel gleichmäßiger über das Reich verteilt waren als im 13. Jahrhundert, als die Region am Niederrhein ein beträchtliches Übergewicht besaß. Dadurch, daß sich die »politische Gruppe«, die mit dem Funktionieren des Gesamtreiches zu tun hatte, im Laufe des Spätmittelalters stark vergrößerte, verlor sie ihre alte Inselhaftigkeit und gewann ganz neue Qualitäten; im späten 15. Jahrhundert konnte man als gelehrter Jurist sein Wissen über die Verflechtungen der deutschen Innenpolitik schon in einem gutbezahlten »freien Beruf« wirksam werden lassen. Aus einer Vielzahl kleiner Öffentlichkeiten, deren Reichweite je für sich anwuchs, schien man allmählich den Weg zu einer einzigen Öffentlichkeit einzuschlagen, die dann auch den nationalen Konsens trug und pflegte. Obwohl bei weitem noch kein voller räumlicher Ausgleich und keine Lückenlosigkeit bestanden, vermehrte sich ein als gemeinsam empfundenes Erbe. Dies gilt besonders für jenes zu Unrecht in den Schatten geratene halbe Jahrhundert vor der Reformation, das Anspruch darauf hat, ohne Rücksicht auf die nachfolgenden tiefgreifenden Polarisierungen als selbständiges Zeitalter beurteilt zu werden. Zumal daß in dieser Periode der »Gestalteten Verdichtung« der institutionalisierte Dualismus – als die fortan gültige Form der deutschen Gesamtstaatlichkeit – eingerichtet wurde, sollte auch unter dem zu wenig beachteten Gesichtspunkt einer Konsensgeschichte der Deutschen Interesse beanspruchen. Für die Geduldigen, Beharrlichen, nach Ausgleich Suchenden gab es damals genügend zu tun; denn es kam nicht zu einer machtstaatlichen Lösung, zur Überwältigung der Schwächeren durch einen Starken, sondern zu einem friedlich-rechtlichen Minimalkonsens, der politisch vereinbart und nach langem Hin und Her eingeübt wurde. Er hat drei Jahrhunderte überdauert. So gesehen mag nicht nur das zu Recht kritisierte Klischee vom deutschen Untertan eine Revision verdienen.

Das Grundkonzept einer deutschen Geschichte im späten Mittelalter wird man zweckmäßigerweise von einer Mittelpunktsposition mit möglichst großem Integrationsvermögen entfalten. Dafür bietet sich die Verfassungsgeschichte des Gesamtreiches an. Verfassung meint das Gefüge und Kräftespiel des Gemeinwesens samt den Rahmenbedingungen seiner Existenz und den Wandel dieser Faktoren. Mit der Verfassungsgeschichte am engsten verbunden ist einerseits die politische Geschichte – als Geschichte von mehr oder weniger freien Entscheidungen, von Zwangsläufigkeiten und Zufällen – und andererseits die Sozialgeschichte – als Geschichte der Führenden und ebenso der Geführten. Die Geschichte des geistigen Lebens, der Wirtschaft und anderer mehr oder weniger selbständiger Sachgebiete wird soweit wie möglich zugeordnet oder zumindest beigegeben, sofern sie nicht zugeordnet werden kann.

Auch wenn man das Reich nicht ausdrücklich einen Staat nennen wird und große Territorien und große Städte staatliche Wesenszüge in deutlich höherem Maße bezeugten, erfüllte es doch die Haupt- und Mindestbedingung von Staatlichkeit: Es bewies die Fähigkeit zur Selbsterhaltung und zur Anpassung an sich verändernde Situationen. Der Verfassungswandel zumal im späteren 15. Jahrhundert vermehrte die staatlichen Merkmale des Reiches. Heute als nichtstaatlich aufgefaßte Eigenschaften, wie das Wirken von Personenbeziehungen oder von privatem Kapital, und heute ausgegrenzte Kennzeichen, wie Nepotismus und Korruption, bildeten mit akzeptierten Attributen, wie Verwaltung und Rechtspflege, ein teilweise vertraut, teilweise fremdartig erscheinendes System. Keinen dieser Wesenszüge kann man außer acht lassen. Auch daß der Staatszweck des Systems »Reich« wesentlich beschränkter war als heute üblich, ist ein irritierendes Merkmal. Vor allem aber ist das Reich nicht leicht in eine deutsche Nationalgeschichte zu integrieren, weil anders als in Frankreich nicht die Geschichte einer einzigen großen Königsdynastie auf recht unproblematische Weise »eingestaatet« werden konnte. In Deutschland standen Reich und mehrere große Dynastien in komplizierter Form nebeneinander. Die Legitimität des Königs, der politischen Mitte des Reiches, erwuchs nicht aus dem anderswo üblichen Erbrecht, sondern aus einem Wahlverfahren. In den Kreis der Wählbaren war der Kandidat freilich auf die allgemein übliche Weise gelangt: aufgrund der Zugehörigkeit zu einer durch hochadelige Geburt zur Herrschaft über Land und Leute bestimmten Familie.

Viele Einzelheiten dieser oder jener Art mögen in einer Weise überliefert sein, die nur wenig Zweifel zuläßt. Anders verhält es sich mit der Gesamtsituation und dem Gesamtgefüge. Hierzu gibt es keinen direkten, »objektiven« Zugang. Für Fragen mittlerer Reichweite dürften unter anderen die Gedankenfiguren »Problem« und »Problemlösung« oder »Herausforderung« und »Antwort« Leitlinien bieten. Bei Rekonstruktionen großen Umfangs ist es einerseits aus Materialmangel, andererseits zur Bewältigung eines Überangebots an Informationen erforderlich, ausgedehnte Gedankenmodelle zu bilden, das heißt, eine Entscheidung für dieses oder jenes Gefüge von Vorstellungen und Rahmenbedingungen zu treffen, das den Quellen eher gegenübergestellt als ihnen einfach entnommen werden kann. Je weiter der Bogen des Verstehens gespannt ist, um so mehr bleibt der Historiker auf eigenverantwortliche Deutung angewiesen.

Ein einigermaßen unproblematischer Zugewinn an Plausibilität ist dadurch erreichbar, daß entgegen geläufiger historiographischer Tradition die Gesamtheit des nordalpinen Reiches ins Auge gefaßt wird, nicht nur diejenigen Regionen, die der jeweiligen Nationalität des Autors nahestehen. So wird die Geschichte des unteren Niederrheins, der französisch sprechenden Territorien, der Alpenländer, der böhmischen Länder und Livlands mitberücksichtigt, soweit es die Gesamtsituation angebracht erscheinen läßt. Konsequent kann dann auch das engere Deutschland als ein mehrsprachiges Land begriffen werden, dessen Einwohner allerdings im späteren Mittelalter ungeachtet der Realitäten immer öfter eine einzige Sprache zu sprechen glaubten. Ethnisch gesehen war das deutsche Volk ohnehin ein Mischvolk, das sich weiterhin im Entstehen und im Wandel befand und über dessen Konturen noch nicht entschieden war. Aus mittelalterlicher Perspektive bestanden dafür verschiedene Alternativen. Im Verfassungsleben kam es bestenfalls auf die Sprache des »Status politicus«, nicht auf die vielen Machtlosen an; in jener Hinsicht war das Reich in höherem Maße ein deutscher »Staat« als angesichts der Sprache der Untertanen. Jedenfalls wird in diesem Band vor allem ein politischer und nur in reduzierter Weise ein sprachlich gefüllter Deutschland-Begriff gebraucht.

Die Titelbegriffe dieses Bandes – »Offene Verfassung« und »Gestaltete Verdichtung« – bezeichnen die Aggregatzustände des Reiches im späten Mittelalter. Die »Offene Verfassung«, das Erbe der Niederlage der Staufer, ist charakterisiert durch die Beschränkung des institutionalisierten Moments auf ein Minimum, die Teilhabe sehr weniger Personen am Kräftespiel des Gesamtreiches und den sehr geringen Umfang der Verpflichtungen der Reichsglieder. Die »Gestaltete Verdichtung«, ein Ergebnis neuartiger Herausforderungen am Ende des Mittelalters, meint einerseits den Aufstieg und die Durchformung der habsburgischen Großdynastie und andererseits die Einrichtung des institutionalisierten Dualismus der Reichsstände, der im Reichstag gipfelte; Großdynastie und Stände waren nun aufeinander angewiesen. »Offene Verfassung« und »Gestaltete Verdichtung« waren durch das Phänomen des Wandels der Verfassung miteinander verbunden; als ihr Hauptproblem kann jeweils die Vielzahl der Machtträger im Reich gelten.

Wie die Reichsverfassung auch beschaffen war – gemäß den Grundbedingungen des mittelalterlichen Lebens erwies sie sich nicht so sehr als ein selbständig prägendes Element denn als spezieller Ausdruck weit umfassenderer Existenzformen. Diese sind zwar nicht geeignet, ihrerseits das Rahmenwerk einer Geschichte Deutschlands anzubieten, vor allem weil sie entweder als eher europäisch denn deutsch oder als allzu kleinräumig gelten müssen, weil sie zu langwährend oder zu kurzfristig Bestand hatten. Gleichwohl ist ein Nachdenken über ihre Vielfalt und ihren Wandel nötig, um den »Stellenwert« der Reichsverfassung klarer vor Augen zu führen.

Einen herausragend wichtigen sozialen Tatbestand des Mittelalters stellt die überlegene Wirkungskraft kleiner Einheiten wie Haus, Familie, Gemeinde, Grundherrschaft und Stadt dar, gerade im Vergleich zu den größeren Einheiten von Territorium, Territorienkomplex oder Reich. Es waren vom Herrn oder von der Obrigkeit persönlich überblickbare, vielfach von Angesicht zu Angesicht organisierte Gemeinschaften. Konkret erfahrbares Herrendasein war der abstrakten Legitimation aus der Ferne weit überlegen, es konnte mehr »Staat« verwirklichen. Vom umgreifenden Ganzen aus gesehen bestand eine kaum überschaubare Vielfalt von Kräften, die um Selbstabschließung bemüht waren und der Zuordnung zu umfassenderen Zielen widerstrebten – sehr häufig mit Erfolg. Die Hierarchien der Würde und der Durchsetzungsfähigkeit deckten sich jedenfalls nicht. In dieser Hinsicht gewinnt die Vorstellung von einer Geschichte Deutschlands gerade im späten Mittelalter unvermeidlicherweise Merkmale einer perspektivischen Konstruktion – nicht viel anders als die Geschichte Frankreichs, die man zwischen der Jahrtausendwende und der beginnenden Neuzeit als »Zeitalter der Fürstentümer« deutet.

In anderer Gestalt sah sich die Verfassungsform des Reiches von grenzübergreifenden Großlandschaften überformt. Schon aus diesem Grund kann man nicht von einer klar nach außen abgrenzbaren Geschichte Deutschlands sprechen. Wie die kleinen Gebilde waren auch die großen im Kern Ausformungen von Personenbeziehungen und damit in besonders zeitgemäßer Weise »verfaßt«. Ihnen kam zugute, daß die »Staaten« noch nicht recht entwickelt waren, die später in ihrer neuzeitlichen Form auch solche Beziehungen an sich zu ziehen suchten. Die Vielfalt, die hier zutage trat, war mitbestimmt von der Geographie, von Wasserwegen, Straßen und Pässen, und von derjenigen Minderheit der Zeitgenossen, die ihre kleinen Welten hinter sich zu lassen vermochten. Zu diesen Gliedern der mittelalterlichen Gesellschaft gehörten: Geistliche und Mönche, Kaufleute, Adelige, Universitätsbesucher und Fahrende. Die Mobilität verstärkte sich durch Heiratsverbindungen, Handel, Pilgerschaft und Studium, aber auch durch Auswanderung und Neusiedeln. In besonderen Fällen ergaben sich daraus Kulturverflechtung und Sprachenüberlagerung. Dabei handelte es sich vielfach um Ausgleichsvorgänge, die am Werden des »moderneren«, immer gleichmäßiger beschaffenen Europa großen Anteil hatten. In Deutschland entstanden dadurch Zonen, die mit Gebieten jenseits der Grenze in mancher Hinsicht enger verwandt sein mochten als mit entfernteren Landschaften innerhalb des Reiches.

Oberitalien und Oberdeutschland bildeten im Spätmittelalter über die Alpen hinweg wohl die wichtigste Großregion dieser Art; sie war ein hochmittelalterliches Erbe. Unabhängig davon, ob der deutsche König, der stets auch König von Italien war, seine Rechte gegenüber Mailand oder Florenz durchzusetzen vermochte oder nicht, bestand ein dichtes Netz von Wirtschafts- und Kulturbeziehungen. Das eindeutige Zivilisationsgefälle von Süden nach Norden bezeugen unter anderem die Wege, auf denen sich die modernen Geldtechniken, das gelehrte Recht und der Humanismus ausbreiteten; zahlreiche junge Deutsche, die später Führungspositionen einnahmen, lernten in Italien. Noch verstärkt wurde der Zusammenhang durch die vielen Kontakte des deutschen Klerus mit dem Papsttum. So brachte die enge Verflechtung des oberen Deutschland mit dem einen der beiden Modernisierungszentren Europas ein historisch bedeutsames Lehrer-Schüler-Verhältnis mit sich, in welchem sich die Qualitätsunterschiede im Verlauf des Spätmittelalters merklich verringerten. Die Ausbreitung des Buchdrucks im späteren 15. Jahrhundert markiert die erste wesentliche Umkehrung dieser Entwicklungsrichtung.

Ähnlich wie die Beziehung zu Oberitalien, jedoch geographisch komplizierter stellte sich das Verhältnis des Reiches zum Nordwesten und Westen Europas dar. In politischer und kultureller Hinsicht war das Zentrum französischer Königsmacht und nordfranzösischer Geistigkeit in Paris oder auch in Orléans kaum weniger bedeutsam für den Westen des Reiches. Wirtschaftlich hingegen war derjenige politisch nicht eindeutig verankerte, weiter nördlich und nordöstlich gelegene Raum maßgebend, der sich im weiteren Umkreis der Rhein-Mündung erstreckte: Dieses zweite Modernisierungszentrum Europas umfaßte Teile Nordfrankreichs mit Flandern, Südengland und den reichsangehörigen unteren Niederrhein; die größte deutsche Stadt, Köln, gehörte noch in vollem Maße dazu.

Es lohnt sich zu beobachten, wie sich solche Entwicklungsrichtungen im Binnenreich fortsetzten, da nicht allein die physikalische Geographie, sondern ebenso dynastische oder wirtschaftliche Kraftentfaltung darüber entschieden: So laßt sich in der Fürstenhauptstadt Prag schon vor 1300 ein Interesse an beiden Einflußströmen – aus dem Süden und aus dem Westen – erkennen.

Räume, deren Entwicklungsrichtung vom Reichsgebiet nach außen wies, waren der Umkreis der Ostsee und das dynastische Viereck Österreich–Böhmen–Ungarn–Polen. In den Norden und Osten des Kontinents wurden aus seiner Mitte vielfältige Energien ausgestrahlt. Das Wirkungsfeld der Hanse im nordöstlichen Viertel Europas, das die Ostsee verkehrstechnisch erschloß, wuchs während des Mittelalters zu einem weithin einheitlichen, niederdeutsch geformten Wirtschafts- und Kulturraum heran. Hier spielte, anders als vom kontinentalen Süden und Westen her, die Wanderung vieler Menschen bei der sozialen Umformung oder gar ersten Erschließung der Region eine entscheidende Rolle. Genauso wie die städtische Hanse schufen dynastische Hochadelsbeziehungen ein Netz rund um das Meer; in diesem Gefüge wurden Königreiche und Fürstentümer immer wieder neu verteilt. Maßgebend für die Anordnung der Kräfte und für den Entwicklungsstand war wohl die Bevölkerungsdichte, die in den reichsangehörigen Teilen des Systems um ein Mehrfaches größer war als außerhalb davon. Ähnlich verhielt es sich damit im dynastischen System des festländischen Ostmitteleuropa. Dynastische Machtkonzentration und wirtschaftliche Kräfteballung, wie sie vor allem der Bergbau hervorbrachte, konnten solche »Gesetzmäßigkeiten« allerdings punktuell außer Funktion setzen.

Diese und jene Ausdrucksformen stellten nichts Willkürliches dar, sondern lassen sich ohne weiteres der allgemeinen Entwicklungsgeschichte und Entwicklungsgeographie Europas seit der fränkischen Zeit zuordnen. Räume bilden dabei keine absoluten Größen; sie sind vielmehr an den zeitgenössischen Fähigkeiten zu ihrer Bewältigung zu messen. Unter solchem Aspekt war innerhalb Europas das Reich wie ein kleiner Kontinent beschaffen, viel zu groß für eine wirkliche Durchformung. War es doch am Anfang des Spätmittelalters unmöglich, schneller als in Monatsfrist vom einen Ende zum anderen zu gelangen oder Informationen weiterzugeben. Im ausgehenden Mittelalter hatte sich der Personenverkehr kaum beschleunigt, aber die neugeschaffene Post war imstande, zwischen den Zentren der habsburgischen Großdynastie, die an den äußeren Enden des Reiches, in Brabant und in Niederösterreich, einander gegenüberlagen, eine dringende Nachricht in neun bis zehn Tagen zu befördern.

Europa hat sich historisch-geographisch so entwickelt, daß dem Reich kein einigermaßen kraftvolles und »modernes« Zentrum ungefähr in seiner Mitte mitgegeben worden ist. Das ostfränkisch-deutsche Herrschaftsgebiet war vielmehr in einer Randlage zu den alten Zentren entstanden; es brachte die Ungleichheit der Erstausstattung der großen europäischen Länder zuungunsten des Reiches sehr deutlich zum Ausdruck. Die politische Geschichte des Hoch- und Spätmittelalters vermochte keine neue Mitte zu schaffen, wohl weil im Vergleich zur schwachen Akkumulations- und Konzentrationsfähigkeit der Königsmacht keine Dynastie lange genug in einer Kernlandschaft verweilte. So bildete das Reich die Mitte Europas nur geographisch-verkehrstechnisch, nicht entwicklungsgeschichtlich; es gestaltete den Kontinent weniger, als daß es von ihm gestaltet wurde. Dies geschah in hohem Maße aufgrund von Entscheidungen, die schon vor dem Beginn der deutschen Geschichte gefallen waren. Ihr Nehmen und Geben entsprach dann den großen europäischen Kulturströmen. Immerhin war es bedeutsam genug, daß Deutschland bei diesem Nehmen und Geben die breitgelagerte geographische Mitte des Kontinents darstellte.

Intern blieb das Reich ein polyzentrisches Gebilde. Oberdeutschland und Niederdeutschland waren, läßt man die Sonderstellung des Rheinlandes beiseite, bis ins 15. Jahrhundert hinein nicht allzu eng miteinander verbunden. Das Reich umfaßte süd- und westeuropäisch-gereifte und ost- und nordeuropäisch-junge

Landschaften. Gemessen am Zeitpunkt der Christianisierung und der Einführung des Städtewesens schloß es Regionen in sich, die zwischen äußerstem Westen und äußerstem Nordosten eine rund tausendjährige Kluft aufwiesen; der Unterschied zwischen Italien und Norwegen war kaum größer. Der Prozeß des Ausgleichs so riesiger Unterschiede und ihre relative Einebnung auf einem mittleren Entwicklungsniveau in der Mitte Europas ist einer der bedeutsamsten, noch unerforschten Vorgänge der deutschen Geschichte des Mittelalters. Ob ein Neuanfang, der jene Benachteiligungen gegenstandslos machen mochte, in der Epoche der Industrialisierung stattfand, ist eine Frage an das 19. Jahrhundert.

So erweist sich die dem ganzen Band aufgegebene Suche nach dem Gemeinsamen in der deutschen Geschichte innerhalb ihrer ausgeprägten Vielfalt als drängendes Problem. Was machte den deutschen Adel als besondere Formation unter den Vornehmen Europas erkennbar? Wodurch unterschied sich die deutsche Kirche von anderen Kirchen Europas? Was charakterisierte die deutschen Städte gegenüber den italienischen oder französischen? Offensichtlich gab es Merkmale, die solche Differenzierungen ermöglichten. Derartigen Merkmalen entsprachen dann wohl auch die Lebensformen der »Offenen Verfassung« und der »Gestalteten Verdichtung«, ein weitverbreiteter Grundkonsens, gemeinsam erfahrene Prozesse in tieferen Schichten des geschichtlichen Geschehens und die Vorstellung von einer historisch bewährten Schicksalsgemeinschaft.

Auch die Frage nach dem gemeinsam erlebten Wandel läßt das Besondere des deutschen Spätmittelalters hervortreten. Wandel und Vielfalt waren dadurch verknüpft, daß sich auf dem Weg vom 13. bis zum 15. Jahrhundert das wenig verbundene Nebeneinander vieler sozialer und politischer Einheiten zum ineinandergreifenden Mit- oder auch Gegeneinander umformte. Zur gleichen Zeit stellte sich nach und nach ein Intensitätswachstum auch der größeren Einheiten ein. All dies vollzog sich evolutionär. Der Wandel von der »Offenen Verfassung« zur »Gestalteten Verdichtung« kann diesen Veränderungen zugeordnet werden. Es handelte sich nicht um eine gleichmäßige Entwicklung; denn die schwach eingeprägten Konturen der »Offenen Verfassung«, die nur ein Minimum des absolut Notwendigen darstellten, hatten kaum verändert bis an die Schwelle der letzten mittelalterlichen Generation Bestand. Alle älteren Wirkkräfte hatten sie modifiziert oder auch stabilisiert, aber nicht prinzipiell gewandelt. Inzwischen war als bewegendes Element die Großdynastie auf den Plan getreten. Sie hatte bereits in staufischer Zeit die »Offene Verfassung« symbiotisch gestützt und war Nutznießer ihrer Offenheit gewesen. Das Jahrhundert ohne wirkliche Großdynastie, welches auf die Staufer folgte, oder zumindest zwei »verlorene« Generationen bis zur Wahl Ludwigs des Bayern hatten kostbare Zeit verstreichen lassen. Luxemburger und Habsburger, und auch diese nicht ohne große Intensitätsschwankungen, stellten dann den alten Abstand zwischen Königshaus und

Fürsten wieder her, gewannen in ihren Erblanden ein genügend großes Machtpotential, um aus eigener Kraft Modernisierungsvorgänge einleiten zu können, und suchten zur De-facto-Erblichkeit der Königswürde zurückzukehren. Erst die Habsburger erreichten wirklich wieder staufische Dimensionen und verbanden das Kaisertum samt seinem unersetzlichen Legitimationspotential einigermaßen fest mit der eigenen Familie. Gleichzeitig begannen sie aus dem Reich hinauszuwachsen und eigene europäische Interessen zu verfolgen.

Die Großdynastie war die eine Herausforderung des Reichskörpers, die freilich nur den wenigen bewußt wurde, die sich in ihren Verfassungsrechten oder als dynastische Rivalen bedroht fühlten. Die andere, von vielen, ja von offenbar mehr Machtträgern denn je empfundene Herausforderung zum Verfassungswandel brachte die militärische Bedrohung durch Türken und Ungarn, Burgunder und Franzosen mit sich. Sie rief solidarisches Handeln in bisher unbekannten Formen hervor. Kurfürsten und Fürsten verknüpften aber ihre Leistungspflichten mit »konstitutionellen« Forderungen und verwirklichten so viel davon, daß man seit 1495 vom institutionalisierten Dualismus zwischen den im Reichstag vereinigten Ständen und dem großdynastischen Kaisertum sprechen kann. Die neue Konstellation entsprach in groben Zügen dem Verhältnis der Kräfte und damit wohl einer inneren Notwendigkeit. So blieb es im Ganzen, trotz vieler Einzelschwankungen und Revisionsversuche, bei der Situation von 1495. Diese bedeutete zugleich eine erhebliche Verbreiterung der politischen Gesellschaft und eine Stabilisierung der politischen Kultur. Der Übereinkunft lag unterhalb der Ebene vielfältiger politischer Auseinandersetzungen ein Minimalkonsens zugrunde, der weitreichende Folgen zeitigte: Die Vorstellung von einem allgemeinen Landfrieden und das Streben nach Verrechtlichung der Konflikte setzten sich durch. Die gemischte Verfassung aus alten und neuen Elementen, die sich herausbildete, stellte immer noch ein Minimum an Durchgestaltung dar. Doch sie genügte vorerst – selbst angesichts des Umstands, daß die Dimensionen der Machtentfaltung seit den Jahrzehnten der »kleinen« Könige vom Anfang des Spätmittelalters gewaltig gewachsen waren. Die Geschwindigkeit, mit der das Neue an Boden gewann, hat im Vergleich zu den Zeitmaßen der »Offenen Verfassung« erheblich zugenommen. Diese Tatsache parallelisiert den Prozeß der »Gestalteten Verdichtung« mit zahlreichen weiteren Veränderungen in jener Generation des Aufbruchs.

Dieser Wandlungsprozeß von anderswo in Europa unbekannten räumlichen Dimensionen und von ungewöhnlicher Komplexität war also begleitet, ja vorbereitet von vielen Umformungen kaum geringerer Nachwirkung. Man kann wohl auch hier von Modernisierungsprozessen sprechen, die den Zeitgenossen nur zum geringen Teil bewußt waren. Besonders erwähnenswert sind die Verdichtungsvorgänge in den Territorien, die aus solchen Gebilden mittlerer Größe die ersten Staaten machten, die diesen Namen wirklich verdienen. Sie sicherten den inneren Frieden mit zunehmendem Erfolg, schufen eine Gesetzgebung von breiter Thematik und formten einen relativ vereinheitlichten Untertanenstand. Ein anderer, ebenso in die Zukunft weisender Wandel war die Aufspaltung des einheitlichen christlich-kirchlichen Lebens während des »eigentlichen« Mittelalters in einen privatreligiösen Bereich von unverminderter Intensität und einen organisatorisch-kirchlichen Raum, der immer mehr der staatlichen oder städtischen Obrigkeit unterworfen wurde. Das nordalpine Mittelalter, das so außerordentlich viel von der Kirche gelernt hatte, begann sie sich nun dienstbar zu machen. Zur selben Zeit setzte sich die Laienkultur in der Breite auch schriftlich durch und schied das Papsttum nach vierhundertjähriger Mitwirkung an der deutschen politischen Geschichte aus diesem Tätigkeitsbereich aus. Die Mittel standen bereit, um das soziale und geistige Leben intensiv verwalteter und konkurrenzloser staatlich-obrigkeitlicher Disziplinierung zu unterwerfen. Aber das war nicht das ganze Erbe: Die Bauformen des Gemeinwesens überwölbten am Ende des Mittelalters die Welt der vielen als eine Welt vieler Dürftiger und Armer, die nur wenig von jenem übergeordneten Gefüge und seinen Wandlungsprozessen wußten. Die Welt der Armen weist auf, wie viele Probleme die ältere Gesellschaft hat nicht lösen können. Ein unvollendetes Zeitalter hinterließ diese und jene offenen Fragen dem folgenden, der Neuzeit.

Ein Jahrhundert des Wachstums: Grundlagen und Lebensformen (1250–1350)

Das Land und die Menschen

Landesnatur und Klima

Das Land, in dem sich deutsche Geschichte ereignet, ist ebensowenig einheitlich beschaffen wie das Volk, das es bewohnt. Unterschiedlich zwischen Meer und Hochgebirge sind Bodengestalt und Bodenqualität, Klima, Wasserhaushalt und Vegetation. Sie bilden ein kompliziertes Wirkungsgefüge. Aber auch menschliches Handeln, das die Natur zu beherrschen suchte, war daran immer stärker beteiligt. Hier machten sich Bevölkerungszusammensetzung und Bevölkerungsdichte, politische und soziale Organisation, technische Möglichkeiten und Lebensgewohnheiten ineinandergreifend bemerkbar. Ganz allgemein kann man sagen, daß am Anfang des späten Mittelalters der weite Weg von der naturgeprägten Urlandschaft zur Kulturlandschaft schon zum großen Teil zurückgelegt war. Es ist allerdings kein geradliniger Weg gewesen. Besonders starke Abweichungen vom Erwarteten zeigen sich im 14. und 15. Jahrhundert. Dabei sind – wie bei fast allen Themen dieses Bandes – regionale Unterschiede großen Ausmaßes zu beachten, die die Übersicht erschweren. In Deutschland hat es damals weder eine geographische noch eine politische Zentrallandschaft gegeben, von welcher – wie etwa längere Zeit in Frankreich oder in Spanien – vereinheitlichende Wirkungen ausgegangen wären.

Ungefähr um 1300 war jener wesentlichste Schritt getan, der aufgrund generationenlanger Arbeit den größten Teil des agrarisch verwertbaren Landes in Kulturfläche verwandelt hatte, und zwar im Bereich des Altsiedellandes und bald auch im Raum der Neusiedlung: durch Entsumpfung und Deichbau in der Ebene, Entsteinung im Gebirge und vor allem Rodung des mehr oder weniger dichten Waldes. Die Rotbuche, Fagus silvatica, war ursprünglich wohl am weitesten verbreitet. Der Wald war Hindernis, bot aber auch Schutz, er war der erste Rohstofflieferant und für Schweine eine wichtige Nahrungsquelle. Die geschlossenen Waldgebiete in Deutschland waren im 13. und 14. Jahrhundert weniger ausgedehnt als heute, jetzt entwaldete Regionen besaßen hingegen noch viele Waldreste. Trotz der Siedlungserfolge erwies sich der Mensch des Spätmittelalters als abhängig von seiner natürlichen Umwelt; denn seine technischen Möglichkeiten blieben beschränkt, und seine Einsicht in Naturvorgänge war gering.

Das Ringen mit der Natur ist am leichtesten an den Küsten und im Hochgebirge erkennbar. Der Meeresspiegel stieg im späten Mittelalter an, so daß an der Ostsee einstmals bewohnbare Ufer unter Wasser gerieten. Noch weit gefährlicher war der Angriff der Nordsee an der flachen Küste. Bis ins 16. Jahrhundert hinein überwogen deutlich die Landverluste im Vergleich zu den Landgewinnen.

Jadebusen und Dollart entstanden durch Sturmfluten, vor allem in den Jahren 1219, 1334, 1362, 1511 und 1277, 1287, 1362, 1509. Ähnlich verhielt es sich in den heutigen Niederlanden. Es gab bereits Deichbauten, doch sie waren wirklich großen Naturkatastrophen nicht gewachsen. Im Hochgebirge begannen um 1300 die Walser, Bergbauern aus dem Wallis, die bis dahin unbewohnten Walsertäler des heutigen Vorarlberg zu besiedeln. Ebenso wurden einzelne hochgelegene Salzburger Täler in der ersten Hälfte des 14. Jahrhunderts erschlossen. Es waren die letzten Ausläufer eines großen Siedlungswerkes.

Wie sehr der Mensch die Naturlandschaft verändert hat, tritt dort am klarsten hervor, wo sich dieser Vorgang am raschesten abspielte: im Bereich der Ostsiedlung. Um 1100 gab es im heutigen Sachsen insgesamt nur acht dünnbesiedelte slawische Wohngaue, die inselartig ins Waldland eingestreut waren und etwa ein Sechstel der Landesfläche einnahmen. Am Anfang des späten Mittelalters hatte die deutsche Siedlung durch Rodung ein Land von Dörfern und Städten geschaffen, deren Fluren in der Regel unmittelbar aneinandergrenzten. Die Landschaft ist grundlegend umgestaltet worden. Am Niederrhein, zum Beispiel in der Gegend von Kleve, waren um 1300 Fachleute aus der Grafschaft Holland am Werk, die durch neue Entwässerungstechniken und Deichsysteme die Siedlung näher an den nun besser gezähmten Stromlauf heranführten. Durch die Zunahme des Getreideanbaus wurden auch Löß und Lehm in die Flußbereiche gespült, so daß aus Schotterflächen Talauen entstanden, die Gras trugen und beweidet werden konnten. Sie verengten die Flußläufe. Das Wasser strömte schneller und wurde im tieferen Bett schwerer passierbar. Auch die Verringerung des Waldbestandes durch Rodung ließ die Flüsse rascher fließen und im Wasserstand heftiger schwanken. Dünenbildung im Küstenbereich und Heidebildung im Binnenland, in Niedersachsen, sind durch den Raubbau der Menschen hervorgerufen worden, die im späten Mittelalter noch keine Einsicht in ökologische Zusammenhänge besaßen. Der sich verstärkende marktwirtschaftliche Austausch zwischen Stadt und Land begann den Regenerierungskreislauf der Natur zu verzerren: Dem agrarisch genutzten Boden wurden Nährstoffe entzogen, die man nur unzureichend ersetzte. Sandiges Geestland konnte sich durch solche Vorgänge gänzlich erschöpfen. Im Boden der Stadt stellte sich eine Anreicherung von Phosphaten ein.

Über das Klima im deutschen Spätmittelalter besitzt man, wie es dem vorstatistischen Zeitalter entspricht, keine genauen Daten. Wagt man einige allgemeine Angaben, so muß man sich dessen bewußt sein, daß neben den einigermaßen bekannten Werten über Temperatur und Niederschläge andere Einflüsse mitbestimmend waren, von denen man nichts weiß. Auch regionale Unterschiede treten nicht deutlich genug hervor. Unter diesen Vorbehalten ist zunächst erkennbar, daß das Klima im Spätmittelalter kühler war als im ungewöhnlich begünstigten Hochmittelalter, jedoch wärmer als in der frühen Neuzeit seit etwa

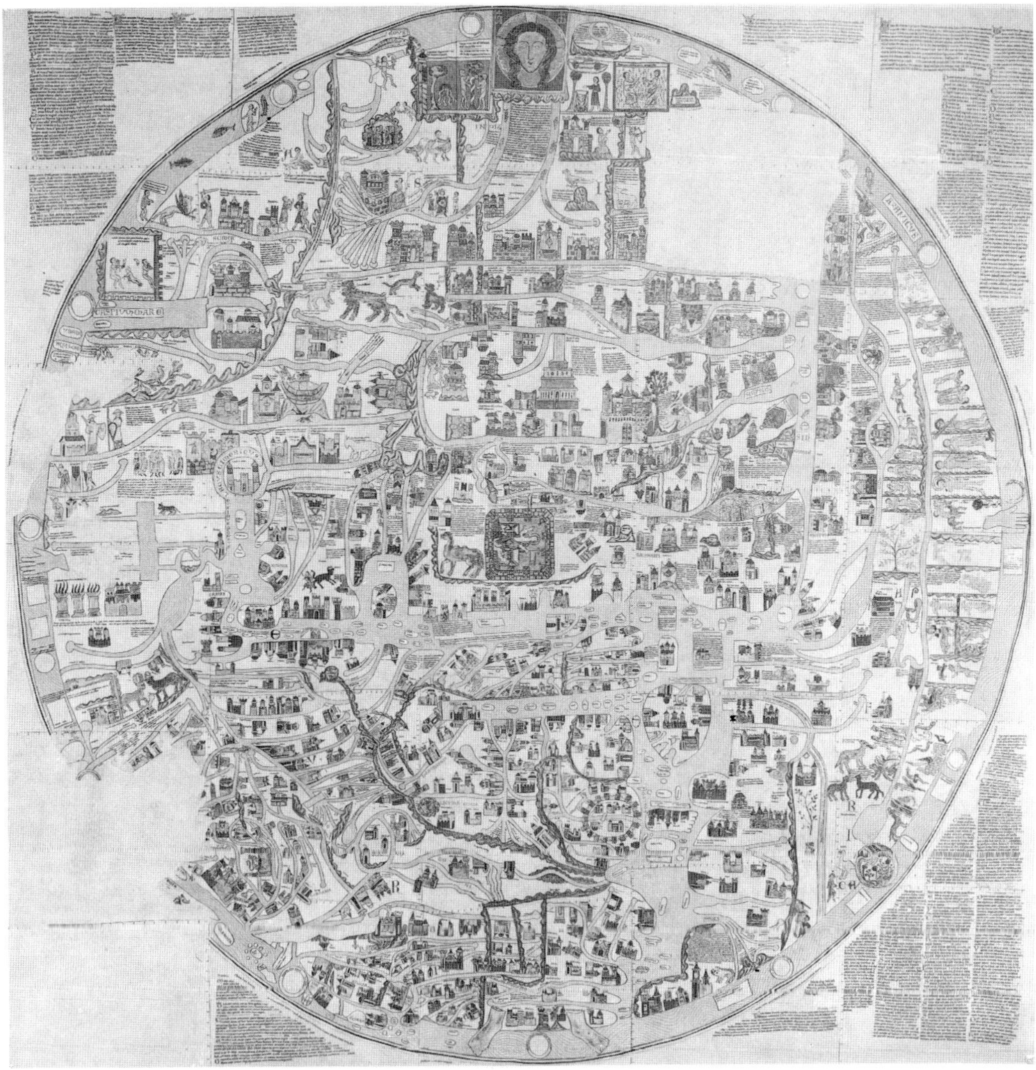

Die Ebstorfer Weltkarte. Originalgetreue Nachbildung der wohl im 14. Jahrhundert entstandenen, 1943 in Hannover durch Bomben vernichteten Radkarte. Kloster Ebstorf bei Uelzen

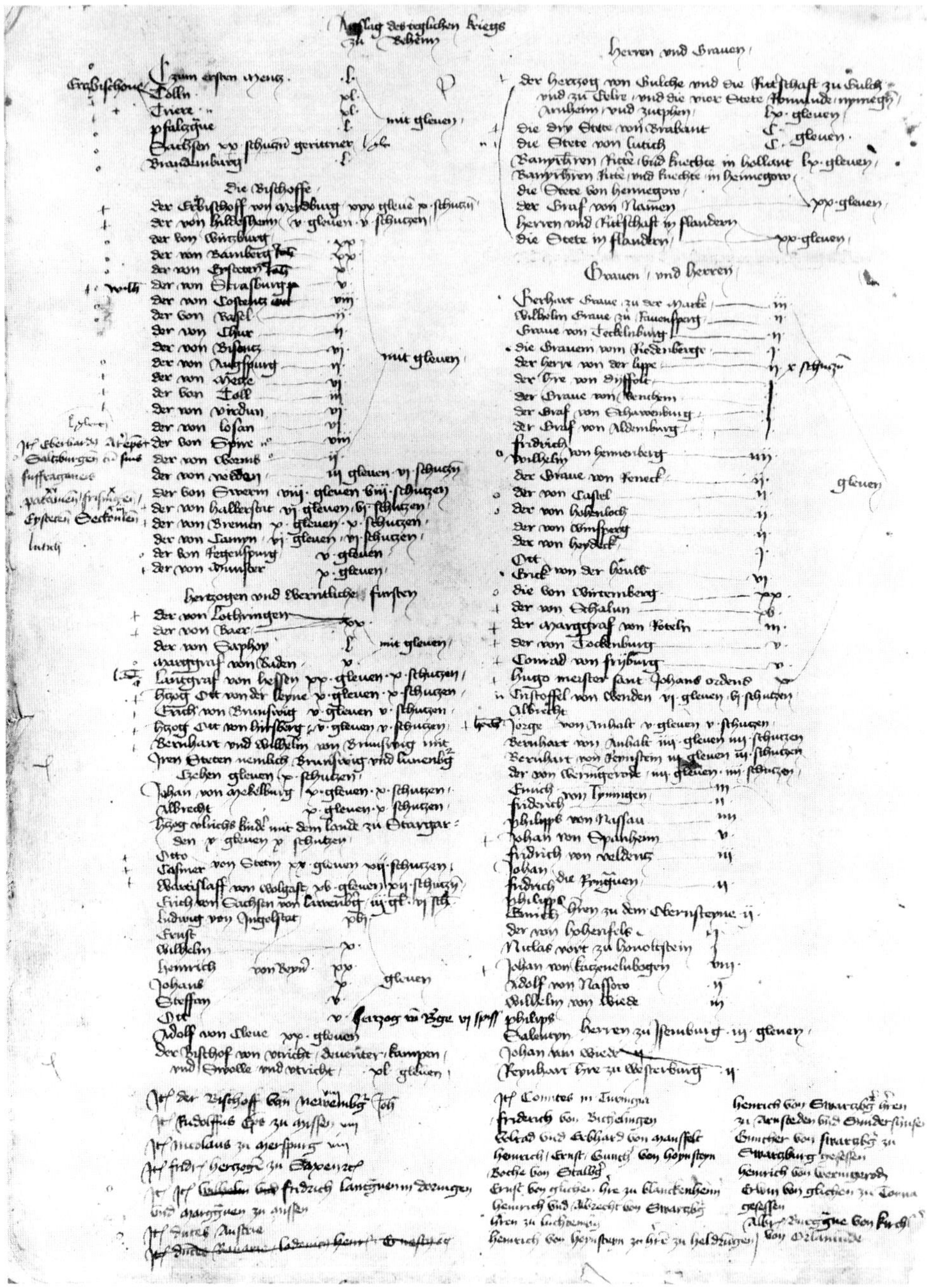

Die älteste amtliche Liste der Glieder des Reiches. Erste Seite der Reichsmatrikel von 1422, eines vor dem 30. August in Nürnberg zustande gekommenen »Gesetzes« über die zu stellenden Kontingente für den Krieg gegen die Hussiten in Böhmen. Wien, Haus-, Hof- und Staatsarchiv

1530/1550, wohl auch milder und feuchter als in der Gegenwart. Es ist schwierig, genaue Zeitgrenzen anzugeben, weil die einzelnen Nachrichten nicht übereinstimmen. Jedenfalls handelte es sich insgesamt um eine Übergangszeit ohne scharf markierte Extremwerte. Innerhalb des Zeitalters kann man mit aller Vorsicht eine eher kühle und überwiegend ungünstige Periode in der ersten Hälfte des 15. Jahrhunderts von einer relativ warmen Phase in dessen zweiter Hälfte unterscheiden. Das 14. Jahrhundert scheint klimatisch recht uneinheitlich beschaffen gewesen zu sein, am Anfang eher unwirsch, dann lange Zeit freundlich. Entsprechend veränderten sich allmählich im Gebirge die Wald- und Schneegrenzen und im Binnenland die Anbauflächen von Roggen und Weizen sowie von Wein, der im Vergleich zum Hochmittelalter vom 15. Jahrhundert an zurückging. Doch man hat mit beträchtlichen kurzfristigen Schwankungen zu rechnen, die die langwährenden Entwicklungen zeitweise überdeckten.

In einer überwiegend agrarisch bestimmten Welt kam es darüber hinaus besonders auf den Jahresrhythmus von Kälte und Wärme, Trockenheit und Feuchtigkeit an. Es gab damals wie heute gute und schlechte Erntejahre, aber diese und jene wurden wegen des vorherrschenden Getreideanbaus viel stärker spürbar als in der Moderne. Aufbewahrung und Transport boten viele Schwierigkeiten. So war das Schlimmste, das eintreten konnte, eine Abfolge von mehreren oder auch nur von zwei schlechten Ernten, wie man sie wegen Feuchtigkeit im zweiten Jahrzehnt des 14. Jahrhunderts und wegen Kälte im dritten Jahrzehnt des 15. Jahrhunderts mit schwerwiegenden Folgen erlebt hat. Die Serie der kalten Winter von 1429 bis 1442 war in Mitteleuropa fast ohne Beispiel.

Alte und neue Siedlung

Die wohl wichtigste nichtpolitische Grenze, die Deutschland durchquert, ist die mittelalterliche Scheidelinie von Altsiedelland und Neusiedelland. Sie beginnt in Ostholstein etwa auf halbem Weg zwischen Rendsburg und Kiel, überschreitet die Elbe östlich von Hamburg, läßt den Strom dann ostwärts liegen und verläuft in verhältnismäßig gerader Linie bis nördlich von Magdeburg. Sie folgt der Elbe bis zur Mündung der Saale, zieht diese aufwärts zum Fichtelgebirge und begleitet den Oberpfälzer Wald und den Böhmerwald. Im Donau- und Alpen-Bereich hatten die Bayern ihre Siedlung am weitesten nach Osten und Südosten entfaltet. Bis 1200 waren sie zur March, Leitha, Drau und Gail und noch darüber hinaus gelangt.

Das Siedlungswesen im Altsiedelland und im Neusiedelland wird heute weniger statisch und regelhaft, statt dessen dynamischer verstanden als früher. Außerdem hat sich jede Landschaft als ein Individuum erwiesen. Nur ein geringer Teil der heutigen Wohnplätze besteht im strengen Sinne kontinuierlich seit frühgeschichtlicher Zeit, obwohl man sagen kann, daß das Grundgerüst der Siedlung im Bereich des Altsiedellandes aus dem 5. bis 8. Jahrhundert herrührt.

Jene Dynamik versteht man besser, wenn man sich die relativ geringe Bewohnerzahl der einzelnen Standorte vor Augen führt. Für das Spätmittelalter kann man zur ersten Orientierung sagen: Die einzelne Siedlung – gleichgültig, ob Dorf oder Stadt – dürfte im Durchschnitt etwa neunzig Einwohner gezählt haben. Wenn man für die ungefähr viertausend Städte und Märkte ein Fünftel oder Viertel der Gesamtbevölkerung in Betracht zieht, so verbleiben für die ländlichen Siedlungen im groben Durchschnitt rund siebzig Einwohner und damit vielleicht ein Dutzend Hofhaltungen. Natürlich gab es auch größere Dörfer, aber ihnen standen viele Kleinsiedlungen gegenüber. Erst schrittweise stellte sich ein, was man wenig schön, doch treffend »Verdorfung« nennt, das heißt erst allmählich verdiente sich die ländliche Einzelsiedlung durch ihr Wachstum den Namen »Dorf«.

Zur Siedlung gehörte die Flur, die die Nahrung erbrachte. Man versteht sie als Kulturland im engeren Sinne, als Garten, Acker, Wiese und Weide. Weiter nach außen lagen die durchweideten, mehr oder weniger erschlossenen und als zugehörig empfundenen Wälder. Im großen und ganzen hat die Bevölkerungszunahme bis zum frühen 14. Jahrhundert Schritt für Schritt zur Ausweitung der nutzbar gemachten Flächen geführt. Dies begann in den alten Siedlungen und in ihrer Umgebung. Allmählich wurden alle Landreserven erfaßt. Schließlich mußten Grund- und Landesherren sogar dazu übergehen, einen Teil des Waldes durch Rodungsverbote zu schützen. In feuchteren und höher gelegenen Gebieten waren Gemeinschaftsleistungen und die besondere Begünstigung der daran Beteiligten nötig. Die Erzbischöfe von Hamburg-Bremen und andere Herren im heutigen Niedersachsen betrieben auf diese Weise als erste die Erschließung der See- und Flußmarschen an Ems, Weser und Elbe durch Deichbau und Trockenlegung. Die Leitung am Ort übernahmen Lokatoren, öfter Ministerialen, wohl auch große Bauern. Unmittelbar an der Nordsee organisierten einheimische Geschlechterverbände derartige Arbeiten. Im Bergland und in dessen Vorland handelte es sich oft um grundherrliche Rodungskolonisierung durch Klöster, Grafen und Bischöfe. In vielen Landschaften zeugen Ortsnamen auf -reut, -rode, -hagen, -holz, -walde oder -schlag von solchen Leistungen.

Nicht wenige Siedlungen und Fluren sind am Anfang des späten Mittelalters in Gebieten angelegt worden, in denen man den Boden nur unter günstigen Bedingungen rentabel bebauen konnte. Im 13. Jahrhundert traf man sogar im Zentralstock des Fichtelgebirges Getreidefelder an. Das Vordringen ins Hochgebirge führte zu Grenzkonflikten. So standen in der späteren Schweiz die Urner gegen die Männer von Glans. Gegen die Übergriffe der Schwyzer auf das Land

Siedlungsformen (nach Abel)

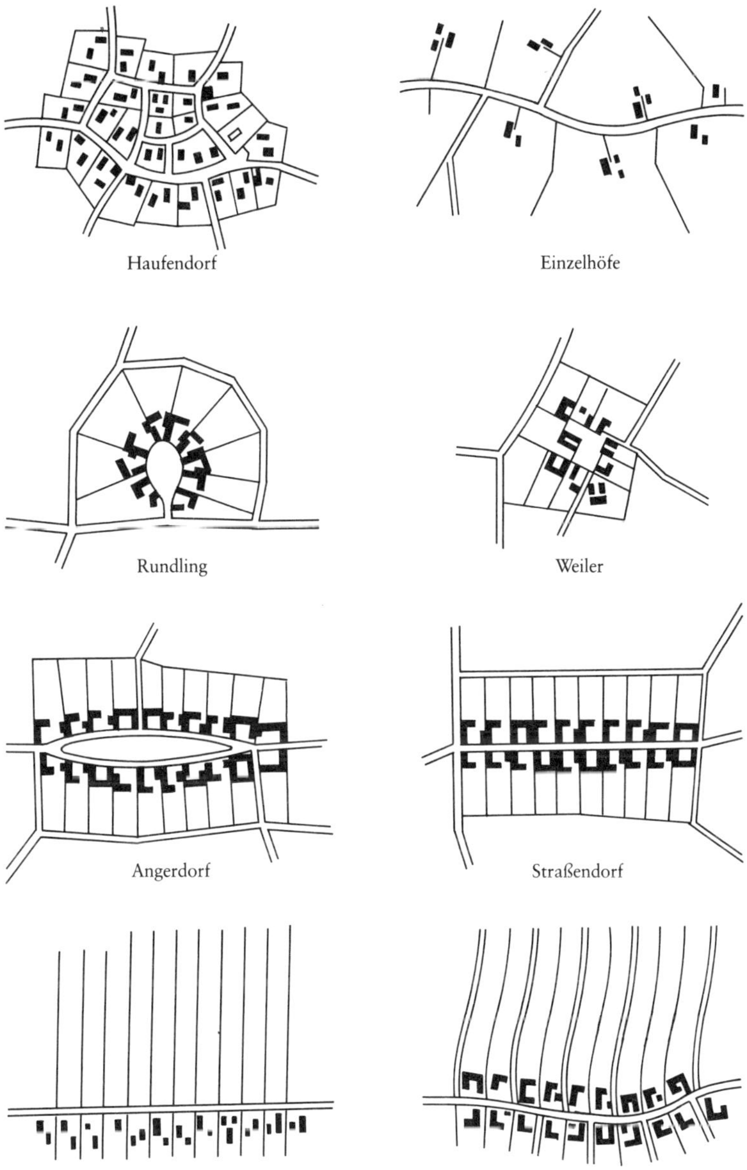

des Klosters Einsiedeln zählte der Abt im Jahr 1311 in seinem Klagerodel sechsundvierzig Streitpunkte auf.

Um den Boden intensiver zu nutzen, wurde das Weideland zugunsten des Getreideanbaus verkleinert. Nicht selten stellte man sich auf Spezialkulturen um, weil sie besonders begehrt waren, vor allem auf Wein und »Industrie«pflanzen. Allgemein trat im beginnenden Spätmittelalter eine Differenzierung der Bodennutzung ein, ebenso – zumeist durch Erbgang – eine stärkere Parzellierung der Fluren.

Dieser Landesausbau, dessen Endphase in Deutschland zumeist in die ersten zwei oder drei Generationen des Spätmittelalters fällt, war ein in Europa weitverbreiteter Vorgang. Bildlich gesprochen sind damals die meisten noch vorhanden gewesenen weißen Flecken auf der Landkarte der entwickelten Länder des Kontinents getilgt worden. Dabei hat man die »auffüllende« Siedlung im Altsiedelland und die »erschließende« Siedlung im Neusiedelland beiderseits der erwähnten Grenzlinie in Parallele zu setzen.

Man kann um diese Zeit in der Hauptsache fünf ländliche Siedlungsformen unterscheiden. Der Einzelhof war selten prägend, eher in andersartige Siedlungsformen eingestreut; er fand sich vor allem im oder am Gebirge. Der Größe nach folgte der Weiler oder Drubbel, der häufig durch Teilung aus Einzelhöfen hervorgegangen war. Der Weiler war in der Regel die Vorform des Dorfes. Am Ende des Mittelalters gab es nur noch wenige Regionen mit eindeutiger Vorherrschaft des Weilers, zum Beispiel auf Rügen, im Fichtelgebirge und in Pommerellen. Die wichtigste größere Siedlungsform des Altsiedellandes war das Haufendorf. Sein Hauptmerkmal war wie beim Weiler der ungeregelte Grundriß; es bestand keine Ordnung der Hausparzellen und Gehöfte zueinander. Die Reihendörfer in ihren verschiedenen Formen waren dagegen zumeist geplante Siedlungen; selten entstanden sie durch natürliches Wachstum entlang einer Straße oder eines Baches. Gemeinsam war ihnen die Reihung der Anwesen in weitem Abstand von Hof zu Hof, in einer Entfernung von fünfzig bis einhundertfünfzig Metern. Sie befanden sich vor allem im Bereich der Ostsiedlung, im nördlichen Tiefland – als Marschhufendorf – sowie in den Mittelgebirgen – als Waldhufendorf – bis in den Südosten an Mur und Drau. Schließlich kann man Siedlungen mit freiem Innenraum als Platzsiedlungen zusammenfassen. Mit einer länglichen freien Fläche ausgestattet heißen sie, zumal im Bereich der Ostsiedlung, »Angerdörfer«. Das waren teilweise Rodungssiedlungen, teilweise Umsetzungen slawischer Dörfer nach deutschem Vorbild. Dörfer mit rundlichem freien Innenraum nennt man »Rundlinge«. Ihr Hauptverbreitungsgebiet erstreckt sich quer durch Mitteleuropa von Ostholstein bis Marburg an der Drau im heutigen Slowenien, mit Schwerpunkten in Mecklenburg und im östlichen Niedersachsen. Rundsiedlungen dürften zu verschiedenen Zeiten und in verschiedenen Gegenden entstanden sein, weil sie sich zur Verteidigung und zur Konzentration des Viehs in der

Die Verbreitung der Orts- und Flurformen seit dem 12. Jahrhundert (nach Schröder/Schwarz)

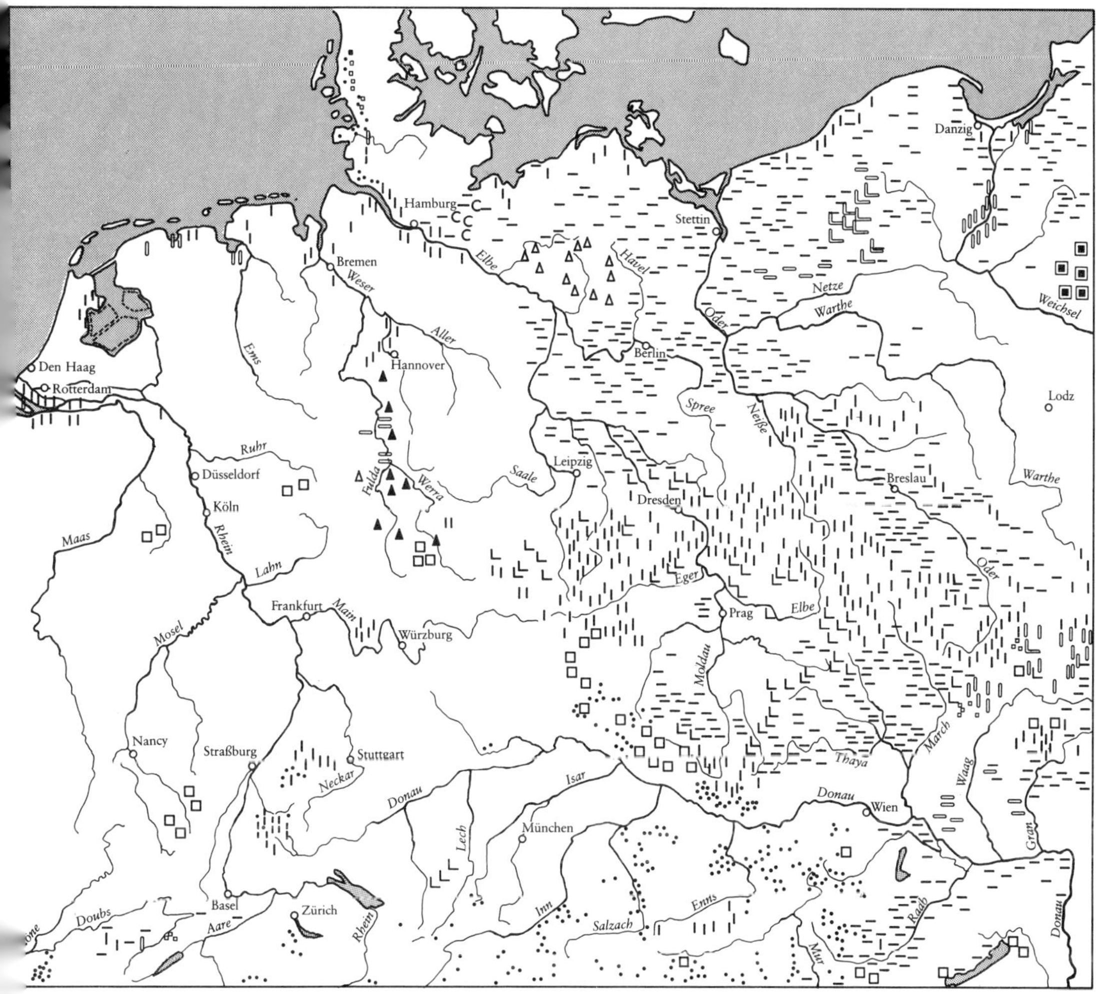

Entstehungszeit 11./12. bis 14. Jahrhundert

- ▲ Dichte Haufendörfer mit Gewannflur
- △ Drubbel mit Langstreifenflur
- □ Weiler mit Blockflur oder daraus hervorgegangenen Flurformen
- C Rundlinge und Sackgassendörfer unterschiedlicher Flurformen
- ¦ Frühformen der Waldhufen
- I Voll entwickelte Marsch- bzw. Waldhufendörfer
- – Straßen- und Angerdörfer mit planmäßiger Gewannflur
- L Straßen- und Angerdörfer mit Gelängeflur
- •• Einzelhöfe

Entstehungszeit um 1400 bis um 1600

- ▣ Weiler mit Blockflur bzw. daraus hervorgegangenen Flurformen
- 0 Wald- bzw. Marschhufendörfer
- ▭ Straßen- und Angerdörfer mit planmäßiger Gewannflur
- L Straßen- und Angerdörfer mit Gelängeflur
- ▫▫ Einzelhöfe

geschützten Dorfmitte als zweckmäßig erwiesen haben. Im Westen überwogen »gewachsene«, im Osten »geplante« Siedlungstypen. Man darf sich jedoch keine allzu schematischen Vorstellungen machen; denn es kommt immer wieder vor, daß ein Siedlungsplatz im Laufe seiner Geschichte mehr als einer Dorfform angehört hat.

Die Ostsiedlung ist neben der Ausbildung der Städte und der Entstehung der Territorien das wichtigste neue Ereignis der deutschen Geschichte des Mittelalters; andere maßgebliche Sozial- und Verfassungsformen – wie Königtum, Adel, Lehnswesen, Grundherrschaft – sind vordeutscher Herkunft oder haben zumindest solche Vorformen. Nördlich der Donau- und Alpen-Länder hatte das neue Siedeln in der ersten Hälfte des 12. Jahrhunderts in der Breite begonnen und war ein gutes Jahrhundert darauf, als das späte Mittelalter einsetzte, in vollem Gang. Die deutsche Ostsiedlung ist der nach Umfang, Intensität und Wirkung weitaus wichtigste Teil einer allgemeinen Entwicklungsbewegung, die Europa von Schweden bis zum Mittelmeerraum betroffen hat. Der eingebürgerte Begriff »Siedlung« ist dafür eigentlich zu eng; denn die Veränderungen haben praktisch alle Lebensbereiche berührt. Man kann sagen, daß »strukturgeschichtlich« gesehen Mitteleuropa dadurch vervollständigt, oder auch, daß Ostmitteleuropa dadurch erst mitgeschaffen worden ist. Die Ostsiedlung ist nicht identisch mit einer Expansion politischer Kräfte im modernen Sinne; sie war kleinteilig, weithin von der normalen zeitgenössischen Mobilität getragen und erregte daher unter den Zeitgenossen nur wenig Aufmerksamkeit. Es waren unzählige unkoordinierte Einzelbewegungen; eine übergreifende Organisation vom Mutterland her bestand nicht. Es war also keine Kolonisation, wie man sie aus der Neuzeit kennt, und auch keine Massenbewegung. Man schätzt für das 12. Jahrhundert ungefähr 200.000 Siedler und für jedes Halbjahrhundert bis 1300 etwa ebenso viele. Aus den ersten Generationen der neugeschaffenen Bauernstellen, vor allem zwischen Elbe und Oder, ging vielfach der Nachwuchs für die weiter östlich gelegenen Landstriche hervor. Es war dies nur eine Teilabschöpfung der normalen Mobilität, die sonst in Binnensiedlung oder Städtegründung strömte. Dabei handelte es sich bildlich gesprochen weniger um Druck als um Sog. Im Osten war die Siedlung ein Prozeß, an welchem Ankömmlinge und Eingesessene beteiligt waren, der aber in der Hauptsache aus dem Westen angestoßen wurde. Zuletzt wurzelte er in der »zivilisatorischen West-Ost-Bewegung« (K. Zernack), im Entwicklungsgefälle des Zeitalters, das bis ins 14. Jahrhundert hinein den Westen und Süden des Kontinents vor seiner Mitte ebenso im Vorsprung sah wie die Mitte gegenüber dem Osten und Norden. Die Entwicklung der östlichen Mitte Europas wurde damals so sehr beschleunigt, daß im 14. Jahrhundert vielfach Gleichrangigkeit in der Verschiedenheit erreicht werden konnte. Von den beiden etwa gleich groß gewordenen Städten oder Stadtkombinationen Köln und Prag blieb zwar Köln wirtschaftlich um ein Mehrfaches überlegen, aber die erste Universität im Reich nördlich der Alpen wurde nicht im politisch zergliederten Rheinland, sondern vom starken Fürstenstaat in Prag eingerichtet (1348), vierzig Jahre früher als in Köln (1388), wo doch am Anfang des Spätmittelalters Thomas von Aquin zu Füßen Alberts des Großen gesessen hatte.

Als Hauptergebnis der Ostsiedlung entstanden die deutschen Neustämme, die fortan an der deutschen Geschichte teilnahmen und sie stets maßgebend, lange Zeit sogar führend bestimmt haben. Da waren zunächst die Mecklenburger, Pommern, (Ost- und West-)Preußen, Brandenburger, Sachsen und Schlesier. Gewissermaßen zu vervollständigen war die Einwohnerschaft Thüringens und des späteren Sachsen-Anhalt und der ost-österreichischen Länder, zumal in Kärnten und Steiermark. Nicht zur deutschen Stammesbildung kam es in Livland, in Böhmen und Mähren und in Krain. Nur die größte dieser Gruppen, die Deutschen in Böhmen und Mähren, haben im 20. Jahrhundert als Sudetendeutsche zu einem wenigstens stammesartigen Selbstverständnis gefunden. Außerhalb des Reiches wohnten Deutsche im alten Ungarn, das die heutige Slowakei und das heutige Burgenland einschloß, und in Polen. Nach älteren Ansätzen formte sich jetzt die Germania slavica aus, und neu bildete sich die Germania baltica, wobei diese Begriffe sehr komplizierte Tatbestände vereinfachend zusammenfassen; jede kleine Region hatte ein eigenes Gesicht.

In alledem ist Wesentliches von der Entstehung des deutschen Volkes zu erkennen, das als ein historisches Gebilde wie alle Völker ständigen Veränderungen unterworfen war und ist. Verschiedenartige Mischungsvorgänge und Bewußtseinswandlungen waren daran maßgeblich beteiligt. Ethnische Herkunft und sprachlich-»nationales« Zugehörigkeitsbewußtsein der Einzelpersonen mußten sich nicht decken, und dieses war auch nicht unwandelbar. Häufig haben sich solche Prozesse von Region zu Region andersartig abgespielt. Im großen kann man vier Zonen unterscheiden: erstens die Zone im Bereich der meisten Neustämme, in der die Neusiedlung durch Deutsche und der Selbstbehauptungswille der Landesherren in unproblematischer Weise übereinstimmten; zweitens die Zone, in der dem Landesherrn zur Fortentwicklung auch starke einheimische Kräfte zur Verfügung standen, wie in Böhmen und Mähren; drittens die Gebiete außerhalb des Reiches, in denen innerhalb mehrgliedriger, großräumiger Königreiche die deutsche Ostsiedlung eine Kraft unter anderen Kräften war, in Polen und Ungarn; und viertens der Rückzugsbereich des europäischen Heidentums, wo Christianisierung nach den hochmittelalterlichen Regeln der Kreuzzugsmission, moderne Herrschaftsbildung und Besiedlung wenigstens anfangs zusammentreffen konnten, in Preußen und Livland. Gegenüber den Heiden, die außerhalb des mittelalterlichen Völkerrechts standen, wurde das Neue auch gewaltsam durchgesetzt.

Mit den Veränderungen der politischen Grenzen des Reiches hatte die Ostsiedlung ursächlich nichts zu tun. Der Übergang Schlesiens an das Reich war ein dynastischer Erfolg des Hauses Luxemburg, bei dem die Sprache der neuen Untertanen ebensowenig eine Rolle spielte wie bei der Vereinigung Livlands mit dem Reich. Diese wiederum war die Konsequenz der Heidenmission, die dem Kaiser als dem ersten weltlichen Herrn der Christenheit unmittelbar nach dem Papst oblag. Im übrigen standen Ostsiedlung und deutsches Königtum miteinander kaum im Zusammenhang.

Der eigentliche Ordnungsfaktor der Ostsiedlung ist die jeweilige Landesherrschaft gewesen. Der Neustamm war demnach im wesentlichen eine Größe der Landesgeschichte. Die Orientierung an dynastischen Mittelpunkten und Grenzen des Landes bildete verhältnismäßig rasch ein Bewußtsein der Zusammengehörigkeit aus, das dann wieder vielfältig auf die Herrschaft zurückwirkte. Bei der Landesherrschaft ist auch das Hauptmotiv zu suchen, das die Ostsiedlung verwirklichte und vorantrieb. Das war kein bewußt gesteuerter Ausgleich im großen zwischen dicht bewohnten Ländern im Westen und dünn oder gar nicht besiedelten Gebieten im Osten, obwohl als ein ungewolltes Ergebnis der Ostsiedlung ein relativer Bevölkerungsausgleich in Europa eintrat. Vielmehr bemühten sich die Landesherren im Osten, in Konkurrenz mit der westlichen Binnensiedlung an deren Mobilität teilzuhaben. Man hatte erkennen müssen, daß Entwicklungsunterschiede bestanden. Also suchte man die eigene Konkurrenzfähigkeit zu behaupten und zu stärken.

Zu diesem Zweck war man darauf bedacht, die Wirtschaft zu entwickeln und die Steuerkraft zu heben, aber auch die Grenzen zu sichern, wenn der Nachbar schon mit der Rodung der als Schutz empfundenen Grenzwälder begonnen hatte. Das klassische Beispiel dafür ist Schlesien, das aufzeigt, wie aus den Siedlungsinseln archaischen Stils, die nur die günstigsten Böden erschlossen hatten, ein im Zusammenhang bebautes Land wurde. Die deutsche Siedlung des 13. Jahrhunderts hat hier rund 1.200 Dörfer und 120 Städte neu entstehen lassen. Wollten der Adel, der Bischof und die Klöster dem Herzog nicht nachstehen, mußten sie auf ihrem Land gleiches veranstalten, und sie taten es. Das war der »Aufbruch Europas«, der sich hier später als anderswo, aber um so schneller und rationaler vollzog. Wo einheimische Bauern willens waren, ähnliche Leistungen zu vollbringen, wurden sie in gleicher Weise zum Neusiedeln eingesetzt. Vielfach haben Landesherren und Grundherren Slawendörfer und -fluren »umgelegt«, das heißt faktisch und rechtlich auf den neuen Standard angehoben. Dies geschah zum Beispiel in Teilen Brandenburgs und um 1300 systematisch auf Rügen, wohin die deutsche Siedlung kaum vorgedrungen war. Schon 1246 hatte auch der Bischof von Posen dafür die herzogliche Erlaubnis erhalten. Anderswo blieben die slawischen Dörfer mit ihren kleinen Fluren bestehen, verloren aber an Konkurrenzfähigkeit gegenüber der neuen ertragreicheren Dreifelderwirtschaft.

Im engeren Deutschland sind die modernen Erschließungs- und Besiedlungstechniken zuerst von denjenigen Fachleuten aus dem Mündungsgebiet des Rheins angewendet worden, die man in die Feuchtgebiete an Weser und Elbe gerufen hatte. Schritt für Schritt setzten sich diese Methoden weiter nach Osten hin durch. Man kann den Weg mittels Einzelheiten der Fachsprache und des sozialen Verhaltens nachweisen. Gut gelingt dies bei der Figur des Siedlungsunternehmers, des Lokators, der mit der Herrschaft vertraglich übereinkam und dann die Neugründung des Dorfes oder der Stadt von der Anwerbung der Siedler bis zur Organisation der Siedlung betreute. Als Entgelt wurden ihm erblich das Schulzen- oder Richteramt, ein Mehrfaches der üblichen Landzuteilung, Zinsfreiheit und andere Vorrechte zuerkannt. Bei solchen Siedlungen handelte es sich um ungewohnt große Dörfer mit zwanzig bis hundert Hufen, mit gleichmäßig vermessenen und abgeteilten Ländereien und mit gemeinsam geregelter Mehrfelderwirtschaft, mit eigener Kirche und eigenem Niedergericht, also um Gemeinden im vollen Wortsinne. Immer häufiger wurde mit der Zeit auch die Gruppensiedlung, das heißt die gleichzeitige Anlage mehrerer Dörfer und einer in ihrer Mitte gelegenen Stadt. Stadtentstehung und moderne ländliche Besiedlung sind als Zwillinge aufzufassen. Von den komplizierteren Verhältnissen in Städten mit slawischer Vorgeschichte wird noch zu sprechen sein.

Das Obereigentum im Dorf gebührte weiterhin dem Grundherrn. Dem Bauern blieb das Nutzeigentum, das vererblich und veräußerlich war und nach einigen Jahren der Lastenfreiheit mit einem Erbzins entgolten wurde. Dank beträchtlicher technischer Neuerungen, wie man sie im Osten bis dahin kaum gekannt hatte, brachten jetzt schwere, bisher vielfach unbeachtete Böden reiche Frucht. Auch karge, hochgelegene Ländereien wurden erschlossen. Ebenso wichtig waren die sozialen Neuerungen, die insgesamt einer ersten Welle europäischer Bauernbefreiung gleichkamen: der Verzicht des Herrn auf die alte Hörigkeit als Entgelt für den Abzug aus der Heimat und die mühevolle Erschließung, die unbeschränkte Vererblichkeit von Hof und Land, die Mit- und Selbstverantwortung in der Gemeinde. Es gab nur noch sachbezogene, keine personenbezogene Abhängigkeit.

Östlich der Oder pflegte man die Summe der vom Herrn den Neusiedlern zugesicherten Rechte als »deutsches Recht«, Ius theutonicum, zu bezeichnen. Es war kein gemeindeutsches, einheitliches Recht; denn dieses gab es damals nicht. Vielmehr meinte man damit, zunächst aus der Perspektive des Herrn, dessen alteingesessene Untertanen nach einheimischem Recht lebten, die Summe der neuen, jeweils unterschiedlichen Siedlerrechte. Teilweise wurden sie urkundlich neu gewährt, teilweise sind sie als Gewohnheiten aus der Heimat mitgebracht worden. Daß man vom »deutschen Recht« sprach, obwohl es partikulares Recht war, läßt erkennen, daß man die Ankömmlinge ungeachtet ihrer verschiedenartigen Sprachen oder Mundarten und Bräuche als Deutsche verstand. Das »deutsche Recht« ist bald auch an nichtdeutsche Bauern übertragen worden, um ihnen Anreiz für besondere Leistungen zu bieten. So sind deutsch-rechtliche und ethnisch-deutsche Siedlung nicht dasselbe.

Es hing von den Vorbedingungen ab, ob sich die Struktur- und Produktivitätsverbesserungen als hilfreich oder als epochal erwiesen. Von geringerer Bedeutung waren sie in Böhmen und Mähren, wo schon eine entwickelte Getreidewirtschaft bestand, am wichtigsten zwischen Elbe und Oder und östlich davon. Dort bot sich auch der weiteste Spielraum für einen Bevölkerungszuwachs, der das Ausmaß der Verwandlung besonders deutlich erkennen läßt. Die vorsichtigsten Schätzungen für Schlesien nehmen bis an die Schwelle zum 14. Jahrhundert eine Verfünffachung der Einwohnerzahl an, für Sachsen spricht man bis 1300 von einer Vermehrung auf mehr als das Zehnfache. Die neue Agrarordnung führte früher oder später zur Übernahme des vom Markt gesteuerten einheitlichen Stadt-Land-Wirtschaftssystems, wie es im Altsiedelland heranwuchs.

Je weiter man nach Osten blickt, um so später lag der Höhepunkt dieser Entfaltung. Für Brandenburg sieht man ihn um 1250; wohl schon in der zweiten Hälfte des 13. Jahrhunderts ist eine Verlangsamung des Geschehens festzustellen. Weiter östlich war man erst nach 1250 am erfolgreichsten, so im mährischen Bistum Olmütz. Hier wirkte besonders intensiv Bischof Bruno aus dem holsteinischen Geschlecht der Schauenburger, der auch als Staufer-Gegner und Helfer des Königs Ottokar II. von Böhmen, des Gegenspielers Rudolfs von Habsburg, eine große Rolle spielte. Den späten Ausläufern der mittelalterlichen Ostsiedlung begegnet man beispielsweise in der von den Grafen von Ortenburg nach 1330 besiedelten Gottschee im Herzogtum Krain. Dort, nur dreißig Kilometer vom Mittelmeer entfernt, haben Bauern aus Oberkärnten auf einer karstigen Hochfläche einhundertsiebzig Dörfer angelegt.

Siedelten Slawen, Balten und Deutsche in enger Nachbarschaft, konnte ein sprachlicher und sozialer Ausgleichsprozeß ausgelöst werden, der sich je nach den regionalen Rahmenbedingungen in die eine oder andere Richtung entwickelte. Ein solcher Prozeß konnte bald beendet sein, wie in Steiermark im 14. Jahrhundert, oder das ganze Spätmittelalter und darüber hinaus andauern. In den weit entwickelten Regionen setzte sich fast überall die deutsche Sprache durch. Als Großgruppe eigener Sprache innerhalb des Reiches behaupteten sich auf die Dauer nur in Böhmen und Mähren, mitten im deutschen Sprachgebiet, die Tschechen aufgrund ihres hohen Entwicklungsstandes und einer besonderen historischen Konstellation; sie haben auch Deutsche in größerer Zahl assimiliert. Entwicklungen dieser und jener Art waren normalerweise Nebenprodukte, nicht Ziele zeitgenössischen Handelns. Denn es gab kein Instrumentarium für entsprechende Einsichten und für ein langfristiges Planen, und in einer Adelsgesellschaft bestand auch kaum ein Interesse an den Einzelheiten des bäuerlich-bürgerlichen Lebens.

So wurden die Slawen und Balten im Gebiet der Neustämme mit geringen

Ausnahmen Deutsche. In den Regionen geschlossener slawischer und magyarischer Siedlung wurden die Deutschen Tschechen, Polen, Slowenen oder Ungarn. Infolgedessen sind alle modernen Nationen Mittel- und Ostmitteleuropas zu ihrem Vorteil Mischvölker, besonders die Deutschen und Österreicher. Was beiderseits der sich allmählich ausbildenden Sprachgrenze nicht ausgeglichen wurde, verstand man später als Sprachinsel. Bei alledem ist allerdings zu beachten, daß die um die Wende zum 16. Jahrhundert einsetzende neuzeitliche deutsche Ostsiedlung die spätmittelalterlichen Verhältnisse an nicht wenigen Stellen überformt hat.

Politische Geographie und Grenzen

Die politische Geographie des Reiches am Anfang des späten Mittelalters sollte man erst dann in gewohnter Weise von den Grenzen her entfalten, wenn man sich bewußt gemacht hat, daß die Zeitgenossen keine Landkarten oder Handbücher besessen haben, die dergleichen in der heute üblichen Form wiederzugeben vermochten. Geographie war kein systematischer Wissensbereich. Kenntnisse davon waren Produkte der Einzelerfahrung und sind zweifellos weniger detailliert, mehr an dynastischen und städtischen Fixpunkten orientiert gewesen als heute. Die erste amtliche Liste der Glieder des Reiches stammt aus dem Jahre 1422. Man hat sich jedoch durch vielfältiges Reisen, durch Auskünfte von Kennern und aus überliefertem Bildungsgut brauchbare Vorstellungen vom Reich zu machen verstanden. Der Landesherr und seine Helfer kannten das werdende Territorium, der Grundherr sein Land und seine Nachbarn und die Städte ihre Handelsstraßen genau.

Die lineare Grenze, heute eine Selbstverständlichkeit, hat im nordalpinen Raum nicht immer bestanden, doch am Anfang des späten Mittelalters war sie schon großenteils verwirklicht, oder man war auf dem Weg dahin. Die älteren Vorstellungen davon hafteten am Wort »Mark«, das auch Grenzsaum oder Grenzwald, jedenfalls eine Zone von größerer Breite bezeichnen konnte. Das Wort »Grenze« ist eines der wenigen deutschen Lehnworte aus einer slawischen Sprache und wohl um 1250 im »modernen« Ordensland Preußen übernommen worden; durchgesetzt hat es sich erst im 16. Jahrhundert. Das Problem der Grenze wird noch dadurch kompliziert, daß man gerade im späten Mittelalter häufig nicht von einer einheitlichen »staatlichen« Gewalt sprechen kann, daß vielmehr einzelne Anteile von verschiedenen Herren wahrgenommen wurden. So konnte es Grenzlinien unterschiedlichen Verlaufs und unterschiedlichen Gewichts geben.

Nur in einer Himmelsrichtung liegt heute die (bundes-)deutsche Grenze weiter außen als im späten Mittelalter: nach Norden zu. Die Nordgrenze der Grafschaft Holstein und von Dithmarschen, zumeist an der Eider, war auch die Reichsgrenze und ist es bis in die Neuzeit geblieben. Jedoch umfaßte der Lehnsbesitz des Grafen von Holstein seit 1386 ganz Schleswig. Weiter westlich folgte die Grenze wie gewohnt der Nordseeküste, und zwar bis an den Westrand des Rhein-Deltas. Sie schloß Friesland, das Hochstift Utrecht, das Herzogtum Geldern und die Grafschaften Holland und Seeland ein. In südlicher Richtung war die Schelde die Grenze, so daß das Herzogtum Brabant, die Grafschaft Hennegau und die Hochstifte Cambrai und Lüttich zum Reich zählten, von Flandern jedoch nur ein kleiner Teil. Etwa an der Schelde-Quelle wandte sich die Grenze fast geradlinig nach Osten zurück bis zur Maas, der sie bis ungefähr zur Quelle nach Süden folgte. Grenzländer waren hier vor allem die Grafschaft Luxemburg, die Hochstifte Verdun und Toul und die Herzogtümer Bar und Lothringen. Beachtet man für das erste spätmittelalterliche Jahrhundert noch die Selbständigkeit des in Personalunion mit dem deutschen Königtum verbundenen Königreichs Burgund, so wird man die deutsche Grenze am Südrand Lothringens nach Osten abbiegen lassen. In der Praxis freilich hat das frühhabsburgische Königtum nordburgundisches Land als deutsches Land verstanden, zum Ärger vieler dort ansässiger politischer Kräfte. Die französisch-burgundische Grenze jedenfalls verlief entlang der Saône und Rhône nach Süden; noch im 19. Jahrhundert soll man vom linken Rhône-Ufer als dem kaiserlichen, vom rechten als dem (französisch-)königlichen gesprochen haben. Die Grafschaft Provence, ganz im Süden, fiel 1246 an das Haus Anjou und 1481/1486 an Frankreich. Avignon wurde 1348 päpstlich, und 1349 erhielt der französische Thronfolger das Delphinat Vienne, obwohl die Lehnshoheit des deutschen Königs zunächst anerkannt blieb. Die Südgrenze des deutschen Reiches gegen Burgund und gegen das ebenfalls in Personalunion verbundene Königreich Italien war eine Binnengrenze und daher nicht sehr scharf ausgeprägt. Sie hätte, wenn man ihr vom Westen her folgt, den westlichen Teil der späteren Schweiz samt dem Hochstift Basel bis zum Hauptkamm der Alpen unweit des Gotthard-Massivs ausschließen müssen, doch dieser Tatbestand hat um 1250 keine größere Rolle mehr gespielt. Die Eidgenossen rechneten sich auf jeden Fall zum deutschen Reich. Die Freigrafschaft Burgund und die savoyischen Lande, die 1416 zum Herzogtum erhoben wurden, einschließlich kleinerer Herrschaften um den Genfer See suchten zunächst eine möglichst unabhängige Position einzunehmen und gerieten dann immer mehr unter den Einfluß des französischen Königs. Demgegenüber waren die deutschen Könige bestrebt, diese Gebiete zum engeren deutschen Reich zu ziehen, was 1361 für Savoyen und die Grafschaft Genf juristisch fixiert wurde. Der weitere Verlauf der Südgrenze schloß Tirol und die Hochstifte Chur und Trient ein und griff damit schon im Etsch-Tal deutlich über den Südrand der Alpen hinaus. Mit dem Patriarchat

Aquileja, der Grafschaft Görz und dem Herzogtum Krain stieß die Reichsgrenze an die Adria.

Krain lag zugleich am Anfang der Ostgrenze. Sie zog sich entlang der Herzogtümer Steiermark und Österreich zur Donau. Unmittelbar vor Preßburg überschritt sie den Strom und folgte zunächst der March nach Norden entlang der Ostgrenze der Markgrafschaft Mähren. Bis zum Anfang des späten Mittelalters hatten die Nordostgrenze Mährens sowie Böhmens und die Ostgrenze des Landes Bautzen/Görlitz sowie der Markgrafschaft Lausitz die Außengrenze des Reiches gebildet. Das Herzogtum Breslau war 1280 Reichslehen geworden. Schritt für Schritt gerieten dann die schlesischen Herzogtümer unter die Lehnshoheit oder die direkte Herrschaft des Hauses Luxemburg, das 1310 Böhmen erworben hatte, und damit ans Reich. Im Jahr 1335 erfolgte der Tausch gegen die luxemburgischen Ansprüche auf die polnische Krone; seitdem waren die Süd- und Ostgrenze Schlesiens mit der Reichsgrenze identisch. Nördlich schlossen sich die brandenburgische Neumark und Pommern-Wolgast mit dem Hochstift Kammin an, wo die Grenze die Ostsee erreichte. Rügen war 1328 endgültig ans Reich gekommen.

Das Ordensland Preußen gehörte »staatsrechtlich«-lehnsrechtlich nicht zum Reich; es war jedoch auf das im staufischen Sinne universal verstandene Kaisertum ebenso wie auf das Papsttum bezogen. Je mehr der universale Aspekt des Kaisertums wieder an Kraft gewann und zudem ein Nationalbewußtsein heranwuchs, um so eher rechneten die Zeitgenossen auch Preußen zum Reich. Die Kaiser des 15. Jahrhunderts haben demgemäß gehandelt. Die Zugehörigkeit Livlands – heute ungefähr das Gebiet von Estland und Lettland – zum Reich war wie üblich lehnsrechtlich fixiert. Es war die einzige »überseeische« Region Deutschlands, da es gefahrlos nur zu Schiff erreicht werden konnte; der Küstenweg war wegen der Feindschaft der Litauer unsicher. Livland besaß eine lange Ostseeküste, beginnend in der Gegend nördlich von Memel bis zur Narwa-Mündung am Finnischen Meerbusen. Von dort verlief die Grenze nahezu geradlinig nach Süden, zuerst den Peipussee entlang, bis sie die Düna erreichte, wo sie sich ungefähr westwärts wieder zum Meer wandte.

Die Grenzen des Reiches waren im späten Mittelalter verhältnismäßig wenig umstritten und umkämpft. Eine Ausdehnungspolitik aus nationalen Beweggründen hat nicht stattgefunden. Wenn Gebietszuwachs eintrat, war er die Folge regionalen dynastischen Ehrgeizes. Auch Gebietsverluste waren nicht allzu schwerwiegend. Es bestand zwar ein Machtgefälle zwischen der beachtlich zentralisierten und bürokratisch durchgeformten, durch den Krieg mit England freilich auch jahrzehntelang gelähmten französischen Königsmacht einerseits und den kaum je im äußersten Westen des Reiches weilenden deutschen Königen sowie den dort befindlichen mittleren Territorien andererseits. Doch die Versuche des Nachbarherrschers, dieses Gefälle auszuwerten, waren außerhalb des ohnehin – zugunsten Frankreichs und Deutschlands – verfallenden Königreiches Burgund von verhältnismäßig bescheidenem Ertrag. Jedenfalls gilt dies gemessen an Vorstellungen, die dem »schneidenden Luftzug der neueren Geschichte« entsprechen würden. Andere Verluste angesichts angrenzender dichterer Staatlichkeit ergaben sich im frühen 15. Jahrhundert gegenüber der Republik Venedig an der Adria. Das neue Herzogtum Burgund unter einer Nebenlinie des französischen Königshauses, das sich zwischen 1363 und 1477 gleichsam rittlings auf der deutsch-französischen Grenze ausbreitete, stellt einen vorübergehenden Sonderfall dar, von dem noch zu sprechen sein wird. Der weitaus wertvollere Teil des burgundischen Erbes mit Flandern, Artois und der Freigrafschaft Burgund fiel am Ende des Mittelalters an Maximilian von Österreich, den späteren Kaiser. Berücksichtigt man dieses, wenn man schon »machtpolitisch« nachrechnet, so ist die Bilanz als durchaus positiv zu bezeichnen.

Die Bedeutung der Außengrenzen des Reiches war nicht dieselbe wie in der Moderne. Adelige Familienbeziehungen sowie kulturelle, religiöse und erst recht wirtschaftliche Kontakte reichten darüber hinweg. Es war auch ein langer Weg von der alten kernbezogenen, sich nach außen jeweils verdünnenden Staatlichkeit des älteren Gemeinwesens bis zum gleichmäßig durchgeformten neuzeitlichen Staat. Oft wird daher im folgenden von Binnengliederungen, inneren Entwicklungsunterschieden und von regionaler Staatlichkeit die Rede sein, viel öfter als von einem gemeinsamen Denken und Handeln. Auch in dieser Hinsicht war Deutschland, gleich seinen Nachbarn, immer noch im Entstehen.

Demgemäß waren außenpolitische Fragen gewohnten Zuschnitts im späten Mittelalter nicht eigentlich Kernfragen der Existenz des Gemeinwesens. Im Zeitalter der »Offenen Verfassung« beruhten Zusammenhalt und Fortleben des Reiches – abgesehen von der Aktivität eines überforderten Königtums – vor allem auf einer ganz allgemeinen, nicht ernstlich belastbaren Loyalität der Reichsglieder. Diese Periode der Schwäche ist überstanden worden, weil ernsthafte Anfechtungen von außen ausblieben. Das gleiche trifft übrigens für andere Reiche zu. Eine solche »Schonzeit« galt freilich nur insoweit, als sich die Partner an die Spielregel christlicher Könige des Mittelalters hielten: an gegenseitigen Respekt. Daß die Mongolen nach ihrem Sieg in der Schlacht bei Liegnitz (1241) umkehrten und das Reich nicht überwältigten, wird man aus deutscher Perspektive Glücksumständen, nicht einem abschreckenden Verteidigungswillen zuschreiben. Die nächsten, die sich »unangemessen« verhielten, waren die muslimischen Türken, und dann, ganz am Ende des Mittelalters, war es das im neuzeitlichen Sinne erstarkte, »imperialistisch« gewordene französische Königtum. Gegenüber denen, die jene Regel mißachteten, gab es aber auch eine viel stärkere Solidarität. Das Bestreben, den christlichen Glauben und am Ende die deutsche Nation gemeinsam zu verteidigen, förderte seinerseits die »Verdichtung« des Reiches und führte es in ein neues Stadium staatlicher Existenz.

Die Bewältigung des Raumes

Im Vergleich zu den zeitgenössischen Möglichkeiten der Nachrichtenübermittlung und des Verkehrs war das Reich ein sehr ausgedehntes Gebilde. »Rußland ist groß, und der Zar ist weit«, dieses Sprichwort galt sinngemäß auch für das deutsche Spätmittelalter. Erfolgreiche Regierung und Verwaltung bedurften aber der Nähe. Dieser unüberbrückbare Zwiespalt erklärt einen großen Teil der Schwierigkeiten der zentralen Gewalt und bei der Weiterentwicklung der Reichsverfassung. Wie weit die Bewältigung des Raumes von modernen Vorstellungen abweicht, erkennt man am besten an den zeitgenössischen Reisegeschwindigkeiten. Ein Colmarer Dominikaner hielt es um 1300 für möglich, in vier Wochen quer durch Deutschland zu gelangen, von den Alpen zum Meer oder von Freiburg im Üchtland nach Wien. Um die Strecke von Lübeck bis zum Kaiserhof in Österreich zurückzulegen, benötigte ein Reisender in der Mitte des 15. Jahrhunderts durchschnittlich vierunddreißig Tage. Eine Schiffsreise von Regensburg nach Wien dauerte 1346 und 1429/30 fünf bis sieben Tage, die Rückreise stromaufwärts neun Tage. Es war mühsam, zeitraubend, teuer und nicht risikolos, Entfernungen zu überwinden; in der Fremde war man, wie die Zeitgenossen sagten, im Elend. Das »moderne« Postwesen – seit 1489/90 – gehört erst dem Zeitalter der »Verdichtung« an. Im Jahr 1500 wurde ein Postsack von Brüssel nach Innsbruck immerhin schon in fünfeinhalb und im Winter in sechseinhalb Tagen befördert; bei regelmäßigem Pferdewechsel an festgelegten Stationen wurde er von Postreiter zu Postreiter weitergegeben. Im ganzen aber war das spätmittelalterliche Reich derart regionalisiert, daß mit Selbstverständlichkeit kleinere Räume, viel seltener das Gesamtreich Denkfigur, Maßstab und Ort von Einsichten, Urteilen und Tätigkeiten abgaben. Mit zunehmender Entfernung schwanden die Erfolgsaussichten des Handelns unerbittlich.

Sich mit Hilfe einer Landkarte für praktische Zwecke zu informieren, war noch kaum möglich. Wohl von 1371/1373 an konnte man im Kloster Ebstorf unweit von Lüneburg einer riesigen runden Weltkarte im Durchmesser von rund dreieinhalb Metern auch ansehnliche Informationen über Deutschland entnehmen. Aber diese Radkarte war nicht maßstäblich und naturgetreu, sondern zeigte die räumlichen Grundlagen christlicher Existenz in Geschichte und Gegenwart auf. Der große Wissenschaftler Nikolaus von Kues entwarf ungefähr um 1450 eine Deutschland-Karte, die in jüngeren Fassungen erhalten ist; sie wurde 1491 in Eichstätt gedruckt. Danach konnte man aber ebensowenig zuverlässig reisen wie nach einer verlorengegangenen Karte, deren Entstehungsgeschichte im bayerisch-österreichischen Raum schon in die erste Hälfte des 15. Jahrhunderts zurückweist. Die erste wirklich brauchbare Reisestraßenkarte, die den Weg nach Rom meilenweise darbietet, stammte von Erhard Etzlaub aus

Nürnberg (um 1492/1501). Landesbeschreibungen Deutschlands, die praktisch verwertbar gewesen wären, sind nicht älter.

Auf die Schwierigkeiten der Raumbewältigung reagierten König und Landesfürsten durch Beweglichkeit. Die Regierungstätigkeit wurde wie im Hochmittelalter vielfach durch Reiseherrschaft ausgeübt, was die Zeitgenossen als nötig und richtig ansahen. Tatsächlich half Reiseherrschaft bis zu einem gewissen Grad über die Mängel der Verwaltung hinweg, konnte aber der Natur der Sache nach nur vorübergehend wirken.

Manches schwerverständliche Handeln kann am besten aus Informationsmangel erklärt werden. Das Botenwesen des Königs war schwach entwickelt; er konnte sich aber des gut ausgebauten Nachrichtenverkehrs der Reichsstädte bedienen. Aus dem Großkaufmannsmilieu erhielt die politische Welt in der Tat manche wichtige Mitteilung. Auf diese Weise kam die aufregende Meldung vom Mordanschlag während einer Sitzung des königlichen Rates auf dem Karlstein bei Prag im Jahr 1397 – ein sicheres Zeichen für den Machtverfall Wenzels – schnell an den Konkurrenten Ruprecht von der Pfalz, der sich drei Jahre später des Königtums bemächtigte.

Obwohl anzunehmen ist, daß sich die Zeitgenossen das Reich weniger als physikalisch-geographisches Gebilde denn als »Landschaft« von Herren, Obrigkeiten und Rechtstiteln vorgestellt haben, tritt deutlich hervor, daß das geographische Wissen vom 13. bis zum 15. Jahrhundert beträchtlich zugenommen hat. Vor allem wurden die Verbindungen zwischen den Städten dichter, und die Zahl der Reisenden und der Reiseziele vermehrte sich rapide. Im Jahrhundert zwischen 1250 und 1350 erwähnt die große Quellensammlung der Hanserezesse 350 verschiedene Städtenamen, im folgenden Jahrhundert waren es schon 850. Im Jahr 1439 stellte die Stadt Ulm eine Liste von 400 Städten auf, bei denen man Interesse an einem Messeprojekt vermutete. Man ordnete sie nach den Handelsstraßen an, die von der Münsterstadt ausgingen. Dies war typisch. Das Wissen von der Welt war mehr praktisch-»handwerklich« als abstrakt-»wissenschaftlich« orientiert, aber die Welt wurde dadurch auch übersichtlicher und berechenbarer.

Bevölkerung

Über Bevölkerungszahlen des deutschen Spätmittelalters im großen sind nur Schätzungen möglich. Zeitgenössische Zählungen oder Unterlagen, die heute Berechnungen in einigermaßen zuverlässiger Weise ermöglichen, gibt es nur für kleinere Bereiche, insbesondere für Städte. Sie stammen fast ausschließlich aus dem 15. Jahrhundert.

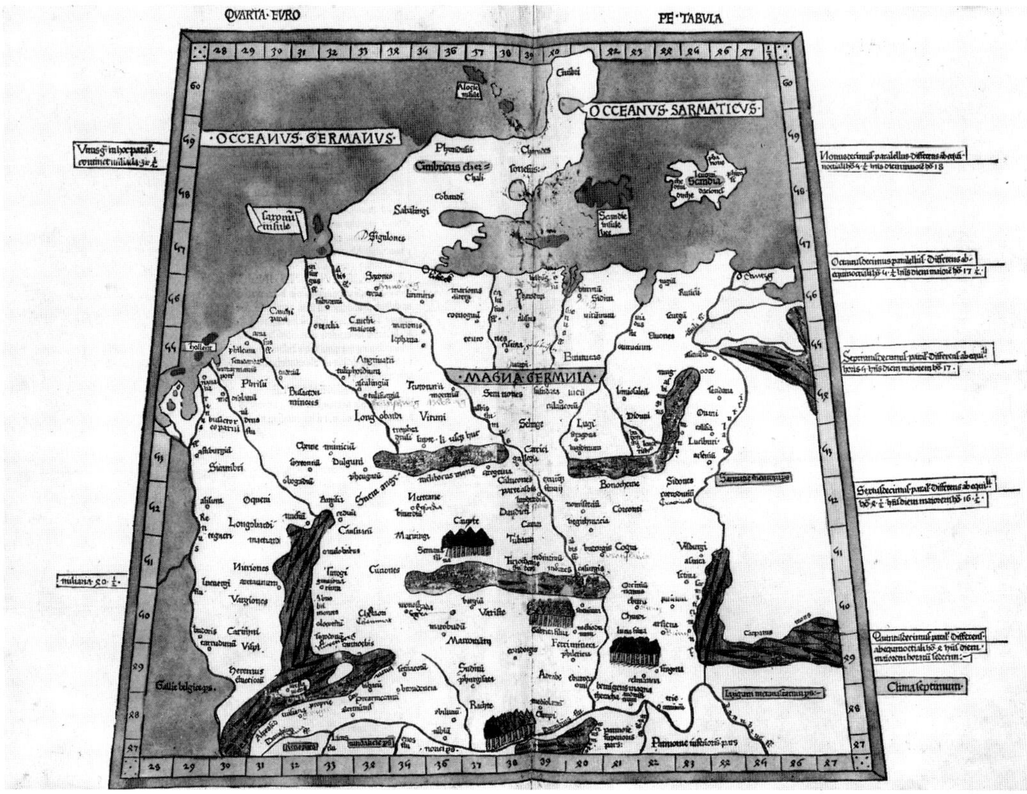

Deutschland im Spätmittelalter. Die »Germania«-Karte in dem 1482 in Ulm erschienenen Erstdruck der ptolemäischen »Geographia«. Wolfenbüttel, Herzog August-Bibliothek

Deutsche Großstädte im späten Mittelalter: Köln. Aus einem Gemälde des Meisters der Verherrlichung Mariens, zweite Hälfte des 15. Jahrhunderts. Köln, Wallraf-Richartz-Museum. – Nürnberg. Aus der Mitteltafel des Krellschen Altars in der St.-Lorenzkirche zu Nürnberg, um 1483. – Lübeck. Aus einer Innentafel des Flügelaltars von Hermen Rode in der St.-Nikolaikirche zu Reval, 1482

Man hat bisher angenommen, daß um und nach 1300 im Reichsgebiet nördlich der Alpen – ohne Burgund – 12 bis 15 Millionen Menschen gelebt haben. Die niedrigere Zahl mag die Deutschen im engeren Sinne meinen, die höhere die Anderssprachigen einschließen. In jüngster Zeit kommt man, ausgehend von der Analyse des Städtewesens, für einen rechteckigen Ausschnitt der Karte Mitteleuropas, der Teile Ostfrankreichs mit Flandern und Regionen Polens und Ungarns mit einbezieht, auf eine Zahl über 20 Millionen (H. Stoob). Dies dürfte für Deutschland eine höhere Einwohnerzahl und auf jeden Fall eine angemessenere Berücksichtigung der zum Reich gehörenden Romanen mit sich bringen. Von den älteren Daten ausgehend hat man eine durchschnittliche Bevölkerungsdichte von ungefähr 20 Einwohnern je Quadratkilometer angesetzt; auch sie wird nach den neuen Erwägungen höher liegen. Zur gleichen Zeit war Frankreich wohl dichter besiedelt und dürfte auch, obwohl wesentlich kleiner als das Reich, eine ähnliche oder gar höhere Bevölkerungszahl gehabt haben. Noch etwas dichter besiedelt war das viel kleinere englische Königreich, das nur den Südteil der Insel einnahm, und am stärksten Oberitalien. Dagegen wiesen die Nachbarländer im Norden und Osten eine sehr dünne Besiedlung auf. Insgesamt dürften um 1300 in ganz Europa mehr als 70 Millionen Menschen gelebt haben.

Die für Mitteleuropa genannten Zahlen waren das Ergebnis eines starken Bevölkerungswachstums von der Jahrtausendwende an, vielleicht einer Verdreifachung. Die Bevölkerungszunahme hatte weite Teile des Kontinents erfaßt und war einmalig in der gesamten mittelalterlichen Geschichte. Sie ist mit allen Begleit- und Folgeerscheinungen wohl auch das stärkste Zeugnis für jenen »Aufbruch Europas«, in dem die neuzeitliche Weltkultur wurzelt.

Die höchsten absoluten Zahlen findet man im Nordwesten des Reiches, die schnellste Vermehrung im Osten. Für das Herzogtum Brabant kann man – allerdings erst zum Jahr 1435 – aus den gezählten 92.418 Feuerstellen, deren Zahl nicht ganz vollständig ist, eine halbe Million Einwohner und damit eine Bevölkerungsdichte von 45 Menschen je Quadratkilometer ermitteln. Ähnliches wird für andere Teile des Landes am Niederrhein gelten. Für Sachsen hat man zum Stichjahr 1300 400.000 Einwohner bei einer durchschnittlichen Dichte von 23 Personen je Quadratkilometer genannt. Ein Fünftel der Bevölkerung wohnte dort in Städten, während man für den äußeren Niederrhein wohl beinahe ein Drittel, für die Grafschaft Holland nach 1500 die Hälfte ansetzen kann. Das außerordentliche Wachstum in Sachsen war zunächst ein Ergebnis der Einwanderung; für 1100 wird die Bevölkerungsdichte auf nur ein Zehntel der Zahl von 1300 geschätzt. Die Länder der ostluxemburgischen Hausmacht – Böhmen, Mähren, Schlesien und die Lausitzen – sollen in der ersten Hälfte des 14. Jahrhunderts 2,8 Millionen Einwohner gehabt haben, bei einer Bevölkerungsdichte von 21 Menschen je Quadratkilometer. Das Bistum Breslau allein, das praktisch mit Schlesien identisch war, mag etwa zur gleichen Zeit 400.000 Einwohner bei einer Dichte von 11 Personen je Quadratkilometer gezählt haben; dieses war fünfmal soviel, wie das von der deutschen Ostsiedlung kaum erfaßte polnische Bistum Posen weiter nördlich zur gleichen Zeit verzeichnete (2,1). Im Ordensland Preußen nennt man für das besonders planmäßig besiedelte Kulmerland eine Dichte von 25 Menschen je Quadratkilometer, für die Komturei Christburg weiter nördlich nur halb soviel. Für Niederösterreich samt Wien errechnete man zum Jahr 1250 einen Bestand von etwas mehr als 70.000 Häusern, ohne vorerst einen Schluß auf die Bevölkerungszahl zu wagen.

Die sozialen Großgruppen der Bevölkerung waren die Landbewohner mit ungefähr 75 bis 80 Prozent und die Stadtbewohner mit etwa 20 bis 25 Prozent. Klerus und Adel kann man mit jeweils geringen Anteilen je nach Wohnort einer der beiden Großgruppen zurechnen. Über die Umherziehenden sind einigermaßen zuverlässige Angaben nicht möglich.

Die Anzahl der Siedlungen war im Verhältnis zur Bevölkerungszahl sehr groß. Es gab bald nach 1300 – allein innerhalb der deutschen Grenzen von 1937 – wohl 170.000 Siedlungen und insgesamt wohl knapp 4.000 Städte, unter Einschluß der stadtähnlichen Märkte im bayerisch-österreichischen Raum. Städte und Dörfer waren klein, nicht so groß wie in der Antike und im spätmittelalterlichen Süden und Westen Europas, geschweige denn in der Neuzeit.

Die Einwohnerzahl des spätantiken Trier – wohl 60.000 im 4. Jahrhundert – hat keine mittelalterliche Stadt im Reich nördlich der Alpen erreicht und schon gar nicht die Zahlen des spätmittelalterlichen Mailand, Florenz, Venedig oder Paris. Was im Reich über 10.000 Einwohner zählte, darf man als Großstadt ansehen. Die größte Stadt des heutigen deutschen Sprachgebiets war Köln mit ungefähr 40.000 Einwohnern. Beinahe gleich groß waren die Prager Städte zusammengenommen. Deutlich mehr als 20.000 Einwohner zählten Brüssel, Metz, Lübeck und Danzig, ungefähr 20.000 Utrecht, Löwen, Straßburg, Nürnberg, Wien, Breslau und wohl auch Antwerpen. Über 10.000 Menschen oder ungefähr so viele lebten in Soest, Münster, Braunschweig, Lüneburg, Bremen, Hamburg, Magdeburg, Erfurt, Rostock, Frankfurt am Main, Würzburg, Basel, Augsburg, Ulm, Verdun, Maastricht, Deventer, Zwolle, Kampen und in weiteren Städten am äußeren Niederrhein. Insgesamt gab es nach Heinz Stoob in Mitteleuropa 60 bis 70 Städte mit mehr als 10.000 Einwohnern und über 100 Hektar Fläche. Auch eine mittlere Stadt mit mehr als 4.000 Einwohnern spielte im Lebensgefüge der Umwelt eine beachtliche Rolle. Von 4.000 Einwohnern und einer Fläche von 30 Hektar abwärts könnte man die Gruppe der Kleinstädte rechnen. Zwei Drittel aller Städte in Deutschland hatten weniger als 2.000 Einwohner. In fast allen Fällen wird man die Funktion der mittelalterlichen Stadt unvergleichlich höher bewerten als diejenige gleichgroßer Siedlungen im 20. Jahrhundert mit seiner ungefähr zehnfachen Bevölkerungsdichte.

Um das Wissen von so wesentlichen Daten wie der Lebenserwartung, dem Heiratsalter, der Kinderzahl, der Anzahl der Haushalts- oder Familienmitglieder oder dem Anteil von Männern und Frauen an der Bevölkerung ist es nicht gut bestellt. Man schätzt die Lebenserwartung auf 30 bis 35 Jahre, bei Frauen noch darunter. Eine Geburtenrate von 3,6 – heute 2,2 – je Frau dürfte zur Erhaltung der Bevölkerung unerläßlich gewesen sein. Zu den typischen Wesenszügen einer vorindustriellen Gesellschaft gehörten hohe Säuglings- und Kindersterblichkeit und ein wenn auch nicht überall bestehender Frauenüberschuß in der Stadt.

In hohem Maße waren scheinbar biologisch fixierte Tatbestände der Bevölkerungsgeschichte von sozialen und wirtschaftlichen Umständen abhängig. Ein Zeugnis dafür ist die außerordentlich anwachsende Menschenzahl in den Gebieten der Neusiedlung, wo man mit einer zeitweiligen Bevölkerungsverdoppelung innerhalb von fünfundzwanzig Jahren rechnet. Für das Altsiedelland wäre zur gleichen Zeit völlig unvorstellbar, was sich im Neusiedelland infolge von größerer Heiratshäufigkeit, früherem Heiratsalter, höherer Kinderzahl und besseren Zukunftsaussichten für die Kinder wie von selbst vollzogen hat. Die biologisch mögliche Vermehrungsrate des Menschen, die anderswo stark gedrückt war, mag hier zeitweilig nahezu erreicht worden sein. Was negativ auf den Entschluß zur Heirat und zur Familiengründung mit großer Kinderzahl einwirken konnte, waren Armut und schlechte Wohnverhältnisse, Mißernten, Infektionskrankheiten und Seuchen. In der Realität haben wohl stets mehrere Faktoren, die nur noch zum kleineren Teil erkennbar sind, in komplizierter Verflechtung zusammengewirkt.

Manche Zeugnisse deuten darauf hin, daß jener »Aufbruch Europas« sich in der ersten Hälfte des 14. Jahrhunderts verlangsamte und auf seine »natürlichen« Grenzen stieß, daß man sich zu Beginn des Spätmittelalters im vorerst letzten Jahrhundert des Wachstums befand. Im Westen des Reiches trat der Umschwung früher ein als im Osten; der Unterschied konnte zwei Generationen betragen. Die Bevölkerung ließ sich offenbar mit den zeitgenössischen Agrar-, Transport- und Lagerungstechniken nur noch mühsam ernähren. Man ermißt dies vor allem daran, daß die Landwirtschaft auf Grenzertragsböden ausgedehnt worden ist. Das lohnte sich nur dann, wenn auch die letzten Reserven ausgeschöpft werden mußten. Der Spielraum zwischen einer ausreichenden Ernährung und dem Hunger scheint sich verengt zu haben. Ernteschwankungen, die das Normalschicksal in einer Gesellschaft waren, die Naturvorgänge nicht genügend beherrschte, konnten verwundbar machen oder gar zur Katastrophe führen. Ohne daß es die Zeitgenossen zu erkennen vermochten, gingen die Mitteleuropäer in der ersten Hälfte des 14. Jahrhunderts einem ungewissen Schicksal entgegen.

Sprache

Die sprachlichen Verhältnisse im spätmittelalterlichen Reich waren sehr kompliziert; von einer einheitlichen Sprache kann keine Rede sein. Das alte Deutschland war stets ein mehrsprachiges Land, und fast immer haben Deutsche außerhalb von dessen Grenzen gewohnt. Die Deutschsprechenden sind in dieser Eigenschaft niemals abgrenzbare Träger des Handelns gewesen; Anderssprachige im mittelalterlichen Reich wird man nicht übergehen und dadurch historisch heimatlos machen, nur weil sie in der Neuzeit in andere politische Einheiten hineingewachsen sind. Ohnehin war die Sprache der vielen wie die vielen selbst zumeist politisch bedeutungslos. Redet man von Deutschland im späten Mittelalter, wie es in diesem Band geschieht, so handelt es sich um einen primär politischen und nicht primär sprachlichen Tatbestand, eben weil es zwar eine deutsche politische, aber keine deutsche sprachliche Einheit gegeben hat. Doch es gab ein sprachliches Einheitsbewußtsein der Deutschen – vor allem gegenüber den romanischen und slawischen Nachbarsprachen und wenn ein politischer Akzent im Spiel war. Dann haben auch die Zeitgenossen jenseits und diesseits der Grenze, wie schon um 1200 Walther von der Vogelweide, von einer einzigen »deutschen Zunge« oder ähnlichem gesprochen. Präziser war man bei unpolitischen Inhalten. Der weitgereiste, 1425 gestorbene Westfale Gobelinus Person nannte sein Vaterland in der lateinischen Schriftsprache der gebildeten Deutschen wie üblich einheitlich »Teutonia«, »Alemannia« oder »Germania«, wußte aber sehr genau, daß man im Norden und im Süden verschieden sprach, nämlich »teutzsch« und »dudesch«, und kannte natürlich auch die Anderssprechenden; er zitiert dafür die Rätoromanen in der Gegend von Chur. An der päpstlichen Kurie unterschied man damals zu seelsorgerlichen Zwecken in Deutschland drei Volkssprachen: die niederdeutsche, die oberdeutsche und die böhmische; dort kannte man zur gleichen Zeit für den Raum Frankreichs vier Sprachen. Wie das politische, so war das sprachliche Bewußtsein zunächst einmal regional, gleichgültig ob deutsch oder nichtdeutsch. Es ist jedoch offensichtlich, daß im Laufe des späten Mittelalters und danach, beschleunigt insbesondere im Zeitalter der »Verdichtung« vom ausgehenden 15. Jahrhundert an, Sprache und politisches Bewußtsein näher zusammenrückten und um 1500 sogar politisch zusammengerückt wurden; vorausgegangen war in der ersten Hälfte des Jahrhunderts für etwa zwei Jahrzehnte eine bedeutsame Politisierung der tschechischen Sprache im Zusammenhang mit der Hussitenbewegung.

Man sollte sich vor Augen halten, daß die Verfestigung einer Sprache eine Art Auswahl aus verschiedenen philologisch gegebenen Möglichkeiten und damit eine prozeßhafte, historische Entwicklung ist. Die bei uns übliche Orientierung an den Verhältnissen des Hochdeutschen stellt somit eine grobe Vereinfachung dar.

Seit dem Beginn der deutschen Geschichte bis ins späte Mittelalter hat sich das deutsche Sprachgebiet nach Osten hin beinahe verdoppelt. Nach Norden und Süden ist eine geringfügige Ausdehnung festzustellen, im Westen blieb es praktisch unverändert.

Die großen Sprachlandschaften des Hochdeutschen sind Westmitteldeutsch und Ostmitteldeutsch, Westoberdeutsch, Nordoberdeutsch und Ostoberdeutsch; sie enthalten jeweils mehrere Mundarten. Zwischen 1250 und 1350 setzt man das Zeitalter des Spätmittelhochdeutschen und zwischen 1350 und 1650 die Periode des Frühneuhochdeutschen an. Im späten Mittelalter wurde die lateinische Verwaltungsschriftsprache durch die Volkssprachen allmählich ergänzt und abgelöst. Das begann am südlichen Oberrhein mit hochdeutschen Zeugnissen, die hier bis 1238/39 zurückreichen. Ein anderes Zentrum früher geschriebener Volkssprache lag am äußeren Niederrhein. Aber erst das 14. Jahrhundert brachte in der Breite den Sieg des Neuen. Niederadel und Bürgertum schrieben jetzt ihr Deutsch, ohne vorher lateinisch schreiben gelernt zu haben. Das heißt, man brachte die regionale Sprechgewohnheit nach dem Gehör aufs Pergament und seit dem 14. Jahrhundert immer mehr auch auf das billigere und damit weiter verbreitete Papier. Ein großer Teil der Texte brauchte nur regional verständlich zu sein, weil in ihm räumlich Begrenztes angesprochen war.

Die Mundart war die grundlegende Daseinsform der Sprache. Indessen vermehrte sich mit dem wachsenden Verkehr, dem zunehmenden Schreibbedarf auch überregionaler Art und mit der Zahl der Leser das Bedürfnis nach weiträumiger Verständlichkeit. So entstand vom 14./15. Jahrhundert an in einer ungefähr dreihundertjährigen Entwicklung eine überregionale hochdeutsche Ausgleichsschriftsprache. Es war einer der bedeutsamsten Verdichtungsprozesse der deutschen Geschichte, jedoch wie üblich zugleich auch ein Verengungs- und Abgrenzungsprozeß, besonders gegenüber dem Niederländischen. Die Ausgleichsschriftsprache entstand nicht unmittelbar aus einer Mundart oder aus mehreren, sondern war gleichsam gefiltert durch die praktischen Erwägungen der Schreiber und Setzer von Texten, die möglichst viel Verständlichkeit anstrebten. Eine Mischsprache ergab sich insofern, als tatsächlich Elemente unterschiedlicher Mundarten zusammenflossen, soweit sie nicht extreme, sondern gemäßigte Eigenschaften aufwiesen. Nicht eine bestimmte Kanzlei, etwa diejenige Kaiser Karls IV. in Prag oder der Wettiner, oder eine einzelne Person wie Luther oder eine bestimmte Landschaft haben die entscheidende Rolle gespielt. Vielmehr haben sich auf einem komplizierten Weg, auf welchem auch Stillstand und Rückschritt zu verzeichnen sind, vor allem die Gewohnheiten aus dem Bereich Nürnberg–Eger–Würzburg–Regensburg verbreitet, also Elemente des Nordbaierischen und Ostfränkischen, auch des Ostmitteldeutschen. Der Ausgleichsprozeß betraf die Schriftsprache und wurde durch den Buchdruck sehr beschleunigt. Seine entscheidende Phase lag im späten 15. Jahrhundert. Das geschriebene »Gemeine Deutsch« überschichtete die weiterbestehenden regionalen Sprachen, die allmählich zu fast nur noch gesprochenen Sprachen herabsanken.

Mit der langsamen Ablösung des Lateinischen in vielen, nicht in allen Bereichen war eine Herausforderung an das Deutsche verbunden – zu größerem Wortschatz, zu mehr Ausdruckskraft und höherer Abstraktion. Diese Herausforderung wurde von einigen Sprach- und Schreibgattungen, besonders der Predigt, der Mystik und der Theologie-Philosophie bestärkt. Es entstanden im Spätmittelalter zahlreiche neue Lehnwörter, wie »studieren«, und Lehnübersetzungen aus dem Lateinischen, wie »Zähler« und »Nenner« oder »Schwindsucht«, aber auch selbständige Neuschöpfungen, wie »Bildung«, »Eindruck« oder »Zufall«. Als »Staatssprache« indessen war das Deutsche im Vergleich zum Lateinischen bis über das Ende des Mittelalters hinaus recht unbeholfen. Das Lateinische blieb wenigstens bis zur Reformation die Sprache der Kirche und bis mindestens um 1700 die der Wissenschaft, somit die Sprache vieler geschriebener und gedruckter Bücher. Das Kulturleben war also zweisprachig. Der in jeder Hinsicht außerordentliche erzieherische Einfluß des Lateinischen auf das Deutsche wirkte weiter, das Latein konnte auch jederzeit zur großräumigen Verständigung im Reich und über das Reich hinaus dienen.

Dem hochdeutschen Sprachbereich im Süden und in der Mitte stand der niederdeutsche im Norden gegenüber, den man in westniederdeutsch und ostniederdeutsch einteilt. Daneben sind die niederländischen und friesischen Mundarten zu nennen. Das Unterscheidungsmerkmal zum Hochdeutschen ist das Fehlen der zweiten Lautverschiebung. Das Niederdeutsche besaß im späten Mittelalter ein eigentümlich widersprüchliches Schicksal. Als gesprochene Sprache war es gegenüber dem Hochdeutschen räumlich auf dem Rückzug, besonders infolge des Vordringens des Ostmitteldeutschen. Zugleich dehnte es sich im Munde von Siedlern und Städtern weit nach Osten bis an den Finnischen Meerbusen und in nördlicher Richtung nach Schleswig und Schweden aus und wurde schließlich überlagernde Verkehrssprache im nordöstlichen Viertel Europas. Es löste in dieser Rolle weithin das Lateinische ab und durchsetzte die entstehenden skandinavischen Sprachen, zumal das Schwedische. Gleichwohl galt es am Ende des Mittelalters und erst recht danach in sozial gehobenen Schichten immer größerer Gebiete Norddeutschlands als feiner, hochdeutsch zu schreiben und dann auch zu sprechen. Eine niederdeutsche Schriftsprache gab es strenggenommen nur vom 13. bis zum 16. Jahrhundert, dann obsiegte die hochdeutsche.

Die niederländischen Mundarten begannen infolge der starken Bevölkerungs- und Wirtschaftsballung am äußeren Niederrhein und über die Reichsgrenze hinweg in Flandern seit dem 13. Jahrhundert Merkmale sprachlicher Verfestigung auf flämisch-brabanter Grundlage zu zeigen. Es verhielt sich nicht notwendig so, daß daraus in der Neuzeit mit dem Niederländischen eine eigene, fortan gleichrangig neben dem Schriftdeutschen existierende Kultursprache entstehen mußte, doch politische und wirtschaftliche Faktoren der frühen Neuzeit haben so entschieden. Rückblickend hat man auch eine eigene mittelniederländische Literatur aufgesucht. Hier war es zudem, wo sich die oberen Schichten dem Einfluß der französischen Sprache und Kultur zuerst öffneten.

Außerhalb des Altsiedellandes war die Sprachentwicklung vielfach durch Ausgleichsvorgänge gekennzeichnet. So sind die ostdeutschen Mundarten im Ausgleich mit verschiedenen mundartlichen Einflüssen aus weiter westlich gelegenen Gebieten entstanden und haben slawische und baltische Sprachen und Mundarten großenteils oder gänzlich aufgesogen. Im 14. Jahrhundert schwanden die letzten Sprachinseln des Windischen in der Steiermark. Bestehen blieb insbesondere das Tschechische, das freilich vom Deutschen so stark beeinflußt wurde, daß es heute die diesem außerhalb der germanischen Sprachenfamilie nächststehende Sprache darstellt. Vom 13. Jahrhundert an wurde es Schritt für Schritt verschriftlicht, seit dem Anfang des 14. Jahrhunderts gab es eine tschechischsprachige Literatur und seit 1370 tschechischsprachige Urkunden. Die Zahl der in die verschiedenen slawischen Sprachen übergegangenen deutschen Lehnworte ist groß, der umgekehrte Fall ist selten. Das Altjiddische, die Sprache der Juden in Mitteleuropa und darüber hinaus, war vor allem auf mitteldeutschen und baierischen Elementen aufgebaut. Es ist für das späte Mittelalter durch eine umfangreiche Literatur bezeugt. Die Sprache teilte die tragische Geschichte der europäischen Juden des Zeitalters. Die Ausbildung einer slowenischen Schriftsprache ist nachmittelalterlich. Die rätoromanischen und baltischen Sprachen haben außer Namengut keine wesentlichen mittelalterlichen Zeugnisse hinterlassen.

Vom Leben und Zusammenleben

Haus und Familie

Auf der Burg, im Dorf und in der Stadt lebten die Menschen um 1300 nach Gepflogenheiten, die vertraut und fremdartig zugleich erscheinen mögen – vertraut insofern, als man glauben könnte, daß bestimmte Grundgegebenheiten des menschlichen Daseins zeitlos seien; fremdartig insofern, als die historische Anthropologie und auch die Erfahrungen der Gegenwart lehren, daß selbst scheinbar Unveränderliches dem geschichtlichen Wandel unterworfen ist. So verhält es sich tatsächlich.

Die Familie, wie man sie heute kennt, ist keine zeitlose, allgemeingültige Größe. Dies geht schon daraus hervor, daß noch das deutsche Spätmittelalter keinen klar abgegrenzten Begriff für die Lebensgemeinschaft besessen hat, die heute als Kernfamilie bezeichnet wird. Das lateinische Wort »familia« bezog sich in der Regel auf ein größeres Gebilde. Im Normalfall hatte die Familia die abhängigen Leute einer Grundherrschaft umfaßt, die dem Grundherrn zugeordnet waren. Die Auflösung der Grundherrschaft, die am Beginn des späten Mittelalters im Gang oder schon vollendet war, führte allmählich dazu, daß die ihr entsprechende Familia immer mehr als »Rahmenhaushalt« aufzufassen ist. Dieser umschloß nur noch locker andere kleinere Einheiten, die weniger auf den Herrn bezogen waren als früher und in ein dörfliches Gemeindeleben entlassen wurden: Familien mehr im heutigen Sinne. In diesem Stadium trat die deutsche Sprache, schriftlich immer mehr verbreitet, auf den Plan und formulierte den neuen Tatbestand als »Haus«; wenn der Vater sprach, redete er von »Weib und Kind«. Das Haus, von dem auch Luther und seine Zeitgenossen noch am liebsten redeten, war aber mehr als die Familie. Es war eine der beiden Grundeinheiten des sozialen Lebens im deutschen Spätmittelalter. Die andere Grundeinheit war die »Gemeinde«. Vom Haus und von der Gemeinde her kann man sich das Familienleben am besten vor Augen führen.

Der Gemeinde entsprach das genossenschaftliche, dem Haus das herrschaftliche Prinzip, soweit sich solche Grundsätze im Gegenüber weniger Personen von Angesicht zu Angesicht überhaupt durchsetzten. Beide Grundeinheiten verband die Person des Hausherrn. Diesen wichtigsten Rang im sozialen Leben der Zeitgenossen mögen weniger als fünfzehn bis zwanzig Prozent der Angehörigen einer Generation innegehabt haben. Der Hausherr – König, Fürst, Adelsherr, Bischof oder Abt, Kaufmann, Handwerksmeister, Vollbauer – war das Haupt seines Hauses. Er war zugleich dessen einzige Person, die in der entsprechenden Genossenschaft – Reichstagskurie, Landstand, Stadtgemeinde, Zunft, Dorfgemeinde – mitgliedsfähig und damit politisch handlungsfähig war. Hausherren

»Die Königin schickt Hug Schappler einen gebratenen Pfau.« Miniatur in der um 1465 im Rheinland entstandenen Handschrift des Romans »Hug Schappler« der Gräfin Elisabeth von Nassau-Saarbrücken. Hamburg, Staats- und Universitätsbibliothek

Stifterehepaar mit Söhnen und Töchtern im Gebet. Seitenflügel des alten Hochaltars von Friedrich Herlin aus der St.-Georgskirche zu Nördlingen, um 1462. Nördlingen, Städtisches Museum

Das Sakrament der Ehe. Steinskulpturen möglicherweise von Christoph von Urach am Taufstein in der St.-Marienkirche zu Reutlingen, 1499

unter sich gestalteten das öffentliche Leben. Frau, Kinder, Gesinde und andere im Haus lebende Abhängige waren nicht gemeindefähig, und ebensowenig waren es solche Personen, die überhaupt keinen festen Ort im Leben besaßen. Nur speziell hervorgehobene und wirkungskräftige Personengruppen vermochten außerhalb dieser Gemeindelandschaft Sondergemeinden zu bilden; dazu gehörten Studenten an einer auswärtigen Universität oder Bergleute im Grubengebiet.

Das Haus meinte also nicht nur ein Gebäude, obwohl es ein solches voraussetzte, sondern in erster Linie die Bewohner. Den herrschaftlichen Rechten des Hausvaters stand die Pflicht gegenüber, die inneren Verhältnisse zu ordnen, die Verantwortung für die Abhängigen zu tragen und sie nach außen zu vertreten. Arbeit im Haus entgalt er durch Wohnung, Kost und Lohn und durch Fürsorge in Krankheit und Alter. Das Haus war eine Lebens- und Wirtschaftseinheit. An ihm orientierte sich das soziale und berufliche Verhalten von Kindesbeinen an. War der Hausherr literarisch gebildet oder gar humanistisch interessiert, konnte er sich darüber in der wiederbelebten Textgattung der »Ökonomik«, der Lehre vom »Oikos«, dem »ganzen Haus«, belehren lassen. Ein für deutsche Verhältnisse frühes Beispiel ist die »Yconomica« des niederadeligen fränkischen Klerikers Konrad von Megenberg, die man auf die Jahre um 1350 datiert.

Das Haus umfaßte die Kernfamilie im heutigen Sinne, aber auch verwandte und nichtverwandte Glieder. Häuser etwa der ländlichen Unterschicht waren insofern unvollständig, als sie auf fremdem Grund und Boden errichtet worden waren und keine selbständige Wirtschaftseinheit darstellten; dem Familienvater fehlten somit wesentliche Eigenschaften des Hausherrn. Auch der Pfarrer in Dorf und Stadt führte gegenüber seinen Hilfsgeistlichen und Schülern, gegenüber Knechten und Mägden ein Haus; er war jedoch als Kleriker nicht wehrfähig und daher in der Regel nicht gemeindefähig. So gab es eine Vielfalt von Einzelfällen, die das Gedankenmodell des Hauses mehr oder weniger abwandelten, wobei man noch von Region zu Region auf Unterschiede stößt. Das Anwesen des großen Bauern und des großen Handelsherrn und der Hof des Adeligen waren die am deutlichsten ausgeprägten Grundformen des Hauses im späten Mittelalter.

Das mittlere und kleine Haus in der Stadt steht den modernen Verhältnissen der Kernfamilie am nächsten, gerade auch im Hinblick auf die Kopfzahl. Schon infolge der beschränkten Wirtschaftskraft des Handwerks bestand es häufig nur aus Eltern und nicht allzu vielen Kindern. Auch auf dem Lande war die Zwei-Generationen-Familie als Folge der geringen Lebenserwartung, der großen Kindersterblichkeit und des oft hohen Heiratsalters weit verbreitet. In der Stadt kam es am häufigsten zur Gründung neuer Familien. Der erfolgreiche Handlungsdiener des Kaufmanns oder der tüchtige Geselle des Handwerksmeisters waren die ersten, die sich von der Familie des Hausvaters absonderten. Selbständige neue

Familien, die äußerst bescheiden, oft im Hinterhaus oder gar im Keller, zur Miete wohnten, trugen dazu bei, daß sich die Einheit des Hauses zersetzte. Der Grundsatz, daß das Bürgerrecht der Stadt an den Besitz eines Hauses gebunden sei, wurde immer öfter durchbrochen. Die Zahl der Alleinstehenden oder Verwitweten in Einzelhaushalten war ebenfalls beträchtlich. So kann man im großen und ganzen feststellen: Die ländliche Wirtschaft ruhte noch auf dem Haus, die städtische schon vielfach auf der Kernfamilie.

Die Familie konstituierte sich nicht zuletzt durch den erblichen, nicht mehr veränderten Familiennamen. Der Familienname entstand vor allem im späten Mittelalter im fließenden Übergang aus dem noch nicht befestigten Beinamen, der dem Taufnamen zur besseren Unterscheidung beigegeben worden war. Für Deutschland kann man verallgemeinernd sagen, daß die Zweinamigkeit im Hochmittelalter im Südwesten begann und sich in der frühen Neuzeit im Nordosten vollendete. Die alten einfachen Verhältnisse bestanden am längsten im Nordwesten, zumal in Friesland, und in der Alpenzone. Zugleich dehnten sich Bei- und Familiennamen sozial gesehen von oben nach unten aus; der Adel war der erste. Eine Fülle heutiger Familiennamen bezeugt die sozialen und beruflichen Merkmale des späten Mittelalters oder läßt in Anspielung auf die Herkunft die damaligen Verkehrslandschaften erkennen.

Verwandte und Nichtverwandte konnten als Abhängige des Hauses die gleiche Stellung haben, Knechte und Mägde sein. Über das Haus hinaus war die Blutsverwandtschaft die stärkste soziale Kraft – eine Kraft, deren Bedeutung man sich heute kaum mehr vorzustellen vermag. Alle sozialen Einheiten waren von der Vorstellung durchdrungen, daß man das Erworbene und Erreichte seinen Verwandten zuwenden müsse, daß man sich auf Verwandtschaft mehr verlassen könne als auf alle anderen Bindungen, daß hochgestellte Verwandte den Gliedern des Geschlechts Ansehen vermittelten. Alle sozialen Einheiten – Hof, Land, Stadt, Zunft, Dorf, Kirche, Universität – wurden in ihren Führungspositionen von untereinander nah verwandten, vielfältig verflochtenen Gruppen beherrscht. Der geistlich gewordene Onkel sorgte für die Pfründe des Neffen. Der Vater ließ im Stadtrat den Sohn folgen, wobei dessen Heirat die vielleicht noch nötige Absicherung mit sich brachte. Die Familiengesellschaft hielt das Kapital zusammen. Es war die gleiche Selbstverständlichkeit, mit welcher die in der Lebens- und Arbeitseinheit des Hauses gespeicherten Erfahrungen und Produktionsmittel die nächste Generation in den väterlichen Beruf und seine soziale Umwelt hineinwachsen ließen.

So unterscheiden sich das spätmittelalterliche Haus und die in ihm geborgene Familie von modernen Verhältnissen vor allem dadurch, daß seine Funktionen vielfältigster Art unvergleichlich umfangreicher waren als heute. Das Wesentliche war die kleine soziale Einheit, nicht die große, die erst in jahrhundertelanger Entwicklung immer mehr an Respekt und Leistungskraft gewann. Beachtet man diesen fundamentalen Unterschied zwischen der alteuropäischen und der modernen Gesellschaft nicht, dann bleibt auch die politische Geschichte des Spätmittelalters unverständlich.

Ehe, Frau und Kinder

Die Eheschließung war im deutschen Spätmittelalter kein Ereignis, das jeder Erwachsene ohne weiteres nach individuellem Entschluß verwirklichen konnte. Sie war in mehrfacher Form sozial kontrolliert. Die Position als adeliger Herr mit Land und Leuten, als Handwerksmeister, als auf eigenen Füßen stehender Kaufmann oder als Bauer auf eigenem Hof war in der Regel Voraussetzung, aber ebensogut Verpflichtung zur Heirat. Problematisch war das Heiraten für Arbeiter im Bau- oder Transportgewerbe, und zwar wegen ihrer geringen Entlohnung. Jüngere Brüder, Gesellen oder Knechte blieben sehr häufig ehelos. Ohne die Zustimmung des Grundherrn oder Leibherrn auf dem Lande und die Einwilligung des Vaters war die Eheschließung unmöglich. In den meisten Fällen hatten die Eltern die Ehe angebahnt und durchgesetzt. Viele Heiraten gründeten weniger auf der Zuneigung der Partner als auf wirtschaftlich-sozialen Motiven. Ehe und Familie waren ganz einfach die Basis der Existenz in Dorf und Stadt; denn man benötigte die Frau als Arbeitskraft und Kapitalträger. Für eine dem väterlichen Status entsprechende Versorgung der Tochter war ein Brautschatz aufzubringen, auch beim Eintritt in den klösterlichen Stand; in diesem Fall war die Mitgift geringer. Nicht selten spricht ein erheblicher Altersunterschied der Ehepartner dafür, daß ein junger Bauernsohn oder Geselle durch die Eheschließung mit einer Witwe den sonst kaum erreichbaren Hof oder die Meisterwerkstatt erlangte. Wegen der großen Bedeutung verwandtschaftlicher Protektion war es das Ziel vielversprechender junger Leute, in eine sozial höherstehende Familie einzuheiraten. Die Frau war somit trotz rechtlicher Minderstellung in ihrer sozialen Rolle außerordentlich wichtig. Dies war den Zeitgenossen bewußt. Die gleich große Darstellung von Mann und Frau auf den Gemälden des ausgehenden Mittelalters trägt solcher Gleichberechtigung unter Besitzenden unübersehbar Rechnung.

In dieselbe Richtung wies das neue Verfahren der Eheschließung. An die Stelle von urtümlichen, in den Unterschichten noch im Spätmittelalter verbreiteten weltlichen Akten trat vom 13. Jahrhundert an immer mehr das Handeln der Kirche. Diese bestand auf der freien Zustimmung beider Partner zum Ehebund und damit auf ihrer Gleichrangigkeit in jenem entscheidenden Augenblick. Früher war der Verlöbnistermin mit dem dabei vorgenommenen Abschluß des Ehevertrags am wichtigsten gewesen, wobei das Mädchen nur Objekt der Handlung war. Die Ehe selbst hatte ihre Gültigkeit durch das Heimführen der Braut in das Haus des Mannes und das symbolische Beilager gewonnen. Seitdem das Konzil von Lyon die Siebenzahl der Sakramente einschließlich der Ehe festgestellt hatte (1274), wurde der zunächst vor der Kirchentüre, bei großen Kirchen an der Brautpforte, alsdann in der Kirche vollzogene geistliche Akt mit Ringübergabe und Segnung immer wesentlicher. Er stiftete schließlich die Ehe selbst.

Es besteht kein Anlaß, sich das Gefühlsleben im Spätmittelalter weniger intensiv oder nuancenreich vorzustellen als in irgendeinem anderen Zeitalter. Manche schönen Regungen waren daher nicht Ursache, sondern Folge der aus Vernunftgründen geschlossenen Ehe. Aber auch die illegitimen Verhältnisse anstelle oder neben der Ehe sind zahlenmäßig nicht gering zu veranschlagen. Entsprechend ansehnlich war die Zahl der unehelichen Kinder.

Die Stellung der Frau im späten Mittelalter war in mancher Hinsicht widersprüchlich. Mit diesem Widerspruch rangen selbst die größten Zeitgenossen ohne allzuviel Erfolg. Thomas von Aquin (1274 gestorben), der wohl bedeutendste Theologe und Philosoph zwischen Augustinus und Nikolaus von Kues, stellte zwar die Gleichrangigkeit von Mann und Frau als religiöse Persönlichkeiten fest, bescheinigte jedoch der Frau als natürlichem Wesen gemäß den biblischen Aussagen über die Schöpfung und den Sündenfall ein geringeres Maß an Vollkommenheit im Vergleich zum Mann. Gleichwohl werde sie zur Zeit der absoluten Vervollkommnung, beim Jüngsten Gericht, als Frau auferstehen dürfen; andere Theologen hielten gerade dieses nicht für möglich.

Trotz des großen Einflusses der Kirche im mittelalterlichen Leben wird man die reale Stellung der Frau in Stadt und Land von anderen Aspekten aus zu beschreiben suchen. Dabei ist vor allem festzuhalten, daß die soziale Zuordnung häufig wirksamer war als die geschlechtsspezifische Aussonderung. Die adelige Dame, die gut situierte Städterin, die Angehörige der städtischen Unterschicht und die Frau vom Lande sind daher jeweils anders zu beurteilen. Immerhin kann man eine allmähliche Verbesserung der Stellung der Frau beobachten, je mehr sich auch der Anteil kraftraubender körperlicher Arbeit zugunsten subtilerer Formen des Erwerbs verringerte. Gerade dieser Wandel ist ein Kennzeichen des späten Mittelalters. Im ganzen blieb freilich die Tatsache bestehen, daß die Lebenswelt des Mittelalters patriarchalisch geprägt war. Die Ehefrau stand auf jeden Fall unter der »Munt«, der Vormundschaft des Ehemannes, ebenso wie die unverheirateten Töchter oder andere weibliche Mitglieder des Haushalts. Der Mann verfügte über das Vermögen der Frau mit der Einschränkung, daß öfter rechtliche Sicherungen für deren Mitgift bestanden.

Alles, was die Frau über ihre Arbeitskraft hinaus darstellte und darbot, gab Anlaß, sie besonders zu respektieren. Die hochgeborene Dame war nach wie vor in ihrer Position allgemein anerkannt und fand Gelegenheit zur Bewährung auch im männlichen Betätigungsfeld, in der Politik. Landgräfin Sophie von Hessen, die Tochter der heiligen Elisabeth, behauptete sich als junge Witwe auch militärisch gegen eine Welt von Feinden und rettete das Land für ihren kleinen Sohn, endgültig 1263. Ohne ihre Energie wäre Hessen von der Landkarte verschwunden.

Am besten kann man die Frau in der Stadt bei ihrer »Emanzipation« beobachten, wovon freilich nicht wenig in der frühen Neuzeit wieder rückgängig gemacht worden ist. Zuerst ist ihr Wirken an der Seite des Mannes zu nennen, das in Gestalt der arbeitsteiligen Familienwirtschaft am deutlichsten im Handwerks- und Kaufmannsmilieu hervortritt. Was der Mann produzierte, suchte die Frau zu verkaufen. So eröffneten sich ihr bisher unbekannte Möglichkeiten auch im Witwenstand oder gar, obwohl selten, in wirklicher Selbständigkeit. Es hat tatsächlich, wenn auch nur in wenigen Beispielen und mit einem wohl unterdurchschnittlichen Aktionsfeld, die hansische Kauffrau gegeben, die sich bei ansehnlicher Abkunft ihres Geldes und ihres Erfolgs bewußt war. Die Witwe des 1418 verstorbenen Augsburgers Sigmund Gossembrot reiste allein von Nürnberg aus zur Frankfurter Messe, um Blech zu verkaufen. Aber schon das war ein Sonderfall, und demgemäß kam selbständige weibliche Aktivität nach Katastrophenfällen, wie der Pest, deutlicher zur Geltung als im täglichen Leben.

Vorsichtig wird man die Rolle der Frauen im Handwerkerstand beurteilen. Die meisten nämlich, die hier in verschiedenen Zweigen, vor allem im vielfältigen Textilgewerbe tätig waren, nahmen untergeordnete Positionen ein. In Köln und Zürich bestanden insgesamt fünf weibliche Zünfte, in Köln die Garnmacherinnen, die Goldspinnerinnen, die Seidenspinnerinnen und die Seidenweberinnen. Zwischen 1437 und 1504 gab es hier 116 selbständige Seidenmacherinnen mit 765 Lehrtöchtern. Das war jedoch, soweit man sieht, gänzlich einzigartig. Die Stellung eines Meisters in anderen Zünften ist wohl weniger oft erreicht worden, als man es allzu optimistisch angenommen hat. Das nicht seltene vorübergehende Weiterführen des Betriebs nach dem Tod des Ehemannes ist als Versorgungsregelung und insofern nicht als voll anerkannte Position anzusehen. Im übrigen blieb der Frau die Rolle der Arbeiterin, besonders im Textil- oder Lebensmittelgewerbe. Sie wurde schlechter entlohnt als der Mann. Oftmals dürfte es sich um einen zusätzlichen Verdienst zu dem des Ehemannes gehandelt haben. Eine selbständige, allerdings bescheidene Existenz führten die Krämerinnen. In kargen Verhältnissen lebten die vielen weiblichen Angehörigen des Gesindes.

Der Anteil der alleinstehenden Frauen an den städtischen Unterschichten war offenbar überdurchschnittlich groß. Hier wird man wohl das eigentliche Frauenproblem in der Stadt sehen, auch wenn es unsicher ist, ob in den Städten insgesamt ein Frauenüberschuß bestanden hat. In Trier rechnet man nach der Steuerliste von 1364 von 2.400 Zahlungspflichtigen ungefähr 600 Personen der Unterschicht zu, also etwa ein Viertel. Von den Frauen, die einen eigenen

Haushalt führten, gehörten zwei Drittel dieser Schicht an. Sie bevorzugten zum Wohnen bestimmte, sicherlich ärmliche Gassen.

In der Welt des Kindes spielte die soziale Differenzierung keine geringere Rolle. Zunächst sei festgestellt, daß jene grundsätzlichen Zweifel, die man für das Mittelalter an der elterlichen Zuneigung zu Kindern oder an der liebevollen Fürsorge für kranke Kinder geäußert hat, sicherlich nicht zutreffen. Das spätmittelalterliche Kleinkind konnte sich ebenso an Spielsachen oder an gemeinschaftlichen Spielen erfreuen wie das neuzeitliche. Man kannte Murmeln genausogut wie mehr oder weniger schöne Puppen oder Tonpferdchen, wie Ball- und Pfänderspiele oder die Nachahmung der Welt der Erwachsenen im Turnierspiel. Man lese Konrad von Megenberg in seiner »Yconomica«: »Geeignete Kinderspiele sind das Puppenspiel, das Herumrollen von Holzspielzeug und das sich selbst im Spiegel Betrachten; denn das Kind kennt noch das Erstaunen über ganz kleine Dinge und ist mit Einfachem zufrieden. An solchen Spielen freut sich die kindliche Seele, das Blut kommt in Bewegung und der Geist wird geschärft. Durch das Umherlaufen werden zugleich die Gliedmaßen sinnvoll bewegt und wird der ganze Körper wie gewünscht gestärkt und gekräftigt.« Der gelehrte Jurist Kaiser Friedrichs III., Dr. Johannes Hinderbach aus Rauschenberg bei Marburg, später Bischof von Trient (1486 gestorben), hat eine Anleitung zum Ballspielen geschrieben. Die Kinder des 15. Jahrhunderts lärmten nicht weniger als die neuzeitlichen, worüber sich der Tiroler Dichter Oswald von Wolkenstein (1445 gestorben) in seinen Versen halb scherzhaft, halb ernsthaft beklagte.

Kann für die ersten Jahre des Lebens keine Rede davon sein, daß man Kinder angeblich wie kleine Erwachsene behandelt habe, so bleibt freilich festzustellen, daß der Ernst des Lebens früher als in der Gegenwart an sie herangetreten ist. Mit dem Ende des siebenten Lebensjahres begann das Kind in der agrarischen Welt vielfach als Arbeitskraft zu gelten. Der Zeitpunkt der Mündigkeit war sehr unterschiedlich, allerdings auch von geringerer Bedeutung als heute, weil die väterliche Gewalt nicht an diesem Datum, sondern mit der Verselbständigung vom väterlichen Haushalt oder mit der Verheiratung erlosch. An dem weitverbreiteten hochmittelalterlichen Datum von zwölf Jahren wurde zum Beispiel im Wiener Stadtrecht nur für Mädchen weiterhin festgehalten; für Knaben wurden um 1300 vierzehn Jahre und 1340 achtzehn Jahre angesetzt. Genauso verhielt es sich in der Goldenen Bulle von 1356 für die Söhne von Kurfürsten. Mädchen mußten sich mit dem Ernst des Lebens oft früher befassen. So wurden die acht Töchter des bedeutenden brandenburgischen Kurfürsten Albrecht Achilles (1486 gestorben) durchschnittlich im Alter von sieben Jahren verlobt.

Die Zahl der Kinder war in den oberen Schichten im Durchschnitt deutlich größer als an der Basis der sozialen Pyramide. Wohlhabende Bauern waren offenbar kinderreicher als arme. Der mittlere Augsburger Kaufmann Burkart Zink (um 1474 gestorben), der viermal verheiratet war und dazu noch ein illegitimes Verhältnis mit Nachkommenschaft unterhielt, berichtet von achtzehn Kindern. Sieben davon starben, ehe sie zehn Jahre alt wurden; sieben überlebten den Vater. Man schätzt im allgemeinen die Säuglingssterblichkeit auf ungefähr zehn Prozent und die Kindersterblichkeit insgesamt auf mindestens vierzig Prozent.

Infolge der Heiratsbeschränkungen gab es zahlreiche uneheliche Kinder, die in ihrem späteren Leben viele soziale Nachteile auf sich nehmen mußten. Dies galt am wenigsten in der Oberschicht, während sich die Zünfte immer mehr abzuschirmen suchten. Ausgesetzte Kinder wurden in Findelhäusern geborgen, wie sie in mittleren und größeren Städten bezeugt sind: 1274 für Einbeck, ebenfalls im 13. Jahrhundert für Memmingen, 1341 für Köln, 1359 für Nürnberg. In Basel und Straßburg bestrafte man das Aussetzen von Säuglingen in der Kirche hart; dennoch wird aus Straßburg unter dem Datum von 1482 von jährlich jeweils sechs bis zwanzig Fällen berichtet. Die Tötung zumal unehelicher Kinder scheint selten gewesen zu sein; sie nahm erst in der frühen Neuzeit, wohl wegen zunehmender »Sozialdisziplinierung«, deutlich zu. Eine planmäßige Kindestötung besonders neugeborener Mädchen als nachträgliche Geburtenkontrolle ist für das deutsche Spätmittelalter nicht nachgewiesen; anderswoher aus Europa berichtete Fälle sind mit Zurückhaltung aufzunehmen.

Jugend und Alter

Der Anteil junger Leute an der Bevölkerung des deutschen Spätmittelalters war den Grundgegebenheiten der demographischen Entwicklung zufolge wesentlich größer als in der Gegenwart. Das Thema »Jugend« ist nicht nur ein statistisches Phänomen, das infolge der Unanschaulichkeit von Zahlen dazu verlockt, konstante Verhältnisse über weite Zeiträume hinweg anzunehmen, oder eine einigermaßen stabile biologische Gegebenheit. Es ist auch eine dem geschichtlichen Wandel unterworfene soziale Angelegenheit. So ist beispielsweise die gegenwärtig erheblich früher beginnende Pubertät wohl vor allem durch bessere Ernährung, durch den gewachsenen Wohlstand der Moderne, herbeigeführt worden.

Die Jugendlichen in der ländlichen Umgebung hatten in der Regel ein anderes Schicksal als die in der städtischen Welt. Durch unmittelbares Miterleben und Mitwirken erlernte der Bauernjunge, ohne mit einer Schule in Berührung zu kommen, im dörflichen Lebenskreis das landwirtschaftliche »Handwerk« ebenso selbstverständlich wie die sozialen Regeln, bis hin zu Tanz und Fest. Eine Alternative gab es über Generationen hinweg kaum, allenfalls durch Entwurzelung nach einer Katastrophe. Ungleichheit bestand auch im Detail: Die Mädchen waren eng an das Haus gebunden und mußten Außenkontakte weithin den

Jungen überlassen; der kommende Hoferbe verspürte seine Sonderstellung gegenüber den Geschwistern; die Kinder unterbäuerlicher Eltern gab man früh in das Haus größerer Bauern, oder sie wurden, etwa im Alpenraum, Hirten oder Sennerinnen. Gemeinsam erlebte sich die männliche Jugend des späten Mittelalters in bäuerlichen Burschenschaften; ihr Innenleben ist aber meist erst aus späterer Zeit bekannt. In der Regel waren sie lokale Einrichtungen, jedoch mit großer Bedeutung für die friedliche oder weniger friedliche Gestaltung der Umwelt, bis hin zu einer gewissen Steuerung der Beziehungen zwischen den Geschlechtern. Den ländlichen »Knabenschaften« im Gebiet der heutigen Schweiz, also Bünden unverehelichter junger Männer, begegnet man im 14. Jahrhundert beim Widerstand gegen das Regiment der Habsburger; ihre Organisationsformen mögen das gefürchtete Kriegswesen der Eidgenossen beeinflußt haben.

Der junge Handwerkersohn in der Stadt verlebte seine Jugendjahre viel häufiger außerhalb der väterlichen Familie, im Dienst eines Lehrherrn. Dieser übte über Lehrlinge und nach Möglichkeit auch über Gesellen die Hausherrschaft patriarchalischen Stils aus. Gesellenverbände bildeten sich seit dem 14. Jahrhundert. Hier organisierte man nicht nur den gemeinsamen Trunk am Feierabend; sie dienten bereits in bescheidenem Maße der gegenseitigen Hilfe und boten allmählich auch Solidarität gegenüber den Arbeitgebern.

Die Lebensphase des Alters hat ebenfalls historisch bedingte Wesenszüge und unterliegt dem Wandel. Die steigende Lebenserwartung der Moderne ließ den Anteil der Älteren an der Gesamtbevölkerung in zuvor nicht vorstellbarem Ausmaß anwachsen. Demgegenüber war im späten Mittelalter die Anzahl der Familien und Häuser, die drei Generationen umfaßten, nicht allzu groß. Die Periode des Alters wurde damals nicht durch einen besonderen, allgemein anerkannten Einschnitt vom aktiven Leben abgetrennt. Eine Art Ruhestandsregelung gab es nicht. Der Normalzustand war vielmehr die Arbeit im einmal zugewiesenen oder gewählten Beruf bis zum Tod. Dieses Verhalten lebten der Papst, der König und die adeligen Herren vor, die sich nicht einfach »pensionieren« lassen konnten. Ebenso erging es ihren Amtsträgern. Auch der Kanzler wirkte, bis er – oder sein Herr – starb oder in Ungnade abgesetzt wurde. Ebenso hat man im städtischen Handwerk wohl sehr häufig bis zum Lebensende gearbeitet. Erst die sich ausbreitende Geldwirtschaft bot mit der Einrichtung von Leibrenten eine moderne Alternative. Gegen Hingabe eines Kapitals erwarb man in diesem Fall einen Rentenanspruch auf Lebenszeit gegenüber einer geistlichen Körperschaft oder einer Stadt. Ganz sicher war dies freilich nicht. Der Bankrott Wetzlars (1370/71) ließ Leibrentenbezieher bis nach Köln und Mainz ihr Recht verlieren und schlug Wellen bis zum Kaiserhof.

Verhältnismäßig eindeutig war die Regelung der Altersversorgung auf dem Lande durch das Altenteil. Es wurde wohl schon unter dem Einfluß der jahrhundertelang intensiv wirkenden Lebensform der Grundherrschaft eingeleitet und von ihren Nachfolgeinstitutionen fortgeführt. War der Herr an der effektiven Bebauung seines Landes durch eine möglichst junge Kraft interessiert, so erfolgte die Hofübergabe früher als im normalen Generationswechsel. Auf jeden Fall wurden – häufig bis ins Detail – die neuen Verhältnisse rechtlich geregelt, um vor allem den schwächeren Teil, die ältere Generation, zu schützen. Die Versorgung geschah in Naturalien und mit Wohnraum, womöglich in einem benachbarten Häuschen oder einer eigenen Stube. Die Altersversorgung derjenigen, die keine Sicherung durch Vermögenswerte oder in der Lebensform des Hauses genossen, war am Ende eine Aufgabe privater oder kirchlicher Mildtätigkeit und damit öfter recht unzulänglich.

Adelige Gesellschaft

Stände, Schichten, Gruppen

Bei der Darstellung der älteren deutschen Geschichte gehört es zu den schwierigsten Aufgaben, die gesellschaftliche Situation eines Zeitalters einigermaßen zutreffend zu beschreiben. Denn hierbei treten in der Regel zeitgenössische und moderne Begriffe weit auseinander, setzen die außerordentliche Vielfalt regionaler Verhältnisse und der Wandel im Zeitablauf allgemeine Aussagen ins Unrecht, weichen schließlich die geringe Dichte weiträumiger Zusammenhänge und die große Dichte der kleinen Welt von modernen Erfahrungen ab.

Die mittelalterliche Kirche, lange Zeit die einzige Instanz, die zu schriftlich-theoretischer Aussage fähig war, trug das christlich gewordene Ordnungsdenken der Antike weiter. Insofern Gott der große Ordner ist, war auch die natürliche Sozialordnung der Welt in der göttlichen Ordnung vorgebildet und grundgelegt. Gottgewollt auf Erden war die Ordnung der Menschen nach Ständen und damit die Ungleichheit im weltlichen Leben.

Die Frage nach der Herkunft der Ungleichheit hatte schon Augustinus (430 gestorben), nicht nur ein Kirchenvater, sondern auch ein Vater des Mittelalters, mit dem Hinweis auf den Sündenfall beantwortet; die Sünde hatte die Herrschaft des Menschen über den Menschen geschaffen. Am Anfang des Spätmittelalters standen verschiedene weitverbreitete Schemata bereit, weniger um die Wirklichkeit, die gerade in starker Veränderung begriffen war, abzubilden, als um den Willen Gottes und eine erstrebenswerte Zukunft darzulegen und moralische Lebensregeln bereitzustellen. Wie viele andere unterschied Thomas von Aquin (1274 gestorben) zunächst in zwei Gruppen Herren und Diener, dann in drei Abteilungen die Hochgeborenen, die »Honorigen« und das gewöhnliche Volk. Andere reihten Beter, Krieger und Arbeitende aneinander. Der beliebte Vergleich des sozialen Körpers mit dem menschlichen wies in die gleiche Richtung: Alle Teile waren unentbehrlich, aber auch auf Dauer ungleich. Prediger wie Berthold von Regensburg (1272 gestorben) führten in anschaulicher Sprache genauer aus, was sich aus der Hierarchie der Engel auf die Erde übertragen ließ: eine Gliederung in neun oder zehn Stufen, die der komplizierten sozialen Wirklichkeit der Andächtigen Rechnung zu tragen suchte. Für die Intellektuellen erfüllte die Ausdeutung der verschiedenen Schachfiguren vom König abwärts eine ähnliche Funktion. Sie wurde in Deutschland in den vielen Handschriften des um 1300 geschriebenen Schachbuchs des italienischen Dominikaners Jakob von Cessole bekannt und genauso in den sehr beliebten Erzählungen über die »Taten der Römer«, die etwa zur gleichen Zeit vermutlich in England entstanden sind.

Anschauungen dieser Art kann man freilich nicht ohne weiteres übernehmen, wenn es um die Beschreibung der Wirklichkeit geht; sie dienten anderen als analytischen Zwecken. Es ist jedoch im allgemeinen zutreffend, für das deutsche Spätmittelalter von einer ständischen Gesellschaft zu sprechen. Man kann dabei drei Bedeutungen unterscheiden: die Stände der zeitgenössischen Theoretiker; die »politischen« Stände im Rahmen der landständischen Verfassung der Territorien; die Stände als reale soziale Größen. Hierbei denkt man an Abstufung und Einordnung der Menschen in Großgruppen, die nach Gesichtspunkten der Lebensauffassung und Lebensform abgegrenzt waren: besonders an den Adel, die Landbevölkerung und die Städter, in anderer Weise an die Geistlichkeit und die Beamten. Im ganzen ist der Begriff des sozialen Standes unscharf. Außerdem lassen sich die konkreten Kennzeichen dieser Ordnung nicht in ein einheitliches System bringen: Geburt, Privileg und Anerkennung durch die Standesgenossen; Herrschaft und Macht oder deren Fehlen; Besitz, Vermögen und Einkommen; gewohnte Rechte und Vorrechte; Beruf und Bildung; Funktion und Amt; Umgang und Heiratskreise; Rang und Prestige; Auftreten und Kleidung; Selbstzuordnung und Respektierung durch andere; Verhalten gegenüber Höher- und Tieferstehenden. Innerhalb eines Standes lebte man ebenfalls in unterschiedlichen Positionen. In größerer Zahl gab es auch stets Personen außerhalb der Ständeordnung, besonders in Randgruppen. Am ungenauesten waren soziale Stände zu Beginn des späten Mittelalters abgegrenzt. An dessen Ende kann man von stärkerer Verfestigung und endlich immer mehr auch von der ständischen Gliederung eines sozialen Ganzen sprechen.

An diesem Punkt ergibt sich ein Hauptproblem der mittelalterlichen Sozialgeschichte: Es hat keine »Gesamtgesellschaft« von ausreichendem Zusammenhalt, genügender Einheitlichkeit und einem Mindestmaß an Bewußtsein von sich selbst bestanden, die der Ausdehnung des Reiches oder des deutschen Sprachgebiets entsprochen hätte. So kann man auch nicht ohne weiteres verallgemeinernd den modernen Ordnungsbegriff »Schicht« anwenden, der solches strenggenommen voraussetzt. Das Dorf, die Stadt oder die Region als die von den Zeitgenossen wirklich erlebten Einheiten sind realistischer. Nur der höhere Adel und die höhere Geistlichkeit mit ihren schriftführenden Amtsträgern sowie die modernen Orden und die Intellektuellen, vergleichsweise allesamt gering an Zahl, lassen sich weiträumigen Sozialgebilden zuordnen. Für die meisten Menschen wird man sich besser ein Gefüge kleinerer, relativ kompakter Einheiten vorstellen, die über-, unter- und nebengeordnet waren. Selbst innerhalb des Dorfes oder der Stadt sind einige Wesenszüge des »Schichtungsmodells« problematisch, vor allem für die mittleren Gruppen. Eigentlich kann man auch nur Hausväter und vergleichbare Personen, also eine Minderheit, in solcher Weise sozial fixieren.

Die Ständeordnung des deutschen Spätmittelalters verhinderte für einzelne und für Gruppen Positionsveränderungen nach oben und unten nicht prinzipiell.

Selbstverständlich waren sie innerhalb des breiten Rahmens eines Standes ohne viel Aufsehen möglich. Sie konnten mit räumlicher Mobilität verbunden sein. Erfolgreicher Dienst für einen Herrn, dessen Gnade, die eigene Kraft, Heirat, Bildung und Kapital halfen Standesgrenzen nach oben zu überwinden; langsame Verarmung oder plötzlich hereinbrechende Katastrophen rissen nach unten. Bei alledem gab es mannigfache Verschränkungen, wobei im Laufe der Zeit die Leistung gegenüber dem Rang der Geburt an Ansehen gewann. Selbst der Geburtsstand wurde beruflich gedeutet und mit einem Berufsethos ausgestattet, auch der »Beruf« des Fürsten. Dieser »modernen« Entwicklung standen freilich mit großer oder gar größerer Kraft die Notlagen und Katastrophen zumal des 14. Jahrhunderts entgegen. Im allgemeinen kann man sagen, daß es im langfristigen Ablauf der deutschen Sozialgeschichte im alten Europa keine tiefen Einschnitte, aber klar erkennbare »Tempowechsel« gegeben hat. Die ersten Generationen des späten Mittelalters ähnelten noch sehr der Aufbruchsperiode im 12. und früheren 13. Jahrhundert, in der sich sozial vieles bewegt hatte. Der Ausklang des Zeitalters stand schon den verhältnismäßig starren Sozialverhältnissen der frühen Neuzeit nahe.

König, Fürsten, Grafen, Herren

Der politische Stand des deutschen Mittelalters war der Adel. Er setzte sich aus erblich bevorrechtigten, zur Herrschaft bestimmten Familien zusammen. Zu diesem trotz gelegentlicher Adelskritik grundsätzlich anerkannten, als gottgewollt betrachteten Stand gehörten am Ende des Mittelalters nach einer wagemutigen Schätzung wohl insgesamt 1,5 Prozent der Deutschen; die Hausväter als die eigentlichen Rechtsträger waren darunter wiederum eine Minderheit. Das Recht, über die Leute zu herrschen, die auf adeligem Boden saßen, war der Kernbestandteil adeliger Existenz. Kriegsdienst, Hofdienst und die Ausübung der höchsten Ämter in Kirchen und »Staaten« waren neben der Übung adelsgemäßer Lebensform die wichtigsten Tätigkeiten der Adeligen. Der Adel war das eigentliche »Staats«volk gemäß der »Staats«darstellung und der Praxis des »Staats«zwecks. Seinen Reihen entstammte das Haupt: der König. In diesen Positionen war der Adel im Spätmittelalter prinzipiell noch unbedroht, höchstens hier und da einmal eingeengt. Der Versuch des staufischen Königtums, den Adel zu ergänzen oder gar zu ersetzen, war gescheitert. Wenn Nichtadeligen bestimmte adelige Dienste und Ämter anvertraut wurden, so konnten diese auf die Dauer adelig machen, was den »alten« Adel bedrohen mochte, nicht aber den Adel als ganzen Stand gefährdete; eher wurde er dadurch auf lange Sicht vor dem Verschwinden bewahrt.

Die entscheidende Bedeutung adeliger Existenz in der Vergangenheit ist für eine völlig veränderte Gegenwart nicht leicht anschaulich zu machen. Ein Zugang mag sich über die Einsicht bieten, daß das »private« Leben des Adels für die von ihm Abhängigen eben nicht privat, sondern »öffentlich« war, das heißt mit »staatlicher« Qualität versehen sein konnte. Die gesellschaftliche Ordnung war auch die politische Ordnung, ja die Ordnung schlechthin. Heirat, Geburt und Tod waren beim Adel Akte allgemeinen Interesses und allgemeiner Resonanz. Die Erbschaft war das legitimste Mittel des Erwerbs. Aufwendige Repräsentation war nicht Geldverschwendung, sondern Bestandteil der Existenz. Persönliche Herrschaftszeichen des Hochadels wurden Staatssymbole. Als der Papst im Jahr 1267 die schlesische Fürstin Hedwig, die spätere Patronin des Landes, heiligsprach, wurde auf ihre vornehme Abkunft und Verwandtschaft zur Begründung ausdrücklich hingewiesen; sie stammte aus dem hochadeligen bayerischen Haus Andechs.

Den Adel als Einheit freilich gab es nicht. Bei ihm handelte es sich um eine vor allem nach Abstammung, Herrschaftsrechten und Besitzumfang vielfach gestufte Gruppe, und es waren jeweils regionale Eliten oder Oligarchien, die im weiten Raum des Reiches sehr verschiedenartig beschaffen sein konnten. Im europäischen Vergleich rechneten zu den Besonderheiten des deutschen Adels vor allem das Bestehen eines Reichsfürstenstandes mit der lehnsrechtlich abstufenden Heerschildordnung, die Existenz geistlicher Fürsten und adelig beherrschter Reichskirchen sowie der Aufstieg der Ministerialität in den Adel. Der »eigentliche« Adel, am Anfang des Spätmittelalters beinahe noch der einzige Adel, war frei geboren. In dieser Hinsicht war er, trotz deutlicher Binnendifferenzierung, ein in beachtlichem Maße abgeschlossener Geburtsstand von Dynasten. Seine Abstammungskontinuität zum karolingischen Adel darf in vielen Fällen angenommen werden. Dieser »alte« Adel, vom vierten Heerschild an aufwärts, bezeichnete sich betont als »frei«, da die Emporkömmlinge unfrei waren. So entstand auch aus dem adeligen Herrn der Freiherr.

Man kann den »alten« Adel und den Adel insgesamt nach verschiedenen Gesichtspunkten einteilen. Wichtige Ordnungsgrundsätze bietet die Nähe zum König: Sie schied die Adeligen in Reichsunmittelbare, die vom Oberhaupt direkt belehnt wurden, und in Landsässige, sogenannte Mediate, deren Haupt ein anderer Herr als der König war. Das ist jedoch eine Unterscheidung, die über Besitz und Macht nicht viel aussagt. Eine zweite Ordnung führt parallel zum Heerschild und zum sozialen Status in eine Dreiergruppierung: Fürsten, Grafen/Herren und Ritter/Edelknechte. Die beiden ersten Gruppen faßt man als Hochadel oder Hochfreie zusammen, die dritte bezeichnet man als den niederen Adel. Da sich beide Ordnungsgesichtspunkte überkreuzten, spricht man von Reichsfürsten, Reichsgrafen/Reichsfreiherren und Reichsrittern ebenso wie von Mediatfürsten, landsässigen Grafen/Herren und landsässigen Rittern/Knechten.

Die Kurfürsten unterschieden sich von den übrigen Reichsfürsten nur durch einen verfassungsmäßigen, nicht durch einen ständischen Vorrang, obwohl sie auf dem Reichstag eine eigene, erste Kurie bilden sollten. Eine zweite Kurie faßte Fürsten und Grafen/Herren zusammen, wenn auch nicht gleichrangig. Grafen und Herren waren ständisch ebenbürtig. Grafschaften konnten gefürstet sein wie Henneberg, und Grafen konnten in den Reichsfürstenrang erhoben werden wie im Falle Luxemburgs. Die Heerschildordnung reihte den König im ersten Heerschild vor den geistlichen Reichsfürsten im zweiten und den weltlichen Reichsfürsten im dritten sowie den Grafen und Herren im vierten ein. Lehen durften nur von Angehörigen eines höheren Heerschilds genommen werden, wenn nicht eine Rangminderung eintreten sollte. Doch diese Vorschrift ist im späten Mittelalter ebensowenig lückenlos beachtet worden wie manche andere rechtliche oder gewohnheitsrechtliche Regelung; zu oft griff die »Macht des Faktischen« verändernd ein. Jede wie auch immer abgegrenzte Adelsgruppe bestand nämlich nicht aus Gliedern gleichen Ansehens und gleicher Macht, sondern könnte in Form einer Rangliste dargestellt werden. Wer in einer solchen Formation obenan stand, rückte den untersten Mitgliedern einer nächsthöheren Formation näher. Die Realitäten überformten die Theorie so sehr, daß jede Generation den ererbten Rang des Geschlechts gleichsam neu erwerben und behaupten mußte. Für Aufstieg oder Absinken gab es untrügliche Anzeichen, insbesondere dann, wenn der Familienrang auf dem »Heiratsmarkt« überprüft wurde. Dies war äußerst wichtig; denn der Adel war ein Verband von Familien. Daher sind Hof-, Reichs- und Landtage auch oder gar vornehmlich als Familientreffen aufzufassen. Die weiblichen Familienmitglieder wurden fast ausschließlich nach Familienräson verheiratet. Söhne und Töchter hatten sich ihr auch zu unterwerfen, wenn kirchliche Stellen besetzt werden sollten. Die standesgemäße Heirat des ältesten Sohnes war natürlich am wichtigsten, aber schon ein einziger Ehebund unter dem Stand gefährdete die künftig anzuknüpfenden Sozialbeziehungen der Familie.

König und Reichsfürsten waren die ranghöchsten Glieder des Hochadels. Der König trug in erster Linie die schwere Last der Reichsregierung. Die politische Ordnung des Reiches kann als aristokratisch mit königlicher Spitze bezeichnet werden. Erst langsam wuchsen diesem Verband, der auch ein Familienverband war, abstrakte Verhaltensregeln neueren Stils zu, zuerst beim Akt der Königswahl. Reichsfürsten als dem Wortsinne nach die Ersten, die Principes, im Reich waren im Jahr 1375 unter den weltlichen Adelsherren: der König von Böhmen; der Pfalzgraf bei Rhein; die Inhaber der Herzogtümer Bayern, Bar, Brabant, Braunschweig-Lüneburg, Geldern, Jülich, Kärnten, Krain, Lothringen, Luxemburg, Österreich, Sachsen-Lauenburg, Sachsen-Wittenberg und Steiermark; der Markgraf von Brandenburg; der Landgraf von Thüringen und Markgraf von Meißen und des Osterlandes; der Landgraf von Hessen; der Markgraf von

Baden; der Burggraf von Nürnberg (Ansbach-Bayreuth); als einziger Graf derjenige von Anhalt. Zeitweilig waren die Reichsfürstentümer unter mehrere Inhaber aus ein und derselben Familie geteilt, wie bei den Welfen und Wittelsbachern, zeitweise waren sie in einer Hand vereinigt, so daß die Anzahl der weltlichen Reichsfürsten von Generation zu Generation schwankte. Nach 1375 vermehrte sich ihre Zahl durch weitere Erhebungen: Berg, Holstein, Kleve, Savoyen, Cilli, Württemberg. Die ersten Familien des spätmittelalterlichen Reiches waren die Habsburger, die 1437 ausgestorbenen Luxemburger, die Wittelsbacher, die Wettiner, die Welfen, die Askanier, die, abgesehen von Lauenburg und Anhalt, 1319/1422 erloschen sind, und die 1306 ausgestorbenen Přemysliden.

Den weltlichen Reichsfürsten waren die geistlichen dem Rang nach vorangestellt, zumindest soweit sie Erzbischöfe und Bischöfe waren, nicht sehr oft jedoch nach Besitz und Einfluß. Eine Vorrangstellung besaßen die Geistlichen auch dann, wenn sie vor ihrer Weihe nicht hochadeliger Abstammung gewesen waren. Der Erzbischof von Mainz galt als der ranghöchste Reichsfürst. Es gab vom Patriarchat Aquileja über die acht Erzstifte Mainz, Köln, Trier, Salzburg, Bremen, Magdeburg, Besançon und Riga bis zum Hochstift Cambrai insgesamt neunundvierzig geistliche Reichsfürstentümer. Der Erzbischof von Prag war im späten Mittelalter, wie sechzehn weitere Bischöfe, nicht Reichsfürst. Der Deutschmeister des Deutschen Ordens wurde 1494, der Landmeister von Livland 1520 Reichsfürst, der Ordenshochmeister wurde als reichsfürstengleich erachtet. Vierundvierzig oder fünfundvierzig Fürstäbte und Fürstäbtissinnen und der Propst von Ellwangen waren ebenfalls Reichsfürsten. Mediatfürsten waren der Markgraf von Mähren, die Herzöge von Schlesien und Troppau-Jägerndorf und ein Teil der nichtreichsfürstlichen Bischöfe.

Königsnahe Grafen und Herren hatten im Dienst der Staufer Beträchtliches geleistet und dadurch ihre eigene Situation stabilisiert. So wurden sie neben den staufernahen Wittelsbachern die ersten Träger des spätmittelalterlichen Königtums. Die Furcht vor den Fürsten, aus deren Reihen auch die Hauptwidersacher der Staufer gekommen waren, hat dabei eine große Rolle gespielt. Königsfamilien aus dem Grafenmilieu haben das Königtum zum Erwerb der Fürstenwürde für den Sohn genutzt. Für seine Person gewann der König durch die Wahl auch dann überfürstlichen Rang, wenn er zuvor nur Graf gewesen war.

Zahlreiche Grafen und Herren aus Franken, Schwaben, vom Mittelrhein und Untermain und aus dem Mittelelbe-Saale-Gebiet waren königsnah und blieben es, weil dies Vorteil und Sicherheit mit sich brachte. Hier und anderswo war jedoch auch ein Mindestmaß an Ausstattung mit Land und Leuten nötig, um im territorialen Konkurrenzkampf zu überleben. Die Kleinsten verspürten am schmerzlichsten die Umstellungen und Krisen der Agrarwirtschaft nach 1300; viele von ihnen wurden von rasch wachsender Verarmung betroffen. Für die heutige Ostschweiz hat man festgestellt, daß die Zahl der hochfreien Familien in den beiden Generationen nach 1260 radikal abgenommen hat. Darüber entschied nicht allein und nicht zuerst das Schicksal des Aussterbens, sondern schon der selbst verursachte Vermögensschwund. Zum Verarmungsprozeß des Hochadels hat die Gegnerschaft des großen Landesherrn Habsburg beigetragen, dem man im Unterschied zum Niederadel zumeist nicht dienen wollte. Das Existenzproblem bestand nicht allein in der Gefahr, in den Niederadel abzusinken. Nach dem Verkauf der letzten Güter blieb womöglich nur noch der Umzug in die Stadt oder der Eintritt in das freie Bauerntum; der letzte Herr von Freienstein hat offenbar eine Bauerntochter geheiratet.

Die östliche Schweiz bietet auch ein gutes Beispiel für neuartige, spätmittelalterliche Wandlungen des Adels, während die alten Ordnungen dahinsanken. Eine besonders aktive und erfolgreiche, übrigens auch studienfreundliche Gruppe des Adels nahm ihren Aufstieg im landesherrlichen Dienst ohne viel Rücksicht auf alte hochfreie, ministerialische oder städtische Abkunft. Grafen, Herren und Ritter hingegen, die sich den neuen großen Territorien entgegenstellten, haben dies früher oder später mit schweren Rückschlägen bezahlt. Nur in den königsnahen und in anderen politisch locker gefügten Landschaften wie Hessen und Westfalen verhielt es sich nicht so. Die Beziehung zum König, die Einungen des Hochadels in Franken, Schwaben und am Rhein und zeitweise das Zusammengehen mit den Rittern, von denen man sich dann doch wieder zugunsten des fürstlichen Vorbildes abwandte, haben einen gewissen Schutz gegen Verarmung und Abstieg geboten. Bis heute zeugen kleine Residenzen aus dem späten Mittelalter und der frühen Neuzeit von dieser gräflich-freiherrlichen, später auch kleinfürstlichen Lebenswelt, so in Braunfels, Detmold, Rudolstadt und Wertheim. Im Norden, zum Beispiel in Oldenburg, waren die Grafschaften größer und widerstandsfähiger. Die politisch überlebenden älteren Herrenfamilien wurden in der Neuzeit gräflich, während die neuen Reichsfreiherren dieser Periode Aufsteiger aus dem Niederadel waren.

In den großen Territorien zumal der Habsburger und östlich der Elbe waren Grafen und Herren landsässig. Sie bildeten eine Gruppe, die von den Reichsunmittelbaren des Westens nur zögernd als gleichrangig anerkannt wurde. Der Besitz der Landsässigen indessen mochte wesentlich größer sein als derjenige des angeseheneren Reichsadels. Im eigenen Land haben die böhmischen Barone, wie die Rosenberge, und die österreichischen »Landherren«, die aus Hochfreien und Unfreien, wie die mächtigen Kuenringer, hervorgegangen sind, ein starkes Selbstbewußtsein entwickelt. Dadurch machten sie dem Landesherrn beträchtliche Schwierigkeiten. Sie hoben sich zumeist deutlich vom Niederadel ab. Im Südosten behaupteten sie sich diesem gegenüber in eigenen Landtagskurien. In Ostpreußen hingegen war der Abstand zwischen Hoch- und Niederadel geringer.

Ritter und edle Knechte

Viel zahlreicher als der Dynastenadel war der niedere Adel. Im Alt- und Neusiedelland war er im 13. Jahrhundert in großer Mehrheit aus der hochmittelalterlichen Ministerialität hervorgegangen, auch einige kleine Dynasten gehörten dazu. Noch im 14., in Außenbereichen selbst im 15. Jahrhundert traten erfolgreiche Bürger und sogar Bauern bei. In Mecklenburg, Pommern, auf Rügen und in Schlesien wurden slawische Vornehme aufgesogen. In Böhmen und Mähren bestand ein zahlenmäßig ansehnlicher einheimischer, der agrarischen Welt eng verbundener Kleinadel, der sich dann in der Hussitenbewegung besonders hervortat. In Preußen, wo zunächst von Einzelfällen abgesehen kein niederer Adel bestanden hatte, entwickelte er sich gegen Ende des Mittelalters vor allem aus den großen freien Bauern, die zu Pferde und schwer bewaffnet Dienst taten, und bezog auch prußische Edle ein.

Daß man ungeachtet vieler regionaler Unterschiede letztlich von einem neuen Stand sprechen kann, den das ältere Mittelalter nicht gekannt hat, hängt mit dem »öffentlichen Bedarf« und mit der von ihm geweckten »sozialen Energie« zusammen. Die hochmittelalterliche Ministerialität war aus dem ständig wachsenden Bestreben von Herren aller Stufen, voran des Königs, hervorgegangen, die zunehmenden »staatlichen« Aufgaben, insbesondere Hofämter, militärischen Schutz und Verwaltung, von möglichst zuverlässigen Amtsträgern wahrnehmen zu lassen. Dies waren nicht die damaligen Adeligen, sondern unfreie Dienstleute aus der Familia der Herren, vornehmlich aus der bäuerlichen Welt. Tätigkeit am Hofe, Waffendienst zu Pferd und Verwaltung waren adelsnahe Leistungen und wurden – mangels Alternative – adelsnah entlohnt, nämlich durch die Übergabe eines bald vererblichen Guts, im Regelfall von Land und Leuten, die vor der erhofften Dienstleistung geschah. Es gab weitere Gründe für einen schnellen Aufstieg der Ministerialen: die großen Herausforderungen und schweren Katastrophen der Stauferzeit und die neuen Ideale eines verchristlichten Kriegertums, des Rittertums, die alle Kämpfer zu Pferd verbanden. Bedeutende Leistungen solcher Emporkömmlinge brachten ansehnliche Besitzanhäufung und Führungspositionen gegenüber kleineren Ministerialen ein. Am Ende war der Ministeriale Ritter wie der Hochfreie; er hatte den gleichen »Beruf« und die gleiche Lebensform in Gesellschaft und Kultur. Der neue »Berufsstand« läßt sich durch das Prinzip der Ritterbürtigkeit als im Grundsatz rechtlich fixiert und nach unten abgeschlossen ansehen; er wurde zum Geburtsstand. Die Unfreiheit des Ministerialen, die einst seinen Verkauf, seine Schenkung oder Vererbung möglich und die Zustimmung des Herrn im Fall der Heirat außerhalb der Familia nötig gemacht hatte, blieb allerdings eine Hypothek, die lange nachwirkte. Noch 1442 hat beispielsweise König Friedrich III. eine Dispensurkunde ausgestellt, als der Breisgauer Freiherr von Staufen eine niederadelig-unfreie Gattin heimführen wollte.

Der niederadelige Vollkrieger, der jahrzehntelang in Übung bleiben mußte und einer teuren Ausrüstung bedurfte, bildete den Kern der kleinsten taktischen Einheit der Ritterschlacht, der »Gleve«. Die Gleve bestand aus dem Reiterkrieger selbst, aus einem oder zwei womöglich leichtbewaffneten Helfern – Knappen oder Knechten – und aus mindestens drei Pferden, darunter dem teuren, teilweise ebenfalls gepanzerten Schlachtroß. Dem Ritter stand das Recht auf bewaffnete Selbsthilfe zu, das freilich von Stärkeren zunehmend eingeschränkt und am Ende des Mittelalters, 1495, ganz aufgehoben wurde. »Rechte Gewalt« durfte auch in privaten Vermögenssachen geübt werden, was rasch zu »unrechter Gewalt« werden konnte. Ein ordentlicher Ritter hielt sich an die Regeln, die verlangen konnten, eine Fehde drei Tage zuvor schriftlich anzukündigen. Die »rechte« Fehde war ein Stück Rechtsfindung eines Herrn in einer Gesellschaft von Herren und kann mit dem Prozeß verglichen werden.

Die Schwertleite, die feierliche Schwertnahme aus der Hand eines anderen Ritters, gehörte bis tief ins 14. Jahrhundert hinein als Anfangszeremonie zum ritterlichen Lebensweg. Dann kam, wohl nach französischem Vorbild, der Ritterschlag auf. Durch die Segnung des Schwertes war die Kirche daran beteiligt. Der edle Knecht oder Knappe, der das Schwert längst zu führen gelernt hatte, trug es am Sattel statt am Gürtel. Die jüngeren Rittersöhne blieben oft edle Knechte, und selbst das Familienhaupt konnte immer öfter die einem Ritter angemessene Lebensführung nicht erschwingen und mußte im Stand des Knappen verbleiben.

Neben der wirtschaftlichen Grundlage, die ererbt, erheiratet und durch neue Lehen von großen Herren, durch Soldkriegertum oder auch durch erfolgreiche Landwirtschaft vermehrt worden sein mochte, mußte man als Ritter ein festes Haus, am besten eine Burg oder einen Burganteil, und ein Minimum an Herrschaft über Land und Leute besitzen. Der Weg vom streng gebundenen Dienstgut zur relativ freien, hochadelsgleichen Handhabung des übertragenen Besitzes war noch verhältnismäßig leicht zu bewältigen; problematischer war die häufig zu geringe niederadelige Wirtschaftsbasis. In einem Zeitalter, das keine nennenswerten betriebsökonomischen Kenntnisse besaß, war das Wirtschaftsleben an der Grenze des Minimums äußerst risikoreich. Den sechzig sächsischen Hufen, die in Livland wohl als Normalmaß für einen Ritterbesitz galten, stand am anderen Ende der Küstenzone, in der Grafschaft Holland, ein im Durchschnitt ganz geringes Landgut gegenüber. Man hat geschätzt, daß der holländische Adel im ausgehenden Mittelalter insgesamt weniger als ein Zehntel der Nutzfläche des Landes besaß. Adelige Höfe konnten wie im bremischen Land aus einem einfachen Vollbauernanwesen entstanden sein und daher mitten im Dorf liegen. Überall verfügte ein armer Ritter über kaum mehr Land als ein reicher Bauer. Dieses Land mit einem oder mehreren Höfen konnte mit eigenem Gesinde selbst bewirtschaftet werden, oder es wurde verpachtet. Am Rhein war ein solcher Hof selten größer als hundert Morgen, anderswo häufig wesentlich kleiner. Größer als das Eigengut war öfter das Lehnsgut, das durch Pflichten gegenüber dem Herrn belastet war. Für die Versorgung von jüngeren Söhnen und von Töchtern spielten kirchliche Pfründen eine wesentliche Rolle, zumal in Domkapiteln und Benediktinerklöstern, die beide häufig, wie am Rhein, dem Adel vorbehalten waren.

Aus der Ministerialität zumal der Staufer konnten allerdings auch ganz andere Dimensionen adeligen Besitzes hervorwachsen. Der im Königsdienst besonders erfolgreichen Familie von Bolanden in der Pfalz dienten um 1250 annähernd zweihundert Vasallen. Das waren dreimal soviel, wie das Reichsfürstentum Baden 1381 besaß. Da aber in der neuartigen politischen Welt des späten Mittelalters ein extrem großer Funktionsverlust der Reichsministerialen eintrat, konnte der Weg der Bolanden auf die Dauer nur abwärts führen. Im Jahr 1376 fiel ihre Herrschaft an die Kurpfalz. Andere Reichsministerialen vermochten sich einigermaßen zu behaupten, nicht wenige gingen in die Stadt, wie in Eger. Eine der stabilsten Verfassungsformen, die noch am Anfang des 19. Jahrhunderts als ein Unikum im Reichsgefüge bestand, war die »Adelsrepublik« in der Reichsburg Friedberg im heutigen Hessen. Dort bestand eine Burgmannschaft vor allem aus ehemals reichsministerialischen, nun niederadeligen Familien mit genossenschaftlich selbstbestimmten, vom König bestätigten und geschützten Verfassungsformen. Sie behauptete die Herrschaft über die Reichsstadt gleichen Namens und über zwanzig Dörfer. Auch die parallele Rechtsform der »Ganerbschaft«, das wirkliche oder ideelle Zusammenleben von ursprünglich verwandten Rittern in einer Burg und deren gemeinsame Verwaltung, war wichtig für die Vorgeschichte der Reichsritterschaft. Diese hat sich dann nach 1540 als Reaktion auf die fortschreitende Verdichtung des Reiches am Rhein, in Franken, Schwaben und im Elsaß aus denjenigen Familien gebildet, die sich bis dahin der Überwältigung durch einen Landesherrn entzogen hatten.

Nach Zahl und Wirkung weitaus wichtiger als die Reichsministerialen waren für die niederadelige Zukunft des späten Mittelalters die fürstlichen Dienstleute, aus denen im wesentlichen der landsässige Adel hervorging; nur in einigen Fällen wurden auch aus ihnen im Verein mit Reichsministerialen neuzeitliche Reichsritter. Dienstleute der Fürsten führen sehr deutlich vor Augen, in welch hohem Maße politisch-verfassungsmäßige Entscheidungen und Rahmenbedingungen soziale Prozesse, die auf den ersten Blick nach eigenen Gesetzen abzulaufen schienen, ausgelöst und gelenkt haben. Denn ein Funktionsverlust wie bei der nachstaufischen Reichsministerialität trat hier ganz und gar nicht ein. Der werdende Niederadel blieb vielmehr – zumindest anfänglich – der gänzlich unentbehrliche Helfer des werdenden Landesherrn, wie es schon seine Ministerialen gewesen waren. Erst im Laufe der Zeit traten auch andere Gruppen nach vorn und trugen zu Krisen in der Adelswelt bei. Treffender aber als das Stichwort der Krise ist das der inneren Differenzierung. Viele Edelleute sanken als »einschildige« Ritter oder edle Knechte in die Bedeutungslosigkeit hinab. Eine kleine Gruppe von Familien, die man als »Machtelite« bezeichnen kann, nahm einen beträchtlichen Aufschwung und verwischte den Unterschied zu den kleinen Hochfreien. Sie zogen die einflußreichsten und einträglichsten Ämter der weltlichen und geistlichen Territorien an sich und waren zugleich gesuchte Geldgeber, die sich ganze Amtsbezirke verpfänden ließen. Sie waren es, die am Ende den Landesherrn selbst in Bedrängnis brachten. Ein typisches Beispiel für solche landesadelige Mitherrschaft bietet Niederbayern im 14. Jahrhundert, seit der Hofordnung von 1294 und besonders seit der »Ottonischen Handveste« von 1311. Die »Landschaft« als Adelskorporation wachte hier über die Finanzen, und einige adelige Räte lenkten die tägliche Politik. In Kärnten gar wurde der Niederadel der Träger des Landesbewußtseins, das 1518 zum Übergang der Hauptstadt Klagenfurt an die Stände führen sollte – wiederum ein Unikum in der deutschen Verfassungsgeschichte. Ohne landsässigen Adel bestanden auf die Dauer nur wenige Territorien: Kurpfalz, Kurtrier, Würzburg und Bamberg.

Ein gutes Beispiel für die untrennbare Verbindung von Landesherrschaft und Ritterschaft im 13. und 14. Jahrhundert bietet Brandenburg. In den markgräflichen Burgen Brandenburg, Salzwedel, Tangermünde und Wolmirstedt saßen niederadelige Burgmannen. Von der Altmark breiteten sie sich zugleich mit der wachsenden Macht ihres Herrn in die Nachbarlandschaften aus. Die Markgrafen versahen sie mit Lehen. Da es sich um eine sehr zahlreiche Ritterschaft handelte, verblieb dem einzelnen Ritter nicht allzuviel Land. Das Lehen bestand häufig nur aus einem Hof von vier bis sechs Hufen, ohne eine Burganlage; bei weitem nicht überall saß man also hinter dicken Mauern. Erst allmählich erwarben die Ritter Rechte über die benachbarten Bauern; denn im Neusiedelland gab es nur die Herrschaft, die von den ursprünglich vom König herrührenden Rechten des Markgrafen abgeleitet war. Wiederum arbeitete sich eine Spitzengruppe empor. Im allgemeinen unterschied man bald schloßgesessene und unbeschloßte Adelsfamilien. Am Ende stand die Ausbildung der Gutsherrschaft über weithin entrechtete Bauern als Ausdruck der Durchsetzungsfähigkeit des Adels gegenüber einer geschwächten Landesherrschaft.

Diese »ostelbische« Situation war freilich nicht die Regel. Im Westen brachte die vom kleinen Adel selbst mit herbeigeführte Verfestigung der Landesstaaten Funktionsverluste der Ritterschaft vor dem Ausgang des Mittelalters mit sich. Es sah nach einer den westeuropäischen Verhältnissen nicht unähnlichen Entwicklung aus, in welcher der Niederadelige am Ende zum privilegierten privaten Grundbesitzer, Höfling und Staatsdiener wurde. Dahin mochte führen, daß der Ertrag des Grundbesitzes mit der Geldentwertung nicht Schritt hielt, die Untertanen widerspenstiger wurden, die Kosten für zeitgemäße Bewaffnung und Befestigung anstiegen, immer mehr öffentliche Aufgaben vom kleinen Herrn auf den großen Landesherrn übergingen und daß in Hof und Verwaltung Bürgerliche und Studierte zur gefährlichen Konkurrenz heranwuchsen. Auch hier waren freilich Gegenkräfte wirksam, besonders in Gestalt der ständischen Solidarität gegenüber Emporkömmlingen; außerdem konnte der Fürst als Adelsherr auf eine adelige Umgebung nicht verzichten.

Es gab auch eine ganz andere Alternative, von der nur noch nicht erkennbar war, daß sie für die meisten in eine Sackgasse führen sollte: den Zusammenschluß zu genossenschaftlich organisierten Rittergesellschaften. Das 14. und 15. Jahrhundert war ohnehin ein Zeitalter, in welchem Einungen Gleichrangiger weit verbreitet waren. Die schwäbischen Ritterbünde verschiedenster Art, zugleich Vorstufen der Reichsritterschaft, mündeten endlich in den Schwäbischen Bund von 1488 ein, der seinerseits als bemerkenswerter Bestandteil der Reichsverfassung bewertet werden muß. Unter den Zielen der zahlreichen Rittergesellschaften fallen drei besonders auf: die »gesellschaftlich«-gesellige Vereinigung, zum Beispiel die oberrheinische Turniergesellschaft »mit dem Esel« seit 1387; das politisch-militärische Bündnis nach regionalen Erfordernissen, beispielsweise der Bund der »Sterner« gegen den Landgrafen von Hessen in den Jahren 1371 bis 1375; und die gefürchtete Soldkriegervereinigung, die ihre Dienste dem Meistzahlenden anbot, wie die Gesellschaft »mit den Wölfen« in Schwaben 1366. Hierfür gab es italienische und französische Vorbilder; deutsche Ritter und Edelknechte hatten sich längst in Italien verdingt und dort gelernt. Es steckte viel adelige Mißgunst in dieser zündstoffreichen Situation. Denn man sah Landesherren und Städte politisch und ökonomisch voraneilen und suchte mit dem einzigen eingeübten Mittel, mit dem Schwert, seinen Anteil daran. Städte und Kaufleute sind unter fadenscheinigen Vorwänden bekriegt worden, um Beute zu machen. Manche Raubritterburg ist von städtischer, landesherrlicher und königlicher Militärmacht eingenommen und zerstört worden. Der Übergang von der privaten Räuberei zur großen Politik war fließend, hier wie da waren ein und dieselben Leute beteiligt. Gerade auch im Niederadel gab es Leute mit beschränktem Gesichtskreis, mit Sauf- und Rauflust und brutaler Sinnenfreude.

Der Ausschnitt »Niederadel« aus der sozialen Welt des deutschen Spätmittelalters stellt sich in solcher Doppeldeutigkeit in vieler Hinsicht als ein Abbild der ganzen Gesellschaft des Zeitalters dar. Es gab eindeutige krisenhafte Merkmale, doch man sollte nicht im allgemeinen von einer Krise des Adels sprechen. Andere Standesglieder waren wiederum außergewöhnlich erfolgreich. Die ministerialisch-niederadeligen Truchsessen von Waldburg und die Vögte von Weida stiegen bis zum 18. Jahrhundert in den Fürstenrang auf, die Vorfahren der heute regierenden Fürsten von Liechtenstein waren landesherrliche Ministerialen aus

Österreich. Von dem vielberufenen Aussterben des Adels und Niederadels kann man nicht mehr mit solcher Entschiedenheit wie früher sprechen; denn der unbestreitbar große Schwund vom 13. bis zum 16. Jahrhundert ist zunächst einmal ein Schwund von Namen, nicht unbedingt von Personen und Familien gewesen. Eine gewisse biologische Verringerung der Anzahl der Familien ist weiterhin anzunehmen. Bezeichnender sind aber eher die Überforderung vieler durch die neuen Verhältnisse und der darauf folgende Abstieg.

Höfe, Burgen, feste Häuser

Alteuropäische Fürstenexistenz war ihrem Wesen nach mit der Institution des Hofes, adelige Existenz mit der Institution der Burg oder des festen Hauses verbunden. Papst, König, Bischöfe, Herzöge und Grafen hielten Hof. Er war die Basis des Dienstes am Herrn und gegebenenfalls an seiner Familie, war patriarchalische Lebensform und festliche Lebensform der höfischen Gesellschaft, womöglich Stätte des Luxus, der Literatur und Kunst. Die ständig Anwesenden bildeten die Familia des Herrn, waren seine Familiaren. In deutscher Sprache nannte man sie bildhaft Haus- und Tischgenossen. Eine Vielzahl von mittleren und kleinen Höfen anstelle eines großen zentralen Hofes ist charakteristisch für die deutsche Geschichte in Mittelalter und Neuzeit. Adelige Söhne wurden mit Vorliebe an einem größeren Hof erzogen. Dort lernten sie neben dem Waffenhandwerk das rechte höfische Wesen, die »Curialitas«, auch um Beziehungen zu knüpfen und Objekt eines Ehehandels zu werden. Erst im 15. Jahrhundert wurden Lesen und Schreiben Bestandteile der Ausbildung.

Aus festlichem Anlaß verlangte fürstlich-adeliges Leben verschwenderische Repräsentation in Kleidung, Speise und Trank. Vom Hof der Grafen von Tirol kennen wir die Fülle erlesener Kostbarkeiten, die um 1300 vor allem aus Italien eingeführt wurden: teuere Stoffe in modischen Farben, Seide, Pelze, Gürtel, Perlen und Korallen gleich zu Tausenden, Edelsteine, silberne und vergoldete Schließen – alles zur Zierde der Kleidung –, vergoldete Sporen und Zügel sowie Prunkgefäße. Zu einer Hochzeit im Jahr 1315 führte man 10 Zentner Wachs, 15 Zentner Reis, 2 Zentner Pfeffer, 17 Zentner Feigen, 10 Zentner Mandeln und vieles weitere ein, für eine 1323/24 geplante Vermählung 70.000 Liter Wein. Der Graf genoß frisches Obst seit der Erdbeerernte im Mai und Edelkastanien im November. Im Lande kannte man den Leoparden, den Strauß und das Kamel, die zur Belustigung der hohen Herrschaften gefangengehalten wurden.

Es entsprach den wirtschaftlichen und noch mehr den herrschaftlichen Notwendigkeiten des Zeitalters, daß die Höfe beweglich waren. Deshalb war der Marschall einer der wichtigsten Hofbeamten; er hatte für Stall und Futter am

Ort und unterwegs zu sorgen. Daneben wuchs ganz langsam die Residenzherrschaft heran, die Konzentration der Hofhaltung auf einen oder nur wenige zentrale Orte. Je größer ein Hof wurde, um so häufiger suchte man Burgen auf, die am Rand von Städten lagen, wo mehr Raum zur Verfügung stand und es sich angenehmer leben ließ. König Rudolf hielt sich während seiner unermüdlichen Reisen durch das Reich nur noch selten in den Königspfalzen auf, die die Staufer bevorzugt hatten; er wählte lieber Städte. Die Landesfürsten scheuten sich nicht, Häuser in der Stadt zu beziehen. Die Könige Ludwig von Wittelsbach und Friedrich von Habsburg begünstigten ihre erbländischen »Hauptstädte« München und Wien in der Weise, daß man von den Anfängen der königlichen Residenzbildung sprechen kann. Karl IV. hat dies als ihr Nachfolger in Prag in großartiger Weise fortgesetzt. Die Wettiner gaben die Wartburg auf, die nach dem Verlust Hessens in eine Randlage geraten war, und bevorzugten Gotha, dann Weimar. Die geistlichen Fürsten entwickelten vielfach Zentren außerhalb ihrer allzu selbständig werdenden Bischofsstädte: der Mainzer Erzbischof zuerst in Eltville, der Trierer in Koblenz; der Kölner begann im Jahr 1285 mit dem Bau einer Burg in Brühl. Aber selbst die fortgeschrittenen Territorien am inneren Niederrhein blieben vorerst auf mehrere Zentren, nicht auf einen einzigen Mittelpunkt hin orientiert.

Das wichtigste Herrschaftsmittel, ja die unentbehrliche Voraussetzung adeliger Existenz war die Burg oder zumindest das feste Haus. Das Recht, Burgen zu errichten, gebührte im Prinzip dem König, aber dies wurde nur im königsnahen Bereich realisiert; anderswo war der Burgenbau landesherrliches und vielfach adeliges Recht. Anzahl und Mannigfaltigkeit der Burgen im deutschen Sprachgebiet sind außerordentlich groß. Man hat ihre Zahl nach freilich unsicheren Maßstäben auf 25.000 geschätzt, wobei nicht alle gleichzeitig bestanden haben. Besonders burgenreich sind noch heute Tirol, Franken, die Oberpfalz und das Elsaß. Größere Landesherrschaften wiesen eine Vielzahl von Burgen mit unterschiedlichen Rechten auf. So zerstörten oder beschädigten die aufständischen Bauern 1525 allein im nicht allzu großen Hochstift Bamberg 197 Burgen und feste Häuser.

Die meisten Burgen dürften im 13. Jahrhundert errichtet worden sein, jedenfalls waren am Beginn des späten Mittelalters die wichtigsten hochadeligen und landesherrlichen Burgen vollendet. Die große Zeit des niederadeligen Burgenbaus war offenbar die zweite Hälfte des 13. Jahrhunderts. Die ideale Burg lag inzwischen nicht mehr im Tal und im Dorf, sondern an oder auf der Höhe, wo die kleineren spätmittelalterlichen Burgen ohnehin angelegt wurden; erst gegen Ende des Mittelalters zeichnete sich der größeren Bequemlichkeit halber wieder der Wunsch ab, in Talrichtung zu rücken, und sei es nur mit einer nach abwärts angelegten größeren und luftigeren Vorburg. Der Herr war jedenfalls auch räumlich vom Untertan isoliert, und isoliert mochte er sich in einsamen Wintermonaten wirklich vorkommen, wenn er ohne nennenswerte Abwechslung bei schlechter Beleuchtung vor sich hin fröstelte.

Die Aufgaben der Burg waren vielfältig. Neben der zunächst ins Auge fallenden militärischen Funktion ist ihre Rolle als befestigter Wohnsitz, als Herrschafts- und Verwaltungsmittelpunkt, als Wirtschaftszentrum und zum Teil als Ort adeliger Kultur zu beachten. In ihrem Schutz entwickelten sich Dörfer und Städte. War die Burg nur ein Zentrum für wenige arme Weiler, so konnte es in ihr aussehen wie in einem engen, dunklen Bauernhof mit brüllendem Vieh und stinkendem Misthaufen. Die Burg durfte nur so groß sein, daß sie mit den meist wenigen vorhandenen Kräften auch verteidigt werden konnte.

Die wichtigsten Bestandteile der Burg waren die Ringmauer mit vorgelagertem Graben und die sie durchbrechende Toranlage mit Zugbrücke, der Turm oder Bergfried als Schutz der am meisten gefährdeten Stelle und als letzte Zuflucht sowie das Wohngebäude, der Palas mit Kemenate. In Oberdeutschland baute man mit gebrochenen Steinen und suchte die Unterstützung der Bodengestalt, im flachen steinarmen Niederdeutschland wurde die Backstein-Wasserburg durch natürliche und künstliche Gräben geschützt. Auf der Höhe bot ein tiefgebohrter Brunnen, seltener eine Wasserleitung oder einfach eine Zisterne das lebensnotwendige Wasser. Die Verglasung der Fenster scheint noch im 15. Jahrhundert etwas Besonderes gewesen zu sein. Kachelöfen statt des Kamins oder des offenen Herdfeuers gab es schon – wie in den Städten – ein Jahrhundert zuvor. Die Möblierung war sparsam und einfach: gemauerte Sitze an den Fenstern und Klappstühle, Bänke und Tische, die häufig erst zum Essen hereingetragen wurden, Truhen, noch kaum Schränke, einfache Betten, einen Teppich oder mehrere an den Wänden.

Territorialpolitik der Landesherren war großenteils Burgenpolitik. Es gab zahlreiche bedeutende Burgengründer, wie den Trierer Erzbischof Balduin (1354 gestorben), der unter anderem Baldenau, Baldeneck, Baldeneltz und Balduinstein errichtete. Der Dynast alten Stils hatte in der Mitte seines Besitzes gebaut, während der moderne Territorialherr seine Burgen vorwiegend an den Grenzen seines Landes bauen ließ. Allein im Fürstentum Lüneburg bestanden zwischen 1250 und 1400 zweiundsiebzig Burgen dieser Art. Man baute in blinder Konkurrenz gegeneinander in nächster Nachbarschaft, so am Mittelrhein, oder auch im vertraglich festgelegten Abstand, wie es die Welfen taten, man baute Burgen am Rand der Stadt, um diese im Zaum zu halten und um gegebenenfalls einen Fluchtweg zu finden. So entkam Herzog Albrecht von Österreich, der spätere König, im Jahr 1287 den aufständischen Wienern. Die Ämterverfassung konnte wie in Salzburg den vorhandenen Burgen angepaßt werden, oder es wurden wie im Herzogtum Bayern die bestehenden Ämter durch planmäßig neuerrichtete Burgen gesichert. Man baute schon früh nach italienischem Vorbild ganz modern, wofür Böhmen am Anfang des Spätmittelalters Beispiele

Allegorie auf das zeitlich begrenzte Leben: der König als Stellvertreter aller Stände und der Geschlechter beim Schachspiel mit dem siegenden Tod. Kolorierter Kupferstich des Monogrammisten B.R., zweite Hälfte des 15. Jahrhunderts. Berlin, Staatliche Museen Preußischer Kulturbesitz, Kupferstichkabinett

Burganlage. Wandmalerei im Haus Tuchlauben 19 in Wien, um 1397. – Heiliger Ritter in der Rüstung des 13. Jahrhunderts. Holzskulptur westfälischer Herkunft vom ehemaligen Altarschrein des Domes zu Minden, zwischen 1250 und 1270. Hamburg, Museum für Kunst und Gewerbe. – Der Ritter Ulrich von Husz in der Rüstung des 14. Jahrhunderts. Grabsteinrelief oberelsässischer Herkunft, 1344. Colmar, Musée d'Unterlinden

liefert, und man organisierte zentral die knapp bemessenen Besatzungen, so 1348 im Hochstift Bamberg. Eine Burg wie Mark konnte dem Territorium den Namen geben und ihn für das Land erhalten, auch als sie längst aufgegeben war.

Die bedeutendsten Niederungsburgen finden sich, aus Backsteinen errichtet, im Gebiet des Deutschen Ordens in Preußen und Livland. Hier, wo man frei war von einem älteren »unlogischen« Herrschaftsgefüge, sind Planung oder gar Standardisierung im modernen Sinne klar zu erkennen. Eine Gipfelleistung des Burgenbaus stellt die preußische Marienburg dar, die zuletzt ein Areal von etwa 540 mal 200 Metern bedeckte. Seit 1309 war die bisherige Komtureiburg an der Nogat Sitz des Hochmeisters des Deutschen Ordens. Das Konventhaus, das Hochschloß, von 1274 bis 1280 errichtet, wurde nach 1300 zum Vierflügelbau geschlossen. In den Jahren 1318 bis 1325 entstand in der ursprünglichen Vorburg nach Norden zu das Mittelschloß mit dem Hochmeisterpalast, der vor 1400 vollendet war.

Als die große Burg zu einem beinahe uneinnehmbaren Gefüge klug durchdachter Verteidigung geworden war, kamen die Feuerwaffen auf. Das Pulvergeschütz ist vielleicht 1320/30 erfunden worden, das Schießpulver war seit dem Anfang des späten Mittelalters bekannt. Von der zweiten Hälfte des 14. Jahrhunderts an gab es große Steinbüchsen, die Mauern brechen konnten. Es glich einem Menetekel, als die Burg Tannenberg an der Bergstraße 1399 zusammengeschossen wurde. In der Feldschlacht waren Feuerwaffen noch ziemlich lange von geringem Wert. Mit mehr Erfolg setzte man auf den Burgen Artillerie ein. So besaß der moderne Deutsche Orden die ersten Feuerwaffen spätestens 1374, um 1400 standen schon 100 Geschütze auf seinen preußischen Burgen, 1410 dann 162 und 1415 gar 741. Der technische Vorsprung, den Deutschland im 15. Jahrhundert offenbar in Europa gewann, wurde auch auf diesem Felde sichtbar. Soweit man es sich leisten konnte, wurden Burgen und Stadtbefestigungen der neuen Technik entsprechend ausgebaut, zum Beispiel die Burg von Riga und die Stadttürme in Nürnberg. Aber sehr viele Burgen blieben hoffnungslos hinter diesen überaus kostspieligen Anforderungen zurück. Die große Zeit der Burg war vorüber, ehe das Mittelalter zu Ende ging.

Ländliches Leben und Wirtschaften

Grundherrschaft und Dorf

Den Rahmen des mittelalterlichen Landlebens bildete die Grundherrschaft, zumindest in der älteren Zeit. Freie Bauern gab es verhältnismäßig selten, in den Randgebieten am Meer und im Gebirge und hier und da verstreut als Reste älterer Sozialformen. Die Glieder der Grundherrschaft waren, als Teile der Familia, unfrei; aber darin darf man weder einen statisch-unveränderlichen Zustand erblicken noch diese Stellung allzu eng mit modernen Vorstellungen von Freiheit und Unterdrückung verbinden. Angesichts der Vielgestaltigkeit ländlichen Lebens am Beginn des späten Mittelalters kann man über mehrere Generationen und viele Regionen hinweg nur Bewegungsrichtungen, nicht eigentlich Tatbestände angeben; eine Gesamtbilanz scheint unmöglich zu sein. Fünf Bewegungsrichtungen treten hervor.

Erstens: Die hochmittelalterliche Grundherrschaft des Altsiedellandes, wie man sie sich modellhaft mit ihrem System zentraler Fronhöfe und zugeordneter ländlicher Arbeitskräfte vorstellt, war in Auflösung begriffen. An ihre Stelle rückten am Ende verschiedene Formen »jüngerer« Grundherrschaft, in denen das Herrenland vor allem in selbständig bewirtschaftete Bauernstellen aufgeteilt war. Diese waren zu festgelegten Abgaben und zu bestimmten, meist ebenfalls fixierten Diensten verpflichtet – als Ausdruck der fortdauernden Herrenstellung und als Entgelt für den überlassenen Hof und Grund. Die Eigenwirtschaft der Grundherren trat immer mehr zurück.

Zweitens: Die alten unterschiedlichen Rechtsformen der Unfreiheit wurden allmählich zu einem regional jeweils verhältnismäßig einheitlichen Typus zusammengeführt. Dieser Wandel brachte in der Regel bessere Rechte, größere Bewegungsfreiheit und eine günstigere ökonomische Situation als zuvor mit sich. Das zeigt sich wohl am deutlichsten an der Geschichte der Pacht- und Leihebedingungen, die sich im Durchschnitt für den Bauern immer angenehmer gestalteten. Es kam häufig zur Erbpacht mit festen Beträgen, die damit zuungunsten des Herrn der Geldentwertung unterlagen, und es bildete sich eine Art Untereigentum des Bauern am bebauten Land aus. Von solchen Fortschritten waren allerdings vornehmlich die Inhaber von Vollstellen begünstigt. Unterbäuerliche Gruppen, die man infolge der Bevölkerungsvermehrung immer häufiger antraf, wurden in eine eher ungewisse Zukunft entlassen.

Drittens: Das Wirkungsgefüge, das sich endlich auf das Dorf als den bevorzugten Wohnplatz bäuerlichen Lebens konzentrierte, wurde immer komplizierter, durch Teilung, Aufsplitterung und »Modernisierung« der Herrenrechte einerseits und durch Erb- und Besitzregelungen der Bauern andererseits. In Niederösterreich rechnet man je Dorf im Durchschnitt mit vier bis sechs Grundherren, die miteinander konkurrierten. Es mochten Landesherren, Adelige, Bürger, geistliche Institute oder Personen, jedenfalls Träger ganz unterschiedlicher Machtbefugnis sein. So konnte sich zwischen Rechtsanspruch und Wirklichkeit eine immer größere Kluft auftun. Wer obsiegte, das entschied sich im kleinen Raum von Fall zu Fall.

Viertens: Die »jüngere« Grundherrschaft war nicht mehr nahezu allein bestimmend wie in dem fast ungemischt agrarischen Gesellschafts- und Wirtschaftsgefüge des Hochmittelalters. Denn sie wurde zunehmend durch einen sozialen »Markt« für Menschen, denen sich auch andere Chancen eröffneten, und durch den ökonomischen Markt für Agrarprodukte beeinflußt. Das Geld spielte bei alledem eine immer größere Rolle. Die Vielzahl der sozialen Bewegungen des 13. Jahrhunderts lockerte die Beziehungen von oben nach unten auf; denn es war nicht leicht möglich, Abzug oder Flucht aus der Herrschaft zu verhindern. Daher mußte man ebenso sozial wie anderswo wirtschaftlich konkurrenzfähig bleiben. Diese ineinandergreifenden Bewegungen brachten bei weitem noch nicht den einheitlichen, kompakten Sozialkörper des »deutschen Volkes« hervor, jedoch eine Anzahl von Anstößen in gleicher Richtung. Am meisten geschah im 13. Jahrhundert als Erbe der letzten Phase des Hochmittelalters; das 14. Jahrhundert war eher eine unentschiedene Zeit; und was im späteren 15. Jahrhundert verfassungsgeschichtlich und politisch »Verdichtung« des Reiches heißt, kann man im sozialen Bereich als Verfestigung und Verhärtung bezeichnen, die dann in der frühen Neuzeit weiterwirkten.

Fünftens: Die Grundherrschaft des Neusiedellandes im Osten war von vornherein »jüngere« Grundherrschaft. Sie war auf eine dem bloßen Grundeigentum nahestehende »Herrschaft« und auf festgelegte Sachleistungen der Bauern bezogen, die daher nicht mehr als unfrei bezeichnet werden können. Erst im Laufe der Zeit, insbesondere im 16. Jahrhundert, hat sich eine schon im späteren Mittelalter angelegte gegenläufige Entwicklung vollzogen. Der kleine Adel beschnitt die landesherrlichen Rechte und verschlechterte die Lage der Bauern erheblich, auch indem er neue Frondienste forderte oder solche aus vordeutscher Zeit wiederauffrischte, zum Beispiel in Schlesien. Da sich im Westen die landesherrlichen und im Osten die grundherrlichen Rechte verdichteten, entstanden am Ende in Deutschland zwei unterschiedliche Agrarlandschaften.

Die neue Einheit, in der sich bei normaler Siedlungsdichte das ländliche Leben in immer intensiverer Form verwirklichte, war die Dorfgemeinde oder umfassender die Landgemeinde. Sie hatte keine einheitliche Entstehungsursache und -zeit und weist im einzelnen verschiedene Formen auf. Gemeinsam allerdings war die Begegnung von herrschaftlichem Element und genossenschaftlich-bäuerlicher Selbstorganisation – in welcher Gewichtsverteilung auch immer. In ganz kleinen Dörfern war noch lange Zeit nicht viel gemeinschaftlich zu regeln. Doch es gab auch, wie in Franken, wirklich große Dörfer, etwa Dertingen in der Grafschaft Wertheim mit hunderteinundzwanzig Steuerpflichtigen in den Jahren 1359 und 1373, und damit komplizierte Verhältnisse in Feld und Flur, in Wald und Wiese, bei Brücken, Wegen und angesichts der Brand- und Wassergefahr. Insofern die Landgemeinde in ihrem überschaubaren Rahmen für Frieden und Recht sorgte, kann man ihre Funktion als »staatlich« bezeichnen. Parallel zur Grundherrschaft, deren Zentrum der große Hof gewesen war, kam nun die Dorfherrschaft auf. Jedoch mußten Grundherr und Dorfherr keineswegs ein und dieselbe Person sein; denn die Gerichtspflichten und -rechte im Dorf mochte auch ein anderer, mächtigerer Herr an sich ziehen.

Besonders ausgeprägt war die Landesherrschaft zum Beispiel im Herzogtum Bayern, was verhältnismäßig übersichtliche Zustände im Dorf zur Folge hatte. Im Nordwesten dagegen war man stärker genossenschaftlich orientiert, während das Rheinland Mischformen ausbildete. Auch die Gemeinderechte im Neusiedelland waren herrschaftlich verliehen; sie beruhten jedoch auf dem Vertrag, der am Anfang der Lokation gestanden hatte, und konnten daher fürs erste als gesichert gelten.

Die Organe der Landgemeinde waren der Vorsteher, ein ihm zur Seite tretender Ausschuß und die Gemeindeversammlung. Der Dorfvorsteher führte je nach Landschaft einen anderen Namen: Schultheiß, Ammann, Zender, Grebe, Heimbürge, Bauermeister, Dorfmeister, Schulze, Richter. Er konnte von der Herrschaft eingesetzt oder, allerdings seltener, gewählt worden sein. In der Regel stammte er aus dem ganz kleinen Kreis der führenden Familien, wenn das Amt nicht sogar in der Praxis oder auch verbrieft als erblich galt oder an einen bestimmten großen Hof gebunden war. Es gab auch den Fall, daß zwei oder mehrere Ortsvorsteher nebeneinander tätig waren, die dann den Grundherrn und das Dorf oder mehrere Grundherren vertraten. Die stärkste Stellung hatte wohl der Erbschulze oder Erbrichter im Neusiedelland inne; er konnte sie vom Lokator herleiten und obendrein der größte Bauer sein. Der Ortsvorsteher zog, mitunter neben herrschaftlichen Beauftragten, die Abgaben im Dorf ein, stand häufig an der Spitze des Gerichts und gewann zunehmend polizeiliche Funktionen. Der Ausschuß, der ihm an die Seite gestellt war, wurde oft von der Gemeinde gewählt. Er setzte sich aus zwei bis sieben, selten zwölf Mitgliedern zusammen, den »Heimbürgen« oder »Schöffen«, »Zweiern« oder »Vierern«. Sie urteilten häufig zugleich im Dorfgericht.

Glockengeläut rief die Gemeindeversammlung zusammen, zumeist unter freiem Himmel an der Kirche oder der Dorflinde. Der Dorfvorsteher hatte im Einverständnis mit der Herrschaft einberufen. Teilnahmeberechtigt waren nur Hausväter, in Nordhessen Männer mit »eigenem Rauch«, darunter aber auch die minderbesitzenden Bauern. Öfter wurde unter den Anwesenden eine Zweiteilung nach Besitz vorgenommen; so unterschied man 1442 im hessischen

Flieden »Hubener« und »Hintersiedel«. Man mußte wohl zumindest Pferd und Pflug besitzen, um an der Gemeindeversammlung teilnehmen zu können. Die Zusammenkunft lief nach festen Regeln ab. Die Befugnisse der Versammlung betrafen das tägliche Arbeitsleben und gemeinsame Nutzungsrechte sowie die Finanzen der Gemeinde. Deren Einnahmen bestanden aus Bußgeldern, Pachtsummen und Zuzugsgebühren. Erst allmählich dürfte das Streben nach Einhelligkeit durch Mehrheitsentscheidungen abgelöst worden sein. Nach und nach gingen auch Gemeinde- und Gerichtsversammlung ineinander über. Das Dorfgericht war allerdings oft herrschaftlich bestimmt oder, wie in Schlesien, von der mit dem Dorf »im Verbund« gegründeten Stadt abhängig. Im allgemeinen verminderten sich die Rechte des Dorfgerichts allmählich zugunsten der Landesherrschaft. In den Zuständigkeitsbereich fiel ohnehin nur die niedere Rüge-Gerichtsbarkeit. Im Herzogtum Bayern befaßte man sich nach dem Landrecht Kaiser Ludwigs von 1346 im Dorfgericht mit Raufereien und Schlägereien ohne Blutvergießen, mit Beleidigungen, Feldfrevel, Übertretungen der Flurordnung und dergleichen.

In vielen Dörfern wurde das Rechtsleben durch lokale »Weistümer« geregelt. Diese Aufzeichnungen, an denen die Obrigkeit in der Regel maßgebend mitgewirkt hatte, enthielten das bäuerliche Gewohnheitsrecht. Sie wurden alljährlich verlesen und dadurch eingeprägt. Mehrere Tausend solcher »Weistümer« sind vor allem aus dem Westen bekannt, wo bäuerliche Rechtszersplitterung gang und gäbe war; sie fehlten im Gebiet der Ostsiedlung und in Bayern.

Ein Heckenzaun, Etter, umgab die Häuser mit Hofstatt und Garten samt dem Dorfplatz und der Kirche, um das Vieh am Entlaufen zu hindern und den Friedensbezirk des Ortes abzugrenzen. Mit der Hofstatt war die Berechtigung zur Mitwirkung im Dorf verknüpft, so daß die Habenichtse ausgeschlossen blieben. Das Bauernhaus war nur selten ein Steinhaus und nicht häufig ein hölzernes Blockhaus. Es war in der Regel ein Holz-Lehm-Bau in Ständerbauweise, ein Fachwerkhaus. Weil man es meist in Eigenarbeit und mit nachbarlicher Hilfe errichtet hatte, war es nicht besonders stabil und von Naturgewalten kaum weniger bedroht als die Ernte. Das Dach war mit Stroh, Schilf oder Schindeln gedeckt. Die Fensterluken wurden durch Schweinsblasen oder Weidengeflecht verschlossen. Der Boden bestand oft aus gestampftem Lehm. Die Beleuchtung war problematisch, so daß man sich mit dem Lebensrhythmus meist den Lichtverhältnissen der Jahreszeit anpaßte. Möbliert war man mit Bänken, Tisch und Holzkästen. Außer dem Arbeitsgerät des Bauern samt seinem Messer bestand fast alles aus Holz, auch der Löffel, mit dem man aß.

In Mitteleuropa ist kein Bauernhaus erhalten geblieben, das weiter zurückreicht als in das 15. Jahrhundert. Man darf aber annehmen, daß die am Anfang der Neuzeit vollausgebildeten verschiedenen Typen des deutschen Bauernhauses eine spätmittelalterliche Vorgeschichte besitzen. In Niederdeutschland war das

Nennung von »Stuben« in oberdeutschen spätmittelalterlichen Urkunden (nach Moser)

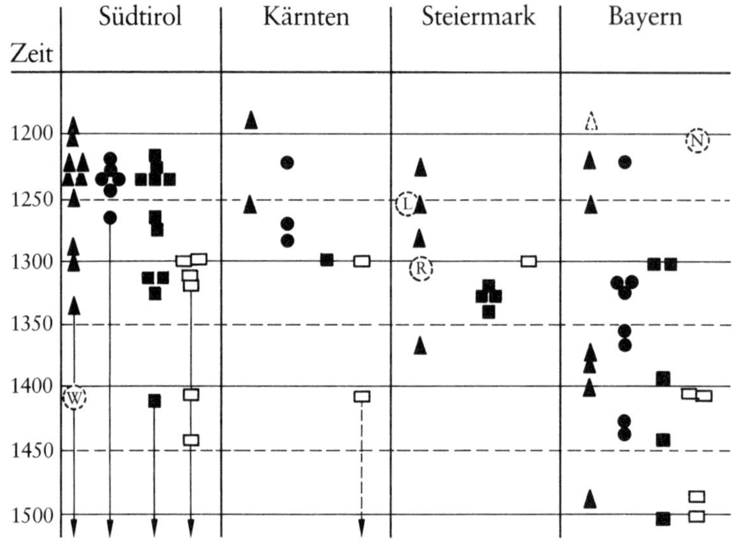

▲ in Burgen und Adelssitzen
● in Klöstern und Wohnungen der Geistlichkeit
■ in Bürger- und Stadthäusern
□ in Land- und Bauernhäusern

Zusätzliche Signaturen in Kreisen bedeuten:

L = Ulrich von Liechtenstein (Frauendienst, 1255)
N = Neidhart von Reuenthal (Liederdichtung, Anfang des 13. Jahrhunderts)
R = Österreichische Reimchronik Ottokars aus der Geul (Anfang des 14. Jahrhunderts)
W = Oswald von Wolkenstein (Liederdichtung, erste Hälfte des 15. Jahrhunderts)

Die nach unten gerichteten Pfeile deuten an, daß in den betreffenden Rubriken Zeugnisse für das Vorkommen von Stuben fortan in größerer Dichte vorhanden sind.

Hallenhaus als »dreischiffiges« Bauwerk verbreitet. Es faßte Wohnteil, Stallung und Ernte unter einem Dach zusammen. Seine Mitte bildete die Diele als Hauptaufenthaltsraum, als Zugang und oft auch Einfahrt zu den übrigen Hausteilen und als Platz des Herdfeuers. Dieses sollte recht und schlecht Wärme und Licht spenden und durch seinen frei nach oben abziehenden Rauch trocknend-konservierend wirken. Art und Ergebnis der Speisezubereitung hingen entscheidend davon ab, wie die Wärmequelle beschaffen war, ob man eine bodennahe Feuerstätte, einen tischhohen Herd oder den geschlossenen Heißraum des Ofens zur Verfügung hatte. Auch im Westen, Südwesten und in Franken kannte man das Wohn-Stall-Haus, daneben aber vor allem, wohl von dessen Heimat im Süden und Südosten her verbreitet, das separierte, oft einräumige Wohnhaus. Mit Stallungen und Nebengebäuden umschloß es einen Hof an mindestens zwei Seiten. Hier, zumal in Oberdeutschland, aber offenbar auch im Norden, begegnet man zum Ausgang des Mittelalters hin immer öfter der Stube. Durch sie wurde das ältere »Rauchhaus« entscheidend modernisiert. Sie war nämlich rationell beheizbar und trotzdem rauchfrei, weil sie einen Ofen mit Abzug besaß, der viel besser und länger wärmte als das offene Herdfeuer. Die Stube war klein, doch mit festen Wänden und fester Decke versehen. So sehr sie als bautechnischer Fortschritt des späten Mittelalters auffällt, so deutlich muß man sich vor Augen führen, daß es in der kalten Jahreszeit in ihr außerordentlich eng zugegangen ist.

Bauern und Häusler

Von der Erscheinung des Bauern hatten die Zeitgenossen, ob in moralisierend-idealisierender oder spottend-bösartiger Absicht, ein recht einheitliches Bild: Er war der Mann im kurzen, aus grobem Stoff geschnittenen Kittel mit Hosen, die gerade über die Knie reichten, mit den von Bändern befestigten Schuhen, den Bundschuhen, und mit kurzgeschnittenen Haaren. Richtig an solchen schematischen Vorstellungen waren der grundsätzlich bestehende soziale Abstand nach oben, die weitverbreitete Ärmlichkeit des Bauern im Vergleich zu den Bewohnern von Burg und Stadt und die Enge des bäuerlichen Lebenskreises. Von Kaiser und Reich hatte er nur nebelhafte Vorstellungen, die Landesherrschaft trat ihm erst allmählich vor Augen, vor allem in Gestalt neuer Abgaben. Die Grundherrschaft, die Pfarrgemeinde, das Dorf und die Nachbardörfer waren seine normale Umwelt, solange ihn nicht eine Katastrophe entwurzelte oder er unter dem Druck der Herrschaft sein Heil in der nächsten Stadt oder, vom Lokator angeworben, in weit entfernter neuer Ansiedlung suchte.

Der Bauer war aber nicht geschichtslos, wie man früher geglaubt hat, am wenigsten in seinem sozialen Leben. Wie hier alte Regeln durch neue abgelöst wurden, läßt sich am Problem seiner Freiheit besonders gut darlegen. Freiheit und Unfreiheit waren im deutschen Mittelalter keine abstrakten Begriffe, sondern bezogen sich auf jeweils konkrete Situationen. Ein und dieselben Worte konnten von Landschaft zu Landschaft Grundverschiedenes und, entgegen dem Anschein, oft sehr Detailliertes bedeuten. So hatten schon die Zeitgenossen Schwierigkeiten, die Wirklichkeit im Gegenüber von frei und unfrei einzufangen, so daß man hier und da sogar von freier Unfreiheit sprach. Relativ umfassende, womöglich auch politisch zu verstehende Freiheit bezog sich im bäuerlichen Bereich vor allem auf einstmalige oder noch wirksame Zugehörigkeit zum Königtum und auf geographische und berufliche Randsituationen. Viehzüchter und Hirten in den Alpen und an der Küste waren abkömmlicher und beweglicher als Ackerbauern. Daß sich solche Freiheit seit dem 13. Jahrhundert auch politisch auswirken konnte, zeigte sich in größerem Maße erstmals im 1234 niedergeworfenen Aufstand der Stedinger im Erzstift Bremen. Die freien Bauern von Wilmundsheim im Spessart beriefen sich im späten Mittelalter auf eine ehemalige Dienstbeziehung zur staufischen Königspfalz Gelnhausen und behaupteten sich mit diesem Anspruch lange Zeit in einer »Schütterzone« kleinerer Herren, wo eine aggressive und übermächtige Territorialgewalt fehlte. Die freien Bauern im Erzstift Salzburg hingegen waren bis zum Ende des 13. Jahrhunderts verschwunden; die meisten von ihnen hatten sich wohl dem Erzbischof oder anderen kirchlichen Gewalten als Zinspflichtige ergeben, um sich so geschützt besser behaupten zu können. An diesem Akt, der sie auf sehr milde Weise unfrei machte, war kaum etwas sozial Abwertendes.

Im übrigen waren die Bauern in ihrer vermutlich erdrückenden Mehrheit von Anfang an unfrei. Das hieß zwischen 1250 und 1350 in der Praxis zunächst Abgabenpflicht, über den Bodenzins hinaus oft Leibzins und Sonderlasten bei bestimmten Anlässen wie Tod und Heirat, und es meinte Beschränkungen der Freizügigkeit und bei der Eheschließung. Gerade diese heute besonders anstößig erscheinenden Fesseln waren freilich nicht Ausdruck einer tyrannischen Mentalität des Herrn, sondern ergaben sich zwangsläufig aus der agrarisch-grundherrschaftlichen Ordnung und Verwaltung. Eine Heirat nach auswärts oder mit einem standesungleichen Partner gefährdete die Steuerpflicht und warf organisatorische Schwierigkeiten auf, mit denen man nicht fertig wurde. Je schwächer die Herrschaft war, um so mehr beachtete man auch die Heiratspflicht für junge Leute innerhalb der Familia oder den Zwang zur Ehelosigkeit für Mittellose. In großen Landesstaaten wie Bayern wandelte sich die allgemeine bäuerliche Unfreiheit ungezwungener in Richtung auf ein Untertanenverhältnis, den Vorläufer der Staatsbürgerschaft. Auf jeden Fall war es eine Verbesserung, daß seit dem Anfang des späten Mittelalters den Begriffen »frei« und »unfrei« immer geringere Bedeutung zukam. Besitz und Beruf entschieden in der Zukunft über den sozialen Rang in höherem Maße als das alte Gegensatzpaar. Wichtiger war jetzt, wie das Pachtverhältnis gestaltet war, ob kurzzeitig oder erblich, oder ob die Herrschaft das Anerbenrecht oder der Bauer die Realteilung durchsetzte. Langsam und kaum merklich vollzogen sich damit Änderungen von großer Bedeutung.

Im konkreten Fall ist es sehr schwierig und im ganzen nahezu unmöglich, allgemeinverbindliche Aussagen über das Auf oder Ab der bäuerlichen Situation zu machen. Zu viele Faktoren trugen dazu bei: die Bevölkerungsentwicklung, die Wirtschaftsabläufe, das Verhalten der Herren und manches Unkalkulierbare. Jedenfalls war die Situation wandelbar, auch innerhalb relativ kurzer Zeit. Als Anhaltspunkt mag gelten, was man für Salzburg und Österreich zu formulieren gewagt hat: Im ländlichen Bereich sei um 1300 vieles recht günstig gewesen, worauf dann eine langfristige langsame Verschlechterung gefolgt sei.

Wie die spätmittelalterliche Gesellschaft insgesamt war auch das Dorf im 13. und 14. Jahrhundert die Stätte deutlicher sozialer Unterschiede. Fast überall befand sich an der Spitze eine kleine Gruppe der Vermögenden und Einflußreichen. In fränkischen Dörfern konnten die reichen Bauern steuerlich ebenso hoch veranschlagt werden wie die wohlhabenden Bürger der nahen Stadt. Man saß da auf Großhöfen, die aus der älteren Grundherrschaft überkommen oder neu zusammengefügt waren. Selbst in den zunächst recht gleichartig ausgestatteten Dörfern des Neusiedellandes bildete sich mit der Zeit ein ähnliches Sozialgefüge aus. Im Westen standen häufig die Nachfahren der Meier, der Maiores, obenan, die als Verwalter großer Höfe der älteren Grundherrschaft hochgekommen waren. Das Kloster Göß in der Steiermark hat fünfundzwanzig solcher Meierhöfe besessen, die nach Umfang und Bodenqualität bis in die Gegenwart erkennbar sind. Aus solchen Kreisen war der Aufstieg ins Rittertum oder in die Geistlichkeit möglich. Beispiele dafür kann man für Österreich, die Steiermark und Salzburg nennen. Einen tragisch endenden Fall beschrieb der vielleicht aus Bayern stammende Dichter Wernher der Gartenaere spätestens um 1280 in seiner Versnovelle vom »Meier Helmbrecht«. Der Weg nach oben verlief ebensogut über den Erwerb eines Ritterlehens wie über den Versuch eines ehrgeizigen Landesherrn, seine berittenen Gefolgsleute um Bauern zu vermehren. Aus der bäuerlichen Oberschicht stammten fast immer die Amtsträger des Dorfes. War das Vorsteheramt formell erblich oder konnte es in der Praxis dazu gemacht werden, dann mochte die betreffende Familie die Vormacht im Dorf gewinnen. Diese dörflichen Dynastien waren vor allem im Bereich der Ostsiedlung vertreten. Da sie exklusiv untereinander und nicht ins Dorf »hinab« heirateten, stellten sie am Ende ein eigenartiges Zwischenglied zwischen Herrschaftsadel und Dorfbevölkerung dar. So war es mit der Unterscheidung von Herrschenden und Beherrschten nicht einmal im Dorf sehr klar bestellt.

Der eigentliche, vollberechtigte Träger der dörflichen Verfassung und landwirtschaftlichen Produktion war die »Mittelschicht« der Vollhufner oder »Huber«. Sie besaßen eine oder mehrere Hufen. Bei der Hufe handelte es sich immer öfter um eine ideelle statt um eine konkrete Einheit. Gleichwohl hielt man nach sozialem Ansehen und steuertechnisch an der Gruppe der Vollbauern fest, die sich von Generation zu Generation, am leichtesten nach Anerbenrecht, fortpflanzte oder, wenn Lücken eintraten, vom Herrn nach Möglichkeit durch neue Glieder ergänzt wurde.

Unterhalb der Hufenbauern standen die Häusler, die Hofstatt und Gartenland nach Leiherecht besaßen, am Hufenland aber bestenfalls beschränkt Anteil fanden und daher häufig zusätzlich als Handwerker arbeiteten. Das ländliche Nebengewerbe, das oft mit Wald und Holz zusammenhing, aber auch die im

Dorf notwendigen Grundhandwerke umfaßte und gelegentlich – wie in den südlichen Niederlanden – Tuchherstellung oder Eisen- und Kohleförderung betraf, darf zumindest im 13. Jahrhundert nicht unterschätzt werden. Erst später wurde es durch die städtische Konkurrenz teilweise zurückgedrängt. Nicht voll berechtigte Dorfbewohner hießen in Südwestdeutschland »Seldner«, in Franken »Köbler«, in Niedersachsen und Westfalen »Kötter«, in Hessen »Kätner«, in Brandenburg, Mecklenburg und Pommern »Kossäten« und in Preußen, Schlesien und den Lausitzen »Gärtner«. Nicht alle diese Benachteiligten waren von den Vollbauern radikal unterschieden; durch Landerwerb konnten sie dahin aufsteigen, stammten sie doch öfter als jüngere, nichterbende Söhne aus Vollbauernfamilien oder waren mit ihnen verwandt. So kann man im Ostsiedlungsgebiet in ihnen nicht von vornherein Slawen erblicken, die schlechter gestellt worden seien als die Deutschen. In Brandenburg jedenfalls findet man beide – ohnehin rasch verschmelzenden – ethnischen Gruppen im dort allgemein üblichen Zahlenverhältnis unter den Kossäten vor. Es ist ungewiß, wieweit die unterbäuerliche Schicht hochmittelalterlichen Ursprungs war, ob sie erst später entstand oder ob sie gar planmäßig angesiedelt wurde, um landwirtschaftliche Hilfskräfte zu gewinnen. Für die letztgenannten Möglichkeiten sprechen jedenfalls die Verhältnisse in den Neusiedelgebieten. Dieser Personenkreis, dessen Umfang leichter veränderbar war als derjenige der Vollhufner, hat auf wirtschaftliche Schwankungen besonders empfindlich reagiert. Wurde die Bevölkerungszunahme nicht durch Realteilung aufgefangen, dann vermehrten sich die Häusler; wurde sie aber in dieser Weise reguliert, dann konnte sich ein Teil der Bauernstellen eben durch die Teilung dem Häuslertypus nähern. In Niederösterreich, wo die volle Hofeinheit als Lehen bezeichnet wird, gab es am Ende auch Viertellehner und Achtellehner. Unter wirtschaftlichem Druck blieb als Dauerlösung nur die Abwanderung, und in der Tat sind Häusler gern in die Städte gezogen. Landlose Taglöhner und Leute aus dem Gesinde gingen erst recht dahin, zumal wenn sie infolge der sich verringernden Zahl der Herrenhöfe überflüssig wurden. Die Grundherrschaften haben die Abwanderung durch eidliche Verpflichtung oder durch den Zwang, Bürgen zu stellen, zu verhindern gesucht – im ganzen wohl vergeblich. Gleichwohl nahm längerfristig betrachtet die Zahl der Häusler bis in die Neuzeit hinein zu. Genaue Zahlen kann man nicht nennen.

Ackerbau, Viehzucht und besondere Kulturen

In der Geschichte der Bodenbearbeitung und Bodennutzung bilden das 12. und 13. Jahrhundert und der Anfang des 14. Jahrhunderts eine Einheit. Es sind damals im einzelnen schwer datierbare Veränderungen eingetreten, die zusammengenommen die »moderne« Landwirtschaft der alteuropäischen Zeit hervorgebracht haben. Danach hat es auf längere Zeit wesentliche Neuerungen wohl kaum mehr gegeben. In Deutschland war das 13. Jahrhundert das wichtigste, mit einer besonderen »Umbruchsphase« (F. Irsigler), die man für den am besten entwickelten Niederrhein von etwa 1230 an datiert. Insgesamt kann man von einer günstigen Agrarkonjunktur sprechen. Eine Folge davon war, daß es um 1300 mehr ländliche Siedlungen gab als jemals zuvor oder danach.

Viele Fragen, die sich an solche Vermutungen anschließen, wird man niemals klären können, zum Beispiel die Frage nach der Leistungsfähigkeit und dem Ertrag einer durchschnittlichen bäuerlichen Wirtschaft. Die zeitgenössischen Quellen geben darauf keine Antwort, die man in Zahlen fassen könnte. Immerhin hat sich der bedeutende schwäbische Universalwissenschaftler Albert der Große (1280 gestorben) in seinem Werk »De vegetabilibus« ausführlich über Landwirtschaft und Gartenbau geäußert, auch über Düngung und Bewässerung, Schädlingsbekämpfung und Rebenveredlung und vieles andere. Gemäß dem Charakter mittelalterlicher Wissenschaft bleibt jedoch vielfach unklar, wieviel er davon der literarischen Tradition der Antike und wieviel eigener Beobachtung verdankte. Im konkreten Fall kann man den Weg zur »Modernisierung« anhand der Entwicklung der Landvermessung verhältnismäßig gut beurteilen. Dem mitteldeutschen Raum scheinen im 12. Jahrhundert Techniken und Maßeinheiten zu entstammen, die den Zufälligkeiten der älteren Zeit ein Ende machten. Im Bereich der Ostsiedlung war das Bedürfnis danach am stärksten. Die mittel- und ostdeutschen Bauernstellen bemaß man nach der flämischen oder der fränkischen Hufe, was einer Fläche von 16,8 oder 24 Hektar entsprach. Die Gesamtzahl der Bauernhufen eines Dorfes war häufig durch zehn teilbar. Gewöhnlich wurden dem Neusiedler westlicher Herkunft zwei flämische oder eine fränkische Hufe zugemessen; der Lohn für die erwartete Leistung war damit als »koloniale Verdoppelung« vorweggenommen. Denn wenn die Felder der Einheimischen nach diesem Beispiel neu vermessen wurden, wies man ihren Höfen zumeist weniger zu. Meßrute und Meßseil waren die wichtigsten Hilfsmittel. Das erste Lehrbuch der Feldmeßkunst in deutscher Sprache – gleichzeitig in einer lateinischen Fassung – die »Geometria Culmensis«, stammte von einem unbekannten Autor um 1400 im Ordensland Preußen.

Zum entscheidenden technischen Fortschritt bei der Feldbestellung führte der Einsatz des schweren Beetpflugs, der den älteren Haken ersetzte. Mit einer geschmiedeten Schar und dem Streichbrett, sicher geführt vom zweirädrigen Pflugkarren und am doppelten Sterz, wurde der Boden nun nicht mehr nur geritzt und gelockert, sondern in der Senkrechten und der Waagrechten durchschnitten und gewendet. Die auf der Oberfläche verbliebenen Pflanzenreste wurden in die Erde eingepflügt. Es ließen sich jetzt auch schwere, lehmige und tonige Böden, die zuvor unbebaut gewesen waren, angemessen bearbeiten. Der neue Pflug erforderte eine viel größere Zugkraft und daher normalerweise den Einsatz des Pferdes oder mehrerer Ochsen. Den Hakenpflug verwendete man weiterhin – bis in die Neuzeit – für leichtere sandige Böden. So sollte man weniger von einer »Revolution« als von einer besseren Anpassung an die natürlichen Voraussetzungen sprechen. Ebenso wurde die Sichel nicht gänzlich durch die Sense ersetzt. Der harte Schlag der Sense schadete dem Gras nicht, die leichter geführte Sichel taugte eher für die allzu locker in der Ähre sitzenden Körner und paßte sich den abwechselnd dicht und schütter wachsenden Halmen besser an. Weil man aber mit der Sense schneller arbeitete, mag man bei großem Mangel an Arbeitskräften doch den Kornverlust in Kauf genommen haben. Als weiteres Eisengerät gebrauchte man die Egge. Die Düngung mit Mergel und Kalk, Stroh und Stallmist war am Anfang des Spätmittelalters bekannt. Der bespannte vierrädrige Wagen mit beweglicher Vorderachse ergänzte den zweirädrigen Karren. Das Zuggeschirr verbesserte man insofern beträchtlich, als mit Hilfe des Kummets die Last von der Brust auf die Schultern der Zugtiere verlagert wurde. Die Windmühle mahlte das Korn in Niederdeutschland – erstes Zeugnis 1253 –, die Wassermühle in Oberdeutschland.

Ein Nebeneinander von älteren und jüngeren Formen bestand auch bei der Ordnung der Fluren. Man kann nicht leichthin von modernen und veralteten Betriebsweisen sprechen; die regionalen Voraussetzungen waren eben verschieden. Nutzungssysteme wandelten sich und lösten einander ab, so daß Rückschlüsse von jüngeren Flurformen auf die Vergangenheit bedenklich sind. Im Altsiedelland wohlbekannt und im Neusiedelland führend war die verhältnismäßig anspruchsvolle Dreifelderwirtschaft, die nach genossenschaftlich-gemeinschaftlicher Ordnung drei Zelgen oder ein Mehrfaches davon jeweils gleichartig behandelte. Die erste Zelge trug Winterfrucht, also im Herbst gesätes Getreide – Roggen und Weizen –, die zweite Zelge Sommerfrucht, das heißt im Frühjahr gesätes Korn – Gerste und Hafer –, die dritte Zelge lag brach und wurde vom Dorfvieh beweidet. In der modernsten Form handelte es sich dabei um Langstreifenfluren, weil man den stark bespannten, schweren Pflug möglichst selten wenden wollte. Die Dreifelderwirtschaft war gegenüber Wetter- und Absatzschwankungen weniger empfindlich als andere Kulturen, aber sie erforderte viel bäuerliche Organisation und Einhelligkeit. Weil sie relativ arbeitsaufwendig war, findet man im Westen zwischen dem Elsaß und dem Mittelrhein häufig die einfachere Zweifelderwirtschaft, bei der Getreideanbau mit Brache abwechselte; vermutlich haben die hier weitverbreiteten Sonderkulturen die Arbeitskraft der Bauern stark in Anspruch genommen. Zu den regionalen Abweichungen gehören: die Einfelderwirtschaft im Nordwesten, wo infolge intensiver Düngung und Humuszufuhr Jahr für Jahr auf den Eschböden Getreide angebaut werden konnte; die hochentwickelte Vier- oder gar Fünffelderwirtschaft in den nördlichen Niederlanden, in Mecklenburg und Pommern, die als Folge des Exportbedarfs der Hanse für Roggen und Gerste gelten kann; und eine beachtenswerte Annäherung an die moderne Fruchtwechselwirtschaft am städtereichen Niederrhein schon am Anfang des Spätmittelalters. Im dritten Jahr wurde hier keine Brache belassen, sondern man baute Futterpflanzen – Wicken –, Hülsenfrüchte – Erbsen – und Industriepflanzen – Waid – an, was offenbar sehr lohnend war. Manche Anzeichen deuten darauf hin, daß das Rheinland auch im agrarischen Bereich am weitesten fortgeschritten war und sich mit West- und Südeuropa messen konnte. Schon um 1240 hielt der Kosmograph Bartholomäus Anglicus den Rheingau für einen »wunderbaren Lustgarten«, weil ein und derselbe Acker verschiedenartige Früchte trage. Unter ungünstigen Bedingungen, etwa in den Hochlagen der Eifel oder in der Wildnis Preußens, finden sich gleichzeitig urtümliche Formen der Flurordnung mit mehrjähriger Bebauung und mehrjähriger Brache, die den dortigen Grenzbedingungen entsprachen. Während die fruchtbare und verkehrsgünstig gelegene Wetterau schon völlig »modern« durchgestaltet war, blieben weniger begünstigte Landschaften des heutigen Hessen oder auch die Hochlagen des Böhmerwaldes »altertümlich« beschaffen. In vielen Gemarkungen zeigten sich neben dem »modernen« Langstreifen ältere Flurformen wie die Blockfluren, so daß sich kein gleichförmiges Bild ergibt.

Die Hauptgetreidepflanze war der Roggen. An die Stelle des empfindlichen Weizens trat im Südwesten vielfach der Dinkel. Hafer und Gerste nahmen zu, weil man mehr Pferde hielt und mehr Bier trank. Brot, Brei und Suppe aus Korn waren die Hauptnahrungsmittel in Land und Stadt. Erträge und äußeres Bild des Getreideanbaus dürfen freilich nicht mit modernen Maßstäben gemessen werden. Die Pflanzen waren klein, die Ähren mager, die Felder von Unkraut und schütteren Stellen durchsetzt. Das Verhältnis von Saatgut zu Ernteertrag schätzt man auf eins zu drei oder vier, nur in hochentwickelten Landschaften war es günstiger. Bei so geringem Spielraum waren Mißernten eine große Gefahr. Für die Fragen, inwieweit Mindererträge durch Zufuhr ausgeglichen wurden und ob man am Export verdienen konnte, waren die Verkehrsverhältnisse entscheidend. Landtransport war nach wie vor problematisch. An Flüssen und an der Küste wurde schon am Anfang des späten Mittelalters mit Getreidelieferungen fest gerechnet. So konnte der Bischof von Münster 1271 die aufständischen Friesen durch eine Hungerblockade in die Knie zwingen. Über Getreidepreise weiß man noch sehr wenig; sie scheinen bei starken Schwankungen im einzelnen in der ersten Hälfte des 14. Jahrhunderts allgemein angestiegen zu sein.

Auf der Brache, der Allmende und im Wald weidete das Vieh, ebenfalls kleiner, magerer und anfälliger als in der Gegenwart. Das Rind war am wichtigsten. Sehr verbreitet, zumal in Buchen- und Eichenwäldern, wo es sich die Nahrung selbst suchte, war das Schwein, das auf Bildern noch ganz urtümlich aussieht. Des Häuslers Kuh war die Ziege. Schafzucht wurde in großem Umfang betrieben. Das Geflügel war zahlreich. Der Ochse, anspruchsloser und weniger empfindlich als das Pferd, wurde als Zugtier noch lange geschätzt. Die Sorgenzeit des viehzüchtenden Bauern war der Winter, weil es an Futtermittelvorräten mangelte. Vieh, das nicht mit Stroh und wenig Zugaben durchgefüttert werden konnte, mußte im Herbst geschlachtet werden. So schwankten die Fleischpreise erheblich, und man ging dazu über, Viehherden von weither heranzutreiben. Die Viehhaltung insgesamt war im Rückgang begriffen, weil sich der Getreideanbau mehr lohnte. Tatsächlich können je Flächeneinheit mit Viehzucht bedeutend weniger Ernährungseinheiten erwirtschaftet werden als mit dem Feldbau. Spezialisiert auf Viehhaltung war man in den Grünlandzonen der großen Marschengebiete an den Strömen, am Meer und im Gebirge, besonders in den Alpen. Um 1300 dürfte die Grenze der Dauersiedlung in den Alpen höher gelegen haben als je zuvor und danach. Während der wärmeren Jahreszeit weidete das Vieh auf den Almen. Von dort wurde vor allem Käse geliefert, weil Milch kaum transportiert werden konnte.

Etwa seit dem Anfang des Spätmittelalters dehnten sich bestimmte Sonderkulturen immer weiter aus. Sie waren Ausdruck der zunehmenden Differenzierung und Spezialisierung der Wirtschaft und der Ausweitung überregionaler Märkte, sie verstärkten den Austausch und Verkehr. Die einträglichste Sonderkultur war der Weinbau. Er war im Mittelalter erheblich weiter verbreitet als heute, auch in Lagen, die aus klimatischen Gründen wenig geeignet erscheinen, an Ems, Ruhr, Weser, Oder, am Teutoburger Wald, selbst in Ostpreußen. Der Export aus beliebten Weinlandschaften wie dem Elsaß nahm immer größere Ausmaße an. In den Weingegenden verdichtete sich die Bevölkerung besonders, nahmen Dörfer städtische Merkmale an, begann der hohe Aufwand an Arbeit und Kapital Folgewirkungen für weitere Berufe zu zeigen. Kaum weniger wichtig war in bestimmten Gebieten der Anbau von Färbepflanzen für das Textilgewerbe, vor allem von Waid in Thüringen für die blaue Farbe und von Krapp in der Pfalz für die rote Farbe. Ähnlich verhielt es sich mit Flachs und Hanf. Obst und Gemüse dehnten sich in der Umgebung der Städte aus. Imker sorgten für den Honig, der den Zucker ersetzte, und besonders für das unentbehrliche Wachs zur Beleuchtung in der Kirche und in feineren Burgen und Stadthäusern. Der Fischfang in Flüssen und Seen wurde intensiv betrieben und ernährte ganze Dörfer, noch bevor gesalzener Fisch in größeren Mengen importiert werden konnte.

Zwei nicht leicht zu vereinbarende Tendenzen bestimmten das Gesamtbild von der Agrarverfassung am Anfang des späten Mittelalters. Einerseits begann die Landwirtschaft, besonders in der Nähe der Städtelandschaften – am Niederrhein, im Südwesten, auch in Franken –, intensiver vom Medium des Geldes erfaßt zu werden und sich insofern zu modernisieren. Die Mobilität des Grundbesitzes wuchs an, die Marktorientierung nahm zu, städtisches Geld drängte zur Anlage auf dem Land, kürzere Zeitpachtverträge erzwangen Neuerungen. Neben den Impulsen aus der Bevölkerungsvermehrung waren die Wirkungen aus der Stadt und aus »modernen« Kirchen und Klöstern Haupttriebkräfte des Fortschritts. Andererseits waren die Spielräume, die die landwirtschaftliche Produktivität der wachsenden Bevölkerung bot, ebenso gering wie am Ende die überregionalen Ausgleichsmöglichkeiten. Die drei Mißernten in den Jahren 1315 bis 1317 führten zu einer entsetzlichen Hungersnot. Die Zukunft war unsicher oder gar bedroht.

Zwei Beispiele: Mußbach in der Pfalz und Königshagen am Harz

Das Dorf Mußbach, heute ein Stadtteil von Neustadt an der Weinstraße, liegt auf uraltem Kulturboden am Westrand des oberrheinischen Tieflandes, unweit des Pfälzer Waldes, in verkehrsoffenem Gelände mit fruchtbarem Lößboden. Es ist durch besondere Milde des Klimas mit langer Sonnenscheindauer in jener ohnehin begünstigten Landschaft ausgezeichnet. Hier hat man nach vorgeschichtlichen Funden Zeugnisse schon aus der ersten Phase römischer Besiedlung, aus der Zeit um 30 n. Chr., und kennt nach der alemannischen Landnahme und fränkischen Überschichtung ein Reihengräberfeld des 7. Jahrhunderts mit kostbaren Beigaben. Die Gegend dürfte bereits früh dicht bevölkert gewesen sein. Man vermutet eine Römerstraße; die Lage an der späteren »Heerstraße« ist gesichert. Römischer Weinbau wurde in der Nähe nachgewiesen.

Das Kloster Weißenburg besaß dort wohl aus älterem Adelsbesitz einen Herrenhof. Im 9. Jahrhundert bestand sein unmittelbar bewirtschaftetes Land aus zweihundertfünfzig Morgen; wichtiger noch waren die Abgaben aus fünfundvierzig zugehörigen Hufen und vier Mühlen, von Weinbergen und Wiesen. Eine Hufe mag in dieser Gegend dreißig Morgen gemessen haben. Schon im 10. Jahrhundert begann, was anderswo viel später eintrat: der Übergang zur Rentengrundherrschaft und zur Aufgliederung der Hufen. Im Jahr 991 änderten sich die Herrschaftsverhältnisse gewaltsam zugunsten der Salier. Ein Salier oder ein Staufer hat dann das Dorf dem Bischof von Speyer übertragen, der es wohl schon um 1150 an die Pfalzgrafschaft verlehnte; seitdem blieb es bei dieser Landesherrschaft als Kirchenlehen und wurde ein Mittelpunkt des linksrheinischen pfälzischen Territorialisierungsprozesses. Währenddessen stellten sich im Dorf neue Grundherren ein, darunter die ministerialischen Schenken von Ramberg.

Am Anfang des Spätmittelalters befand sich der Herrenhof in der Hand des Templerordens; die Johanniter übernahmen einen Teil der Ramberger Rechte; außerdem zeigte sich Besitz auswärtiger Kirchen und Klöster und einer Bürgerin aus Speyer. Für das Ende des 13. Jahrhunderts ist der erste Mußbacher Bauer,

Nikolaus Heydolf, bezeugt. Der Herrenhof fiel 1311/12 an die Johanniter, die das Dorf zu einem Mittelpunkt ihrer Güter ausbauten, wobei man allerdings immer mehr von Grundbesitz als von Grundherrschaft reden wird. Um 1300 gab es offenbar keine Fronden und kaum mehr Naturalabgaben; alles war auf Geldzinsen umgestellt. Parzellierung, Mobilität und Monetarisierung des Grundbesitzes waren in diesem Realteilungsgebiet voll durchgesetzt. Es handelte sich jetzt um »moderne« Verhältnisse, das heißt um ganz kleine Grundstücke ohne räumlichen Zusammenhang mit dem Hof, die praktisch im bäuerlichen Erbbesitz standen und nur noch Reallasten aufwiesen. Der hohe Kapitalbedarf des Weinbaus wurde durch Darlehen der Johanniter gedeckt, die dafür feste, hypothekarisch gesicherte Geldrenten nahmen. Nur das unmittelbare Herrenhofland vergab man geschlossen in Zeitpacht, um an Ertragsverbesserungen entsprechenden Anteil zu gewinnen. Eine Krise gab es im berüchtigten Jahr 1317, als zur Mißernte die Kriegsschäden hinzutraten, die im Thronkampf Ludwigs des Bayern gegen Friedrich von Österreich entstanden. Sobald man sich erholt hatte, errichtete man eine neue Kirche, die heute neben einigen Resten des alten Herrenhofes das einzige bauliche Zeugnis des Spätmittelalters darstellt; das Dorf selbst hat sich längst mehrmals im Häuserbestand erneuert.

Dem Schultheißen und den »geschworenen Gerichtsleuten«, die offenbar von der Kurpfalz eingesetzt wurden, begegnet man zuerst 1378; die Institution ist gewiß wesentlich älter. Sie lenkte einen einheitlich werdenden pfälzischen Untertanenstand. Obwohl die Johanniter herrschaftlich entmachtet waren, hielten sie ihren Besitz zusammen und vermehrten ihn durch Zukauf. Im Jahr 1587 besaßen sie eintausendzweihundert Morgen. Als nach der französischen Einverleibung des linken Rhein-Ufers alle grundherrlichen Rechte ersatzlos entfielen und das geistliche Gut enteignet wurde, war der Mußbacher Herrenhof die größte geschlossene Einheit, die in der Pfalz versteigert wurde (1811).

Auf eine gänzlich andersartige bäuerliche Welt trifft man in Königshagen im südwestlichen Harz-Vorland im Kreis Osterode. Zwischen 1131 und 1158, in einer Zeit wachsenden Bedarfs an landwirtschaftlich genutztem Boden, ist das Dorf auf schlechter Erde im Tal der Beber, mitten im Wald gelegen, planmäßig gegründet worden. Es befand sich auch politisch in einer Grenzlage, seinerzeit am Rande des königlichen Forstbesitzes gegenüber dem mainzischen Eichsfeld, dann an der Grenze der Zwerggrafschaft Schwarzfeld-Lauterberg, darauf an der des welfischen Herzogtums Grubenhagen, sodann der preußischen Provinzen Hannover und Sachsen, endlich der Länder Niedersachsen und Sachsen-Anhalt oder des Bezirks Magdeburg. Die Namensbildung auf -hagen ordnet das Dorf in Nachfolge der -rode-Orte einer späten Ausbauphase zu. Der Niedergang der Staufer ließ Königshagen im 13. Jahrhundert als gräflichen Besitz erscheinen. Im Jahr 1228 wurde das Dorf unter Vorbehalt der Vogtei dem Kloster Pöhlde geschenkt; in diesem Zusammenhang taucht erstmals sein Name – Indago regis –

Bauernhof mit Mühle. Aus einer Tafel des Flügelaltars in der Filialkirche Pesenbach bei Feldkirchen in Kärnten, Ende des 15. Jahrhunderts

Leben der Bauern im Spätmittelalter. Miniatur in einer 1473 in Flandern vollendeten Handschrift der Werke Vergils einschließlich der Kommentare des Servius und Donatus. London, British Museum

auf. Am Anfang des Spätmittelalters, um 1250, fiel auch die Vogtei an Pöhlde. Weil der Ort heute aufgegeben ist, kann man sich aus der Gesamtsituation und aus mehr als sechstausend Fundstücken vom spätmittelalterlichen Königshagen ein klares Bild machen. Es war eine Siedlung mit dreizehn locker

Rekonstruktion der verschiedenen Bauzustände der Befestigung von Königshagen nach dem archäologischen Befund (nach Janssen)

Zustand vor ca. 1250

Zustand ca. 1250

Zustand nach ca. 1250

angeordneten Anwesen, die wohl von knapp hundert Menschen bewohnt worden sind. In der Mitte stand der einzige Steinbau, eine kleine Grenzburg der Grafen. Sie war ein rechteckiges, mit Dachziegeln gedecktes festes Haus, das außen elf mal acht Meter maß. Die Mauern waren einen Meter stark. Graben und Palisaden, später ein Bering von kleinen Holzbauten umgaben die Feste. Sie war nach dem Vorbild einer Turmburg errichtet worden. Die Pöhlder Mönche wandelten sie um 1250 in eine Kirche um, indem sie Turmbau und Chorraum hinzufügten. Damit hörte das Wohnen im Steinhaus und im Bering auf; statt dessen wurde ein Friedhof mit zuletzt etwa dreihundertfünfzig Bestattungen angelegt.

Zehn der Anwesen waren Vollbauernstellen, die man nach dem Typus des Mehrseithofes, der mitteldeutschen Wohnform, angelegt hatte. Einmal ist ein Vierseithof bezeugt. Die Häuser waren rechteckig mit einer Reihe Buchenpfosten in der Mitte. Die Wände bestanden aus Flechtwerk von Ästen und Reisern, das beiderseits zuerst mit Roggenstroh und dann mit Lehm verkleidet gewesen ist. Sie waren fünfzehn bis fünfundzwanzig Zentimeter stark. Das spitzgieblige Dach war meist nicht mit Ziegeln gedeckt. Das beste Wohnhaus hatte zwei Räume. Der größere Raum, die Wohn-Küche, enthielt den Herd, der andere dürfte zum Schlafen benutzt worden sein. Weitere Gebäude dienten als Stall oder Scheune. Drei Häuser standen für sich, mit einem Keller als Nebenraum. Eines besaß eine Heizanlage, von der Ofenkacheln übriggeblieben sind. In diesen Häusern wohnten wohl Köhler, Töpfer und Glashersteller, deren gewerbliches Tun im Dorfbereich erkennbar ist. Auch Spuren einer Ziegelhütte und eines Kalkbruchs sind in der Gemarkung zu finden. Die im Dorf hinterlassene Keramik weist seit der zweiten Hälfte des 13. Jahrhunderts in Technik und Gestaltung einen beträchtlichen Qualitätszuwachs auf.

Auch der spätmittelalterliche Zustand der Dorfflur ist gut erkennbar. Das Gelände scheint eine regelmäßige Hufeneinteilung nicht erlaubt zu haben, obwohl von vornherein mit der Siedlerzahl von zehn geplant worden ist. In der Gemarkung von sechshundertsechsundfünfzig Hektar Fläche war nur ein Teil des Bodens für den Ackerbau vorgesehen, so daß jeder Bauer ohne Behinderung eines anderen seine Felder erreichen konnte. Flurzwang war unnötig. Die Äcker legte man als gleichartige Langstreifenfluren in Gruppen zu je zehn, mit jeweils ungefähr zehn Metern Breite, terrassenförmig an den Berghängen an. Die längsten Fluren maßen sechshundertvierzig Meter. Eine solche Ackerterrasse dürfte auch eine Besitzeinheit gewesen sein. Die Analyse der aufgefundenen Pflanzenpollen ergab, daß schon vor dem Untergang des Dorfes der Getreideanbau zurückgegangen war, während die Viehzucht zugenommen hatte. Es war eine gegenläufige Bewegung zur allgemeinen Entwicklung in Richtung auf die »Vergetreidung«, die auf eine Krise im Dorf hindeutet. Arbeitskräftemangel oder Erschöpfung des dürftigen Bodens könnten die Ursachen gewesen sein.

In einer Fehde des Landgrafen von Hessen mit den Grafen von Hohnstein wurde Königshagen zwischen 1413 und 1420 völlig niedergebrannt und danach nicht mehr wiederhergestellt. Die Äcker bebaute man zum Teil von der Nachbargemeinde Barbis aus weiter, zu deren Gemarkung die Wüstung Königshagen heute gehört.

Städtisches Leben und Wirtschaften

Hinter der Mauer

Entstehen und Heranwachsen der Städte gehören zu den wichtigsten Prozessen des deutschen Mittelalters. Die wesentlichen Grundlagen waren gelegt, als das späte Mittelalter begann. Gleichwohl ist unser Bild von der mittelalterlichen Stadt ganz entscheidend vom Spätmittelalter geprägt. Es war die Zeit der Reife und der Vollendung, aber am Ende auch der Stagnation.

Bevölkerungszunahme und wirtschaftliches Wachstum mit allen ihren komplizierten Begleitumständen und Folgen waren die Haupttriebkräfte der Stadtentwicklung. Das Jahr 1250 markiert hierfür keinen tiefen Einschnitt. In der ersten Hälfte des 13. Jahrhunderts hatte sich die Anzahl der Städte in Mitteleuropa auf ungefähr eintausendfünfhundert verdreifacht. Bis 1300 verdoppelte sich diese Menge noch einmal.

Aber man muß hier unterscheiden. Zum einen: Die neuen Städte waren im Durchschnitt kleiner als die vorhandenen; die besten Plätze waren schon besetzt. Das ältere Entstehungs- und Wachstumsmotiv, die günstige, womöglich zentrale Lage, die die Wirtschaft beflügelte, wurde immer mehr abgelöst durch das Bestreben, das Territorium durch die Großburg »Stadt« zu sichern. So gab es nun auch Gründungen in Randgebieten und auf dem Berg, wohin der Kaufmann seinen Wagen nur ungern rollen ließ. Zum anderen: Wie das Werden einer Stadt als langfristiger Prozeß zu verstehen ist, in welchem die urkundliche Stadterhebung nicht immer den Höhepunkt darstellt, so war auch das Entstehen der Städte insgesamt etwas Langfristiges. In diesem Prozeß war man im Osten gegenüber dem Westen verspätet, oder anders formuliert: Nach 1250 geschah zum Thema Stadtgeschichte im Bereich der Neusiedlung Wichtigeres als im Altsiedelland, wenn man auf die neuen Anstöße blickt; anders verhält es sich, wenn man sich für die Fortentwicklung schon bestehender Städte interessiert. Im Osten war das Halbjahrhundert nach 1250 das Gründungszeitalter der Mittelstädte, im Westen bereits eine Periode der Kleinstadtgründungen, die nach 1300 auch weiter östlich einsetzten. In Westfalen begann schon 1240 die Phase der Klein- und Zwergstädte, und 1290 fing das Zeitalter der »Minderstädte« an, das heißt derjenigen neuen Siedlungen, die nicht mehr in jeder Hinsicht Stadtcharakter aufwiesen. In Pommern war die Zeit der Städtegründung auf die Jahre zwischen 1233/34 und 1277 zusammengedrängt, als vierundvierzig Städte entstanden; später folgten ihnen nur noch wenige unbedeutende Adelsschöpfungen.

Für das Neusiedelgebiet bleibt demnach um und nach 1250 die Frage nach dem Wesen der Stadterhebung als Lokation nach deutschem Recht aktuell – besonders im Hinblick auf die älteren slawischen nichtagrarischen Siedlungen am gleichen Ort oder unweit davon. In einem weiteren Sinne gibt es sicherlich – wie zwischen Rhein und Elbe – einen Zusammenhang zwischen der vorkommunalen, hier slawischen Zeit und dem entfalteten deutschen Städtewesen, das ebenfalls nach und nach ins Leben getreten ist. Bei der Stadterhebung Danzigs tritt aber in typischer Weise hervor, daß es keine lineare Entwicklung vom slawischen »Suburbium« zur deutschen Rechtsstadt gegeben hat. Der topographisch-rechtlich-wirtschaftliche Einschnitt war wesentlicher als der Fortbestand des Ortsnamens und der großräumigen Funktion. Für die Zukunft wichtiger als die slawische Vorgängersiedlung in der Nachbarschaft, die neben der deutschen Stadt bis in den Anfang des 14. Jahrhunderts weiterbestanden hat, war die Niederlassung wohl genossenschaftlich organisierter deutscher Kaufleute und Handwerker seit dem 12. Jahrhundert. Aus dieser Niederlassung ist, an der gleichen Stelle, um 1224 die Stadt Danzig im modernen Sinne hervorgegangen, das heißt die Stadt mit Selbstverwaltung und eigener Gerichtsbarkeit, mit klarer Abgrenzung vom umgebenden Land und mit Bürgerfreiheit. Kurz nach 1246 entstand im zweiten Gründungsanlauf Oppeln auf regelmäßigem, schachbrettartigem Grundriß, im Jahr 1253 Frankfurt an der Oder und 1255, ebenso rechtwinklig-gitterförmig beschaffen, Königsberg. Daß gerade die Slawen den Einschnitt empfunden haben, geht aus ihrer neuen Bezeichnung für diese Art von Stadt – mĕsto – hervor, die im Bereich der Ostsiedlung, aber nicht im davon unbetroffenen Rußland, den alten Namen – grod – abgelöst hat. Alte Städte und neue Städte gehörten je einem unterschiedlichen Beziehungsgefüge an, das von einer isolierten linearen Stadtgeschichte aus nicht erklärt werden kann.

Bei den Städten des Westens sind im ersten Jahrhundert des Spätmittelalters vielfach die entscheidenden Schritte zur rechtlichen und städtebaulichen Vereinheitlichung getan worden. Waren sie doch öfter aus mehreren Kernen erwachsen und erreichten erst jetzt als Gesamtkomplex denjenigen Umfang, der dann bis ins 19. Jahrhundert im wesentlichen unverändert geblieben ist. Wien hatte um 1250 mit 107 Hektar das Ausmaß, das es sechshundert Jahre lang beibehielt. Der Lübecker Stadthügel von 125 Hektar war um 1300 fast voll besiedelt. Hamburg umfaßte als Ergebnis solchen Zusammenwachsens zur gleichen Zeit etwa 80 Hektar. Köln maß als damals größte deutsche Stadt nach Vollendung des dritten Mauerbaus (1259) 405 Hektar Fläche. Die großzügigste Erweiterung erfuhr der Prager Städtekomplex durch den königlichen Bauherrn Karl IV. am Ende des Zeitalters (1348).

Gleichzeitig beobachtet man immer mehr unentschiedene Gebilde zwischen Stadt und Dorf. In Bayern und Österreich bestanden zahlreiche Märkte, die zumeist von nichtfürstlichen Adelsherren geschaffen worden waren. In Hessen, am Mittelrhein und nördlich davon gab es viele minderberechtigte Städte. Der Südwesten zeigte vielfältige Übergangsformen, wie es dem zersplitterten Gefüge seiner natürlichen und politischen Landschaft entsprach.

Das Besondere einer Stadt kommt in ihrer Baugeschichte zum Ausdruck. Die Bauten hoben die Stadt viel deutlicher als heute von der Umwelt ab und bezeichneten für jedermann die neuen Lebensumstände, die innerhalb der Mauern begannen. Immerhin gab es sehr oft ein städtisches Vorfeld, das durch eine von Hecken gebildete Landwehr, durch Wachtürme und Vorstädte gekennzeichnet war. Obwohl es an befestigten Dörfern und unbefestigten Städten nicht mangelte – in Livland zum Beispiel galt dies für zwanzig von zweiunddreißig Städten –, war die Existenz der Stadt im Normalfall mit ihrer Ummauerung eng und untrennbar verbunden. Bereits der Bau der Mauer als größte und im Wettlauf mit den Angriffswaffen nie endende Aufgabe zeichnete die Stadt aus und formte sie. Am Anfang standen Graben, Erdwall und Palisade – im westfälischen Rheda bis 1375 –; erst nach und nach baute man die steinerne Mauer von oft erstaunlicher Höhe: neun Meter in der Königsberger Altstadt oder sieben Meter im kleinen Gelnhausen im heutigen Hessen. Im Zeitalter vor der Feuerwaffe war das Ziel die Verteidigung von oben nach unten; später ging man stärker zur horizontalen und flankierenden Abwehr über. Türme entstanden erst nach und nach, zuerst die Tortürme. Sie waren öfter schalenartig nach innen geöffnet, damit sich der Feind nach ihrer Einnahme darin nicht decken konnte. Mauern und Türme sind vielerorts erhalten geblieben, besonders gut in Dinkelsbühl und Rothenburg ob der Tauber. Die Bürger verteidigten ihre Stadt selbst; allmählich hat man auch Söldner angeworben. Am Ende des Mittelalters konnten viele Städte mit der Angriffskraft der Feuerwaffen nicht mehr Schritt halten.

Das älteste Zentrum öffentlicher Gewalt in der Stadt war die Burg des Stadtherrn, die sich im Regelfall am Stadtrand befand oder – für viele Fälle zutreffender formuliert – an der sich die Stadt angelagert hatte. Je nach dem Ausmaß städtischer Selbstbehauptung blieb diese Burg bestehen und konnte später Schloßcharakter annehmen, oder sie wurde von der Stadt erworben, einer neuen Funktion zugeführt oder auch zerstört.

Der Mittelpunkt der Selbstverwaltung der Stadt, das Rathaus, konnte unterschiedlichen Ursprungs sein; es mochte hervorgehen aus einem zentralen Gebäude des Stadtherrn – in Aachen, Fritzlar im heutigen Hessen oder in Krems an der Donau –, aus angekauften Bürgerhäusern – in Frankfurt am Main oder Wien –, aus einem ökonomischen Zentrum der Stadt, dem »Kaufhaus«, wie in Mainz. Unter den bürgerhausartigen Neubauten, die sich in die Straßenfront einreihten, ist das Rathaus in Münster ein prachtvolles Beispiel. An den für sich stehenden Rathauskomplexen in bedeutenden Städten, die zu den großartigsten Denkmälern deutscher Vergangenheit gehören, ist oft jahrhundertelang gebaut worden, so in der Altstadt Braunschweig, in Lüneburg, Lübeck, Breslau und Thorn. Das Rathaus barg vor allem den Ratssaal, der auch als Gerichts- und Festort diente, später eine kleinere Ratsstube und Räume für Schreiber und Archiv.

Die Kaufhausbauten dienten der wettersicheren und obrigkeitlich kontrollierbaren Ausstellung und dem Verkauf von besonders wichtigen und empfindlichen Waren der städtischen Kaufleute, aber auch jener, die von auswärts kamen und ihre Güter »stapeln« mußten. Der wichtigste bauliche Bestandteil war die große, von mehreren Pfeilern getragene Halle zu ebener Erde. In volkreichen Städten konnte es mehrere oder gar, wie in Köln, viele Kaufhäuser geben: vom Tuchhaus, dem Gewandhaus, bis zum Heringshaus. Das Kaufhaus war oft mit der Stadtwaage verbunden. Bemerkenswerte Kaufhäuser standen in zahlreichen Städten von Straßburg und Mainz bis an die Ostgrenze des Neusiedellandes. Im 1388 begonnenen, gut erhaltenen Kaufhaus von Konstanz als einem besonders repräsentativen Bau fand die Papstwahl von 1415 statt. Der Warenverkauf in aufgereihten Buden, gar mit basarartigem Charakter, am Markt oder in Marktnähe war eher noch weiter verbreitet, besonders großzügig in Breslau und Thorn. Solche zuerst aus Holz errichteten Bauten konnten später durch steinerne Nachbildungen ersetzt werden.

Straßen und Märkte sorgten für die Kommunikation der Bürger und den lokalen und überlokalen Warenaustausch. Der Markt zeigte sich im Stadtbild in vielfältiger Weise. Am häufigsten gab es Platzmärkte. Straßenmärkte waren besonders in Bayern und Österreich bekannt. Auch Spezialmärkte für Vieh und Produkte aus Holz oder Eisen waren keine Seltenheit. Die größten Marktplätze fanden sich im Osten.

Straßen und Gassen waren je nach dem erwarteten Verkehr unterschiedlich breit angelegt. Während Handwerkergassen oft nur für ein Fuhrwerk zugemessen waren, suchte man die Durchgangsstraßen, die Markt und Tore verbanden, für zwei bis vier Fuhrwerke nebeneinander passierbar zu machen. Vereinzelt ist die Pflasterung schon um 1200 erkennbar, so am Marktplatz von Hannover, doch in der Regel hat man selbst wichtige Straßen in größeren Städten erst im 14. Jahrhundert gepflastert: 1331 in Prag, 1368 in Nürnberg, 1399 in Bern; im 15. Jahrhundert hat sich die Pflasterung weithin durchgesetzt. Auch derart befestigte Straßen blieben ohne Bürgersteig. Eine fest installierte Straßenbeleuchtung gab es nicht; nachts mußte jeder seine Laterne mit sich tragen.

Die Wasserzufuhr und die Entwässerung stellten besonders schwierige Probleme dar. Man entschied sich aufgrund der natürlichen Voraussetzungen für das Bohren von öffentlichen und privaten Grundwasserbrunnen, für die Nutzung von Quellen im Stadtgebiet oder für die Zuleitung des Wassers von außen in Kanälen oder Holzröhren-Systemen, zum Teil mit Hochbehältern; Beispiele dafür sind Basel (13. Jahrhundert), Breslau (1272) und Lübeck (1294). Ein privater Wasserleitungsanschluß dürfte Prestigewert besessen haben. Die Entwässerung erfolgte durch Rinnen oder offene Kanäle in Straßen und Gassen, Fäkalien gelangten in Gruben und Kloaken. In Nürnberg waren die Abortgruben bis zu sechs Meter tief, die Brunnen jedoch neun bis zwölf Meter, so daß

Gelnhausen um 1250 (nach Fuhs)

1 Marienkirche
2 Pfarrhofbezirk
3 Bauhütte der Marienkirche
4 praetorium (Rat- und Kaufhaus)
5 Peterskirche unvollendet
6 Franziskaner-Kloster im Bau
7 Obermarkt
8 Untermarkt
9 vicus pistorum
10 Terrassenmauern
11 Steinborn
12 Alter Torn
13 Lintborn
14 1233 Hospital mit Kirche erwähnt
15 Hainerhof 1248 erste Erwähnung
16 vicus veniatorum (Wingarter)
17 Wall und Graben
18 In den Planken
19 Graben
20 vicus nautarum (Schiffleut)
21 Rotbertertor (Rotgerber?)
22 vicus cerdonum (Löher)
23 Stadtmühle (1264)
24 Hohe oder Steinbrücke
25 Kinzig
26 Palisadenzäune
27 Kinzigstraße (Weinstraße oder Frankenweg)
28 zum Büdinger Reichsforst
29 nach Frankfurt
30 Schützengraben

Die Kaiserpfalz ist auf diesem Plan nicht berücksichtigt.

Gelnhausen am Ende des Mittelalters (nach Fuhs)

1 Marienkirche
1a Pfarrhof (Alte Abtei, Steitz)
2 Michelskapelle, Hl. Grab
3 Peterskirche
4 Franziskaner-Kloster
5 Arnsburger Hof
6 Die Deutschen Herren (Sachsenhausen)
7 Die Deutschen Herren (Marburg)
8 Johanniterhof
9 Templerhof
10 Hospital
11 Hainerhof
12 St. Katharina
13 Aschaffenburger, Meerholzer Hof
14 Brückenkapelle
15 Godebertuskapelle
16 Rat- und Gerichtshaus
17 Verkaufsgewölbe
18 Breidenbacher Hof
19 Kaufhaus
20 späterer Gasthof zum Adler
21 Halle am Obermarkt
22 Symeren
23 Gotisches Haus
24 Fürstenhof
25 Stadtmühle
26 Burgmühle
27 Wasenmühle
28 Hohe Brücke
29 Stadtbrücke
30 Obenhäuser Brücke
31 Kaiserpfalz
32 Burggerichtshaus
33 Burgpfarrei
34 Alter Graben
35 Barbakane (Höfchen)
36 Weiher?
37 Alter Torn (1418)
38 Innenzwinger
39 nach Frankfurt
40 Bastion
41 vor der Stadt
Gutleuthaus und Landwehr
42 Zwinger
43 Das Königstück
44 Kirchhof vor der Mauer (1584)
45 Burgkirchhof
46 Obenhaus
47 Judenfriedhof am Aescher
48 Kinzig
49 Kinzigstraße
50 Das große Wehr
51 Vorstadt Ziegelhaus
a Schmidttor
b Rupertertor
c Inneres Röthertor
d Limpborntörlein
e Inneres Holztor
f Aulentorn (Halbmond)
g Haitzertor
h Hexenturm
i Burgtor
k Ziegeltor
l Schifftor
m Äußeres Röthertor
n Buttenturm
o Äußeres Holztor
p Holzborntörlein

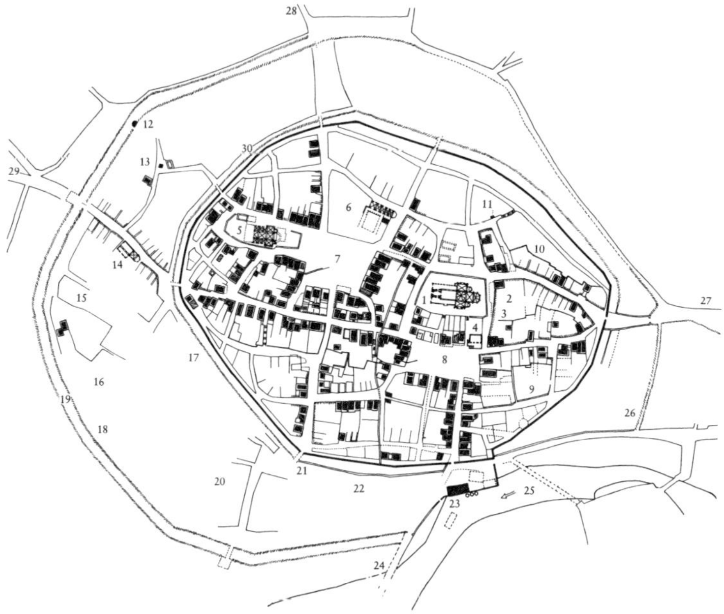

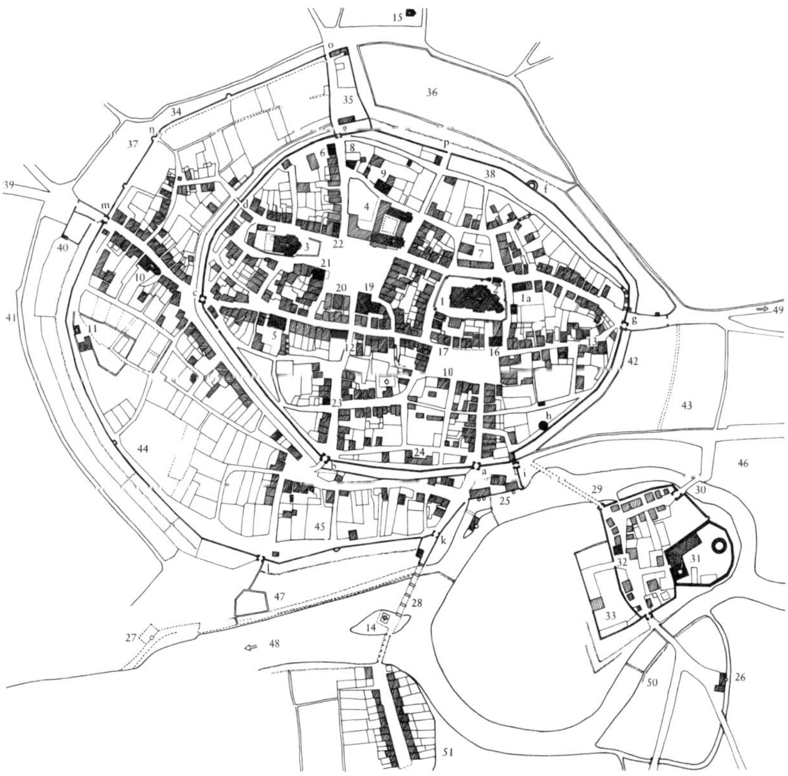

man möglicherweise auf verschiedene Grundwasserschichten traf. Ein Mindestabstand der Kloaken zu Kellern und Stadtbächen war vorgeschrieben. In den großen Städten sind die Gruben wohl regelmäßig entleert worden; in Nürnberg mußte dies im Winter und nachts geschehen. Die Kontrolle hygienischer Verhältnisse war nur nach dem Augenschein möglich. Bestenfalls achtete man zusätzlich auf Quellen üblen Gestanks, weil die antike Theorie von der Übertragung von Krankheiten durch verdorbene Luft dazu anregte. Weil es keinen Einblick in den Zusammenhang von Wasserqualität und Infektionskrankheiten geben konnte, bestanden die grundlegenden hygienisch-bakteriologischen Probleme ungelöst fort, oft mit verderblichen Folgen. Die Müllfrage war von geringerem Gewicht. Es gab noch keine Wegwerf-Gesellschaft; man suchte das meiste wiederzuverwerten. Lösliche und leichte Abfälle transportierte das fließende Wasser hinweg. Bis zur naturwissenschaftlichen Revolution des 19. Jahrhunderts ist die Entsorgung in der Stadt im wesentlichen auf dem Stand des ausgehenden Mittelalters geblieben.

Das gewohnte einheitliche Bild der spätmittelalterlichen Stadt mit gotischen Häusern unter spitzgiebligen Dächern hat es vor 1350 noch kaum gegeben; das Erbe der staufischen Stadt war, soweit sie aus Steinbauten bestand, romanisch. Außerdem gab es nicht von Anfang an geschlossene Häuserzeilen; erst einmal wurde auf den meist schmalen und tiefen rechteckigen Grundstücken nur ein Teil der Straßenfront bebaut. Das einheitliche Gesicht ist schließlich durch Bauordnungen der Obrigkeit zustande gekommen. Waren Steinbrüche in der Nähe, so verwertete man sie schon im Hochmittelalter. Ansonsten blieb der Fachwerkbau vorherrschend, wie ihn zum Beispiel das billige Holz aus dem Reichswald für Frankfurt am Main begünstigte. Im slawischen Bereich dominierte der Holz-Blockbau, im Norden etwas später der Backsteinbau. Für das Haus des Bürgers läßt sich kein einheitliches Vorbild auffinden. Es konnte das Bauernhaus oder der städtische adelige Steinbau sein, der schon in staufischer Zeit die üblichen Häuser überragt hatte. Die bedeutendsten Adelsbauten finden sich in Regensburg, einzelne Beispiele sind weit verbreitet von Wien bis Metz und Köln, nicht aber im jüngeren Neusiedelland. Von schlichteren Bürgerhäusern, die allmählich baufällig wurden und verschwanden, sind aus dem ersten Halbjahrhundert des Spätmittelalters nicht viele Beispiele erhalten geblieben: so in Regensburg (um 1250), Sachsenhausen vor Frankfurt am Main (1291/92) und Limburg an der Lahn (1295/96). Nur in wenigen Fällen, wie in Lübeck, hat die Archäologie mit solcher Gründlichkeit gearbeitet, daß man sich auch von heute längst zerstörten Häusern brauchbare Vorstellungen machen kann. Dabei zeigt sich ein überraschend vielfältiges Bild, das gegenüber summarischen Aussagen Vorsicht empfiehlt. Diese Vielfalt brachten unter anderem soziale Unterschiede, Besitz- und Funktionsänderungen und Einflüsse von außen mit sich.

Unter solchen Vorbehalten lassen sich in Ober- und Niederdeutschland zwei prinzipiell verschiedene Haustypen unterscheiden; dazwischen liegt eine breite Übergangszone, etwa im heute hessischen Raum. Das oberdeutsche, normalerweise zweistöckige Haus war ein Mehrraumgebäude, dessen Entstehung man aus der Addition verschiedener Räumlichkeiten herleitet. Zu ebener Erde befanden sich Werkstatt und Verkauf und der Zugang oder auch die Durchfahrt zum Hof. Im Obergeschoß waren gewöhnlich die Stube und die Kammern, unter dem Dach die Warenspeicher untergebracht. Dieses Haus stand an der Gasse. Dahinter oder später auch als Seitenflügel baute man, wenn nötig, Unterkünfte für Gesinde und Haustiere. Eine Galerie mochte die Verbindung zum Hinterhaus herstellen. Das niederdeutsche Bürgerhaus läßt sich von dem großen Raum der Diele im Erdgeschoß aus erklären; sie stammt von der Halle her, die zunächst mit dem ganzen Haus unterhalb der Dachgeschosse identisch war. Durch Unterteilung wurden die nötigen Einzelräume gewonnen. Die Diele diente als Arbeitsstätte des Handwerkers und des Kaufmanns. Abgeteilt waren die Küche und kleine Schlafräume als Holzverschläge für das Personal. Alles, was sich über der Diele befand, wurde zum Speichern der Waren benutzt. Die Familie des Hausherrn wohnte in einem rückwärtigen Flügelbau.

Die Ablösung des Holzbaus durch den Steinbau im Norden und in Teilen des Südens, zumal in Bayern und Österreich, hatte vor allem mit der ständig drohenden Brandgefahr zu tun. Im Jahr 1276 verpflichtete der Lübecker Rat nach dem dritten großen Stadtbrand die Bürger auf Steinbauten, mit Ausnahme der Buden, in denen die Ärmsten lebten. In Wien wurde nach dem Stadtbrand von 1327 eine ähnliche Entwicklung eingeleitet, im selben Jahrhundert auch in Deventer.

Viele Bürgerhäuser waren eng und klein. In Wien bewohnten 1349 fünf Kleriker ein Haus, das im Erdgeschoß vier Kammern und im ersten Stock eine Kammer und eine einzige beheizbare Stube enthielt, auf die man im Winter angewiesen war. Glasfenster gab es noch kaum, den Kachelofen allmählich häufiger. Türschlösser und Schlüssel bestanden aus Holz wie die meisten anderen Gebrauchsgegenstände. Dennoch bekundet die Stadtarchäologie für das erste Jahrhundert des Spätmittelalters ein Mehr an Bequemlichkeit gegenüber der hochmittelalterlichen Kargheit.

Dem Zurechtfinden in der Stadt dienten noch kaum Platz- oder Straßennamen, schon gar nicht Hausnummern, wohl aber Häusernamen, wie es seit 1288 in Bozen beim Haus »Eisenhut« belegt ist. Man konnte damit rechnen, daß Stadtherr und Stadtadel in einem besonderen Quartier, in der Burg oder dicht dabei am Stadtrand, und die großen Kaufleute in der Stadtmitte, am Markt oder an den breiten Straßen, wohnten. Die Handwerker waren über die Stadt verstreut oder lebten, nach Berufen gesondert, in bestimmten Gassen. Die Armen lebten, wenn sie nicht stadteinwärts zur Miete wohnten, in kleinen Häuschen unweit der Mauer, Gerber fand man am Stadtbach, Müller an Bach oder Fluß. An der Mauer standen meist auch die Bettelordensklöster und das Hospital. Die inneren Bezirke waren in der Regel dichter bebaut als der Stadtrand.

Verfassung und Recht

Grundlegend für Verfassung und öffentliches Leben der Stadt ist die Frage nach dem Stadtherrn. Demgemäß unterscheidet man Reichsstädte, deren Herr der König war, Freie Städte, die sich bischöflicher Hoheit mehr oder weniger entledigt hatten, und Territorialstädte; innerhalb der letztgenannten Gruppe sind landesherrliche und grundherrliche Städte zu sondern. Zwischen 1250 und 1350 gab es allerdings erst teilweise gefestigte Rechtsvorstellungen über den Status der Städte, so daß man nicht immer präzise Abgrenzungen vornehmen kann. Selbst wenn ein der Stadt erteiltes Privileg klar formuliert zu sein schien, war damit über seine Durchsetzbarkeit noch nichts ausgesagt. Was endgültig klang, mochte bloßer Anspruch sein, den ein Stärkerer früher oder später zunichte machte. Läßt sich im allgemeinen von dem Zeitalter der »Offenen Verfassung« als einer Epoche des freien Kräftespiels sprechen, so galt dies ganz besonders für die Städte. Das beste Privileg ersetzte nicht die Selbstbehauptung der Stadt, die letztlich auf ihren Mauern, ihren Söldnern und ihrem Geld beruhte. Gerade das Verhältnis des Stadtherrn zur Stadt war vielfältig und kompliziert: Ein Herr konnte seine Stadt gemäß den konkreten Zeit- und Machtverhältnissen kurzhalten; ein anderer sah sie rebellierend seiner Macht entgleiten; ein dritter verpfändete sie aus Geldnot. In einer adeligen politischen Kultur waren die Städte immer noch so etwas wie Emporkömmlinge, die sich obendrein ungewohnter und skeptisch betrachteter Methoden bedienten. Die Herren interessierten die Befestigung und vor allem das Geld der großen Städte. Sie lernten, daß Geld auf die Dauer am besten mit der großen Stadt und nicht gegen ihren Willen und damit am leichtesten gegen Zugeständnisse zu erlangen war; die kleine Stadt blieb wehrlos, fast wie das Dorf.

Aus den Königlichen Städten der Staufer wurden nach dem Scheitern der Dynastie allmählich Reichsstädte; denn die nachfolgenden Herrscher setzten ein straffes Stadtregiment nicht mehr durch. Doch das Werden der Reichsstadt war ein langwieriger Vorgang, der 1350 noch nicht abgeschlossen war. Ja, man kann sagen, daß nahezu im ganzen Spätmittelalter Einheitlichkeit und Eindeutigkeit des Reichsstadtbegriffs nicht bestanden haben. Notwendig für die Reichsstadt war jedenfalls die unmittelbare Beziehung zum König. Obwohl die Reichsstädte nach 1250 eine beträchtliche Bewegungsfreiheit nach innen und außen sowie ein ansehnliches politisches Gewicht im Reich gewannen, redete der König nie anders von ihnen als von »seinen und des Reiches Städten«, wobei die Betonung auf dem ersten Teil dieser Doppelformel lag. Die Städte selbst, voran die schwäbischen, haben normalerweise erst nach 1350 ihren Charakter als Reichsstädte formuliert oder gar betont, womit sie sich gelegentlich vom König zu distanzieren trachteten, um seinen Forderungen auszuweichen. Auf die Dauer setzten sich die Städte durch; sie wuchsen auf diese Weise zu einem neuen politischen Stand im Reich heran. Er ist auf dem Reichstag freilich erst 1648 wirklich anerkannt worden. In der Sicht des Herrschers bedeutete die Existenz von Reichsstädten im Vergleich zu den Königlichen Städten einen Machtverfall. Dazu haben die Schwächeperioden des Königtums vieles beigetragen. Ein schwacher Herrscher scheute nicht davor zurück, Reichsstädte als die am leichtesten disponiblen Bestandteile der politischen Verfügungsmasse zu verpfänden. Insgesamt gab es mehr als hundert Reichsstädte. Die meisten von ihnen lagen im Süden und Südwesten, zum Beispiel Nürnberg, Heilbronn, Esslingen, Ulm, Colmar, Bern und Zürich. Nördlich des Mains existierten nur fünfundzwanzig Königs- beziehungsweise Reichsstädte, darunter Frankfurt am Main, Wetzlar, Aachen, Dortmund, Goslar, Mühlhausen, Nordhausen und Lübeck. Einige Reichsstädte verloren ihre Autonomie schon im Mittelalter, so Boppard, Duisburg, Eger, Kaiserslautern und Nimwegen.

Die Freien Städte, insbesondere Köln, Mainz, Worms, Speyer, Straßburg, Basel und Regensburg, hatten bereits im Hochmittelalter ihre bischöflichen Stadtherren abgeschüttelt, ja vertrieben, und beanspruchten, keinen Herrn mehr zu haben und im Reich pflichtenfrei zu sein, mit Ausnahme von Leistungen für alt-universale Aufgaben, das heißt für den Rom-Zug des Königs und den Kampf gegen die Ungläubigen. Auch der Begriff der Freien Stadt ist weder klar abgrenzbar, noch war er allgemein anerkannt. Einen den Freien Städten ähnlichen Charakter hatten Metz, Toul, Verdun, Cambrai, Lausanne und Besançon, zeitweise auch Augsburg, Konstanz und Chur. Es ihnen gleichzutun bemühte sich so manche landesherrliche Stadt, darunter Würzburg, Limburg an der Lahn, Braunschweig, Lüneburg, Erfurt, Magdeburg, Rostock, Stralsund und Wismar. Erreicht haben dieses Ziel nur Bremen und Hamburg, und zwar erst in der frühen Neuzeit. Die übrigen dieser Städte wurden spätestens im 18. Jahrhundert von erstarkenden Landesherren wieder »eingefangen«, Mainz sogar schon 1462. Das Bestreben, ohne Herrn zu sein, war eben im alten Europa nicht recht plausibel zu machen. So führte schon die Reichsverdichtung am Ende des Mittelalters alle Freien Städte zum schlechteren Status der Reichsstädte zurück; von da an gab es nur die relativ einheitliche Gruppe der Freien Reichsstädte.

Die weitaus meisten Städte, zumal die vielen kleinen, waren Territorialstädte. Darunter befanden sich aber auch große Kommunen wie Brüssel, Prag, Danzig, München und Wien. Gerade hier gab es ganz erhebliche Unterschiede. Viele Landesherren hielten ihre Städte am kurzen Zügel und nutzten sie zur Stärkung ihrer Landesherrschaft; so geschah es am Niederrhein, in Bayern, Österreich und Böhmen. Anderswo verhielten sich die großen Städte oppositionell oder übernahmen auch im Einverständnis mit dem Herrn die Regierung oder mindestens die Friedenswahrung im Land; dies erreichte der Oberlausitzer Sechsstädtebund aus Bautzen, Görlitz, Zittau, Lauban, Kamenz und Löbau. Der Landesherr faßte die Städte als »Leistungsgruppe« und zur Rechtsangleichung zusammen und bereitete damit den Weg zu ihrer späteren Mitsprache im Territorium als Landstand. Es gab auch, zumal in der territorialen Schwächeperiode der zweiten Hälfte des 14. Jahrhunderts, öfter gemeinsamen städtischen Widerstand gegen den Herrn – wie in Hessen –, jedoch auf die Dauer ohne Erfolg. Für die Blüte einer Stadt dürfte auf längere Sicht der Landesherr nicht weniger gut gesorgt haben als eine städtische Oligarchie; so besteht kaum viel Grund, die reichsstädtische Eigenständigkeit einer Stadt für prinzipiell besser zu halten als ihre Einbindung im Territorium.

Der Stadtherr war zunächst auch die entscheidende Figur der Verwaltung, Gesetzgebung und Gerichtsbarkeit in der Stadt. Diese drei Bereiche gehörten im deutschen Mittelalter grundsätzlich zusammen und konnten von ein und denselben Personen und Institutionen betreut werden. Organe der stadtherrlichen Gerichtsbarkeit waren häufig ein Stadtvogt für die hohe und ein Stadtrichter oder Schultheiß für die niedere Gerichtsbarkeit, denen Schöffen oder Richter aus der Stadt zur Seite standen. Dieselben Personen besorgten auch die Verwaltung. Eine starke Stadtherrschaft wie die staufische in Oberdeutschland ließ es dabei bewenden; schwache Stadtherren mußten sich mit Veränderungen abfinden, die aus dem zunehmenden Machtstreben und Selbstbewußtsein führender städtischer Familien erwuchsen. Dadurch gerieten bestehende stadtherrliche Ämter in die Hand dieser Gruppe, und es wurden neue Ämter städtischer Herkunft den alten stadtherrlichen entgegengesetzt. Dies waren vor allem der Stadtrat, der vermutlich nach oberitalienischem Vorbild entstanden war, und aus diesem hervorgehend dessen Spitze: der oder die Bürgermeister, auch Ratmeister oder Schöffenmeister genannt. Ein Rat ist im Reich nördlich der Alpen zuerst in Utrecht (1196) und in Lübeck (1201) nachweisbar; bis 1250 besaßen mehr als hundert Städte einen Rat. In den ehemaligen Stauferstädten und werdenden Reichsstädten gab es ihn erst nach 1250, dann jedoch rasch überall. Nicht viel später setzte sich die Ratsverfassung als die allgemein üblich gewordene auch in den Territorialstädten durch, ohne daß dies mit oppositionellem Verhalten gegen den Stadtherrn verbunden sein mußte; ja, sie wurde vom Stadtgründer als jetzt modernste Form selbst eingerichtet.

Die mit dem komplizierter werdenden städtischen Leben verbundene beträchtliche Erweiterung der Aufgaben kam wie von selbst auf den Rat zu und stärkte seine Position entscheidend – wie anderswo die Position der Territorien angesichts des Königs. Gegenüber den älteren Verfassungsorganen verhielt man sich unterschiedlich. In den Königlichen Städten in Böhmen blieb der herrscherliche Stadtrichter bestehen, anderswo verschwanden entsprechende Ämter nach einer Zeit des Nebeneinanders mit dem Rat oder wurden umgestaltet. Ohnehin gehörten die Inhaber alter und neuer Positionen häufig denselben Familien an, so daß der Einschnitt durch die Neuerung nicht überschätzt werden sollte. Selbst wenn es gewaltsame Auseinandersetzungen um das Stadtregiment gegeben hat, waren die Führer beider Parteien häufig sozial annähernd gleichrangig. Auf jeden Fall verhielten sich die neuen Kräfte nicht anders als die alten; auch sie bemühten sich um ein oligarchisches, vererbliches Familienmonopol. Soweit erkennbar, handelte es sich hauptsächlich um politische Machtkämpfe, bei denen die soziale Frage zwischen Arm und Reich nicht im Vordergrund stand. Immerhin beschleunigten sie den allgemein zu beobachtenden Wandel von einer mehr aristokratisch bestimmten zu einer mehr ökonomisch geprägten Spitzengruppe und zu einer Beteiligung von mehr Personen an der Stadtführung.

Der Rat hatte in mittleren Städten wohl am häufigsten zwölf Mitglieder, in kleinen vier oder sechs, in großen Städten ein Mehrfaches. Ratsherr wurde man für Jahresfrist durch Wahl, so in Teilen Schwabens, oder anderswo, etwa in Frankfurt am Main, durch Kooptation auf Lebenszeit. Aber man darf solche Formen nicht in scharfen Gegensatz stellen; denn der Kreis der Wählbaren war auf ratsfähige Familien beschränkt, das Wahlverfahren war häufig recht formal und zumindest im Ergebnis von der Kooptation nicht sehr abweichend, jedenfalls im patrizischen Milieu. Öfter wurde auch in der Weise vorgegangen, daß alle zwei, drei, vier oder fünf Jahre – in Lübeck, Köln, Breslau, Erfurt – durch ein entsprechend geregeltes Wahlverfahren eine Ratsmannschaft von zweien, dreien, vieren oder fünfen wiederkehrte, was sich ebenfalls im Familienkreis abspielte. In Deventer wechselten Schöffen und Räte jedes Jahr die Plätze. Es wirkte sich bei alledem die Tatsache aus, daß ein Ratssitz und erst recht die damit oft verbundenen Zusatzämter viel Zeit erforderten und ehrenamtlich wahrgenommen wurden. Daher waren sie auf die Dauer nur den Vermögenden und Abkömmlichen zugänglich. Der Bürgermeister schob den Schultheißen oder Ammann nach und nach zur Seite. Frankfurt am Main erwarb das königliche Schultheißenamt als Darlehenspfand erstmals 1311, bis es dann 1372 ganz an die Stadt fiel. Die Bürgermeister amtierten unterschiedlich lang; in Straßburg wirkten sie jeweils vier Wochen, in Lübeck lebenslänglich.

Die genossenschaftlich lebende Gemeinde der vollberechtigten Bürger, also der besitzenden Hausväter, war die rechtliche und politische Basis der neuen Stadtführung. Dies brachte zwar in krisenhaften Ausnahmefällen, keineswegs jedoch im Alltag ein Mitspracherecht der Vollbürger mit sich. Auf die Bindungen und Lasten, die den Vollbürgern immer stärker zuwuchsen, mußten sie sich jährlich am Schwörtag verpflichten. Schwören und sich verpflichten mußten auch die minderberechtigten Einwohner – Inwohner oder Beisassen –, ohne daß

Deutsches Recht in den Städten Ostmitteleuropas und Osteuropas

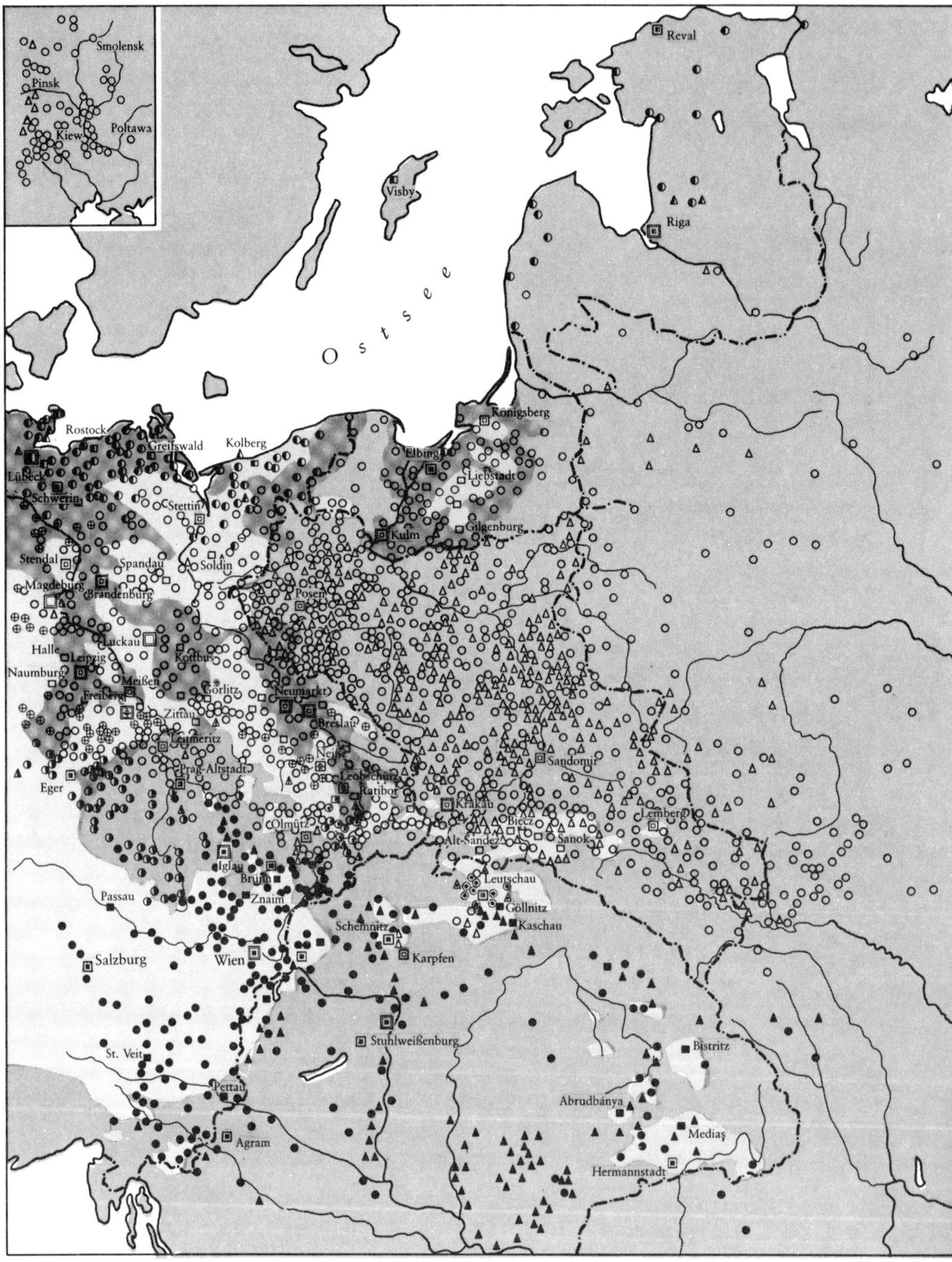

sie dadurch die Rechte der Bürger gewannen. Der Weg des Rates zur Stadtobrigkeit, das heißt zum entscheidenden Gremium für Verwaltung, Gerichtsbarkeit und Gesetzgebung in der Stadt, ist schon vor 1350 erkennbar, war aber noch nicht zurückgelegt. Ähnliche Funktionen wie die Gemeinde – und in krisenloser Zeit ebensowenig Einfluß – besaßen in größeren Städten Gremien mit Namen wie Großer Rat oder Weiter Rat, bestehend aus mehr oder weniger als hundert Köpfen; sie konnten zwischen die Regierenden und die Gemeinde eingeschoben sein.

Die wohl bedeutendste Einzelleistung des Rates in den sich verselbständigenden Städten war die Ausbildung und Durchformung des Stadtrechts. Stadtherrliche Privilegien enthielten normalerweise nur Teilregelungen und mußten ergänzt und fortgebildet werden. Das Stadtrecht konnte nur zum kleineren Teil an Vorbilder anknüpfen und hat gleichwohl neben dem Römischen Recht selbständig und bedeutsam in die Zukunft gewirkt, auch noch auf die Anfänge des modernen Rechtslebens. Der rechtlich einheitliche Bürger- beziehungsweise Einwohnerverband innerhalb der Mauern war zum wesentlichen schon das Ergebnis neuer Rechtsschöpfung.

Anfangs war Stadtrecht vielfach mündliches Gewohnheitsrecht. Vor und um 1300 setzte in den großen Städten eine immer mehr wachsende Ratsgesetzgebung ein. Der Begriff »Gesetzgebung« darf hier wie anderswo im Mittelalter nicht in modern abgrenzende Kategorien gezwängt werden, sondern muß umfassend und mit fließenden Grenzen verstanden werden. Auch das Privileg war

○ △ Magdeburger Recht mit Tochterrechten und stark von Magdeburg beeinflußten Rechten

⊙ △ Stadtrechtsfamilien, die zum Magdeburger Recht übergingen oder es in starkem Maße subsidiär benutzten

◐ ▲ Lübisches Recht und mit dem Lübischen Recht verwandte Stadtrechte des Küstensaums

⊕ △ Sonstige nord- und mitteldeutsche Stadtrechte geringerer Bedeutung einschließlich der sächsischen und schlesischen Bergstädte

◑ ▲ Nürnberger Kreis

● ▲ Südostdeutsche Stadtrechte

□ Oberhöfe mit überragender Bedeutung

▣ Oberhöfe, deren Bedeutung über ihr Territorium hinausreicht

▣ Oberhöfe, die für ein größeres Territorium Bedeutung haben

▫ Oberhöfe mit nur lokaler Bedeutung bzw. mit nur zeitweiliger Bedeutung

-·-·-·- Grenzen um 1400

Siedlungsgebiet anderer Völker

Deutsches Siedlungsgebiet

Durch deutsche Siedlung oder Verwaltung umgeformte ursprünglich fremdsprachige Siedlungsgebiete

Heute noch als Städte bestehende Orte sind als Kreis oder Viereck, heutige Landgemeinden bzw. als Städte wiedergegründete Orte als Dreieck dargestellt

ein »Gesetz«. Allgemein formulierte Gesetze galten nicht selten nur für wenige. Richterentscheid und Gesetz flossen ineinander. Neu formuliertes Gesetz und bestenfalls aus der Erinnerung aufgeschriebenes Gewohnheitsrecht standen nebeneinander. Wesentlich war der Ausschluß der Selbsthilfe zugunsten gerichtlicher Instanzen, der im Gesamtreich erst 1495 wenigstens formal erreicht wurde. Was man zusammenfassend als Stadtrecht bezeichnete, war in Wirklichkeit eine Summe unterschiedlich alter und unterschiedlich bedeutsamer Einzelbestimmungen; diese wurden allerdings immer öfter zusammengestellt, zum Beispiel in Hamburg im »Ordelbok« von 1270, immer systematischer geordnet und immer mehr erweitert. Gegenstände dieser Ordnungen waren fast alle Rechtsgebiete: Zivil-, Straf-, Verfahrens- und Verwaltungsrecht. Schwerpunkte waren der Friedensschutz, das Familien- und Erbrecht, das Markt- und Kaufmannsrecht – in Sachen Schulden, Immobilien, Konkurs und Vollstreckung –, das Baurecht, das Fremden- und Gästerecht und anwachsend auch die öffentliche Ordnung.

Das Strafrecht und andere Rechte wurden freilich durch den engen Geltungsbereich des Stadtrechts innerhalb der Mauern behindert und durch kirchliche Immunitäten und Asylstätten durchlöchert. Bei weitem nicht alles, was da geschrieben stand, wurde auch vollzogen. Aber der Anfang eines unaufhaltsam scheinenden Prozesses der Verrechtlichung dicht zusammenlebender Menschen wurde gemacht. Das Stadtrecht schuf weithin rechtliche, obwohl bei weitem nicht politische Gleichheit unter den Bewohnern der Stadt. Es war rationaleres, konkreteres und umfangreicheres Recht, das die Stadt vor allen anderen Lebensbezirken auszeichnete.

Nicht jede Stadt schuf ihr eigenes Recht. Vielmehr wurde sehr häufig – im Zusammenhang mit der Stadterhebung oder später – das Recht einer Mutterrechtsstadt auf Tochterstädte übertragen. Die Tochterstadt konnte sich künftig in schwierigen Fällen rechtlichen Rat bei der »Mutter« erbitten, und immer wieder kam es sogar zu einer Art Instanzenzug zwischen solchen Städten. Es gab zahlreiche Stadtrechtsfamilien im Altsiedelland, ausgehend zum Beispiel von Hamburg, Bremen, Braunschweig, Frankfurt am Main und Esslingen. Am bedeutendsten waren diese Gebilde im Neusiedelland. Das Lübecker Recht verbreitete sich in mehr als hundert küstennahen Städten zwischen Tondern und Narwa, das Magdeburger Recht vielerorts im Binnenland. Aber auch die Stadtrechte von Nürnberg und Wien sowie die besonderen Rechtsverbindungen zwischen Bergwerksstädten im Reich waren bemerkenswert.

Schon vor 1350 gehörte zur wachsenden politischen und rechtlichen Autonomie der großen Stadt eine eigene »Außenpolitik«. Mit dieser suchte man sich dem territorialen Daseinskampf des Zeitalters anzupassen und zugleich die besonders empfindlichen Verkehrsinteressen zu schützen. Die mitunter weiträumigen Zusammenschlüsse von Städten zu Bünden sind Teil der politischen

Geschichte und werden dort behandelt. Aber auch die Einzelstadt war in ihrem Umland zu einer aktiven Rolle herausgefordert und setzte dabei das Geld als wichtigstes Mittel ein. Hamburg hat seinen schwachen Landesherrn, den Grafen von Holstein, in der Stadt Schritt für Schritt entmachtet und 1342 demonstrativ einen Roland als Freiheitszeichen errichtet. Bei diesem Autonomiestreben ging es noch nicht um städtische Territorialbildung, sondern um Verträge und Stützpunkte. Abschlüsse kamen zunächst mit Lübeck und Dithmarschen zustande. Die erste Position an der Lebensader der Stadt, der Elbe, wurde 1299 auf der Wattenmeerinsel Neuwerk erworben und durch Turm und Besatzung gesichert (1310). Ein kaiserliches Privileg von 1359, das bald extrem weitgespannt ausgelegt wurde, bot die Grundlage für die Kontrolle der Unterelbe. Im Jahr 1450 erfolgte dann die Kennzeichnung des hundertfünfunddreißig Kilometer langen Fahrwassers von der Mündung bis zur Stadt durch schwimmende Tonnen.

Ratsfamilien und Handwerker

Alles, was mit der mittelalterlichen Stadt zu tun hat, kann nur dann verstanden werden, wenn man ihre sozialen Verhältnisse mit bedenkt. Doch gerade sie lassen sich nicht leicht klären, weil die einschlägigen Nachrichten ungleichmäßig überliefert sind und das derart Überlieferte nicht ohne weiteres zum Sprechen zu bringen ist. Daher beschränkt sich dieses Kapitel, die Darstellung der Zeit bis 1350, auf Ober- und Mittelschichten; von Armen, Entwurzelten und von Randgruppen wird später die Rede sein.

Zuwanderung hatte die Stadt geschaffen und hielt sie am Leben; denn die natürliche Vermehrung dürfte dafür nicht ausgereicht haben. Im Altsiedelland zog man gewöhnlich aus der Nähe in die Stadt. In Soest, wo ungefähr 10.000 Menschen auf 101 Hektar Fläche wohnten, ließen sich zwischen 1302 und 1352 1.738 Neubürger aus 344 westfälischen Orten nieder, ungerechnet die mitgebrachten Familienangehörigen. Kleinstädte und Grundherrschaften vermochten diese Handwerker, Bauernsöhne, Kötter und Tagelöhner nicht zu halten. Aus Soest und Dortmund wiederum kamen viele Zuwanderer ins weitentfernte Thorn im Neusiedelland, darunter besonders wohlhabende Familien, die sogleich die Führungsgruppe der Stadt bildeten.

Der Erwerb des Bürgerrechts machte die Städter rechtlich, wenn auch nicht sozial und politisch zu einigermaßen Gleichen. Spätestens seit 1250 bemühte sich Frankfurt am Main darum, daß alle Einwohner und Zuwanderer mit eigenem Hausstand auch Bürger wurden. Zu diesem Zweck mußte man, wenn man nicht Bürgersohn war, bis 1330 Grundbesitz erwerben, doch von 1373 an

Herkunftsorte der Neubürger von Soest 1301–1352 (nach Ditt)

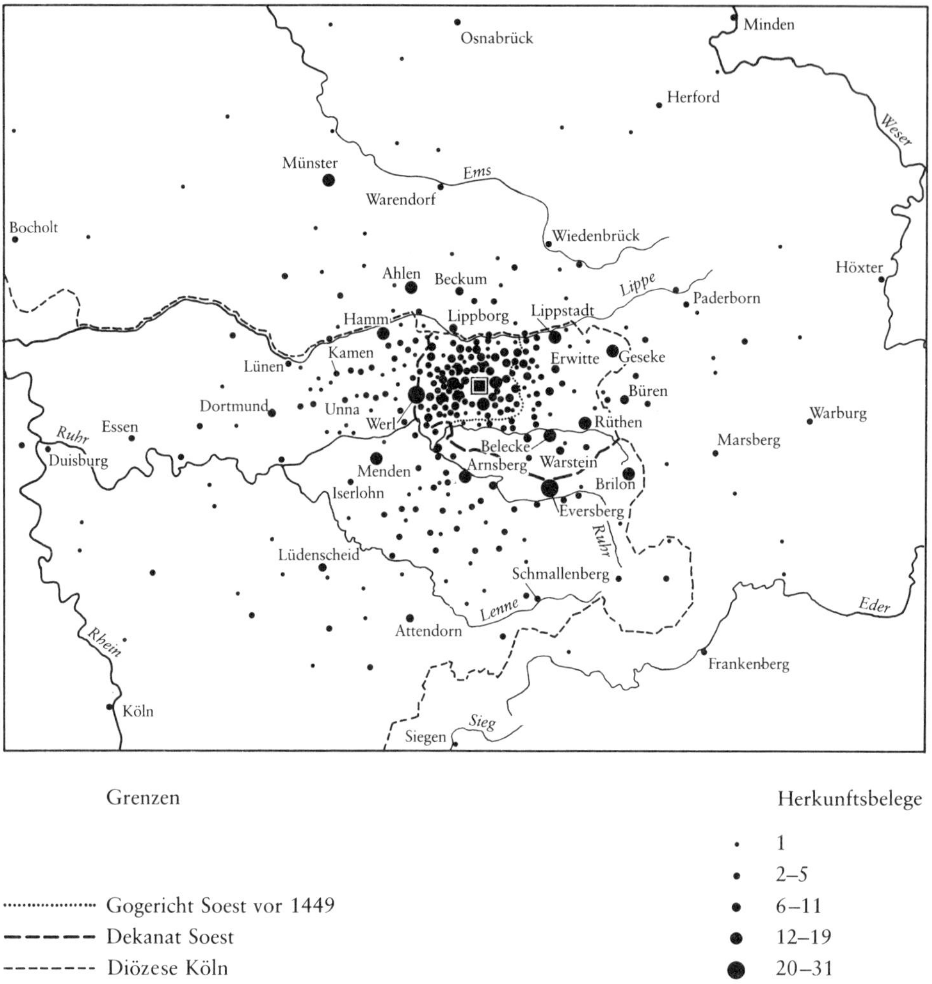

sich nur noch einkaufen. Man verpflichtete sich zum Gehorsam gegenüber Rat und Gericht, zur Wahrung des Stadtfriedens, zur Leistung von Steuern, Wach- und Wehrdienst und konnte dafür die sozialen Leistungen der Stadt, im Notfall auch militärischen Schutz und Nahrung aus den Speichern erwarten. Frau und Kinder des Bürgers kamen den Vollberechtigten schon ganz nahe; das Gesinde gehörte zu den »Schutzgenossen«, die weniger berechtigt waren als die Beisassen. Diese trugen die meisten Pflichten mit, obwohl sie auf das Bürgerrecht verzichten mußten. Ähnlich ging es öfter den Bewohnern von Vorstädten. »Schutzleute« etwas anderer Art, das heißt eher anderen als geringeren Rechts, waren Geistliche und Mönche, zum Teil auch Ärzte, Juristen und Künstler. Bürger wiederum anderen Typs waren die »Pfahlbürger« oder »Ausbürger«. Als Edelleute oder Großbauern stellten sie der Stadt gegen finanzielles Entgelt ein Netz von Stützpunkten außerhalb der Mauern bereit – zum beiderseitigen Vorteil und zum Nachteil der Landesherren. Diese bekämpften das Pfahlbürgerwesen heftig und erreichten schließlich nach 1350 weithin seine Beseitigung. Es wurde von den Städten durch Soldverträge ersetzt.

Die weitverbreitete Vorstellung, daß Stadtluft frei mache, ist keineswegs überall und nicht immer schon um 1250 verwirklicht gewesen. Besonders der Stadtherr, aber auch andere Herren der Umgebung griffen weiterhin in den Sozialkörper »Stadt« ein. So standen den klaren Worten der »Kulmer Handfeste« von 1233, die den Städtern des Ordenslandes Preußen wirkliche Freiheit verhieß, im Altsiedelland weiterwirkende alte Sozialbeziehungen gegenüber. Gleichwohl wurde auch in den Städten des Westens die Frage nach Freiheit und Unfreiheit immer nebensächlicher. Um und nach 1350 war allen innerhalb der Mauern ein obrigkeitlich temperiertes Maß bürgerlicher Freiheit zuerkannt, mehr Freiheit als irgendwo außerhalb der Adelswelt.

Bei der Beschreibung der sozialen Wirklichkeit in der spätmittelalterlichen Stadt bedient man sich vieler Merkmale: der Nachrichten über Vermögen, Steuern und Wohngegend, über Abstammung, Bürgerrecht und Beruf, über die Ratsfähigkeit, die Beziehung zu auswärtigen Herren, über die Zulassung zu Trinkstuben und Festen, über erlaubten Kleideraufwand und Hochzeitsluxus, über militärische Aufgaben und Bevorratungspflichten. Man wird dann eine oft nur aus wenigen Familien bestehende Oberschicht, eine obere und eine untere Mittelschicht sowie eine obere und untere Unterschicht unterscheiden. Das zahlenmäßige Verhältnis der Schichten und die Intensität der sozialen Unterschiede variierten von Stadt zu Stadt; diese waren in großen Städten auffallender als in kleinen, in Augsburg vielleicht schärfer akzentuiert als in Lübeck. Wenige sehr Reiche und viele erschreckend Arme begegneten einander in den Gassen. In der Regel blieb man in dem Milieu, in das man hineingeboren worden war. Steilen sozialen Aufstieg gab es wohl nur in Einzelfällen; rascher konnte sich ein steiler Abstieg vollziehen.

Beobachtet man die wirtschaftliche Situation in großen und kleinen spätmittelalterlichen Städten, so hebt sich in jeder Generation eine Anzahl besonders begüterter Personen und Familien ab. Vielfach stellt man fest, daß ein und dieselben Familien über Generationen hinweg ihre Position gehalten haben. Untersucht man die politisch führenden Kräfte, das heißt die Inhaber der Schöffenstühle und Ratssitze, so kann man gleiches mit noch größerer Sicherheit feststellen. Betrachtet man schließlich unter dem Gesichtspunkt der sozialen Abstufung die besondere Exklusivität solcher Familien, zum Beispiel im Heiratsverhalten, so kann dasselbe gelten. Trifft man in allen drei Fällen auf die gleichen

Personen und Familien, so kann man von einem Patriziat sprechen. Will man diesen nicht zeitgenössischen Ausdruck vermeiden, kann man für die Jahre bis ungefähr 1350, jedenfalls bis zu den ersten innerstädtischen Führungskonflikten, von Ratsfamilien reden. Die Zeitgenossen nannten sie »Geschlechter«, »Erbbürger«, »Erbmänner«, »Gefreunde« oder auch, ohne Abwertung, »Müßiggänger«, wie es aus Villingen und Rottweil überliefert ist. Man betonte damit das vornehme alte Herkommen als wichtiges Erscheinungsmerkmal. Die entscheidende Eigenschaft der wohlhabenden Großbürger war die Abkömmlichkeit. Sie ermöglichte in einem Zeitalter fast ohne Beamtentum Regierung und Verwaltung im Ehrenamt, ließ die Stadt aber auch wie ein Besitztum dieser Familien erscheinen.

Von Stadt zu Stadt war diese Führungsgruppe je nach dem Stadtherrn und nach Alter, Größe und Lage der Kommune unterschiedlich beschaffen. In Freien Städten und in Reichsstädten findet man oft als Ergebnis hochmittelalterlicher Sozialgeschichte ein Nebeneinander von freien Kaufleuten und unfreien Ministerialen vor, die zur Neubildung des Stadtadels verschmelzen konnten. Die Ministerialität wiederum war hier ein anderes Gebilde als dort. Alte Organisationsformen konnten bei ihr, wie in Straßburg, noch lange prägend nachwirken, so daß die Unfreiheit, als besondere Herrennähe verstanden, eher von Vorteil war. Bemerkenswert ist jedenfalls, daß im ersten Jahrhundert des Spätmittelalters der große Bürger die Ritterweihe empfangen konnte und daß sich sein Sohn und Enkel als ritterbürtig, also als adelig fühlen durften, daß man wie der auf dem Lande sitzende Adel landesherrliche Lehen entgegennahm und anspruchsvolle Ämter im Territorium besetzte, daß man womöglich selbst über Landsitze und Burgen verfügte, während Landadelige ihrerseits Häuser in der Stadt besaßen. Heiratsverbindungen zwischen städtischer und ländlicher Führungsschicht waren recht häufig. Bei manchen vornehmen Familien dieses Jahrhunderts ist es unklar, ob man sie dem Land oder der Stadt zuweisen soll. Adeliges Verhalten dieser Art und kaufmännisches Handeln schlossen sich nicht aus, im Gegenteil: Österreichische und böhmisch-mährische Beispiele zeigen, daß die Erfolgreichsten dieser Gruppe die finanziell anspruchsvollsten Ämter des Landesherrn, etwa das Münzmeisteramt, innehatten. Man kann wohl kaum sagen, daß Großbürger zu Rittern oder Ritterbürtigen »aufgestiegen« seien; es war eben der dieser Gruppe angemessene Status. Für die Kölner »Geschlechter« gehörte der Kampf zu Pferde zum militärischen Normalverhalten. In Zürich zählte man um 1300 vierzig Adelsfamilien. Nach 1350 grenzten sich die Landedelleute, die sich bald als allein adelig verstanden, von den großbürgerlichen Städtern ab.

Der Reichtum der Geschlechter beruhte auf Kaufmannskapital und Haus- und Grundbesitz. Die Absonderung machte sich in exklusiven Gesellschaften und Trinkstuben bemerkbar: wohl seit 1311 im Kompenhaus der St. Georgii-

Bruderschaft in Thorn, um 1350 in den Trinkstuben von Frankfurt am Main, Lindau und Ravensburg, 1379 in der Lübecker Zirkelgesellschaft.

Doch der soziale Wandel war nicht aufzuhalten. In vielen Städten läßt sich um und nach 1350 ein Macht- und Rangverlust der alten Familien feststellen. Ihre Positionen wurden von »Neureichen«, einer zweiten, nachrückenden städtischen Führungsgruppe, ins Wanken oder zum Einsturz gebracht, mag diese aus den Zünften hervorgegangen sein oder sich – wohl häufiger – dieser bedient haben. So wurden die alten Familien in Zürich 1336 entmachtet, zog man sich in Köln aus dem aktiven Geld- und Warenhandel zugunsten von Rentenbesitz zurück oder verlegte den Hauptwohnsitz auf das Land, wie es zum Beispiel für Basel und Prag bezeugt ist.

Im Neusiedelland stellte sich zur selben Zeit eine vergleichbare, wenn auch infolge der kürzeren Vorgeschichte vereinfachte Entwicklung ein. Überall ist eine Gruppe führender, meist Fernhandel betreibender Familien festzustellen. Sie waren oft schon in der entsprechenden Rangstufe aus dem Westen zugewandert, ob von Regensburg und Wien und später von Nürnberg nach dem ungarischen Ofen, das heute als Buda Teil von Budapest ist, oder nach Hermannstadt in Siebenbürgen oder aus Breslau nach Krakau. Weit außerhalb Deutschlands entstanden deutsch geprägte Städte mit deutschen Führungsgruppen. Im Neusiedelland außerhalb Österreichs gab es in der Stadt keine Ministerialen, jedoch adelsgleiche Ratsfamilien. Die ersten Bürger auch der pommerschen Städte wurden ritterlich und standen bis ungefähr 1350 dem Landadel nahe. Die bedeutenden Breslauer Geschlechter beweisen durch Namenswechsel von Generation zu Generation, wie locker noch die Führungsgruppe gefügt war und wie sehr sie von der wirtschaftlichen Behauptung abhing. Ein langes Fortbestehen solcher Familien war ohnehin die Ausnahme; ein extrem langlebiges Patriziat wie in Nürnberg oder in Köln findet sich selten.

Im Alt- und im Neusiedelland bildeten die Handwerker zusammen mit den mittleren und kleineren Kaufleuten als zahlenmäßig große Gruppen die obere und untere Mittelschicht. In der oberen Mittelschicht, dem Aufstiegsreservoir für die Oberschicht, waren die beweglicheren und leichter abkömmlichen Kaufleute in der Regel stärker vertreten als die Handwerker. Von diesen zählten vor allem die kapitalintensiven Luxusbranchen der Goldschmiede und Kürschner dazu, dann auch Handwerker, die an besonders anspruchsvollen Textilien arbeiteten, sowie Metzger und Bäcker. Für diese Gewerbetreibenden war der Weg zum Handel kurz. Die untere Mittelschicht bestand aus vielen Angehörigen der weniger angesehenen Zünfte, auch aus Ackerbürgern, Fuhrleuten und Schiffern. Beruf und Berufsausbildung sowie das Bürgerrecht gehörten zu den deutlichen Merkmalen der Mittelschicht. Wirtschaftlicher Erfolg war ihr Hauptziel.

Die Zunft, auch Gaffel, Gilde, Innung, Einung, Zeche, Handwerk, Werk oder

Amt genannt, war um 1250 als soziales Gebilde bereits bekannt. Sie faßte in lebenslanger Zwangsmitgliedschaft die Meister eines Gewerbes oder mehrerer Gewerbe zusammen und damit indirekt die Angehörigen von deren Häusern. Die Zunft war eine Lebensgemeinschaft nicht nur mit beruflichen und wirtschaftlichen, sondern auch mit sozialen, religiösen, politischen und geselligen Aspekten, für Alltag und Festtag, für Brauch und Sitte, mit interner Gerichtsbarkeit, zur gegenseitigen karitativen Hilfe wie zur Tarifbildung. In der Zunft hatten sich Kleinbetriebe organisiert; denn ein durchschnittlicher Meister beschäftigte kaum mehr als zwei Gesellen und ebenso viele Lehrlinge. Die Zunft regelte – bald in zahlreichen Details – den Ankauf, die Herstellung und den Absatz der Waren. Sie schützte gegenüber auswärtigen Konkurrenten und beschränkte allzu erfolgreichen innerstädtischen Wettbewerb. Im Laufe der Zeit verbreitete sich das konkurrenzbehindernde Handeln immer mehr. Den »planwirtschaftlichen« Wesenszügen entsprach das wachsende Streben nach Berufsvererbung, Sicherung der Witwenrechte, Reglementierung der Ausbildung und Fixierung der Zahl der Meister. Die Meisterprüfung war am Ende nicht allein an Fertigkeiten, sondern auch an soziale Bedingungen geknüpft, die immer strenger wurden. Zugleich bot die Zunft für den Stadtherrn und später für den Rat eine rationelle Möglichkeit, große Teile der Stadtbevölkerung zu kontrollieren und in Dienst zu nehmen, etwa für die Stadtverteidigung oder die Bevorratung. Die Zünfte haben ein vielfältiges Innen- und Eigenleben entfaltet und waren offenbar in vieler Hinsicht zweckmäßige und vorteilhafte Lebensformen.

Die Anzahl der Zünfte entsprach ungefähr der Größe und Wirtschaftsstruktur der Stadt. In Basel wurde die Zunftbildung mit der Gemeinschaft der Fischer und Schiffer als fünfzehnter Zunft – als elfter eigentlicher Handwerkszunft – im Jahr 1354 abgeschlossen. Innerhalb der Zunft gab es beträchtliche soziale Unterschiede. Sie konnte Meister von der oberen Mittelschicht bis zur Unterschicht vereinigen. In Erfurt und Frankfurt am Main arbeiteten um 1350 bei weitem nicht alle Bäckermeister selbständig, sondern benutzten als »Nachbäkker« die Öfen anderer Betriebe gegen Mietzahlung oder leisteten Lohnarbeit. So sagt die bloße Zugehörigkeit zu einer Zunft über die soziale Position des einzelnen nur wenig aus. Die Zünfte einer Stadt waren nach Ansehen gestaffelt, worüber man eifersüchtig wachte. Völlig verschiedene Berufe konnten in einer Zunft vereinigt sein; denn es gab erheblich mehr Handwerkszweige – in großen Städten zuweilen über zweihundert – als Zünfte. Zünfte faßten den landwirtschaftlich tätigen Teil der Stadtbevölkerung ebenso zusammen wie sogenannte Herrenzünfte die Kaufleute oder gar die Familien der Führungsgruppe. Im Jahr 1349 organisierten sich die reichen Speyerer »Hausgenossen« als Zunft, und in Basel gab es vier Herrenzünfte. Im Extremfall war die ganze Stadt in Zünfte gegliedert, die Zunftmitgliedschaft wurde zur Voraussetzung für das Bürgerrecht. Anläßlich einer städtischen Finanzkrise konnte die Kontrolle über das

Der Marktplatz von Rothenburg ob der Tauber. Aus einer Außentafel des Flügelaltars von Friedrich Herlin in der St.-Jakobskirche zu Rothenburg, 1466

Wiegen einer Ware durch einen Vertreter des Stadtregiments. Steinrelief westfälischer Herkunft aus der Vorhalle des Rathauses in Höxter, um 1250. Höxter-Corvey, Museum

Meister der Kölner Dombauschule: Planer, Skulpteur, Steinmetz und Polier. Steinskulpturen von Konrad Kuyn vom Epitaph des Kölner Dombaumeisters Nicolaus, um 1445. Köln, Erzbischöfliches Diözesanmuseum

Bestrafte an Leib und Leben sowie die städtische Gerichtsbarkeit bei der Ausübung ihrer Pflichten gegenüber Verbrechern. Miniatur in dem Codex des Hamburger Stadtrechts, 1497. Hamburg, Staatsarchiv

Geldwesen, das bestgehütete Geheimnis der Ratsfamilien, zeitweise zünftisch werden, so 1332 in Mainz. Man sollte jedoch in allen solchen Fällen nicht von Zunftdemokratie reden. Denn selbst dort, wo die politischen Erfolge der Zünfte dauerhaft waren, blieben ein Oben und ein Unten alten Stils bestehen. Das heißt, die »unechten« Zünfte und die diesen nach Kapitalkraft und Ansehen nächststehenden »echten« Zünfte verfestigten sich nach nicht allzulanger Zeit regelmäßig wieder zu einem oligarchischen Regiment. Außerdem ist zweifelhaft, ob die unter dem Namen von Handwerkern auftretenden neuen Männer wirklich Handwerksarbeit geleistet haben oder ob sie sich nicht längst als Kaufleute und Hausbesitzer den älteren Führungskräften angenähert hatten. Oft geschah kaum mehr, als daß eine Elite die andere ablöste. Auch an ihrer unteren sozialen Grenze bildeten die Zünfte keinen festen Block. Zumindest in größeren Städten entwickelten sich die ärmsten unter ihnen zu »Massenzünften«. Nicht mehr das längerdauernde Verhältnis von Meister und Geselle im patriarchalischen Haushalt, sondern ein städtischer Arbeitsmarkt und wechselnde, wohl oft kurzfristige Lohnarbeit waren bestimmend. Große, aber arme Zünfte bildeten die Maurer, Fischer, Schneider, Gärtner und Rebleute, auch die eine oder andere Zunft im Textilbereich. Es handelte sich vielfach um Leute, die einfache und gleichförmige Arbeit leisteten und leicht ersetzbar waren. In Köln – so schätzt man – mag um 1400 mehr als die Hälfte der Bevölkerung in solchen Lohnarbeitsverhältnissen tätig gewesen sein.

Bei der Selbstorganisation beobachtet man als erste, vergleichsweise bevorzugte und verhältnismäßig kleine Gruppe von »Arbeitnehmern« die fachlich ausgebildeten Gesellen der »mittleren« Zünfte. Auf Auflösungserscheinungen des Handwerkshauses deutet eine Erfurter Vereinbarung von 1288 zwischen Meistern und Gesellen der Wollweber hin. Gesellen durften in der eigenen Wohnung arbeiten, aber nur Meister betrieben Webstühle. Gesellenarbeit blieb also Zuarbeit. Wichtig für ein überlokales Selbstverständnis der Gesellen waren ihre Wanderungen, mit denen man schon im 14. Jahrhundert weitverbreitet rechnen kann. Von Streik und Aussperrung ist bei den Breslauer Gürtlern im Jahr 1329 die Rede. Die erste Gesellenbruderschaft scheint man aus Berlin zu kennen (1331). Ein frühes Beispiel für eine Lohnvereinbarung bieten die Speyerer Webermeister und -gesellen im Jahr 1351. Besonders seit dem letzten Viertel des 14. Jahrhunderts zeigten sich Gesellenbewegungen und Gesellenwiderstand immer häufiger. Man hat bisher im 14. und 15. Jahrhundert ungefähr fünfzig Fälle gezählt, wobei der Oberrhein als ein Zentrum hervortritt. Es ging um die Zulassung oder das Verbot von Gesellentrinkstuben und Gesellenherbergen, während religiöse Bruderschaften unumstritten waren, und um Lohn- und Arbeitszeitfragen. Der Begriff »Blauer Montag« stammt hierher. Das beste Zeugnis der Veränderungen, die sich vor allem vom ausgehenden 14. Jahrhundert an vollzogen, bietet der Begriff »Geselle« selbst; bis in diese Jahre hinein sprach man allein vom »Knecht«. Erst jetzt kam das neue Wort auf, das auf gegenseitige Solidarität und auf die Auflösung des patriarchalischen Hauses verweist. Überregionale Zunftvereinigungen, in denen die Meister ihrerseits unter sich waren oder zumindest dominierten, kennt man seit 1352, als sich die oberrheinischen Bäcker in Worms trafen. In zahlreichen Einungen dieser Art sind fortan die aktuellen gewerbewirtschaftlichen und arbeitsrechtlichen Fragen aus der Sicht der Meister besprochen und vereinheitlicht worden. Das religiöse und fröhliche Leben kam darüber nicht zu kurz.

Geld, Handel, Gewerbe

Sieht man von den später zu behandelnden Wirtschaftsbereichen Verkehr und Bergbau ab, so waren Geld, Handel und Gewerbe seit Beginn des späten Mittelalters vor allem und fast allein Sache der Städte, allerdings verhältnismäßig weniger Städte. Nicht einmal einem Zehntel der Gesamtzahl kann man eine einigermaßen selbständige Rolle zusprechen; die anderen gehörten als Ackerbürgerorte mit wenigem Grundhandwerk vielfach eher zur agrarischen Welt.

Es ist für das Jahrhundert bis 1350 noch kaum möglich, ein geschlossenes Bild von der deutschen Wirtschaft zu gewinnen; zu viele Tatbestände – sofern sie überhaupt bekannt sind – erweisen sich als uneinheitlich. Gleichwohl kann man einige Neuerungen von allgemeiner Bedeutung feststellen. Zu ihnen zählen unübersehbare Ausgleichsvorgänge im Wirtschaftsleben, die auch mit gesamteuropäischen Veränderungen zu tun hatten. Die Hauptwirtschaftsräume Europas, Norditalien und Flandern–Nordfrankreich–Niederrhein, die insbesondere über die französische Champagne verbunden waren, wurden seit dem 14. Jahrhundert statt dessen eher durch den Schiffsverkehr rund um Westeuropa und durch die Alpen-Rhein-Straße verknüpft. Nur oberflächlich gesehen wurde auf diese Weise das Rheinland in seiner Sonderstellung gestärkt. Denn es stellte sich alsbald heraus, daß sich von nun an andere Regionen Deutschlands wirtschaftlich ebenso schnell oder noch schneller entwickelten: der Raum der Hanse, Sachsen-Meißen sowie noch rascher Oberdeutschland samt den böhmischen und österreichischen Ländern. Es gab offenbar mehr als einen Anlaß zur Entfaltung der deutschen Wirtschaft, die in diesem Jahrhundert erstaunliche Fortschritte machte. Dabei war sicherlich bedeutsam, daß die Bevölkerung stark wuchs, die Zahl der Städte steil anstieg und die beginnende territoriale Kraftentfaltung neue Aufgaben stellte. Es entstand auch die ökonomische Mittelstellung Deutschlands in Europa. Schon vor 1350 deutete sich schließlich an, daß Teile des Nordens, Nordostens, Ostens und Südostens Europas in gewisser Weise zu Gliedern der deutschen Wirtschaftssysteme werden sollten. Die Kluft zwischen

Deutschland und dem Mittelmeerraum, der verkehrstechnisch begünstigt und aufgrund der »kommerziellen Revolution« des 12. Jahrhunderts am höchsten entwickelt gewesen ist, war jedenfalls um 1300 noch unübersehbar, um 1400 bereits weniger tief und um 1500 erheblich vermindert oder gar beseitigt.

Es behält zwar seinen Sinn, die deutsche Wirtschaftsgeschichte des Spätmittelalters von einzelnen Wirtschaftsgebieten her zu verstehen – aus hansischer und aus oberdeutscher sowie, sich zum Teil überschneidend, aus rheinischer, besonders niederrheinischer, oder meißnisch-sächsischer Sicht –, aber diese Gliederung darf nicht überbewertet werden. Die großen Wirtschaftszentren am äußeren Niederrhein, ferner Köln, Lübeck, Nürnberg, dann auch Regensburg, Augsburg, Wien, Metz, Frankfurt am Main, Dortmund, Hamburg, Erfurt, Breslau und Danzig schufen jeweils hegemonial bestimmte Wirtschaftsräume und Verbindungen sowohl untereinander als auch mit anderen europäischen Handelszentren. Die spätmittelalterliche Wirtschaft war in eigentümlicher Weise kleinräumig geprägt und zugleich weiträumig international beweglich, jedenfalls nicht oder noch nicht nationalstaatlich reglementiert.

Zwischen 1250 und 1350 vollzogen sich im deutschen Münz- und Geldsystem entscheidende Veränderungen. Im Kern karolingische, also frühmittelalterliche Verhältnisse wurden durch »moderne« abgelöst: Die regional umlaufenden Pfennig-Silber-Währungen wurden überlagert und überholt durch wesentlich leistungsfähigere, freilich auch kompliziertere Gold-Silber-Währungen »internationalen« Zuschnitts. Bisher waren nur silberne Kleinmünzen, zum Beispiel der Kölner Pfennig mit 1,46 Gramm Normgewicht (um 1250), wirklich ausgeprägt worden. Man war gezwungen, große Zahlungen durch Hingabe entweder riesiger Münzenberge oder durch Silberbarren zu leisten. Nun gab es verschiedene Nominale, die sich dem Bedarf vom Kleinstadtmarkt bis zum politischen Großgeschäft anpaßten.

Nachdem Kaiser Friedrich II. im Jahr 1231 in seinem Teil Italiens Goldaugustalen eingeführt hatte, begann 1252 die Prägung solcher Münzen in Genua und Florenz. Besonders der Florenus – mit 3,5 Gramm – wurde zu einer von aller Welt, gerade auch in Deutschland, anerkannten Handelsmünze für größere Zahlungen. Eigene Goldmünzen prägte man im Reich dort, wo ein entsprechender Bergsegen vorhanden war: 1325 in Böhmen und wenig später in Österreich und Schlesien. Etwa gleichzeitig, um 1340, tat man dies auch in Brabant und Hennegau, in Kurköln und in Lübeck ohne eigene Goldvorkommen. Im Jahr 1348 entschlossen sich die rheinischen Kurfürsten zu einer gemeinsamen Münzpolitik, die sich in der zweiten Jahrhunderthälfte auszuwirken begann.

Kaum weniger wichtig war die Durchsetzung bisher unbekannter großer Silbermünzen. Von 1266 an ließ der französische König in Tours schwere Silbermünzen – den Gros Tournois – prägen, die im oberdeutschen Sprachgebiet als Groschen aufgenommen wurden. Um und nach 1300 war der »Tournosgroschen« am Rhein führend. In Niederdeutschland entsprach ihm gemäß seiner Einordnung in das alte karolingische Zählsystem der Schilling, eine Einheit von zwölf Pfennigen. Im Jahr 1298 stieß man beim böhmischen Kuttenberg unverhofft auf große Silbervorkommen. Das war wie im Harz, im sächsischen Erzgebirge oder auch in Tirol ein äußerst willkommener Glücksfall für den Landesherrn, dem damit ein bedeutsames politisches Mittel zufiel. Auch in Kärnten, im Südschwarzwald, im Elsaß und in den Trienter Alpen war Deutschland reich an Silberschätzen. Wie einst beim staufischen Heller von Schwäbisch Hall, dessen leichte Silbermünze – mit 0,6 Gramm – auch nach 1250 volle Geltung hatte, waren es Italiener, die als Fachleute die Kuttenberger Münze schufen: Im »Welschen Hof« arbeiteten siebzehn Münzschmieden. Hier konnten sechs bis sieben Tonnen Silber jährlich im Monopol verarbeitet werden. Seit 1300 wurden die bald weitverbreiteten und oft nachgeahmten Prager Groschen nach dem Vorbild der Tournosen geprägt. Der aus Tirol kommende Kreuzer (1272), ein »Zwanzig-Pfennig-Stück«, setzte sich im Süden durch.

Der Zuwachs an Münzen war offenbar größer als das Bevölkerungswachstum und konnte auch durch volkswirtschaftlich höchst schädliche Münzmanipulationen von Landesherren in seiner modernisierenden Wirkung nicht aufgehalten werden. Schwierigkeiten blieben freilich genügend, weil kein einheitlich durchdachtes, sondern ein »gewachsenes« Münzsystem bestand und weil die Wertschwankungen von Gold und Silber viele Unsicherheiten schufen. Die Vielfalt der Münzen blieb ein Kennzeichen des Geldwesens bis in die Moderne.

Ein entscheidender Fortschritt der Wirtschaft war die Verschriftlichung der Kaufmannstätigkeit, die dem Tun des reisenden Händlers im Sinne der altertümlichen Karawanen ein Ende machte. Der Kaufmann blieb fortan im Kontor und schickte seine Faktoren, seine Handlungsdiener, aus. Die ältesten erhaltenen Reste kaufmännischer Aufzeichnungen nördlich der Alpen stammen von der hansischen Ostsee, aus Kiel und Lübeck (um 1280/90). Das erste vollständig erhaltene deutsche Kaufmannsbuch kommt aus Nürnberg von der Firma Holzschuher. Es weist 2.225 Eintragungen aus den Jahren 1304 bis 1307 mit über 445 Schuldnern auf und ist noch lateinisch geschrieben. Überliefert sind auch die Geschäftsbücher der Firma Warendorp und Klinkenberg aus Lübeck (1330 bis 1336). Das älteste bisher bekannte hebräische Schriftgut dieser Art stammt aus den Jahren 1329 bis 1332 von einem jüdischen Geldverleiher in oder bei Straubing. Der erste erhaltene deutsche Wechselbrief (1290) wurde im flämischen Brügge von einem Lübecker Kaufmann für Hamburg ausgestellt. Kreditgeschäfte außerhalb des Rheinlandes vor 1300 sind gesichert zumindest aus Lübeck, Regensburg, Augsburg und München. Von handelskapitalistischen Merkmalen, die damals in Italien schon deutlich hervortraten, sollte man nördlich der Alpen besser erst nach 1350 sprechen.

Das 13. Jahrhundert war in der Welt der Wirtschaft ein großes italienisches

Zahlenverteilung der deutschen Kammergerichtsnotare, Kammernotare und Thesaurariebediensteten des römischen Papstes auf ihre Heimatdiözesen 1378 bis 1447 (nach Schuchard)

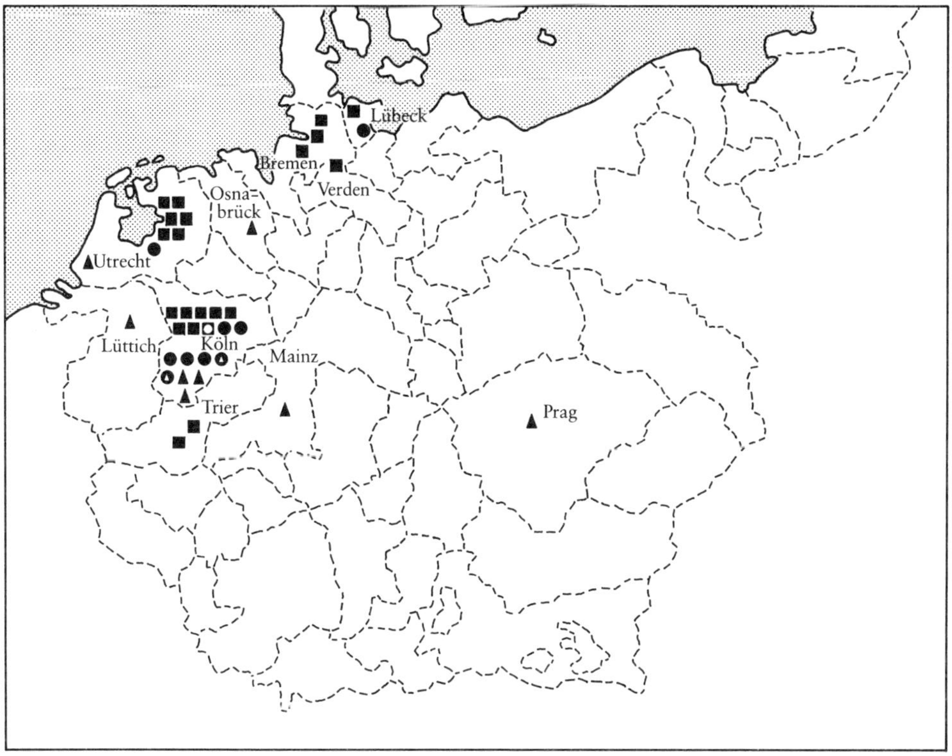

■ Kammergerichtsnotare ● Kammernotare ▲ Thesaurariepersonal

Jedes Zeichen steht für eine Person.
Kombinierte Zeichen bedeuten, daß zwei Ämter in einer Hand vereinigt sind.

Jahrhundert. Zum italienisch bestimmten und dadurch zur Einheit verflochtenen Westeuropa gehörte auch das Rheinland. Hier befand sich im 14. Jahrhundert ein dichtes Netz aus Stützpunkten von Lombarden, von hier kamen die deutschen Finanzbeamten des Papstes. Vor den Lombarden hatten Juden Bankiersaufgaben wahrgenommen, zum Beispiel in Köln. Noch übten beide Gruppen unentbehrliche Funktionen aus, denn sie waren durch das kirchliche Zinsverbot gar nicht oder weniger behindert als die Einheimischen, die sich zunächst um das ruhigere städtische Rentengeschäft kümmerten. Gerade hier standen sich Bedarf an Kapital und Bedarf an Kapitalanlage offenbar einigermaßen ausgeglichen gegenüber – ein Zeichen für recht gut entwickelte Verhältnisse. Daß zumal in den größeren Städten bei vielen Bürgern beträchtlicher Reichtum an Geld,

Immobilien und Mobilien angehäuft war, darf man ungefähr von 1250 an aufgrund schriftlicher und archäologischer Zeugnisse annehmen. Den Übergang vom Geschäft zur Politik beobachtet man unter anderem bei den Finanzierungen von Territorialherren, am deutlichsten wohl bei der Rolle der Juden im Geldwesen des erfolgreichen Trierer Kurfürsten Balduin von Luxemburg (1354 gestorben).

Östlich des Rheins teilten sich am Anfang des Spätmittelalters einheimische Großbürger und Juden das Geldgeschäft, bis sich jene zur Zeit der großen Verfolgungen um 1350 der lästig gewordenen Konkurrenz entledigt sahen. Im lokalen Bereich sammelte sich das Geld beim Warenhandel und im Geschäft des Wechslers. Internationale Beziehungen erwuchsen über den Export von Tuchen, Metallwaren und Edelmetallen, über die Zahlungen an die Kurie sowie durch den Einfuhrbedarf. Auch hier war der Kredit nach 1300 bald bis hinab zum Handwerksmeister bekannt. Die Kreditpolitik wurde von den Städten im Kampf mit den Territorien als Machtmittel eingesetzt. Von der Mitte Europas drang man wirtschaftlich in den Norden und Osten des Kontinents vor und stützte sich dabei auf die Kraft eines konkurrenzlos modernen Städtewesens und einer weit überlegenen Schiffahrts- und Bergbautechnik. Bald sollten die Oberdeutschen die Hand nach Rohstoffen in Ungarn und Polen ausstrecken.

Auch wenn man nördlich der Alpen bei weitem nicht mit norditalienischen Verhältnissen rechnen darf, wäre es irrig, Geldmenge und Geldverkehr zu unterschätzen. Das große Geld wurde in erster Linie im großen Handel verdient, und zwar zuerst in den führenden Handelsstädten. Es gab im spätmittelalterlichen Deutschland neben einigen Zentren mittleren Ranges und außer den in der Neuzeit aus dem Bereich der deutschen Geschichte heraustretenden niederländischen Handelsmetropolen vor allem drei Mittelpunkte: Köln als größte deutsche Kommune in äußerst günstiger Verkehrslage und als die deutsche Stadt, die am frühesten voll entwickelt war; Lübeck als Mitte der bemerkenswertesten Städtevereinigung des Mittelalters und als erste Stadt im Nordostviertel Europas; und Nürnberg, das durch außerordentliche Anstrengungen zum geographischen Mittelpunkt des kontinentaleuropäischen Handels heranwuchs.

In diesen Städten, aber auch anderswo, läßt sich zeigen, daß der Organisator der Wirtschaft über den Minimalbedarf in Grundherrschaft und Stadt hinaus in erster Linie der Kaufmann war. Handwerk und Handel sind ebenfalls gemeinsam zu betrachten. Für die Organisation selbst der Kleinproduktion wurde das Geld immer wichtiger, und Geld besaß vor allem der Kaufmann. Dies galt erst recht für teure Waren und große Mengen. Schon vor 1350 sind die wesentlichsten Fernhandelsgüter gut erkennbar. Über die Alpen hinweg transportierte man in nördlicher Richtung Gewürze, Perlen, Edelsteine, Duftstoffe, Seide, Baumwolle, Färbemittel und Alaun, in umgekehrter Richtung Tuch- und Metallwaren sowie Edelmetalle. Die deutschen Kaufleute durften nur bis in die großen oberitalienischen Städte reisen, zum Beispiel nach Venedig, und mußten dort ihre Güter an Einheimische verkaufen und entsprechend einkaufen; die eigentliche Mittelmeerregion blieb ihnen verschlossen. Daher war der 1228 erstmals erwähnte, in einer späteren baulichen Gestaltung erhalten gebliebene Fondaco dei Tedeschi in Venedig eines der deutschen Haupthandelszentren; er ist eines der wichtigen Denkmäler der deutschen Wirtschaftsgeschichte. Nördlich der Alpen, besonders wo der Transport auf dem Wasser möglich war, zählten zu den Massengütern: Getreide, gesalzener und getrockneter Fisch, Wein, Bier, Salz, Holz, Keramik, Metalle und Metallgegenstände, Pelze, Wachs und Tuche verschiedener Qualitäten. Recht vielfältig waren die Normen, die den Handel regeln und zugunsten regionaler Interessen lenken sollten. Bereits in der zweiten Hälfte des 13. Jahrhunderts begegnet man einer ausgebildeten Handelspolitik und dem wirtschaftlichen Wettstreit von Landesherren. Beispiele sind die Konkurrenz zwischen der französischen Grafschaft Flandern und der reichsangehörigen Grafschaft Holland um die auswärtigen Kaufleute, zumal aus Lübeck und Hamburg, oder das gleichzeitige Ringen zwischen dem Herzogtum Bayern und dem Erzstift Salzburg um den Salzabsatz aus Reichenhall und Hallein.

Konzentrationspunkte des Handels waren die Messen als periodische, geregelte Zusammenkünfte der Kaufleute von weither. Es gibt kaum ein bedeutsameres Indiz für das Heranwachsen eines deutschen, wenn auch in sich weiterhin gegliederten Wirtschaftsgebietes als die Entstehung und Entfaltung der Frankfurter Messe. Das vielseitige Angebot und der vielseitige Bedarf eines Landes, das auf die Dauer zum größten europäischen Markt heranwuchs, stellten sich hier dar. Es waren zwar vornehmlich oberdeutsche, aber auch rheinische und hansische Kaufleute, die sich wohl schon vor 1220 zunächst einmal und seit 1330 zweimal im Jahr in der Stadt am Main trafen. Die Messen brachten für die Kaufleute beträchtliche Zeit- und Geldersparnis, größere öffentliche Sicherheit und Rechtssicherheit mit sich. Der Messerhythmus bestimmte Wirtschaft und Geldwesen im weiten Umkreis. Während die Niederlassungen der Lombarden, die fast allein im Rheinland zu finden waren, die auslaufende ältere, italienisch-westeuropäische Schwerpunktbildung in Deutschland markierten, verteilte die Frankfurter Messe den Waren- und Geldverkehr viel gleichmäßiger und vor allem auch weiter nach Osten hin. Daran kann man den Wandel ermessen, der sich in verhältnismäßig kurzer Zeit vollzogen hat. Die Frankfurter Messe war keine europäische Messe wie die Champagne-Messen, die sie ablöste; sie beweist vielmehr die heranwachsende europaweite Stellung der deutschen Wirtschaft.

Unter den vielfältigen Handwerkswaren, die der Handel in großen Mengen bewegte, waren Textilien und Metallerzeugnisse die wichtigsten. Das »Carmen satiricum« des Erfurter Klerikers Nikolaus von Bibera aus den Jahren 1281 bis 1283 bietet ein anschauliches Bild von der lokalen und überregionalen Bedeutung des Erfurter Handwerks. Zahlenmäßig überwogen die Weber, Fleischer,

Gerber, Schuster, Schmiede und die holzverarbeitenden Berufe. Die Pergamentmacher dienten dem hochentwickelten Bildungswesen der Stadt. Angeblich gab es in Erfurt allein zweihundert Schreiner und Zimmerleute, und auf der Basis der nahen Schafzucht entwickelte sich ein gutgehendes Wollgewerbe. Bei alledem galt: »Oberster Herr ist heute das Geld« (Rex summus sit in isto tempore nummus).

Die wirtschaftliche Seite handwerklicher Existenz läßt sich am Beispiel der Textilgewerbe am besten veranschaulichen. Denn hier sind das Entstehen der arbeitsteiligen Wirtschaft, die dadurch zu hohen Leistungen befähigt wurde, der Einfluß des Kapitals auf das Handwerk, die Organisation handwerklicher Arbeit durch den Kaufmann, die Abtrennung leitender von manueller Tätigkeit, die sich der Lohnarbeit annähern konnte, und der schnell wachsende Bedarf einer zunehmenden Bevölkerung recht gut erkennbar. Zunächst war offenbar jeder Handwerker grundsätzlich sein eigener Händler, was allerdings nur im lokalen Bereich richtig funktionieren konnte. Bei standardisiertem Absatz in großen

Ausfuhr von Maastrichter Tuch im späten Mittelalter (nach Ammann)

● vor 1400 ○ nach 1400

Mengen lag es nahe, daß ein Unternehmer die Rohstoffe einkaufte und das Produkt verkaufte. Hans Rem von Augsburg hat nach später schriftlich festgehaltener Familientradition um 1350 seinen Besitz verkauft, um mit dem Erlös einen zunächst wenig erfolgreichen Italien-Handel zu beginnen, hat dann jedoch »die erst boumwoll (aus Italien) herausgefiehrt und darmit solch reichtong erorbertt«. An der kaufmännischen Lenkung von Handwerksbetrieben, dem Verlag, führte kein Weg vorbei, obwohl eine mißbräuchliche Bereicherung recht nahe lag.

Die bedeutendste europäische Textillandschaft, in der Wolltuche hergestellt wurden, lag im Nordwesten, in Flandern, Südengland, Nordostfrankreich und am äußeren Niederrhein, unter Einschluß von Köln und Aachen. Je nach Qualität der Wolle konnte man daraus das feinste Tuch oder nur Loden oder gar bloß Filz zur Fußbekleidung herstellen. Man gebrauchte dazu das Spinnrad und den horizontalen Webstuhl mit Pedalen; beide hatten sich im 13. Jahrhundert nicht ohne Widerstände durchgesetzt. Die besten im Nordwesten gewebten Tuche waren die teuersten in ganz Europa. Billigere Wolltuche, auch »Grautuch« genannt, stellte man am Mittelrhein und in Hessen her. Als deren Zentrum galt Frankfurt. Stärker landschaftlich gebunden war die Wolltuchproduktion im Elsaß und in Lothringen, in Franken und Thüringen, in Bayern, Böhmen, Schlesien, den Lausitzen und in Niederdeutschland. Mit Seide hatte man am meisten in Köln zu tun.

Schon im frühen 13. Jahrhundert war die Bodensee-Leinwand ein ansehnliches Exportprodukt für den Mittelmeerraum. Der Flachs ließ sich wegen seines langen Fadens leichter spinnen als Wolle und wurde in den verschiedenen Arbeitsvorgängen des Walkens, Bleichens und Färbens zu Leinen verarbeitet. Es stellte das Hauptausfuhrgut Schwabens dar. Beteiligt waren viele Städte, darunter vor allem Konstanz, Ravensburg, Memmingen, Ulm und Augsburg. Ein anderes beachtenswertes Leinwandgebiet war Westfalen.

Frömmigkeit und Kirche

Beten, Opfern, Gott schauen

Auch das späte Mittelalter war ein von Christentum und Kirche entscheidend geprägtes Zeitalter; es war nicht weniger »mittelalterlich« als ältere Perioden. Aber Christentum und Kirche waren dem Wandel nicht entzogen: Während sie das Zeitalter bestimmten, wurden sie von ihm bestimmt. Das Jahrhundert nach 1250 war wie das ganze Spätmittelalter eine Epoche kirchlicher Krisen. Davon wird man auch dann sprechen, wenn man mit dem Krisenbegriff vorsichtig umgeht. Vorausgegangen war der leidenschaftliche Existenzkampf des Papsttums gegen das Stauferhaus, und am Ende stand das nicht weniger erbitterte Ringen Ludwigs des Bayern mit der Kurie. Als der gewaltige Bonifatius VIII., scheinbar Herr der Welt, 1300 das erste Heilige Jahr verkündete und sich in Rom von Tausenden frommer Pilger umjubelt sah, war dieser Triumph von kurzer Dauer. Drei Jahre später folgte die Katastrophe von Anagni, als der französische König den Papst demütigte.

Das herrscherliche Papsttum war vom täglichen Leben der Christen in Stadt und Land weit entfernt. In beiden großen Machtkämpfen nahm die Kurie keine Rücksicht auf den Seelenfrieden vieler Unbeteiligter und setzte ohne Zögern die Zuchtmittel von Bann und Interdikt ein, die das kirchliche Leben und vieles im sozialen Dasein der Betroffenen lähmten. Im Jahr 1324 verfiel Straßburg dem Interdikt, 1339 erlangte es durch den Übertritt zum gebannten Kaiser wieder den Normalzustand, ohne den Papst zu fragen, 1345 geriet es abermals in den Bannstrahl und wurde erst 1350 rechtsgültig daraus gelöst. Fast eine ganze Generation hatte, sofern sie dem Papst gehorchte, kein gültiges kirchliches Leben führen können, aber viele gehorchten eben nicht und blieben ausübende Christen auch ohne den Papst.

Auch die anspruchsvolle Theologie war vom religiösen Leben der vielen entfernter als in anderen Zeitaltern. Thomas von Aquin, der größte Gelehrte des Zeitalters, war ein guter Kenner Deutschlands, wo er sich jahrelang aufgehalten hatte. Sein wissenschaftliches Interesse galt dem unendlich großen Abstand Gottes von seiner Schöpfung und dem unerforschlichen Geheimnis Gottes. Sein Glaube wenigstens schien in gutbegründeter Gewißheit geborgen.

Daß die Gläubigen nicht allzuviel geistliche Fürsorge von oben her erfuhren, war in der Kirchengeschichte nichts Neues; im Hochmittelalter hatte es sich, zumal wegen der »Feudalisierung« der Kirche, kaum anders verhalten. Spezifisch spätmittelalterlich war demgegenüber der Umstand, daß gerade im Zusammenhang mit den sozialen Veränderungen der Periode, besonders infolge des sich ausbreitenden Städtewesens, der Kirche neue Kräfte aus unvermuteter

Richtung zuwuchsen. Dies geschah schwerlich nur in Eintracht und Frieden, sondern oft im heftigen Konflikt. Dennoch ist gerade hieraus die Kraft zur Fortexistenz und zur Einfügung des spätmittelalterlichen Neuen ins Christentum hervorgegangen. So wäre es völlig falsch, von Minderung und Verfall christlicher Gläubigkeit zu sprechen. Bis zur Reformation war viel eher das Gegenteil der Fall: eine beträchtliche Intensivierung und zugleich Ausdehnung und Differenzierung des inneren und äußeren geistlichen Lebens, freilich öfter auf Kosten des Seelenfriedens und zu Lasten schwerer Gewissenskonflikte. Reichtum und Vielfalt der spätmittelalterlichen Kirchengeschichte unter Einschluß der Ketzerei sind kaum je übertroffen worden und waren in ihrer eigentümlichen Weise ein Zeugnis nicht versiegender Lebenskraft. In dieser Hinsicht sollte selbst die Reformation nichts prinzipiell Neues sein; sie war ebenso spätmittelalterlich wie das späte Mittelalter reformatorisch. Jener komplizierten geistlichen Welt stand das nach wie vor »modernste« Großgebilde gegenüber, das das Mittelalter bis ins 14. Jahrhundert kannte: eben die Papstkirche. Sie befand sich organisatorisch keineswegs im Verfall – im Gegenteil: Im Vergleich zu den zersplitterten staatlichen Gewalten war sie weiterhin in vieler Hinsicht überlegen und vorbildlich.

Das Leben in Stadt und Land wurde vom Rhythmus der Woche mit dem Höhepunkt des sonntäglichen Kirchgangs und vom Rhythmus des Kirchenjahres geprägt. Der Gottesdienst wurde zunehmend reicher ausgestaltet. Die starke Hervorhebung der Hostie vollendete eine Entwicklung, die zur Kommunion unter einer Gestalt geführt und die Laien vom Kelch entfernt hatte; der Protest der Hussiten gegen diese Benachteiligung sollte viele beeindrucken. Die Pfarrkirche war das weitaus wichtigste öffentliche Gebäude der Gemeinde, das sich auch baulich viel stärker abhob als heutzutage. Hier traf man sich zum Gespräch, auch während der Messe, hier stellte man sich als Zunftmitglied, als Angehöriger einer vornehmen Familie oder als Einzelperson durch Stiftungen dar. Bilder, Fenster, kostbare Gewänder und Geräte fanden die meisten nur in der Kirche, nicht bei sich zu Hause vor. Die kirchlichen Feste waren die Hauptfeste des Lebens. Schon 1259 konzentrierte der Erzbischof von Mainz zumindest in Thüringen die Kirchweihtage auf einen Termin, um Trunkenheit, Handgreiflichkeiten und Totschläge zu verringern. Kirchliches und Weltliches flossen ineinander, ja waren eins, so auch bei den Prozessionen, wo die Reihenfolge der Beteiligten ihrer sozialen Geltung entsprach. Die neuen Bettelorden der Franziskaner und Dominikaner trugen im Wettbewerb und öfter im Konflikt mit dem Pfarrklerus dazu bei, die Seelsorge beträchtlich zu intensivieren. Dabei spielte die volksnähere Predigt innerhalb der Kirche und im Freien eine große Rolle.

In der Kirche und im Alltag, zum Beispiel bei der Namenswahl, begegnete der Gläubige immer intensiver den Heiligen. Von ihnen erhoffte er Fürsprache bei Gott, davon schien ihm sein Erfolg oder sein Überleben in sehr konkreter Weise abzuhängen. Die vierzehn Nothelfer, deren Verehrung wohl in der ersten Hälfte des 14. Jahrhunderts in Regensburg begann und sich rasch im deutschen Sprachraum und demgemäß auch in Skandinavien und Osteuropa durchsetzte, spiegeln als Gemeinschaft spezialisierter Fürbitter die Sorgen, Krankheiten und Gefahren des Zeitalters wider. Der Heilige der Lübecker Bernsteindreher war gemäß der Herkunft des Rohstoffs Adalbert von Preußen. Gertrud von Nivelles, zuerst karolingische Heilige, begleitete – zur Patronin der Reisenden umgedeutet – die deutschen Kaufleute nach Stockholm, wo es eine Gertrudengilde gab, oder behütete Spitäler in Flensburg und Stettin; am Ende wurden ihr entsprechend dem neuen »Mittelmeer« des deutschen Handels, der Ostsee, zahlreiche Kapellen bis nach Finnland geweiht.

Der christlichen Frömmigkeit des Spätmittelalters begegnet man besonders eindringlich bei der Fürsorge der Zeitgenossen für das Heil der Seele, der eigenen und der der Nahestehenden. Seit etwa 1250 mehrten sich die Stiftungen für sogenannte Seelgeräte, bis sie unmittelbar vor der Reformation an Zahl und individueller Ausformung unübersehbar geworden waren. Man fühlte sein Leben von vielerlei Gefahren bedroht, nicht zuletzt vom Wirken des Teufels und anderer böser Geister. Spätestens am Lebensende fragte man sich auch, ob Handeln und Beruf mit Gottes Willen in Einklang stünden. Reinhard von Schönau, einer der erfolgreichsten niederrheinischen Geldleute um 1350, verbot seinen Söhnen testamentarisch den Kaufmannsberuf, weil er das Heil der Seele gefährde.

Vorbeugende Sorge für das Jenseits und um geistliche Fürbitte erschloß sich noch weitere Möglichkeiten. Immer häufiger wurde die Teilhabe an frommen Bruderschaften. Einige von ihnen waren zunächst sozial eher exklusiv und stark vom Klerus beeinflußt, so die niederdeutschen Kalande, die ihren Namen von »Kalendae«, dem Monatsanfang, herleiteten. Später wurden die Bruderschaften immer mehr von Laien geprägte kirchliche Organisationen für fast alle. Sie dienten in äußerst vielfältigen Einzelformen gegenseitiger Fürbitte anläßlich des Todes und nach dem Tod sowie karitativen Zwecken.

Wollte man den Nachlaß zeitlicher Sündenstrafen erwirken, konnte man einen Ablaß oder immer häufiger mehrere Ablässe erwerben. Dies geschah beim Hören einer Predigt und schließlich auch, anstatt einer Bußleistung, gegen Geldzahlung zugunsten guter Zwecke, vielfach für den Kirchenbau. Auf diese Weise wurde die Wiedererrichtung der Klosterkirche von Benediktbeuern in Oberbayern von 1288/89 an gefördert. Prinzipiell kann man diese Form des Ablasses als Anpassung an den Siegeszug des Geldwesens verstehen und unmittelbar neben die riesigen Aufwendungen der Gläubigen für die großen gotischen Stadtkirchen stellen. Das Ablaßwesen ließ auch kaum kontrollierbare Übersteigerungen und Mißbräuche zu, so daß im Bistum Mainz schon 1310 einschränkende Ordnungen erlassen werden mußten.

In wieder anderer Form suchte man sich der Gnade Gottes durch Pilgerfahrten zu großen Heiligtümern der Christenheit, oft in Verbindung mit der Reliquienverehrung, zu versichern. Ziele waren bei weitem nicht nur das Heilige Land, Rom oder Santiago de Compostela mit den Gebeinen des Apostels Jakobus, sondern auch zahlreiche bekannte und weniger bekannte Wallfahrtsstätten in Deutschland, an der Spitze Aachen, Trier und Einsiedeln. Je weiter das Mittelalter fortschritt, um so beliebter wurde das Wallfahren. In großer Not, zum Dank für erfahrene Hilfe oder auch zur Verbüßung einer Strafe begab man sich auf die Pilgerschaft. Das war nicht selten mühsam und gefährlich. Aber man tat, was man schuldig war: Nach dem endlich erkämpften Sieg über die Seeräuber Störtebekers 1401 brach der Hamburger Ratsherr Klaus Schoyke im Namen und auf Kosten der Stadt in Dankbarkeit nach Santiago auf.

Weitere neue Formen legitimierter und nichtlegitimierter Frömmigkeit gab es in bunter Fülle. Auf Betreiben der Seherin Juliana richtete der Bischof von Lüttich im Jahr 1246 zur Feier der Eucharistie das Fronleichnamsfest ein. Es gewann alsbald an Geltung, wurde 1264 päpstlich anerkannt und hat sich im 14. Jahrhundert durchgesetzt. Die erste Fronleichnamsprozession im engeren Deutschland ist 1278 in Köln nachweisbar. Am Weihnachtstag 1260 tauchten im Kärntner Friesach die ersten Geißler auf, die für die Sünden der Welt öffentlich Sühne leisten wollten. Im Jahr 1261 fand man Geißler weitverbreitet in Oberdeutschland, sodann verschwand die Bewegung für mehrere Generationen. Dem erkennbar werdenden Bedürfnis des Volkes nach religiöser Praxis kam man in kontrollierbarer Form am besten durch die Massenpredigt nach, die zu den Hauptaufgaben der neuen Bettelorden zählte. Die Gestalt des weitgereisten Franziskaners Berthold von Regensburg (um 1210–1272) ragt in Oberdeutschland besonders hervor. Seine in Nachschriften erhaltenen Predigten in deutscher Sprache, die ungeheuren Zulauf fanden, sind bedeutende Zeugnisse neuartiger volkstümlicher »Literatur«. Es ging ihm um eine alltagsnahe, allgemeinverständliche Tugendlehre, die sich vom lateinischen Predigtschema der Bibelauslegung löste und die Reaktion der Zuhörer mit einbezog. Man dürfte also die häufig gestellte Frage Bertholds »Verstet ir min tiutsche?« zu Recht bejahend beantwortet haben.

Das anspruchsvollste Zeugnis besonderer spätmittelalterlicher Frömmigkeit in Deutschland ist die Mystik. Sie wird heute nicht mehr deshalb als ausgeprägt deutsch gelten, weil sie etwas »Dunkles« an sich habe. Vielmehr gehört sie in den Zusammenhang einer allgemeinen, bis zum Neuen Testament zurückreichenden Frömmigkeitstradition. Zugleich stellt sie jedoch die Antwort auf eine spezifisch deutsche geistige und soziale Situation des 13. Jahrhunderts dar. Die Mystik war nämlich eine weithin von gebildeten Frauen getragene Bewegung. Sie gehörte mit ihren führenden Vertretern beiderlei Geschlechts bevorzugt jenem niederen, ursprünglich oft ministerialischen Adel an, der bei dem sich ausbildenden Städtewesen und der Entstehung flächenhafter Herrschaft von König und Adel eine so große Rolle gespielt hat. Bezeichnend ist auch die Verbindung mit dem »modernen« und intellektuell anspruchsvollen Dominikanerorden. Die Anzahl der deutschen Dominikanerinnenklöster war größer als in allen anderen Ländern Europas zusammengenommen. Viele ihrer Insassinnen hatten schon gruppenweise, in Gemeinschaften verschiedener Ordnung, vor allem zur Nachfolge der Armut Christi zusammengefunden, bevor sie sich dem Orden anschlossen. Dieser geistige und soziale Zusammenhang ist eine bemerkenswerte Ausprägung jener religiösen Bewegung des 13. Jahrhunderts, die man auf Entscheidungen »selbstbestimmter« Individuen zurückführen kann.

Die deutsche Mystik des späten Mittelalters begann mit Mechthild von Magdeburg (1282 oder 1294 gestorben), wohl von adeliger Geburt, die zunächst als Begine, das heißt in einer klosterähnlichen Gemeinschaft von Frauen, später im thüringischen Kloster Helfta lebte. Ihre deutschsprachigen Beschreibungen der geheimnisvollen Begegnung und Einswerdung mit Gott wurden zu den sechs, später sieben Büchern vom »Fließenden Licht der Gottheit« vereinigt. Beim Ringen darum, wie das Erlebte mit seinen ekstatischen Inhalten anderen zu vermitteln sei, erreichte die deutsche Sprache neue Stufen ihres Ausdrucksvermögens. Diesmal wetteiferte sie erfolgreich mit dem Lateinischen, das in dieser Hinsicht schon biegsam gemacht worden war. Nachfolgerinnen Mechthilds waren unter anderen Christine Ebner (1277–1356) aus Nürnberger Großbürgergeschlecht und Margarete Ebner (um 1291–1351) aus vornehmer Donauwörther Familie, beide Dominikanerinnen. Sie haben verschiedenartige Aufzeichnungen über ihre visionäre Gotteserfahrung in deutscher Sprache hinterlassen, von denen einige schon dem Typus der Autobiographie nahestehen. Margaretes Briefwechsel mit Heinrich von Nördlingen ist das erste persönlich gehaltene Stück dieser Gattung, das in deutscher Sprache überliefert ist.

Die »wissenschaftliche« Mystik setzte ein und fand zugleich ihren Höhepunkt mit der großen Gestalt des Meisters Eckhart (um 1260–1327/28) aus Thüringen, vielleicht aus der Niederadelsfamilie von Hochheim. Eckhart machte eine erfolgreiche Karriere als Pariser Hochschullehrer der Theologie und Ordensoberer bei den Dominikanern. Am Ende seines Lebens wurde er der Häresie verdächtigt. Er war schon verstorben, als die päpstliche Bulle bekannt wurde, die herausgegriffene Sätze aus seinen Schriften verurteilte. Eckharts Werke in lateinischer und deutscher Sprache und seine Predigten in rheinischen Frauenklöstern sind anspruchsvolle und sprachgewaltige, kühne und schockierende Zeugnisse spätmittelalterlicher Theologie und zugleich – nicht leicht damit vereinbar – mystischer Gottesschau. Obwohl sein »Opus tripartitum« unvollendet blieb, kann man den Kern seiner Aussage erkennen: Das einzige absolute Sein komme Gott zu; der Schöpfung werde es ständig »zugeströmt«, so daß sie zugleich zeitlich und ewig sei und man von der Geburt Gottes in der Seele sprechen dürfe. Die Schüler

Eckharts, vor allem Heinrich Seuse (um 1297–1366) aus Konstanzer Großbürgertum und Johannes Tauler (um 1300–1361) aus Straßburg, beide bedeutende Autoren und Prediger ebenfalls des Dominikanerordens, bemühten sich darum, das Zugespitzte in Eckharts Werk abzumildern. Sie waren im übrigen durchaus eigengeprägte Persönlichkeiten. Tauler läßt sich ein Kreis denkverwandter »Gottesfreunde« am Rhein zuordnen. Der größte Fortsetzer Eckharts wurde im 15. Jahrhundert Nikolaus von Kues.

Papst, Bischof, Pfarrer, Vikar

Die spätmittelalterliche Kirche war eine hierarchisch aufgebaute Heilsanstalt. An ihrer Spitze stand der Papst. Seine universale Vollgewalt in geistlichen und weltlichen Dingen, als oberster Herr und Richter in der Christenheit und Inhaber auch der geistig-intellektuellen Führungsstellung, ist niemals klarer ausgesprochen worden als im 13. Jahrhundert. Niemals auch ist diese Position gegenüber der deutschen Geschichte in höherem Maße beansprucht worden als im ersten Jahrhundert des Spätmittelalters.

Unter den verschiedenen Dimensionen päpstlichen Wirkens war wohl diejenige des kirchlichen Rechts am bedeutsamsten. Es trat in Gestalt der päpstlichen Gesetzgebung der Dekretalen insbesondere zwischen 1234 und 1317 ins Leben. Die Kanonisten, die das kirchliche Recht durchdrangen und anwandten, waren führende Wissenschaftler des Zeitalters; bis tief ins 15. Jahrhundert hinein war das geistliche Recht das anspruchsvollste und höchstqualifizierte auch im Reich, es galt den Zeitgenossen als die maßgebende »politische Wissenschaft«.

Innerhalb der Kirche, und das heißt auch überall im Reich, schien sich die einzigartige Leitungsgewalt des Papstes zunächst vornehmlich als Gewalt über Ämter auszuwirken. Prinzipiell konnte der Papst, wenn er es wünschte, jedes Kirchenamt besetzen. Tatsächlich mochte er durch ein immer stärker ausgebautes System von Reservationen, Provisionen und Exspektanzen seinen Willen weit verästelt geltend machen. Es war eine zumindest seit dem Ende der Antike nie dagewesene Situation. Von überallher nahm die Kurie Petitionen um Kirchenämter entgegen. Bei den Entscheidungen freilich zeigten sich unterschiedliche Ergebnisse. So besetzte die Kurie zwischen 1275 und 1382 den Basler Bischofsstuhl neunmal mit recht gutem Erfolg und überging dabei öfter die Meinung des Domkapitels oder einer seiner Parteien. Von den neunundzwanzig unter Papst Johannes XXII. (1316–1334) für das Basler Domkapitel ausgesprochenen Provisionen wurden lediglich fünf verwirklicht. Regionale Kräfte nahmen nämlich durchaus nicht jeden Eingriff hin. Und noch mehr: Parteien im örtlichen Kräftespiel konnten die Kurie mit oder ohne Erfolg »einsetzen« und je nach den

Durch päpstliche Provision erworbene Pfründen im Bistum Konstanz 1305 bis 1371 (nach Southern)

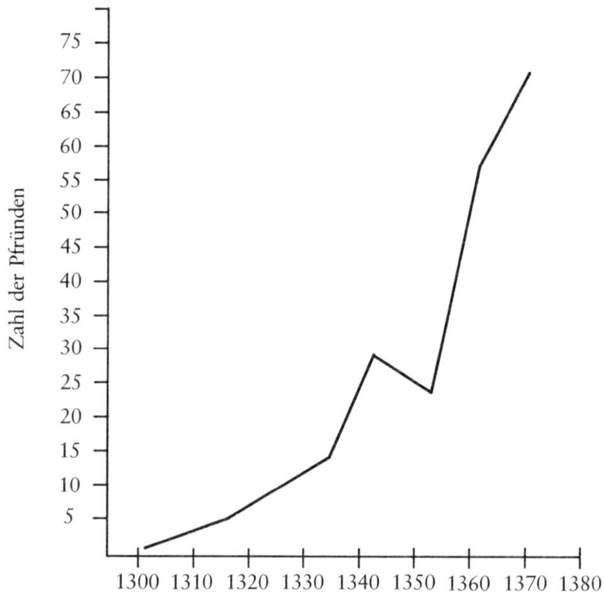

jeweils bestehenden Rechts- und Machtmitteln um den Erfolg ringen. Auch Personal- und Lokalkenntnisse besaß die Kurie nur dann, wenn die Interessenten dort persönlich erschienen oder sich gut vertreten ließen, nicht aber generell. In allen diesen Fällen entkam auch der Papst nicht dem mittelalterlichen »Gesetz«, daß die Wirkung aus der Ferne im Vergleich zu den Kräften in der Nähe problematisch blieb.

Besonders wichtig für den Papst war das kuriale Finanzwesen, das sich zum bedeutendsten Verwaltungssystem dieser Art in der Christenheit ausbildete. Als Taxe für die Verleihung eines Bistums wurden Servitien eingezogen; der einmalig erhobene Normalsatz betrug ein Drittel der Jahreseinkünfte der Diözese. Für Positionen, die nicht wichtig genug waren, um wie Bistümer im päpstlichen Konsistorium vergeben zu werden, fielen Annaten ungefähr in Höhe der Hälfte der Einkünfte des ersten Jahres an. Dazu traten Gebühren, Papstzehnten und weitere von Fall zu Fall erhobene Abgaben. Es war alles andere als zufällig, daß die päpstlichen Steuerkollektoren die Kirchenprovinz Köln am frühesten und am häufigsten besuchten; denn sie war die ertragreichste Region. Eine gewichtige Rolle spielte auch das päpstliche Gerichtswesen, das gleichfalls nach seinem Umfang in Europa ohne Vergleich blieb. Der Papst selbst und vor allem delegierte Richter entschieden Streitfälle jeder Qualität, von rein geistlichen

Heilige in Amts- und Ordenstracht: Bischof. Holzskulptur niedersächsischer Herkunft aus der Münsterkirche zu Hameln, zweite Hälfte des 14. Jahrhunderts. Hameln, Museum. – Pilger mit dem Modell einer Kapelle. Holzskulptur aus der St.-Jakobikirche zu Lübeck, um 1440. Lübeck, St. Annen-Museum. – Benediktiner. Holzskulptur westfälischer Herkunft, Ende des 14. Jahrhunderts. Paderborn, Erzbischöfliches Diözesanmuseum. – Der Dominikaner Thomas von Aquin als Lehrer. Holzskulptur aus der Werkstatt der Parler, um 1395. Leipzig, Karl-Marx-Universität, Kunstsammlung

Ritter des Deutschen Ordens bei der liturgischen Totenfeier für einen Berner Schultheiß im Beisein der Angehörigen. Wollwirkerei wohl aus einer Berner Werkstatt, drittes Viertel des 15. Jahrhunderts. Zürich, Schweizerisches Landesmuseum, Gottfried-Keller-Stiftung

wirt och alle also beschehen

Der Franziskaner Berthold bei einer seiner Volkspredigten. Kolorierte Zeichnung in einer 1444 in Bayern oder Österreich entstandenen Handschrift mit mittelhochdeutschen Predigten des Berthold von Regensburg. Wien, Österreichische Nationalbibliothek. – Heinrich Seuses subjektiv-mystische Vision vom Gekreuzigten mit Seraphimflügeln. Kolorierte Zeichnung nach einem Entwurf von Seuse in einer vor 1400 am Oberrhein entstandenen Handschrift seiner »deutschen Schriften«. Straßburg, Bibliothèque Nationale et Universitaire

Prozessen bis zu Sachen höchsten politischen Gewichts – gerade auch in Deutschland.

Die Grundlage der regionalen Kirchenorganisation bildeten die Bistümer. Aus der Tatsache, daß von den ungefähr achthundert Bistümern der Papstkirche nur etwa fünfzig auf das Reichsgebiet nördlich der Alpen entfielen, geht schon hervor, daß die deutschen Diözesen außergewöhnlich groß waren; im viel kleineren Italien gab es mehr als zweihundertfünfzig Bistümer. Nur deutsche Bischöfe waren fürstlichen Ranges und besaßen in Gestalt ihrer Hochstifte Landesherrschaften wie Herzöge oder Markgrafen. Das Hochstift war in der Regel wesentlich kleiner als der kirchliche Sprengel, die Diözese; immerhin bestand ein Sechstel oder ein Siebentel des Reichsgebiets aus geistlichen Fürstentümern. In Westfalen und Franken war ihr Anteil besonders groß. Auch im späten Mittelalter schien die Aufgabe, Landesherr und Lehnsmann des Königs zu sein und damit immer wieder zum Schwert zu greifen, mit den geistlichen Pflichten des Amtes nicht leicht vereinbar zu sein; am ehesten half der Umstand, daß die mittelalterliche Kirche in Deutschland in ihren Spitzen mit ganz geringen Ausnahmen eine Adelskirche war und damit dem ohnehin zum Herrschen geborenen Stand »gehörte«. Balduin von Luxemburg (1354 gestorben) und Kuno von Falkenstein (1388 gestorben), beide Kurfürsten-Erzbischöfe von Trier, vertraten besonders ausgeprägt jenen Typ geistlicher Herren, der eigentlich zum politischen Handeln geschaffen war.

Im ersten Jahrhundert des späten Mittelalters wurde das Bistum organisatorisch vollends durchgeformt. Als verantwortliches Haupt eines Sprengels, der oft kaum zu überblicken war – das Bistum Konstanz zählte ungefähr eintausendsiebenhundert Pfarreien –, bediente sich der Bischof neuentstehender Positionen: Weihbischof und Generalvikar unterstützten ihn bei der geistlichen Verwaltung, der Offizial bei der kirchlichen Rechtsprechung, und eine Kanzlei wickelte wie gewohnt den Schriftverkehr ab. Das Bistum war gewöhnlich in Archidiakonate eingeteilt, die ihrerseits sehr ausgedehnt sein mochten; zum Archidiakonat des Erfurter Marienstifts im Bistum Mainz zählten etwa fünfhundert Pfarreien. Dekanate oder Erzpriestersprengel gliederten die Archidiakonate. Die Archidiakone, die kleine Bischöfe zu werden drohten, wurden ungefähr seit 1300 in ihrer Entfaltung zugunsten des bischöflichen Hofes beschränkt. Synoden der Bischöfe und Archidiakone versammelten die Pfarrer in einigermaßen regelmäßigen Abständen. Die dort bekanntgemachten Synodalstatuten boten die wichtigste konkrete Handreichung für die geistlichen Aufgaben in der Pfarrei.

Die Geistlichkeit war – sofern sie nicht päpstliche Exemtionsprivilegien genoß – grundsätzlich dem Bischof zu- und untergeordnet. Sie kann – im ersten Jahrhundert des Spätmittelalters noch einmal, beinahe zum letzten Mal – auch als geistig führender Stand gelten. Wenn später von Schule und Hochschule, von Literatur aller Art, auch von juristisch-politischen Fachleuten die Rede sein wird, so ist im Blick auf das 13. und 14. Jahrhundert in der Hauptsache von Klerikern zu sprechen. Um so wichtiger ist es, sich die sozialen Bedingungen zu vergegenwärtigen, unter denen das Leben der Geistlichkeit vor sich ging. Man kann es sich am besten durch das Beispiel des Domkapitels, der dem Bischof nächststehenden kirchlichen Körperschaft aus häufig vierundzwanzig Domherren, vor Augen führen. Die Aufgaben des Domkapitels bestanden darin, den Gottesdienst an der Domkirche zu pflegen, den Bischof zu unterstützen und den neuen Bischof zu wählen. Daraus entwickelte sich allmählich ein Mitsprache- und Mitherrschaftsrecht einer juristischen Person; die Mitbestimmung konnte verschiedene Ausmaße annehmen. Die Wurzeln für diese Entwicklung lagen in der inzwischen gewonnenen wirtschaftlichen Unabhängigkeit des Kapitels und der einzelnen Domherren sowie in ihrer vorwiegend adeligen, das heißt selbst herrschaftsbezogenen Herkunft. Einzelne Domkapitel waren sogar streng hochadelig – Köln und Straßburg –, so daß man sagen konnte, Christus selbst wäre nicht zugelassen worden, hätte er Eintritt begehrt. Andere Kapitel begnügten sich mit niederadeliger Abstammung der Kandidaten oder ließen selbst Bürgerliche zu. Man wird ungeachtet der durch Weihe und Amt geschaffenen gemeinsamen Wesenszüge und der ebenso klar hervortretenden Sonderrechte im Gerichts- und Steuerwesen den Klerus nicht als eigenen Stand dem Adel, Bürger- und Bauerntum parallel setzen. Denn am Ende haben sich die sozialen Merkmale der Familie, der der Geistliche angehörte, zumeist auch bei seiner Stellung in der Kirche durchgesetzt. Obwohl Aufstieg und Abstieg immer möglich waren, blieb der deutsche Hochklerus im wesentlichen adelig.

In diesem Zusammenhang sind zwei Merkmale besonders zu beachten, weil sie das kirchliche und damit das mittelalterliche Leben erst verständlich machen. Erstens: Abgaben und Güter im Besitz der Kirche flochten die Geistlichkeit in die »feudale« Gesellschaft ein. Der Besitz gliederte sich in unzählige Pfründen. Die vermögenstragende Grundeinheit der Pfründe, deren Ertrag Unterhalt und Abkömmlichkeit des Inhabers sicherte, entsprach im Prinzip jeweils einer geistlichen Aufgabe. In der Praxis bot sich damit zunächst die Möglichkeit für ein standesgemäßes, gar herrengleiches Leben. Dieses wurde nicht selten als ein Recht verstanden, das sich selbst genügte und nur ganz locker an irgendeine Amtspflicht gebunden war. Je weiter das Mittelalter fortschritt, um so häufiger kam es in der Hand einer Person zur Häufung von Pfründen und zur völligen Lösung von zugehörigen Amtspflichten, die bestenfalls durch einen vom Pfründeninhaber bestellten Vikar ausgeübt wurden. Zweitens: Das Pfründensystem ist ein Musterbeispiel dafür, was in gleicher Weise überall, im Zunftmilieu und am Herrscherhof, üblich war: Über die Zuteilung der Stellen entschieden in erster Linie nicht abstrakte Regeln ungefähr im Sinne einer »Leistungsgesellschaft«, sondern Familien-, Freundschafts- oder landsmannschaftliche Beziehungen. Ein schon etablierter Patron stand jüngeren Klienten gegenüber, die sich von ihm Förderung erhofften und dafür Loyalität zeigten; der Onkel förderte die Neffen, der Nürnberger die Nürnberger. Ohne dieses riesige Begünstigungs- und Vererbungssystem kann man sich das Funktionieren der alteuropäischen sozialen Welt und Staatlichkeit nicht vorstellen. Erst durch dieses Gefüge wird auch verständlich, daß Kirchengeschichte, gleich der Verfassungsgeschichte von Reich und Territorien, in hohem Maße Regional- oder gar Lokalgeschichte gewesen ist. Trotz der eindrucksvollen, in ihrer Zeit beispiellosen Zentralisierung der Papstkirche blieb die mittelalterliche Kirchengeschichte vorrangig die Geschichte von vielen Kirchen.

Pfarreigründungen nach der Errichtung des Bistums Bamberg (nach von Guttenberg/Wendehorst)

Gründer		Jahrhundert 12.	13.	14.	15.	16. bis 1525	Summe
Bischöfe	belegbar	1	–	1	7	–	
	wahrscheinlich	7	5	4	2	1	28
Stifte und Klöster	belegbar	2	–	1	1	–	
	wahrscheinlich	2	2	5	2	–	15
König	wahrscheinlich	–	2	–	–	–	2
Grafen und Edelfreie	belegbar	8	7	4	–	–	
	wahrscheinlich	9	3	1	3	–	35
Ministerialen und niederer Adel	belegbar	1	8	9	8	1	
	wahrscheinlich	–	1	8	4	–	40
Stadtbürger	belegbar	–	–	1	–	1	
	wahrscheinlich	–	–	1	1	–	4
Mutterpfarrer	belegbar	–	4	7	–	–	
	wahrscheinlich	–	2	2	8	–	23
Gemeinden	belegbar	–	–	–	14	–	
	wahrscheinlich	–	–	–	1	–	15
Fraglich		–	–	–	2	–	2
Insgesamt		30	34	44	53	3	164

Der Pfarrer in Stadt und Land war der wichtigste Amtsträger der Kirche, der der Laienwelt gegenübertrat. Sein Pfarrsprengel war fest abgegrenzt, die Zugehörigkeit nach dem Wohnortsprinzip geregelt. Die Pfarrangehörigen leisteten den Zehnten zugunsten der Pfarrkirche, von dem freilich oft ein Teil schon in andere Hände gelangt war. Die Zahl der Pfarreien nahm wie die Bevölkerung bis zum Ende des Mittelalters stark zu. Das Bistum Bamberg, das bei seiner Gründung im Jahr 1007 wohl neununddreißig Pfarreien umfaßt hatte, besaß vor der Reformation zweihundertunddrei. Pfarrämter wurden auf verschiedene Weise besetzt, häufig durch den weltlichen Patronatsherrn der Kirche, dem in Fortsetzung des alten Eigenkirchenrechts die Präsentation des Pfarrers zustand, häufig auch durch ein Kloster, dem die Pfarrkirche durch Inkorporation zugeordnet worden war, um es finanziell zu stützen. Doch es gab auch die Pfarrerwahl durch die Gemeinde in dieser oder jener Form. Im ganzen gesehen nahm auf dem Lande der Laieneinfluß auf die Pfarrereinsetzung ab. Dies behinderte nicht andere Einwirkungen aus Richtung der Pfarrgemeinde. Sie standen in Parallele zum wachsenden Einfluß des städtischen Rates auf das Pfarrwesen. Vor allem die Vermögensverwaltung und die Bauverwaltung gingen allmählich teilweise oder gänzlich an weltliche Kräfte über. Kirchenpfleger unter verschiedenen Namen – in Preußen beispielsweise als Kirchväter –, Honoratioren der Gemeinde, sprachen mit. Was kirchenrechtlich betrachtet kaum mehr war als das Objekt der Aktivität des Pfarrers, die genossenschaftlich verfaßte Kirchengemeinde, gestaltete sich unterhalb dieses formalen Rahmens kraftvoll um. So war auch die Kirchengemeinde als christliche Existenzform längst vor der Reformation in der Praxis vorhanden. Dies war nur natürlich, da die Kirche in Dorf und Stadt selbstverständlicher Mittelpunkt des Lebens und angesichts des Friedhofs am Gotteshaus auch Ort der Verbundenheit mit den Toten war. Die Aktivität in der Gemeinde entsprach der intensivierten Frömmigkeit des Spätmittelalters und der großen Opferbereitschaft der Gläubigen, die sich beim Kirchenbau und bei der Stiftung von Meßpfründen so deutlich zeigte.

Von Pfarrer zu Pfarrer und erst recht zwischen dem Pfarrer und der übrigen, öfter zahlreichen Geistlichkeit an der Pfarrkirche gab es große Unterschiede. Obwohl oder auch weil der Dorfpfarrer seinen Pfarrhof wie ein großer Bauer bewirtschaftete oder bewirtschaften ließ und man ihm die geschuldeten Abgaben immer noch am liebsten in Naturalien lieferte, hob er sich von seinen Pfarrkindern deutlicher ab als der Pfarrer in der Stadt. Dieser war in ein viel dichteres soziales Gefüge und in die Geldwirtschaft eingebunden. Weil den Stadtvätern Rechts- und Finanzeinheit innerhalb der Mauern immer notwendiger erschienen, gab es hier häufig Konflikte um die hergebrachte Freistellung der Geistlichen von Stadtgericht und Stadtsteuern.

Die Zahl der Geistlichen in der Stadt war verhältnismäßig groß. Unter ihnen befanden sich in Gestalt von Vikaren, Altaristen, Kapellanen oder Benefiziaten viele, deren soziales Ansehen entsprechend ihren kleinen Pfründen gering war. In Breslau soll es insgesamt etwa 400 Altaristen gegeben haben. In anderen Bischofsstädten wie Köln, Würzburg oder Straßburg hat man den Anteil der Geistlichkeit und des Mönchtums einschließlich der Nonnen auf ungefähr 5 bis 7,5 Prozent geschätzt. Demnach gab es in Köln etwa 1.600 Personen dieses Standes, in Straßburg 740, jeweils ohne Beginen. Je mehr Vikare und Altaristen fromme Stiftungen erhielten, um so ärmlicher wurden sie ausgestattet und um so öfter betraf es die eigenen Verwandten. In sehr vielen Fällen wurden Bürgersöhne, häufig Söhne von Handwerkern, Geistliche dieser mittleren oder unteren Ränge. Auch die Söhne von Priestern waren nicht selten vertreten. Das Zölibatsgebot galt zwar das ganze Spätmittelalter hindurch, doch es wurde – wie es einer wenig verdichteten Gesellschaft entsprach – nur recht unvollkommen durchgesetzt. Unter Papst Innozenz IV. (1243–1254) wurden allein sechs Priestersöhne und ein Bischofssohn Bischöfe. Im Erzbistum Köln erteilte man zwischen 1310 und 1352 sechzig bis siebzig Dispense, damit Priestersöhne ein geistliches Amt annehmen durften. Trotzdem blieben Abkömmlinge von Priestern im weltlichen wie im geistlichen Bereich benachteiligt, führende Positionen erreichten sie nur sehr selten.

Bettelmönche, fromme Frauen, Ketzer

Ein augenfälliges Merkmal der spätmittelalterlichen Kirche war die große Vielfalt des Ordenswesens. Die alten Orden, zumal Benediktiner und Zisterzienser, hatten um 1300 ihren Höhepunkt überschritten. Obwohl ihre Klöster weiterbestanden und es später auch bei ihnen immer wieder zu Reformen kam, prägten sie das Zeitalter nicht mehr. Bestimmend wurde anstelle des alten Ideals, von der Welt Abstand zu halten, das tätige Bemühen um den Mitmenschen in der Welt und um die Heiligung durch freiwillige Armut. Diesem neuartigen Frömmigkeitsstreben hat sich die Amtskirche anfangs nur zögernd geöffnet. Auch das Neue mußte sich dem kirchengeschichtlichen »Gesetz« beugen, daß auf eine Phase äußerster, glaubhaft verwirklichter Anstrengungen Phasen der Ermattung, der Anpassung und des Genügens an der eigenen Existenz folgten. Außerdem schien es nahezu unmöglich zu sein, sich den negativen Begleitumständen des eigenen Erfolgs zu entziehen. Das Klosterwesen insgesamt konnte nicht als harmonisch oder organisch geordnete Welt gelten, die gleichsam vielen vieles brachte. Jedes Neue mußte sich seinen Platz im kirchlichen Gefüge erst erkämpfen und drängte dabei Altes zur Seite. Was das Richtige war und das Gültige blieb, war aus der Nähe schwer zu überschauen und entschied sich oft erst in langwierigen Abläufen, auf die mancherlei Kräfte Einfluß nahmen. So wird man auch in diesem Zusammenhang mit den Begriffen »Blüte« und »Verfall« vorsichtig umgehen.

Zahlenmäßig betrachtet erreichten Ordens- und Klostergründungen im 13. Jahrhundert und bis 1350 ihren absoluten kirchengeschichtlichen Höhepunkt. Sogleich danach begann ein Zeitalter, in dem nur sehr wenige Neugründungen zu verzeichnen sind. Abgewandelt wurde dieser Verlauf vor allem durch das immer wieder zu beobachtende europäische Gefälle von West nach Ost und von Süd nach Nord, das auch innerhalb Deutschlands zur Geltung kam. Im Rheinland trat das jeweils Aktuelle am frühesten zutage. Doch es konnte auch zu überraschenden Neubelebungen kommen. Im erst 1333 gegründeten Raudnitz in Böhmen zum Beispiel ging von den inzwischen längst als »antiquiert« geltenden Augustinerchorherren ein blühendes Klostersystem aus, dessen Qualität im geistlich-kulturellen Bereich bemerkenswert war.

Das 13. Jahrhundert war das große Zeitalter der Bettelorden, besonders der Franziskaner, des nun größten Ordens der Christenheit, und der Dominikaner. Beide Orden breiteten sich auch in Deutschland rapide aus. Im Jahr 1316 zählte man hier 203 Franziskanerklöster und 40 Frauenkonvente, bei den Dominikanern 1313 etwa 48 Mönchs- und 65 Nonnenklöster. Je Kloster schätzt man bei diesem Orden 20 bis 30 Insassen beziehungsweise 60 bis 120 Insassinnen. Das Kloster als religiöse Einheit spielte freilich eine wesentlich geringere Rolle als bei den alten Orden. Viel wichtiger waren die Ordensprovinzen, innerhalb derer sich die Mönche recht frei bewegten. Die Bettelorden waren zentral lenkbare Personenverbände, die zweckmäßig handeln konnten. In »demokratisch-repräsentativer« Weise wählte das Provinzialkapitel den Provinzialprior auf Zeit, so daß man anpassungsfähig blieb.

Indem die Bettelorden die spätmittelalterliche Welt veränderten, wurden sie allerdings auch selbst umgeformt. Es schien ein geschichtlicher Prozeß zu sein, der ursprüngliche Ideale verfallen ließ und organisatorisch-praktische Notwendigkeiten an ihre Stelle setzte – aufgrund derselben Macht des Faktischen, die unter anderem gleichzeitig die Anfänge des modernen Staates heraufführte. So wurden die Franziskaner aus einer charismatisch geführten, kaum organisierten Laienbruderschaft, die jeden Besitz scharf ablehnte, zum durchgegliederten effektiven Priesterorden. Er akademisierte sich, ja übernahm nach den Dominikanern eine führende Rolle bei der Entstehung der europäischen Universitäten. Vor allem ging er mit der spätmittelalterlichen Stadt eine Lebensgemeinschaft ein, aus der er sich nicht mehr lösen konnte. Mit Hilfe päpstlicher Privilegien durchsetzten die Bettelorden die Pfarrsysteme der Städte, um die Seelsorge zu verbessern, und gewannen auf diese Weise außerordentliche Beliebtheit. Dabei schwand das Armutsideal spätestens nach 1300 allmählich dahin, so daß sich die Bettelmönche ökonomisch bald wie der Amtsklerus verhielten und durch Übernahme der zuvor abgelehnten Altars- und Meßstiftungen demselben Pfarrsystem annäherten, das sie hatten verändern wollen. Die Ordensdisziplin lockerte sich im 14. Jahrhundert, so daß die alte Überzeugungskraft weithin verlorenging. Auch institutionell konnten Stadtgemeinde und Bettelorden gleichsam ineinanderrücken: Die Franziskanerkirche konnte zum »Hauptquartier« in städtischen Konflikten werden. Wenn das Interdikt verhängt war, hielten die Bettelorden eher zum Bürger, der weiterhin geistlich versorgt werden wollte, als zum strafenden Papst oder Bischof. Sozial verflochten sie sich ebenfalls dem Städtewesen der Heimatprovinz – kam doch ein ansehnlicher Teil ihrer Führungskräfte aus dem Großbürgertum. Bettelorden waren nicht von Anfang an Orden der kleinen Leute; erst mit ihrem Bedeutungsabstieg scheint ein sozialer Abstieg Hand in Hand gegangen zu sein. Die Internationalität der Bettelmönche brachte es schließlich mit sich, daß sie in die großen Konflikte der Christenheit, auch in diejenigen zwischen Papst und Kaiser, verstrickt wurden und dabei schweren Schaden nahmen. Ebenso waren sie in innerkirchlichen Glaubenskämpfen zur Parteinahme genötigt oder gaben gar den Anlaß dazu, wie beim großen theoretischen Armutsstreit des frühen 14. Jahrhunderts, der schlimmsten Zerreißprobe der Franziskaner.

Ungeplant und ungeordnet, erst im Laufe der Zeit kirchlich »kanalisiert« war die Frömmigkeitsbewegung der Frauen des 13. und 14. Jahrhunderts. Sie bildete sich als Teil der religiösen Regungen des Zeitalters parallel zur Entstehung der Bettelorden aus und ist von der neuen städtischen Welt ebenfalls nicht ablösbar. Der Ursprung war diesmal nicht Oberitalien, sondern der äußere Niederrhein – zuerst wohl, um 1200, das Hochstift Lüttich. Bald folgten Brabant und Flandern, mit entsprechender Phasenverschiebung das südlichere Rheinland und schließlich, in sich nach Osten abschwächender Dichte, das ganze Reichsgebiet mit seinen kulturellen Ausläufern im Ausland. Man nannte diese Frauen zumeist »Beginen«, aber auch einfach »Schwestern« oder – wie in Lothringen – »Pucelles«. Ihr frommes Leben machte sich durch Gebetsübungen in einfachen volkssprachlichen Formen, durch selbsterklärte Armut in der Nachfolge Christi und durch ein graues Gewand geltend. Sie wurden zu keinem neuen Orden, denn es gab keine übergreifenden Normen, sondern nur Satzungen einzelner Gemeinschaften und mit der Zeit päpstliche oder bischöfliche Rahmenregelungen. Nur wenige Beginen lebten allein, die meisten in gemeinsamen Häusern unter der Leitung von Meisterinnen. In Köln zählt man für das Spätmittelalter 169 Beginenhäuser von unterschiedlicher Lebensdauer, in Straßburg etwa 60, in Frankfurt am Main 57, in Basel über 30. Insgesamt müssen in jeder Generation Tausende von Frauen an dieser Frömmigkeitsbewegung beteiligt gewesen sein.

Wo man über die ersten Mitglieder Näheres weiß, handelte es sich – wie in Köln, Metz, Braunschweig oder Lüneburg – häufig um Damen aus den ersten Familien der Stadt. Erst im Laufe der Zeit und in ärmeren Städten nahm der Anteil von Frauen bescheidener Herkunft stark zu. Der Unterhalt des Hauses

Gründungen von Beginenkonventen in Köln 1260–1400 (nach Southern)

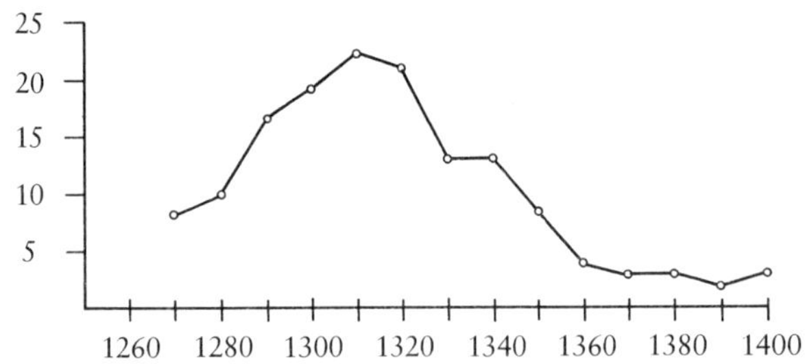

durch Stiftungen und mitgebrachtes Kapital schien mit dem Verzicht auf persönliches Eigentum vereinbar zu sein, wie beim Ordenswesen insgesamt. War Handarbeit zum Lebensunterhalt nötig, so galt sie vorwiegend dem Textilgewerbe, wobei man auch in unliebsame Konkurrenz zu den Zünften trat. Weil kein Gelübde gefordert war, konnte man in den weltlichen Stand zurückkehren, wenn auch häufig wohl nur unter Verzicht auf das eingebrachte Vermögen. Das männliche Gegenstück zum Beginenhaus, die Begardengemeinschaft, war viel seltener. Durch Betteln unterstrichen die Begarden die unfreiwillige oder freiwillige Armut und leisteten von anderen ungeliebte Dienste: die Pflege der Kranken und das Begraben der Toten.

Die unklare Stellung von Beginen und Begarden zwischen Ordensleuten und Laien blieb problematisch und hat deren Status nicht überdauern lassen. Nur in den heutigen Niederlanden existieren noch einige Beginenhöfe. Die Bettelorden selbst hatten weibliche Zweige geschaffen, jedoch eher zögernd. Man litt an der Überfüllung der Nonnenkonvente. Neue Klöster wollten sich die Orden nur dann angliedern, wenn die wirtschaftlichen Grundlagen gesund waren. Angenehmer war ihnen eine lockere Bindung, wie sie vor allem die Dominikaner durch seelsorgerliche Betreuung von Beginenhäusern pflegten. Schließlich kam es, wohl am häufigsten, zur Angliederung der Beginen in einer weniger verbindlichen Form: als Gemeinschaften des »Dritten Ordens« der Franziskaner und Dominikaner mit vereinfachten Verpflichtungen. Wer nicht auf diese Weise gelenkt und geschützt wurde, konnte zu Unrecht oder zu Recht leicht in den Verdacht der Ketzerei kommen. Papst und Bischöfe haben mehrfach entsprechende Inquisitionen eingeleitet, die auch mit Verurteilungen endeten, so in Straßburg und Schweidnitz.

Die Beurteilung der Ketzerei gegenüber der Rechtgläubigkeit ist für die Historiker nicht so einfach wie für den spätmittelalterlichen Zeitgenossen; dieser sah die Ketzerei in der Hauptsache als Werk des Teufels an. Spätmittelalterliche Rechtgläubigkeit und Ketzerei wuchsen beide geschichtlich-prozeßhaft aus dem

Streben nach gemeinschaftlich-intensiver Nachfolge Christi und aus gemeinsamen allgemeinen Rahmenbedingungen, wie der sozialen Dichte der Stadt, hervor. Sie haben sich auch gegenseitig beeinflußt und waren nicht unbedingt geradlinig-zwangsläufig auf dem Weg, sondern sind durch bestimmte Entscheidungen hier oder dort fixiert worden. Kritik an bestimmten Zuständen der Amtskirche war nicht zuletzt in den eigenen Reihen weit verbreitet. Die eine Auffassung konnte integriert werden, die andere nicht.

Seit dem 12. Jahrhundert gab es Ketzer in Deutschland. Ihre Verfolgung wurde in der ersten Hälfte des 13. Jahrhunderts vom Papsttum abschließend organisiert und von den weltlichen Gewalten damals und später mitgetragen. Am Anfang des Spätmittelalters haben in Deutschland vor allem zwei Ketzereien Anstoß erregt: die Häresie der Waldenser sowie der Brüder und Schwestern vom Freien Geist.

Die Waldenser konnten sich nach 1250 nur noch im Untergrund behaupten. Schwerpunkte scheinen im Osten, von Österreich und Böhmen über Schlesien bis Brandenburg und Pommern, bestanden zu haben. Was Petrus Waldes aus Lyon (um 1206 gestorben), dem wohlhabenden Bürgertum wie sein Zeitgenosse Franz von Assisi entstammend, verkündet hatte, hielten einige auch in Deutschland für richtig: ein strenges biblisch-apostolisches Christentum, das alles an dogmatischer und hierarchischer Kirchlichkeit verwarf, was nicht unmittelbar in der Schrift begründet war. Damit traten die Waldenser gerade zur spätmittelalterlichen Kirche in den schärfsten Gegensatz. Normalerweise wurden die als Katholiken getarnten Waldenser, die, soweit man sieht, Angehörige der Mittel- und Unterschichten waren, von Wanderpredigern geistlich versorgt. Gelegentlich betätigten sie sich aber auch in einer Geheimkirche unter einem Bischof. Die Zähigkeit, mit der sie an ihrer Überzeugung festhielten, ist bemerkenswert. In Pommern und Brandenburg mußten sie 1336, 1392 bis 1394 und 1458 Untersuchungen und Prozesse hinnehmen, auch mit grausamen Hinrichtungen. Erreicht wurde jedoch kaum die Eindämmung, geschweige denn die Auslöschung der Ketzerei. Die Organisation der Waldenser verbesserte sich eher noch, so daß ihnen um 1500 der Abzug zu den Glaubensbrüdern nach Böhmen und Mähren gelang.

Ganz anders beschaffen, nämlich der Mystik zugeneigt, jedenfalls mit elitärer Schwärmerei verbunden, war die Auffassung der Brüder und Schwestern vom Freien Geist. Spätestens nach 1270 finden sich ihre Spuren in Schwaben, im Nördlinger Ries, vermutlich aber schon eine Generation zuvor anderswo in Oberdeutschland, dann auch in Straßburg. Die Grenze zwischen Gott und Mensch, so glaubten sie, sei aufhebbar. Der Mensch könne daher auf Erden zur sündlosen Vollkommenheit und Seligkeit gelangen und sei in diesem Zustand uneingeschränkt frei im Gebrauch der Dinge dieser Welt. Geistlicher und weltlicher Ordnungen bedürfe man nicht mehr.

Den Rahmen dieser Auffassungen bildete ein weites Umfeld populärer Prophezeiungen und Utopien, unter anderem von der Wiederkehr des Kaisers Friedrich und von einem Zeitalter des Heiligen Geistes und ewiger Gerechtigkeit. Innerhalb der Kirche oder auch innerhalb des Franziskanerordens rangen damals spirituell und »realistisch« ausgerichtete Anschauungen leidenschaftlich miteinander. Dabei wurden die Spiritualen derart an den Rand gedrängt, daß ihnen kaum etwas anderes übrigblieb als der Weg in die Häresie. Erst der Historiker sieht aus großer Distanz, daß jedesmal das Thema »Gott« im Mittelpunkt stand, hier wie auch in der Literatur, Kunst und Wissenschaft des Zeitalters.

Das Erbe der Staufer und seine Überwindung: politische Ordnungen und Politik (1250–1400)

Reich und König

Idee und Wirklichkeit des Reiches. Papsttum und Kaisertum

Die deutsche Geschichte unterscheidet sich von den anderen europäischen »Nationalgeschichten« des Mittelalters und der frühen Neuzeit. Denn neben dem Erbe des Königtums, das sie mit den meisten Nachbarn teilte, trug sie das Erbe von Kaisertum und Kaiserreich mit sich. Vor allem die Ereignisse von 800 und 962, die Krönungen Karls des Großen und Ottos des Großen, hatten so entschieden.

Der Name »Reich« benennt das wohl bedeutsamste Begriffsfeld älterer Staatssprache. Die Sache »Reich« verband das Gemeinwesen der Deutschen in einzigartiger Weise mit dem heidnischen und christlichen Römertum der Antike, mit der orientalischen Welt des Alten Testaments und mit der christlichen Welt des Neuen Testaments und der Kirchenväter. Das Reich war gottgewollt und geheiligt als irdisches Abbild der Herrschaft Christi; eigentlich hätte die ganze Menschheit im Reich geborgen sein sollen. Für viele besaß das Reich Anteil an der Heilsgeschichte. Man war der Überzeugung, das Jüngste Gericht werde nicht hereinbrechen, solange das Reich bestehe. Denn gemäß einer weitverbreiteten Deutung der alttestamentarischen Daniels-Prophetie verstand man die Weltgeschichte als Geschichte von vier Reichen, deren letztes das römisch-deutsche Reich war. Endlich war das Kaisertum die vornehmste Form der monarchischen Herrschaft, die den alteuropäischen Regelfall darstellte.

Alle diese Auffassungen sind im deutschen Spätmittelalter gegenwärtig gewesen und dem 16. Jahrhundert ungeschwächt mitgeteilt worden. In den gängigen historischen Handbüchern der Zeitgenossen fanden sich demgemäß die durchgezählten Namenreihen der Päpste und Kaiser von der Antike bis zur damaligen Gegenwart. Da sich die Kaiser-Könige des Spätmittelalters ihrem ersten Vorgänger verbunden fühlten, übten sie seit Karl IV. das Recht aus, in der Weihnachtsmesse den Satz des Evangeliums vom »Gebot des Kaisers Augustus« (Lukas 2,1) zu verlesen. Man hat verstanden und anerkannt, was dies bedeutete: Augustus regierte schon, als Christus geboren wurde; das Reich war älter als die Kirche.

Das Reich war nicht nur römisch und christlich; es war auch das Weltreich. Dieser zwingend ableitbare, mit der Wirklichkeit aber nicht zu vereinbarende Wesenszug des Reiches erschien den Zeitgenossen als besonders diskussionswürdig. Bartolus von Sassoferrato, der größte Jurist des 14. Jahrhunderts, hat zwar jeden Zweifel an diesem Merkmal des Reiches als häretisch erklärt, aber auch Theorie und Praxis zu unterscheiden versucht. So verfuhren die meisten. Außerhalb des Reiches hat man viel Scharfsinn darauf verwendet, jene Vorstellungen wenigstens für den jeweils abgehandelten Einzelfall zu entkräften. De facto haben die Kaiser-Könige des 14. und 15. Jahrhunderts von solchen Theorien in der täglichen Politik nicht Gebrauch gemacht. Dies war auch angebracht. Denn dieselben, die von Dante, Nikolaus von Kues und anderen neben den Päpsten zu Stellvertretern Christi auf Erden und damit zu Herren der Welt erklärt worden sind, mochten sich – wenn sie wie Friedrich III. von den Bürgern der eigenen Residenzstadt belagert wurden – wie die Maus in der Falle fühlen. So wäre jenes Gedankengut aus heutiger Sicht als blasse Theorie aufzufassen. Aber das hieße übersehen, daß das Geschehen des Mittelalters christliches Geschehen in einem christlich-historischen Weltverständnis gewesen ist, das eben dem Reich eine unvergleichliche Sonderstellung eingeräumt hat. Zudem bargen dynastisch bestimmte politische Abläufe, wie die Zeitgenossen wohl wußten, ein hohes Maß möglicher Zukunftsüberraschungen in sich – viel mehr als die moderne, staatlich bestimmte Geschichte. So hätte es durchaus nicht belanglos bleiben müssen, daß das Reich neben seiner konkreten Ausdehnung eine abstrakte Dimension besaß und behielt. Hätte Kaiser Karl V. im 16. Jahrhundert eine Weltherrschaft von Dauer errichtet, so fände man im deutschen Spätmittelalter genügend Material vor, um eine »zwingende« Vorgeschichte nachzuweisen. Noch 1548 wurde zur Frage der Reichszugehörigkeit der vom französischen König abgetretenen Grafschaften Flandern und Artois von den Kurfürsten zustimmend damit argumentiert, daß »das imperium... sich auf alle welt und land erstreckt«.

Der Kaiser und der römisch-deutsche König – mit seinem Anspruch, Kaiser zu werden und die wesentlichen Kaiserrechte schon als König auszuüben – trugen die erste Würde unter den Herrschern der papstchristlichen Welt und wurden in dieser Position prinzipiell stets anerkannt. Die Auswirkungen ihres Vorrangs waren wie im Hochmittelalter von Generation zu Generation verschieden. So brachte man den ersten Königen des Spätmittelalters bei weitem nicht den Respekt entgegen, den man Karl IV. oder Sigismund erwies.

Den Zeitgenossen war das Gefühl fremd, in einem »späten«, besonders abgehobenen Mittelalter zu leben. Sie waren sich des Zusammenhangs mit der näheren und ferneren Vergangenheit bewußt. Als nähere Vergangenheit verstanden sie die schon ungefähr ein halbes Jahrtausend währende Verbindung des Reiches mit den Deutschen. Sie datierten sie entweder von Karl dem Großen oder von Otto dem Großen an. Die fernere Vergangenheit wurzelte für sie in der Antike. Den Kontinuitätsschwierigkeiten, die aus dem Übergang des Reiches von den Römern auf die Franken und dann auf die Deutschen herrührten, stellten sie sich auf verschiedene Art. Eine aktive Rolle des Papsttums wurde möglichst reduziert oder gar ausgeschlossen.

Das Erbe des Reiches hatte positive und negative Auswirkungen auf die deutsche Geschichte. Die politische Geschichte und die Verfassungsgeschichte des Spätmittelalters werden dies im einzelnen aufzeigen. Vorerst mögen einige wenige Wesenszüge und Folgerungen erkennbar machen, daß dieses Erbe mit seinem ganzen schweren Gewicht in das Verständnis der deutschen Geschichte einzubeziehen ist. Selbst elementare Merkmale der »Volksgeschichte«, darunter das Bewußtsein von sich selbst und der Vergleich mit den anderen, sind von der Wesensart des Reiches geprägt worden.

Die enge Verbindung des Reiches mit der Papstkirche und mit Italien und die Rolle des Kaiser-Königs als Schutzvogt der Kirche bestanden im späten Mittelalter fort. Dadurch wurden besondere Krisen und Kraftanstrengungen hervorgerufen und besondere Ärgernisse erregt, zumal infolge der politischen und fiskalischen Rolle des Papsttums in Deutschland. Eine den Zeitgenossen in der Breite bewußt gewordene grundsätzliche Alternative, etwa im modern-säkularisierten Sinne, bestand jedoch nicht. Was wirklich existierte, weist die unauflösliche Verflechtung von Reich und Kirche auf: das jeweils komplementäre Verhalten von Papst und Kaiser-König gegenüber Reich und Papstkirche. War der Kaiser-König schwach, machte der Papst seine Interessen an den deutschen Dingen nachdrücklich geltend; war der Papst schwach, nahm sich der Kaiser-König der Papstkirche nach seinem Dafürhalten an. Die Zeitgenossen sahen dies als selbstverständliches Kräftespiel an, das zu Einzelkontroversen, nicht aber zur Grundsatzdiskussion führte.

Ebenso unzulässig wäre die modern-anachronistische Forderung, man hätte sich zuungunsten der Sache des Reiches auf einen deutschen Nationalstaat und auf dessen stärkere Verstaatung besinnen sollen. Das Reich war Sache und Stolz der Deutschen auch im späten Mittelalter. Deshalb bestand weniger als anderswo die Notwendigkeit, sich des Volksnamens zur Unterscheidung zu bedienen. Allerdings wurde die Reichsgeschichte zum 15. Jahrhundert hin unverkennbar immer deutscher; das heißt, sie rückte dem in Europa üblich Werdenden auch in diesem Punkt näher. Daß das Reich weniger Staat war und blieb als die Königtümer der Nachbarn, hatte mehrere, verschiedenartige Gründe, die nicht allein in der Sache »Reich« wurzelten. Gleichwohl war das Reich in jeder Generation Gegenstand konkreter politischer Entscheidungen. Als ein halb irreales Gebilde würde man es gänzlich mißverstehen. Weder der römische Charakter des Reiches, von dem man seit dem 11. Jahrhundert sprach, noch seine Heiligkeit, die vom 12. Jahrhundert an formuliert wurde, entfernten es von der Wirklichkeit. Die Formel vom »Heiligen Römischen Reich«, die in den Königsurkunden seit dem Anfang des späten Mittelalters (1254) gebraucht wurde, ist nicht als pointierte Neuerung zu verstehen. Häufiger sprach man weiterhin je für sich vom »Römischen Reich« und vom »Heiligen Reich«; denn jede dieser Eigenschaften genügte ohne weiteres als unterscheidender oder einheitsstiftender Faktor. Je wichtiger die deutsche Sprache gegenüber der lateinischen wurde, um so deutlicher trat auch hervor, daß sie zwischen dem Kaiser-Reich, Imperium, und dem König-Reich, Regnum, nicht zu unterscheiden vermochte. Es verwischten sich die Unterschiede selbst in offiziellen lateinischen

Dokumenten, besonders seit der Zeit Ludwigs des Bayern. So war das Reich zugleich ein engeres deutsches Gebilde und ein weiteres Gebilde unter Einschluß von Italien und Burgund, und es besaß obendrein abstrakte Wesenszüge. Es hieß nichtoffiziell »Regnum Alamanniae«, wie man gern um 1300 sagte, oder »Imperium germanicum«, wie es Nikolaus von Kues im 15. Jahrhundert nannte.

Das antike Erbe des Reiches besaß konkrete Auswirkungen auch und gerade auf die Reichsverfassung des späten Mittelalters. Mit der Eroberung Jerusalems durch Titus im Jahr 70 nach Christus begründete man in anerkannter Form das Judenrecht des Herrschers. Am wichtigsten war die Hinterlassenschaft des Kaiserrechts der Spätantike. Es wurde zum Recht der nachstaufischen Kaiser-Könige in Deutschland, nachdem es die Herrscher des Hochmittelalters schon in Italien angewandt hatten. Das Kaiserrecht lehrte auch die Intellektuellen spätestens im 15. Jahrhundert, auf den Kaiser-König hin zu denken. Im Grundsatz hatte dies schon die maßgebliche »politische Wissenschaft« des 13. und 14. Jahrhunderts, das Kirchenrecht, getan. Das Römische Recht, das im 15. Jahrhundert an dessen Führungsstellung trat, erlaubte es zum Beispiel, daß der Vorwurf des Majestätsverbrechens durch Kaiser Friedrich III. ausgiebig verwendet wurde. Ein Verfahren dieser Art brachte den Beschuldigten in eine rechtlich fast hoffnungslose Lage. Durch solches Denken und Handeln wurde die Verrechtlichung des Reiches vorweggenommen, die dann vom 16. Jahrhundert an verwirklicht werden sollte.

In der Abfolge des Kaisertums, das nach wie vor durch die Krönung in der Peterskirche in Rom begründet wurde, trat nach 1245/1250 wegen der schwachen Position der ersten nachstaufischen Könige zunächst eine Unterbrechung von zwei Generationen ein. Erst Heinrich VII. von Luxemburg wurde 1312 zum Kaiser erhoben. Ludwig der Bayer, der im erbitterten Kampf mit dem Papsttum lag, wurde auf irreguläre Weise zum Kaiser gekrönt (1328), Karl IV. dann wieder in gewohnter Form geweiht (1355). Im 15. Jahrhundert gab es zwei Kaiser: Sigismund (1433) und Friedrich III. (1452). Hatte ein Kaiser männliche Nachkommen, so war es in hergebrachter Weise möglich, schon zu seinen Lebzeiten den ältesten Sohn zum König zu erheben; das tat Karl IV. mit Wenzel, und dies geschah unter Friedrich III. mit Maximilian. Die Stabilisierung der eigenen Dynastie war der wichtigste konkrete Zugewinn, den das Kaisertum erbrachte. Dem Kaiser fiel es leichter als dem König, als Gesetzgeber in der Nachfolge der antiken Imperatoren aufzutreten und die Herrscherrechte in Italien und Burgund zu verwirklichen. Im Kern freilich entschied jedesmal das militärisch-politische Durchsetzungsvermögen. Gleichwohl haben Kaiserpolitik und Kaiserwürde das Fortdauern der Herrscherrechte in Italien über das Mittelalter hinweg wesentlich befördert. Auch spätmittelalterliche Herrscher unternahmen Italien-Züge, wenngleich seltener und mit schwächerer Heeresmacht als die Staufer.

Rivalität zwischen Kaiser und Papst. Holzschnitt süddeutscher Herkunft, 1460, ein bis in das 16. Jahrhundert hinein für Flugblätter verwendetes Motiv. München, Bayerische Staatsbibliothek

Die sieben Kurfürsten bei der Königswahl Graf Heinrichs von Luxemburg, die Erhebung des Gewählten am Krönungsort Frankfurt am Main und seine Krönung mit Salbung und Weihe im Münster zu Aachen. Miniaturen in dem um 1340 vielleicht in Trier entstandenen »Codex Balduini Trevirensis«. Koblenz, Landeshauptarchiv

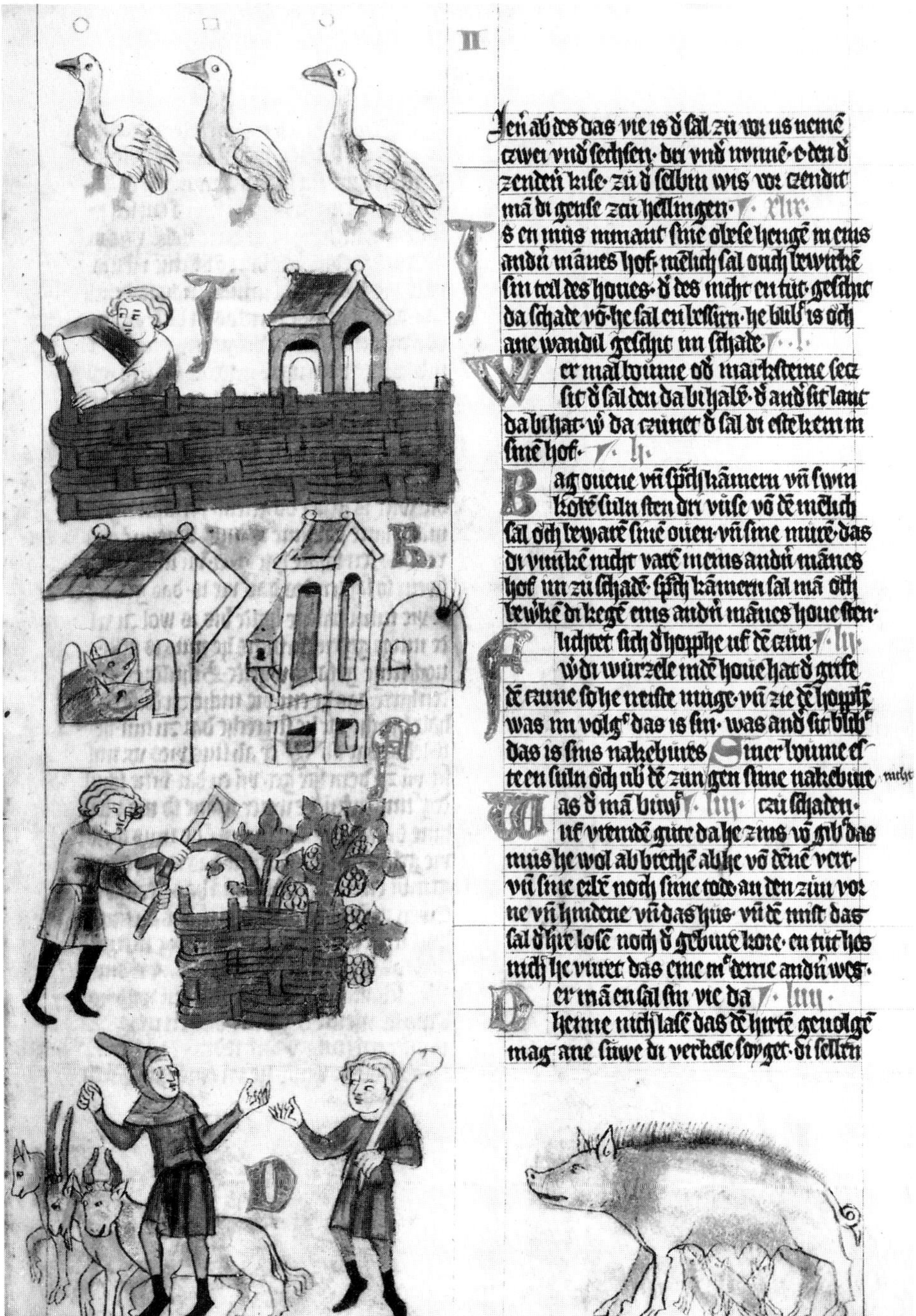

Das Recht des Überhanges: das Nachbarrecht. Eine Seite in einer im zweiten Viertel des 13. Jahrhunderts entstandenen Handschrift des »Sachsenspiegel« des Eike von Repgow. Wolfenbüttel, Herzog August-Bibliothek

Eidesleistung eines Lehnsträgers vor Friedrich I., dem Siegreichen, von der Pfalz. Miniatur in dem 1471 in Heidelberg entstandenen Lehnsbuch des Kurfürsten. Karlsruhe, Badisches Generallandesarchiv

Infolge des Zusammenhangs von Kaisertum und Papsttum blieb dieses auch im späten Mittelalter eine Größe der inneren deutschen Verfassung. Als das Papsttum im späten 15. Jahrhundert ohne viel Aufsehen auf die letzten Wirkungen dieser Rolle verzichtete und Maximilian gar den Wunsch hegen mochte, selbst Papst zu werden, war das Mittelalter zu Ende.

Begonnen hatte diese Ära mit dem Triumph des Papstes über die Staufer. Ihren monarchischen Gipfel erreichte sie in der Gestalt Bonifatius' VIII. (1294–1303), der kaiserliche Würden und Rechte für sich geltend machte. Gewiß bestand zwischen dem Weltherrschaftsanspruch der Kurie und der Realität ein großer Unterschied, aber für das Jahrhundert nach 1250 hat man das Einwirken des Papstes auf die deutschen Verhältnisse durchaus ernst zu nehmen. Indem er sich für diese oder jene Partei entschied, vermochte er auch mit relativ geringen Kräften Erhebliches zu bewegen. Innozenz III. (1198–1216) hatte schon für die Wahl des Königs ein Prüfungs- und Bestätigungsrecht kirchenrechtlich verankert, eben weil dieser kaiserliche Rechte beanspruchte und weil kein anderer König Kaiser zu werden vermochte. Grundlage dafür war diejenige Form der Translationstheorie, die die Übertragung des Kaisertums an die Franken und Deutschen durch den Papst und damit auch die Möglichkeit des Entzugs dieser Würde feststellte. Doch noch stärker fiel die seit der Absetzung Friedrichs II. (1245) immer mehr gesteigerte Vollgewalt des Papstes ins Gewicht, so daß einige in ihm den wahren Kaiser sahen.

Jedenfalls hat die öffentliche Meinung im Reich den Papst als herrscherlich Handelnden in deutschen Dingen angenommen. Erst im Konflikt mit Ludwig dem Bayern stieß er auf scharfen Widerstand. Kaum angefochten war der Papst in lehnsherrlicher Stellung gegenüber einzelnen deutschen Fürsten und als Gerichtsherr gegenüber Reichs- und Freistädten. In Italien beanspruchte er das Reichsvikariat, solange es keinen von ihm anerkannten König gab, und am Ende auch ein Vikariat über Reich und Königtum insgesamt. Die Kurfürsten führten seine Wahlbefehle aus, als ob sie seine Beamten wären. Rudolf von Habsburg und Albrecht I. erkannten die kuriale Translationstheorie ausdrücklich an. Im Jahr 1303 nannte sich der König Untertan des Papstes. Als letzter schien Karl IV. diesen Rechtspositionen zuzustimmen (1346).

Der schwere Konflikt des Papstes mit dem französischen König im Jahr 1303 war ein wichtiges Ereignis auch der deutschen Geschichte, selbst wenn keine Deutschen daran beteiligt gewesen sind. Es obsiegte der König. Die Kurie verlor entscheidend an Macht und Reputation, und bald danach begann im Reich das Zeitalter der großen Dynastien. In den Jahren 1356, in der Goldenen Bulle, und 1376, bei der Wahl Wenzels, überging man den Papst; doch Ruprecht hat die päpstliche Approbation wieder dringlich erbeten. Bis zum Ende des alten Reiches wurde sie dann ohne weiteres, aber auch ohne nennenswerte Rechtswirkung erteilt. So läßt sich am Realitätsgehalt dieser Rechtsfigur das Wirkungsverhältnis von Papsttum und Königtum ablesen. Im 15. Jahrhundert, in der Generation der Hussitenkrise der zwanziger und dreißiger Jahre, schickten päpstliche Legaten anstelle des abwesenden Herrschers deutsche Heere in den Kampf und leiteten Königslose Tage. Sie trugen damit zur Selbstorganisation des Reiches bei.

Die päpstliche Residenz, auch und gerade als sie in Avignon lag (1309–1378), war ein Mittelpunkt in Leben und Karriere der neben dem hohen Adel wichtigsten politischen Gruppe im Reich: der gelehrten Juristen, die alle anfänglich Kleriker waren. Das geistige Leben und die Handbücher der Geschichtsschreibung orientierten sich zuerst am Papsttum, und ebenso taten dies die Fachleute der Verwaltung. Der Papst führte einen erheblich größeren Hof und besaß weitaus mehr und besser ausgebildete Beamte als der deutsche König.

Es war deshalb auch besonders wichtig, daß der Papst gegenüber dem Reich nicht den modernen Ideen des christlichen Aristotelismus folgte, wie sie etwa Thomas von Aquin äußerte, sondern »konservativ« blieb. Er trat also nicht auf die Seite der neuen, naturrechtlich verankerten und einem Allgemeinwohl verpflichteten Staatstheorie, die besondere biblisch-metaphysische Begründungen überging, welche das Reich stützten. Als es vor und um 1300 – wohl zum einzigen Mal in der langen Geschichte des Reiches – politisch vielleicht durchsetzbar gewesen wäre, das Imperium durch päpstlichen Entschluß den Deutschen zu entziehen und ihr Land damit auf den Normalstatus europäischer Königreiche zu reduzieren, ist dieser Schritt zwar erörtert, aber nicht verwirklicht worden. Das Gewicht der Tradition war zu groß. Auch den Worten Heinrichs VII. über die Weltherrschaft des Kaisertums begegnete der Papst – wie die Könige von Frankreich und England – gerade nicht mit der Berufung auf jenes Neue, sondern mit der grundsätzlichen Anerkennung des Alten. Es sollte nur im konkreten Einzelfall eingegrenzt werden.

Die aristotelische »Staatsvernunft« war vor und um 1300 ein süd- und westeuropäisches Phänomen, das dann – mit einer gewissen Verspätung – um 1350 von Lupold von Bebenburg unweit des Hofes zugunsten des Königtums aufgegriffen wurde. Die gedankliche Emanzipation des »Staates«, die sich in Europa vollzog, wirkte langfristig überall modernisierend. Ein Beispiel aus der Spätphase dieses Lernprozesses ist das Heranwachsen der Fähigkeit, die eigene Existenz Polens gegenüber Papst und Kaiser auszusprechen. Das lernte man dort im frühen 15. Jahrhundert; im 13. Jahrhundert hatte sich das Land dem Papst noch eng verbunden gesehen.

Es war nicht das Staatsdenken, das in Deutschland den Umschwung brachte. Die endgültige Umkehrung des Verhältnisses von Papst und Kaiser-König und damit ein säkularer Einschnitt in der deutschen Geschichte – die Überwindung des Erbes der Staufer und ein erster Abschied vom Mittelalter – vollzogen sich ganz unauffällig. Nachdem Karl IV. aus der Position der Unterwerfung heraus zu herrschen begonnen hatte (1346), verschob sich schon innerhalb des nächsten Jahrzehnts ohne jede kämpferische Deklamation das Kräfteverhältnis so gründlich, daß die alten Formen weithin gegenstandslos wurden.

Der überforderte König: Wahl und Krönung, Rechte und Pflichten

Den Mittelpunkt der Reichsverfassung bildete das Königtum. Damit teilte Deutschland den Regelfall in Europa. Er ist im Mittelalter weder praktisch noch gedanklich in Frage gestellt worden, wenn man von den politisch fast wirkungslos gebliebenen Vorstellungen radikaler Ketzer, etwa der hussitischen Taboriten, absieht. Überall entschied das dynastische Schicksal des Königtums über das Schicksal des Gemeinwesens, und kaum geringer war die Wirkung der persönlichen Politik des jeweiligen Herrschers. Im einen oder anderen Fall führte der Weg zum neuzeitlichen Staat über ein verhältnismäßig starkes mittelalterliches Königtum, wie bei dem oft zitierten französischen Beispiel; auch hier mußte man durch schwere und langdauernde Krisen hindurchfinden. Weiter verbreitet war im späten Mittelalter das Gegenüber von hoher Würde und geringer Macht der Monarchie. Dies galt auch für Deutschland. Ebenso kennzeichnend für Europa und Deutschland war es, daß sich das Königtum selbst nach langer Schwächezeit zu erneuern vermochte.

Die deutsche Monarchie weist im internationalen Vergleich neben den allgemein üblichen Merkmalen besondere, ja außerordentliche Wesenszüge auf. Dadurch tritt sie als die positiv und negativ wohl am vielfältigsten bedachte Erbin politischer Gestaltungsmöglichkeiten hervor, die es im europäischen Mittelalter gegeben hat. Allein der deutsche König war Kaiser oder konnte die Kaiserwürde beanspruchen und war auch in besonderer Weise Schirmherr der Papstkirche. Zudem stand er dem ausgedehntesten Reich des papstchristlichen Europa gegenüber. Er war Herr zahlreicher und kraftvoller weltlicher und geistlicher Fürsten wie sonst nirgends. Er war nicht wie anderswo ein Erbkönig, sondern wurde nach einem immer mehr verfeinerten Verfahren gewählt. Daher fehlten zum großen Nachteil von Monarchie und Reich die dynastische Kontinuität und die Stetigkeit des politischen Zentrums und der Verwaltung. Die deutsche Monarchie war stets überfordert; denn ihre Machtmittel waren bescheiden im Vergleich zu den Leistungen, die schon die Zeitgenossen von ihr gefordert haben. Man kann ihr nur gerecht werden, wenn man sich streng an mittelalterliche Maßstäbe und Rahmenbedingungen hält.

Dann läßt sich erkennen, wie das spätmittelalterliche Königtum zunächst im Zeitalter der »Offenen Verfassung« und zuletzt im Zeitalter der »Verdichtung«

in drei verschiedenen Konzeptionen und Situationen seine Stellung im Reich zu behaupten und auszubauen versucht hat. Die Konzeptionen der unmittelbaren Staufernachfolge und des hegemonialen Königtums sind gescheitert, Konzeption und Situation des institutionalisierten Dualismus haben sich schließlich durchgesetzt und die deutsche Geschichte fortan bestimmt.

Den deutschen Königen wäre wie den anderen Monarchen des Zeitalters die später oft erhobene Forderung unverständlich gewesen, sie hätten einen starken, einheitlichen, den kommenden neuzeitlichen Herausforderungen angepaßten Staat schaffen sollen. Denn sie waren in erster Linie hochadelige Herren, die einer Gesellschaft anderer adeliger Herren vorstanden und die Welt nach adeligen Maßstäben beurteilten. Ein Bündnis der Monarchie zum Beispiel mit den sozial weit zurückstehenden Städten verlangen, das sich gegen die Fürsten hätte wenden sollen, hieße allzu modern denken. Die Könige waren Glieder einer Dynastie, ihrer hochgeborenen Familie, deren Fortbestand und »Räson« ihnen wie anderen Familienvätern wichtiger erschienen als weiter entfernte Instanzen wie Territorium, Reich und Papsttum – nachgeordnet nur dem christlichen Glauben, wie sie ihn verstanden. Außenpolitik war dynastische, nicht staatliche Politik, und Verwaltung war in erster Linie dynastische Verwaltung. Das heißt: Viel wichtiger als irgendeine Behörde im neueren Sinne war der Hof als die Emanation königlich-hochadelig-dynastischen Seins.

Die deutschen Könige standen einer besonders vielgestaltigen und komplizierten politischen Landschaft gegenüber, die schon kennenzulernen schwierig war, ganz zu schweigen von ihrer Durchdringung und Beherrschung. Nachdem das Konzept des hegemonialen Königtums gescheitert war, ist der Monarchie ein Verwaltungsaufbau im Reich und damit dessen Modernisierung im königlichen Sinne nicht mehr gelungen. Solches hätte nur eine Abfolge sehr günstiger Umstände vielleicht ermöglicht. Der neue Typus des ebenso erfolgreichen wie skrupellosen Monarchen, wie ihn Philipp der Schöne von Frankreich (1285 bis 1314) verkörperte, war in Deutschland nicht bekannt. So entwickelte sich das spätmittelalterliche Königtum hierzulande langsamer als anderswo und erreichte nicht, daß das Reich als Ganzes am Ende ein monarchischer Staat wurde. Dabei sollte man freilich nicht übersehen, daß das in anderen europäischen Ländern erfolgreich verwirklichte zentralisierte Gemeinwesen öfter blutig durchgesetzt wurde.

Unter diesen Umständen ist das deutsche Königtum wohl nicht zuerst als Machtinstanz, sondern als Rechtsinstanz zu begreifen. Auf die Dauer und am Ende war es der einzige Legitimationsfaktor für Herren und Obrigkeiten im Reich. Insofern gibt es keinen Einschnitt vom ersten Anfang bis ins frühe 19. Jahrhundert oder mindestens bis zu den tiefgreifenden Wandlungen im 18. Jahrhundert. Aber man darf den Respekt vor dem König nicht nach den Maßstäben des allgegenwärtigen modernen Staates beurteilen. Große Spannungen zwischen Theorie und Praxis waren völlig normal – als Bestandteil einer Lebenswelt, die in fast jeder Hinsicht unvollkommen beschaffen war.

Als Machtinstanz war der König gleich welcher Dynastie überfordert, wenn er dem Reich gegenübertrat: im Hinblick auf seine Kraftquellen, die aus seinen Hausmachtterritorien und aus den überlieferten Königsrechten des Hochmittelalters herrührten, und im Hinblick auf die technischen, organisatorischen und wirtschaftlichen Rahmenbedingungen seines Zeitalters. Die Möglichkeiten der Kumulation, Konzentration und dauerhaften Bewahrung von finanziellen und militärischen Mitteln waren im Vergleich zur Ausdehnung des Reiches ebenso unzureichend wie Information, Sachkenntnis und Verwaltung, überhaupt geordnete Verfahren. Das Problem, dauernd in die Ferne zu wirken oder gar dauernd in der Ferne gegenwärtig zu sein, war nicht lösbar. Die sich nach eigenen Gesetzen entfaltenden regionalen Kräfte und Interessen waren zusammengenommen stets unvergleichlich stärker. So kann die Geschichte der Monarchie in einer Gesamtdarstellung des deutschen Spätmittelalters nicht so viel Raum beanspruchen wie vielleicht in früherer oder späterer Zeit – will man den zeitgenössischen Proportionen einigermaßen gerecht werden.

Seinem Selbstverständnis nach dachte das Königtum monistisch. Obwohl das Reich als ein eigenes Rechtssubjekt begriffen werden konnte, war es vom Königtum nicht ablösbar. Der König rückte auch begrifflich ganz nahe an das Reich heran. »Unsere und des Reiches Stadt« bezeichnete in einem tautologischen Verständnis zuvörderst die Königliche Stadt. In der Praxis freilich standen dem Königtum von alters her mehr oder minder kraftvolle dualistische Gewalten gegenüber und faßten sich zunehmend ebenfalls als »Reich« gegenüber dem König auf. Dies taten vor allem die Kurfürsten und Fürsten; im Grundsatz jedoch ist jegliches eigenständige Gebilde im Reich und auch das Papsttum diesem Gegenüber zuzurechnen.

Eine klare Ausprägung des Dualismus brachte schon die Wahl des Königs mit sich. Die Regelung der Thronfolge war die wichtigste Entscheidung sowie der Höhepunkt des Verfassungslebens im älteren Gemeinwesen. Man kann daher an der Qualität des Verfahrens den Zustand der politischen Kultur und selbst das Maß des Zusammenhalts ermessen, je nachdem, ob Integration durch Rechtsordnung oder Desintegration in einem politisch-militärischen Gegeneinander überwogen hat. Das Wahlprinzip ist zunächst insofern als sich negativ auswirkender Faktor aufzufassen, als die Wähler seit 1273 im eigenen Interesse die Entfaltung einer starken Dynastie hintanzuhalten suchten. Sie wählten am Anfang »kleine« Könige aus jeweils verschiedenen Dynastien. Auf diese Weise unterblieb die kontinuierliche Pflege des Kronguts, mißlang die Ausbildung einer Zentrallandschaft und verstärkten sich dynastische Rivalitäten. Ein König im Sinne der Wähler drohte ein schwacher König zu sein, und er war es oft genug. Sie hatten kein abstraktes Interesse des Reiches vor Augen oder gar dessen

Geltung nach außen. Die vierzehn Könige, die im späten Mittelalter ein Mindestmaß an Anerkennung fanden, entstammten sechs verschiedenen Dynastien; nur einmal folgte der Sohn auf den Vater (1378). Demgegenüber waren die siebzehn Könige des Hochmittelalters mit einer einzigen Ausnahme aus drei Dynastien gekommen; achtmal war der Sohn dem Vater gefolgt.

Doch keiner der Zeitgenossen von Thomas von Aquin bis Bartolus beurteilte oder verurteilte das Wahlverfahren und dessen Ergebnis machtpolitisch. Vielmehr sahen sie im Wahlprinzip eine besondere Auszeichnung des Reiches. Und man sollte in der Tat nicht nur negativ werten. Auch wenn die Königswahlen dieser Art die Durchsetzung einer machtpolitisch wünschenswerten Großdynastie verzögerten, hatten sie immerhin zuvor die beiden erfolgreichsten Dynastien des Mittelalters und der Neuzeit erst geschaffen: die Häuser Luxemburg und Habsburg. Denn beide Grafenfamilien vermochten sich nur durch die Chance der Königswahl zu entfalten. Zu ihnen gesellte sich das altfürstliche Geschlecht der Wittelsbacher. So ergibt sich ein widersprüchlicher Befund. Einerseits wurde das Wahlrecht immer stärker durchgestaltet und bald allgemein anerkannt. Andererseits bahnte es der Großdynastie den Weg, die dann in der Neuzeit eine wirkliche Wahl-Alternative kaum mehr zuließ. Das betonte Wahlkönigtum vom Anfang des Spätmittelalters wurde nicht lange durchgehalten. So war das Reich zwar von Anfang bis Ende ein Wahlreich, aber die Wahl hat ganz unterschiedliche Bedeutung gehabt. Zum spätmittelalterlichen Wahlakt, der zunächst Diskontinuität schuf und dann Kontinuität zuließ, traten weitere Elemente der Stetigkeit hinzu: Der König lenkte – einmal gewählt – ohne Rücksicht auf ältere dynastische Gegensätze sehr oft zur Politik der Vorgänger zurück; aus dem Reich kamen kontinuitätsstiftende Erwartungen und Aufgaben; Beamte des verstorbenen Herrschers traten an den neuen mit dem Anliegen heran, weiterarbeiten zu dürfen.

Die Entstehung des Kurfürstentums als des endgültigen Wählerkreises und die Gestaltung des Wahlverfahrens waren Vorgänge, die vor dem Beginn des Spätmittelalters eingesetzt hatten. Im Jahr 1257 sind erstmals die Erzbischöfe von Mainz, Köln und Trier, der König von Böhmen, der Pfalzgraf vom Rhein, der Herzog von Sachsen und der Markgraf von Brandenburg als die sieben notwendigen Wähler erwähnt. Die Kurie, die seit der Doppelwahl von 1198 politisch und rechtlich Einfluß auf die Herrschererhebung ausgeübt hatte, entschied den vor sie gebrachten Rechtsstreit der 1257 im Konflikt gewählten Könige Richard und Alfons bis zum Tod Richards (1272) nicht ausdrücklich. Bei der Beweisführung kam es beiden Seiten darauf an, daß nur die sieben wählen durften. So schickte der Papst seinen Wahlbefehl von 1273, der das Königtum Rudolfs von Habsburg begründete, nur noch an die sieben. Sie gewannen spätestens durch diesen Akt ihre eigentliche Funktion als Kurfürsten. Im Jahr 1338 wurde dann die Mehrheitsentscheidung festgesetzt. Die Goldene Bulle von 1356 regelte die offengebliebenen Fragen, darunter die Reihenfolge der Stimmabgabe, in abschließender Weise. Bis dahin hatte noch mancherlei Altertümliches weitergewirkt. Vor 1356 und auch noch längere Zeit danach handelten in erster Linie die vier rheinischen Kurfürsten gemeinsam, während die drei östlichen gern abseits blieben; in der Blütezeit des hegemonialen Königtums unter Karl IV. waren die östlichen Stimmen ohnehin mehr oder weniger in der Hand des Herrschers. Erst im 15. Jahrhundert kann man wirklich von einem Kollegium der Kurfürsten sprechen. Diese waren trotz mancher widerstreitender Traditionen, besonders aus dem Umfeld der Habsburger, im Reich populär. Sie bildeten neben dem König, seinem Hof und dem Papsttum die einzige legitimierte Verfassungsinstanz des Reiches. Bald war man der Auffassung, daß Karl der Große, Papst Gregor V. oder Otto III. die Königswähler eingesetzt habe. Die Fiktionen, der Papst habe den Kurfürsten das Wahlrecht erteilt oder sie würden im Auftrag des Volkes handeln, schufen die Möglichkeit, das Wahlrecht in den zwei wissenschaftlichen Rechtsgebäuden des Zeitalters, dem Kirchenrecht und dem Römischen Recht, zu verankern. Ort der Königswahl war seit 1257 mit wenigen Ausnahmen die Bartholomäuskirche in Frankfurt am Main. Es dauerte nicht lange, bis man die Königsjahre vom Wahltag an zählte.

Eine Konsequenz des Wahlrechts, die immer deutlicher hervortrat, war die ständige Mitverantwortung und Mitwirkung der Kurfürsten am Reich und ihre Legitimierung für ein Handeln im Namen des Reiches, wenn der König abwesend, schwach oder ihnen mißliebig war. Es bestand tatsächlich eine Art vertraglichen Verhältnisses zwischen Wählern und Gewähltem, da Zusagen und »Entschädigungen« für die Wahl gefordert und gegeben wurden. Förmliche Wahlkapitulationen gab es erst seit 1519. Nach dem Scheitern des hegemonialen Königtums am Ausgang des 14. Jahrhunderts begann die große Zeit der Kurfürsten. Sie oder einige von ihnen wurden die Anführer des Dualismus.

Auf die Wahl des Königs folgte die Krönung mit Salbung und Weihe, in der Regel durch den Erzbischof von Köln im Aachener Münster. Dort bestieg der König den Stuhl Karls des Großen – auch zum Zeichen dafür, daß das Königtum eine christliche Institution war und daß man Traditionen der Könige des Alten Testaments heraufrief. Die Krönung war zwar nicht mehr konstituierend, blieb aber wesentlich, gerade auch für die Öffentlichkeit. Nach 1356 trat zugunsten des Wahlakts ein Rangverlust der Krönung ein. Dies war, wenn man so will, ein Merkmal von »Konstitutionalisierung« und Verrechtlichung durch ein moderneres Verfahren, wie es die Goldene Bulle vorschrieb. Der neue König erwarb sogleich auch alle Rechte als Herrscher von Italien und Burgund. Krönungen in Mailand und Arles blieben zwar möglich, waren aber nicht notwendig. Die Übernahme der Reichsinsignien, besonders der Krone und Gewandung, der Heiligen Lanze, des Schwertes, des Zepters und des Reichsapfels, legitimierten ein weiteres Mal. Es waren die Insignien des Königtums, die in gleicher Weise auch den Kaiser auszeichneten. Eine eigene Kaiserkrone gab es nicht; das Kaisertum gewann seine Wirklichkeit vom Königtum. Unter Rudolf befanden sich die Insignien auf der Kyburg, im heutigen Kanton Zürich, unter Adolf auf dem Trifels in der Pfalz, unter Ludwig dem Bayern in München, unter Karl IV. und Wenzel auf dem Karlstein bei Prag und endlich, von 1424 bis 1796, in der Kapelle des Heiliggeistspitals in Nürnberg.

Ein Absetzungsrecht der Kurfürsten gegenüber dem König, also gleichsam eine umgekehrte Wahl, und das Recht auf Neuwahl eines anderen gegen den herrschenden König gab es nicht. Wenn solche Gedanken erörtert oder gar verwirklicht wurden (1298, 1400, 1410), handelte man unrechtmäßig; keine oder geringe Bedenken bestanden dann, wenn der Papst von vornherein das Vorgehen legitimierte (1273, 1346). Doppelwahlen durch Verfahrensfehler, die man aus politisch-dynastischen Gründen in Kauf nahm, waren möglich (1257, 1314, 1349, 1410), wurden aber seltener und verschwanden schließlich ganz. Was rechtlich ungeklärt blieb, entschied man auf dem Schlachtfeld (1298, 1322), oder es erledigte sich durch den Tod eines Gegenspielers. Im späten 15. Jahrhundert waren dann die Verrechtlichung und die Vorherrschaft einer Dynastie so weit fortgeschritten, daß keine derartigen Krisen mehr aufbrachen.

Die Eide des Königs verpflichteten ihn zur Wahrung des Reichsguts und stellten damit das Reich dem König wenigstens theoretisch gegenüber. Man erwartete von ihm als erstes die Erneuerung der Privilegien und die reale Durchsetzung seiner Herrschaft. Die Huldigung hatte noch Anerkennungscharakter und wurde womöglich ausgehandelt, selbst in Reichsstädten, die doch als Teile des Kronguts an diskussionslosen Gehorsam gebunden gewesen wären. Ohne Zweifel ist das lange Fortleben solcher problematischen Wesenszüge – bis ins 15. Jahrhundert – eine Folge der zahlreichen Königskrisen gewesen. Erst wenn der König nach einigen Monaten oder Jahren seine Herrschaft durchgesetzt hatte, war die regelmäßig wiederkehrende, in der Verfassung gleichsam vorgesehene Krisenzeit der herrscherlichen Gewalt vorüber. Es konnte die normale Regierung beginnen, bis dann am Ende die Sorge um die Nachfolge der eigenen Dynastie wieder neue Unruhe auslöste. Dieser dreigliedrige Rhythmus wiederholte sich fast regelmäßig. Lange Regierungszeiten waren also wünschenswert, damit die Periode der Normalität möglichst lange währte. Auch deshalb gehörten Zufall und Glück zur Ausgestaltung der deutschen Geschichte des späten Mittelalters. Allzuviel Glück war ihr nicht beschieden.

Von großer Bedeutung für die Regierungsfähigkeit des Königs waren die materiellen Grundlagen seiner Macht. Obenan standen die Mittel der Hausmachtterritorien, über welche er als ein Fürst wie alle Fürsten gebot. Innerhalb dieser Erblande konnte er vor allem über seine Domänen verfügen, viel weniger schon über den Besitz des landsässigen Adels. Zudem erwarb der König durch seine Erhebung die Verfügungsgewalt über das Reichsgut, wie es von seinen

Die hierarchische Spitze des Reiches auf den Mainzer Kaufhausreliefs

Mainz, Mittelrheinisches Landesmuseum

Als man in den Jahren 1812/13 in Mainz das alte Kaufhaus am Brand im Zentrum der Altstadt abriß, verlor die Stadt das markanteste profane Gebäude, das fast fünfhundert Jahre lang der Mittelpunkt ihrer Handelsgeschichte gewesen war. Es ist bezeichnend für das Geschichtsverständnis des frühen 19. Jahrhunderts, daß man die Zinnen der Vorderfront und die Marienfigur des Portals rettete. Nach den erhaltenen Quellen steht fest, daß das Kaufhaus spätestens im Jahr 1317 fertiggestellt war. Im Rahmen einer stilkritischen Untersuchung über »Bildgrabsteine der Hochgotik« hat Alexander Freiherr von Reitzenstein die Mainzer Zinnenreliefs in die vierziger Jahre des 14. Jahrhunderts datiert. Wenn dieses Ergebnis mit der Baugeschichte in Übereinstimmung gebracht werden soll, müßte man annehmen, die Zinnenfront sei auf die Frontseite nachträglich aufgesetzt worden.

Die Datierungsfrage läßt sich nicht lösen, ohne auf die Besonderheiten der Darstellung einzugehen. Denn die acht Zinnen, je vier zu seiten des heiligen Martin, sind gewissermaßen der hierarchischen Spitze des Reiches gewidmet. Sie zeigen den König und römischen Kaiser und jene sieben Fürsten, die das Recht hatten, den König zu wählen: die Erzbischöfe von Mainz, Köln und Trier, den König von Böhmen, den Pfalzgrafen vom Rhein, den Herzog von Sachsen und den Markgrafen von Brandenburg.

Wenn man bedenkt, daß das Kaufhaus von den Bürgern erbaut und der Zinnenschmuck gleichfalls von der Bürgerschaft in Auftrag gegeben wurde, bekommt das mittlere Relief mit der Martinsdarstellung ein besonderes Gewicht. Denn der Patron der Stadt, der Titelheilige des Domes, könnte hier für die Stadt Mainz stehen, die in jener Zeit darum ringen mußte, die erworbenen Freiheiten gegenüber dem erzbischöflichen Stadtherrn zu sichern. Der heilige Martin inmitten der obersten Reichsfürsten – das sollte wohl Ansprüche und Hoffnungen ausdrücken, zumal der Ort der Königskrönung damals noch nicht festgeschrieben war und Mainz und Aachen um dieses Recht wetteiferten. Seit 1267 hat es im Aachener Rathaus ebenfalls einen Kurfürstenzyklus gegeben, in dem man gleichartige Ansprüche erken-

Das alte Kaufhaus auf dem Brand in Mainz. Kupferstich nach einer Vorlage von Georg Moller. Mainz, Mittelrheinisches Landesmuseum

nen darf. Der Mainzer Erzbischof Peter von Aspelt (1306–1320) hat Könige gekrönt. Der Erzbischof Siegfried III. von Eppstein hatte mit dem Um- und Ausbau des Westchores im Dom die baulichen Voraussetzungen für Königskrönungen in Mainz geschaffen; der Westchor war 1239 geweiht worden. Auch vor diesem Hintergrund muß man den Bau des Mainzer Kaufhauses sehen. In der Zinnenfront haben unterschiedliche Ziele eine Form gefunden: der Gedanke des Mainzer Rates in einer Freien Stadt und der des Erzbischofs für eine Krönungsstadt.

Da sich in den Zinnen dieses Handelshauses reichs- und stadtgeschichtliche Aspekte spiegeln, kann die Datierung der Zinnen nicht unabhängig von solchen Erwägungen erfolgen. Von der Kurmainzer Geschichte her gesehen ist eine Entstehung der Zinnen nach 1320, nach dem Tod Peters von Aspelt, wenig wahrscheinlich; denn dieser Erzbischof hatte die Finanzen seines Landes saniert und es zudem verstanden, mit den Königen in einem guten Einvernehmen zu stehen, was man keinem seiner Nachfolger uneingeschränkt bestätigen kann. Ludwig der Bayer erteilte der Stadt Frankfurt 1337 ein Privileg, demgemäß Mainz niemals Märkte erhalten solle, die den Frankfurter Messen schaden könnten. Ein weiteres »Mainzer« Argument kommt hinzu: Im Jahr 1332 begannen in Mainz Bürgerunruhen, die zu einem offenen Konflikt zwischen der Bürgerschaft auf der einen und den Ratsfamilien auf der anderen Seite führten und die – nach dem Auszug der Patrizier – mit einer spürbaren Kapitalflucht endeten. Aus allen diesen Gründen ist eine Entstehung der Kurfürstenfolge vor 1320 am wahrscheinlichsten.

Es ist nicht möglich, die Mainzer Reliefs einem bestimmten Bildhauer zuzuweisen. Die nächsten Parallelen finden sich in Grabplatten, worauf Freiherr von Reitzenstein mit Recht hingewiesen hat. Eine Übereinstimmung der künstlerischen Handschrift ist aber in keinem Falle festzustellen. Dabei ist zu berücksichtigen, daß die Grabmale für eine Nahsicht bestimmt waren, die Zinnen dagegen in weitem Abstand gesehen wurden. Sie zählen zu den bedeutenden Denkmälern der Reichsgeschichte im späten Mittelalter.

Lit.: E. Schälicke-Maurer, Das alte Kaufhaus auf dem Brand in Mainz, in: Studien für W.F. Volbach zu seinem siebzigsten Geburtstag, Mainz 1966, 315 ff.; L. Falck, Mainz in seiner Blütezeit als freie Stadt, in: Geschichte der Stadt Mainz, Bd 3, Düsseldorf 1973, 103 f.; A. Frh. von Reitzenstein, Der Ritter im Heergewäte, Bemerkungen über einige Bildgrabsteine der Hochgotik, in: Festschrift für Th. Müller zum 19. April 1965, München 1965, 73 ff.; Die Parler, Ausstellungskatalog Köln, 1978, Bd 1, 245, Anm. 3; L. Falck, Die Nachfolger des Willigis auf dem Mainzer Stuhl, in: Tausend Jahre Mainzer Dom, Mainz 1975, 82; F. Arens, Der Dom zu Mainz, Darmstadt 1982, 3, 21 f. und 46 ff.; J. Fischer, Frankfurt und die Bürgerunruhen in Mainz 1332 – 1462, in: Beiträge zur Geschichte der Stadt Mainz, Bd 15, Mainz 1958, 5.

(Horst Reber)

Vorgängern hinterlassen worden war. Schließlich waren ihm die Glieder des Reiches, insbesondere die von ihm unmittelbar belehnten, Rat und Hilfe schuldig. Rat und Hilfe wirkten sich je nach der konkreten Machtverteilung ganz verschieden aus und mündeten am Ende des Mittelalters in den institutionalisierten Dualismus ein. Die Zeitgenossen waren überall in Europa der Meinung, daß ein König in erster Linie auf sein eigenes Gut gestützt zu wirken habe und Rat und Hilfe von den Untertanen nur im Notfall erbitten solle. Selten tritt das vorstaatliche Denken des Mittelalters deutlicher zutage.

Im großen und ganzen kann man seit dem staufisch-welfischen Thronstreit von 1198, im sogenannten Interregnum, in der Zeit der »kleinen« Könige und unter Ludwig dem Bayern und Karl IV. Schrumpfungs- und Wandlungsvorgänge feststellen, die das Reichsgut und seine Erträge erheblich geschmälert haben. Im 15. Jahrhundert wurde die Reichsgewalt dann vielfach statt auf Güter auf Rechte gegründet und endlich dualistisch fundiert. Die Rechte des Königs erwiesen sich als beständiger denn seine Güter und erlaubten sogar neuartige Einkünfte. Gegenüber dem hochmittelalterlichen Reichsgut fehlten wohl Einsicht, Kraft oder auch der Wille zu wirklich durchgreifenden und langfristigen Reformen unter neuartigen Gesichtspunkten. Dabei ist nicht leicht zu entscheiden, ob man damit eine unzeitgemäße Forderung erhebt oder ob man von einem offenkundigen Versagen sprechen soll. Unübersehbar ist hier jedenfalls eine wesentliche Schwäche des Königtums, wenn man mit der Situation in den Nachbarländern vergleicht. Darum scheiterte die erste Konzeption des spätmittelalterlichen Königtums, das Festhalten und die Fortentwicklung des staufischen Vorbildes. Das Interesse von Fürsten und Herren an der Festigung der eigenen Rechte durch den Erwerb von Reichsgut konnte nicht zurückgedrängt werden. Es war eine machtpolitische, aber auch eine verwaltungstechnische Frage an eine kontinuitätsschwache Monarchie, die in beiden Fällen die Antwort schuldig blieb. Da auch der zweite Anlauf des Königtums scheiterte, die Verwandlung wesentlicher Teile des Reiches in Hausmachtländer einer überlegenen Großdynastie, gelangte am Ende das Reichsgut weit überwiegend auf die fürstlich-städtische, jedenfalls nichtkönigliche Seite des institutionalisierten Dualismus. Auf diese Weise verlor die zentrale Gewalt ihre Verankerung in großen Teilen des Reiches.

Beim Reichsgut hat sich die Aufmerksamkeit vor allem auf drei Punkte zu richten: auf die flächenhafte Organisation, die punktuellen Kraftzentren der Reichsstädte und die Bareinnahmen des Herrschers. König Rudolf und sein Sohn Albrecht faßten das überkommene und zum Teil wiederhergestellte Krongut in Landvogteien zusammen: Ober- und Niederschwaben, Elsaß, Ortenau am Oberrhein, Speyergau, Wetterau, Rothenburg und Nürnberg. Verwaltet wurden diese Gebiete von einem Landvogt, das heißt einem königlichen Amtsträger, der die Rechte des Herrschers nach zeitgemäßer Manier in seiner Region umfassend wahrnahm. Die wichtigsten Glieder des Kronguts freilich, die Königlichen Städte und werdenden Reichsstädte, suchten sich solcher Bevormundung zu entziehen und strebten danach, unmittelbar unter den König zu treten – auf die Dauer mit Erfolg. Die Landvogteien wurden durch Verpfändungen und Vergabe an benachbarte Territorialherren, die sie wie Eigengut zu behandeln trachteten, bald geschwächt oder erloschen auf diese Weise allmählich. Vor allem durch die Verpfändungspolitik der Könige wurden große Teile des Reichsguts in Bargeld oder in die Vergütung von Adelsleistungen umgewandelt, um Augenblicksnöten abzuhelfen. Mit dem sich seit dem 13. Jahrhundert überall in Europa sprunghaft mehrenden Geldbedarf der Fürsten hielt die Einsicht in Möglichkeiten und Notwendigkeiten staatlicher Substanz nicht Schritt. Zahlreiche kleine Königsrechte, darunter der Schutz von Klöstern, Ämter in Städten und auf dem Lande und anderes mehr, gingen auf diese Weise für immer an regionale Kräfte über. Vieles dürfte auch in Krisenzeiten unrechtmäßig entfremdet worden sein. Man hat errechnet, daß seit der Stauferzeit städtisches Reichsgut für 1.640.000 Mark Silber, 920.000 Pfund Heller und 1,9 Millionen Gulden verpfändet worden ist, siebzig Prozent davon im 14. Jahrhundert. Die Wende zur neuen Konzeption des hegemonialen Königtums unter Karl IV. hat besonders große Verluste mit sich gebracht.

Neben dem flächenhaft organisierten Reichsgut standen die Regalien als fiskalisch nutzbare Königsrechte, insbesondere Einnahmen aus Zöllen und der Münzprägung. Während nur wenige Münzstätten im königlichen Besitz blieben, wiederhergestellt oder neu eingerichtet wurden – beispielsweise in Nürnberg, Frankfurt am Main und Schwäbisch Hall –, erbrachte das Zollregal, zumal am vielbefahrenen Rhein, bis ungefähr zum Ausgang des 14. Jahrhunderts dem König beträchtliche Einnahmen. Das wertvollste Regal, das Bergregal vor allem für Edelmetalle, aber auch für Salz, war gänzlich an die Landesherren übergegangen und konnte der Krone nur auf dem Weg über die Erblande – in Böhmen und Tirol – nutzbar gemacht werden.

Das Finanzwesen der Epoche kann nicht systematisch, sondern nur als historisch gewachsen begriffen werden. Noch am Ende des Mittelalters gab es keine rationale Staatsfinanz, wie übrigens auch kaum in anderen Monarchien. Volkswirtschaft und öffentliches Finanzwesen waren bei weitem noch nicht so eng verflochten wie in der Moderne. Die »staatlichen« Finanzen machten nur einen sehr kleinen Teil des gesamten Geldverkehrs aus. Sie waren uneinheitlich und unübersichtlich, und es bestand kein durchdachtes Instrumentarium im heutigen Sinne. Allgemeine »moderne« Steuern wurden im Reich erst seit dem 15. Jahrhundert infolge besonderer Notlagen eingeführt.

Die wichtigsten Bareinnahmen aus dem Krongut lieferten die Reichsstädte, und zwar in Gestalt einer pauschalierten Jahressteuer, in Form von unregelmäßig geforderten Sonderzahlungen und von »Geschenken«. Außerdem wurden die dort ansässigen Judengemeinden als wohl einzige Einwohnergruppe im Reich vom König sehr hart besteuert. Ludwig der Bayer führte noch eine neue Judensteuer ein, den sogenannten Goldenen Opferpfennig. Ferner gab es Einnahmen aus den Gebühren für Privilegierung, für Gerichts- und Hoheitshandlungen und aus Strafgeldern. Die Einkünfte aus Italien waren zeitweise recht beachtlich; gelegentlich flossen auch Subsidien von Päpsten und Nachbarkönigen zu. Gesicherte Zahlen fehlen. Der Anteil der unregelmäßigen Einkünfte war jedenfalls bedeutend. Es gab kein Denken in Jahresetats; man lebte von der Hand in den Mund.

Angesichts solcher Verhältnisse war das Kreditbedürfnis groß. Es wurde in der Regel durch das Großbürgertum der königsnahen Städte, oft auf dem Reiseweg des Königs, befriedigt. So mancher Kredit wurde nicht zurückgezahlt und ist daher der Besteuerung zuzuschlagen. Die Zusammenarbeit mit dem Bürgertum fand ihren Höhepunkt in der Reichsstadt Nürnberg, nachdem am Anfang des späten Mittelalters Straßburg eine gewichtige Rolle gespielt hatte; am Ende des 15. Jahrhunderts begann die große Zeit Augsburgs. Auch territoriale Hauptstädte wurden dafür wichtig, so München, Prag und Wien. Gleichwohl war die Schuldenwirtschaft problematisch und führte immer wieder zu unwürdigen Szenen mit den Gläubigern. Die Ausgaben dienten im Normalfall zu einem extrem hohen Prozentsatz dem Hofleben. Kriegszüge verschlangen ungeheure Summen und konnten, wenn überhaupt, nur durch Sondereinnahmen finanziert werden.

Zu den Hauptaufgaben des Königtums gehörten die Lehnsherrschaft, die Rechtswahrung, die Friedenspflege und das Militärwesen. Das alte Reich war bis zu seinem Ende ein Lehnsreich, auch wenn bei weitem nicht sein ganzes Gebiet aus Lehnsland bestand. Auch der Lehnsstaat hat die Hauptaufgabe eines Staates, die Selbstbehauptung, bewältigt. Aber dies geschah in Deutschland als ein eher statisches Verhalten, das hinter den Zeiterfordernissen immer mehr zurückblieb. Deshalb war es so wichtig, daß das Reich in das späte Mittelalter zwar als Lehnsstaat eintrat, dieses aber nicht mehr nur als Lehnsstaat verließ, sondern als ein institutionell und ständisch neuartig durchgeformtes Gebilde. Es kannte fortan auch Pflichten seiner Glieder allein aufgrund der Reichszugehörigkeit und unabhängig von der Lehnssituation.

Die Bedeutung des spätmittelalterlichen Lehnswesens ist lange Zeit zu Unrecht unterschätzt worden. Wohl niemals zuvor hat es mehr königliche Lehnsleute gegeben als nach 1250, da nun auch Bürger lehnsfähig waren. Man wird dabei beachten, daß die reale Machtdifferenz und der räumliche Abstand zwischen Lehnsherrn und Lehnsmann zu allen Zeiten über den Wert des Lehnsbandes entschieden und daß es daher schwache Könige schwer hatten. Bei starken Herrschern war die lehnsrechtliche Zuordnung wenigstens der Reichskirchen kaum minder wirksam als in der Stauferzeit. Im 15. Jahrhundert war es dann wohl allgemein anerkannt, daß man landesherrliche Rechtshandlungen, besonders im Bereich der Blutgerichtsbarkeit, ohne königliche Belehnung und Regalienleihe nicht gültig vornehmen konnte. Das weitverbreitete Hinauszögern der Lehnsnahme erregte zunehmend Anstoß. Im 16. Jahrhundert entschied sich endgültig, daß der König in den Territorien seiner Lehnsleute nichts Wesentliches auszurichten vermochte. Ebensowenig ist jemals ein allgemeiner Treuevorbehalt zugunsten des Königtums erreicht worden. Dies blieb eine Hauptschwäche. Außerdem ließen sich allein aufgrund des Lehnsbandes aufwendige Dienste der großen und entfernten Lehnsträger kaum durchsetzen. Der Besitz des Lehens war zum selbstverständlichen Recht geworden. Wie in der Stauferzeit wurden aus militärischen oder politischen Gründen Bündnisse zwischen dem König und belehnten Reichsfürsten geschlossen und durch Soldzahlungen oder Verpfändungen von Reichsgut finanziert. Nur der Kampf gegen Heiden und Ketzer wurde noch als wirkliche Verpflichtung aufgefaßt. So war das Reich viel mehr ein defensiv-reagierendes als ein aktiv-agierendes Gebilde.

Die Reichsverfassung war vor allem auf ungeschriebenes Gewohnheitsrecht gegründet. Man kann wohl von ihrer Geborgenheit im Recht als einer zuletzt im Willen Gottes ruhenden Gewißheit sprechen, die konkreter Ausgestaltung erst im Konfliktfall bedurfte. Das Recht war somit nicht logisch durchgeformt. Nur einzelne darin eingelagerte Teile wurden früher oder später schriftlich fixiert, beispielsweise das Königswahlrecht. Dieser Zustand bot dem König und den Königsgegnern beträchtlichen Spielraum. Der König als Quelle der legitimen Gewalt konnte mit gleicher Rechtmäßigkeit völlig allein handeln und entscheiden oder Rat und Hilfe der Fürsten, also ihre Mitwirkung herbeiführen. Zwischen theoretischer Allmacht und praktischer Durchsetzungsfähigkeit mochte es zu unerhörten Spannungen kommen – vor allem infolge der machtpolitischen Realitäten, aber ebenso aufgrund des in vielen Rechtsbereichen verbreiteten Gedankens, daß das Handeln des Herrn die Zustimmung der jeweils Betroffenen erfordere.

In der Praxis trifft man auf fließende Übergänge, auch auf – vielleicht absichtlich – unklare Formulierungen und auf einen raschen Wechsel von diesem zu jenem Verhalten. So gab es zum Beispiel auf die Dauer zwar keine reichsrechtliche Einschränkung der königlichen Verfügungsgewalt über das Reichsgut, doch man wünschte vielfach die Zustimmung der Kurfürsten. Ihr Handeln war nicht rechtschaffend, aber rechtsbestärkend. Damit war den wechselnden Realitäten genügend Spielraum geschaffen, ohne daß diese oder jene Haltung die Zukunft präjudizierte. Erst die Reichsreform hat am Ende des Mittelalters wesentliche Tatbestände der Verfassung in solcher Weise fixiert, daß man sich darauf ähnlich wie auf ein modernes Gesetz berufen konnte. Damit begann die neuzeitliche Rechts- und Verfassungsgeschichte des Reiches – als eines fortan verdichteten Gebildes.

Der König war der oberste Richter im Reich, wie er oberster Gesetzgeber und oberster Inhaber der exekutiven Gewalt war. Eine Gewaltenteilung vermochten sich die Zeitgenossen nicht vorzustellen. Der König war die Quelle allen Rechts. Aber er war weniger dessen Herr als dessen Verwalter, weil das Recht nach überliefertem Verständnis der Gerechtigkeit Gottes entstammte oder gar ihr gleichkam. Hier lag auch die Grenze dessen, was man mittelalterliche »Realpolitik« nennen könnte. Das antike Römische Recht, welches das Recht des deutschen Königs-Kaisers in Italien längst war und nun auch in Deutschland wurde, trug demgegenüber irdische Merkmale. Auch aus diesem Grund rückte die Gesamtheit des Rechts ganz allmählich aus der göttlichen Sphäre in den Bereich des »Machbaren« hinein. Es wurde schwieriger, das konkrete Rechtshandeln einer Instanz von einer dem Menschen übergeordneten Rechtsnorm und von einer allgemeinen Billigkeit her anzufechten.

Das deutsche Herrschertum nahm keinen Anteil an der großen europäischen Kodifikationswelle des 13. Jahrhunderts und zeigte sich auch später wenig rechtsschöpferisch. Die Zahl der kaiserlichen Gesetze war klein, und sie waren nicht als abstrakte Normen mit Anspruch auf allgemeine Geltung, etwa im sozialen Bereich, gedacht. Eine unverdichtete Gesellschaft konnte man nicht im heutigen Sinne gesetzlich gestalten. Die großen deutschen Rechtsbücher – der »Sachsenspiegel« Eikes von Repgow (vor 1235), der »Deutschenspiegel« (1274/75) und der »Schwabenspiegel« eines Augsburger Franziskaners (1275/76) – waren Privatarbeiten. Sie gewannen erst durch ihre Rezeptionsgeschichte gesetzbuchartige Wirkung, woran der König kaum aktiven Anteil nahm. Der »Schwabenspiegel« mit etwa vierhundert bekannten Handschriften ragt besonders hervor. Bei alledem ist der Gesetzesbegriff mit großer Vorsicht zu handhaben und von anachronistischen Vorstellungen freizuhalten. Gesetz und Privileg standen einander nahe; oder anders gesagt: Lange Zeit war das Privileg stärker als das Gesetz, Regierung des Königs bedeutete vielfach Gewährung und Erneuerung von Sonderrechten. Daher war die kasuistisch ausgeübte richterliche Gewalt des Königs wichtiger als die Gesetzgebung – ein Zeichen für die Altertümlichkeit der deutschen Verhältnisse. Kern des Herrschaftsauftrags war tatsächlich die Wahrung des Einzelrechts. Dabei sah sich das öffentliche Leben in der Praxis fast überall großer Rechtsunsicherheit ausgeliefert. So stellte sich fast jede Gerichtsbarkeit im Reich, zumal die königliche, in vielen Einzelfällen als problematisch dar. Das betraf vor allem das Durchsetzen der Entscheidungen.

Am Königshof wurde das Recht in verschiedener Weise verwirklicht: durch das persönliche Richtertum des Herrschers, durch gütliche Einigung der Parteien nach seiner Anregung, durch Schiedsspruch und durch in seinem Auftrag tätige Gerichte. Die älteste dieser Instanzen war das Königliche Hofgericht staufischen Erbes. Es festigte sich – nach einer Phase institutioneller Unsicherheit am Anfang des späten Mittelalters – im 14. Jahrhundert und arbeitete bis in die Mitte des

15. Jahrhunderts, was letztmalig für 1451 belegt ist. Spätestens von 1415 an wurde das Hofgericht durch das Königliche Kammergericht begleitet und dann abgelöst. Das Hofgericht wirkte nach deutschrechtlichem, also mündlichem Verfahren und war in Vorgehensweise und Zusammensetzung relativ strengen formalen Regeln unterworfen. Das Kammergericht, in welches bald auch das gelehrte Recht Eingang fand, war wesentlich flexibler und daher am Ende erfolgreicher. Alle Arten der Rechtspflege darf man sich nicht von den realen Bedingungen des Hoflebens abgehoben denken, das vom Beamtenethos der Moderne nichts wußte. So fürchteten eher die Kleinen als die Großen den königlichen Richterspruch. In einem weiteren Sinne war alle königliche Gerichtsbarkeit »politisch«, das heißt beeinflußbar und an der jeweiligen politisch-fiskalischen Zweckmäßigkeit orientiert. Auch offene Bestechlichkeit und Parteilichkeit sind bezeugt. Seit 1421 griff ein »Kronanwalt«, der Fiskalprokurator, Verstöße gegen königliche Rechte auf und brachte sie als Anklagevertreter vor die Hofgerichtsbarkeit. Die gelehrten Juristen am Hofe, deren Zahl ständig anwuchs, traten allmählich in die Rechtspflege ein, nachdem sie längst im Verwaltungsdienst tätig gewesen waren.

Ein entscheidendes oder gar das entscheidende innenpolitische Problem des deutschen Mittelalters hieß »Friedenswahrung«. Der König war der erste Schirmherr des Friedens im Reich. Die Geschichte des Friedens – als Geschichte auch von Rechtsbildung und Rechtsverwirklichung – weist auf, welches kostbare Gut der innere Frieden immer gewesen ist. Sie zeigt zugleich, wie schwer es der so wenig durchgeformten Gesellschaft des Spätmittelalters gefallen ist, dieses Problem zu bewältigen. Dabei ging es weniger um die Eindämmung des Verbrechertums als um die Begrenzung rechtmäßiger oder rechtmäßig scheinender Gewalt, der Fehde, wiewohl die Gewaltkriminalität – auch als Folge sozialer Entwurzelung – offenbar zugenommen hat. In der noch vorstaatlichen Gesellschaft des deutschen Spätmittelalters übte der Wehrfähige, besonders der Landadelige, ein eigenes Recht auf Selbsthilfe mit »rechter« Gewalt aus. So kann die Fehde, obwohl ihr Mißbrauch überall nahelag, als ein Ausdruck der Rechtsfindung parallel zum Prozeßweg, als Rechtsmittel, angesehen werden. Die Geschichte der Zurückdrängung der Fehde ist die Geschichte des Weges zum wirksamen Gemeinwesen. Die Kirche und die Städte beschränkten die Fehde unter Verweis auf den Rechtsweg. Fehden der Bürger außerhalb der Mauern blieben jedoch erlaubt. In Deutschland war das Friedensproblem am Ende nur dualistisch lösbar, wie der Ewige Landfriede von 1495 zeigt. Sein allgemeines Fehdeverbot wurde in ungefähr einer Generation durchgesetzt. Der neuzeitliche Territorialstaat, das heißt der flächenhafte, wirkliche Staat, hat die Fehde in der Praxis beseitigt.

Der relativ erfolgreichste übergreifende Versuch zur Friedenssicherung im spätmittelalterlichen Reich ist mit dem Stichwort »Landfriede« verbunden. Er war ein hochmittelalterliches Erbe. Im späten Mittelalter sind zahlreiche Landfrieden geschlossen worden: vom König und von Fürsten, von adeligen Herren und von Städten. Die Wurzeln der Friedensgewalt sind umstritten, aber zumindest in der Praxis teilte das Königtum diese Gewalt mit anderen Herren und Obrigkeiten. Entsprechend dürfte die rechtliche Wurzel des Landfriedens in der eidlichen Selbstbindung der Beteiligten auf bestimmte Zeit zu finden sein. Wer nicht schwor, war nicht gebunden, konnte jedoch durch seine Friedloserklärung, das heißt unter Druck, zum Einlenken gebracht werden. Zahlreiche Landfrieden dienten dem Ausbau der Territorien zugunsten der Landesherren. In den königsnahen Landschaften wirkte das Königtum leitend oder anregend bis etwa zum Ende des 14. Jahrhunderts an der Friedenswahrung mit und stellte häufig den Obmann des Friedensausschusses. Dieser war ungefähr nach dem politischen Gewicht der Beteiligten zusammengesetzt und arbeitete zugleich als Behörde und als Gericht. Auch der Hauptmann der Exekutionstruppe konnte vom König eingesetzt sein. Diese besondere Gerichtsbarkeit und »polizeiliche« Gewalt wirkten in die Territorien hinein, so daß sich diese im Zuge der eigenen Verfestigung solcher Einmischungen zu entledigen suchten. Auch hier markiert das Ende des 14. Jahrhunderts eine Wende. In Norddeutschland fanden von Anfang an fast alle Landfriedensabschlüsse ohne Beteiligung des Königs statt.

Der König war der oberste Heerführer im Reich. Es gab vielfältige militärische Aufgaben: im Kleinkrieg gegen Friedensbrecher; in den Kriegen von Doppelkönigen gegeneinander, von Herrschern gegen rebellische Fürsten und Städte in Deutschland, Italien und Burgund; in den seltenen Kämpfen mit christlichen Königen, Fürsten und Republiken wie im Falle Frankreichs, Neu-Burgunds und Venedigs; in den schweren Konflikten mit den Feinden des rechten Glaubens im Inneren – den Hussiten – und an den Grenzen – den Türken. Kriege konnten also der Rechtsfeststellung und Rechtsdurchsetzung oder der Verteidigung dienen oder im Sinne eines Kreuzzugs geführt werden. Kriege, wie man sie in der Neuzeit kennt, unternahm das spätmittelalterliche Reich nicht. Da es nach der Auffassung der Theologen einen gerechten Krieg – seit der Spätscholastik sogar auf beiden Seiten – oder auch den Krieg als Gottesgericht gab, bereitete der Sieg des offenkundigen Rechtsbrechers große gedankliche Schwierigkeiten. Nach und nach setzte sich eine Säkularisierung des Krieges durch. Gott trat zurück; Fortuna, Strategie und Taktik rückten nach vorn.

Das Aufgebot des Reiches für ein größeres Kriegsunternehmen wurde auf einem Treffen zwischen dem König und den interessierten Fürsten ausgehandelt und den Reichsstädten auferlegt. Die Lehnsleute waren prinzipiell zum Heeresdienst verpflichtet. Aber wie schon in staufischer Zeit war weder eine vollständige Gefolgschaft der Reichsglieder erreichbar, noch konnte man größere Truppenmengen ohne Soldzahlung zusammenhalten. Nur der Heiden- und Ketzerkampf vollzog sich weithin auf der Basis von Selbstverpflichtungen, für die 1422 erstmals eine Matrikel aller Reichsglieder aufgestellt wurde. Ein stehendes Heer besaß der deutsche König nicht, im Gegensatz zum französischen, der seit der Mitte des 15. Jahrhunderts darüber verfügte; es gab nur Aufgebote von Fall zu Fall.

Im 13. und 14. Jahrhundert schlugen sich die Könige noch persönlich auf dem Schlachtfeld, im 15. Jahrhundert ließen sie sich durch Feldhauptleute vertreten. Als Urbild des »modernen«, eher verwaltenden Königs kann in Deutschland Karl IV. gelten. Doch auch er offenbarte in seiner Jugend kriegsabenteuernde Wesenszüge, von denen er nicht ohne Stolz erzählt hat. Das alte Heerkaisertum hochmittelalterlichen Stils kam immer wieder, so noch 1355 auf dem ersten Italien-Zug Karls, zur Geltung. In heftigen Straßenkämpfen trug gleich einem Reichsprälaten ottonischer Zeit der Bischof von Augsburg, der dann auch verwundet wurde, das kaiserliche Banner voran. Spätmittelalterlich war, daß er als gelehrter Jurist neben dem Schwert auch die Feder zu führen wußte.

Am Anfang des Spätmittelalters stand das immer schwerer bewaffnete Ritterheer im Mittelpunkt militärischer Kraftanstrengung. Wohl im dritten und vierten Jahrzehnt des 14. Jahrhunderts wurde das veraltende Kettenhemd durch den Panzerharnisch ersetzt. Die Hauptangriffswaffen blieben Lanze und Schwert. Der Ritter wurde von leichtbewaffneten Knechten begleitet, die mit ihm zusammen die Einheit der Gleve bildeten. Die Kampfhandlung begann mit dem möglichst geschlossen durchgeführten Anritt. Oft entschied schon der erste Zusammenprall über Sieg und Niederlage; denn aus Mangel an taktischer Disziplin und Beweglichkeit war eine Wiederholung des Anritts kaum möglich. Das Treffen löste sich in Einzelkämpfe auf. Die Verfolgung von Rittern durch Ritter war schwierig. Die Zahl der Kämpfer und die Verluste waren verhältnismäßig klein. Beide Seiten hielten sich an bestimmte Kampfesregeln. So galt das Zurückhalten einer Reserve als unritterlich, und die Behauptung des Kampfplatzes für eine bestimmte Zeit drückte den Sieg aus.

Doch die Schwerfälligkeit des Ritters gegenüber dem Fußkämpfer, der zunächst die aus der Streitaxt entwickelte Hellebarde und später auch die langspießartige Pike führte, wurde immer bedenklicher, während sich die Versuchung verstärkte, durch Regelverletzungen den Sieg zu erzwingen. Die Schlacht bei Dürnkrut im August 1278, die die weltgeschichtliche Rolle des Hauses Habsburg eigentlich erst begründete, ist auch durch den Einsatz einer Reserve gewonnen worden. Besonders bedeutsam war der Erfolg der neuen Organisationsform der einigermaßen straff geführten Fußheere der Eidgenossen und später der Hussiten, auch aufgrund der Ausnützung des Geländes. Der Sieg der Eidgenossen am Morgarten 1315 über die Panzerreiter der Habsburger war in dieser Hinsicht ein Menetekel. Auch später scheiterten Ritterheere kläglich, obwohl sie immer mehr aus besoldeten Berufskriegern bestanden, die durch »Kriegsunternehmer« angeworben worden waren. So wurde die Kriegführung für Könige und Herren zunehmend teurer und insgesamt grausamer und regelloser. Der Übergang zur Neuzeit kündigte sich auch in dieser Hinsicht an.

Fast überall in Europa wurde ein derart verändertes Militärwesen im 15. Jahrhundert zu einem starken Motiv staatlicher Fortentwicklung und Durchorganisation. Das klassische Beispiel dafür ist Frankreich. Auch weil ein stehendes Heer beschäftigt werden mußte, schritt man zur Expansion. Im Reich brachten die Hussitenkriege erste bemerkenswerte, jedoch nur kurze Zeit wirksame Anstöße zur Organisation des für die Staatsbildung so wichtigen Steuerwesens mit sich. Dies wiederholte sich dann bei den Franzosen- und Türkenkriegen im letzten Viertel des Jahrhunderts. Daß sich im Zeitalter der Reichsreform der institutionalisierte Dualismus durchsetzte, hing eng mit militärischen Notwendigkeiten zusammen.

Am Hofe und außerhalb des Hofes: die Verwaltung des Königs

Alteuropäische Königsherrschaft war ihrem Wesen nach mit der Institution des Hofes verbunden. Es gab keinen Herrscher ohne Hof. Im deutschen Spätmittelalter war der Hof stets das entscheidende Medium des Königs gegenüber dem Reich, weil er eine flächendeckende Verwaltung nur in bescheidenen Ansätzen und ohne Dauerwirkung entwickeln konnte. Der Hof war Ausweis und Ausstrahlung königlicher Existenz, Instrument des Herrn, Ort seiner Verwaltung, Raum der Einwirkung äußerer Kräfte auf den König und Platz von Machtkämpfen. Als punktförmiges Kraftzentrum und als selbständige, an die Person des Herrn gebundene, daher auch rechtlich abgehobene Einheit stand der Hof den Hausmachtterritorien und dem übrigen Reich gegenüber. Die Glieder des Hofes gehörten der Familia des Königs an. Alle Hof- und damit »Staats«ämter erloschen mit dem Tod des Königs. Man zerbrach die Siegel, so daß auch die Tätigkeit der Kanzleien endete.

Von König zu König erlebte der Hof beträchtliche Wandlungen. Daß am Anfang des deutschen Spätmittelalters »kleine« Könige auf dem Thron saßen, erkennt man am besten an den damals sehr bescheidenen Dimensionen des Hofes – gerade auch im Vergleich zur gleichzeitigen Entfaltung des päpstlichen Hofes und des französischen Königshofes. Von Karl IV. an zeigten sich – nicht zuletzt aufgrund dieser beiden Vorbilder – auch in Deutschland eine Vergrößerung und Qualitätssteigerung des Hofes. Aber unter Karl ist auch schon der Höhepunkt höfischer Geschichte zu verzeichnen. Denn es gab fortan in recht präziser Widerspiegelung des Ablaufs der politischen Ereignisse keine geradlinige Weiterentwicklung des Hofes, sondern beträchtliche Schwankungen. Der durch den Dynastienwechsel hervorgerufene Schwerpunkts- und Residenzwechsel wirkte sich sehr schädlich aus, und dasselbe geschah, als das habsburgische Herrschertum seit 1438 ganz an den Rand des Reiches rückte. Ständig, ja immer intensiver konkurrierte mit der personellen und sachlichen Kontinuität des Königtums die jeweilige personelle und sachliche Kontinuität des Kernlandes der Hausmacht. Der Rangverlust des Königshofes im späteren 15. Jahrhundert machte in einem Reich, das inzwischen eines allgemein anerkannten Mittelpunkts bedurfte, am Ende den Reichstag notwendig. Der institutionalisierte Dualismus war auch ein Ergebnis der Schwäche des Königshofes.

Dies ist die eine Seite des deutschen Kontinuitätsproblems, das eines der fundamentalen Themen der Reichsgeschichte im späten Mittelalter darstellt. Die andere ist darin zu sehen, daß am Königshof Kräfte aus der Hausmacht und aus dem übrigen Reich nebeneinander und zusammen zu wirken vermochten. Für beide Zonen gab es zumeist gemeinsame Institutionen, eben weil der König hier und dort der Herr war. An den Hof kamen aus den königsnahen Landschaften generationenlang Mitglieder von Familien und Familienverbänden, die auf den Herrscherdienst angewiesen waren, wie der König auf sie. Zu diesen höfischen Gruppen zählten nicht nur Angehörige von Grafen- und Herrenhäusern, die schon das staufische Reich mitgetragen hatten, sondern auch Großbürger, zumeist aus den königsnahen Reichsstädten. In zunehmendem Maße gesellten sich, besonders im 15. Jahrhundert, als weitere Gruppe der politischen Gesellschaft die gelehrten Juristen hinzu, die von der »Politik als Beruf« lebten; sie sahen im König-Kaiser als dem Nachfolger der antiken Imperatoren den Mittelpunkt ihres Rechtsdenkens und Rechtshandelns. Auch aus diesen Gründen blieb die Einheit der deutschen Geschichte im Zeitalter des Kontinuitätsproblems erhalten.

Den inneren Kern des Hofdienstes bildeten diejenigen »Beamten«, denen einst oder noch immer die Fürsorge für die Person des Herrn oblag. Sie konnten zusätzlich »staatliche« Aufgaben übernehmen. Grundlage des Dienstes war ein besoldetes Amt; es wurde ein Diensteid geleistet. Aber man darf sich diesen Dienst nicht allzu modern vorstellen. Das persönliche Vertrauen des Herrn zum Diener blieb ausschlaggebend. Die Vererbung von Ämtern und die Stellvertretung des Vaters durch den Sohn waren möglich. Nach dem Ausscheiden konnte man den Amtstitel weiterführen und dem Nachfolger nur eine nachgeordnete Dienstbezeichnung zugestehen. So ist das Amt als persönliche Treuebeziehung zum Herrn aufzufassen, die noch kaum versachlicht war. Hofämter boten nicht so sehr einen abstrakten Zuständigkeitsbereich als ein unterschiedlich ausschöpfbares Potential. Den Weg in ein solches Amt bahnten weniger berufliche Qualifikationen als Adelsrang und Patronage.

Die erste Position unter den weltlichen Hofbeamten nahm normalerweise der Hofmeister ein. Er wetteiferte öfter mit dem meist geistlichen Hofkanzler um den größten Einfluß. Diese beiden Ämter wurden nicht kontinuierlich besetzt.

Es konnte zwei Hofmeister oder auch keinen geben. Nach und neben dem Hofmeister, der als Stellvertreter des Königs altertümlich-umfassende Exekutiv- und Richterfunktionen besaß, amtierten – ebenfalls mit starken Schwankungen – Kammermeister und Marschall, die vor allem finanzielle und reisetechnisch-militärische Aufgaben erfüllten. Die Inhaber dieser drei ersten weltlichen Hofämter entstammten in der Regel der Hausmacht oder den königsnahen Landschaften.

Hofmeister, Kammermeister und Marschall waren auch führende Mitglieder des Hofrates, der wichtigsten Institution am Hofe. Der Hofrat ist als ständiger oder »täglicher« Rat zu unterscheiden vom gelegentlich erbetenen, gelegentlich aufgedrängten Rat der großen Vasallen, der vor allem im Hoftag oder Reichstag zum Ausdruck kam. Die Zuständigkeit des Hofrates war ebenso ungeteilt wie diejenige des Königs selbst. Der Rat war Regierung, Verwaltung und Gericht; er war kompetent für Hof- und Hausmachtsachen sowie für Angelegenheiten des übrigen Reiches. Infolge der Nähe von König und Rat ist das Handeln beider kaum unterscheidbar. Der König konnte genausogut den Rat unberücksichtigt lassen oder alles den Räten anvertrauen. In der täglichen Praxis bezog sich der Begriff »Rat« auf eine kleine Gruppe von kaum mehr als einem halben Dutzend Personen. Die Altertümlichkeit des Regierungssystems zeigt sich auch daran, daß der Titel eines Rates Personen grundverschiedenen Einflusses zuerkannt werden konnte. Umgekehrt fügte dieser Titel besonders Mächtigen, etwa den Verwandten des Königs, nichts hinzu, so daß sie ihn ungeachtet ihrer Geltung nicht führten. Der Rat war vor dem Zeitalter Maximilians kein geschlossenes, fest umgrenztes Gebilde mit konstanter Mitgliederzahl, das von einem Körper gleichen Stimmrechts her gedacht worden wäre. Diese Vorstellung würde die adeligen und die machtpolitischen Wesenszüge des Rates verkennen. Es gab keine festen Ressorts der Räte, jedoch gut erkennbare Interessengebiete.

Den schlichten äußeren Formen entsprach ein äußerst kompliziertes soziales Gefüge des Rates. Es war entscheidend, wieviel Machtmittel und Außenbeziehungen das einzelne Ratsmitglied einbrachte. Der Übergang vom »Beamten« zum »Mitunternehmer« und Bündnispartner des Königs war fließend. Die Pflege eigener Lebensinteressen der Räte blieb selbstverständlich. So vollzog sich ein ununterbrochener Prozeß der Wechselwirkung vom Hof zum Reich und umgekehrt. Für den Rang des Königtums war es maßgebend, ob die Balance zwischen den Adelsräten aus der Hausmacht und den Räten aus den königsnahen Landschaften einigermaßen gewahrt werden konnte, was bei Karl IV. der Fall war, oder ob es, wie bei Wenzel und Friedrich III., ganz einseitige Verhältnisse gab; dann war das Herrschertum selbst in Gefahr.

Eine »bürokratisch« besser durchgeformte Institution des Hofes war die Hofkanzlei, die beinahe als einzige Amtsstelle autorisiertes Schriftgut des Königs nach außen mitteilte. Bis 1437 gab es nur eine Kanzlei, von da an zwei Instanzen dieser Art. Die ältere Kanzlei war ungeteilt für Hof- und Hausmachtangelegenheiten und Sachen des übrigen Reiches zuständig. Danach wurden nach regionaler Kompetenz eine Römische Hofkanzlei oder Reichs-Hofkanzlei und eine Österreichische Hofkanzlei geschaffen, jedoch nicht sehr scharf getrennt. Das Urkundenwesen selbst grundverschiedener Könige bezeugt eine stabile Kontinuität, denn beim Kanzleipersonal bestand stets ein mehr oder weniger enger Zusammenhang von Herrscher zu Herrscher. Die Empfänger erwarteten auch eine unveränderte äußere Form der Urkunden. Die Bedeutung der Kanzlei am Hofe schwankte von König zu König, sie war aber stets mehr als eine Schreibstube.

An ihrer Spitze stand der Kanzler, der den traditionsreichsten, bis heute erhalten gebliebenen hohen Amtstitel in Deutschland führte. Der spätmittelalterliche Hofkanzler konnte ein bedeutender und einflußreicher Mann sein. Darüber entschied die königliche Gnade, weil auch sein Amt auf dem persönlichen Vertrauensverhältnis zum Herrn beruhte. Er konnte fachlich qualifiziert, das heißt aus dem Kanzleidienst aufgestiegen und zuvor an der Universität ausgebildet sein, aber das war nicht Bedingung. Zu den hervorragenden Kanzlern zählten der Schlesier Johann von Neumarkt unter Karl IV. (als Bischof von Olmütz 1380 gestorben) und der Laie Kaspar Schlick aus Eger unter Sigismund, Albrecht II. und Friedrich III. (1449 gestorben). Die »Beamtenschaft« der Kanzlei gliederte sich in Protonotare oder Oberste Schreiber, Notare und Subnotare. Daneben gab es Registratoren und andere Spezialisten. Der Gesamtumfang der Kanzlei läßt sich nicht leicht bestimmen; zwölf bis fünfzehn Personen können von 1350 an als Anhaltspunkt gelten, zuvor waren es wesentlich weniger. Man darf annehmen, daß die von den Interessenten eingereichten Unterlagen im Rat behandelt wurden und daß das Ergebnis, vielfach nach Billigung des Königs, durch einen Relator an die Kanzlei weitergeleitet wurde. Hier entwarf man das Konzept einer Urkunde, das korrigiert und nach Genehmigung in ein Register abgeschrieben wurde. Register, die später zu bald sorgfältig aufbewahrten Kanzleibüchern zusammengebunden wurden, gab es wohl seit Ludwig dem Bayern. Man hat hauptsächlich Privilegien registriert. Dann wurde eine offenbar wiederum überprüfte Reinschrift angefertigt und gesiegelt und gegen Zahlung der Gebühren ausgehändigt. Die Entwicklung der Hofkanzleien ist in die tiefgreifenden Veränderungen des Schriftwesens im Spätmittelalter einzuordnen. Dazu gehörten vor allem die Verbreitung des Papiers, damit die Vervielfachung der Menge des Geschriebenen, und am Ende schon der Buchdruck. Von König Rudolf sind ungefähr 2.500, von Karl IV. wohl gegen 10.000 Urkunden erhalten geblieben, bei Friedrich III. schätzt man den Bestand auf 30.000 bis 50.000 und für seinen Sohn Maximilian auf mehr als 100.000 Stücke.

Das Finanzwesen fiel in die Zuständigkeit der Hofkammer. Weil die Einkünfte großenteils oder überwiegend aus der Hausmacht stammten, weisen die königlichen Geldsachen eine viel geringere Einheitlichkeit auf als andere Zweige der herrscherlichen Verwaltung. Qualitativ bleibt im Vergleich zu den westeuropäischen Monarchien ein ganz erheblicher Rückstand festzustellen.

Den Hof des spätmittelalterlichen Königs muß man sich als einen reisenden Hof vorstellen. Allerdings läßt sich beobachten, daß die Reisen immer mehr von einem festen Punkt den Ausgang nahmen und dorthin zurückführten, wo man dann wieder längere Zeit weilte: am Hauptort der Erblande, in München, Wien, Prag, Heidelberg, Graz, Wiener Neustadt, Linz und Innsbruck. Der Reiseweg zeigt die von König zu König wechselnden Schwerpunkte der Regierungstätigkeit und gibt wertvolle Hinweise auf ihren Wirkungsbereich. Mit dem Hof reiste die königliche Verwaltung. Nachdem hauptstädtische Bindungen unter Karl IV. nicht von Dauer waren, setzten sich unter Maximilian Änderungen in dem Sinne durch, wie man sie in Westeuropa in Anfängen bereits um 1200 beobachten kann. Paris und London waren damals Plätze einer ortsfesten Verwaltung geworden, während den nach wie vor reisenden König nur ein kleiner Stab begleitete. Außer dem Mangel an dynastischer Kontinuität, der einer einzigen Zentrallandschaft und Hauptstadt keine Entwicklungschancen bot, haben vor allem die Bedürfnisse der adeligen Gesellschaft an der Reiseherrschaft festhalten lassen: Nur der sich dem Adel als anwesend darstellende König war wirklich ein König. Wer nicht kam, konnte wie Wenzel ohne Rücksicht auf seine Motive als pflichtvergessen angesehen werden. Rastloses Reisen, wie bei Karl IV. oder Maximilian, wurde politisch honoriert. Dieses Reisen stand nicht im Gegensatz zu den Versuchen hauptstädtischer Konzentration der Beamtenschaft, die gerade bei diesen beiden Herrschern am besten bekannt sind. So kann man sagen: Ein rastloser Herr, der mit Reise- und mit Residenzherrschaft auf verschiedene Herausforderungen antwortete, war der beste Herr. Ein solches System ließ sich allerdings nur mit äußerster, verzehrender Anstrengung durchhalten. Es bietet den Schlüssel für das Herrscherproblem des Zeitalters überhaupt: Höchster persönlicher Einsatz des Königs war das einzige, was über die geringe Ausbildung des staatlich-konzentrierenden Gefüges hinauszugelangen erlaubte. Diese Leistung ist – unter ohnehin ungünstigen Umständen – von zu wenigen und für zu kurze Zeit erbracht worden. Sie genügte nicht, um damit »Staat zu machen«.

Sozial betrachtet wirkten verschiedenartige Eliten im Dienst des Königs am Hofe. Die Veränderung ihrer Zusammensetzung gibt Hinweise auf die Position des Herrschers im Reich und auf langfristige, modernisierende Wandlungen. So ist klar erkennbar, wie die traditionellen adeligen Königsdiener, das heißt Grafen und Herren aus den königsnahen Landschaften und ungefähr gleichrangiger oder geringerer Adel aus dem Hauptland der Hausmacht, nach und nach durch andere Kräfte ergänzt wurden. Seit langem schon zählten hierzu schriftkundige und rechtspraktisch erfahrene Geistliche, dann auch Großbürger aus dem Wirtschaftsleben, schließlich gelehrte Juristen in wachsender Zahl. Sie waren in Italien und dann auch an deutschen Universitäten ausgebildet worden. Durch solches neuartige »Herrschaftswissen«, das in den immer komplizierter werdenden Verhältnissen unentbehrlich wurde, verloren die Herrscher und jene Eliten, die sich nur auf die hergebrachte Adelsbildung stützen konnten, allmählich an Kompetenz.

Die Verwaltung des Königs außerhalb des Hofes stützte sich in der ersten Hälfte des Spätmittelalters auf die Landvogteien und zahlreiche weitere kleine Königsämter im königsnahen Bereich, die zum Beispiel von Schultheißen, Ammännern und Forstmeistern ausgeübt wurden. Beide Bereiche schrumpften vor allem durch Verpfändungen immer mehr zusammen. Der gleiche Prozeß zeigte sich beim königlichen Anteil an der Landfriedensverwaltung. Der König konnte sich, wenn er in Italien oder in weitentfernten Reichsgebieten weilte, durch Königliche Vikare aus dem Fürstenstand vertreten lassen. Dieses Amt bot Ansatzpunkte für die selbständige Machtentfaltung seiner Träger, die dann dazu neigten, sich »Reichsvikare« zu nennen. Deshalb hat Friedrich III. endgültig auf Vikare verzichtet. Die großen Konzilien auf deutschem Boden wurden im Auftrag des Königs, der der erste Vogt der Papstkirche war, durch Protektoren geschirmt. Dafür kamen ebenfalls in erster Linie vertrauenswürdige Reichsfürsten in Frage. Informell zu nennende Positionen königlichen Einwirkens auf das Reich bauten zeitweise einzelne Vertrauenspersonen aus persönlicher Initiative auf. Der wichtigste Inhaber einer solchen »Außenstation« des Hofes war im 15. Jahrhundert der aus königsnaher Familie stammende, in Finanzfragen versierte Konrad von Weinsberg auf Burg Guttenberg bei Heilbronn (1448 gestorben). Er schuf eine »Privatbürokratie«, die die entsprechenden Ämter am Königshof qualitativ in den Schatten stellte. Zuletzt lohnte sich der Einsatz nicht: Konrad hat sich im Königsdienst finanziell ruiniert.

Die wichtigste königliche Aktionsform gegenüber dem Reich, die erklären hilft, wie sich eine zahlenmäßig so kleine Zentralverwaltung in einem vergleichsweise riesigen Reich zurechtfand, war die Kommission. Dieses Instituts bedienten sich auch der Papst, andere Könige und noch die frühneuzeitlichen Herrscher. Bei der Kommission handelte es sich um die zeitweilige, inhaltlich genau umschriebene Beauftragung von Vertrauensleuten im Reich – Fürsten, Grafen, Bürgermeister, Juristen und viele andere – mit der politisch-gerichtlichen Klärung bestimmter akuter Probleme an Ort und Stelle. Weil sich das Interesse der Kommissare oft mit dem Erfolg der Arbeit verband, war dies eine verhältnismäßig vorteilhafte Vorgehensweise. Nur ließ sie Stetigkeit und unmittelbare Beteiligung des Königs vermissen und war von der Moderne her gesehen mehr ein System von Aushilfen.

In der Schlichtheit der königlichen Verwaltung am Hofe und außerhalb des Hofes kommt die Überforderung der zentralen Gewalt am deutlichsten zum

Ausdruck. Das deutsche Königtum scheiterte an der Modernisierung seiner Verwaltung, während die französische Monarchie diese Herausforderung nach endlosen Schwierigkeiten bewältigte. Ja, man hat in Deutschland dieses Problem wohl gar nicht wirklich erkannt. Die Verwaltung des Königs blieb etwas Reagierendes, kein Mittel des Ausgreifens. Die Folge davon war der institutionalisierte Dualismus und mit ihm die endgültige Verstaatung der kleineren Einheiten, zumal der Fürstenterritorien. Das Reich selbst wurde nicht zum Staat, obwohl es staatliche Wesenszüge besaß und allmählich vermehrte. Allerdings war es in den Augen der Zeitgenossen auch nicht die Aufgabe der Verwaltung, das Reich zu erhalten.

Politische Gesellschaft und politische Kultur

Ein zweites fundamentales Thema der spätmittelalterlichen Reichsgeschichte ist das Kohärenzproblem, das heißt die Frage nach dem Zusammenhalt Deutschlands, oder anders formuliert: nach seiner inneren Differenzierung. Im Hinblick auf die Durchsetzbarkeit des königlichen Willens war das Reich sehr uneinheitlich aufgebaut. Gemessen an den Erfolgsaussichten des Königs – beim günstigsten Fall beginnend – unterscheidet man in der Mitte des Zeitalters sechs Bereiche: die Hausmachtterritorien des Königs; die vier königsnahen Landschaften – Franken, Mittelrhein Untermain, Teile Schwabens, dahinschwindend der Saale-Mittelelbe-Raum –; die königsoffenen Landschaften – vor allem Oberrhein und oberer Niederrhein –; die Territorien der Kurfürsten; die Territorien der um das Königtum rivalisierenden Großdynastien – jeweils zwei aus der Trias Habsburg-Luxemburg-Wittelsbach – und die geographisch königsfernen Gebiete vor allem im nördlichen Drittel und im äußeren Südwesten und Westen des Reiches. In den letztgenannten Zonen stand der König nur noch den werdenden oder schon gewordenen Landesherren gegenuber, kaum mehr deren Untertanen, so daß er auch kaum auf dauernde Erfolge hoffen konnte. Nach seinen politischen und personellen Verhältnissen war das spätmittelalterliche Königtum oberdeutsch-süddeutsch.

Betrachtet man das spätmittelalterliche Reich in anderer Weise, ohne viel Rücksicht auf den Herrscher, so lassen sich wohl vierzehn mehr oder weniger mit einem eigenen politischen Kräftespiel befaßte, gleichsam zuerst nach innen gekehrte Großregionen unterscheiden: der obere und untere Niederrhein; Westfalen; Niedersachsen-Nordalbingien; Brandenburg-Mecklenburg-Pommern; Wettiner Lande-Mittelelbe-Gebiet; Böhmen-Mähren-Schlesien-Lausitzen; Mittelrhein-Hessen-fränkischer Oberrhein; Lothringen; Franken; Schwaben-Elsaß; Bayern und Umland; Österreichische Lande; Burgund-Savoyen; Preußen-Livland. Die beiden letztgenannten Gebilde waren vom Binnenreich abgerückt. Die meisten dieser Regionen wurden durch eine Führungsmacht oder Führungsdynastie oder durch einen Konflikt um die Vorherrschaft geprägt. Seltener kann man für eine Region von einem Konzert einiger ungefähr gleichstarker territorialer Partner oder auch von einem eher passiven Gebilde sprechen, in das vor allem von außen hineingewirkt wurde. Aus einer solchen Perspektive mag man sich das politische System des Gesamtreiches so vorstellen, daß die ersten Mächte jeder Region ihrem Rang gemäß auch übergreifende, das heißt auf König und Gesamtreich bezogene Interessen vertraten. Von einem politischen Konzert vieler oder gar aller Großterritorien kann wohl erst vom späteren 15. Jahrhundert an die Rede sein. Jedenfalls banden die Großen viele kleine Kräfte, so daß diese früher oder später auch dann auf das Ganze bezogen wurden, wenn sie zu schwach oder zu desinteressiert waren, um daran direkt mitzuwirken. So war eine realpolitische Landkarte viel einfacher aufgebaut als die nach sehr abstrakten Rechtskategorien entworfenen modernen Geschichtskarten.

Im spätmittelalterlichen Deutschland war selbst in entscheidenden Fragen das Nebeneinander häufiger als das Gegeneinander oder gar das Miteinander. Auch die Grenze zwischen Ordnung und Anarchie war durchlässiger als heute; jedes Haupt war auf manchmal beschämende Kompromisse mit den Gliedern angewiesen. Insgesamt beobachtet man eine langsame Vermehrung der politischen Teilhabe am Reichsganzen. Diese begann um 1250 mit einer Handvoll Interessierter – als Politik von wenigen für wenige, aber mit Folgen für viele – und endete um 1500 mit dem relativ breit verankerten institutionalisierten Dualismus. Zugleich trat allmählich ein Zuwachs an Konsens und an anerkannten, gewaltfreien Verfahren ein, so daß sich die politische Kultur auf der »Gewalt-Recht-Skala des öffentlichen Lebens« (G. Lenski) zum Recht hin bewegte. Anders formuliert: Ein Herrschaftsgefüge war auf dem Weg zum Verfassungsgefüge im neueren Sinne. Dabei gab es allerdings häufig Rückschläge. Bezeichnend dafür sind die zahlreichen, ja zahllosen inneren Konflikte des 15. Jahrhunderts. So kam die Entwicklung erst in der Neuzeit zum vorläufigen Abschluß, nachdem die Zerreißprobe der Reformation bestanden war.

Im ganzen entschieden sich die Dinge so, daß der überall in Europa mühevolle und langwierige Weg zur Vorform des nationalen Staates im Rahmen des Gesamtreiches nicht zurückgelegt wurde. Es hätte ein Weg der Machtkonzentration und Machtpolitik sein müssen. Aber keine der königstragenden Großdynastien gewann so rechtzeitig, so umfassend und so langdauernd ein Übergewicht, daß weite Teile des Reiches in ihre Erblande verwandelt worden wären. Dafür wäre nach Zeitpunkt, Machtsituation und geographischer Lage nur Karl IV. in Frage gekommen. So hat es nur einen luxemburgisch gewordenen Reichsstaat oder aber überhaupt kein verstaatetes Reich geben können. Weil Karl IV. scheiterte, entstanden in einem vielgliedrig bleibenden Reich eine vielgestaltige

Ratsversammlung. Kolorierte Zeichnung als Dedikationsbild in der 1479 bis 1481 in Augsburg entstandenen Stadtchronik von Sigismund Meisterlin. München, Bayerische Staatsbibliothek

Landesherrliche Einkünfte: Leistung eines Schweinezinses, Abgabe aus der Fischerei, Handelszoll und Felderträge aus dem Schwarzwald. Miniaturen in dem im ersten Drittel des 15. Jahrhunderts entstandenen Urbar von Rheinfelden. Wien, Haus-, Hof- und Staatsarchiv

politische Gesellschaft und eine mühselig und langsam nur zum Minimalkonsens hinführende politische Kultur. Sie wies Wesenszüge der Anarchie und des Rechtsstaates nebeneinander auf. Insgesamt aber bemerkt man wohl kaum viel mehr Gewaltanwendung als dort, wo die vornationale Einheit von einer Großdynastie militärisch erzwungen worden ist.

Der König und seine Rivalen, der Papst und die rheinische Mehrheit der Kurfürsten, bildeten mit ihren Helfern und Räten jene politische Gruppe, die aus wohlverstandenem eigenen Interesse am Schicksal des Reichsganzen vom Anfang des Spätmittelalters an teilnahm. Alle Reichsglieder pflegten ihre regionalen Interessen, die überall die unentbehrliche Grundlage ihres Handelns darstellten. Ein verhältnismäßig enger Gesichtskreis vieler Fürsten und Herren, das heißt ihre Konzentration auf die Aufgabe der Territorialbildung, kann angesichts der Rahmenbedingungen des Zeitalters als legitim gelten und darf nicht als Partikularismus im modernen Sinne mißverstanden werden. Die Folge davon war freilich, daß die am Ganzen des Reiches orientierte politische Gruppe im Vergleich zu dessen Ausdehnung im 13. Jahrhundert beängstigend klein war. Sie spiegelt das deutsche Kohärenz-Integrations-Problem wider. Das wichtigste Organisationsprinzip war die Gefolgschaft des Königs, seiner Gegner und der Kurfürsten, also eine »vertikale« politische Gliederung. Eine »horizontale« Gliederung nach Ständen gab es noch kaum. Man kann demgemäß schwerlich davon reden, daß Fürsten als Fürsten oder Grafen als Grafen über weite Räume hinweg zusammengehalten hätten. Auch die Reichsstädte und Freien Städte fanden sich über regionale Bünde hinaus erst seit 1471, im Zeitalter der Verdichtung, über das ganze Reich hinweg zu gemeinsamen Städtetagen zusammen. Zuvor waren die Städte in sehr verschiedener Gruppierung vom König zum Hoftag oder von anderen zum Königslosen Tag gerufen worden.

Diejenige Gruppe, die sich fast das ganze Spätmittelalter hindurch am weitesten vom Königtum und von einem gemeinsamen Reichsinteresse entfernt hielt, waren die weltlichen Reichsfürsten. Ihre Gehorsamspflicht gegenüber dem königlichen Lehnsherrn hatte vielfach nur theoretischen Charakter. Zum Herrscher kamen sie zumeist als Einzelgänger. Einen organisierten Fürstenstand gab es bis in die zweite Hälfte des 15. Jahrhunderts hinein nicht. Die Fürstenkurie des Reichstags war als die jüngste unorganisch zusammengesetzt und abgegrenzt; sie umfaßte gewissermaßen den »Rest« des Reiches, der sich am spätesten dessen Verdichtung anbequemte. Fürsten waren in erster Linie Träger und Glieder der regionalen Systeme. Sie bemühten sich im Ringen gegeneinander um Hegemonie in ihrer politischen Landschaft und unterhielten miteinander vor allem persönlich-dynastische Beziehungen. Die Zeitgenossen, die Geschichte schrieben, betrachteten das Reich als ein personenbezogenes Machtgewebe unter Fürsten. Die militärisch und politisch ausgetragenen Gegensätze unter Gleichstarken – Kurpfalz-Kurmainz – oder die Existenzkämpfe zwischen Ungleichen – Kurmainz-Hessen – waren generationenlang Konstanten der Reichspolitik. Der spätmittelalterliche König mußte sich damit abfinden, wie es schon die Staufer getan hatten, und Unterstützung, Zusammenarbeit oder Neutralität im Einzelfall suchen, wo es nötig und möglich war. So gab es wechselseitige politische Verhältnisse und Einverständnisse auf Zeit. Das entsprach der zeitgenössischen Kleinteiligkeit und Kleinräumigkeit politischer Macht. Nur den Heutigen irritiert das damals weitverbreitete positive Urteil über die Fürsten als den »besonderen Schmuck des Reiches«. Man dachte ähnlich wie beim Lob des Wahlreiches eben nicht machtpolitisch-national, sondern gemäß den Regeln der Adelswelt.

Ein Gegenbild zu den Fürsten boten diejenigen Grafen- und Herrenfamilien aus den königsnahen Landschaften, die über Generationen im Königsdienst standen. Grafen und Herren hatten schon das Stauferreich wesentlich mitgetragen und gelernt, aus Furcht vor den Fürsten mit dem König zusammenzuarbeiten. Folgerichtig nahmen sie auch nach dem sogenannten Interregnum – wieder im Bestreben, sich fürstlicher Übermacht zu erwehren – neben Papst und Kurfürsten die Sache des Königtums in die Hand. Die geistlichen Kurfürsten waren obendrein meist gräflicher und freiherrlicher Abkunft. So begann das spätmittelalterliche Königtum als Grafenherrschaft, von Rudolf von Habsburg bis Günter von Schwarzburg. An Fürsten wandte man sich nur in einer Zwangslage. Endgültig überwand erst Karl IV. dieses Staufererbe und begründete das Königtum der großen Fürstenhäuser.

Den Reichstag gab es damals noch nicht. In seiner Entstehungsgeschichte, die fast das ganze Spätmittelalter in Anspruch nahm, kann man vor allem zwei Wurzeln unterscheiden: den Hoftag und das Kurfürstentum. Der Hoftag war so alt wie das Königtum. Er war diejenige vom täglichen Hof abzugrenzende Veranstaltung, zu welcher der König in der Regel die ihm genehmen Vasallen berief, samt den Kurfürsten und den Reichsstädten. Er nahm von ihnen Rat und Hilfe entgegen – ein bei Übereinstimmung beide Seiten verpflichtender Vorgang. Für ein Mehr an Institutionalisierung als beim Hoftag war der ständische Zusammenhalt über das weite Reich hinweg noch nicht genügend ausgebildet. Ein abstraktes Bedürfnis nach Repräsentation der Reichsglieder bestand vorerst nicht. Gerade weil der Hoftag nicht nennenswert institutionalisiert war, erwies er sich als ein geeignetes Herrschaftsmittel des Königs. Ein Integrationserfolg des Hoftags setzte freilich ein erfolgreiches Königtum voraus. Schwachen Königen sollte dieses Machtmittel aus der Hand gleiten.

Die Kurfürsten wuchsen im Westen in eine Mittelpunktrolle hinein, als das Königtum nach Osten abwanderte und in Notlagen geriet. Mit der schweren Hausmachtkrise Wenzels von 1384/85 begann die große Zeit der Kurfürsten. Der erste Königslose Tag unter ihrer Verantwortung fand 1394 statt, als Wenzel von böhmischen Rebellen gefangengenommen worden war. So wurden die

Kurfürsten die Anführer des Dualismus. Die nächsten Königslosen Tage folgten in den Jahren 1397 bis 1400. Daraus ging die Erhebung des Gegenkönigs Ruprecht hervor. Als König Sigismund ungeachtet der Hussitenunruhen dem Reich jahrelang fernbleiben mußte, organisierten Kurfürsten und päpstlicher Legat weitere Königslose Tage, zuerst 1422. Wieder lernte man, den drängenden Problemen auch ohne den König gegenüberzutreten. Im Namen des Reiches bezogen die Kurfürsten Stellung in der entscheidenden Kirchenfrage (1438). Ihr Abstieg erfolgte in der zweiten Jahrhunderthälfte, als sie sich überfordert sahen und die Macht mit den Fürsten teilen mußten.

Der Reichstag wurde unvermeidlich, als die finanziellen Lasten der Reichspolitik in der militärischen Krise des ausgehenden 15. Jahrhunderts den König dazu zwangen, die Selbstorganisation der Reichsglieder hinzunehmen. Sie wollten die Verwendung der von ihnen aufgebrachten Gelder selbst kontrollieren. Die ersten Teilnehmer am Reichstag waren die Kurfürsten und die Reichsstädte – die einen als diejenigen, die aus dem Recht der Königswahl auch Verantwortung für das Ganze ableiteten, die anderen als die am stärksten belasteten Glieder des Reichsguts. Zuletzt traten die Fürsten hinzu.

Diese Aktivitäten vermehrten die Handlungszusammenhänge, die das Reich im konkreten politischen Leben mit konstituierten. Politische Briefwechsel aus der zweiten Hälfte des 15. Jahrhunderts, wie derjenige des Markgrafen Albrecht Achilles von Brandenburg (1486 gestorben), spiegeln ein politisches Leben im Reich wider, das viel dichter gefügt und viel höher entwickelt war als zweihundert Jahre zuvor, am Anfang des Spätmittelalters. Jetzt besaß man wirklich eine politische Gesellschaft; man war auf dem Weg zu einer »konstitutionellen« Verfassung mit zunehmenden Aufgaben, auf dem Weg zur deutschen Nation. Nun wurden die Voraussetzungen geschaffen, ohne welche die Reformation nicht möglich gewesen wäre. Es war allerdings eine endgültig dualistisch gewordene Verfassung. Einem jetzt ständisch durchgeformten, das heißt auch »horizontal« und nicht mehr nur »vertikal« gegliederten Reich stand der König-Kaiser an der Spitze einer Großdynastie europäischen Formats gegenüber.

In all diesen Entwicklungen und Verwicklungen begriff man das Reich als selbstverständliche, unteilbare Einheit. Es war allerdings eine Einheit, deren Verbindlichkeit und geordnete Verfahren erst heranwuchsen. Wie in großflächigen Monarchien üblich, bezog sich dieses Geschehen zunächst auf wenige, die ihrerseits für die vielen zuständig waren. Damit erscheint die Staatlichkeit des Reiches an modernen Maßstäben gemessen bruchstückhaft und traditionell – wie anderswo in Europa. Der hohe Rang des Königtums verhinderte, daß sich das »realpolitisch« so große Gewicht der Fürstenstaaten womöglich zergliedernd auswirkte. Das Königtum war mit dem Ganzen und seiner Einheit so eng verbunden, daß es auch in der Krise als unentbehrlich erschien und die Einheit selbst für den Fall einer Doppelherrschaft bekräftigte; denn beide Gegenspieler zielten auf das Reichsganze hin. Weil auch der einhellig anerkannte König nur in bescheidenem Maße verwaltete, war die Einheit des Reiches mehr das Ergebnis königlichen Daseins als königlichen Wirkens. Sie war angewiesen auf nichtstaatliche, jedoch zuverlässige Stützen, auf Konsens und Zuneigung, die in ein Nationalbewußtsein einmündeten, auf Rechtsdenken und legitimistische Traditionen, auf eine Summe von vielerlei Rechtszusammenhängen, auf die heilsgeschichtliche Verankerung des Reiches, auf das politische Konzert der Großterritorien, auf den Zusammenhalt politisch-sozialer Gruppen und auf weitere, auch wirtschaftliche Handlungsverflechtungen. Nicht zuletzt haben der Mangel an Alternativen und das Ausbleiben zergliedernder Herausforderungen die Reichseinheit gestützt.

Nachdenken über Deutschland

Als der Kölner Geistliche Alexander von Roes im Jahr 1281 an der Kurie weilte, fand er im Meßbuch an der Stelle, an welcher das Gebet für den Papst und den römisch-deutschen König zu stehen pflegte, den Herrscher ausgelassen. Dieses Erlebnis nahm er zum Anlaß, sich in mehreren Schriften über die Rolle der Deutschen in der Welt zu äußern. Er gab vermutlich wieder, was viele seiner Landsleute aus der Bildungsschicht dachten. Das traditionelle Verständnis vom Reich, das in Gottes Weltplan wurzele, verflocht er mit einem warmherzigen Patriotismus. Eine Bedrohung des hohen Ranges seines Volkes fürchtete er von den Franzosen. Ihnen sprach er als Aufgabe das Studium zu, wie den Italienern das Papsttum und den Deutschen das Reich. Dabei war seine Haltung durchaus defensiv, wie es der politischen Lage seiner Generation entsprach.

Das ganze Spätmittelalter hindurch, mit Höhepunkten unter Rudolf von Habsburg, Friedrich III. und Maximilian, begegnet man solchen und anderen Äußerungen deutschen Nationalbewußtseins. Diese sind freilich nicht einfach als Vorgeschichte eines modernen Nationalgefühls aufzufassen, sondern waren eigenständiger Ausdruck der besonderen Existenz- und Rahmenbedingungen des späten Mittelalters, vornehmlich seiner geographischen, sozialen und politisch-verfassungsmäßigen Voraussetzungen. Äußerungen dieser Art haben in einer noch unverdichteten Gesellschaft nur bestimmte Gruppen, vor allem die Intellektuellen, direkt überliefert. Über das Denken der vielen weiß man bestenfalls indirekt Bescheid. Die Sprache der Zeitgenossen kann man noch nicht zum Maßstab nehmen, obwohl auch schon im Mittelalter nicht unbeträchtlicher Wert auf sie gelegt worden ist. Vielmehr gab es verschiedenartige, wandlungs- und bereicherungsfähige Ausdrucksformen des mittelalterlichen Nationalbewußtseins. Sie sind letztlich wohl als die mehr oder weniger gelungene Identifizierung mit den Ergebnissen herrschaftlicher Zusammenfassung und zugleich als Ausdruck umfassender Reifeprozesse des sozialen Organismus anzusprechen. Wie die staatliche Entfaltung war auch die Entfaltung des Bewußtseins der europäischen Nationen etwas Individuelles. Unter diesen Bedingungen wird man sich nicht darüber wundern, daß die Ausprägung eines deutschen Nationalbewußtseins komplizierter war als bei den Nachbarn.

Das deutsche Nationalbewußtsein des späten Mittelalters entsprang historisch-dynastisch-politischen Entwicklungen, in welche Tatsachen der besonderen politischen Kultur Deutschlands und dann auch sprachliche Momente eingeflochten waren. Reales und Mythisches, Richtiges und Falsches flossen dabei wie üblich ineinander. Das Nationalbewußtsein war auch Ergebnis berechtigten oder unberechtigten Stolzes auf Tatbestände dieser Art. Man war der Auffassung, daß das Besondere der Deutschen in bedrohter Lage verteidigenswert sei. Überall trat das historische Argument zuerst hervor. Deutschland erschien als eine bewährte Schicksalsgemeinschaft. Es habe das legitime Erbe des karolingischen Reiches und seiner führenden Position in der christlichen Welt angetreten. Dabei war die Sache »Reich« ungeachtet ihrer über die Deutschen hinausweisenden Wesenszüge nicht nur kein Hindernis für ein Nationalbewußtsein, sondern sein Mittelpunkt. Daß sich dadurch konkrete Schwierigkeiten bei der Abgrenzung in Raum und Zeit und mancherlei Probleme mit der Rolle des Papsttums ergaben, spielte keine Rolle. Man dachte vom Kern her, der den Zeitgenossen offensichtlich die beste Möglichkeit der Identifikation, Legitimation, Unverwechselbarkeit und des Konsenses bot. Das zweite Argument von Gewicht war die Verfassung des Reiches. In der Realität war hier die Lage der Deutschen viel problematischer als diejenige der Franzosen mit ihrer dynastisch einheitlichen Erbmonarchie. In der deutschen Situation ist beachtenswert, in welch hohem Maße der Verfassungsakt der Königswahl samt dem Kurfürstentum ein Zentrum des Selbstbewußtseins dargeboten hat: Dies geschah, obwohl es sich um verhältnismäßig komplizierte, nicht unumstrittene und vor allem recht junge Tatbestände handelte. Die rasche Aufnahme dieses ganzen Gefüges in die historische Tradition stellt ein Zeugnis der Entwicklungskraft und Lebendigkeit des Nationalbewußtseins dar. Als ein drittes starkes Argument kann der seit der Mitte des 15. Jahrhunderts formulierte Stolz auf die neuen, vor allem kulturell-technischen Leistungen gelten, in deren Mitte die Buchdruckerkunst als eine besondere deutsche Fertigkeit gestanden hat.

Etwa gleichzeitig kam – gegenüber neuen Herausforderungen von außen – der Appell an das nationale Bewußtsein als politisches Werbemittel des Königtums zur Geltung. Man hörte willig zu, wenn Nationales, Reichsbezogenes und Dynastisches auf merkwürdige Weise verwoben wurden. Die Formel vom »Heiligen Römischen Reich deutscher Nation«, die sich allmählich entwickelte, ohne allgemein gültig oder eindeutig zu werden, fand hier ihren Platz. In einem

Zeitalter ohne Sprachregelung war es möglich, mit ihr sowohl die Beschränkung des Reiches auf die Deutschen als auch deren führende Rolle in diesem weiterhin vielgestaltigen Gemeinwesen auszudrücken. Dieser Inhalt war wohl weiter verbreitet als jener. Jedenfalls rückten Reich und deutsche »Nation« einander näher, ungeachtet der vielen, die weiterhin romanisch, slawisch oder baltisch sprachen. Das Reich hat sich seine politische Nation geschaffen, die sich als deutschsprachig erkannte. Zur Erklärung des spätmittelalterlichen Nationalbewußtseins kann man von den beiden Hauptverständnismodellen moderner nationaler Existenz statt des deutschen sprachbezogenen mit Nutzen das französische heranziehen, das politische Tatsachen, auf die man stolz ist, gegenüber der Sprache sehr hoch bewertet. Im ganzen formulierte man am Ende des Mittelalters kaum andere Inhalte der Gemeinsamkeit als diejenigen, die schon Alexander von Roes vor 1300 angesprochen hatte; sie waren weiterhin in erster Linie defensiv, ja sorgenvoll. Gleichwohl schuf die gewaltig gesteigerte Breitenwirkung, ja Volkstümlichkeit des Denkens an die deutsche Nation vor und um 1500 eine ganz neue Qualität. Sie führt vor Augen, wie viel sich im Verlauf des späten Mittelalters verändert hat.

Entstehung und Entfaltung der Territorien

Herren und ihre Länder

In der Mitte Europas ist der moderne Staat im Territorium, in der Landesherrschaft, entstanden. Der Weg dahin wurde schon im hohen Mittelalter eingeschlagen, wohl zuerst im Nordwesten und Westen, früh auch im bayerisch-österreichisch-tirolischen Raum und in Böhmen. Um 1500 war dieser Weg noch nicht zu Ende. Im Rheinland gelang die Territoriumsbildung zeitweise rascher als in Westfalen; Geldern oder Kurköln entfalteten sich eine Zeitlang schneller als Kleve, Jülich und Berg. Bis in die erste Hälfte des 14. Jahrhunderts kann man eine verhältnismäßig zügige Ausbildung der Territorien beobachten. Das folgende Jahrhundert ist eher durch Verlangsamung, Stillstand oder gar Rückentwicklung gekennzeichnet. Ungefähr seit 1450/1470 mag man eine dritte Phase mit wiederum beschleunigter territorialer Entfaltung ansetzen. Neben den Unterschieden von Region zu Region spielte es eine wichtige Rolle, ob ein mächtiger oder ein schwacher Herr handelte, ob ein großes oder ein kleines Gebilde durchzuformen war. Mächtiges und Großes entwickelten sich gewöhnlich schneller, während es beim Schwachen und Kleinen zu territorialen Kümmerformen kommen konnte, so daß auch am Ende des alten Reiches die Landesherrschaft noch nicht ausgebildet war.

Landesherrschaft kann man als die Vollendung adeliger Herrschaft auffassen. Neben mancherlei elementaren Vorgängen, wie demjenigen der Bevölkerungsvermehrung, hatte sie wesentlichen Anteil an jenen Veränderungen des sozialen Lebens im weitesten Sinne, die das alteuropäische Zeitalter deutscher Geschichte vom 12. bis zum 18. Jahrhundert bestimmt haben. Die Entfaltung der Landesherrschaft gehört neben dem Heranwachsen der Stadt und neben der Ostsiedlung zu den wichtigsten Neuerungen. Alle drei Phänomene waren miteinander verknüpft.

Die Landesherrschaft ist aus verschiedenen Wurzeln entstanden. Man kann sie sich als Bündelung von Einzelrechten in der Hand eines Herrn vorstellen, die in jedem konkreten Fall etwas anders beschaffen gewesen sind. Jedes Rechtebündel enthielt mehrere der teils eigenrechtlichen, teils vom Königtum abgeleiteten Bestandteile: Eigengüter, das heißt ererbten Adelsbesitz an Grund und Boden samt der Herrschaft über die das Land bebauenden Leute; Landesausbau und dessen Organisation, das heißt die Umwandlung unbesiedelten Landes in besiedeltes Land; eine verfassungsmäßige Verbindung mit dem Königtum, die über das Lehnswesen oder auch über die Rechtsform der hochmittelalterlichen Grafschaft verlief und Hochgerichts-, dann Blutgerichtsrechte einschloß; die Niedergerichtsbarkeit, das heißt vor allem die Sühne der mit Geldbußen bedrohten

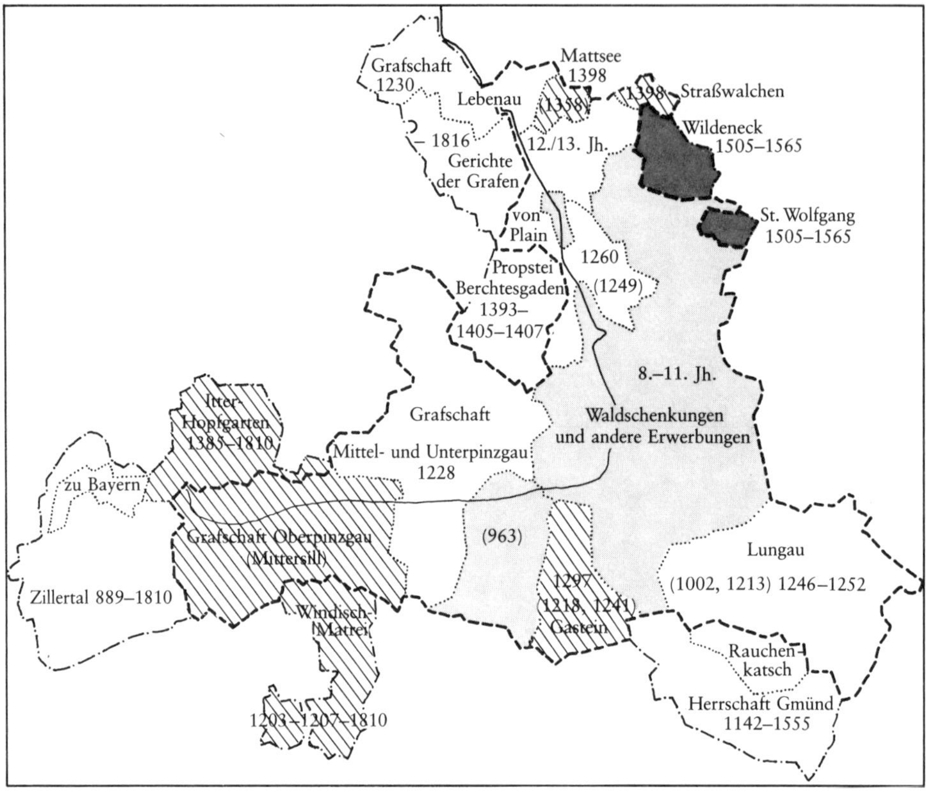

Waldschenkungen und Rodungsgebiete

Durch Kauf erworbene Gebiete

Pfandweise Erwerbungen

Heutige Landesgrenze

Grenze im Mittelalter

(Die Jahreszahlen in Klammern geben für den Erwerb vorbereitende Daten, die Zahlen ohne Klammern das Jahr des endgültigen Erwerbs an.)

Vergehen; Regalien, das heißt alte wirkliche oder nur theoretische Königsrechte wie Markt, Zoll, Bergbau, Münze und Geleit; die Position eines Herzogs oder das Fehlen einer solchen als Erleichterung des Aufstiegs für andere; Vogteien, das heißt Schutzgewalten über alte Klöster und Stifte womöglich mit reichem Besitz an Land und Leuten, die man allmählich an sich ziehen konnte.

Entstehung und Entfaltung der Landesherrschaft dürfen jedoch nicht nur als juristische Probleme aufgefaßt werden. Hinzu kamen das Durchsetzungsvermögen guter oder aggressiver Verwaltung und politisch-militärischer Erfolg, auch kaum verhüllte Gewalt, Unermüdlichkeit beim Streben nach dem Erwerb immer neuer Güter und Rechte, auch ganz kleiner, schließlich dynastische Planungen, die Gunst des biologischen Zufalls und andere unkalkulierbare Umstände. Je älter die Herrschaftsgrundlagen waren, die im Westen bis in die Merowingerzeit zurückweisen mochten, um so größer war ihre Zersplitterung. Junge Herrschaften im Osten des Reiches stellten sich großräumiger dar. Erfolgreiche Wirtschaftsplanung, etwa im Hinblick auf das Verkehrswesen, war dienlich, finanzielle Stärke äußerst hilfreich. Je mehr Burgen und Städte ererbt oder neu errichtet wurden, um so kraftvoller wuchs das Territorium heran. Ein Landesheiliger aus der eigenen oder einer verwandten Dynastie, wie in Böhmen oder Hessen, bot einen vorzüglichen Kristallisationspunkt. Man konnte sich durch Königsdienst oder durch erfolgreichen Widerstand gegen den König territorial verbessern. Daß dem, der hat, hinzugegeben wird, beschreibt schließlich auch erfolgreiche Landesherrschaft.

Vor allem im Gegenüber der Nachbarn, weniger in Berührung mit dem König führte alte Adelsherrschaft in einem Ausleseprozeß für eine Minderheit der Erfolgreichen zur Landesherrschaft und in der Neuzeit dann zur juristisch einigermaßen abgeklärten Landeshoheit. Die Unterlegenen und Einbezogenen schienen sich ganz allmählich in Richtung auf private Grundherren zu bewegen. Doch sie verloren ihre angeborene Adelsqualität nicht und erhoben, sobald das vom Herrn geschaffene Land in großen Zügen ausgeformt war, den Anspruch, als Vertreter dieses Landes dem Herrn gegenüberzutreten. Der Landesherr strebte schließlich auch nach Hegemonie in seinem Umland. Das vollzog sich ebenfalls mit Hilfe unterschiedlicher Rechts-, Gesellschafts- und Gewaltformen. Solche verdichtenden Aktivitäten in der Nähe gingen häufig einher mit dem Abstoßen alter, kaum mehr realisierbarer Berechtigungen in der Ferne. Dies alles trug zu einer vergleichsweise hohen Beweglichkeit von Gütern und Rechten bei, die als ein Kennzeichen des Zeitalters gelten kann.

Landesherrschaft, auch die erfolgreichste, war beschränkt: nach oben durch unterschiedliche Pflichten gegenüber König und Reich, nach unten durch fortbestehende oder neuerworbene Freiheiten der vornehmeren Beherrschten, die sich gern in Ständen organisierten – wenn sie nicht wieder aus dem Territorium ausschieden.

Im Spätmittelalter bildete sich zumindest in größeren Territorien – von Brabant bis Böhmen – ein Landesbewußtsein aus. Es war wegen der Übersichtlichkeit der Verhältnisse intensiver als das Reichsbewußtsein. Es entzündete sich gern am Anderssein der Nachbarn und konzentrierte sich auf äußere Merkmale tragender Gruppen. So hob man um 1300 in Nieder- und Oberösterreich die eigene ritterliche Tracht und Frisur, aber auch die besondere Sprache des »rechten Ostermanns« hervor. Militärische Erfolge beflügelten solche Einstellungen. Auch ein Bewußtsein freilich, das ein Land ins Auge faßte, besaß einen kaum entbehrlichen dynastischen Kern, selbst wenn es sich früher oder später gegen das Herrscherhaus wendete.

Nach alledem läßt sich Landesherrschaft kaum definieren, eigentlich nur beschreiben. Sie kann nicht in erster Linie als Abbau von Königsrechten verstanden werden, sondern vorrangig als Folge wachsender Aufgaben und Notwendigkeiten. Die Landesherrschaft übernahm Funktionen, die das oft weit entfernte Königtum angesichts seiner äußeren Bedingungen nicht oder nicht gänzlich hätte übernehmen können; dem Zeitalter war das Handeln aus der Nähe angemessen. Allerdings ist die Entfaltung der Landesherrschaft durch die Schwächeperioden des Königtums in der ausgehenden Stauferzeit, im sogenannten Interregnum und im Zeitalter der »kleinen« Könige begünstigt worden. Aber selbst ein erfolgreich ins Spätmittelalter hinein fortgeführtes Königtum der Staufer hätte die Territorien nicht mehr beseitigen können.

Gerade angestrengte und erfolgreiche Landesherrschaft führte, falls nicht sehr günstige Voraussetzungen vorlagen, zunächst zu einer recht ungleichmäßigen Binnengestaltung des Landes. Da gab es die Domäne, das heißt das Kammergut des Herrn, in welchem ihm die vollen Herrenrechte zukamen. Daneben bestanden Bereiche, in denen er diese Rechte mit niedriger gestellten Herren teilte oder sich mit einer bevogteten Kirche auseinandersetzte. Ebenso konnten Städte besondere Rechte erwerben. Zumal geistliche Fürstentümer wurden im 14. und 15. Jahrhundert durch den Selbständigkeitsanspruch der Freien Städte bedenklich durchlöchert. So mußten sich die Bischöfe von Köln und Speyer aus ihren Städten zurückziehen; sie schufen sich neue Residenzen in Brühl und Bruchsal. Der Bischof aus der Reichsstadt Lübeck ging nach Eutin, derjenige von Konstanz nach Meersburg. Dem Beispiel der Freien Städte suchten weitere landesherrliche Kommunen wie das kraftvolle Erfurt, Lüneburg oder Rostock zu folgen und hatten damit jahrhundertelang beträchtlichen, obschon zumeist nicht durchschlagenden Erfolg. Nur Hamburg und Bremen konnten sich von ihren Landesherren, den Grafen von Holstein und den Erzbischöfen, im 17. und 18. Jahrhundert endgültig befreien und Freie Reichsstädte werden. Die Freien Städte des Mittelalters hingegen mußten sich als Folge der Reichsverdichtung um 1500 dem schlechteren Status der Reichsstädte anbequemen. Wo der Adel am Ende keinen Anteil am Territorium besaß, wie in der Kurpfalz, in Kurmainz, Würzburg oder Bamberg, war das Land ständisch einheitlicher beschaffen. Dafür wirkte es in seiner äußeren Form zersplitterter und zerrissener. Die Kontrolle des in der Nähe ansässigen Adels wurde dann auf andere Weise, durch das Lehnswesen oder in hegemonialer Form, bewerkstelligt.

Die maßgebende Triebkraft der Territorialgeschichte war die Dynastie. Landesherrschaft war im Gegensatz zum Königtum Erbherrschaft. Dynastische Pläne – Heirat und Testament – und dynastische Schicksale – Geburt und Tod – brachten öfter größere Veränderungen mit sich als landesherrliche Modernisierung. Auch geistliche Fürstentümer waren dynastisch nutzbar, wenn Wahl oder päpstliche Provision gelenkt werden konnten. Dynastische Rivalitäten wie beim Ringen um die Reichskrone wiederholten sich vielfach im territorialen Wettstreit. Vor allem wurde das Wettrennen um die Erbschaft erlöschender Häuser nach dynastischen Regeln ausgetragen. Im Kampf um das reiche Erbe der mittelrheinischen Grafschaft Katzenelnbogen obsiegte die Landgrafschaft Hessen gegen Kurpfalz und Baden (1479) und bestimmte damit den Verlauf der Landesgrenzen bis heute.

Die alte Familienräson fand nach und nach ihr Gegenüber in der territorialen, der »staatlichen« Räson. Dem privatrechtlichen Streben nach Teilung des Territoriums unter die erbberechtigten Söhne trat der Wunsch der Stände nach Landeseinheit entgegen. Wohl am äußeren Niederrhein, vermutlich in Brabant, beginnend, jedenfalls dort früh bezeugt, drang die alleinige Erbschaft des ältesten Sohnes allmählich in das territoriale Recht ein. Sie setzte sich aber erst tief in der Neuzeit gänzlich durch. Dynastische Phantasie entwickelte eine Fülle von Möglichkeiten des Kompromisses zwischen Teilung und Unteilbarkeit und bemühte sich darum, die negativen Folgen einer Teilung abzuschwächen. Man teilte zuweilen so unorganisch und ungleichmäßig, daß die politische Zusammenarbeit der Abgeteilten geradezu erzwungen werden sollte, wie im Hause Wettin zum Jahr 1485. Aber so etwas mochte wie in diesem Fall eine Fehlkalkulation sein. Das weiterbestehende Prinzip der Teilung, die man getarnt längere Zeit auch noch in den seit 1356 unteilbaren Kurfürstentümern praktizierte, läßt jedenfalls eine allzu moderne, machtpolitische Auffassung des Territorialstaats als unangebracht erscheinen. Dennoch beobachtet man bei den Teilungsregelungen im Laufe der Zeit zunehmende Staatsvernunft. Teilung konnte durch das Entstehen eines neuen Hofes ohnehin auch zur Intensivierung der Landesherrschaft im kleineren Raum führen. Eine politische Schwächung nach außen war freilich fast immer die Folge.

Im Gegensatz zur Landesteilung stand die Häufung mehrerer Territorien in der Hand eines Herrn. Dies galt vor allem für weltliche Fürstentümer. Bistumskumulationen gab es zwar auch, aber sie blieben ohne Dauer. Der übermächtige Territorienkomplex im Besitz einer Herrscherdynastie hätte die einzige konkrete Möglichkeit geboten, das Wahlkönigtum zu überwinden und nach einem sicherlich erbitterten Konkurrenzkampf eine mit der Zentralisierung Frankreichs vergleichbare Entwicklung einzuleiten. Das war in Deutschland prinzipiell wohl nicht unmöglich, gerade im territorial noch verhältnismäßig unverdichteten 14. Jahrhundert, ist jedoch durch verschiedene Einzelumstände verhindert worden. Gleichwohl war die Bedeutung von Territorienkomplexen im Reich beträchtlich, bis hin zum übermächtigen Gebilde der Habsburger seit dem Ende des Mittelalters (1493), als mit bis heute nachwirkenden Folgen ein Dualismus zwischen diesem gewaltigen Länderblock und dem übrigen Reich ins Leben trat.

Vorgebildet war diese Situation schon im böhmisch-luxemburgischen Komplex des 14. Jahrhunderts. Aber auch einfacher gelagerte Fälle verdienen Aufmerksamkeit, weil hier zahlreiche politische Fragen und Verwaltungsprobleme zu lösen waren. Sie wurzelten in der gegenseitigen Abstoßung und kaum überwindbaren Rivalität der Einzelländer. Der Herr bemühte sich um ein Mindestmaß an Einheit, das fast nirgendwo vor dem 18. Jahrhundert – wenn überhaupt – verwirklicht worden ist. Die Rivalitäten hatten ganz konkrete Ursachen; denn die Nebenländer waren am Hofe des Herrn gewöhnlich hoffnungslos benachteiligt. So wollte der Adel besonders wenig vom Territorienkomplex wissen, das reiche Bürgertum hingegen war der beste Verbündete des Herrn. Der Territorienkomplex erreichte jedenfalls nicht die seiner Ausdehnung entsprechende Effizienz. Die Personalunion und damit eine nur lockere Verbindung blieb das Grundmodell; das klassische Beispiel dafür bieten die österreichischen Länder. Die kompakte, von einem Herrn und Hof wirklich durchorganisierte Landesherrschaft war von mittlerem Umfang. Sie im besonderen ist zum Staat geworden. Dieser mittelalterliche Sachverhalt dauerte mit schwerwiegenden Nachwirkungen bis tief in die Neuzeit fort. Denn das mittelgroße Territorium, der auf seine Art erfolgreiche, auf den Prozeß der Entfaltung der Landesherrschaft am besten zugeschnittene zählebige Staat, erwies sich für wirklich große Aufgaben im neuzeitlichen Mächteeuropa als zu schwach.

Das Funktionieren des Territorialstaats

Die innere Geschichte der deutschen Territorien ist in besonderer Weise die Geschichte der Staatswerdung in Deutschland. Denn abgesehen von der größeren Stadt verwirklichte die Landesherrschaft als erste und einzige staatliches Funktionieren bis hin zum letzten Untertanen – Schritt für Schritt, aber schließlich durchgreifend. Dem geringeren Umfang des Landesstaates entsprach dabei eine immer größer werdende Intensität. Vor allem durch »Verdichtung« ist Staat nach und nach zustande gekommen, ohne daß man genau sagen könnte, von wann an er wirklich existiert hat. Bis an die Schwelle der Moderne um 1800 haben auch altertümliche Wesenszüge überlebt.

Wichtige Aspekte der Landesherrschaft gleichen denen, die schon beim Königtum aufgezeigt worden sind. Auch der Landesstaat konzentrierte sich um einen Hof patriarchalischen Zuschnitts mit allmählich wachsendem Personal; auch der Landesherr pflegte im Umherreisen zu regieren und setzte sich erst nach und nach in einer Residenz fest. Überall gab es am Hof einen Rat, Hofbeamte, eine Kanzlei und schließlich ein Hofgericht. Man kannte ebenso wie beim König das Lehnswesen, das den Niederadel oder in großen Ländern auch den abhängigen

Hochadel immer fester band. Nur selten, am ehesten in den königsnahen oder in anderen politisch zersplitterten Landschaften, gelang Rittern und Herren der Übergang in die Reichsritterschaft der frühen Neuzeit oder in den reichsunmittelbaren Hochadel. Wie beim König stellt man beim Landesherrn ein Bemühen um Landfrieden und um die Beeinflussung der erreichbaren Kirchen fest. Die De-facto-Mediatisierung von geistlichen Reichsfürstentümern gelang allerdings nur den größten Territorien: Österreich, Böhmen, Bayern, Kurpfalz, Sachsen und Brandenburg. Auch der Landesherr verwaltete sein Kammergut, erhob Zölle und Steuern und setzte sich mit den Mitherrschaftsbestrebungen anderer Herren und Obrigkeiten auseinander.

Die großen Vorteile, derer sich eine generationenlang kontinuierlich arbeitende, ortsfest werdende und nur begrenzte Räume kontrollierende Zentrale erfreute, lassen sich an der stark zunehmenden und immer neue Bereiche erfassenden Schriftlichkeit des Territorialstaats erkennen. Im 13. Jahrhundert begann man mit der Anlage von Urbaren – besonders früh für die Häuser Habsburg und Wittelsbach –, die die Herrschaftsrechte aufzeichneten. Eine bemerkenswerte Leistung ist zum Beispiel das Landbuch der Mark Brandenburg von 1375. Der Weg in das Aktenzeitalter wurde schon vor dem Ende des Mittelalters eingeschlagen. Eine Flut von Abrechnungen gibt davon Zeugnis. Langsamer entfaltete sich das Bedürfnis nach rechtlichen Regelungen. Eine Umgestaltung sozialer und wirtschaftlicher Bedingungen war dabei nicht das Ziel; man sah die gegebenen Verhältnisse als kaum veränderlich an. Der Landesherr beschäftigte sich wie der König fast das ganze Mittelalter hindurch vorwiegend mit der Regelung von Einzelfragen – oft durch Privilegien – innerhalb des breiten Feldes des nicht aufgezeichneten Gewohnheitsrechts. Erst im 15. Jahrhundert begann sich dies zugunsten allgemeiner Ordnungen mehr im Sinne des modernen Gesetzesbegriffs zu ändern. Diese Regelungen führten bereits nahe an die Gleichbehandlung aller Untertanen heran. Schon zuvor war das Gerichtswesen im Land nach außen abgegrenzt und auf den Landesherrn als obersten Richter sowie auf das Hofgericht hingeordnet worden.

Eine Zentralverwaltung im Sinne einer festen Behörde gab es freilich noch nicht. Der Herr selbst stellte die Zentrale dar. Er erledigte die entsprechenden Aufgaben in eigener Person oder übertrug sie von Fall zu Fall dem Rat oder einer jeweils neu zusammengestellten Kommission. Die Wirkung der Hofämter in das Land erfolgte zunächst indirekt, vermittelt über die Person des Herrn. Erst die immer stärker werdende, schließlich überwältigend starke Rolle der Verwaltung schuf in der Praxis ein direktes Verhältnis von Ämtern und Territorium. Daran sind die Hofverhältnisse offiziell und behördlich im wesentlichen erst in der frühen Neuzeit angepaßt worden. Das Wichtigste, was das Territorium den Merkmalen der Staatlichkeit im Reich hinzufügte, war die Verwaltung des flachen Landes und damit zusammenhängend erstmals eine verhältnismäßig effektive öffentliche Ordnung. Insofern sind das 13., 14. und 15. Jahrhundert als die Werdezeit des modernen Staates anzusehen.

Der Kernbegriff der Verwaltung ist das Amt. Das Amt ist nach seiner Entstehungsgeschichte als Stellvertretung des Herrn aufzufassen, der nicht überall gleichzeitig anwesend sein konnte. Daher waren die ältesten »staatlichen« Ämter vielfach allzuständig; es gab am Anfang kaum schon Ressorts. Das frühe Amt besaß noch nicht jene Eigenschaften, die vom abstrakten Anstaltsstaat der Moderne vertraut sind. Selbst wenn sich äußerliche Analogien zwischen Vergangenheit und Gegenwart ergeben sollten, sind sie von den gänzlich anderen Rahmenbedingungen des alten Europa her zu verstehen und nicht isoliert einer Vorgeschichte moderner Behörden zuzuordnen. Gleichwohl war das Amt mit seinen konkreten Aufgaben etwas anderes und mehr als der ältere allgemeine Dienst und als das Lehnsverhältnis. In den größeren Territorien bestanden bald auch sachspezialisierte Ämter, etwa für das Forst- und Bergwesen und den Zoll. Rentmeister faßten die Finanzverwaltung zusammen, die freilich im Krisenfall einem geldkräftigen Privatmann zur Sanierung übertragen werden konnte.

Das Amt wies zudem Merkmale auf, die heute unzulässig erscheinen, die es aber seinerzeit erst wirksam werden ließen. Hierzu gehörte vor allem die stets gegebene Möglichkeit der Mitunternehmerschaft und Mitherrschaft, also der Beteiligung am Amt mit eigenen Geld- und Machtmitteln. Diese mußten vom Herrn »verzinst« werden, mit fließendem Übergang bis zur Verpfändung des Amtes an den Amtsträger. Heute würde man manche Begleitumstände Korruption nennen. Eine zweite Eigenschaft des Amtes, die heute als Nepotismus verurteilt werden würde, ergänzte in der Anfangszeit des Staates das schwache personelle und hierarchische Gefüge um die erwünschte oder jedenfalls unvermeidliche private Hierarchie von Vater und Sohn, Onkel und Neffe und dergleichen. Das Extrem war die Vererbung des Amtes in der Familie des Amtsträgers. In beiden Fällen sind Auswüchse kritisiert worden, die Grundstrukturen jedoch scheinen unentbehrlich gewesen zu sein.

Die ersten Beamten dieser Art waren adelig, taten Dienst auf einer Burg, die in der Regel den Mittelpunkt des Amtes darstellte, und waren daher an die gleichen Spielregeln gewöhnt wie der erbende und herrschende Landesherr selbst. Sie waren eben nicht nur Beamte, sondern für ihre eigenen kleinen Lebensbereiche, die sich nicht immer leicht vom landesherrlichen Pflichtenkreis sondern ließen, Herren aus eigenem Recht. Entsprechend lange dauerte es, bis die landesherrliche Verwaltung ihr Hauptziel in der Erwirtschaftung von Mitteln sah, die einem allgemeinen Interesse zuflossen. Im Mittelalter war der Normalfall die sich im wesentlichen selbst genügende Verwaltungseinheit meist agrarischer Prägung. Deren Einkünfte deckten erst einmal die eigenen Ausgaben und wurden nicht gern nach oben abgegeben. Was abfloß, kam in der Regel auch in der Landesherrschaft dem Hofleben zugute.

Obwohl derartige Grundzüge äußerst langlebig gewesen sind, kann man allmählich bemerkenswerte Veränderungen feststellen. Dazu gehörte eine zunehmende Intensivierung insofern, als die Amtsbezirke kleiner, aber mit mehr, nach und nach hierarchisch abgestuften Amtsstellen versehen wurden. So ergänzte man den adeligen Amtmann durch den bürgerlichen, stärker vom Herrn abhängigen, an die Schriftlichkeit gewöhnten und immer besser qualifizierten Unterbeamten. Am Anfang war man mit dem Unterpersonal von wenigen Knechten ausgekommen.

Die kleineren Einheiten der Landesherrschaft hießen Vogteien, Ämter, Pflegen oder Gerichte. Besonders früh finden sie sich am Niederrhein, in Brabant und Holland. Man kann sagen, daß sich ein Territorium zunächst aus Ämtern zusammensetzte und später, vor allem am Ende des Mittelalters, in Ämter eingeteilt war. Damit wird die nicht mehr umkehrbare Entwicklung in Richtung auf eine Vereinheitlichung angedeutet, die für das Territorium charakteristisch war. Grundsätzlich ist dieses Verwaltungssystem bis ins 19. Jahrhundert bestehengeblieben.

In vielen Fällen, vorwiegend im deutschen Südwesten, läßt sich auf dem Weg von Dorf zu Dorf trotz solcher Fortschritte die Frage, wessen Landesherrschaft hier gegolten habe, nicht leicht beantworten. Man bedarf immer wieder des Vorgriffs auf neuzeitliche Befunde. Die flächenhafte Darstellung der Geschichtskarte beschreibt die Verhältnisse im großräumigen Osten zutreffend, übertreibt aber im Westen vielfach die Gleichförmigkeit der Territorien. Ungeachtet solcher Vorbehalte kann man als Endziel von Landesherrschaft die Angleichung der Einwohner in Gestalt eines Untertanenverbandes und das Streben nach einem Gewaltmonopol gegenüber diesem Verband bezeichnen. Beides ist häufiger erst in der Neuzeit erreicht worden. Es war die Vorstufe der einheitlichen Staatsbürgerschaft der Moderne.

Als der spätmittelalterliche Herr das Land geschaffen oder – viel seltener – ein aufgrund hochmittelalterlicher Tatsachen schon einigermaßen bestehendes Land durchgeformt hatte, traten ihm allmählich Stände gegenüber. Sie waren der Zusammenschluß der adeligen Beherrschten und auch der aus dem Vogtei- und Kammerbereich hervortretenden Prälaten und Städte, gelegentlich sogar der Bauern. Das Ständewesen hat den Staat der frühen Neuzeit mitgeprägt, bis es am Ende vom absoluten Fürsten überwunden wurde.

Im späten Mittelalter ist von den Anfängen der Stände zu sprechen. Diese Anfänge sind gewöhnlich in Dunkel gehüllt, obwohl sicher ist, daß besonders das ständische Gegenüber des Adels aus seiner vielfältigen Pflicht zu Rat und Hilfe für den Herrn erwachsen ist. Das Recht, Versammlungen der Großen des Landes zu berufen, war dem Fürsten vom hochmittelalterlichen Stammesherzog vorgelebt worden; daraus mochte das Recht entstehen, geladen zu werden und mit zu entscheiden, soweit man betroffen war. Hierfür gab es vielfältige Traditionen und Parallelen in Europa, vom Lehnsrecht bis hin zum kirchenrechtlichen Grundsatz und zur kirchlichen Praxis in den Konzilien: »Was alle angeht, muß von allen gebilligt werden.« Man kann bei dieser Zusammenarbeit nicht davon absehen, daß damals ein beträchtlicher Aufgabenzuwachs im territorialen Bereich entstand, der in langfristigen Grundlagenveränderungen und in Funktionsverlusten von Grundherrschaft und Königtum wurzelte.

Der adelige Hofrat konnte zunächst eine unklare Stellung zwischen Herrendienst und Landesvertretung einnehmen. Ständische Kräfte gab es hie und da bereits im 13. Jahrhundert, deutlicher faßbar im Jahrhundert darauf und klar ausgeprägt im 15. Jahrhundert. Nach dem Aussterben des thüringisch-hessischen Landgrafenhauses in männlicher Linie im Jahr 1247 versammelten sich solche Notabeln im Westteil der Länder der erloschenen Dynastie und gestanden das Erbrecht des kleinen Söhnchens der Landgräfin Sophie zu. Dadurch erst entschied sich die Daseinsfrage Hessens für die Zukunft positiv. Wie üblich gab es große Unterschiede von Land zu Land, die sich gewohnheitsrechtlich verfestigten. Mächtigen und reichen Fürsten traten äußerst schwache Stände gegenüber, wie in der Kurpfalz. Machtlose Herren oder solche, die sich in schweren Herrschaftskrisen befanden, sahen sich den Ständen regelrecht ausgeliefert, so 1367 der Bischof von Chur dem »Gotteshausbund«. Jedenfalls erwuchs besonders im 14. Jahrhundert vielfach ein adeliges Selbstbewußtsein im Land, das dieses als »selbsttragende Größe« (W. Janssen) neben dem Herrn begriff.

Die Anzahl der Stände wechselte von Land zu Land, weil die jeweilige Herrschaftsstruktur den Ausschlag gab. In großen Territorien wie Österreich und Kurköln wirkten vier Stände – Hochadel, Niederadel, Prälaten und Städte –, in kleineren wie in der Grafschaft Holland nur zwei – Adel und Städte. In Tirol waren Adel, Prälaten, Städte und Bauern vertreten. Der friesische Landtag bestand aus drei Gauversammlungen und einer Städtefraktion. Eine »Landschaft« ohne Adel hatten Baden und Kempten. Ein effektives Zusammenwirken der einzelnen Stände-Kurien hat sich selten vor der frühen Neuzeit eingespielt. Erst schrittweise setzten sich das Mehrheitsprinzip und die Verbindlichkeit der Beschlüsse auch für Abwesende durch. In der Regel blieb der Adel eindeutig führend, die anderen Stände waren lediglich Mitläufer – außer am unteren Niederrhein mit seinem hochentwickelten Städtewesen. Eine beachtliche Macht hatten die Barone in Böhmen erlangt, wo nur der stärkste Landesherr, Karl IV., ihnen die Waage zu halten vermochte, während sein Vater und sein Sohn vor ihnen kapitulierten. Generalstände, die den ganzen Territorienkomplex eines Herrn nach dessen Wünschen zusammenfassen sollten, sind selten und wenig erfolgreich geblieben.

Die Stände wurden zum Gegenpol des Herrn und festigten und verdichteten zugleich das Land. Es konnte bereits im Mittelalter eigene ständische Instanzen und Institutionen im Land geben, wie in Böhmen. Gelegentlich regelten Herr-

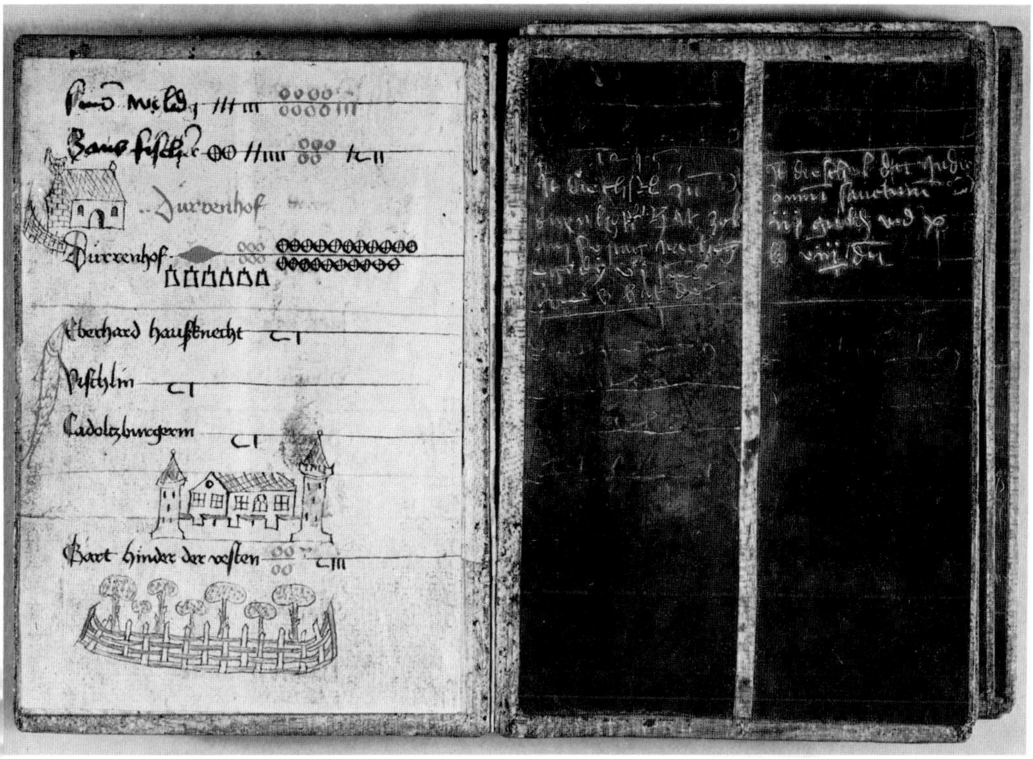

Geöffnetes Wachstafelbüchlein mit den Namen von Bauern und den Zeichen für ihre Zinsen und Gülten sowie den Vermerken über beglichene und noch ausstehende Geld- und Naturalabgaben zur Zeit der Verpfändung der burggräflichen Rechte an den Nürnberger Otto Haid, um 1425. Nürnberg, Staatsarchiv

Die Marienburg zur Zeit der Belagerung durch das Heer der abtrünnigen Stände und des polnischen Königs im Jahr 1460. Verschollenes Gemälde eines Niederländers, um 1481

schaftsverträge die Machtverhältnisse – meist als Ergebnis von Krisen dynastischer oder finanzieller Art; so die »Joyeuse entrée« in Brabant (1356), die »Erblandesvereinigung« in Kurköln (1463) und der »Schuldenvertrag« in Brandenburg (1472). Weil sich beide Seiten auf eigenes Recht beriefen, kann man beinahe von zwei Staatsgewalten im Land sprechen. Stände hatten mit einer Volksvertretung wenig gemeinsam, sondern vertraten sich selbst als Privilegienkorporationen zur Wahrung ihrer Sonderrechte; aber es stellte sich dem Herrn immerhin eine Mehrzahl von Kräften gegenüber. Kritik des Bestehenden wurde möglich. Man kann sagen, daß der Ständestaat dem modernen parlamentarischen Staat vorgearbeitet hat, nicht aber, daß er in direkter Linie sein Vorgänger gewesen ist. Wirklich zuständig waren die Stände eigentlich nur dort, wo es um Rat und Hilfe, das heißt um Selbstverpflichtung ging, nicht also für Belange des Fürsten und seines Eigengutes. Wo sie weiter ausgriffen, besonders in dynastischen oder finanziellen Krisen, handelte es sich um Machtfragen, nicht anders als dort, wo ihnen von starken Herren weitgehende Zugeständnisse abgepreßt wurden.

Für die Durchbildung der Landesherrschaft und das Verhältnis des Herrn zu den Ständen war die Steuerfrage auf die Dauer meist am wichtigsten. Häufig konnten die wachsenden Finanzbedürfnisse des Fürsten aus Kammergut und Regalien nicht befriedigt werden, schon gar nicht die unverhältnismäßig hohen Kriegskosten. So entstand – auch als Baustein des modernen Staates – eine vom Vermögen erhobene allgemeine Landessteuer unter Namen wie Bede, das heißt Bitte, Schatzung oder Schoß. Neben den Untertanen der Kammer zahlten auch die Hintersassen von Adel und Prälaten. Die regelmäßige Landessteuer entwikkelte sich aus außerordentlichen Abgaben, die zunächst in großen Abständen und später in immer dichterer Folge erhoben wurden. Bis 1500 hatte sie den Charakter des Besonderen noch nicht verloren. Der oberbayerische Adel zum Beispiel half durch eine Hintersassensteuer »freiwillig« und ließ sich 1302 sein Widerstandsrecht gegen nicht vereinbarte Zahlungen ausdrücklich beurkunden. Im Hochstift Salzburg wurde die erste Landessteuer nach der Niederlage Friedrichs des Schönen bei Mühldorf (1322) bewilligt, dann erst wieder aus Anlaß der Bedrohung aus Ungarn im Jahr 1446. Jedenfalls wurde auf diese Weise entschieden, wer zum Staat gehörte und wer nicht. Für Adel und Prälaten, die persönlich weiterhin steuerfrei blieben, mochte dieses Vorrecht am Ende als Ergebnis persönlicher Privilegierung, nicht – wie es korrekt war – als Ausfluß eigenen Herrenrechts erscheinen. Zeitpunkt und Umfang der Steuerpflicht geben sichere Hinweise auf die Machtvollkommenheit des Landesherrn. Daraus läßt sich schließen, daß der Weg zur allgemeinen Landessteuer sehr lang, meist jahrhundertelang und weder geradlinig noch von langfristigen Zielvorstellungen bestimmt war.

Die allgemeine Steuer wurde die neuzeitliche Steuer. Sie ließ die aus dem

Hochmittelalter ererbten Abgaben, die an die besonderen Rechtsverhältnisse bestimmter Personengruppen gebunden waren und daher krasse Ungleichheiten mit sich gebracht hatten, allmählich als überholt erscheinen. In geistlichen Gebieten Südwest- und Süddeutschlands konnte jedoch die alte Leibsteuer derart gesteigert werden, daß sie das Zeichen allgemeiner neuer Untertänigkeit und dementsprechend ein Anstoß zu Bauernerhebungen wurde. Vom Besteuerungsrecht eines Souveräns sollte man nicht einmal am Ende des alten Reiches sprechen. Denn außerhalb des Kammerguts behielten die allgemeinen Steuern zumindest theoretisch bis zuletzt den Charakter von Subsidien. Diese war man zwar aufgrund der Pflicht zu Rat und Hilfe schuldig, doch galten Umfang und Verfahren als Verhandlungs- und Übereinstimmungssache. Auch die Verwendung konnte vereinbart und ständisch kontrolliert oder gar verwaltet werden.

Das territoriale Steuerwesen blieb bis zum Ende des Mittelalters ein Gemisch aus Altem und Neuem, zersplittert, unübersichtlich und von Land zu Land verschieden. Das gleiche gilt – soweit man darüber überhaupt Aussagen wagen kann – für die Höhe und Beschaffenheit der Einnahmen. Landesherren im Besitz von Silberminen, wie sie in Sachsen, Böhmen und Tirol zur Verfügung standen, waren besonders begünstigt, in zweiter Linie diejenigen, die hohe Zölle abschöpfen konnten, wie die Kurfürsten am Rhein. Die Einnahmen kamen in der Regel aus drei Quellen: den Regalien, dem Kammergut und den Steuern. Im Westen fielen die Regalien stark ins Gewicht, nicht aber das Kammergut. Im Osten hingegen war mit Ausnahme der Bergbauländer der Anteil des Kammerguts beträchtlich. Kaum einer Landesherrschaft blieben im 14. und 15. Jahrhundert Finanzkrisen erspart. Die Kräfteverschiebung, die vor allem in der zweiten Hälfte des 15. Jahrhunderts die führenden westlichen Territorien immer deutlicher hinter den großen östlichen zurücktreten ließ und damit die Konstellation der Neuzeit einleitete, dürfte nicht zuletzt auf finanzielle Ursachen zurückzuführen sein. Kurköln und Kurmainz waren damals dem Staatsbankrott, wenn man so sagen darf, sehr nahe. Die Verwaltung der Einnahmen war fast überall eher altertümlich beschaffen, jedenfalls verglichen mit westeuropäischen Verhältnissen. Auch die Rechnungskontrolle war unvollkommen. Das meiste Geld wurde für den Hof und die wachsende Beamtenschaft verbraucht, was die Stände immer wieder kritisierten. Jedes größere militärische Unternehmen verschlang Unsummen.

Ein Beispiel und ein Sonderfall: das Ordensland Preußen

Welch große Leistungen ein mittelalterlicher Landesherr zu erbringen vermochte, läßt sich kaum besser als am Beispiel des Deutschen Ordens in Preußen darlegen. Dabei handelte es sich allerdings zugleich um einen Fall besonderer Herausforderung. Der Deutsche Orden, eigentlich der Orden der »Brüder vom St. Marienhospital der Deutschen in Jerusalem«, weist ins hohe Mittelalter zurück. Er wurde als jüngster der drei großen europäischen Ritterorden im Heiligen Land, auf der Basis einer 1189/90 gestifteten Hospitalbruderschaft, im Jahr 1198 vor Akkon gegründet. Zusätzlich zur hospitalbezogenen Johanniterregel erhielt er die ritterbezogene Templerregel und den weißen Templermantel, jedoch mit einem schwarzen Kreuz. Schwarz und Weiß wurden später die Farben Preußens, zusammen mit dem Rot der Hansestädte dann die Farben des Deutschen Reiches von 1871. Während das Hospitalwesen beim Deutschen Orden an Bedeutung verlor, gewann das schwierige Bemühen besonderes Gewicht, das Mönchtum und das Rittertum des Heidenkampfes zu vereinen. Dieser Gedanke konnte wohl nur im Mittelalter gefaßt werden. Ausschlaggebend dafür war der kirchlich-mittelmeerisch-europäische Hintergrund, nicht eine bestimmte Nation. Der Ausbau der Ritterorden war eine Frucht des besonders »internationalen« 13. Jahrhunderts, der Aufbruchszeit Europas. Erst später stellte sich heraus, daß die damit verbundenen Hoffnungen auf großräumige Christianisierung nur einmal verwirklicht werden konnten: in Preußen und Livland. Gerade dort erwuchs zuletzt mehr und anderes als Mission daraus, nämlich Staatsbildung.

Der Deutsche Orden vergrößerte sich außerordentlich schnell: Zwischen 1200 und 1300 entstand fast jährlich eine Kommende oder Komturei. Bis 1271 residierte der Hochmeister auf der Burg Montfort unweit von Akkon, danach in Venedig. Um 1280 gab es dreizehn Balleien oder Ordensprovinzen im Reich, drei in Italien und je eine in Frankreich, Griechenland und Syrien, ferner die Ordensländer in Preußen und Livland. Die größte Ballei war Franken, die dann 1494 die Basis für das Reichsfürstentum des Deutschmeisters bot. Zum Orden gehörten Rittermönche adeliger, selten großbürgerlicher Herkunft, Priesterbrüder und dienende Brüder als Leichtbewaffnete und Fachleute für Landwirtschaft und Gewerbe. Die tonangebenden, herrschaftsgewohnten Ritterbrüder, die meist aus Mittel-, West- und Südwestdeutschland stammten, zählten um 1400 wohl nicht viel mehr als eintausend Personen. Treue Freunde des Ordens waren die Päpste, viele Angehörige des europäischen Hochadels und Rittertums und die große Mehrzahl der deutschen Könige. Im 15. Jahrhundert stellte sich das heranwachsende nationale Bewußtsein auf seine Seite.

Der vierte Hochmeister, Hermann von Salza aus Thüringen (1209–1239), einer der großen Männer des Zeitalters, vollzog den entscheidenden Schritt an die Ostsee. Er griff den Ruf des von den heidnischen Prußen, einem baltischen

Stamm, bedrängten Herzogs von Masowien auf (1225/26). Hermann verpflichtete sich zum Heidenkampf gegen die Abtretung des an die Prußen verlorengegangenen Kulmer Landes. Vor der Gefahr, am Ende nur ein Werkzeug im dynastischen Streit piastischer Herzöge zu werden, sicherte er sich durch Urkunden von Papst und Kaiser, die beide der christlichen Weltmission verpflichtet waren. Die Bulle Friedrichs II. (1226), vielleicht von Hermann formuliert, war in eine ungewisse Zukunft hineingesprochen; innerhalb der kaiserlichen Weltmonarchie sollte dem Hochmeister reichsfürstengleicher Rang zukommen, ohne daß er dem Reich lehnsrechtlich zugeordnet wurde. Der päpstliche Standpunkt war klarer (1234): Das erworbene Kulmer Land und das zu erwerbende, nach dem zeitgenössischen Völkerrecht herrenlose Heidenland sollten unter päpstlicher Oberherrschaft stehen. Es war eben diese Stellung zwischen Weltkaisertum und päpstlicher Weltmission, die dem weltoffenen, ritterlichen 13. Jahrhundert angemessen erschien und dann im »nationalen« 15. Jahrhundert widersprüchlich und brüchig wurde. Preußen wurde also ein Teil der deutschen Geschichte zunächst durch soziale, auch durch universale, nicht eigentlich durch staatliche Bindungen.

Mit dem Weichsel-Übergang bei Nessau begann 1231 die Eroberung. Ihr folgten sogleich der Burgenbau und die Städtegründung. Für weitere Aktionen traten fürstlich-adelige Kämpfer aus ganz Europa dem Orden zur Seite. Wohl ebenso unvermeidlich wie die baldige Taufe der Prußen, die zwischen Zwang und Überzeugung schillerte, war deren andauernder, in mehreren Aufständen ausbrechender Widerstand. Er wandte sich gegen die mit dem neuen Glauben verbundenen tiefgreifenden Änderungen des urtümlich-schriftlosen sozialen und wirtschaftlichen Lebens, vom Verbot des Frauenkaufs und -verkaufs, der Vielweiberei und der Kindestötung bis zur Pflicht der Mitwirkung am Burgenbau. Nach harten Kämpfen wurden die Aufstände niedergeschlagen und die Rechte der Unterlegenen verschlechtert. Hatte der päpstliche Legat im Frieden von Christburg (1249) noch auf die persönliche Freiheit der bekehrten Prußen hingewirkt, so wurde für rückfällig gewordene Getaufte nicht viel später das Schicksal der Unfreiheit unvermeidlich. Die Phase der Kämpfe war 1283 abgeschlossen, die folgende, die Durchdringung des Prußenlandes mit christlichem Gedankengut, gestaltete sich langwierig. Schon hatte die Umformung von Mission in Herrschaft eingesetzt. Herrschaft aber hieß unter den Bedingungen des deutschen Spätmittelalters das Entstehen eines Territoriums.

Gleichzeitig begann die Besiedlung Preußens durch deutsche Einwanderer – nicht aus nationalen Motiven, sondern zur Befestigung des Christentums und zur Vermehrung der Einnahmen der werdenden Landesherrschaft, auch um mit den Nachbarherren konkurrenzfähig zu bleiben. Das Siedlungswerk schuf in vier Generationen das moderne Preußen: ein Land, das neben den Hakenzinsdörfern der unfreien Prußen und den Siedlungen der prußischen Freien mehr als tausend deutsche Hufenzinsdörfer und sechsundsiebzig deutsche Städte aufzuweisen hatte. Um 1400 waren es einschließlich Pommerellens und des Kulmer Landes eintausendvierhundert neue Dörfer und dreiundneunzig Städte. Die sorgfältige Planung nach den langen Erfahrungen der Ostsiedlung kann man daran ermessen, daß die Zahl der Fehlgründungen extrem gering geblieben ist. Das Siedelrecht war attraktiv und bot bei persönlicher Freiheit und freier Vererblichkeit zwei Hufen je Bauer, das waren dreiunddreißig Hektar; der nach Ablauf der Freijahre fällige Anerkennungszins für das Obereigentum des Ordens war mäßig. In der Komturei Christburg wohnten nach Abschluß der Besiedlung um 1380 1.435 prußische und 1.421 deutsche Familien, insgesamt 15.000 Menschen oder zwölf Personen je Quadratkilometer. Der Landanteil der Prußen und der Deutschen war hier insgesamt gleich groß, aber unter den Prußen weniger gleichmäßig verteilt als bei den Deutschen. Die Einschmelzung zugunsten des einheitlichen, deutsch sprechenden Neustamms der Preußen vollzog sich hier und anderswo von oben nach unten; bei den Vornehmen geschah dies schon im 14. Jahrhundert, bei den kleinen Bauern war der Vorgang etwa zum Ende des 16. Jahrhunderts abgeschlossen. Die Unwiderstehlichkeit dieses mit zeitgenössischen Mitteln nicht beeinflußbaren Geschehens zeigt sich daran, daß die stadt- und landbewohnenden Preußen, wie man vom 15. Jahrhundert an sagen kann, gegenüber dem Orden ein gemeinsames Selbstbewußtsein entwickelten. Während der tiefgreifenden politisch-militärischen Polarisierungen im 15. Jahrhundert war nirgends in Preußen von Nationalitäten die Rede, anders als in Böhmen. Nur in den Randzonen gab es weiterhin Minderheiten, oder sie entstanden durch Einwanderung neu. Es war das Unglück des Ordens, daß ihm gerade der glänzende Erfolg seines Siedlungswerks am Ende die Grundlage der politischen Existenz entzog. Denn gefangen in den kleinadeligen Bindungen seiner Herkunftsländer erwies er sich als unfähig, die hier neu entstehenden Kräfte an sich heranzuziehen, wie dies zahlreiche Landesherren im Binnenreich taten.

Es bildete sich ein einheitliches Preußen, obwohl die Sozial- und Agrarverhältnisse die Prußen nach der Bekehrung zu objektiv Benachteiligten machten; kulturell und technisch rückständig waren sie ohnehin. Im Kampf hatten sie beträchtliche Bevölkerungsverluste erlitten; nach Litauen war ausgewandert, wer Heide bleiben wollte; andere hat man innerhalb Preußens umgesiedelt. Nach einigermaßen brauchbaren Schätzungen gab es 1230 rund 170.000 Prußen, 1300 etwa 90.000 und im Jahr 1400 ungefähr 140.000. Die prußischen Bauern waren anders als die deutschen auch zu Frondiensten verpflichtet. Die ihnen zugemessene Flur war kleiner; sie maß nur zwei Haken, das waren zwanzig Hektar. Ihre Situation konnten die Prußen durch Wohlverhalten gegenüber dem Orden oder durch Selbstfreikauf zugunsten des Status des »Kleinen Freien« verbessern. Dann leisteten sie leichtbewaffneten Militärdienst zu Pferd und besaßen mehr Land, teilweise auch eigene Hintersassen. Umlegungen zu deutschem Recht machten aus Weilern Dörfer und ermöglichten auch den Prußen die ertragreichere Dreifelderwirtschaft und deutsche Abgabenverhältnisse. Als sich der Zuzug deutscher Siedler verminderte, hatten immer mehr Prußen an der weiteren Landeserschließung Anteil, besonders seit etwa 1320 in der sogenannten Wildnis im Süden und Osten des Ordenslandes. Wo Prußen geschlossen siedelten, gab es wie im westlichen Samland weder deutsche ländliche Siedlung noch das Städtewesen.

Die Städte waren fast ausschließlich von Deutschen oder zumindest von Assimilierten bewohnt. Die »Kulmer Handfeste« von 1233, ein erstes Zeugnis der Landesherrschaft in Preußen, hatte zunächst den Thornern und Kulmern, danach vielen oder allen Zuwanderern Rechte und Freiheiten verheißen, die für Nordosteuropa richtungweisend wurden. Das städtische Selbstbewußtsein zumal in den Handelsmittelpunkten, in Danzig, Thorn, Kulm, Elbing, Braunsberg und Königsberg, hatte allen Grund, sich zu entfalten: Man war Mitglied der Hanse und konkurrierte erfolgreich mit dem Großhandelsunternehmen »Deutscher Orden«. Aus diesem Wettbewerb sollten im 15. Jahrhundert politische Probleme erwachsen. Der Landesadel bestand am Anfang der Ordenszeit bestenfalls aus eingewanderten Einzelgängern und prußischen Großen. Diese vermochten ihre Stellung zu behaupten; im 14. Jahrhundert gab es prußische Ordensritter, Komture und Schultheißen. Allmählich verschmolzen diese prußischen Adeligen als »Große Freie« mit den wenigen deutschen Besitzern größerer Güter zu einer einheitlichen Gruppe. Sie dienten als schwerbewaffnete Reiterei. Um einen solchen Reiter finanziell zu sichern, galten zehn bis vierzig Hufen, öfter mit eigener Gerichtsbarkeit, als angemessen. Im 15. Jahrhundert trat dann der preußische Adel politisch hervor.

Organisationserfolge, wie sie der Deutsche Orden aufwies, lassen sein preußisches Gemeinwesen zumindest im 14. Jahrhundert als effektiver und machtvoller erscheinen denn viele andere im östlichen und mittleren Europa. Hinzu kamen jene mönchisch-kirchlichen Tugenden und Fähigkeiten seiner »Beamten«, die gewisse, wenn auch äußerliche Analogien zum Verhalten preußischer Staatsdiener des 18. und 19. Jahrhunderts aufwiesen: Dienstgehorsam und Abberufbarkeit, Verzicht auf persönliches Eigentum und auf Begünstigung der eigenen Familie. Die Fähigkeiten der Ordensbeamten erlaubten eine zentralisierte schriftliche Verwaltung mit Instanzenzug und regelmäßiger Rechnungslegung. Im Jahr 1309 wurde der Sitz des Hochmeisters auf die Marienburg an der Nogat verlegt, die zu großen Dimensionen heranwuchs. Sie war als Herrschaftsmittelpunkt wohl ohne Gegenstück im damaligen Reich. Die sonst übliche Reiseherrschaft wurde entbehrlich. An ihrer Stelle stand die Zentralisierung rund um den Hochmeister, der am Ende des 14. Jahrhunderts vom Mönch zum Mönchs-Fürsten aufstieg. Er hatte den Großkomtur als Stellvertreter und den Treßler für

Preußen und Livland

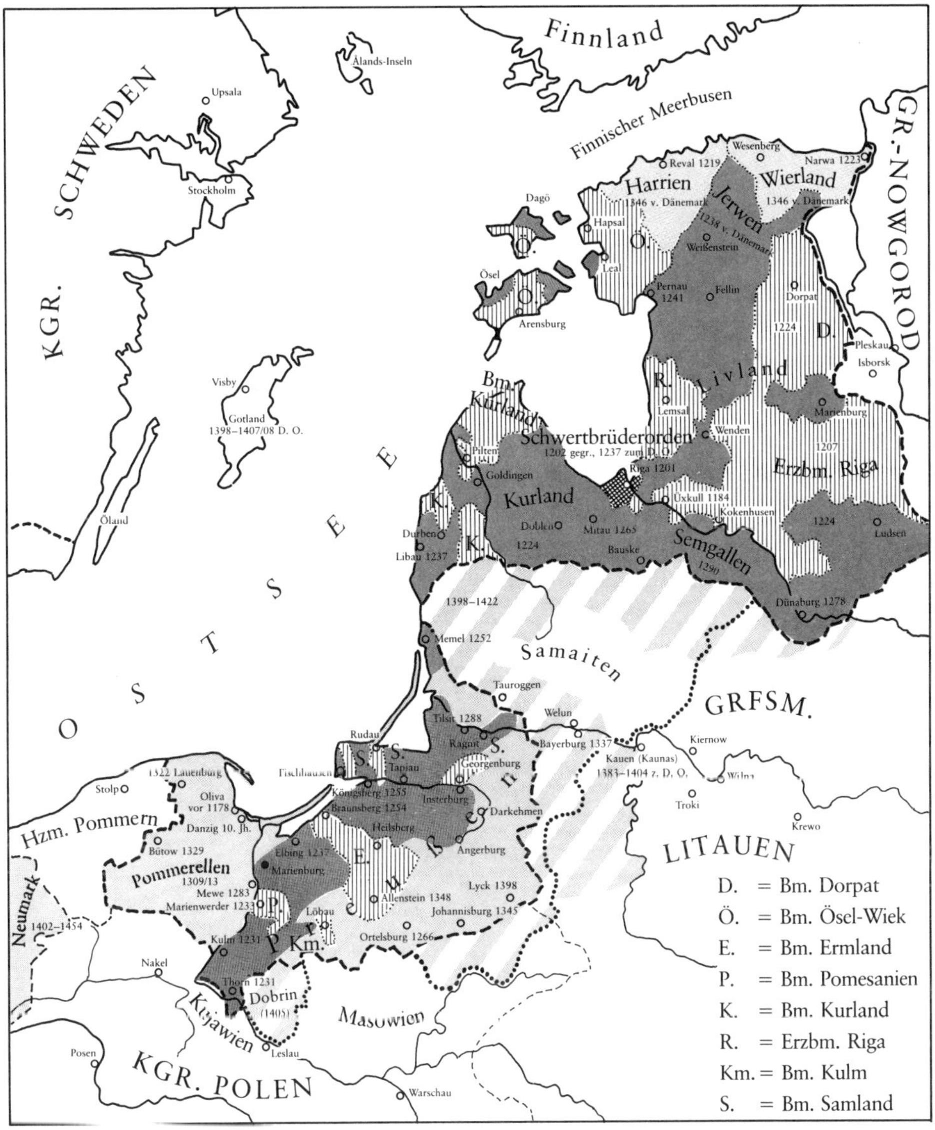

Gebiet des Deutschen Ordens bis 1309

Spätere Erwerbungen des Deutschen Ordens

Gebiet der Bischöfe 1309 und spätere Erwerbungen

Stadtmark von Riga (bis 1330 zu Ebm. Riga, 1330 zum Deutschen Orden)

Grenze des Ordensstaates 1398

Grenze des Ordensstaates 1422

Marienburg (1309–1457 Hochmeister)

Jahreszahlen bei Orten bezeichnen die Gründung

die Finanzen zur Seite. Kanzlei- und Hilfspersonal umgaben sie. Die Marienburg lenkte den »Staat«. Das Archiv des Ordens enthält noch heute ungefähr 30.000 Briefe. Dringliche Sendungen wurden mit Eilvermerk über ständige Stationen für den Pferdewechsel befördert. An der Kurie war man dauernd durch einen Prokurator vertreten, sehr früh in der Geschichte der diplomatischen Beziehungen Europas. Nach 1360 führte man in allen Ordensburgen – in Preußen und Livland gab es einhundertsechsundsechzig – ein Inventar für die gesamte Ausstattung, von dem ein Exemplar in der Marienburg hinterlegt war. Auch die Komtureien und Vogteien der Lokalverwaltung waren mit rechenschaftspflichtigen Ordensbrüdern besetzt. Das einheitliche Vorgehen wird am besten durch die stets wiederholte Grundform der Siedlung dokumentiert: durch das Straßen- oder Angerdorf mit zwanzig Bauernstellen, Gewannflur und Dreizelgenwirtschaft. Der Landvermessung wurde große Sorgfalt gewidmet. Die Einnahmen aus der wohlgeordneten Ordenswirtschaft waren so groß, daß man bis 1411 keine Steuern erheben mußte.

Einer politisch und vor allem sozial unvollendet bleibenden Staatsbildung stand der Deutsche Orden in Livland gegenüber. Livland, das ungefähr dem heutigen Lettland und Estland entspricht, gehörte im Gegensatz zu Preußen zum Reich. Doch das Land war ohne Gefahr meist nur zu Schiff zu erreichen. Als der Orden auf päpstlichen Befehl das Erbe der dort gescheiterten Schwertbrüder antrat (1237), sah er sich reichsfürstlichen Bischöfen mit eigenen Territorien gegenüber, an der Spitze dem Erzbischof von Riga. Zur Verbreiterung seiner Basis im Land kaufte er schließlich Estland vom dänischen König (1346). Nur die oberen Schichten der Städte, zumal in Riga, Dorpat und Reval, ein zusammen mit dem Lehnsrecht eingewanderter Niederadel und der Klerus bildeten deutsche Minderheiten gegenüber einer großen baltisch und finnisch sprechenden Mehrheit. Das überseeische Land mit rauhem Klima und wenig ertragreichen Böden war für die organisierte Bauernsiedlung nicht attraktiv genug. Sein urtümlicher Zustand erhielt sich, so daß sich die Siedlungen noch am Ende des Mittelalters wie Inseln in Wäldern ausnahmen. Ein sprachlicher Ausgleich kam nicht zustande.

Gerade der Erfolg in Preußen, Macht und Reichtum drängten den Orden unwiderstehlich auf den Weg der »Staatsräson«, zur Behauptung und zum Ausbau des eigenen Lebensrechts mit den von jedermann angewandten Mitteln. Dahin hatte auch schon die Realität der Mission gewiesen, soweit sie von Gewalt begleitet war. Nachdem die Christianisierung Preußens und Livlands als abgeschlossen gelten konnte, führte man endlose Kriege mit den heidnisch gebliebenen Litauern in der Nachbarschaft. Diese Feldzüge verkörperten nun den traditionellen Daseinszweck des Ordens und wurden zwischen etwa 1320 und 1420 von zahlreichen Herren und Rittern mitbestritten, die aus Kreuzzugsfrömmigkeit und adeliger Ruhmgier jährlich von West- und Mitteleuropa anreisten. Der Kampf blieb jedoch wegen der Landesnatur, des harten Widerstandes der Angegriffenen und der zu geringen Kräfte der Angreifer ohne Erfolg. Leichter war es, bereits christlich gewordenes Land zu erwerben. Dies geschah durch Pfandnahme oder Kauf, aber auch durch Krieg, wie im Falle des westlich benachbarten Herzogtums Pommerellen nach dem Aussterben der einheimischen Dynastie. Hier arbeitete der Orden im Konflikt mit dem Fürsten von Kujawien-Sieradz und dem Markgrafen von Brandenburg auch mit List, Täuschung und Gewalt. Er zerstörte das zu Brandenburg haltende, von Deutschen bewohnte Danzig weitgehend und tötete womöglich auch einen Teil der Einwohner (1308/09). Als es nach langer Pause wieder ein polnisches Königtum gab (seit 1320), sah sich dieses um seiner Ansprüche auf Pommerellen willen in einen Konflikt mit dem Orden gedrängt.

Nach dem Triumph der Stauferfeinde: das sogenannte Interregnum (1245/1251–1272)

Das Erbe der Staufer

Unter den verschiedenen Daten, die den Beginn der politischen Geschichte des deutschen Spätmittelalters bezeichnen können, wird man mit Gelassenheit auswählen; denn dem ganzen 13. Jahrhundert ist in dieser Hinsicht der Charakter einer Übergangszeit zuzusprechen. Die Entscheidung für die Jahre um 1250 betont den Einschnitt, den die Katastrophe des Stauferkaisers Friedrich II. mit sich brachte. Auch deren erste Ursachen wird man um 1200 aufsuchen, und ihre Nachwirkungen kann man bis ins 14. Jahrhundert hinein verfolgen. Problematischer ist der Umgang mit der eingebürgerten Periodenbezeichnung für die Generation nach 1250, mit dem »Interregnum«. Dieser Begriff weist nicht nur keinerlei rechtliche Substanz auf, sondern verschleiert geradezu die Weite des Zusammenhangs, in den das Geschehen zwischen Friedrich II. und Rudolf von Habsburg einbezogen ist. In der älteren deutschen Geschichte gab es keine königslose Zeit, eher bestand in der fraglichen Periode ein »Überangebot« an Herrschern; denn mit Ausnahme der Jahre 1245/46 und 1254 bis 1256 regierten bis 1272, theoretisch sogar bis 1275 oder 1284, stets zwei Könige. Die beiden Hauptwurzeln der Interregnumskonzeption, das Bestreben einiger Freunde der Habsburger um 1300, diese Dynastie unmittelbar an die Staufer anzuknüpfen, und das machtpolitische Urteil des 19. Jahrhunderts über eine machtlose Generation, können heute nicht maßgebend sein.

Die Zeitgenossen des späteren 13. Jahrhunderts fühlten sich kaum einem besonderen Zeitalter zugewiesen. Sie faßten auch das Geschlecht der Staufer vor ihnen noch nicht als Einheit auf und empfanden demzufolge nicht wirklich den Abschluß einer dynastischen Epoche. Als jüngster, aber eben isoliert gesehener Haupteinschnitt galt ihnen das Scheitern Friedrichs II. In einem in dieser Art noch nie dagewesenen Akt war er am 17. Juli 1245 vom Papst auf dem Konzil von Lyon abgesetzt worden. Dieses Ereignis bildete später auch für König Rudolfs Rechtsauffassung einen Einschnitt. Was von da an bis zu seinem Regierungsantritt geschehen war, galt zumindest als problematisch. Der Tod Friedrichs (1250) und der Abzug des letzten, schon nicht mehr gekrönten Stauferkönigs Konrad IV. nach Italien ein Jahr später machten den dynastischen Wandel unwiderruflich. Die deutsche Geschichte war nun nicht mehr staufisch. Dies hieß aber keineswegs, daß die Rahmenbedingungen, die das spätstaufische Geschehen in Deutschland geprägt hatten, nicht weiterbestanden – im Gegenteil: sie bestimmten in hohem Maße das Kommende. Eine der wichtigsten dieser Rahmenbedingungen war der verhältnismäßig gering gewordene Einfluß der zentralen Gewalt: Das Königtum rang in erster Linie um Selbstbehauptung im Reich, es stand nicht eigentlich an seiner Spitze und konnte schon gar nicht als dessen Gestalter gelten.

Der Endkampf der Staufer legt dies ganz deutlich dar. Er hatte mit dem zweiten Bannspruch gegen Friedrich im Jahr 1239 eingesetzt. Kurze Zeit zuvor hatte sich der Kaiser zum letzten Mal in Deutschland aufgehalten; von 1220 an weilte er insgesamt nur zwanzig Monate nördlich der Alpen. Weil der Staufer das entscheidende Moment der persönlichen Anwesenheit nicht zur Geltung brachte, besaß er kaum noch einen Vorsprung vor dem Papst, der seinerseits den Kampf mit größter Energie führte. Die ökonomisch am höchsten entwickelte Landschaft im Reich, der untere und obere Niederrhein, und auch der Mittelrhein bildeten die Zentren der Opposition. Der Kölner Erzbischof Konrad von Hochstaden (1238–1261) stellte sich 1239 auf die Seite des Papstes. Auf einem Höhepunkt der Auseinandersetzungen wurde der Grundstein zum Kölner Dom gelegt (1248) – als gewaltige Demonstration des Erfolgs des kleineren, verdichteten Raumes gegenüber dem extensiven Herrschertum der weitgespannten Dynastie; so begannen auch die Ulmer ihren großartigen Münsterbau, als ihnen Karl IV. 1376 militärisch erfolglos gegenübertrat. Die Jahrzehnte zwischen 1240 und 1270 kann man in mancher Hinsicht als ein rheinisches Zeitalter der Reichsgeschichte bezeichnen. Die beiden mit dem Rheinland konkurrierenden Regionen waren einerseits der anfangs noch staufische, dann von den Staufererben Wittelsbach und Habsburg geführte Südwesten und Süden und andererseits der sich eher abseits haltende Osten des Reiches mit der Mitte zunächst in Böhmen. Dem Meinungswechsel des Kölners folgte 1240/41 sein Mainzer Kollege, der noch 1237 vom Kaiser zum Reichsverweser ernannt worden war. Nicht anders verhielt sich wenige Jahre später der nächste Reichsverweser, Landgraf Heinrich Raspe von Thüringen. Der neue Trierer Erzbischof war ohnehin von Anfang an päpstlich gesinnt. Für Erfolge am Niederrhein besaß König Konrad zu wenig Macht und zu wenig Geld. So wurden die Staufer spätestens seit 1247 immer mehr auf den Süden beschränkt, wo sie allerdings kaum angreifbar waren. Demgemäß waren die militärischen Auseinandersetzungen am Mittelrhein und in der Wetterau am heftigsten. Die letzten Bastionen, Boppard und Worms, hielten sich bis 1251 und 1253. In Deutschland zerfiel jedenfalls das Stauferkönigtum früher als in Italien. König Konrad IV. zog 1251 nach Italien ab, wo er drei Jahre später starb. Im Jahr 1258 trat Manfred das mittelmeerische Erbe als König von Sizilien an; er fiel 1266 gegen Karl von Anjou. Der Sohn Konrads IV., Konradin, der letzte legitime Staufersproß in männlicher Linie, dessen Königswahl in Deutschland die Päpste mehrfach hatten verbieten müssen, zog 1267 nach Italien, unterlag ebenfalls dem päpstlichen König Karl und wurde am 29. Oktober 1268 auf dem Marktplatz von Neapel enthauptet.

Dieses traurige Ende der großen europäischen Dynastie als Folge eines erbarmungslosen Vernichtungskampfes gehört nicht mehr der deutschen Geschichte an. Aber die deutsche Geschichte blieb nach wie vor in die Geschichte Europas hineinverflochten, gerade im Zeitalter des Interregnums. Als erste Ursache hat die Oberherrschaft des Papstes zu gelten. Das große Jahrhundert der universalen Macht der Kurie, von der Legitimierung eines Kaisers im Osten von des Papstes Gnaden (1204) bis zur Bulle »Unam sanctam« (1302), dauerte fort. Als zweiter übergreifender Wesenszug von viel längerer Dauer und von noch größerem Gewicht ist das dynastische Prinzip zu nennen. Unter diesem Aspekt war der Tod des Kaisers zunächst ein tiefer Einschnitt. Denn dynastische Politik kannte extreme Schwankungen innerhalb kurzer Zeit: Auf die Bereitstellung französischer, englischer, kastilischer und ungarischer Truppen für den staufischen Kaiser zur Vernichtung des rebellischen Mailand folgte sehr rasch der Kauf von nachstaufischen Wahlstimmen für ein den englischen oder französischen Interessen dienstbar gemachtes Königtum-Kaisertum. Aber auch die Dynastien nährten sich zunehmend aus staatlicher Verdichtung, die eine über immer längere Fristen hinweg stabile diesseitig-politische Räson mit sich brachte. Die erste Stelle in Europa nach 1250 nahm Ludwig IX., der Heilige (1226–1270), ein. Er gab Frankreich jene feste Ordnung, die Philipp II. Augustus (1180–1223) vorbereitet hatte und Philipp IV., der Schöne (1285–1314), ohne Skrupel einsetzen sollte. Im unteren Italien gebot Karl von Anjou aus einer Nebenlinie der französischen Dynastie (König 1265–1285). Schwächer war der englische Herrscher Heinrich III. (1216–1272), dem der Landadel die größten Schwierigkeiten bereitete. Zwischen der französischen und der englischen Monarchie war Europa trotz des Friedens von Paris (1258) polarisiert. Von dieser Polarisierung gingen die wichtigsten Wirkungen auf das nachstaufische Machtvakuum in Deutschland aus.

Im Interregnum war das gemeindeutsche Geschehen in Politik und Verfassung zwischen zwei Kräften eingespannt, die intensiv darauf hinwirkten, in ihrer Mitte eben diese gemeindeutsche Substanz zu überformen. Die eine Kraft war das dynastische Prinzip, das sehr unterschiedliche Länder über weite Entfernungen hinweg immer neu zu kombinieren imstande war; die andere, womöglich noch bemerkenswertere Kraft stellten die deutschen Territorien mit ihren wachsenden staatlichen Wesenszügen dar. Landesherren wagten in stets größerer Zahl vom Kaiser abzufallen, während die meisten Könige Europas zwischen dem Staufer und dem Papst vorsichtig neutral blieben. Um den Ausbau ihrer Territorien voranzutreiben, suchten starke Fürsten im Interregnum und noch danach die ihnen genehmen Könige zu erheben; sie konkurrierten hierbei erfolgreich mit den Monarchen des Westens. Daß großdynastische Räson einerseits und territoriale Räson andererseits nur wenig Raum für jenes mittlere Gebilde »Deutschland« ließen, war nicht unbedingt ein Sonderfall in Europa.

Durch die Weite des dynastischen Raumes und die Kraftfülle der vielen Fürsten war aber die Situation in Deutschland besonders akzentuiert. So ruhte auch das Reich im Interregnum weniger als üblich auf der Aktivität des Königtums. Dessen klassische Tätigkeitsbereiche, das Lehnswesen, der Friedensschutz und die Gerichtsbarkeit, waren stark gemindert. Weil das Reich von außen nicht herausgefordert wurde, genügten für sein Fortbestehen ein aktiver oder selbst ein passiver Minimalkonsens und die gewohnten Traditionen. Aktives Handeln an der Spitze konzentrierte sich in diesem Vierteljahrhundert beinahe auf die bloße Existenzbehauptung des Königs und auf das Verfahren zur Erhebung des nächsten. Eine einigermaßen einheitliche politische Konzeption der Interregnumsherrscher ist kaum aufzufinden. Es trat der paradoxe Zustand ein, daß sonst eher negativ zu beurteilende Faktoren zur Erhaltung eines Minimums von »Staat« nützlich waren: das Einwirken des Papsttums auf die Königsfrage und das Streben auswärtiger Dynastien nach dem Königtum. Dabei wurde durch kirchenrechtliche Präzisierung des Wahlverfahrens Verfassungssubstanz geschaffen oder im politischen Gegeneinander wenigstens in Erinnerung gehalten. Auch die Städte, zumal die sich aus dem Krongut in der Emanzipation befindlichen Reichsstädte, gewannen eine verfassungstragende Funktion, indem sie aus wohlverstandenem Eigeninteresse für die Erhaltung des hergebrachten Reichsbesitzes eintraten.

Vor allem zweierlei drohte vor und nach 1250 das überlieferte Gefüge der Reichsverfassung zu zersetzen, ohne daß genügend neue Substanz zur Stelle war: die Kurzatmigkeit königlichen Handelns, das stets durch langwährende Abwesenheitszeiten unterbrochen wurde, und das neue mobilisierende Mittel des Geldes. Geld schüttete der Papst in bisher ungewohnt reichem Maße für Königserhebungen und politisch-militärische Unternehmen an gefügige Fürsten und Söldner aus. Infolgedessen ließ man sich auch die Parteinahme für den König bezahlen.

Kaum weniger realpolitisch waren die Spielregeln, die sich aus dem Interesse der Territorien ergaben. Das Grabmal Siegfrieds III. von Eppstein im Mainzer Dom zeigt den Erzbischof mit den von ihm »gemachten« Königen Heinrich Raspe und Wilhelm von Holland, die viel kleiner dargestellt sind als er selbst. Dem Erzbischof von Köln kann man wesentlichen Anteil daran zuschreiben, daß sich das Wahlprinzip, das die Dynastien regelmäßig zu wechseln erlaubte, gegenüber der De-facto-Vererbung der Stauferzeit durchsetzte. Daß Wahlkönige für die Kölner Kirche zweckmäßiger waren, ist hierfür das entscheidende Motiv gewesen. Köln und Mainz polarisierten je für sich die politische Landschaft am Rhein mit ihren Bestrebungen, die aus dem Hochmittelalter ererbten extensiven Ansprüche in moderne landesherrliche Rechte umzuformen – gegen eine Welt von territorialen Feinden. Diesen Anstrengungen in erster Linie wurde die Königshandlung dienstbar gemacht. Beide Erzstifte scheiterten am Ende mit ihren hegemonialen Zielen, aber erst nach generationenlangen Kämpfen. So wurden Gegensätze wie Köln-Brabant, Mainz-Pfalz, Mainz-Hessen oder Stadt Köln-Kurköln politische Konstanten über Jahrhunderte.

Päpstlich-rheinische Könige

Am 22. Mai 1246 wählten die drei rheinischen Erzbischöfe auf Befehl des Papstes den ersten antistaufischen Gegenkönig, den Thüringer Landgrafen Heinrich Raspe. Nach neun Monaten ist er ungekrönt gestorben. Sein Königtum war das erste, das päpstlich finanziert wurde und ohne diese Geldzuwendung nicht hätte bestehen können – hundert Jahre, bevor der letzte Befehlsempfänger dieser Art vielleicht nur noch zum Schein vor den Heiligen Stuhl trat, Karl IV. (1346). Der Geldverkehr Heinrichs für Fürstenkauf und Söldnerwerbung wurde sorgfältig abgerechnet. Symbolisch bekannte sich Heinrich auf seinem Goldsiegel zum päpstlichen Vorbild. Die kuriale Oberherrschaft war mit alledem aktiv-konstruktiv, nicht mehr nur punktuell und reagierend auf den Plan getreten.

Heinrichs Nachfolger wurde 1247 Graf Wilhelm von Holland, der das Jahrhundert der Grafen-Könige eröffnete, das mit Günter von Schwarzburg 1349 endete. Wilhelm war der Kandidat des Herzogs von Brabant, dem das wirtschaftlich wohl bedeutendste Einzelterritorium im nordalpinen Reich gehörte. Gewählt wurde der Graf vom Herzog und von den drei rheinischen Erzbischöfen. Mit dem besten Recht sagte der Papst, der neue König sei »unsere Pflanze und von unseren Händen gesät«. Wilhelms Landesherrschaft war erheblich kleiner als diejenige seines Vorgängers und ganz am Rand des Reiches gelegen. Auseinandersetzungen mit Flandern und Friesland beschränkten seine Handlungsfreiheit. Daß man sich so entschied, obwohl er bisher ohne Kanzlei ausgekommen war, zeigt ganz klar die politische Absicht: Er sollte weniger ein König für das Reich als für den Papst und die Wähler und vor allem für einen von ihnen sein. Wie zu erwarten, suchte sich Wilhelm zur selbständigen Legitimierung in die Kontinuität der Herrscher zu stellen – wenn schon nicht zum abgesetzten und gebannten Friedrich II., so wenigstens zu dessen Sohn Heinrich (VII.). Er übernahm den wichtigsten Kanzleinotar des Staufers und paßte sich in der Urkundenform der Königstradition an. Wilhelms späterer Kanzleichef und ein einflußreicher Notar traten dann ihrerseits zum Nachfolger Richard über, und selbst die Anfänge der Kanzlei Rudolfs von Habsburg waren von daher beeinflußt. Der Papst, der von alledem nichts zu fürchten hatte, blieb der treueste Bundesgenosse König Wilhelms. Die rheinischen Wahlfürsten hingegen verfolgten seine Emanzipationsbemühungen – das unabänderliche »Gesetz« kleinköniglichen Verhaltens, wenn nur Zeit dafür blieb – mit immer größerem

Der Rheinische Städtebund von 1254

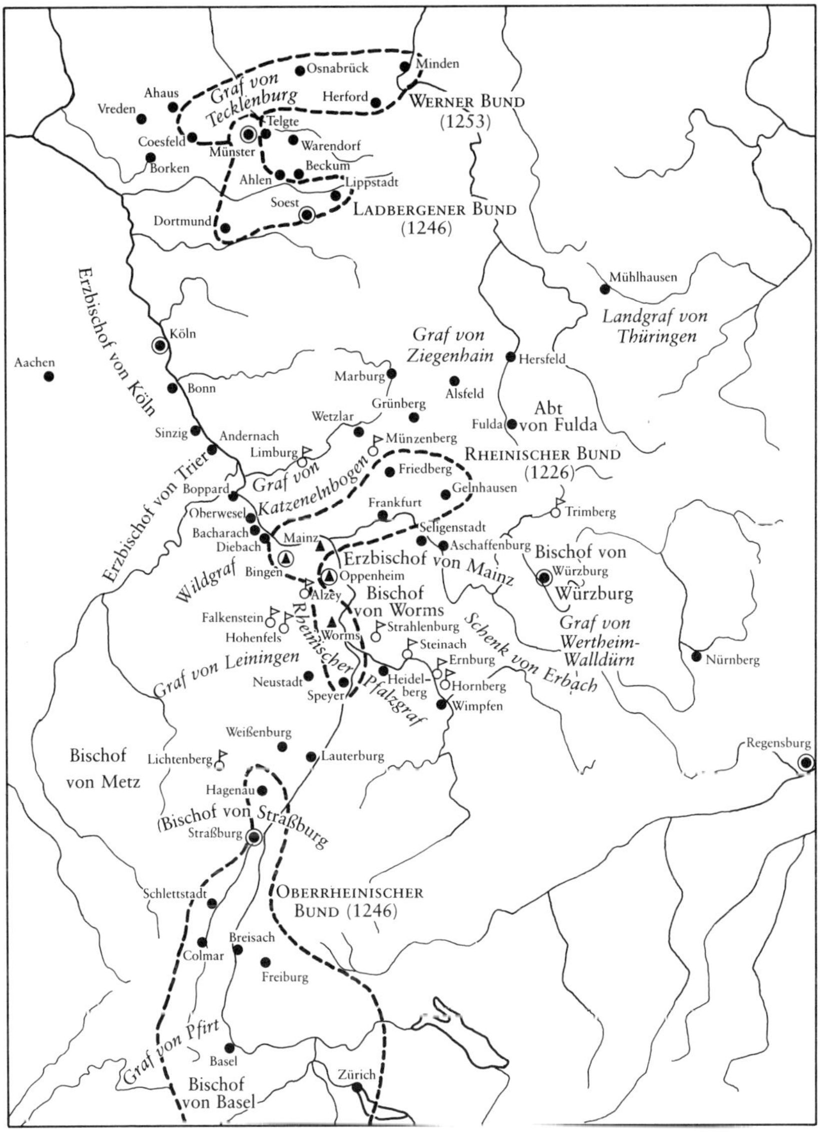

● ▲ Städtische Mitglieder

▲ Gründerstädte von 1254

◉ Ⓐ Vororte des Bundes

Adelige Mitglieder unterhalb des Fürsten- und Grafenstandes

Bischof von Basel — geistliche } fürstlich-gräfliche Mitglieder
Graf von Pfirt — *weltliche* } fürstlich-gräfliche Mitglieder

Vorausgehende Städtebünde (Mitglieder sind die innerhalb der gestrichelten Linien eingezeichneten Städte)

Mißtrauen. Durch die Ehe mit einer Tochter des Braunschweiger Welfenherzogs faßte Wilhelm Fuß zwischen Weser und Elbe. Im Jahr 1252 kam es zu seiner Nachwahl durch den Herzog von Sachsen-Wittenberg und den Markgrafen von Brandenburg. Das hatten norddeutsche Städte unter der Führung Lübecks, vermutlich auch unter dem Eindruck der Auffassungen des »Sachsenspiegels«, zur Bedingung für ihre Huldigung gemacht.

Am wichtigsten freilich blieb die Rhein-Achse. Dort entfalteten sich durch Verselbständigung aus den geistlichen Territorien die Freien Städte und aus dem Krongut heraus die werdenden Reichsstädte. Sie hatten unter den letzten Stauferkämpfen am meisten zu leiden gehabt. Von Februar bis Mai 1254 schufen Abkommen zwischen mittelrheinischen Kommunen, beginnend mit Mainz, Worms und Oppenheim, den Kern eines Städtebündnisses, des sogenannten Rheinischen Bundes. Er hatte Vorläufer, die fast dreißig Jahre zurücklagen (1226), allerdings 1231 vom Kaiser untersagt worden waren. Um sich in der neuen Situation zu legitimieren, berief man sich auf Christus und betonte den Friedensgedanken. Der reiche Mainzer Bürger Arnold Walpot spielte hierbei eine bemerkenswerte Rolle. Er ist der erste seines Standes, den man auf der politischen Bühne des Spätmittelalters identifizieren kann. Die Städte strebten die Sicherung des Handels und den Abbau der von ihnen als unrechtmäßig erachteten Zölle an; damit wandten sie sich gegen die Interessen der Territorien und des Adels. Einhundertfünfzig bewaffnete Schiffe sollten den Strom schützen. Exekutionen gegen Städtefeinde fanden statt.

Der Bund vergrößerte sich rasch entlang des Rheins und darüber hinaus bis nach Franken, Westfalen und Thüringen. Mitglieder wurden auch Regensburg und Zürich, insgesamt ungefähr siebzig Städte. Auch Fürsten traten bei, besonders geistliche im rheinischen Raum, voran die drei Erzbischöfe. Dies schuf eine zweideutige Situation. Einerseits zeigte sich der Bund um so weniger handlungsfähig, je mehr er sich ausweitete; andererseits wurden die Städte trotz ihrer sozialen Unterlegenheit infolge ihrer wirtschaftlichen und militärischen Kraft als politisch einigermaßen gleichrangige Partner anerkannt. Es ist ein Zeichen für das Ausmaß der Krise dieser Jahre, daß ein solches Gefüge Bestand hatte. Jedenfalls war die Position der Städte mit dem erklärten Willen, an einem mehr als nominellen, einheitlichen Königtum festzuhalten und das Krongut zu schützen, ein stabilisierendes Element. Als eine – vom Königtum dann verpaßte – Chance für eine grundsätzliche Reichsreform sollte man diese Situation freilich nicht verstehen. Der Übergang von einem Fürsten-Reich zu einem Städte-Reich wurde weder gewollt, noch wäre er machtpolitisch realisierbar gewesen.

Als das Königtum Wilhelms konkurrenzlos geworden war, wandten sich die Städte an ihn (Oktober 1254). Offenkundig erkannte der Herrscher nach einigem Zögern die dadurch gebotene Möglichkeit, mehr Spielraum zu gewinnen, trat zum Bund in Beziehung und verflocht auch seine bescheidene Gerichtsorganisation mit ihm (Februar 1255). Als vorweggenommene Antwort ließ Konrad von Hochstaden das Haus anzünden, in dem der König und der päpstliche Legat in Neuß nächtigten, so daß beide nur mit Mühe dem Feuertod entkamen (Januar 1255). Die Tat blieb ungestraft. Man dachte jetzt an eine Neuwahl. In eine Kraftprobe einzutreten war aber dem König nicht mehr vergönnt. Bei einer seiner im heimisch-gräflichen Interesse geführten Fehden wurde er am 28. Januar 1256 von den Friesen erschlagen.

Das Jahr 1257 schien mit der Doppelwahl des Grafen Richard von Cornwall und des Königs Alfons X. von Kastilien den Gipfel der »Internationalisierung« des Königtums mit sich zu bringen. Aber anstatt aus diesem Grund von einem besonderen Tiefpunkt der deutschen Geschichte zu sprechen, sollte man daran denken, wieviel Gewohntes sich damit wiederholte. Richard war der Kandidat der Kölner Partei und entsprach der längst bestehenden und noch lange fortwirkenden wirtschaftlichen England-Orientierung des Niederrheins, die auf Gegenseitigkeit beruhte: Rhein- und Themse-Mündung, Köln und London liegen einander spiegelbildlich gegenüber und waren längst durch intensiven Schiffsverkehr miteinander verbunden. Auch König Otto IV. war einst aus England ins Reich gekommen, wie Friedrich II. aus dem Mittelmeerraum. Alfons wurde von den Gegnern Englands und des Kölner Erzbischofs – dem König von Frankreich und den Frankreich-Freunden, zum Beispiel Trier, sowie von Brabant – unterstützt. Auf diese Weise ergaben sich weitere Polarisierungen analog zur jeweiligen Territorialstruktur. Der Papst war wegen solch »weltweiter« Gruppierungen in Verlegenheit und verlor an Initiative. So mußte er erstmals hinnehmen, daß sich beide Könige auf die Staufer berufen konnten: Richard war der Schwager Friedrichs II. und Alfons ein Enkel König Philipps. Diese Konstellation war ein Höhepunkt dynastischer Verflechtung im mittelalterlichen Europa, bei der Deutschland Objekt war – wie bei anderer Gelegenheit Sizilien, Ungarn oder Polen. Aber es zeigten sich ungeachtet aller Legitimität dynastischen Handelns innerhalb der »Familie der Könige« auch die Grenzen solcher Verfügungsgewalt: Ferne Könige oder solche, die auch auswärts intensiv beschäftigt waren, blieben, wie schon Friedrich II. und noch Sigismund, Herren in bedrohter Position; ihre Reiche litten darunter. Gemäß solcher weitausgreifenden Interessen war Richards und Alfons' Ziel nicht zuerst Deutschland, sondern die deutsche Krone als notwendige Vorbedingung für die eigentlich erstrebte Kaiserwürde. Sie sollte dann im Zentrum der Welt, dem Mittelmeerraum, zur Geltung gebracht werden. Doch auch dieses Vorhaben ist – wie vieles andere bei dynastischen Geschäften – Projekt geblieben. Der Rheinische Bund freilich brach über der Alternative Richard–Alfons auseinander.

Die Doppelwahl von 1257 ist insofern von Interesse, als zum ersten Mal allein die sieben Kurfürsten, die nun bald auch so bezeichnet werden sollten, den Wahlakt vollzogen. Jeder der Kandidaten vereinigte drei eindeutige Stimmen auf sich. Weil die böhmische Stimme doppelt abgegeben wurde, schien beiderseits eine Mehrheit erreicht worden zu sein. Auf die Siebenzahl und auf die Rechtsnotwendigkeit der Wahl in Frankfurt am Main berief man sich im folgenden Verfahren vor der Kurie. Es mündete 1263 in einen förmlichen Prozeß ein, der jedoch bis zum Tod Richards am 2. April 1272 nicht ausdrücklich entschieden wurde, so daß das Reich kirchenrechtlich vakant blieb. Gleichwohl hat die juristische Auseinandersetzung im Hin und Her der Schriftsätze zur Verfestigung des Wahlverfahrens beigetragen, so daß es dann 1273 keine Zweifel mehr gab. Es war ein friedlicher Austrag nach den Regeln des rechtsgewohnten Süd- und Westeuropa; bei den späteren binnendeutschen Entscheidungen strittiger Wahlen sollte man wieder zum Schwert greifen.

Legt man die Maßstäbe spätstaufischer Herrschaftspraxis an, so ist Richard im vollen Sinne als König zu bezeichnen. Auf die Doppelwahl folgte kein eigentliches Doppelkönigtum. Denn Alfons wird man insofern aus der Herrscherliste streichen, als er nie ins Reich gekommen ist; er wurde durch heimische Schwierigkeiten festgehalten. Seine Anhängerschaft schwand deshalb rasch dahin. Somit hat sich auch seine für Spanien bedeutsame Förderung von Recht, Wissenschaft und Literatur in Deutschland nicht ausgewirkt. Richard hingegen wurde in Aachen gekrönt und brachte insgesamt fast vier Jahre in Deutschland zu, vergleichsweise viel längere Zeit als Friedrich II. Daß er sich ausschließlich im Rheinland, bis hinunter nach Basel, bewegte, erweist seine Einsicht in den damals noch gewaltigen Vorsprung dieser Landschaft in der Wirtschaftsstruktur des Reiches. Mit solchen Dingen war Richard wohlvertraut. Er war persönlich äußerst wohlhabend und in die ökonomischen Weltzusammenhänge aus eigener Anschauung wohl besser eingeweiht als irgendeiner seiner Vorgänger. Er bediente sich zudem des Geldes als Mittel der Politik in Deutschland wie kein anderer König zuvor und kaum einer der nächsten nach ihm. Geld half freilich am wenigsten im Konflikt mit den englischen Baronen, bei dem er seinem königlichen Bruder zur Seite stand, dessen Niederlagen er teilte. Dieses brachte ihm die zweifelhafte Ehre ein, als erster deutscher König des Spätmittelalters, vor Wenzel und Maximilian, von Trägern einheimischer Macht längere Zeit eingekerkert zu werden. Es braucht kaum hinzugefügt zu werden, daß oppositionelle deutsche Fürsten mehrfach eine Neuwahl anstrebten, jedoch ohne Erfolg.

»Kleine« Könige: von Rudolf von Habsburg bis Heinrich VII. von Luxemburg (1273–1313)

Rudolf von Habsburg

Die ersten vier Jahrzehnte nach dem Interregnum bilden eine verhältnismäßig einheitliche Periode der politischen Geschichte. Sie lassen sich als Zeitalter der »kleinen« Könige zusammenfassen. Auch einen populären und in seiner Art erstaunlich erfolgreichen Herrscher wie Rudolf von Habsburg wird man so bezeichnen, wenn klargestellt ist, daß damit gleichsam etwas Objektives ausgedrückt wird: Diese Könige waren »klein« im Vergleich zu anderen, auswärtigen Herrschern ihres Zeitalters. Denn sie gehörten keiner kraftvollen Dynastie mit alter Königstradition an, ihre Machtstellung im Reich nahm sich bescheiden aus, und ihre Herrschaftsmittel, das heißt Hof, Verwaltung und Schriftlichkeit, waren relativ unentwickelt und noch kaum »modern«. An den bestehenden politischen Verhältnissen im Großen vermochten sie wenig oder gar nichts zu ändern. Ein weiterer Abstieg des Königtums im europäischen Vergleich trat schon wegen des Verzichts auf seine Weiterentwicklung ein. Diese Monarchen waren im geläufigen Sprachgebrauch – nicht in der unveränderten Selbsttitulatur – bloß noch »Reges Alamanniae«, allein deutsche Könige, wie man sonst nur in der Krise des Investiturstreits gesagt hatte. Der auf das Kaisertum vorausweisende Titel des römischen Königs verlor sich und kehrte erst im 14. Jahrhundert wieder. In jenen vier Jahrzehnten regierte ein Grafen-Königtum aus königsnahen oder königsoffenen Landschaften. Es entstammte also einer Gruppe, die schon die Staufermacht wesentlich, jedoch dienend mitgetragen hatte. An Fürsten wandte man sich nur in einer Zwangslage. Die Konzeption des »kleinen« Königtums war die Orientierung am Vorbild der Staufer, die erste der drei Herrschaftsvorstellungen, die man im deutschen Spätmittelalter unterscheiden kann. Diese Konzeption ist gescheitert; eine Alternative zu ihr wird man kaum erkennen können. Die Könige stützten sich in erster Linie auf das bewahrte und wiedergewonnene Krongut. Gleichwohl mußte es dann bald großenteils verpfändet werden, um politische Bewegungsfreiheit zu gewinnen und zu behaupten. Sein Zerfall war auch infolge der allmählichen Emanzipation der Königsstädte, die zu Reichsstädten wurden, unaufhaltsam. Das Interesse der Fürsten und Herren an der weiteren Festigung und Mehrung der eigenen Rechte – auch auf Kosten des Reiches – konnte gleichfalls nicht beiseitegedrängt werden. Alle Herrscher waren zu schwach oder auch zu wenig vom Glück begünstigt, als daß sie das relativ biegsame Gefüge der nach wie vor »Offenen Verfassung« zu ihren Gunsten hätten formen können. Eher trat das Gegenteil ein. Kurze Regierungszeiten ließen manches nicht zum Erfolg reifen. Daseinszweck des Königtums war mehr das Ringen um Selbstbehauptung als um die Gestaltung des Reiches. So wird man diese Periode als noch fast gänzlich vorstaatlich bezeichnen – im Unterschied zu den Verhältnissen in West- und Südeuropa.

Die Staufer hatten eine ansehnliche Anhängerschaft hinterlassen, die sich in den vorangegangenen zwei Jahrzehnten wenig hervorgetan hatte, jedoch im Süden und Südwesten unangefochten dominierte: das Fürstenhaus Wittelsbach und eine Anzahl von Grafen- und Herrenfamilien, zahlreiche kleine Adelige und große Bürger. Das politische Wiedererstehen des Staufertums in Gestalt seines »gemäßigten« Vertreters Rudolf von Habsburg fand in einer sehr eingeengten Gesamtsituation statt. Die Sieger über die Staufer, der Papst und die geistlichen Kurfürsten, behielten ihre Vormacht. An der Weltstellung der Kurie konnten die Könige politisch nicht das Geringste ändern, selbst wenn sie die Kurfürsten im Einzelfall zurückdrängten. Im europäischen Rahmen stellt sich die Königsgeschichte am Ende noch als vom Glück begünstigt dar. Denn der von den Franzosen ohne deutsche Beteiligung herbeigeführte Zusammenbruch Bonifatius' VIII. in Anagni (1303) hat den schwer lastenden Druck des Papsttums erstmals gemildert. Als glückliche Umstände wird man auch bezeichnen, daß zwei Ereignisse nicht eingetreten sind, die aus eigener Kraft kaum hätten abgewendet werden können: Die Abschaffung des Imperiums oder seine Transferierung weg von den Deutschen, die wohl um 1300 durchsetzbar gewesen wären, nahm die Kurie nicht vor, obwohl ihr dazu geraten worden ist; sie war selbst zu stark von Traditionen gefesselt. Außerdem erschien kein Feind an den Grenzen, der sich nicht an die Regeln christlicher Könige gehalten und damit ein noch so wenig durchorganisiertes Gebilde wie das Reich aufs äußerste bedroht hätte.

Von den vier »kleinen« Königen war Rudolf von Habsburg zweifellos der bedeutendste – schon insofern, als seine Herrschaft das Interregnum tatsächlich beendete, das heißt bei aller Gebundenheit an das Alte auch neue Wege einschlug. Schon seine Anfänge waren vom Glück des Tüchtigen mitbestimmt. Papst Gregor X. (1271–1276) interessierte sich vor allem für einen neuen Kreuzzug ins Heilige Land und wirkte daher nach dem Tod Richards rasch wieder auf ein handlungsfähiges Königtum im Reich hin. Sein Wahlbefehl an die Kurfürsten war weder von personellen Vorgaben begleitet, noch ermutigte er die unmittelbar bei ihm, gleichsam als der vorgesetzten Instanz, eingegangenen Selbstempfehlungen, unter anderem vom französischen König. Auch gegenüber der Kurfürstengruppe gab es mehrere Bewerber. Es ist unklar, aus welchen Motiven man sich für den schwäbischen Grafen Rudolf von Habsburg entschieden hat. Er war ein ansehnlicher Territorialherr mit Hausgut vor allem im Oberelsaß und im Aar- und Zürichgau, auch mit beträchtlichem Zugewinn aus dem Interregnum. Er war staufernah, jedoch nicht kompromittiert, ein befähigter Kriegsmann und Praktiker regionaler Politik, freilich illiterat und ohne jeden

Anklang an staufische Hofkultur und Welterfahrung. Ihm fehlte auch empfehlende hochstehende Verwandtschaft, so daß später Fabeln oder kunstvolle Genealogien ersonnen werden mußten. Als Mann von fünfundfünfzig Jahren war er wohl nur als Kompromiß- und Übergangskandidat gedacht. Darauf deuten auch die verhältnismäßig geringen Zusagen an die Wähler. Schwerlich war eine Überwindung des Interregnums vorgesehen; was nach 1273 folgte, war weder voraussehbar noch geplant. Seit dem Scheitern der Staufer war so viel Zeit verstrichen, daß man alten Sympathien nachgeben konnte, ohne damit alte Feindschaften zu erneuern; jedenfalls hatte Erzbischof Werner von Mainz, ein Förderer Rudolfs, einst vergeblich das Königtum Konradins angestrebt; und Rudolf hatte Konradin nahegestanden. Die Wahl des Habsburgers am 1. September 1273 war einmütig, allerdings wurde die böhmische Stimme nicht abgegeben. Der Papst approbierte ihn im September 1274 auf dem Konzil von Lyon und sorgte ein Jahr später für eine Verzichterklärung von Alfons, die aber nicht gänzlich ernst gemeint war. Ottokar von Böhmen protestierte beim Papst und kündigte damit die Konfrontation der Folgezeit an.

Ein Herrscher, dessen Vorgänger die ohnehin spärlich überlieferten Institutionen des Königtums hatten beängstigend schwinden lassen, sah sich auf das Personengefüge der Großen zurückverwiesen. Das erste Bemühen galt deshalb der Stabilisierung des Konsenses wenigstens mit einigen Wählern und damit zwischen den Stauferfreunden und den seit dem Beginn des Interregnums neu entstandenen Verhältnissen. Weil die soziale Nähe und wohl auch die Erinnerung an das alte Kaisergeschlecht die schwäbischen und fränkischen Grafen und Herren ohnehin am leichtesten und mit beachtlicher Dauerwirkung an Rudolf banden, galt sein Hauptbemühen den Kurfürsten. Noch 1273 wurden zwei Töchter mit Ludwig II. von der Pfalz und nach Sachsen-Wittenberg verheiratet, 1279 zwei weitere nach Niederbayern und Brandenburg und 1285 die fünfte mit Wenzel II. von Böhmen. Daraus ergab sich ein gewisses Maß an kurfürstlicher Mitregierung, die man sich teilweise gleichsam als Zusammenwirken im Familienkreis vorstellen kann. Andere Fürsten versuchte Rudolf wenigstens zum Verzicht auf aktive Opposition zu bewegen. Bei wirklichen Problemfällen konnte er nur an die Teilnahme und Hilfe der vital Interessierten und der Bezahlten denken. Die Institution der »Willebriefe«, also Zustimmungserklärungen der Kurfürsten, die jetzt von den Begünstigten zusätzlich zur Königsurkunde erbeten wurden, war eigentlich unnötig, da die Königsgewalt mit gleicher Rechtmäßigkeit auch allein hätte entscheiden können; sie ist denn auch im Laufe der Zeit wieder abgestorben. Unter Rudolf und den Nachfolgern jedoch ist sie verbreitet gewesen, was deutlich auf den Autoritätsschwund der Monarchie hinweist. Zweifellos war der Abstand des Königtums zu den Fürsten viel geringer geworden als unter den Staufern und später wieder unter den neuen Großdynastien. Dies geschah ungeachtet aller Versuche Rudolfs, die sakrale Legitimierung der von ihm dargestellten Monarchie zu betonen. Ihm fehlte eben das königliche Blut.

Weniger Zukunft, als Rudolf sich wohl vorzustellen vermochte, besaßen die von ihm sogleich programmatisch und eifrig betriebenen Rückerwerbungsversuche des seit 1245 verlorengegangenen Kronguts. Ausgenommen davon blieb selbstverständlich der Kreis der Starken und der Freunde, zu dem in erster Linie die Kurfürsten gehörten, außer dem böhmischen König. Es ist schwer abzuschätzen, wieviel Erfolg Rudolf wirklich hatte: am meisten wohl in Schwaben, in Franken und am mittleren Rhein. Das Bewahrte und Wiedererworbene begann er in Landvogteien zusammenzufassen. Hier wurde es unter die Hut absetzbarer »Beamter« als Vertreter des Königs gegeben. Solche Landvogteien entstanden zunächst in Ober- und Niederschwaben, im Ober- und Unterelsaß, im Speyergau, in Wimpfen und der Wetterau. Auch einzelne Reichsburgen wurden wiederhergestellt. Wesentlich war dabei neben der Erneuerung eines Teils der Einkünfte der Gedanke an die Wiederbefestigung der Königsstellung an sich; denn sie war nach der Auffassung der Zeitgenossen und gemäß dem Konzept der Staufer eng mit der Existenz des Kronguts verflochten.

Der politische Kern solchen Strebens nach der Wiederherstellung alten Rechts und Guts war – vielleicht von Anfang an – die unvermeidliche Auseinandersetzung mit Ottokar II. von Böhmen sowie seinem Territorienkomplex und Hegemonialbereich zwischen Ostsee und Adria, dem weitaus größten im Reich. Der Streit ging hauptsächlich um Österreich, Kärnten und Steiermark. Richard hatte als auswärts fundierter Herrscher auf eine Klärung verzichten können, ein allein auf Deutschland bezogener König konnte ihr nicht ausweichen. Weil Ottokar, Enkel des Stauferkönigs Philipp und weit vornehmer von Geburt als der Habsburger, die Lehnshuldigung verweigerte, wurde das notwendige gerichtliche Verfahren in Gang gesetzt, das 1275 mit der Erklärung der Aberacht endete. Die führende österreichische Adelsgruppe, die Landherren, war mit dem straffen Regiment Ottokars längst unzufrieden und hatte schon den Kontakt zu Rudolf gesucht. Infolge des Abfalls seines Adels und vor einem in Österreich einrückenden Heer ließ sich der Přemyslide auf ein fürstliches Schiedsverfahren ein. Er wurde mit Böhmen und Mähren belehnt, mußte aber auf die österreichischen Länder und auf Eger verzichten (1276). Rudolf machte dem österreichischen Landesadel große Zugeständnisse, besonders dasjenige des unbeschränkten Burgenbaus, was der Mitregierung im Land praktisch gleichkam.

Ohne wirkliche Kraftprobe mit Ottokar blieb die Lage unklar. Bei den beiderseitigen Vorbereitungen zum Kampf sah sich Rudolf diesmal von den Fürsten allein gelassen, konnte jedoch ein Bündnis mit dem alten Böhmenfeind Ladislaus von Ungarn schließen. In der Schlacht von Dürnkrut und Jedenspeigen am 26. August 1278 trafen ungleiche Kräfte aufeinander: etwa tausend Panzerreiter Ottokars, auch aus Brandenburg, Sachsen und Schlesien, gegen dreihun-

Aufenthaltsorte König Rudolfs

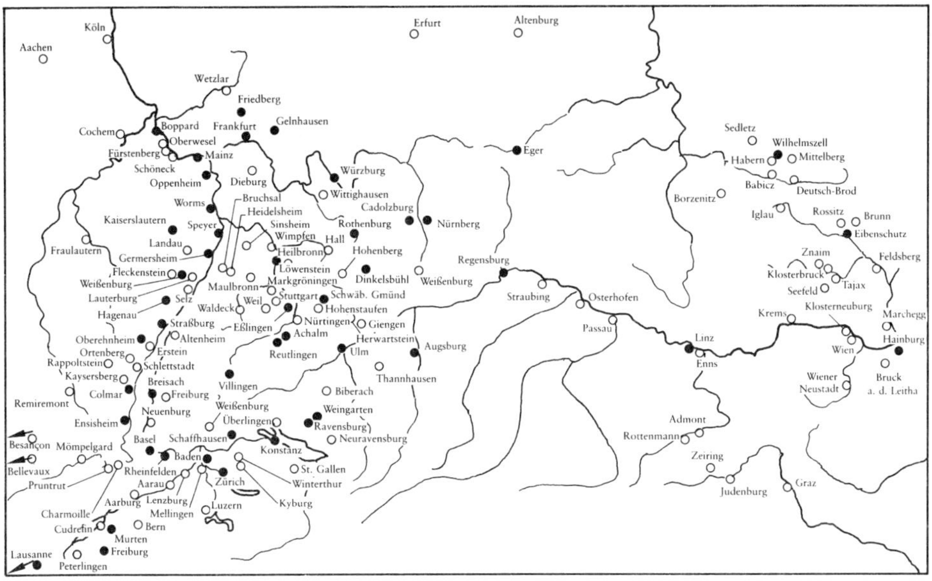

○ Einmal besuchte Orte ● Mehrmals besuchte Orte

dert bei Rudolf – jeweils mit den entsprechenden Hilfstruppen, auf seiten des Habsburgers zusätzlich einige Tausend leichte ungarische Reiter. Ein Manöver des alten Kriegsmanns, das den ritterlichen Regeln nicht entsprach, hat das Treffen entschieden: ein Flankenangriff von wenigen Dutzend Panzerreitern, der wegen des engen Blickwinkels der zeitgenössischen Topfhelme zuerst nicht erkannt und dann gewaltig überschätzt worden ist. Der Böhmenkönig wurde gefangengenommen und wohl aus privater Rache von einem österreichischen Ritter ermordet. Ottokars Tod brachte die entscheidende Wende für das rudolfinische Königtum zu einer fortan unangefochtenen Position mit sich. Langfristig gesehen war es ein weltgeschichtliches Ereignis, das den Umsturz der politischen Geographie des deutschen Hochmittelalters bewirkte: Der Weg war frei von den kleinen westdeutschen Verhältnissen der nordalpinen Stauferfeinde und Staufererben zum kommenden, jahrhundertelang modernen Gebilde der Großdynastie in Ostdeutschland – nicht auf der Basis von Königsländern oder von zersplittertem Besitz, sondern auf der Grundlage des weitgespannten erblichen Territorienkomplexes. So wurde auch ein neuer Dualismus, das Gegenüber von engerem Reich und großdynastischer Kräftekonzentration, mit ihren unterschiedlichen Interessen vorbereitet. Rudolf überließ Böhmen dem Sohn Ottokars, nahm Mähren für fünf Jahre in Verwaltung und wandte Österreich und Steiermark den eigenen Söhnen, dann allein Albrecht zu (1282/83); Kärnten fiel an Graf Meinhard von Tirol (1286). Die Kurfürsten konnten es nicht verhindern. Rudolf selbst blieb immer Schwabe und hielt mit seiner und der nächsten Generation an der staufischen Kronguts-Konzeption fest. Ihm wuchs jetzt ein wesentlich gesteigertes Selbstgefühl und eine seit langem nicht mehr gewohnte Autorität zu.

Der grundlegende Unterschied zwischen der Innenpolitik Friedrichs II. oder Richards und derjenigen Rudolfs ist darin zu sehen, daß dieser ein ständig anwesender König geblieben ist. Nähe des Herrschers band, Ferne löste. So konnte das verhältnismäßig bescheidene institutionelle Gefüge der hergebrachten Königsherrschaft wiederhergestellt werden – mit der Einschränkung, daß inzwischen viel Zeit zugunsten anders gerichteter Entwicklungen verstrichen war. Rudolf war ein eifriger Gerichtsherr, Friedensstifter und Verwalter der Königsrechte auf der Basis seiner regionalen Erfahrungen und gegenüber einer unveränderbar regionalisierten Reichsstruktur. Er bewegte sich vornehmlich am Oberrhein zwischen Basel und Mainz, hielt sich aber auch in Wien, Nürnberg und Erfurt auf; in den königsfernen Norden kam er nicht. Seine Aktionen waren punktuell sowie räumlich und zeitlich begrenzt. So hat er immer wieder in eigener Person Burgen von Friedensstörern eingenommen. Als er am Ende seiner Regierungszeit, wie Friedrich II., tatsächlich Landfrieden für das Reich verkündete (1287 und 1291), blieb die Verwirklichung den regionalen Kräften überlassen. Trotz solcher Einschränkungen sind Rudolfs unermüdlich erbrachte Leistungen, die seinen Herrschaftsmitteln entsprechend ganz persönliche Taten im ständigen Unterwegssein gewesen sind, hoch zu veranschlagen. Sie gaben dem Reich eine überall bekannte und vielfach populäre Mittelpunktsfigur. Modernisierungen freilich blieben aus. Von großen Rechtskodifikationen zum Beispiel, wie sie gleichzeitig anderswo erfolgten, war keine Rede. Rechtsstabilisierung oder gar Rechtserneuerung vollzog sich im Reich über allmählich allgemein anerkannte private Rechtsaufzeichnungen, in Rudolfs Zeit durch den »Deutschenspiegel« (1274/75) und vor allem durch den »Schwabenspiegel« (1275/76).

Immerhin ist die Anpassung des Königtums an inzwischen anderswo modernisierte Verhältnisse festzustellen. Dies ist am deutlichsten an der Städtepolitik Rudolfs erkennbar. Die Emanzipation der Reichsstädte aus dem Krongut schritt weiter fort, obwohl die königliche Stadtherrschaft und Steuerhoheit bestehenblieben. An die regelmäßigen Jahressteuern zugunsten des Herrschers gewöhnte man sich. Allerdings stießen die immer wieder unternommenen Anläufe des stets geldbedürftigen Königs, Sondersteuern zu erheben und – statt Pauschalzahlungen von der ganzen Stadt entgegenzunehmen – fiskalisch zum Einzelbürger vorzustoßen, auf harten Widerstand. In der Wetterau kam es 1284/85 zur offenen Rebellion, so daß Rudolf nachgeben mußte. Dennoch handelte es sich aufs Ganze gesehen um ein im höheren Maße städtenahes Königtum als je zuvor; denn der Herrscher reiste am liebsten von Reichsstadt zu Reichsstadt.

Der Mainzer Erzbischof Siegfried III. von Eppstein bei der Krönung der Gegenkönige Friedrichs II., Heinrich Raspes von Thüringen und Wilhelms von Holland. Grabsteinrelief mitteldeutscher Herkunft im Dom zu Mainz, nach 1249

König Rudolf I. Vorderseite der Goldbulle, 1276. Wien, Haus-, Hof- und Staatsarchiv. – Ottokar II. Přemysl als Herzog von Österreich und Steiermark. Rückseite des Thronsiegels, 1261. Nürnberg, Germanisches Nationalmuseum

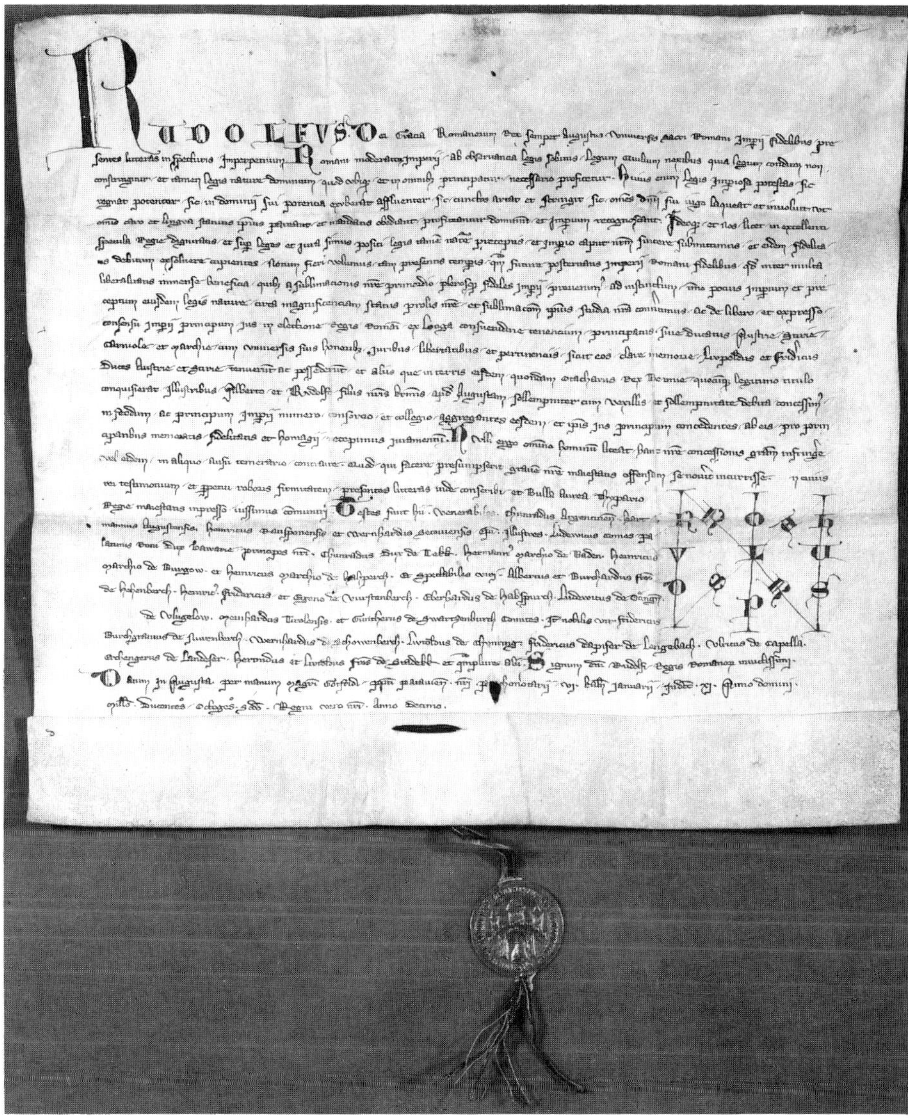

Lehnsnahme der Herzogtümer Österreich und Steiermark, Krains und der Windischen Mark zugunsten des Hauses Habsburg unter König Rudolf I. Urkunde vom 27. Dezember 1282. Wien, Haus-, Hof- und Staatsarchiv

Die Schlacht bei Sempach am 9. Juli 1386: Sieg der eidgenössischen Bauern über das Ritterheer unter Herzog Leopold III. von Österreich. Miniatur in der zwischen 1508 und 1513 entstandenen »Luzerner Chronik« des Diebold Schilling. Luzern, Zentralbibliothek

Auf solches Verhalten antwortete eine Art städtischen Reichsbewußtseins, das nicht abstrakt beschaffen, sondern sehr deutlich mit den eigenen Interessen verknüpft war. Auf der anderen Seite ließ sich selbst durch mancherlei Anekdotisches der grundsätzliche Unterschied zwischen adelig-königlicher Existenz und bürgerlichem Erwerbsleben nicht verwischen, und so sollte man das Gewicht der Städte im Reichsgefüge nicht überschätzen. Immer wieder hat es auch in den Städten Symptome gegeben, die auf eine tiefergründende Krise des Zeitalters hinweisen, beispielsweise das Auftreten von Betrügern oder Geisteskranken, die sich für Kaiser Friedrich ausgegeben haben. In einem Fall, der am Niederrhein und in der Wetterau politische Dimensionen anzunehmen schien, mußte der König selbst eingreifen. Der falsche Kaiser Tile Kolup wurde 1285 in Wetzlar verurteilt und hingerichtet.

Die politische Gesamtsituation war wie üblich durch ein System von kurzfristigen Maßnahmen und Aushilfen gekennzeichnet, in Binnendeutschland freilich auch auf der Seite der Königsgegner. Als deren wichtigsten wird man nach dem Fall Ottokars den alten Stauferfeind Kurköln bezeichnen, im nahen Schwaben war es der Graf von Württemberg. Charakteristisch ist jedesmal, daß die Gegner das Erreichen hochgesteckter Ziele der anderen Seite verhindert, nicht aber die Ausgangsposition zu zerstören vermocht haben. So erweist sich die Gesamtbilanz – aus der Entfernung betrachtet – eher als destruktiv-kleinteilig-konservierend denn als konstruktiv-großzügig-erneuernd. Der König konnte Kurköln nicht eigentlich besiegen und schon gar nichts am Niederrhein hinzugewinnen, aber den Feind durch eine Koalition der territorialen Gegner einengen und lähmen (1282). Im Gegenzug durchkreuzte der Erzbischof die Kaiser- und Nachfolgepläne des Königs. Zuletzt blieb diesem die Genugtuung, daß Kurkölns Hegemonialpolitik in der säkularen Niederlage von Worringen (1288) zusammenbrach. Brabant, Jülich und die Stadt Köln waren stärker; die kommende Vielgestaltigkeit des Niederrheins bereitete sich vor. Dem Mainzer Erzbischof räumte Rudolf zeitweise eine gewisse Mitregierung ein, zumal im Bereich von Meißen und Thüringen, wo der König infolge einer Herrschaftskrise der Wettiner Einfluß gewann. Hier zeichnete sich – gipfelnd im Hoftag von Erfurt 1289 – eine Zone politischen Spielraums – auch für die Nachfolger – ab. Im Norden scheiterte Rudolfs Konzept, durch Statthalterschaften Loyalitätsbezüge herzustellen. Die Fürsten blieben abseits. Der Graf von Württemberg und andere verhinderten die Wiedererrichtung des staufischen Herzogtums Schwaben in habsburgischer Hand, obwohl diese Dynastie die weitaus mächtigste Herrschaft der Region blieb. Schwaben war das klassische Beispiel für politische Zersplitterung, so daß ihm zunächst eine modern-staatliche Zukunft versagt geblieben ist.

Im größeren west- und südeuropäischen Rahmen bewegte sich Rudolf als »kleiner« König; auch bei respektablem Einsatz blieben seine Möglichkeiten äußerst begrenzt. Wo Militär- und Finanzmacht, moderne Methoden von Regierung und Verwaltung sowie die Waffe des rationalen Rechts höher veranschlagt wurden als in Mitteleuropa, konnte er nicht Schritt halten. Am nächsten standen Rudolfs heimischem Bereich die burgundischen Verhältnisse. Sie waren ungemein vielgestaltig und auf die Dauer von keinem ansässigen oder benachbarten Herrn zu bewältigen. Rudolf griff zweimal militärisch ein (1282 und 1289) und erzielte beide Male ansehnliche, wenn auch nicht anhaltende Erfolge. Der Hoftag von Murten 1291 sah ihn auf dem Höhepunkt. Im Gegenüber der deutschen und der französischen Sprache, wie angesichts Ottokars im Gegenüber der deutschen und der tschechischen Sprache, sind damals Äußerungen gemacht worden, die auf ein heranwachsendes vornationales Sonderbewußtsein hindeuten. In Reichsitalien handelte Rudolf mit Hilfe von Reichsvikaren unter der Grundvoraussetzung, daß dort eine unverrückbare Vorherrschaft der Anjou bestand und das Papsttum seine Lebensinteressen politisch verwirklichen wollte und konnte.

Rudolf erstrebte die Kaiserkrone und wollte deshalb nach Italien ziehen. Daß ihm dies eher infolge unglücklicher Einzelumstände als prinzipieller Schwierigkeiten nicht gelungen ist, stellt den größten Negativposten in der Schlußbilanz seiner Regierung dar. Man wird ihn dabei weder anachronistisch als Urvater einer Großdynastie bewerten noch unangemessen großzügige staufische Maßstäbe anlegen; es ging einfach um die konkrete Erbfolge zwischen Vater und Sohn. Die Romagna, die den Kirchenstaat, wie er dann bis 1860 bestand, vervollständigte, wurde von Rudolf umsonst geopfert. Die Sohneswahl ohne das Kaisertum anzustreben, widersprach der Tradition und konnte von den Königsgegnern verhältnismäßig leicht verhindert werden.

Rudolf starb am 15. Juli 1291 im Johanniterhof von Speyer. Die Grabplatte, das erste realistische Porträt eines deutschen Königs, zeigt den ausgezehrten Greis mit den Reichsinsignien und dem Adlerschild. Sein Grabesritt dorthin, wo nicht Habsburger, sondern die Vorgänger im Königsamt bestattet waren, macht deutlich, wie er und sein Zeitalter beurteilt werden sollten: Er blickte zurück auf die Staufer; Neues schuf er, ohne dies zu wollen. Noch mehr Neues wuchs freilich heran, ohne daß man den »kleinen« König und seine Nachfolger befragt hätte.

Anfänge und Entstehung der Eidgenossenschaft

Zwei Wochen nach dem Tod König Rudolfs schlossen die führenden Familien aus den Talgemeinden der Waldstätten Uri, Schwyz und Nidwalden untereinander einen unbefristeten Friedensbund (1. August 1291), um sich gegen die Gefahren der Thronvakanz zu sichern; ein nicht datierbares Abkommen ist vorausgegangen. Das entlegene Alpengebiet war ins Licht der Geschichte getreten, als um 1200 oder eine Generation später der kurze Weg nach Italien über den St. Gotthard erschlossen worden war. Seitdem interessierten sich die Staufer und territoriale Mächte, voran die Grafen von Habsburg, für diese Region. Seitdem hatten auch die nicht eben zahlreichen Bewohner der spätbesiedelten Täler Gelegenheit, statt nur durch Viehwirtschaft und Käseherstellung auch durch Transportleistungen ansehnlich zu verdienen. Es handelte sich um selbständige und wehrhafte Gesellen, für welche die alte bäuerliche Frage nach Freiheit oder Unfreiheit angesichts einer gemeinsamen Gerichts- und Wirtschaftsorganisation zur Nebensache wurde; eine Anzahl von Adelssippen, darunter die hochadeligen Attinghausen, und reich gewordene Bauern wie die Stauffacher oder Wolfenschießen führten sie an. Gemäß der Randlage waren Sozialordnung und Lebensstil urtümlich. Der Friedensbund von 1291 hatte seine Ursache in den zahlreichen Fehden innerhalb der Täler und richtete sich noch kaum gegen die Territorialgewalt der Habsburger. Dies geschah erst angesichts der sich verdichtenden Landesherrschaft, spätestens nach 1300. Aus diesem Gegensatz erwuchs auch die Schlacht am Morgarten im Jahr 1315, als Herzog Leopold I. von Österreich wegen der Übergriffe der Eidgenossen auf das Kloster Einsiedeln eine lokale Strafexpedition unternahm. Von den Bauern wurde er gegen die Regeln der Kriegskunst unterwegs überfallen und besiegt. Doch weniger dieses Treffen ist bemerkenswert als die Tatsache, daß daraufhin der Bund erneuert, befestigt und stärker als zuvor gegen Habsburg ausgerichtet wurde; namenlos sollte er noch länger als eine Generation bleiben. Die populäre Figur Tells samt dem bösen habsburgischen Vogt Geßler und der rührenden Apfelschußszene von Altdorf ist erfunden, die anschließend berichtete Zerstörung habsburgischer Burgen jedoch scheint archäologisch nachweisbar zu sein.

Bis zu diesem Punkt kann man von den Anfängen der Eidgenossenschaft einfach erzählen. Jetzt aber ist wertend darauf hinzuweisen, daß es sich um einen von vielen lokalen Bünden und Konflikten in einer unsicheren Zeit gehandelt hat. Man würde ihre Urheber und die nächsten Generationen der Eidgenossen gröblich mißverstehen, wenn man ihnen den Willen zur Staatsbildung in Richtung auf die Moderne hin unterstellte, wenn man die Vergangenheit von unserem Wissen her beurteilen wollte. Diese »demokratische« Gründungslegende wird heute niemand mehr ernstlich vertreten. Weiter verbreitet ist ein zweiter Tatbestand, der sich ebenfalls als eine Art Legende herausstellen könnte: die Hervorhebung des bäuerlich-»romantischen« Zusammenhangs gegenüber dem städtischen Anteil an der Entstehungsgeschichte der Eidgenossenschaft. Tatsache ist jedenfalls, daß man auf den Bund der Bauern überlokal erst aufmerksam wurde, als die großen südschwäbischen Reichsstädte Zürich (1351) und Bern (1353) oder zuvor wenigstens die kleine Landstadt Luzern (1332) jeweils Einzelabkommen mit ihm trafen und selbstverständlich die Führung übernah-

Der territoriale Zuwachs der Eidgenossenschaft

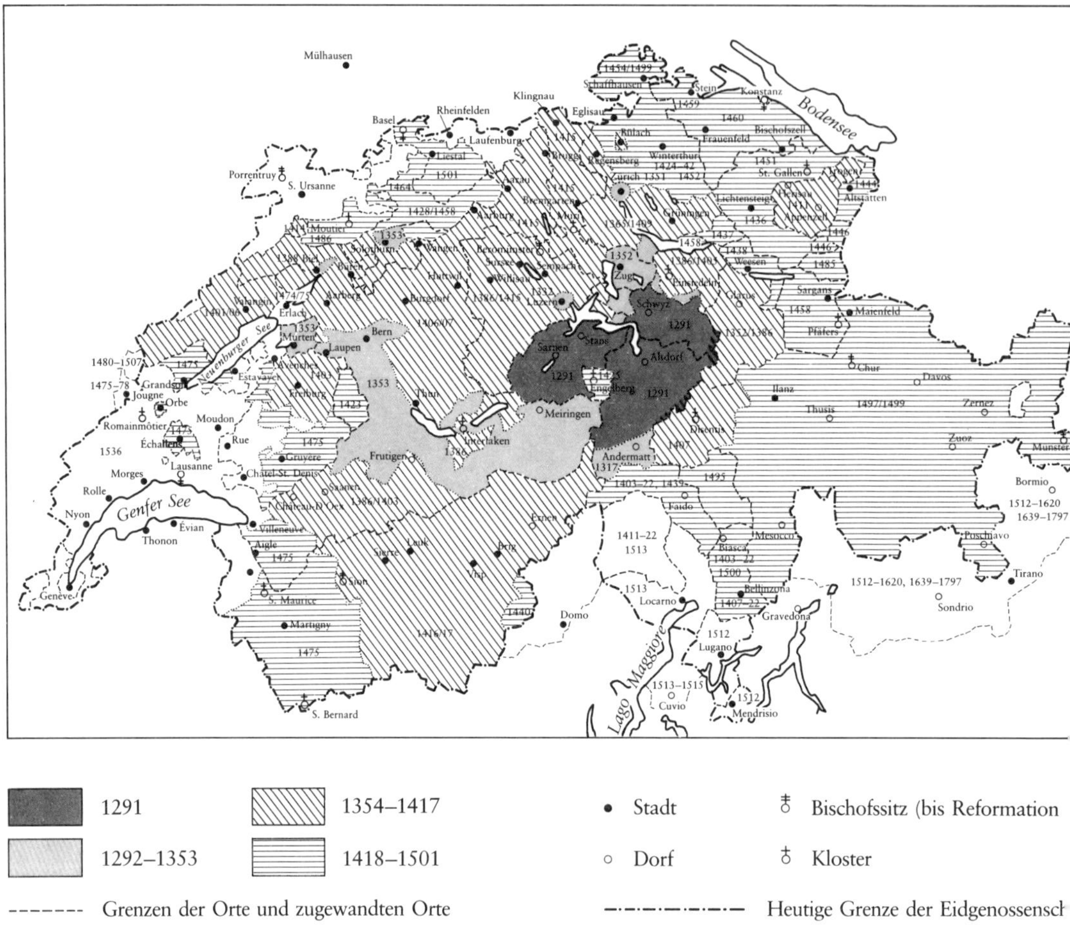

men. Bern hatte schon 1323 ein erstes Bündnis mit den Waldstätten geschlossen und 1339 zusammen mit diesen den umliegenden Adel bei Laupen besiegt. Auch wenn man die Anfänge der Eidgenossenschaft im späten 13. Jahrhundert erblicken möchte, wird man ihre Entstehung erst um 1350 datieren können. Für die beteiligten grundverschiedenen Kräfte war die Gegnerschaft gegen das territorialisierende Haus Habsburg das einzige, aber auch voll ausreichende Einigungsmoment. Das zwischen 1303 und 1330 angelegte habsburgische Urbar, ein Verzeichnis der Rechte und Besitzungen des Hauses außerhalb Österreichs, ist der beste Nachweis der Bedrohung von seiten dieser vorzüglich verwaltenden und vielfach ausgreifenden Familie; eigentlich konnten nur die nichthabsburgischen »kleinen« Könige und danach Ludwig der Bayer und Karl IV., die die rechtlichen Schwächen der Eidgenossen in Stadt und Land bereitwillig besserten, ein – freilich fernes – Gegengewicht bilden. Sehr solide war die eidgenössische Gegnerschaft gegen Habsburg nicht. Sie beruhte häufig auf dem unsicheren Übergewicht einer städtischen Partei über eine andere, die entgegengesetzter Meinung war. Außerdem waren die habsburgischen Rechte, besonders in Luzern, gut begründet und die Bünde in ein Netz weiterer Verträge verwoben, die in ganz andere Richtungen wiesen. Pragmatische, zum Teil eher zufällige Konstellationen haben dazu geführt, daß man für das Jahr 1353 einen populären Einschnitt setzt, weil sich neben den sechs älteren Mitgliedern noch Glarus und Zug eingefunden hatten, soweit dies die habsburgischen Rechte zuließen; damit waren in gewisser Weise die »Acht Orte« zusammengeführt.

Wesentliches vollzog sich in der zweiten Hälfte des 14. Jahrhunderts. Die bisher leitenden Familien in ihrer Verschiedenartigkeit und ihren weitgespannten Verflechtungen wurden von sozial tieferstehenden Führungsgruppen mit einem engeren Horizont und einer größeren Kompaktheit abgelöst – ein politisch-sozialer Vorgang, der damals mehr oder weniger in den Städten ganz Mitteleuropas zu beobachten war. Eine »Provinzialisierung« trat ein, die die Orte einander näherrückte. Durch das Ausgreifen Berns und Zürichs auf das flache Land wurde der Gegensatz zwischen städtischen und ländlichen Bundesgliedern gemildert. So kann man bis 1400 wohl noch keinen Willen zur Dauerbindung, jedoch den Weg zur »politischen Schicksalsgemeinschaft« der acht Orte (G. P. Marchal) beobachten. Aus der Regelung von Konflikten untereinander, vor allem durch Schiedsverfahren, ging allmählich der später »Tagsatzung« genannte Gesandtenkongreß hervor. Er wirkte vom 15. Jahrhundert bis 1848. Die »Bundesbriefe«, die immer nur einzelne Orte miteinander verbanden, wurden nach und nach durch gemeinsam ausgestellte Urkunden ergänzt; die erste, der »Pfaffenbrief«, stammt aus dem Jahr 1370. Darin kann man die Eidgenossenschaft erstmals als geographisch geschlossenes Gebilde erkennen, nicht bloß als einen Bund von Familien oder Gemeinden. Besonders bindend wirkte der Erfolg des gemeinsamen militärischen Sicherheitssystems. So gab die gelungene Abwehr der noch mehrfach wiederholten Versuche der Habsburger, ihre Rechte im Bereich der Eidgenossen zum Territorium zu verdichten, den Ausschlag für das Zusammenbleiben. Der unritterlichen Kampfesweise der Fußkrieger waren die Panzerreiter nicht gewachsen. Die Schlacht von Sempach war hierfür ein entscheidendes Datum (9. Juli 1386). Herzog Leopold III. fiel, Luzern ging verloren, Bern rückte vor, und am Ende büßten die Habsburger sogar den Aargau ein (1415).

Juristisch gesehen waren bis dahin alle acht Orte reichsunmittelbar oder konnten dafür gelten. So lag der Weg zum eigenen Territorium und zum Hinzuerwerb weiteren Landes offen. Problematisch blieb, daß die Gebiete sehr klein waren und bei weitem nicht einig blieben; eine schwere Krise bildete der »Alte Zürichkrieg« mit dem Höhepunkt 1443/44. Die Periode von 1415 bis

1515 führte praktisch zum endgültigen Gebietsstand mit dreizehn Orten, vor allem auch durch die Hinzunahme minderberechtigter Glieder. Im Reich wurde man darauf aufmerksam, daß diese Gruppe von Reichsstädten und Reichsländern militärisch so stark war wie anderswo ganze Fürstentümer, aber wenig Gemeinsamkeit mit diesen aufwies: Sie blieb ein politisch zergliedertes und sozial unterlegenes militärisches Sicherheitsbündnis, dem man vielfach Adelsfeindlichkeit zuschrieb. Haßgefühle zwischen Schwaben und Schweizern kamen auf. Das faktisch-praktische Bundesverhältnis, das nicht einmal ein gemeinsames Siegel aufwies, war auswärts schwer zu verstehen. So hatten die Eidgenossen mehr Interesse am Reich als dieses an ihnen, weil sie bei ihm, solange es möglich war, gegen die Habsburger Hilfe suchten. Sie wollten dem Reich der »Offenen Verfassung«, nicht aber dem Reich der Reichsreform angehören und ihren eigenen Dualismus mit Habsburg pflegen. Auf militärischen Erfolg, die Randlage und zeitweise eine eigene Außenpolitik gestützt behaupteten sie diese Position bis tief in die Neuzeit hinein. Im Jahr 1648 sind sie formal, spätestens im 18. Jahrhundert praktisch aus dem Reich ausgeschieden. Im 19. Jahrhundert ist ihnen moderne Staatlichkeit zugewachsen.

Adolf von Nassau, Albrecht von Österreich und Heinrich von Luxemburg

Die drei auf Rudolf von Habsburg folgenden »kleinen« Könige, Adolf von Nassau (1292–1298), Albrecht I. von Habsburg (1298–1308) und Heinrich VII. von Luxemburg (1308–1313), regierten zusammen kaum länger als jener. Die beiden ersten nahmen ein gewaltsames Ende, beim dritten haben dies die Zeitgenossen – zu Unrecht – vermutet. Sehr kurze Amtszeiten jeweils verschiedener Dynastien verweisen auf ein schwaches Königtum, auf große Möglichkeiten der Wahlfürsten und auf geringe oder gar keine Fortschritte der Verfassungsentwicklung im Vergleich zum ersten Habsburger. So bleibt vieles, was bei Rudolf festzustellen war, auch für die Nachfolger gültig.

Nach Rudolfs Tod wählten die Kurfürsten nach längerem Zögern vor allem im Kölner Interesse, das einen Ausgleich für den Rückschlag von Worringen anstrebte, den standesgleichen Adolf von Nassau. Er war Schwager des Erzbischofs und Mitkämpfer in dieser Schlacht, zugleich Herr der südlichen Hälfte einer 1255 entlang der Lahn zweigeteilten mittelrheinischen Grafschaft geringen Umfangs. Die Zusagen an die Wähler aus dem Krongut waren beträchtlich. Zu Recht sieht man darin das beste Beispiel kurfürstlicher Sonderziele und das stärkste Schrumpfen gesamtstaatlichen Interesses. Die Wahl richtete sich gegen die Erfolge Rudolfs, die den Anlaß dafür geboten hatten, dessen Sohn, Herzog

Aufenthaltsorte König Adolfs

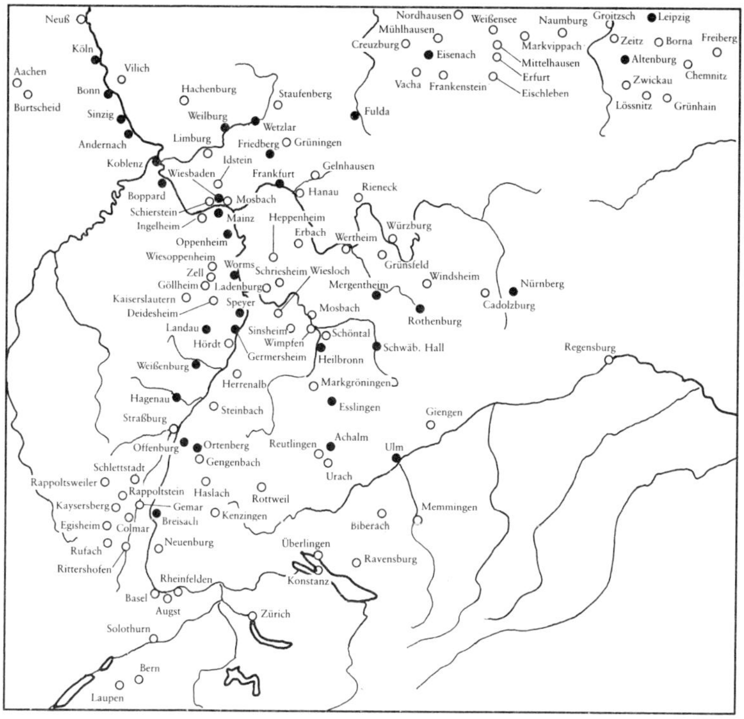

○ Einmal besuchte Orte ● Mehrmals besuchte Orte

Albrecht von Österreich, als einen zu mächtig gewordenen Herrn beiseite zu schieben. Deutlich wurde auch der aus dem Krönungsrecht abgeleitete Anspruch des Kölner Erzbischofs, parallel zum päpstlichen Verhalten gegenüber der Kaisererhebung den entscheidenden Einfluß auf die Königswahl und auch danach eine Kontrolle gegenüber dem Herrscher auszuüben. In der praktischen Politik wandte sich dieses Streben gegen Staufer und Staufererben und zielte auf macht- und legitimitätsarme, abhängige Könige hin. Adolfs Bemühen hingegen war darauf gerichtet, sich solcher Bevormundung zu entziehen. Jedoch boten dafür und für die Aufgaben des Königtums die Hilfe mittelrheinischer Standesgenossen, die Aktivierung Brabants gegen Kurköln oder die Gegnerschaft der durch eine Heiratsbindung gewonnenen Kurpfalz gegen Kurmainz bei weitem keine ausreichende Basis. Noch deutlicher als unter Rudolf zeichnete sich allerdings ab, daß auch die geistlichen Kurfürsten zu schwach waren, um ihre Wahlposition in der Tagespolitik durchzuhalten. Sie mußten die Meinungen anderer Fürsten beachten. Auf Adolfs Seite gab es ungeachtet des Dynastienwechsels

Konstanten des Königsdienstes und der Königspolitik. Ihm gelang es gegenüber den krisengeschüttelten Wettinern, die Landgrafschaft Thüringen durch Kauf und wohl auch Meißen durch Lehnsrückfall an sich zu ziehen. Zwei Feldzüge sicherten diese Position (1294/95). Andere Wettiner waren freilich mit dem rechtlich problematischen Vorgang ebensowenig einverstanden wie die Mitwirkenden im großen Spiel der Reichspolitik. Kurmainz mit seinen Interessen im Erfurter Raum und Böhmen mit seinen nach Norden gerichteten Hegemonialbestrebungen fühlten sich bedroht und suchten die Hilfe des ungeliebten Albrecht. Das Geld zum Erwerb der mitteldeutschen Rechte hatte König Adolf wohl größtenteils als Bündnispartner König Eduards I. von England (1272–1307) erhalten, der mit Philipp IV., dem Schönen, von Frankreich (1285–1314) im Krieg lag (1294–1297). Damit nahm Adolf, wie ein Zwerg zwischen zwei Riesen, die niederrheinisch-kurkölnische Position gegenüber der süddeutsch-staufisch-habsburgischen ein, die frankreichfreundlich war. In den Kampf griff Adolf nicht ein; der Vorwurf, er habe sich auch von Philipp bezahlen lassen und sei deshalb untätig geblieben, läßt sich nicht beweisen. Weil die zu bewegenden politischen Massen so klein waren, kam es sehr rasch zur Königskrise: Am 23. Juni 1298 setzten die Kurfürsten, ohne Pfalz und bei Zurückhaltung Triers, nach dem Vorbild von 1245 Adolf als »untauglich und unnütz« ab und wählten Albrecht von Österreich. Sie waren damit zu Rebellen und Eidbrechern geworden, und Albrecht mit ihnen. In dieser Lage sah man anders als unter Richard und Alfons keinen Rechtsweg; die Entscheidung mußte auf dem Schlachtfeld fallen. Im Ritterkampf bei Göllheim in der Pfalz verlor Adolf am 2. Juli 1298 Leben und Krone.

Die Geschichte des ersten Fürsten-Königs des engeren Spätmittelalters, Albrechts I., für den man sich nur schweren Herzens entschlossen hatte, begann mit einer zweiten Königswahl. Schon das zeigt, wie stark die neue Ära belastet gewesen ist. Der Papst hat denn auch Albrecht als Rebell, Thronräuber und Majestätsverbrecher bezeichnet und ihm die Approbation verweigert. Kaum eine Regierungszeit des Spätmittelalters ist schwerer zu beurteilen als diejenige Albrechts. Denn allzu dicht nebeneinander standen der Tiefpunkt und die Wende seiner Situation zum Besseren. Jäh abgeschnitten wurden auch durch seinen Tod die noch verknoteten Entwicklungslinien, die das deutsche Schicksal in grundverschiedene Richtungen hätten leiten können: zu einem hegemonialen Königtum französischen Zuschnitts ebensogut wie in einen endlosen »Bürgerkrieg« oder in die völlige Abhängigkeit vom Papst. Schnell brachen die Gegensätze zwischen den Wählern und dem neuen König auf, zumal er sogleich den Kurswechsel zu Philipp dem Schönen vollzog. Die Begegnung der beiden Anfang Dezember 1299 an der Maas-Grenze bei Quatrevaux unweit von Toul machte dies offenkundig. Im Jahr 1300 planten die Wähler wieder die Absetzung. Aber Albrecht war nicht Adolf: Bis 1302 waren alle vier rheinischen Kurfürsten

Aufenthaltsorte König Albrechts I.

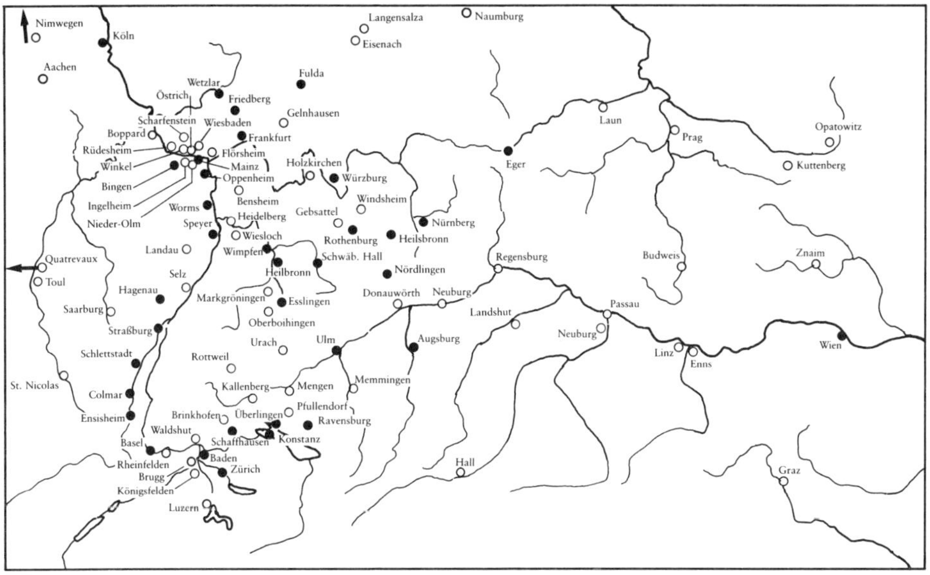

○ Einmal besuchte Orte ● Mehrmals besuchte Orte

besiegt oder ausmanövriert – zum einzigen Male in dieser klaren Form im ganzen Zeitalter, auch wenn diesem Erfolg keine Dauer verliehen war. Daß die unrechtmäßigen Rhein-Zölle bei dieser Gelegenheit beseitigt wurden, mag mit wirtschaftspolitischen Erwägungen zusammenhängen, die den König in Verlängerung der habsburgischen Gotthardstraße auf den Strom blicken ließen. Aber der große Erfolg beseitigte nicht die Hypothek des Unrechts, die auf dem König lastete. Um sich zu rehabilitieren, war Albrecht zu jeder Konzession an den Papst bereit. Der triumphierende Bonifatius VIII. sah ihn schon als seinen Untertan wie irgendeinen italienischen Machthaber. Die Kurfürstenwahl sei nicht mehr als ein unverbindlicher Vorschlag, erst die Approbation mache den König und Kaiser aufgrund der Vollgewalt des Papstes. Bonifatius absolvierte und bestätigte Albrecht unter diesen Voraussetzungen und suchte ihn in seiner durch König Philipp von Frankreich eingeengten Lage zugleich gegen diesen als Universalherrscher »aufzubauen«. Dieser widersprüchliche Akt hat, wenn man die deutsche zeitgenössische Geschichtsschreibung als Vertreterin der öffentlichen Meinung gelten läßt, der moralischen Position der Kurie geschadet und kann als erster Schritt zum Abbau der Oberherrschaft des Papsttums gelten. Der zweite Schritt folgte sogleich: der französische Überfall auf Bonifatius am 7. September 1303 in Anagni. Er brachte die Wende in der Geschichte des Papsttums, die die

Unterwerfung Albrechts politisch entwertete. Dies war wohl für ihn ein unverdienter Glücksfall. Kaum weniger vom Glück begünstigt war der Habsburger bei seinem Ausgreifen nach Böhmen. Im Jahr 1304 rückte er dort ein und sah zwei Jahre später die alteingesessene Dynastie der Přemysliden im Mannesstamm erlöschen. Zum zweiten Mal erschien die so zukunftsreiche Verbindung der österreichischen und der böhmischen Länder am Horizont. Albrechts Sohn Rudolf wurde König von Böhmen (1307), starb aber noch im gleichen Jahr. Wenige Wochen zuvor war ein königliches Heer, das die mitteldeutsche Politik Rudolfs und Adolfs hatte erneuern sollen, den Wettinern bei Lucka unterlegen. Vermutlich hatte der Plan bestanden, eine Landbrücke von Schwaben nach Thüringen über Franken und Nürnberg zu schaffen. Der Winter 1307/08 sollte dazu dienen, die beiden Rückschläge auszugleichen und die gefürchtete Militärmacht des Königs neu zur Geltung zu bringen. Da wurde Albrecht am 1. Mai 1308, nachdem er in einem Kahn die heimatliche Reuß überquert hatte, von seinem Neffen Johann, der sich in seinem Erbrecht zurückgesetzt fühlte, ermordet.

Als Konsequenz der Schwäche des »kleinen« Königtums im Vergleich zur Macht des Kapetingers, dem jetzt auch das Papsttum gehorchte, schien nun eine französische Königswahl unvermeidlich zu sein. Kandidat war der Bruder Philipps des Schönen. Aber gerade die rheinischen Kurfürsten wußten zu gut, daß dies das Ende territorialer Bewegungsfreiheit hätte bedeuten können. So entschied man sich am 27. November 1308 für den Bruder des Erzbischofs Balduin von Trier, den Grafen Heinrich von Luxemburg. Er war ein Herr von mittelmäßiger Macht und mit wenig Beziehung zum bisherigen Königtum, der aber um so mehr auf die Traditionen des Kaisertums baute und sich in den Ansätzen seiner Verwaltung als westlich-modern erwies. Seine Hof- und Amtssprache war französisch. Neben seinen Verwandten war es jetzt – nach der schwäbisch-fränkischen Gefolgschaft Rudolfs und Albrechts und den mittelrheinischen Freunden Adolfs – eine dritte, linksrheinisch-romanische Gruppe von Grafen und Herren, die das Königtum in besonderem Maße stützte. Graf Amadeus V. von Savoyen spielte dabei eine wesentliche Rolle. In welche Zwangslage den neuen König seine beängstigend großzügigen Versprechungen an die Wahlfürsten gestürzt hätten, die auch die Rücknahme der rheinischen Erfolge Albrechts bedeutet haben, weiß man nicht genau. Denn ihm war nicht genügend Zeit vergönnt, um eine planmäßige rheinische Politik zu betreiben. Immerhin kann man gut erkennen, daß der Schritt zum Kaisertum ein Stück Liquidation von Königspolitik mit sich gebracht hat, zumal die Aufgabe der mitteldeutschen, jetzt den Wettinern wieder eingeräumten Positionen der Vorgänger im Königsamt. Der Handlungsspielraum war einfach zu gering, um zwei Konzeptionen nebeneinander zu tragen. Insofern wurde der Einschnitt von 1314 oder gar von 1346/47 schon vorweggenommen. Wenigstens sorgte Heinrich für das Begräbnis der verfeindeten Vorgänger Adolf und Albrecht im Speyerer Dom und bekannte sich damit zur Königs- und Staufertradition.

Das Wichtigste an Heinrichs kurzer Regierungszeit und zugleich das Wichtigste der beiden letzten Jahrzehnte waren zwei ungewöhnliche Entscheidungen. Zum einen nahm er das in seinen sehr gewichtigen Folgen nicht absehbare Wagnis auf sich, den vierzehnjährigen Sohn Johann einer böhmischen Partei anzuvertrauen, die ihn gegen Heinrich von Kärnten zum König machen wollte. Heinrich VII. belehnte Johann mit dem Königreich, verheiratete ihn mit der Přemyslidin Elisabeth und ließ ihn ziehen. Tatsächlich wurde er am 7. Februar 1311 in Prag gekrönt und vermochte seine Herrschaft trotz vieler Schwierigkeiten zu behaupten. Das war die Geburtsstunde der zweiten Großdynastie des deutschen Spätmittelalters: der seit Johanns Sohn Karl wirklich böhmischen

Aufenthaltsorte König Heinrichs VII. in Deutschland

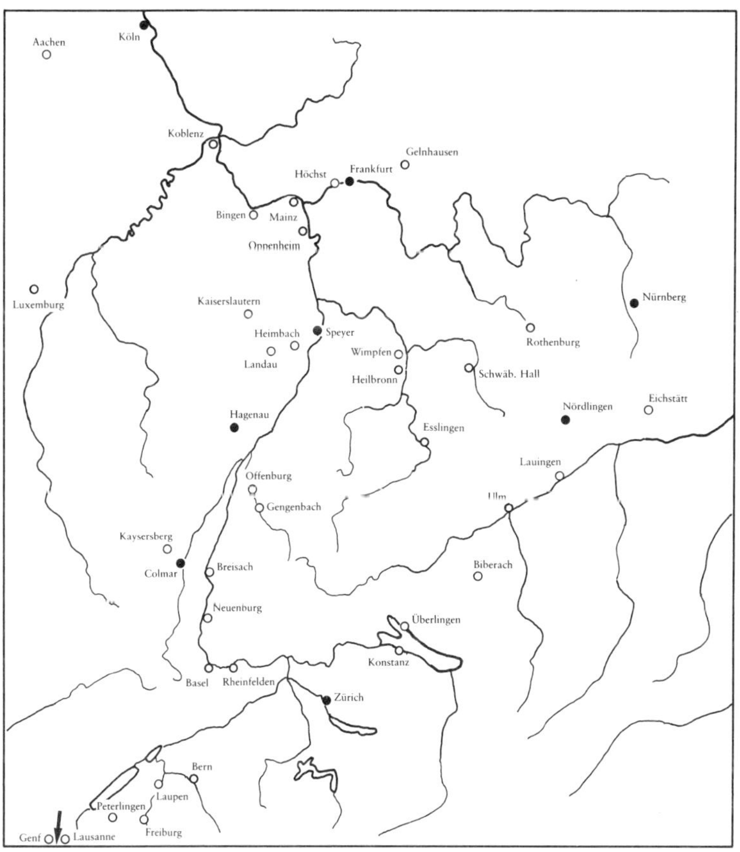

○ Einmal besuchte Orte ● Mehrmals besuchte Orte

Luxemburger. Zum zweiten zog Heinrich VII. als erster nachstaufischer König nach Italien (1310–1313) und wurde am 29. April 1312 in Rom zum Kaiser gekrönt. Der Papst in Avignon hatte hierfür Kardinäle entsandt. Heinrichs Italien-Politik hatte wenig Erfolg und führte zuletzt gegen das weit überlegene Florenz in eine Sackgasse. Bald darauf, am 24. August 1313, ereilte den Kaiser unweit von Siena der Fiebertod; er liegt in Pisa begraben. Sein Heer löste sich auf und strebte zurück nach Deutschland, so daß sogar die Schriftstücke seiner Kanzlei zurückblieben. Heinrichs letzte Manifeste, zumal diejenigen gegen König Robert von Neapel, den Enkel des Staufersiegers Karl von Anjou, der ihm nach Kräften Schwierigkeiten gemacht hatte, klangen ganz staufisch. Sie ließen in ihrem universalen Anspruch Theorie und Wirklichkeit weit auseinandertreten. In ähnlich unrealistischer Weise hat Dante vom neuen Kaiser eine Wendung der italienischen Innenpolitik erhofft. Immerhin erlaubte sich Heinrich in der politischen Praxis, was seit Friedrich II. niemand gewagt hatte: Er wies die Befehle des Papstes zurück.

So endete das Zeitalter der »kleinen« Könige zwiespältig, was das Schicksal der zentralen Gewalt betraf: Sie hatte sich als unbezweifelbar und unentbehrlich erwiesen, sich auch im ganzen respektabel verhalten, ja gegenüber dem Papsttum zuletzt eine Widerstandsposition angedeutet. Schwerer aber wog, daß darüber hinaus im Verfassungsgefüge zur Fortentwicklung des Königtums und des Reiches nichts Wesentliches geschehen war. Der Abstand, der sich in spätstaufischer Zeit und im Interregnum gegenüber anderen europäischen Herrschern und Reichen aufgetan hatte, gar schon älteren Datums sein mochte, war ein weiteres Mal größer geworden.

Verfassungskampf: Ludwig der Bayer (1314–1347)

Der Thronstreit und der Prozeß an der Kurie

Das Zeitalter Ludwigs des Bayern und seines Gegenspielers Friedrich von Österreich hat den Charakter einer Übergangszeit. Man tut Ludwig kaum Unrecht, wenn man ihn in seiner Papstpolitik und angesichts seines eher bescheidenen Hofes den letzten deutschen Herrscher hochmittelalterlichen Stils nennt und ihn damit in schon veralteter Weise reagieren und regieren sieht. Insofern verhielt er sich ähnlich wie die »kleinen« Könige, obwohl er kein »kleiner« König war. Denn wesentliche Merkmale unterscheiden Ludwigs Ära vom vorausgegangenen Zeitalter: Erstmals traten die großen Dynastien als Rivalinnen auf; das Schwergewicht der Reichspolitik begann sich vom Rhein weiter nach Osten zu verlagern; das Handeln gewann größere Dimensionen; man kann jetzt vom Fürsten-Königtum und von Hausmachtpolitik reden, die fortan die Reichsgutspolitik im Sinne der Vorgänger und der Staufer als weniger gewichtig erscheinen lassen; Ludwig und Friedrich waren moderne Territorialherren; München und einige Zeit auch Wien können als erste erbländische Königsresidenzen gelten, neben die Nürnberg als reichsstädtische »Hauptstadt« trat; Bayern und die Habsburger Lande waren mit solchem Gewicht Zentren der politischen Existenz der Rivalen, wie dies von keinem Erbland der Vorgänger gesagt werden kann; aus dem Krongut emanzipierten sich die wirtschaftlich kraftvoll aufsteigenden Reichsstädte schon so weit, daß man von einer gewissen, wenn auch ungleichen Partnerschaft mit König und Kurfürsten sprechen kann; diese drei Kräfte konstituierten eine zweite Phase des spätmittelalterlichen Dualismus, den zuerst die Kurfürsten gegenüber dem König allein getragen hatten; die lange Regierungszeit von dreiunddreißig Jahren ließ zuvor immer wieder Abgebrochenes, vor allem die Verfassungsfrage, der Klärung deutlich näherrücken.

Nachdem eine Kandidatur Johanns von Böhmen erfolglos geblieben war, wurde nach einer Vakanz von mehr als einem Jahr der Wittelsbacher Herzog Ludwig von Oberbayern als Anwärter der luxemburgischen Partei am 20. September 1314 von fünf Kurfürsten gewählt. Er mochte durch seinen Sieg bei Gammelsdorf über die Österreicher (1313) bekannt geworden sein. Doch mit dem Kandidatenwechsel konnte eine Doppelwahl nicht abgewendet werden; denn schon tags zuvor hatten sich vier andere Wähler der habsburgischen Richtung für Ludwigs Vetter, den Herzog Friedrich »den Schönen« von Österreich, den Sohn König Albrechts I., entschieden. Weil je zwei Fürsten die böhmische und die sächsische Stimme abgegeben hatten, kam jedesmal eine Mehrheit zustande. Nachträglich kann man sagen, daß die Wahl Ludwigs im

Sinne der späteren Goldenen Bulle korrekt war. Aber das war kein Argument für die Zeitgenossen. Wiederum blieb man auf die Waffen angewiesen. Die Kurie approbierte keinen von beiden, so daß kirchenrechtlich das Königtum vakant blieb und die Herrschaftsrechte durch die Rechtsfigur der Devolution abermals päpstlich wurden, jedenfalls nach der Auffassung des gelehrten Rechts im Dienst der kurialen Oberherrschaft. Acht Jahre standen Ludwig und Friedrich gegeneinander, öfter in kleinen Scharmützeln, ohne daß einer ein entscheidendes Übergewicht gewann. Daß das Funktionieren oder gar die Existenz des Reiches gleichwohl nicht auf dem Spiel gestanden haben, kennzeichnet das lockere Verfassungsgefüge Deutschlands wie kein zweites Moment. Nur die geistlichen Kurfürsten, die ihrerseits politisch verschiedener Meinung waren, sahen sich im »modernen« Rheinland zu einer Art Neutralitätsvertrag gedrängt (1318), um die gemeinsame Lebensbasis nicht zu gefährden.

Wesentlicher aber als diese Region war jetzt und fortan die nach Osten verschobene Dreierkonstellation Luxemburg–Habsburg–Wittelsbach. Zu ihr sind außer dem längst beteiligten französischen Königtum künftig die Herrscher von Ungarn und Polen in aktiver oder passiver Rolle hinzuzunehmen. Dieses grenzübergreifende ostmitteleuropäische Fünfeck verkleinerte sich für die wichtigsten Fragen bald auf das Viereck Böhmen–Österreich–Ungarn–Polen. Hier und dort wurde jedenfalls von nun an dynastische und das heißt große Politik gemacht. In dieser Konstellation legte man zur Zeit Ludwigs auch die deutsche Ostgrenze des Mittelalters fest. Die přemyslidisch-luxemburgischen Rechte auf die polnische Krone wurden in den Verträgen von Trentschin-Wissegrad (1335) von dem 1320 mit päpstlicher Hilfe neuentstandenen polnischen Königtum gegen den Verzicht auf dessen Wiederausdehnung nach Schlesien und eine beträchtliche Geldzahlung abgetauscht. Ohne daß die ethnisch-sprachliche Situation der Untertanen für die »Familie der Könige« eine Rolle gespielt hätte, wurde damit doch indirekt die Konsequenz aus der deutschen Besiedlung Schlesiens gezogen; denn die schlesischen Herzöge waren, vom Medium des Hofes und der Familie getragen, immer stärker in den westlich-deutschen Lebensbereich eingetreten. Kürzer war die politische Vorgeschichte: Nach dem Erlöschen der altertümlichen Senioratsverfassung (1202), die nach dem Ende des polnischen Königtums (1138) das letzte einigende Band zwischen den nun unabhängig werdenden piastischen Herzogtümern dargestellt hatte, war das Herzogtum Breslau 1280 Reichslehen geworden und 1289 die erste schlesische Lehnsbindung an Böhmen erfolgt.

Ludwig selbst, der an jenen Transaktionen unbeteiligt war, nutzte die Königsposition anderswo zum Erwerb freiwerdender Reichsländer. Er gewann neben kleinen Rechten in Franken und Schwaben Brandenburg nach dem Aussterben der dortigen Linie der Askanier (1320) für seinen gleichnamigen Sohn (1323). Er erbte Niederbayern (1340/41) und setzte sich durch seine zweite Gemahlin auch

Aufenthaltsorte Ludwigs des Bayern in Deutschland

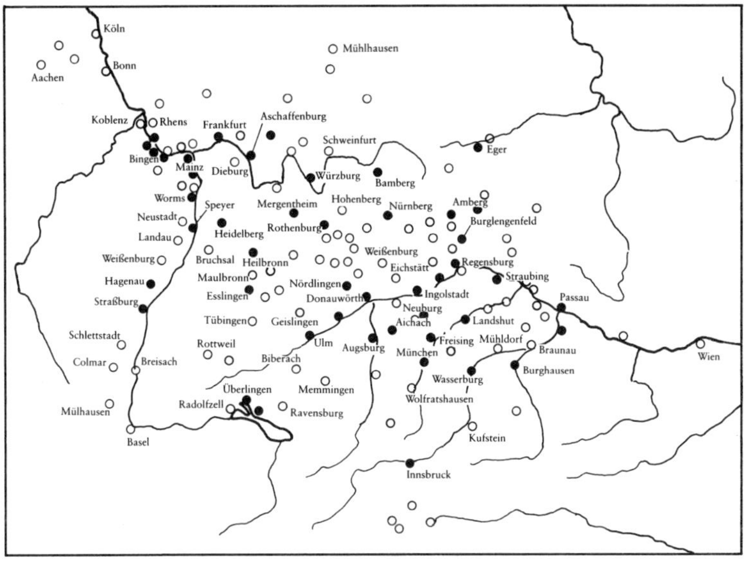

o Ein- oder zweimal besuchte Orte • Mindestens dreimal besuchte Orte

im Nordwesten des Reiches fest: 1345/46 in den Grafschaften Holland, Seeland, Hennegau und in Friesland.

Als Gottesurteil und als Ersatz für den fehlenden Verfassungsmechanismus entschied die Schlacht von Mühldorf am Inn, die auf den 28. September 1322 verabredet worden war, endlich den Thronstreit, und zwar zugunsten des militärisch besser befähigten Ludwig. Friedrich wurde gefangengenommen. Unter dem Druck seiner Schwierigkeiten suchte Ludwig später einen Ausgleich mit dem Habsburger, als ob der Konflikt um die deutsche Krone ein Ehrenhandel nach Ritterart sei – und darum ging es für die beiden offenbar tatsächlich. Friedrich wurde 1325 ohne praktische Auswirkung sogar zum Mitkönig gemacht, in einer ganz persönlichen Verfassungskonstruktion, die weder Vorbild noch Nachwirkung hatte. Er starb aber schon 1330. Länger als hundert Jahre rückten die Habsburger dem Königtum fern.

Dieser eher konventionelle Teil des Verfassungskampfes betraf das Reich weitaus weniger als die einmal wohl unvermeidliche Auseinandersetzung über den Anteil des Papsttums an der Reichsverfassung, also über den schwierigsten Teil des Staufererbes. Dieses erste »internationale« Großereignis der spätmittelalterlichen Geschichte Deutschlands nahm wie manche seiner hochmittelalterlichen Vorgänger seinen Anfang in Italien. Gemäß der geographischen Situation begann Ludwigs Italien-Politik praktisch erst nach Mühldorf. Er stieß dabei sogleich mit Papst Johannes XXII. (1316–1334) zusammen, der seit der »Vakanz« des Königtums Italien kompromißlos für sich beanspruchte. Er ließ es durch Vikare seiner Wahl verwalten. Am 8. Oktober 1323 wurde in Avignon, wo das Papsttum seit 1309 unter französischem Druck ansässig geworden war, der kirchliche Prozeß gegen Ludwig wegen Amtsanmaßung und Begünstigung von Ketzern eröffnet. Als Ketzer faßte der Papst die italienischen Gegner der Kurie auf. Eine Machtprobe weltgeschichtlichen Ranges wurde damit Sache des kirchlichen Rechts, das heißt des einzigen vollausgebauten modernen Rechts im 14. Jahrhundert. Die gleichsam weltumspannende Rechts-, Organisations- und Geldmacht der Kurie stand gegen den König aus Oberbayern mit seiner einfachen Ritterbildung, der nicht lesen und nicht schreiben konnte, gegen den »Bayern«, wie ihn der Papst bald herabwürdigend nannte. Beide Mächte waren in der Entwicklung begriffen und entwickelten sich nicht zuletzt durch diesen Konflikt fort. Auch das Papsttum war politisch – durch Frankreich – eingeengt, und der Papst sah sich durch innerkirchliche Auseinandersetzungen stärker denn je der Kritik unterzogen und wohl von daher eher zur Verhärtung als zur Verständigung gedrängt. Ludwig appellierte verschiedentlich, unter anderem an ein künftiges Konzil, und erkannte damit das Verfahren an. Es ist ungewiß, ob man an seinem Hof sogleich wahrnahm, worauf man sich eingelassen hatte. Der Prozeß führte am 23. März 1324 zur Exkommunikation Ludwigs aus verfahrensrechtlichen Gründen, wegen Mißachtung des Gerichts und Ungehorsam. Dies waren Tatbestände, die der Bayer später nicht ohne Berechtigung bestritt. Am 11. Juli führte das Urteil in der Sache zur Aberkennung der Königsrechte. Exkommuniziert wurden außerdem alle, die Ludwigs Gefolgsleute oder »Beamte« blieben; über die Orte, an denen er oder seine Getreuen sich aufhielten, wurde das Interdikt verhängt. Es lähmte, sofern man ihm gehorchte, nicht nur das geistliche Leben, sondern machte auch Rechtsakte und öffentliche Akte unwirksam. Man kann von der Moderne her kaum angemessen beurteilen, wie sich diese Situation ausgewirkt hat, die länger als zwanzig Jahre andauern sollte und in der deutschen Geschichte einmalig gewesen ist. Es folgte eine katastrophale Zerrüttung des öffentlichen Lebens, die zu den kommenden schweren Krisen um die Jahrhundertmitte und danach wesentlich beitrug. Ein formal wohl im großen und ganzen korrektes Rechtsverfahren wurde durch diese maßlose Übersteigerung nicht nur für die Nachwelt, sondern auch schon für die Zeitgenossen ad absurdum geführt. Nach Jahren leidenschaftlicher Konflikte, zumal in vielen Städten, in denen man sich gerade aus diesem Anlaß politisch besser auszudrücken lernte als zuvor, trat Abstumpfung ein. Hinzu kam ein allgemeiner Autoritätsverlust der Obrigkeit. Sucht man für die Mentalität der vielen, das hieß damals für die Bewohner der größeren und mittleren Städte und für die Intellektuellen, nach einem Einschnitt, der relativ »naiv«-hochmittelalterliche

Verhältnisse von »modern«-spätmittelalterlichen Zuständen trennt, so wird man ihn zuerst hier finden.

Der Bannstrahl traf in eine innenpolitische Situation, die keineswegs eindeutig zugunsten des Königtums bereinigt war, ja gemäß der Ausbildung des Reichsgefüges gar nicht so beschaffen sein konnte. Er war daher eine gefährliche Waffe. So fanden sich von 1322 bis 1330 Luxemburger und Habsburger gegen den Bayern zusammen. Dies war eine bedenkliche Lage, zumindest bis der sehr aktive Herzog Leopold von Österreich starb (1326). Ein Jahr später brach Ludwig nach Italien auf, während er vom Papst zusätzlich als Ketzer verurteilt wurde und durch einen Kreuzzug bekriegt werden sollte.

Dies hing unter anderem mit dem Aufenthalt der antikurialen Autoren Marsilius von Padua (1275/80–1342/43) und Johann von Jandun (1328 gestorben) am Königshof zusammen, die dort seit 1326 Zuflucht gesucht hatten. Marsilius, den man als den ersten Theoretiker des weltlichen Staates bezeichnet hat, hatte in seinem 1324 beendeten Hauptwerk »Der Verteidiger des Friedens« die Vollgewalt des Papstes energisch bestritten. An seine Stelle rückte er das Volk als alleinigen Gesetzgeber, als dessen Repräsentant der von ihm gewählte Herrscher handle, der demgemäß auch die »verstaatlichte« Kirche zu beaufsichtigen habe. Es war das Äußerste an aristotelischem Gedankengut, was man damals zu formulieren wagte, und mehr von indirekter als von direkter Auswirkung. Schon die Konzentration der geistlich-geistigen Gegner der Allgewalt des Papsttums in München zeigt, daß Ludwig kein »kleiner« König gewesen ist. Aber es ist auch charakteristisch für diese letzte Generation, die noch auf heimische Universitäten verzichten mußte, daß diese Denker aus Süd- und Westeuropa gekommen sind. Sie vermittelten Ideen, die weit in die Zukunft wiesen, die aber gerade in Deutschland noch keine zusammenhängende Wirkungsgeschichte hinterließen und in ihrem ganzen Gewicht erst vom modernen Historiker erkannt worden sind.

In Rom, wo in Abwesenheit des Papstes und gegen die Anjou eine volksnahe Bewegung unter Sciarra Colonna die Macht ergriffen hatte, ließ sich Ludwig 1328 zum Kaiser krönen. Dies geschah zunächst in sehr problematischer Weise aus der Legitimation des Volkes von Rom, dann nicht weniger zweifelhaft durch den Gegenpapst Nikolaus V. Er war der letzte von herrscherlichen Gnaden in der Kirchengeschichte. Seiner Erhebung war selbstverständlich die Absetzung Johannes' XXII. vorausgegangen. Seit 1328 begleiteten Ludwig weitere Gebannte, darunter die Franziskaner Michael von Cesena (1342 gestorben), Bonagratia von Bergamo (1340 gestorben) und Wilhelm von Ockham (1280/85–kurz vor 1350). Dieser war ein Theologe und Philosoph von größter Nachwirkung bis in die Moderne, weniger radikal als Marsilius und ebenso aus christlicher Verantwortung handelnd wie dieser. In seinem bohrenden Fragen nach der Struktur der Kirche und dann auch nach ihrem Verhältnis zum Kaiser zielte er auf die

Selbstverantwortung der christlichen Laien hin. Ihr gegenüber sei die päpstliche Monarchie überflüssig und schädlich. Der politische Konflikt von Papst und Kaiser wurde damit ein zweites Mal unheilvoll mit innerkirchlichen Streitfragen vermengt. Schon 1324 hatte Ludwig dem Papst Ketzerei vorgeworfen, weil er im sogenannten Armutsstreit der Franziskaner gegen die Verfechter der strengen Richtung vorgegangen war.

Der Gegenpapst und die Stadt Rom unterwarfen sich nach dem Abzug Ludwigs bald wieder Johannes XXII. Auch nach der Rückkehr des Kaisers von diesem insgesamt nicht glücklichen Italien-Unternehmen (1330) wechselten unter dem Eindruck des fortdauernden Banns und Interdikts die politischen Konstellationen mehrfach. Ludwig war im Rahmen seiner Voraussetzungen in der Wahl seiner Mittel durchaus vielseitig. So propagierte er zweimal einen schwerlich ernstgemeinten Abdankungsplan für den Fall seiner Versöhnung mit der Kurie. Wohl seit 1331 gewannen am Hof wieder Männer an Einfluß, die für eine Verständigung mit dem Papst warben. Als der wichtigste trat später Marquard von Randegg (1381 gestorben) hervor, der noch ein einflußreicher Diener Karls IV. werden sollte. Die rivalisierenden Großdynastien versuchten weiterhin, die Krise Ludwigs dem eigenen Interesse dienstbar zu machen. Auch die schwierige Situation der rheinischen Erzbischöfe zwischen der Papstnähe geistlicher Herren und dem Kurfürstenrang erzwang eine »politische«, das heißt flexible Haltung. Um zahlreiche Bistümer und viele Pfründen bildeten sich Parteiungen.

In jene Problemkreise als Mitgestalter einbezogen war der wohl bedeutendste deutsche Staatsmann dieser Generation, Balduin von Trier aus dem Hause Luxemburg (1354 gestorben), Bruder Kaiser Heinrichs VII., Onkel Johanns von Böhmen und Großonkel von dessen Sohn Karl, des späteren Kaisers. Karl wurde in diesen Jahren in der luxemburgischen Italien-Politik eingesetzt (1331–1333) – ein Unternehmen, das für einen Territorialherrn sehr ungewöhnlich war. Johann selbst ließ bei weitem nicht nur durch diesen Ehrgeiz erkennen, daß er – der Kaisersohn – im Reich an führender Stelle mitzuhandeln gedenke. Ein Ausgleichsversuch von 1330, den die drei Großdynastien mittrugen, wurde vom Papst zurückgewiesen. Auch alle späteren Bestrebungen dieser Art in den dreißiger und vierziger Jahren scheiterten, selbst als Ludwig seit 1331 an einen kirchlichen Absolutionsprozeß herantrat, an dessen Abschluß nur die Unterwerfung des bußfertigen Sünders stehen konnte. Andererseits war die Kirche verpflichtet, einen Reuigen wiederaufzunehmen, und Papst Benedikt XII. (1334–1342) hat offenbar zeitweise auf einen Ausgleich gehofft. Aber man blieb im Vorfeld oder in den Anfangsphasen des Absolutionsverfahrens stecken. Zu heillos waren geistliche, kanonistische, politische und verfassungsrechtliche Elemente ineinander verwoben. Kernpunkt blieb der päpstliche Approbationsanspruch, bei dessen Erfüllung die Regierungshandlungen Ludwigs ungültig gewesen wären. Manche, an erster Stelle der französische König, hatten überhaupt kein Interesse an einer Lösung.

Währenddessen kam es wieder zu einer Allianz von Habsburg und Luxemburg, diesmal gegenüber dem Erbe Herzog Heinrichs von Kärnten-Tirol, der sich einst als König von Böhmen versucht hatte (1335 gestorben). Die Länder wurden aufgeteilt, so daß Kärnten für die Zukunft habsburgisch, Tirol vorerst luxemburgisch wurde (1336). Ludwig ging leer aus. Am Beginn des Hundertjährigen Krieges, der durch den Anspruch Eduards III. von England auf die französische Krone ausgelöst wurde (1337), stand der Bayer sogleich auf englischer Seite, ohne jedoch militärisch einzugreifen. Die Luxemburger orientierten sich nach Frankreich, dem König Johann nach Familientradition und Lebensform ohnehin stark zuneigte. Englisches Bündnisgeld floß damals, wie schon unter Richard und Adolf, reichlich nach Deutschland, besonders an den stets finanzschwachen Ludwig und an nordwestdeutsche Fürsten und Herren. Im Jahr 1338 reiste König Eduard, Ludwigs Schwager, persönlich an den Rhein.

Verfassungsklärung und Dynastienkampf

Das Jahr 1338 brachte den ersten Höhepunkt der Verfassungsgeschichte des spätmittelalterlichen Reiches mit sich. Nach dem Scheitern neuerlicher Vermittlungsversuche von zehn deutschen Bischöfen und von Reichsstädten sahen sich zunächst die politisch zwischen Ludwig und Avignon eingezwängten Kurfürsten dazu gedrängt, ihre hergebrachte Stellung durch ein Bündnis zu verteidigen. »Nach Recht und altbewährter Gewohnheit bedarf, wer von den Kurfürsten des Reiches oder, bei uneinheitlicher Meinung, von deren Mehrheit zum römischen König gewählt ist, keiner Nomination, Approbation, Konfirmation, Zustimmung oder Autorisierung des Apostolischen Stuhls zur Verwaltung der Güter und Rechte des Reiches und zur Annahme des Königstitels.« Auf diesen Text einigte man sich anläßlich des sogenannten Rhenser Kurvereins vom 16. Juli 1338. Ludwig selbst erließ in Frankfurt am Main, wohl mit Formulierungshilfe Ockhams und seiner Freunde, das Kaisergesetz »Licet iuris« (4. August), in welchem er die Rhenser Aussage verschärfte. Der Gewählte sei den Tatsachen nach auch Kaiser, der Papst vollziehe die Kaiserkrönung ohne jedes Prüfungsrecht: »Zeugnisse aus beiden Rechten legen offenkundig dar, daß Würde und Gewalt des Kaisers unmittelbar von Gott stammen und daß Gott der Welt die Rechte des Menschengeschlechts durch Kaiser und Könige erteilt hat. Sie legen auch dar, daß der Kaiser allein kraft der Wahl derer, denen sie zusteht, wahrer Kaiser wird und keiner anderen Konfirmation oder Approbation bedarf. In weltlichen Dingen hat er auf Erden niemanden über sich, vielmehr sind alle

Völker ihm untertan. Denn Jesus Christus, der Herr, hat befohlen: Gebt Gott, was Gottes ist, und dem Kaiser, was des Kaisers ist.« In dem wohl ebenfalls von den Franziskanern beeinflußten Mandat »Fidem catholicam«, das Ludwig am 6. August publizierte, bezeugte er seinen rechten Glauben und die Rechtmäßigkeit seines König- und Kaisertums. Er erklärte die päpstlichen Prozesse für nichtig und verbot, das Interdikt zu beachten. In einer Reihe von Reichsstädten und Freien Städten kehrte man – öfter unter dem Druck der Laien – zum kirchlichen Leben zurück; zugleich erschien die Rolle der Kommunen im großen politischen Spiel aufgewertet.

Damals und in den folgenden Jahren sahen Kurfürsten und Reichsstädte das Papsttum als Schädiger ihrer jeweiligen Rechte im Reich an, wenn es Approbation, Lehnshoheit, Absetzungsrecht, Vikariat und womöglich noch mehr beanspruchte. Ihre Rechte faßten sie immer mehr auch als Rechte des Reiches auf, wie der Herrscher längst mit den seinigen verfuhr. Daran, daß sich alle diese je für sich herausgefordert sahen und ein Gemeinsames darin erkannten, sollte am Ende das Papsttum scheitern.

Diese Gemeinsamkeit im Wirken politischer Kräfte neben dem Kaiser war größer als je zuvor im späten Mittelalter. Gleichwohl fehlte noch ein eigentlich ständisches Verhalten. Es hätte beruhen müssen auf »horizontal«-raumübergreifender Zusammenarbeit der Gleichrangigen, auf selbsttragender Kontinuität und Institutionalisierung und vor allem auf zahlenmäßig einigermaßen ansehnlicher Beteiligung. Immer noch interessierten sich aber bei den wichtigsten, den Fürsten, ganz wenige. Ludwig seinerseits war bestrebt, zwar solidarisierende Begegnungen herbeizuführen, diese aber nach Art der üblichen Gefolgschafts-Hoftage in seiner Hand zu behalten. Wie bescheiden die Institutionalisierung außerhalb des Hofes gewesen ist, kann man daraus ersehen, daß sich jene zehn vermittelnden Bischöfe auf einer vom Mainzer Metropoliten einberufenen Provinzialsynode versammelt haben, um von hier aus zur Papstfrage Stellung zu nehmen, und daß Ludwig diese kirchliche »Plattform« aufgesucht und zu nutzen getrachtet hat. Der Anstoß zur Solidarisierung kam von außen, als große Ausnahme, und war nicht Ausfluß eines selbstverständlichen Verfassungsverfahrens.

Anders verhielt es sich nur bei den Kurfürsten, in erster Linie bei den rheinischen. Sie bildeten insofern die Vorform eines institutionalisierten Dualismus aus, als sie ihren Rhenser Bund unabhängig von einer konkreten Wahlhandlung abschlossen. Damit machten sie gleichsam das schon gewohnte bekräftigende Mithandeln im Reich durch je für sich gewährte »Willebriefe« zu einer Sache der Gemeinsamkeit. Sie waren zunächst die einzigen Mitträger und Mitrepräsentanten des Reiches. Diese Funktion wirkte fort, als Ludwigs Zeit vorüber war. Insofern handelte es sich im Jahr 1338 um eine Wendezeit, als der ältere Dualismus »Papsttum–Königtum/Kaisertum« sich abwärts neigte und eine neue Ausformung des alten innerdeutschen Dualismus aufstieg. Auch die wissenschaftlich-schriftliche Formulierung von bisher zumeist dem mündlichen Gewohnheitsrecht überlassenen Dingen brachte Klärung und Fortentwicklung mit sich. Dabei handelte es sich auch um den Ausdruck eines Emanzipationsvorgangs der Laienwelt parallel zu entsprechenden Prozessen in anderen Königreichen, wenngleich er in der einzigen damals in Deutschland verfügbaren Wissenschaftssprache, derjenigen des kirchlichen Rechts, und mit kirchlichen Argumenten von geistlichen Autoren vorgetragen wurde und viel zaghafter verlief als etwa in Frankreich.

Von kaum geringerer Bedeutung und ebenso neuartig war es, daß die politischen Aktionen von wissenschaftlich ausgebildeten Fachleuten mitgetragen und in einer fachkundigen Öffentlichkeit erörtert wurden. Seit 1340 griffen auch deutsche Autoren die konkrete Seite der Thematik diskutierend auf und wurden in dieser Funktion zur Kenntnis genommen. Bisher hatten sich diese als Einzelgänger und allgemein-politisch oder sehr theoretisch geäußert, wie Alexander von Roes und Engelbert von Admont. Jene Öffentlichkeit war universitätsgeübt und universitätsbezogen, wenn auch oft von solchen verkörpert, die ihre Jahre als Magister und Doktor in Paris, Bologna oder Oxford schon hinter sich hatten. Diese zahlenmäßig noch sehr beschränkte und fachlich abgeschlossene Öffentlichkeit war von großen technischen Schwierigkeiten, zumal der Handschriftenbeschaffung, gekennzeichnet. Ihr wohnte aber schon in vollem Maße jener systematisch-kritische Geist inne, der als ein Hauptmerkmal des spätmittelalterlich-neuzeitlichen Europa gelten kann. Zunächst hatten die meisten die Frage der päpstlichen Vollgewalt erörtert, zuletzt noch zustimmend-zusammenfassend-steigernd der Kurialist Augustinus Triumphus (1320). Danach machte Marsilius in seiner Weise auf sie aufmerksam, und von der zweiten Hälfte der dreißiger Jahre an verschob sich ein Schwerpunkt der Diskussion auf das Verhältnis von Papst und Kaiser. Im Gegeneinander der Traktate wurde die Verwissenschaftlichung auch des nichtkurialen Standpunkts gefördert.

Die deutschen Intellektuellen waren keine Radikalen, sondern eher konservativ-vermittelnd-historisierend gesonnen. Dies galt schon für die Vertreter der Praxis, zumal für die Unterhändler mit dem Papst. Der einflußreichste von ihnen war wohl Marquard von Randegg, ein Schüler des großen Kanonisten Johannes Andreae in Bologna. Der wichtigste Schriftsteller war Marquards Studiengenosse Lupold von Bebenburg (um 1300–1363) aus fränkischem Niederadel, Doktor des Kirchenrechts und zuletzt Bischof von Bamberg. Sein 1340 abgeschlossenes Werk über »Die Rechte des König- und Kaiserreichs« war gleichsam das erste Handbuch des Reichsstaatsrechts und ist als solches generationenlang, besonders im 15. Jahrhundert, benutzt worden. Es war Balduin von Trier gewidmet, dem der Autor persönlich und in der Auffassung nahestand. Lupold, ausgleichend und ohne scharfe Töne, beharrte auf den Positionen von Rhens. Die

Die Hausmachtpolitik der rivalisierenden Häuser Wittelsbach, Luxemburg und Habsburg im 14. Jahrhundert

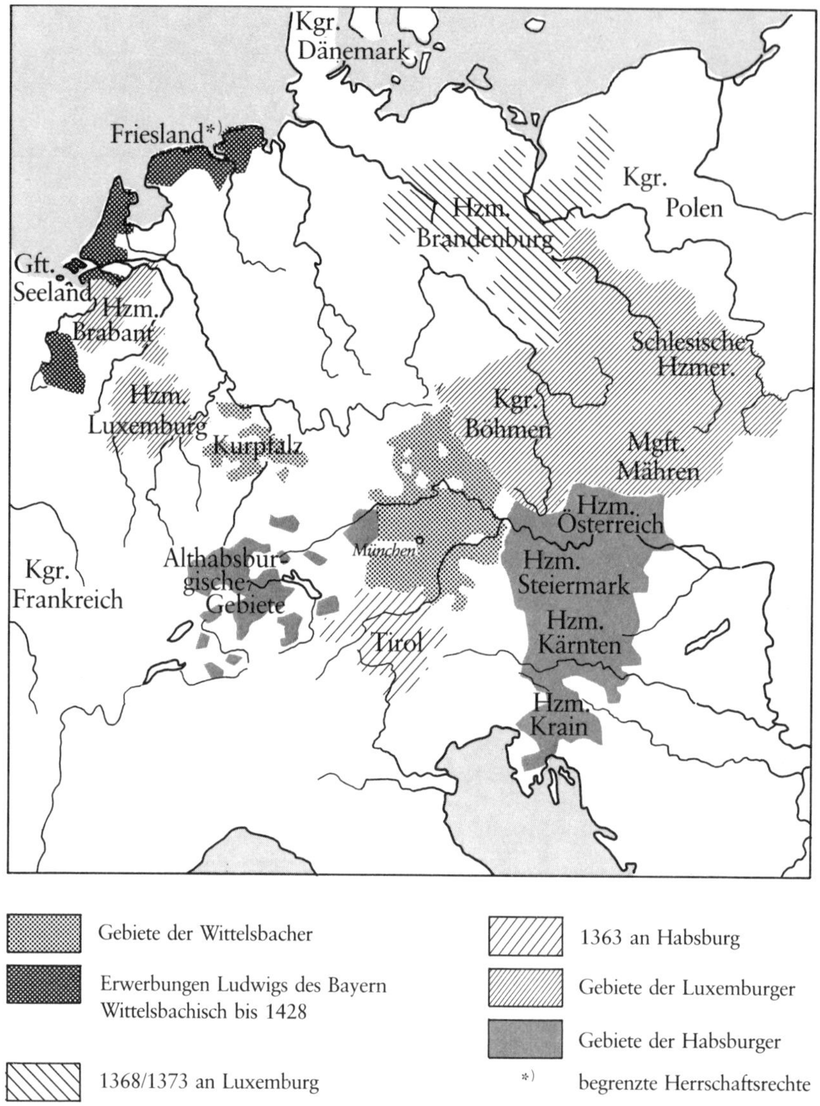

Kurfürsten verkörperten ihm das Reichsvolk. Beim Kaisertum folgte er eher päpstlichen, jedenfalls nicht Ludwigs Leitlinien und wandte sich gegen Ockhams Lehre. So führte sein Denken in Parallele zu westeuropäischen Meinungen hin zu einer Sonderung des deutschen Reiches, dem er mit Leidenschaft anhing, als »Nationalstaat« einerseits und des Kaisertums als »Weltaufgabe« andererseits.

Weil der »Nationalstaat« konkreter war, trat das universale Moment in den Hintergrund.

Diese und jene zukunftsreichen Aspekte lösten indessen nicht Ludwigs akute Probleme. In der harten Realität war der Höhepunkt der kaiserlichen Geltung – 1339, als sich auch Johann von Böhmen beugte – nur von kurzer Dauer. Der Bayer ging 1341 auf die französische Seite über, um dadurch vielleicht doch noch den Ausgleich mit Avignon zu finden. Diese Wendung vermochte er aber vielen Anhängern nicht verständlich zu machen und verlor damit an Glaubwürdigkeit. Schlimmer noch verschätzte er sich ein Jahr später, als er handstreichartig Tirol an sich riß: Durch die sehr problematische Nichtigkeitserklärung der Ehe der Tiroler Erbin Margarete mit dem Bruder Karls von Luxemburg öffnete er den Weg für deren Heirat mit einem eigenen Sohn. Jetzt wurden die Luxemburger zu Todfeinden. Auch Balduin von Trier fiel von Ludwig ab und söhnte sich mit dem Papst aus. Clemens VI. (1342–1352), durch und durch politisch gesinnt, gewann damit erstmals dauerhaft eine Großdynastie für sich, die nun zielbewußt nach der Krone strebte. Die unversöhnliche Rivalität Wittelsbach–Luxemburg kennzeichnete die letzten Jahre des Bayern.

Die so risikoreiche Tiroler Aktion erklärt sich wohl dadurch, daß Ludwig im Grunde und von Anfang an von Bayern her gedacht und diesen vertrauten Bereich wichtiger genommen hat als die Papstfrage und das Rivalitätsproblem der Großdynastien. Im territorialen Umkreis war er tatsächlich erfolgreich und »modern«, so auch bei der Ausarbeitung eines Oberbayerischen Landrechts (1334–1336, erweitert 1346), eines der frühesten im Reich. Dasselbe galt schon zuvor für die Abklärung des Verhältnisses zur Pfälzer Linie durch den Teilungsvertrag von Pavia (1329). Dieser territorialen Blickrichtung entsprang wohl auch die Städtepolitik Ludwigs. In den damaligen Jahrzehnten kommunaler Wirtschaftsblüte konnte sie als umfassende wirtschaftliche Förderung und als Gewährung von viel politischem Spielraum verstanden werden. Beides fiel großzügiger aus als bei jedem anderen spätmittelalterlichen König. Zuletzt waren diese Maßnahmen eine Reaktion auf die Notwendigkeit, sich vom Süden her der königsnahen Landschaften zu versichern. So bewegte sich der Bayer auch bevorzugt zwischen München, Nürnberg und Frankfurt am Main.

Am 11. Oktober 1347 starb Ludwig unbesiegt, aber auch ohne Hoffnung darauf, aus der Sackgasse herausfinden zu können, und gänzlich ohne Hoffnung auf die Nachfolge eines Sohnes im Königtum. Weil aber auch der Papst nicht mit einem unmittelbaren Erfolg rechnen durfte, sondern bestenfalls einen Stellvertreter mit ungewissen Zukunftsinteressen ins Feld schicken konnte, kann man von einer historischen Patt-Situation sprechen. Der schon 1346 von den nichtwittelsbachischen Kurfürsten gewählte Gegenkönig Karl von Luxemburg eröffnete ein neues Zeitalter.

Höhe und Scheitern des hegemonialen Königtums: Karl IV. und die Anfänge Wenzels (1346–1400)

Krise und Konsolidierung

Karl IV. führte eine neuartige zweite Konzeption der Königsherrschaft im spätmittelalterlichen Reich herauf: das hegemoniale Königtum. Erstmals gab es einen sehr großen geschlossenen, noch ständig wachsenden Territorienkomplex mitten im Reich, der dem König als Hausmacht erblich zur Verfügung stand; dieser Komplex griff nach Norden und Westen hegemonial immer weiter aus. Die Kurfürsten sahen sich von diesem zuletzt übermächtigen Königtum gespalten, das am Ende drei von sieben Wählerstimmen selbst besaß und tatsächlich zum ersten Mal seit der Stauferzeit die Sohnesnachfolge durchsetzte. Die ohnehin bescheidenen Ansätze eines »horizontalen« Ständewesens im Reich fielen fast gänzlich zugunsten »vertikaler« Gefolgschaftsstrukturen fort. Die Ordnung der Reichsverfassung wurde in Verknüpfung mit den Kurfürsten entschieden fortgesetzt, verwissenschaftlicht und auf ihren Höhepunkt geführt. Der Herrscherhof war das einzige große Zentrum politischen Lebens im Reich und machte ansehnliche organisatorische Fortschritte. Statt eines Konflikts bestand fortan ein Bündnis oder ein Modus vivendi mit dem Papst – und mit dem französischen König –, wobei grundlegende Interessenparallelität begrenzte Konflikte nicht ausschloß. Der König-Kaiser war erstmals seit hundert Jahren wieder seinen Hauptpartnern, dem Papst und den Nachbarkönigen, wirklich gewachsen; er galt schließlich als die erste Respektsperson des christlichen Europa, so daß das Zeitalter der kurialen Oberherrschaft ohne viel Aufhebens in der Praxis zu Ende ging. Wie kein anderer seit Friedrich II. war der Herrscher in eigener Person weltkundig und hochgebildet, ein Intellektueller, der zudem rastloser Anstrengung fähig war und damit das alte Adelsideal des Königs durch ein neues, rationales ablöste. Weil Politik und Gewaltausübung größeren Maßstab gewannen, trat noch schärfer hervor, daß sich die Dynastie den »Staat« radikal untertan machte und dessen Substrat wenn nötig rücksichtslos beanspruchte, um die Macht zu gewinnen und sie dem Sohn am Ende weiterzugeben. So wurden die erbländische Krondomäne und die Reichsstädte – diese bis zum offenen Widerstand – stark belastet, während das übrige Krongut bis auf geringe Reste dahinschwand. Auf diese Weise wurden das Stauferebe und das Erbe der »kleinen« Könige gleichzeitig liquidiert.

Auch das hegemoniale Königtum ist gescheitert, und zwar zuerst an der Krise König Wenzels als Herrscher von Böhmen und damit an einer von Anfang an bestehenden schweren Hypothek: Kernland des Reiches in bisher ungewohnter Weise sollte ein Territorium werden, das nach seinem hergebrachten politischen

Kaiser Ludwig der Bayer und seine Gemahlin Margarete mit dem Modell der Kirche für seine herzogliche Burg in München und die Muttergottes mit dem Jesuskind. Steinrelief süddeutscher Herkunft aus der St.-Lorenzkirche in München, 1324. München, Bayerisches Nationalmuseum

Kaiser Karl IV. auf dem Altan über dem südlichen Querhaus der St.-Marienkirche im thüringischen Mühlhausen. Steinskulptur aus der mitteldeutschen Werkstatt der Parler, zwischen 1362 und 1370

Gefüge an die Vorherrschaft hochadeliger Partikularinteressen gewöhnt war, der eigenen Zentralgewalt nach Kräften widerstrebte und sich langsam seiner mehrheitlichen Anderssprachigkeit bewußt wurde. Auch im Reich gelang die Kontrolle der Kurfürsten und Fürsten offenbar nur bei einem Höchstmaß persönlicher Anstrengung und Autoritätsausübung des König-Kaisers und während des Ausbleibens schwerer Herrschaftskrisen. Ein hegemoniales Königtum konnte daher nicht als Normalfall herrscherlicher Existenz gelten. Bei vernünftigen Erwartungen war es sehr unwahrscheinlich, daß jene günstigen Bedingungen lange genug, nämlich wesentlich länger als eine Generation, bestehenbleiben würden, wie dies zur Gewöhnung an den neuen Zustand notwendig gewesen wäre. In der Tat hat nicht einmal Karl selbst solchen Anforderungen ein ganzes Herrscherleben hindurch entsprochen, sondern in der Hauptsache nur ungefähr zehn Jahre – mit dem Höhepunkt um 1360.

Das Scheitern des hegemonialen Königtums wird bedauern, wer eine dem Erfolg der französischen Monarchie annähernd parallelisierbare Entwicklung in Deutschland für wünschenswert und die Modernisierung der Staatlichkeit des Reichsganzen für richtig hält. Hierzu hätte die siegreiche Großdynastie dem luxemburgischen Territorienkomplex weitere wesentliche Teile des Reiches angliedern oder hegemonial zuordnen müssen, um schließlich die Libertät der Fürsten zunichte zu machen. Dies ist bekanntlich nicht eingetreten. Vermutlich ist angesichts der Ausdehnung des Reiches und seiner älteren Verfassungsgeschichte ohnehin keine andere Lösung möglich gewesen als eine dualistische, die auf einem allgemeinen Minimalkonsens statt auf zentraler Machtpolitik beruhte. Diese dualistische Lösung sollte als dritte Konzeption spätmittelalterlicher Reichsverfassung ein Jahrhundert später mühsam und unvollkommen verwirklicht werden.

Die wichtigsten Wahlhelfer Karls IV. waren Papst Clemens VI., Kurfürst Balduin von Trier und wenigstens zeitweise König Johann von Böhmen. So wurde Karl am 11. Juli 1346 mit fünf Stimmen gewählt. Er hatte sich zuvor in Avignon etwa in der Art, wie sie vor 1314 üblich gewesen war, der päpstlichen Rechtsanschauung unterworfen. Doch diese Bindung wurde für das engere deutsche Reich nicht so formuliert, daß Karl der Rhenser Erklärung von 1338 direkt widersprechen mußte. Er war auf die Kurfürsten angewiesen, und das wußte der Papst. Allerdings gab Karl dort nach, wo das direkte Verhältnis des Königs zum Papst betroffen war: Er ließ sich vor der dann doch rasch erteilten päpstlichen Approbation nicht krönen und vermied auch den Königstitel. Auf diese Weise erschien er den zeitgenössischen deutschen Autoren, die durch das jahrzehntelange Interdikt aufs äußerste gereizt waren, als päpstlicher König. Sie wurden in dieser Ansicht bestärkt, weil der Papst die Absolution der zu Karl übertretenden Kräfte, besonders der Reichsstädte, an »politische« Bedingungen, das heißt an die Anerkennung der kurialen Positionen band. Das hat Erbitterung hervorgerufen, allerseits gedeckte Täuschungsmanöver herbeigeführt und die moralische Stellung Avignons weiter geschwächt.

In den ersten Monaten seiner Regierung wurde Karl vom Unglück geradezu verfolgt. In der englisch-französischen Schlacht von Crécy am 26. August 1346 unterlagen Philipp VI. von Frankreich und mit ihm König Johann und König Karl. Johann fiel, Karl entkam der Katastrophe. Dann scheiterte er im Frühjahr 1347 bei dem Versuch, das wittelsbachisch gewordene Tirol von Süden her zurückzuerobern. Erst der Tod Ludwigs machte den Weg frei. Verhältnismäßig schnell gewann Karl die Anerkennung der Städte. Vergeblich erhob die Wittelsbacher Partei 1348 Eduard III. von England, den Sieger von Crécy; ein Vierteljahr später zog dieser ein Bündnis mit Karl vor. Rasch erkannte auch der Habsburger den neuen König an und ließ sich belehnen. Ein falscher Markgraf Woldemar von Brandenburg, der angebliche letzte Askanier, trat in der Mark gegen den Wittelsbacher auf und wurde von Karl belehnt. Das Gegenkönigtum Graf Günters von Schwarzburg (30. Januar–24. Mai 1349), nur noch ein Zerrbild alten wittelsbachischen Glanzes, wurde von Karl schnell mattgesetzt, so daß der Schwerkranke gegen Entschädigung verzichtete. Karl spaltete die Gruppierung der Feinde, indem er die einzige Tochter des Pfalzgrafen heiratete. Danach ließ er sich neu wählen und krönen (17. Juni und 25. Juli 1349). Dies alles spielte sich in der Zeit des Schwarzen Todes ab, als die Pest viele Landschaften des Reiches furchtbar heimsuchte. Die fiskalische Nutzung der damaligen Judenverfolgungen in einigen Reichsstädten, zumal in Nürnberg, wirft einen tiefen Schatten auf Karls Person, sofern man einige entscheidende Urkundenformulierungen ganz wörtlich verstehen darf. Im ganzen war seine Herrschaft damals schon so gefestigt, daß er 1350 einen Ausgleich mit den Wittelsbachern vornehmen konnte, obwohl der Papst heftig widerstrebte. Auch eine schwere Krankheit, die den König 1350/51 fast ein Jahr lang an Böhmen fesselte, beeinträchtigte seine Stellung nicht mehr.

Karl IV. in Prag

Kindheit und Jugend Karls zeugen vom Konflikt zwischen luxemburgischen und přemyslidischen Familienauffassungen, zwischen Vater und Mutter und ihren Verwandten und Anhängern. Er war auf den böhmischen Namen Wenzel getauft worden und hatte erst, als ihn der Vater gemäß seiner ganz anderen dynastischen Tradition zur Erziehung nach Frankreich geschickt hatte, den neuen Firmnamen Karl nach dem Paten, dem König von Frankreich, erhalten (1323). Nach Böhmen zurückgekehrt (1334), griff er die legitimierende přemyslidische Tradition mit Erfolg auf. So spielte in seinem Zeitalter die königliche Hausmacht eine

Das Städtenetz in Böhmen und seinen Nachbarländern

noch größere Rolle als zuvor. Die aus ihrer Binnengliederung erwachsenden Probleme gewannen politisches Gewicht. Innerhalb des großen Territorienkomplexes erwies sich nicht eigentlich Böhmen, sondern die böhmische Krondomäne samt der Prager Domkirche als Mittelpunkt; das hochadelige Böhmen verharrte passiv oder im Widerstand. Schon 1344 war beim Papst die Erhebung des Stuhles von St. Veit zum Erzbistum, also die Lösung aus der Mainzer Metropolitanverfassung erreicht worden. Die neue Kirchenprovinz blieb freilich trotz der Bemühungen Karls und Wenzels klein. Bedeutende Organisationsleistungen Karls galten den Prager Städten, besonders der Gründung der Neustadt und der Errichtung der Universität als erster im Reich nördlich der Alpen (beide 1348). Im gleichen Jahr verdichtete Karl den Territorienkomplex, indem der symbolisch überhöhten »Krone Böhmens« die Nebenländer zugeordnet und inkorporiert

Karls IV. fränkisches Machtzentrum

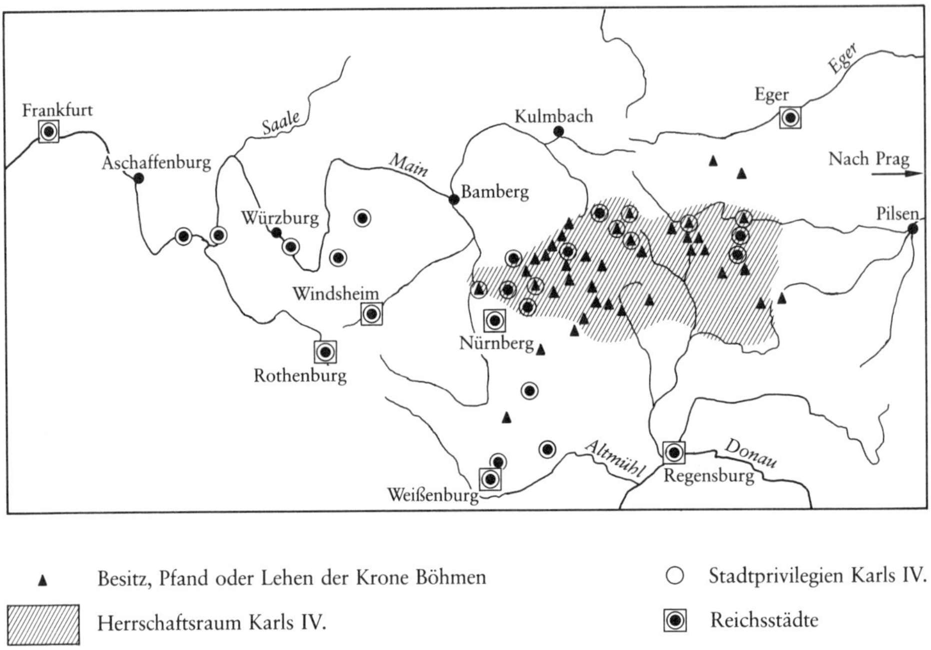

wurden: die Markgrafschaft Mähren, das Bistum Olmütz, das Herzogtum Troppau, die schlesischen Herzogtümer und die Oberlausitz. Die 1367 gekaufte Niederlausitz wurde drei Jahre danach mit der böhmischen Krone vereint. Eine Neuordnung Gesamtböhmens im herrscherlichen Sinne, in deren Dienst eine große Rechtskodifikation, die sogenannte »Maiestas Carolina«, stehen sollte, scheiterte 1355. Aber Karl erreichte in Angleichung an die anderen Territorien die Minderung des Wahlrechts der Stände zugunsten der Erblichkeit der Krone. Er war einer der großen Könige Böhmens; er hat auch das Land enger als seine Vorgänger und Nachfolger mit dem Reich verbunden.

Nach außen vor allem erschienen die ostluxemburgischen Erblande als eindrucksvoller Komplex. Sie bildeten nach dem Vorspiel der Hausmacht Ludwigs des Bayern die erste Station des die deutsche Geschichte fortan prägenden neuen Dualismus zwischen den herrscherlichen Territorien und dem übrigen Reich. Karl IV. gelangen bedeutende Neuerwerbungen. Sie begannen in westlicher Richtung im Raum der späteren Oberpfalz als Mitgift der Pfälzer Gemahlin, zuletzt bis vor die Tore Nürnbergs, und setzten sich – immer stärker vereinzelt – in Richtung auf die bayerische Donau und den Mittelrhein fort. Diese Besitzungen ähnelten der Krondomäne. Die Ausdehnung nach Norden brachte die Wettiner in Bedrängnis. Dann zog Karl das wittelsbachische Brandenburg an sich und vollendete den Erwerb Schlesiens (1368). Als Konsequenz der neuen großdynastischen Perspektive, unter welcher Karl das Reich betrachtete, vollzog sich gleichzeitig die Liquidation des Kronguts durch ungeheure Verpfändungen und durch die Entwertung der Landvogteien. Eine bewegliche und bewegte Königspolitik im Reich bedurfte eben mobiler Mittel und verfügbarer Spielräume.

Von Prag aus stellt sich Karl IV. auch am besten als Förderer der Wirtschaft und Freund von Kultur und Kunst dar – als der im deutschen späten Mittelalter bisher weitaus bedeutendste. Es mochte ihm zugute kommen, daß sich wirtschaftliche Stagnation und Krise in Böhmen später als weiter westlich offenbarten, nicht vor den sechziger oder gar den siebziger Jahren. Begünstigung erfuhren durch Karl der Handel und das eine oder andere Großgewerbe. Was bis heute nur bruchstückhaft hervortritt, könnte sich einmal zu einem geschlossenen Bild formen. Vorläufig darf man vermuten, daß zum Beispiel eine erste Gründungswelle von Barchentwebereien in Schwaben nicht ohne Beteiligung Karls vor sich gegangen ist (1363–1383). Der Rohstoff Baumwolle mußte hierfür aus dem Mittelmeerraum importiert werden. Die neue »Industrie« war offenbar von vornherein auf einigermaßen einheitlich organisierten Export angelegt und hat sich hier auch erfolgreich durchgesetzt. Jahre des Konflikts mit Mailand (1363 und 1374) scheinen für die wirtschaftliche Verselbständigung Oberdeutschlands wichtig gewesen zu sein. Gegen Venedig hatte schon Ludwig der Bayer 1346 – auf Betreiben der Nürnberger – einen »Wirtschaftskrieg« begonnen, den Karl IV. zwölf Jahre später mit Erfolg beendete. Gut erkennbar ist das Bestreben, die relative wirtschaftliche Isolation Prags im »Welthandel« zu verringern. So wurde den Venezianern 1365 angeboten, ihre Güter nicht mehr über die Schweizer und Bündner Pässe und den Rhein, sondern über den Pyrn-Paß, Linz und Budweis zur Moldau und Elbe und von hier aus über Hamburg nach Flandern zu transportieren. Das Vorhaben scheiterte, denn handelspolitische Gewohnheiten ließen sich in weiten Räumen nicht so rasch beeinflussen wie im lokalen Bereich, etwa durch den Bau der Prager steinernen Moldau-Brücke (1357).

Aufs Große gerichtet war vielfach auch Karls Kunstförderung. Solche Begünstigung von »Schaukunst« kann wohl unmittelbar mit seiner Art zu herrschen und mit seiner Religiosität, ja mit einem Bewußtsein der Auserwähltheit in Verbindung gebracht werden. Zu den Hauptwerken des Ausbaus von Prag gehörten die Erneuerung des Veitsdoms und Neubauten in der Prager Burg. Der französische Einfluß auf die Prager Architektur wurde rasch abgelöst. Daß der geniale Peter Parler aus Schwäbisch Gmünd, aus einer ursprünglich Kölner Familie, als ganz junger Mann an die Moldau berufen wurde und zusammen mit seinen Verwandten und Schülern einem ganzen Zeitalter der Kunstgeschichte den Namen geben konnte, wird immer als eine der großen Taten der karolinischen Ära gelten. Als das Persönlichste Karls stellt sich wohl die Burg Karlstein

Wirkungsstätten der Baumeister- und Bildhauerfamilie Parler

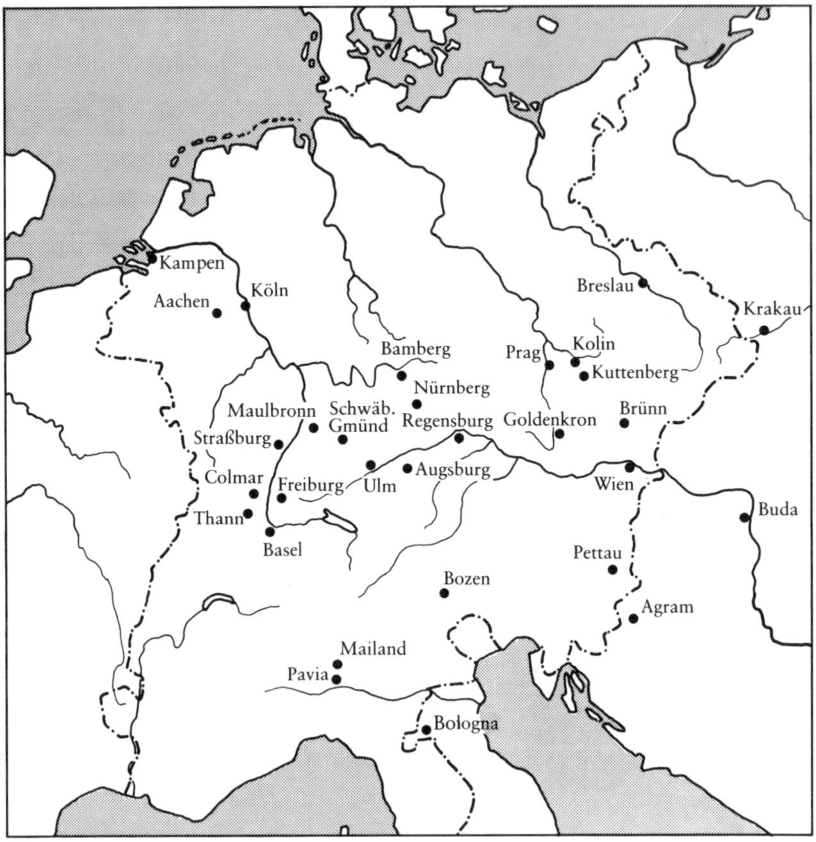

Reichsgrenze

unweit von Prag dar. Mag der Name vom Westen angeregt worden sein – zuvor schon gab es Balduinstein –, die Ausführung als Stätte privater Andacht in prunkvoll ausgestatteten Kapellen war ohne ein solches Vorbild. Dort wurden auch die als Reliquien aufgefaßten Reichsinsignien geborgen, für deren Verehrung Karl vom Papst ein eigenes Fest erbat und bewilligt erhielt. Dem Volk wurden sie feierlich vorgezeigt, zuerst 1358 in Nürnberg. Achtunggebietend sind die Kirchenstiftungen Karls, beispielsweise der Karlshof in der Prager Neustadt und die Frauenkirche in Nürnberg. Seinen Hauptpatronen Karl und Wenzel fühlte sich der Herrscher besonders verpflichtet. Der heilige Wenzel, dessen Legende Karl neu schrieb, sollte als eigentlicher Herr Böhmens gelten. Die Verehrung Karls des Großen schlug die Brücke zum Kaisertum und zur Reichsgeschichte. Der Luxemburger hat schwerlich ein nationales Bewußtsein in unserem Sinne besessen; wenn es in Böhmen zu sprachlichen Differenzen kam, bemühte er sich um Ausgleich.

Die engere karolinische Hofkultur war exklusiv-inselhaft und ohne Nachwirkung. Eindrucksvoll erscheint sie vor allem dann, wenn man sie mit den verhältnismäßig dürftigen Leistungen der Vorgänger vergleicht. Hier hat Karl wirklich – endlich, muß man im Vergleich zu West- und Südeuropa sagen – ein Zentrum geschaffen, und zwar in bemerkenswert vielfältiger Weise. Es sind nicht nur bedeutende Zeugnisse der Architektur mit dem Hof in Verbindung zu bringen, sondern auch Werke der bildenden Kunst und der Literatur in den drei Hofsprachen unterschiedlichen Entwicklungsstandes, der lateinischen, der deutschen und der tschechischen. Das Lateinische wurde auch in der artifiziellen Form des italienischen Frühhumanismus übernommen. Petrarca galt als großes Vorbild. Das Deutsche diente der religiösen Prosa und der religiösen und allegorischen Dichtung. Das Tschechische machte sprachlich-literarisch beträchtliche Fortschritte, so daß es nicht viel später als das Deutsche zum großen Werk der vollständigen Bibelübersetzung befähigt war (um 1350 und in der zweiten Hälfte des 14. Jahrhunderts).

Kaisertum, Goldene Bulle, Regierungssystem

Der erste Italien-Zug Karls IV. (1354/55) erbrachte die Krönung zum König von Italien in Mailand und die Kaiserkrönung in Rom am 5. April 1355. Vergebens begeisterte sich Petrarca für die alte Kaiserherrlichkeit. Denn das Unternehmen vollzog sich nach den Bedingungen des Papstes ohne viel politisch-militärisches Eingreifen in die italienischen Verhältnisse. Wichtiger war die fiskalische Nutzung der Herrscherrechte und am wesentlichsten der Erwerb des seit der Stauferzeit ersten unbestrittenen Kaisertums von langer Dauer. Seine Autorität konnte in Deutschland und Europa zur Geltung gebracht werden. Bald nach der Rückkehr aus Italien trat der zweite Höhepunkt der spätmittelalterlichen Verfassungsgeschichte ein: die Verkündung der Goldenen Bulle auf den Hoftagen von Nürnberg und Metz (10. Januar und 25. Juli 1356). Die Urkunde vom Umfang eines kleinen Buches wurde später nach ihrem Siegel so benannt. Karl selbst sprach von seinem »Rechtbuch«.

Die Bulle faßte ins juristisch-wissenschaftliche Wort und regelte abschließend, was das Kernproblem alteuropäischer Gemeinwesen war: die Nachfolgefrage. Dies geschah im Zusammenwirken mit den Kurfürsten, den »Leuchtern« und »Säulen« des Reiches, aber ohne den Papst und ohne die rivalisierenden Großdynastien. Die Auffassung der rheinischen Wähler floß nach eingehenden Verhandlungen kompromißhaft in den Text ein. So entsprach die Konstellation derjenigen von 1338, jedoch fehlte ihr, achtzehn Jahre später, die politische Extremsituation und daher jeder polemische Akzent. Die bisherigen Zweifelsfälle bei den weltlichen Kurstimmen wurden zugunsten von Wittelsbach-Pfalz und Sachsen-Wittenberg entschieden. Kurfürstentümer durften fortan nicht mehr geteilt werden, um neue Streitfälle zu verhindern. Der Wahlvorgang wurde bis ins Detail durchgeformt. Indem er zu einem einheitlichen und gemeinsamen Handeln wurde, enthob man ihn den noch jüngst aufgetretenen Meinungsverschiedenheiten. Die weiterhin respektierte Rolle des vornehmsten Reichs- und Kurfürsten, des Erzbischofs von Mainz, wurde nun im formalisierten Verfahren zur Geltung gebracht. Er erhielt die letzte, vielleicht entscheidende siebente Stimme statt des alten Vorstimmrechts. Von den Sonderansprüchen des heftigsten Stauferfeindes und Vorkämpfers des kontinuitätsfeindlichen Dynastienwechsels, des Erzbischofs von Köln, war nicht die Rede. Die Selbstwahl war gestattet. Alle Wähler erhielten gegenüber den übrigen Fürsten eine Reihe von Vorrechten. Die umfangreichsten davon behielt sich Karl IV. als König von Böhmen vor. Die brennende Approbations- und Vikariatsfrage wurde nicht aus der Welt geschafft, sondern übergangen und damit stillschweigend zum Nachteil des Papstes vorentschieden. Denn der neue König wurde sogleich nach der Wahl zu Regierungshandlungen zugunsten der Kurfürsten verpflichtet, und die Verweserschaft während der Thronvakanz wurde Kurpfalz und Kursachsen zugesprochen. Die Wahl sollte in Frankfurt am Main, die Krönung in Aachen, der erste Hoftag in Nürnberg stattfinden.

Das meiste war inhaltlich nicht neu, aber Zusammenfassung, Präzisierung und abklärende Formulierung schufen doch Neues und Stabilisierendes. Das hegemoniale Königtum, das ein Königtum schrittweise geschaffener territorialer Tatsachen und nicht der Proklamationen war, hatte ein Dokument der Anerkennung, ja Wertschätzung der gewachsenen Kurfürstenwahl hervorgebracht. Damit wurde auch die zuvor unsichere Rolle des Königs von Böhmen gefestigt. Darüber hinaus war die Bulle ein Zeugnis vernünftiger Interessenabgrenzung an der Reichsspitze, gerade weil sie in der kurzen Hochzeit spätmittelalterlicher Königsmacht formuliert wurde. So konnte sie später auch ein Dokument des institutionalisierten Dualismus werden. Schon weil sie die gewohnheitsrechtlich-mündliche, »primitive« Phase der Existenz des Reiches beendet hat, gilt die Goldene Bulle zu Recht als das wichtigste schriftliche Denkmal der älteren deutschen Verfassungsgeschichte. Erst die Wirkungsgeschichte des Textes freilich, die nicht voraussehbar gewesen ist, hat diesen hohen Rang fixiert. Aus einem Privileg für wenige wurde tatsächlich ein Grundgesetz, auch insofern, als darin unerwähnt Gebliebenes, wie das Rechtsgut des Papstes, an Wirksamkeit verlor und schließlich entfiel. Im ganzen handelte es sich um eine erfolgreiche, wenngleich wie üblich eigennützige Vorsorgemaßnahme des Kaisers, die dann die Funktionsfähigkeit des Reiches in der Zukunft sichern half. Die Bulle schuf ein Mehr an Staat. Auch in den schlimmsten Krisenlagen des konfessionellen Zeitalters hat man ihr Fortgelten nicht bezweifelt. Sie blieb das Kernstück der Reichsverfassung und stand regelmäßig am Anfang des im Reich allmählich heranwachsenden Corpus der Verfassungsurkunden.

Habsburger und sogar Welfen fühlten sich verständlicherweise ausgeschlossen, die Wittelsbacher waren noch geschlagen. Herzog Rudolf IV. von Österreich (1365 gestorben), der Schwiegersohn Karls, antwortete mit der Fälschung des »Privilegium maius« von 1358/59. Sie sprach den österreichischen Herzögen außerordentliche Vorrechte zu, darunter die Rangerhöhung zu Erzherzögen und fast völlige Lasten- und Pflichtenfreiheit. Karl lehnte den Text ab, soweit er dem Königtum zu nahe trat. Doch ein Jahrhundert später wurde diese Fälschung anerkannt, als die Habsburger wieder zur Krone gekommen waren, und hat dann jahrhundertelang ihre Wirkung entfaltet und den Dualismus gefördert.

Ein ständisches Interesse der Gesamtheit der Fürsten am Handeln von 1356 gab es nicht. Im Gegenteil: Ein Wesenszug des hegemonialen Königtums bestand darin, daß es ältere Ansätze zu reichstagsähnlichem Verhalten zunichte machte. Nicht einmal bei den Kurfürsten kann man von einem »Kolleg« sprechen. Der in der Bulle vorgesehene jährliche Kurfürstenrat wurde nie Wirklichkeit, weil noch kaum ein fester Zusammenhalt der rheinischen vier, geschweige denn der sieben bestand. Dies lag auch nicht im Interesse Karls, der die Kurfürsten zwar respektierte, aber zu vereinzeln suchte. Deswegen begünstigte er die Sonderrechte des Mainzers. Die Bulle sah das Reich als ein Ganzes an, dessen innere Spaltung man verhindern müsse. Aber zuerst und vor allem war das Reich Sache des Monarchen. Seinen großen Abstand selbst zum vornehmsten Untertanen machte die Urkunde für jedermann deutlich. In diesem Abstand stellte sich das hegemoniale Königtum dar.

Das Regierungssystem Karls IV. war wie üblich hofbezogen. Er schuf nichts prinzipiell Neues, nicht in Richtung auf »moderne« Verwaltung und Bürokratie und auch nicht in Richtung auf das über das Land verbreitete Beamtentum der französischen Monarchie. Denn alledem standen die Fürstenstaaten im Reich unverrückbar im Weg. Karl realisierte und steigerte vielmehr diejenigen älteren Möglichkeiten, die dem deutschen Königtum angesichts solcher Rahmenbedingungen verblieben waren. Er vergrößerte und verbesserte die schriftführenden Hofbehörden. Die Zahl der Urkunden vermehrte sich im Vergleich zur Ära Ludwigs beträchtlich. Zugleich wurde der Herkunftsbereich des Hofpersonals ansehnlich ausgedehnt. Von den einhundertzweiundachtzig bekannten Räten und Sekretären Karls stammten vierundfünfzig Prozent aus den Hausmachtterritorien und sechsundvierzig Prozent aus dem übrigen Reich, jedoch nur zehn Prozent davon nicht aus den vier königsnahen Landschaften. Die Ankömmlinge gehörten normalerweise Personenverbänden an, die durch Patronat und Klientum, das heißt vor allem durch Verwandtschaft, Landsmannschaft oder auch

Aufenthaltsorte Karls IV. in Deutschland und Norditalien

o Einmal besuchte Orte • Mehrmals besuchte C

Studienfreundschaft, gebildet wurden. Ungefähr zwei Dutzend dieser Verbände kontrollierten, wenn man so sagen darf, den Hof. Denn der Kaiser akzeptierte dieses System, weil er sich wohl kein anderes vorstellen konnte. Die führenden Räte kamen vornehmlich aus dem schlesischen Herzogsstand, dem Grafen- und Herrenrang der königsnahen Landschaften und dem königsnahen Großbürgertum. Jeder vierte Rat oder Sekretär Karls war ein Großbürger oder stand einem solchen nahe.

So befand sich das Kanzleramt von 1332 bis 1396, bis tief in Wenzels Zeit hinein, mit nur geringen Unterbrechungen in der Hand eines Großbürgerverbandes aus Brünn, Prag und Breslau. Ihm ist auch der bedeutende Kanzler Johann von Neumarkt (1354–1371/1374) zuzurechnen. Eine andere Zentralfigur dieses Verbandes war der vornehme Prager Paul von Jenzenstein, von 1351 bis 1374 Kammernotar Karls. Durch den bescheiden klingenden Titel darf man sich nicht täuschen lassen. Paul wurde des persönlichen Umgangs mit dem Kaiser gewürdigt und war Bruder, Vater und Großvater dreier Prager Erzbischöfe. Er hat zusammen mit Dietrich von Portitz aus Stendaler Handelsbürgertum und mit Nürnberger Kaufleuten die großen Summen beschafft und bewegt, die für Karls Regierungsweise so bezeichnend sind. Nürnberger Vertrauensleute wirkten als Notare in der Hofkanzlei und als Steuereinnehmer auf dem Karlstein. Zum hegemonialen Königtum gehörte wenigstens im Ansatz das Bestreben, das oberdeutsche und das niederdeutsche Geldsystem am Hof zusammenzuführen. Es war eine zukunftsreiche Perspektive, die freilich bald wieder zunichte wurde. Da alles eher zu versuchen sei als das Eisen, wie Karl gesagt hat, wurde das Geld – erstmals im Reich im großen Stil – zum führenden Herrschaftsmittel. Ein so unadeliges Verhalten erregte manchen Anstoß, den größten natürlich bei den Zahlern, von denen sich die Reichsstädter schriftlich und militärisch zur Wehr setzten. Es ist bemerkenswert, daß Karls nichtlandadelige Verwaltungselite in erster Linie ökonomisch geprägt und ausgebildet war; von seinem Nachfolger an sollten statt dessen gelehrte Juristen immer wichtiger werden.

Unter Karl IV. traten kaiserliche Kommissionen in Erscheinung, die in ihrer Zusammensetzung und Aufgabenstellung die Grenze zwischen Domäne, Reichsgut, Erbländern und hegemonialem Bereich zu verwischen schienen. Was jenseits der Hausmachtgrenze erreichbar sein mochte, sollte nicht eigentlich böhmisch, sondern der Krondomäne Böhmens anverwandelt werden; man könnte von einer hegemonialen Einschmelzung reden. Solchen Aktivitäten entsprach zusätzlich zu der mit dem Kaiser reisenden Hofkanzlei eine zweite, ortsfeste Kanzlei in Prag unter Dietrich von Portitz. Ihm waren vor und um 1360 jahrelang die böhmischen Finanzen und königliche Finanzrechte im Reich mit einer Generalvollmacht übertragen, offenbar zur Sanierung. Vermutlich besteht auch ein Zusammenhang mit der 1356/57 vollzogenen Münzreform der heimischen Silberwährung, die zu einem beträchtlichen Wertverlust führte. Dietrich war unter anderem Vorgesetzter des »Großkapitalisten« Leupold Groß von Nürnberg, eines Sohnes des Hofbankiers Ludwigs des Bayern. Groß leitete damals auch die königlichen Silbermünzstätten in Ulm, Schwäbisch Hall und Frankfurt am Main. Solche für deutsche Verhältnisse recht erstaunlichen Querverbindungen waren Zeichen der äußersten Anstrengung hegemonialer Herrschaft.

Letzte Erfolge und neue Probleme. Das Große Schisma

Die Stabilisierung der Herrschermacht Karls IV. wirkte sich auch gegenüber dem durch England geschwächten französischen Königtum aus. Durchgreifend geschah das freilich nur während der kurzen Zeit, als Karl selbst im Westen weilte. Er ließ sich auch in Arles zum König von Burgund krönen (4. Juni 1365), als erster seit Friedrich Barbarossa. Vier Jahre zuvor hatte Karl die Grafschaften Savoyen und Genf dem engeren deutschen Reich inkorporiert, nachdem 1348 Avignon zugunsten des Papstes aus der Lehnsabhängigkeit entlassen worden war. Einschneidender als die Lehnspolitik war die dynastische Politik, zunächst von der ostluxemburgischen Basis aus. Im Jahr 1364 kam es zu einem Erbvertrag mit den Habsburgern, der dann 1437 wirksam wurde. Ebenfalls 1364 wurde die Niederlausitz von den Wittelsbachern eingelöst und drei Jahre später gekauft. Das wittelsbachische Kurland Brandenburg erwarb Karl zwischen 1361 und 1373. Die durch ausbleibende männliche Nachkommenschaft entstandene Krise in der seit 1370 Ungarn und Polen vereinigenden Monarchie rückte ein altes Hauptziel der Přemysliden näher: den Erwerb Polens. Im Jahr 1373 wurde die zweitälteste Tochter Ludwigs von Ungarn-Polen mit dem Kaisersohn Sigismund verlobt. Im Westen war Karls Halbbruder Wenzel, Graf und seit 1354 Herzog von Luxemburg, die Stütze der Dynastie. Im Jahr 1366 wurde er zum Kaiserlichen Vikar erhoben. Ihm wandte Karl mancherlei Krongut zu; außerdem gewann Wenzel durch Heirat Regierungsrechte in Brabant und Limburg. Die Gegner, im Süden die Kurpfalz und im Norden niederrheinische Fürsten, waren jedoch stärker: 1371 unterlag Wenzel bei Baesweiler unweit von Aachen dem Herzog von Jülich und wurde gefangengenommen. Die Niederlage und erst recht die Lösegeldforderungen führten zum fast vollständigen Zusammenbruch des luxemburgischen Hegemoniestrebens im Westen. Ein Jahr später liquidierte der Kaiser die Situation. Währenddessen rückte er durch den Erwerb Brandenburgs in die dynastische Welt rund um die Ostsee und in den hansischen Bereich hinein. Sein Besuch in Lübeck, dem Haupt der Hanse (1375) – die erste kaiserliche Visite seit Barbarossa und für die Zukunft die letzte –, ließ zwei sehr unterschiedliche, einander respektierende Lebenskreise aufeinandertreffen, in denen sich deutsche Geschichte des Spätmittelalters vollzog. Man kam nicht überein, aber verstellte einander auch nicht den Weg – Merkmale einer noch »unverdichteten« Zeit.

Den Städten stand Karl nicht so nahe wie Ludwig; er bewies ihnen gegenüber gemäß seiner stärkeren Position herrscherliche Distanz. Das äußerte sich vor allem in finanziellen Sonderbelastungen, zumal anläßlich des endgültigen Erwerbs von Brandenburg und der Nachfolgefrage im Reich. Abermals wurde das Handeln nach der neuen großdynastisch-hegemonialen Konzeption zu Lasten des alten Kronguts spürbar. Nur Nürnberg gewann Vorteile. Es wurde noch stärker als unter dem Vorgänger zu einer reichsstädtischen kaiserlichen »Hauptstadt« und damit zum Gegenüber von Prag. Mit diesem zusammen bildete es das Hauptstück einer das Reich durchquerenden herrscherlichen »Mittelachse« von Frankfurt am Main bis Breslau. Am stärksten belastet wurden die schwäbischen Städte, die wohl als erste ein Reichsbewußtsein gegen den Herrscher zu kehren wagten und auf diese Weise die ersten wirklichen Reichsstädte waren. Am 6. Juli 1376 kam es zum Schwäbischen Städtebund unter der Führung Ulms, das ein kaiserliches Heer vergeblich belagerte. Das fiskalische Hauptproblem war damals der Stimmenkauf für die Königswahl Wenzels. Sie wurde am 10. Juni 1376 einstimmig vollzogen, zum ersten Mal seit der Stauferzeit zu Lebzeiten des Vaters. Wahl und sogleich darauffolgende Krönung waren bedeutende Erfolge des Kaisers. Sie wurden gegen die Lebensinteressen aller größeren Mitspieler im Reich verwirklicht, gegen diejenigen des Papstes, der Kurfürsten und der rivalisierenden großen Dynastien. Dreißig Jahre lang hatte Karl die Entstehung eines so naheliegenden Bündnisses zwischen diesen von ihm immer wieder übervorteilten Gewalten verhindern können – eine außerordentliche Leistung. Der Widerstand der Kurie gegen die Verletzung des Kirchenrechts blieb allerdings trotz entgegenkommender Manipulationen Karls bestehen. Ohne die Schismakrise von 1378, die die Kirche lähmte, wäre ein schwerer Konflikt mit dem Papsttum wohl unvermeidlich gewesen.

Die neue Stellung des Kaisers in der »Weltpolitik«, die seit der Stauferzeit ohne Beispiel war, zeigte sich beim zweiten Italien-Zug (1368/69), als Papst Urban V. vorübergehend nach Rom zurückgekehrt war. Sie offenbarte sich auch beim Frankreich-Besuch Karls 1377/78. Der schwer Leidende suchte nicht nur die Stätte seiner Jugenderziehung auf, sondern wollte offenbar in Geheimverhandlungen das Erbe der Dynastie mit ihren Ansprüchen und Hoffnungen über ganz Europa hinweg bestellen. Zum ersten Mal seit langer Zeit war die deutsche Zentralgewalt nicht mehr Objekt der Politik anderer. So grundverschieden auch »moderner« Königsstaat in Frankreich und alter Kaiserrang sein mochten – auch dieser war machtpolitisch bei weitem nicht wertlos. König Karl V. von Frankreich suchte jedenfalls sorgfältig und detailliert jeden Anlaß auszuschließen, bei dem kaiserliche »Weltherrschaft« auf seinem Boden hätte zum Ausdruck kommen können. So sollte der zuständige Bailli den anreisenden Kaiser so lange in Cambrai, das hieß auf Reichsgebiet hinhalten, bis der Weihnachtstag 1377 vorüber sei, an dem es Karl IV. zustand, den entscheidenden Satz vom Kaiser Augustus im Evangelium zu lesen. Wahrscheinlich sprach man in Paris über die neue Zuordnung Ungarns und Polens, weil das Hinscheiden des söhnelosen Königs Ludwig nahe bevorstand. Wohl angesichts dieser Vorhaben entschloß sich Karl IV., das Kaiserliche Vikariat in Rest-Burgund an den französischen Thronfolger auf Lebenszeit zu übertragen. Tatsächlich ist dieser engere burgundische Raum für fast genau hundert Jahre unter auswärtigen

Mitteleuropa beim Tod Karls IV.

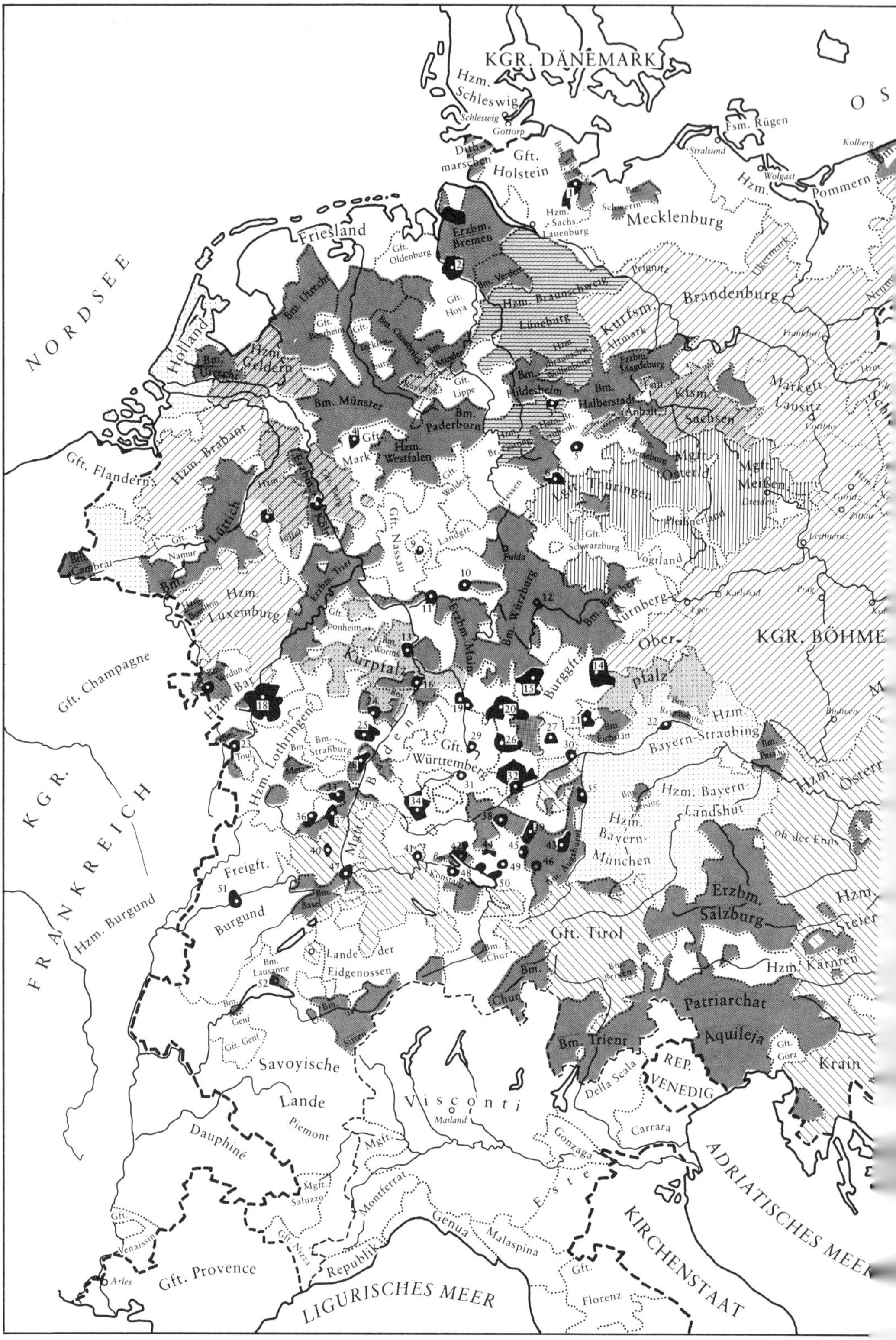

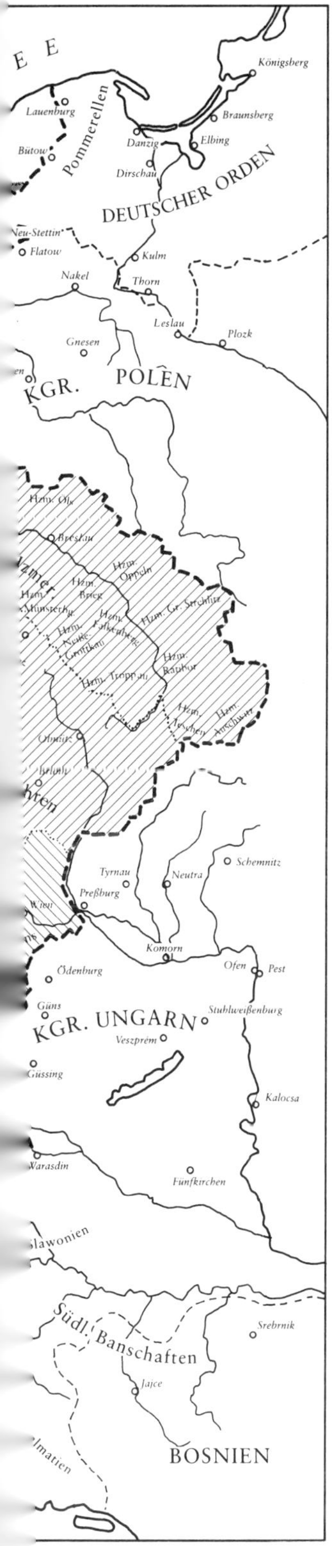

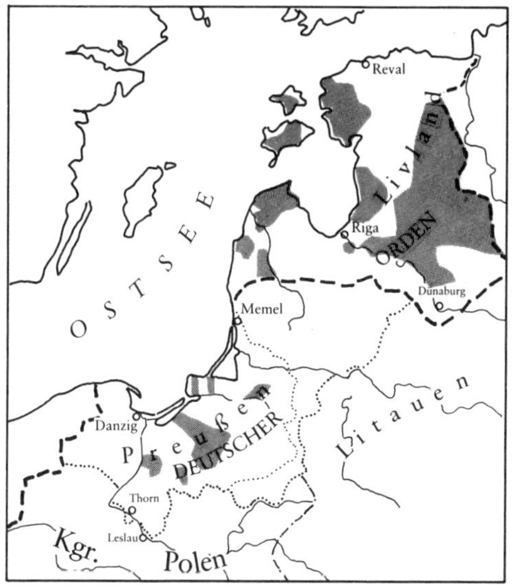

1 Lübeck
2 Bremen
3 Goslar
4 Dortmund
5 Nordhausen
6 Mühlhausen
7 Köln
8 Aachen
9 Wetzlar
10 Gelnhausen
11 Frankfurt
12 Schweinfurt
13 Worms
14 Nürnberg
15 Rothenburg
16 Speyer
17 Verdun
18 Metz
19 Wimpfen
20 Hall
21 Weißenburg
22 Regensburg
23 Toul
24 Weißenburg
25 Hagenau
26 Ellwangen
27 Nördlingen
28 Straßburg
29 Esslingen
30 Donauwörth
31 Reutlingen
32 Ulm
33 Schlettstadt
34 Rottweil
35 Augsburg
36 Münster
37 Colmar
38 Biberach
39 Memmingen
40 Mülhausen
41 Schaffhausen
42 Überlingen
43 Kaufbeuren
44 Ravensburg
45 Leutkirch
46 Kempten
47 Basel
48 Konstanz
49 Wangen
50 Lindau
51 Besançon
52 Lausanne

Bm. ist als Hst. (Hochstift) bzw. Ezst. (Erzstift) zu verstehen

Habsburgische Lande

Luxemburgische Lande

Wittelsbachische Lande:
Bayerische Linie

Pfälzische Linie

Lande der Wettiner

Lande der Welfen

Geistliche Gebiete

Reichsstädte

Reichsgrenze, Grenze des Ordenslandes Preußen von 1398

Einfluß geraten; erst 1477 fiel er an Maximilian von Habsburg, den kommenden Kaiser.

Papst Gregor XI., der Anfang 1377 nach Rom zurückgekehrt war, verstarb schon am 27. März 1378. Die Neuwahl zugunsten Urbans VI. am 8. April wurde von der französischen Kardinalsmehrheit bald als ungültig erklärt. Am 20. September erhoben diese Kardinäle Clemens VII., der sich wieder in Avignon niederließ. Urban blieb in Rom. Die Frage, wer der legitime Papst sei, ist noch heute ungewiß. Die Kirche war gespalten. Daß beide Päpste Wenzel approbierten oder dies zusagten, war ein Geringes angesichts des gewaltigen Schadens, den das Schisma in der Papstkirche und der christlichen Welt anrichtete. Die Säkularisierung und Emanzipierung des politischen Lebens in Reich und Territorien machten von nun an die entscheidenden Fortschritte. Im 15. Jahrhundert beurteilte man das Papsttum ganz anders als im Jahrhundert zuvor. Das Schisma war ein wesentlicher Einschnitt auch für die engere deutsche Geschichte.

In diesen aufregenden Wochen starb der alte Kaiser am 29. November 1378. Testamentarisch hatte er entgegen der hergebrachten gleichgewichtenden väterlichen Sorgepflicht die Söhne aus »Staatsräson« unterschiedlich behandelt: Der römisch-deutsche und böhmische König Wenzel erhielt den weitaus größten Teil des Erbes; Sigismund, für den man auf Polen hoffte, gewann die Mark Brandenburg, der spätgeborene Johann nur ein Schein-Herzogtum Görlitz. Der kaiserliche Hof mit seinen bislang im Reich ungekannten Qualitäten stand Wenzel uneingeschränkt zur Verfügung; die wichtigsten »Staats«diener arbeiteten weiter. Aber es war kein leichtes Erbe. Ungleichgewichtigkeiten, die sich nach und nach eingestellt hatten und durch die Autorität des Kaisers neutralisiert worden waren, konnten sich nun auswirken. Vor allem wartete man in Böhmen und anderswo auf die Gelegenheit, die herrscherliche Hegemonie abzustreifen.

Der Erbe und sein Scheitern

So stand Wenzels Regierungsbeginn unter schwierigen Bedingungen. Der Siebzehnjährige befand sich wie sein Vater inmitten eines vielgestaltigen, äußerst komplizierten Systems, dessen Institutionalisierungsgrad sehr gering war. Da kam es hauptsächlich auf persönliche Autorität und auf Balancehalten an. Gerecht werden sollte Wenzel der Krondomäne, ja zuerst den Prager Städten als deren engstem Kreis, dann dem Königreich Böhmen, den Luxemburger Verwandten in Mähren, Brandenburg, im Westen des Reiches und bald in Ungarn, außerdem den königsnahen Landschaften als dem wichtigen Personal-, Geld- und Informationsreservoir außerhalb der Hausmacht, den Kurfürsten am Rhein, den rivalisierenden Großdynastien, der übrigen Fürstenwelt im Reich bis zur

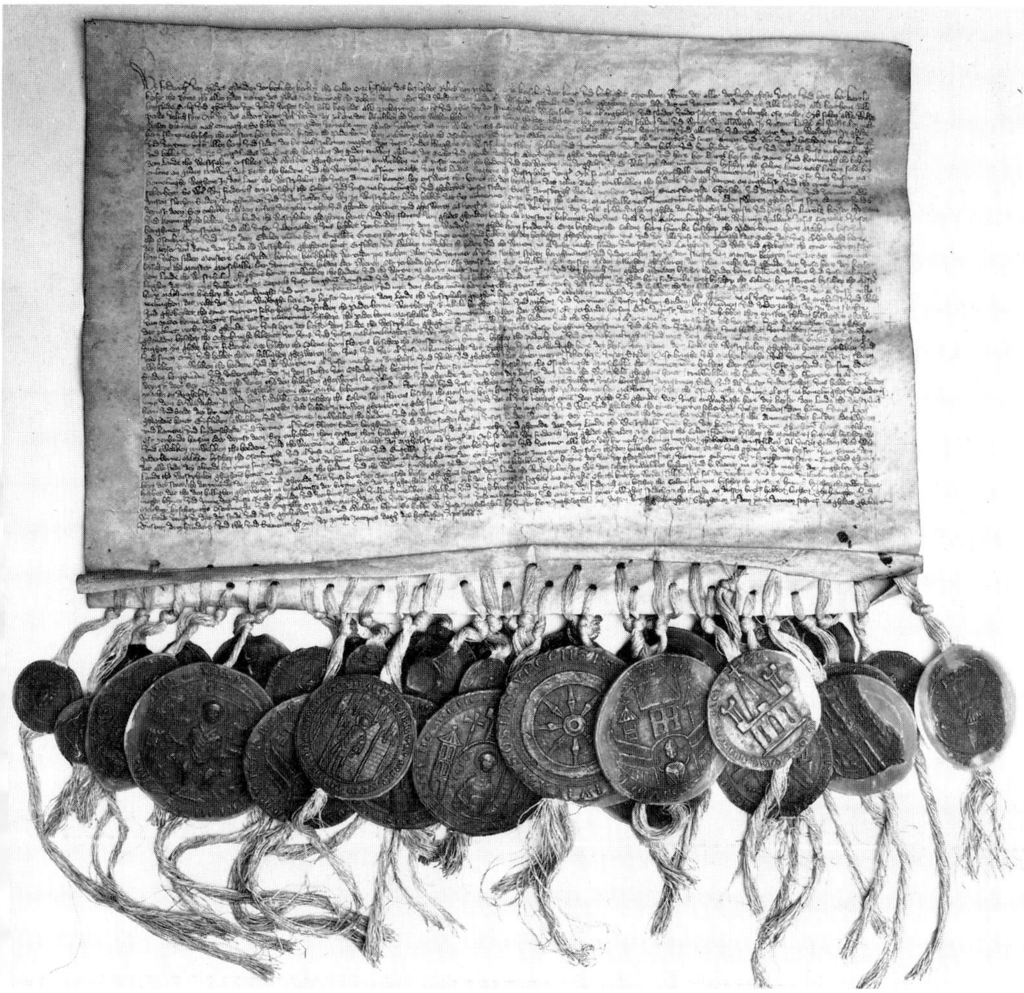

Bestätigung des von Kaiser Karl IV. gebotenen Landfriedens vom 25. November 1371 durch westfälische Territorialherren und Städte »für ewige Zeiten«. Urkunde vom 25. Juli 1372 mit den Siegeln folgender Aussteller: Erzbischof Friedrich von Köln, Bischof Florenz von Münster, Bischof Heinrich von Paderborn, Bischof Melchior von Osnabrück, Graf Engelbert von der Mark, die Städte Soest, Arnsberg, Werl, Neheim, Brilon, Eversberg, Geseke, Attendorn, Münster, Coesfeld, Borken, Bocholt, Warendorf, Beckum, Ahlen, Osnabrück, Paderborn, Warburg mit Neu- und Altstadt, Brakel, Borgentreich, Nieheim, Quakenbrück, Hamm, Unna, Iserlohn, Kamen, Lüdenscheid und Dortmund. Osnabrück, Niedersächsisches Staatsarchiv

Bankett bei König Karl V. von Frankreich am Dreikönigstag 1378 aus Anlaß des Besuchs von Kaiser Karl IV. und seinem Sohn Wenzel in Paris. Miniatur in den 1379 vollendeten »Grandes chroniques de France«. Paris, Bibliothèque Nationale

größten Königsferne samt Burgund und Italien, endlich zwei Päpsten und einem zerklüfteten West- und Südeuropa. So half es wenig, daß Wenzel sorgfältig herangebildet worden war und über den subtilen Geschmack einer zweiten Generation verfügte. Statt monumentaler Bauten schätzte er kunstvoll geschmückte Handschriften, so daß die Reste seiner Bibliothek zum Schönsten gehören, das spätmittelalterliche Buchkunst zu bieten hat.

Das Reich konnte im großen und ganzen auf seiten des römischen Papstes gehalten werden, insbesondere nach dem Tod des klementistischen Herzogs Leopold von Österreich in der Schlacht von Sempach (1386). Doch die Situation zwang zu einem engeren Zusammengehen mit den rheinischen Kurfürsten, als es dem Autoritätsabstand dieser Kräfte zum Herrscher unter Karl IV. entsprochen hätte. Verhandlungen mit Papst Clemens und mit dem französischen König, die im Herrschertreffen von Reims gipfelten (1398), brachten erwartungsgemäß keinen Ertrag. Das Schisma hatte sich viel zu stark verfestigt, als daß es mit den herkömmlichen Mitteln dynastischer Politik zu beseitigen gewesen wäre. Erst mußte durch das langwährende Empfinden, daß die Lage unerträglich sei, die Zeit dafür gleichsam reif werden. Forderungen nach Beendigung der Kirchenspaltung durch den König wurden oft erhoben, obwohl sie unrealistisch waren; sie trugen nur dazu bei, Wenzels Autorität schwinden zu lassen. Kaum weniger Sorgen bereiteten langfristige Entwicklungen, die der Kaiser noch hintangehalten hatte, ohne eine Lösung zu finden: die weitere Verselbständigung der Interessen der Reichsstädte oder gar der Ritter in den politisch vielfach gespaltenen königsnahen Landschaften einerseits und das diese beiden Gruppen bedrohende ausgreifende Handeln der Fürsten nach eigener landesstaatlicher Räson andererseits. Dies alles wirkte sich in einem immer fehdereicheren Gegeneinander aus, so daß ein zentraler Landfriede höchst dringlich erschien. Aber gerade er wurde immer schwieriger. Denn ein durch Friedensregelungen bedingtes Eingreifen in das sich verdichtende Territorialgefüge und in das regionale Hegemoniestreben der Fürsten empfand man immer mehr als unzeitgemäß. Ebensosehr scheuten die Reichsstädte und Freien Städte vor solchen Landfrieden zurück, weil sie sich dadurch den Nachbarfürsten ausgeliefert glaubten. Dennoch hatte Wenzel in der Friedenspolitik, mit dem Höhepunkt des sechsjährigen allgemeinen Landfriedens von Eger (1389), einige beachtenswerte Erfolge, aber sie blieben ohne viel Zukunft. Die Städte hatten sich ebenfalls immer fester organisiert. Im Jahr 1381 vereinigten sich der Schwäbische und der Rheinische Städtebund, drei Jahre später entstand der (Nieder-)Sächsische Städtebund. Ein Alarmzeichen war der gleichzeitige Beitritt des königsnahen, hauptstädtischen Nürnberg zum Schwäbischen Städtebund. Der erste Städtekrieg (1388/89) in Süddeutschland zeigte, daß die Fürsten stärker waren als die Städte. Er zwang die Städte nach einigen militärischen Niederlagen, sich unter Verzicht auf ihre Bünde dem Landfrieden zu unterwerfen. Die Lage der Königsdynastie verschlechterte sich mittlerweile im Westen, während sich nach dem Erbfall von 1382 Sigismund zwar nicht in Polen, jedoch in Ungarn nach längeren Kämpfen durchsetzte (1387) – eine Entscheidung, die bis in unser Jahrhundert hinein bedeutsam gewesen ist. In Wenzels akuter Situation war der Stiefbruder kein zuverlässiger Partner. So konnte trotz mehrfach diskutierter Pläne ein Rom-Zug nicht gewagt werden.

Dies verhinderte vor allem auch die besonders schwierige Lage in Böhmen. Hier brach die entscheidende Krise aus, die zwischen 1384/85 und 1394/97 das karolinische System zerrüttete, den König auf die Krondomäne zurückdrängte und selbst diese ernstlich bedrohte. Das hegemoniale Königtum war damit eines Grundpfeilers beraubt. Im Land ergriff eine Hochadelsfronde im Bündnis mit Jobst von Mähren, bei undurchsichtiger Haltung Sigismunds, die Macht. Die Rebellion gipfelte in der Gefangennahme des Königs (8. Mai – 1. August 1394). Zur gleichen Zeit zerfiel das Bündnis von Herrschertum und Prager Kirche, ja es kehrte sich in erbitterte Feindschaft um, die zum Mord der Königlichen am Generalvikar Dr. Johannes Nepomuk führte (1393). Auch kirchliche Reformbestrebungen, insbesondere durch radikale Prediger, deren Anfänge schon der Vater gesehen hatte, trugen zu Unruhe und Verunsicherung vieler bei und gewannen – in der Hauptstadt Prag zusammengefaßt – immer mehr an Gewicht. Überhaupt begann die große Stadt damals ein gravierendes Herrschaftsproblem zu werden.

Wenzels Hof formte sich in diesen Jahren zugunsten niederadeliger Domänenbeamter um und verlor damit sein Integrationsvermögen gegenüber dem Reichsadel. Solche »Entfeudalisierung« war eine Scheinmodernisierung; in Wirklichkeit war sie das Zeichen nicht mehr wiedergutzumachenden Machtverfalls, da mit der Minderung der Adelsqualität ein Hauptausweis des Königtums selbst dahinschwand. Zudem konnte die Sicherheit des Verkehrs in Böhmen – von der Grenze bis nach Prag – nicht mehr garantiert werden. Wenzel blieb von 1388 bis 1396 dem Binnenreich fern. Jobst erwarb währenddessen Brandenburg von Sigismund (1388 beziehungsweise 1397), und Sigismund wurde Königlicher Vikar im Reich (1396). Er sah sich aber durch die schwere Niederlage von Nikopolis, die er als König von Ungarn gegen die Türken erlitt, politisch gelähmt.

Die rheinischen Kurfürsten, die 1394 unter der Führung der Kurpfalz loyal zu Wenzel gestanden und damit dem karolinischen System ein letztes Mal Respekt bezeugt hatten, traten seit 1396/97 in eine sich rasch verschärfende Opposition ein. Sie zielte bald auf ein rheinisch-wittelsbachisches Gegenkönigtum kurfürstlicher Prägung hin, das nach dem alten Stil der »kleinen« Könige geformt war. Auf Königslosen Tagen gewann man trotz offenkundig unrechtmäßigen Handelns wachsenden Anhang im Westen des Reiches, weil sich die Gegenwirkungen Wenzels als gänzlich unzureichend erwiesen. Was die Kurfürsten vom König forderten, war großenteils unerfüllbar und sollte unerfüllbar sein. Im Jahr 1400 schritt man zur Tat.

An dieser Stelle, nach dem Scheitern der zweiten der drei Verfassungskonzeptionen des deutschen Spätmittelalters, liegt der tiefste Einschnitt in der politischen und Verfassungsgeschichte der ganzen Periode. Eine neue Gelegenheit für ein hegemoniales Königtum bot sich nicht mehr. Auch die zunächst mit einer gewissen Logik versuchte Rückkehr zu den Verhältnissen der »kleinen« Könige, allein auf Kurfürsten gestützt, nicht mehr unter Mitwirkung des Papstes, erwies sich spätestens nach einem Jahrzehnt als völlig unzeitgemäß. Die Konzeption großdynastischer Hegemonie hatte inzwischen die Krongutbasis der »kleinen« Könige fast aufgezehrt, und zudem hatten sich im Reich und in Europa die Mindestanforderungen an die Machtausstattung beträchtlich erhöht, unterhalb derer selbständige Politik nicht mehr möglich war. Es folgte daher ein langdauerndes, zwei Generationen währendes Zeitalter der Unentschiedenheit und Ungewißheit in Deutschland. Erst danach, als viel kostbare Zeit verstrichen war, setzte sich unter dem Druck unausweichlicher äußerer Gewalt ein drittes Verfassungsmodell durch. Es bestimmte die deutsche Zukunft jahrhundertelang und ist in den Grundzügen bis heute – jedenfalls für die Bundesrepublik und Österreich – gültig geblieben, auch weil es zugleich auf uralte Wurzeln zurückgriff. Dies war der institutionalisierte Dualismus in einem sich »verdichtenden« Reich, der das Ende der »Offenen Verfassung« mit sich brachte.

Große Krisen und große Wandlungen: Grundlagen und Lebensformen (1350–1470)

Seuche und Agrarkrise

Was heißt Krise?

Von ungefähr 1350 an – ganz im Westen schon seit dem ausgehenden 13. Jahrhundert, im Osten aber erst um 1370 oder noch später – setzte sich ein Wandel in der »Großwetterlage« des deutschen Spätmittelalters durch. Eine wenig problematische Wachstumsperiode ging zu Ende, und es begannen schwierige Jahrzehnte: Zeiten ohne viel Zugewinn, der Krise, des Stillstands oder Rückschritts, der Not und Unsicherheit, ja der Katastrophen, aber auch des Wandels und der Erneuerung, hie und da sogar der stürmischen Fortentwicklung. Das Zeitalter der Krise und Wandlung war weniger einheitlich als das vorausgegangene des Wachstums, so daß sich Gemeinsames über das wirtschaftliche, soziale und geistige Leben in Stadt und Land nur noch schwer feststellen läßt.

Unter demselben Vorbehalt stehen die Begriffe der Krise und der Wandlung selbst. Sie verlieren an Wert und Präzision, wenn man sie auf längerfristige Entwicklungen statt wie gewohnt auf kurzzeitige Umschwünge anwendet. Gleichwohl ist das Reden von Krise und Wandlung unentbehrlich, will man das Wesen der Veränderung treffend kennzeichnen. Es sollte aus ihnen nur nicht abgeleitet werden, die zahlreichen, verschiedenartigen Erscheinungen hätten einen festen Zusammenhang oder gar eine gemeinsame Ursache gehabt.

Es charakterisiert die Mittelposition der deutschen Geschichte, daß größere Klarheit über ihre Krise und ihren Wandel erst dann bestehen wird, wenn mehr Einsicht in die Verhältnisse Europas gewonnen ist. Denn Deutschland bestand um 1350 – wie davor und danach – sowohl aus westeuropäisch-gereiften als auch aus osteuropäisch-jüngeren Bereichen. Der allgemeinste Befund über die Ursache des Wandels vom Wachstum zum Stillstand besagt, daß die Europäer an die natürlichen Grenzen des Ausbaus und der Weiterentwicklung stießen. Das Bevölkerungswachstum verlangsamte sich im Westen des Kontinents früher als im Osten, im Rheinland wohl zwei Generationen eher als in Böhmen oder Schlesien. So trafen die schwere Hungersnot von 1315 bis 1317 und die dreißig Jahre später um sich greifende Pest wohl auf eine hier schon stagnierende und dort sich noch vermehrende Bevölkerung und wirkten sich unterschiedlich aus.

Daher empfiehlt es sich, von ungefähr 1300 bis ungefähr 1370 eine Übergangszeit anzunehmen, die sehr uneinheitlich beschaffen war. In dieser Periode dürfte es im Westen des Reiches wesentlich mehr harte Krisenjahre gegeben haben als im Osten. Die darauf folgende Phase, das Jahrhundert zwischen 1370 und 1470, erscheint insofern einheitlicher, als negative Momente von langer und von kurzer Dauer in die gleiche Richtung gewirkt haben. Aber auch in dieser

Periode blieben erhebliche Unterschiede bestehen. Stadt und Dorf verhielten sich nicht gleich, nicht einmal große und kleine Städte. Ähnliches läßt sich über die politische Organisation sagen. Während der lokale, kleine Adel vielfach destabilisiert wurde und das Gesamtreich angesichts seiner geringen »Abschöpfungsquote« wenig berührt zu sein schien, war das werdende Territorium als das dichteste staatliche Gebilde in gegensätzlicher Weise mit Krise und Wandel verknüpft. Auch in seiner Entwicklung sind Phasen des Stillstands zu beobachten, zumal in der zweiten Hälfte des 14. Jahrhunderts; auf lange Sicht aber war die Landesherrschaft eher Nutznießer des Zeitalters, weil sie wegen der Vielfalt ihrer Hilfsmittel am Ende den relativ geringsten Schaden davontrug und damit ihre Gegenspieler überholte.

Besonders gut erkennbar sind die Zeichen von Krise und Wandlung bei der Bevölkerungsentwicklung und beim ländlichen Wirtschaften. Die politischen, religiösen und geistigen Krisen des Zeitalters, die sich von einer vermehrten Erregbarkeit über Reformforderungen in Kirche und Reich zu Konflikten, Ausschreitungen und Massenverbrechen steigern konnten, zeigten sich am deutlichsten in der Stadt.

Das große Sterben

Die Pest, die einen tiefen Einschnitt in der Geschichte unseres Kulturkreises herbeiführte, wurde wohl aus der Mitte Asiens eingeschleppt. Man begegnet ihr zuerst bei den Kriegern eines Mongolenfürsten, der 1346 die Handelsstadt Kaffa auf der Krim belagert hat. Genuesische Schiffe brachten die Seuche im Herbst 1347 nach Europa. Diese »Vereinigung der Welt durch Mikroben« (E. Le Roy Ladurie) war eine Folge spätmittelalterlicher Verkehrsverdichtung. Durch sie entstand die größte Katastrophe des nachantiken Europa. Sie war um ein Mehrfaches schlimmer als die Wirkungen des Zweiten Weltkrieges, der rund fünf Prozent der Bevölkerung Westeuropas vernichtet hat.

Auf zwei Wegen gelangte der Schwarze Tod ins Reich: unmittelbar aus Italien und rhôneaufwärts über Burgund. Im Juli 1348 erreichte er innerhalb der engeren Reichsgrenzen zuerst Trient. Über die Alpen breitete er sich 1349 nach Bayern sowie in das Gebiet der heutigen Schweiz und nach Südwestdeutschland aus. Sein Vordringen war nun nicht mehr aufzuhalten. Im selben und im darauffolgenden Jahr wurde für jeweils mehrere Monate beinahe die ganze Mitte Europas erfaßt. Im Jahr 1351 wütete die Seuche vornehmlich in Polen und Rußland.

Es gibt keine sicheren Nachrichten darüber, welche deutschen Landschaften besonders stark heimgesucht wurden und welche möglicherweise großenteils

Geißlerzug und Massenbegräbnis bei einer Pestepidemie im Jahr 1349. Miniaturen in den zwischen 1349 und 1352 in Tournai entstandenen »Antiquitates Flandriae« von Gilles li Muisis. Brüssel, Bibliothèque Royale

»Darumb, clager, habe ere! Tot, sige!« Miniatur »Todesernte« in einer um 1475 in Mitteldeutschland entstandenen Handschrift »Der Ackermann aus Böhmen« des Johann von Tepl. Jena, Friedrich-Schiller-Universität, Bibliothek

Der Typus einer spätmittelalterlichen Stadt mit Bürgerhäusern in Holz- und öffentlichen Gebäuden in Steinbauweise. Miniatur »Die Stanser Verkommnis von 1481« in der zwischen 1508 und 1513 entstandenen »Luzerner Chronik« des Diebold Schilling. Luzern, Zentralbibliothek

Bankgeschäfte. Miniatur eines Künstlers aus der Schule Jean Fouquets in einer zwischen 1470 und 1480 entstandenen Handschrift mit vermischten theologischen Schriften. Paris, Bibliothèque Nationale

oder sogar ganz verschont geblieben sind. Es könnte jedenfalls von Region zu Region, ja von Ort zu Ort anders ausgesehen haben. Ganz oder teilweise ausgespart mögen anfangs das östliche Franken oder auch Schlesien gewesen sein. Im Rheinland hingegen waren die Verluste so groß, daß man die Heimsuchung durch die Pest als das wichtigste Ereignis des Jahrhunderts bezeichnet hat (W. Janssen). Ähnlich war es in den Niederlanden. Es läßt sich nicht zuverlässig feststellen, ob Städte oder Dörfer, Ober- oder Unterschichten im Durchschnitt stärker gefährdet gewesen sind.

Auf die erste Seuchenwelle sind weitere gefolgt, die man bisher weder genau identifizieren noch abgrenzen kann; an der Tatsache, daß sie kaum geringeres Unheil mit sich gebracht haben als die erste, ist aber nicht zu zweifeln. Nach einer nicht ganz sicher bestimmbaren Pestepidemie in den fünfziger Jahren gab es eine schwere Seuchenwelle vor oder um 1365, dann eine weitere in der ersten Hälfte der achtziger Jahre und eine besonders langwährende um 1395. Im 15. Jahrhundert verging kein Jahrzehnt ohne eine in der Regel mehrjährige Pestseuche mit wechselnden Schwerpunkten und Verbreitungsgebieten. So wurde der an sich nicht unbeträchtlichen Regenerationskraft der Bevölkerung die Grundlage genommen.

Die treffendste, 1348 geschriebene Schilderung der Seuche stammt vom Leibarzt des Papstes Clemens VI. aus Avignon: »Bei uns begann das Sterben im Monat Januar und dauerte sieben Monate. Es hatte zwei Erscheinungsformen: In der ersten herrschte es zwei Monate hindurch und war mit ständigem Fieber und Blutspeien verbunden. Die daran Erkrankten starben innerhalb von drei Tagen. Die zweite Form dauerte die übrige Zeit und zeigte sich mit ständigem Fieber und mit Geschwüren und Karbunkeln an den Gliedern, besonders unter den Achseln und in der Leistengegend. Daran starb man innerhalb von fünf Tagen. Es bestand eine solche Infektionsgefahr gerade bei der Erscheinungsform mit Blutspucken, daß der eine vom anderen nicht nur durch das Verweilen (beim Kranken), sondern schon durch den Anblick angesteckt wurde.«

Die moderne Medizin unterscheidet wie der Arzt des Papstes zwei Arten der Pest: die Beulenpest und die Lungenpest. Die Beulenpest, an sich eine Krankheit der Nagetiere, in Europa besonders der Hausratte, hat offensichtlich in Deutschland überwogen. Sie wurde vorwiegend durch Rattenflöhe und sekundär durch Menschenflöhe, also auch von Mensch zu Mensch, übertragen. Wärme und Feuchtigkeit begünstigten die Aktivität der Flöhe, so daß die Zahl der Krankheitsfälle im Jahresablauf seit Juni anstieg, im August und September den Höhepunkt erreichte und danach allmählich abnahm. Wohl mehr als die Hälfte der an Beulenpest Erkrankten ist gestorben. Mangelnde Abwehrkraft zumal bei sozial Benachteiligten könnte dabei eine Rolle gespielt haben. Hatte die Pest auch die Lunge befallen, so pflanzte sie sich unabhängig von der Jahreszeit durch

Tröpfcheninfektion über die Atemwege von Mensch zu Mensch fort. Die Lungenpest dürfte in allen Fällen tödlich verlaufen sein.

Das Pestbakterium ist erst 1894 entdeckt worden. Im späten Mittelalter dachte man an unreine Luft und vergiftete Brunnen als Verursacher statt an Ratten und Flöhe, so daß von der Medizin keine wirkliche Hilfe zu erwarten war. Selbstverständlich befaßte man sich im Sinne der zeitgenössischen Wissenschaft vielfach mit der unheimlichen Seuche. Vom Pestgutachten der Pariser Medizinischen Fakultät aus dem Jahr 1348 sind viele Schriften mehr oder weniger abhängig, darunter eine Äußerung vielleicht von Prager Medizinern aus dem Jahr 1371, die an Kaiser Karl IV. gerichtet war. Immerhin waren einige heilpraktische Maßnahmen nützlich, beispielsweise die räumliche Trennung von Kranken und Gesunden. Doch wirkliche Abhilfe durch die systematische zeitweilige Isolierung von Ankömmlingen traf man in Deutschland erst um 1500, ungefähr hundert Jahre später als im viel stärker gefährdeten Mittelmeerraum. Der Begriff der Quarantäne stammt wohl aus dem burgundischen Marseille, wo man seit 1383 ankommende Schiffe für vierzig Tage isoliert hat.

Die Pest und ihre Folgen sind in die Ursachen und Begleiterscheinungen der großen Krise und des großen Wandels einzuordnen, die je nach Region ungefähr zwischen 1300 und 1370 erkennbar werden. Aber gerade diese Einordnung ist angesichts des Fehlens gesamtstatistischer Daten nicht ohne weiteres möglich. Selbst aus größeren Städten besitzt man genaue Zahlen meist nur für kleine Menschengruppen. Für Bremen weiß man, daß 1351 dort 6.966 Menschen gestorben sind, ungerechnet diejenigen, die wegen ihrer minderen oder auswärtigen Herkunft nicht in die Liste aufgenommen wurden. Die Einwohnerzahl von etwa 12.000 Personen reduzierte sich also um mehr als die Hälfte. In Lübeck starben an der ersten Pestwelle 11 Ratsherren; 19 überlebten. In Hamburg betrug die Sterblichkeit der Bäckermeister 35 Prozent, der Knochenhauermeister 45, der Ratsbediensteten 54 und der Ratsherren 76 Prozent. In Wismar kamen 42, in Lüneburg 36 und in Reval 27 Prozent der Ratsherren ums Leben.

Als unmittelbare Auswirkung des Schwarzen Todes zeichnete sich in den Städten eine Ordnungskrise ab, die wohl einem Chaos nahekam. Ihr folgten einige Jahre der Regeneration, in denen sich das Wirtschaftsleben, soweit es sich den zugänglichen Daten entnehmen läßt, wieder normalisiert hat. Zu solcher Normalisierung trug vor allem eine großzügige Neubürgeraufnahme bei. Einwanderung in die Stadt war attraktiv. Gleichwohl ist ein beträchtlicher innerer Wandel zu erkennen. Die sozialen Unterschiede vertieften sich. Das Geld, durch die Pest nicht vernichtet, konzentrierte sich auf eine geschrumpfte Anzahl von Personen. Überdurchschnittlich viele Grundstücksbewegungen brachten Unruhe in die Stadt. Die Einwanderer waren in der Regel wohl ärmer als die an der Pest verstorbenen Städter. Zugezogene Landhandwerker konkurrierten mit alteingesessenen Stadthandwerkern, die überlebt hatten. Tagelöhner vom Lande trafen auf Tagelöhner in der Stadt. Der Konfliktstoff vermehrte sich. Spätere Pestwellen griffen immer wieder verschlimmernd ein. So haben auch Städte, die man als relative Gewinner des langfristigen Wirtschaftswandels bezeichnen darf, zumindest kurzfristig Chaos und Stagnation erlebt.

Auf dem Lande kann man die Folgen des großen Sterbens normalerweise nur indirekt aus der Abgaben- und Siedlungsentwicklung ablesen. Im Erzstift Salzburg und in den habsburgischen Alpenländern zum Beispiel läßt sich erkennen, daß auch in ländlichen Gebieten schwere Bevölkerungsverluste eintreten konnten. Unklar bleibt, ob sie die unmittelbare Folge der Seuche oder das Ergebnis von Abwanderung in die Städte gewesen sind. Selten gibt es eine einigermaßen präzise Einzelnachricht wie diejenige aus einer Südtiroler Notariatsurkunde aus Kastelruth von etwa 1380, in welcher Nyklein der Purgklitter mitgeteilt hat: »Nach dem grossen Sterben chom er dahin (auf den Hof Planetsch) und fant nimant darinnen, newr eine alte Frawen und ein klains Kindel, ir Enichel. Do het er ain klains Kindel, verheiratten di Kindel mit einander und hiet er, Nyklein, den Hof an der Kindlein Stat inne.« Das Urbar des steirischen Zisterzienserklosters Rein erlaubt punktuelle Einblicke von einer sonst kaum erreichbaren Genauigkeit. In dem durch das große Sterben erloschenen Dorf Sending bei Stallhofen befanden sich vor der Krise 42 Zinsgüter in der Hand von 35 Bauern. Um 1400 gab es dort nur noch 9 grundbesitzende Untertanen, um 1450 dann 11, die jeweils mehrere Objekte vereinigten. Das Dorf verwandelte sich zurück in Einzelhöfe, wie sie heute noch bestehen. Im Pfarrort Stallhofen waren zunächst 41 Zinsgüter bei 39 Hintersassen. Um 1395 gab es nur noch 13 Zinser, aber um 1450 schon wieder 22. Die Zentralfunktion der Kirche hielt das Dorf am Leben. Das oberste Södingtal mit einer Ausdehnung von ungefähr 36 Quadratkilometern umfaßte vor der Seuche 126 Zinsgüter in der Hand von etwa 120 Holden; um 1400 gab es noch 100 Holden. Die Rodungsarbeiten sind in dieser Gegend offenbar erst um 1370 eingestellt worden, gewiß als Folge des Menschenmangels. Im Erzstift Salzburg geschah dies etwas früher, wohl als unmittelbares Ergebnis der Pest. Schon zuvor ist hier ein Nachlassen der Rodung zu beobachten, das vermutlich mit dem Abklingen der Bevölkerungsvermehrung in der ersten Hälfte des 14. Jahrhunderts zusammenhängt. Die Gebirgsgaue Pongau und Pinzgau und das Ennstal waren wohl durch Abwanderung viel stärker von der Entvölkerung betroffen als das flache Land. Aus der Tiroler Landesordnung von 1352 kann man entnehmen, daß die Obrigkeit die Grundherren, die schwere Einnahmeverluste hinnehmen mußten, durch Abwanderungsverbote und Höchstlohnvorschriften zu stützen gesucht hat.

Die Frage nach den Gesamteinbußen ist schwer zu beantworten. Nur Schätzungen und Vermutungen sind möglich. Am wahrscheinlichsten ist bei der ersten Pestwelle ein Bevölkerungsverlust von fünfundzwanzig bis dreißig Prozent; sicherlich betrug er mehr als ein Fünftel, vermutlich nicht mehr als ein Drittel.

Angesichts der mittelalterlichen Rahmenbedingungen wäre eine Erholung rasch möglich gewesen, wenn die Seuche ein einmaliges Ereignis geblieben wäre. Die Verhältnisse der Agrardepression sprechen sogar dafür, daß die Pestwelle von 1348 bis 1351 auf einen Bevölkerungsüberhang gestoßen ist, so daß sich noch keine langfristigen Störungen ergeben mußten. Doch von ungefähr 1370 an brachten erneute Seuchen in verhältnismäßig kurzen Abständen weitere tiefe Einbrüche mit sich. Sie wurden nicht mehr ausgeglichen. Jetzt nutzte auch eine rasch anregbare Geburtenfreudigkeit nichts mehr. Bis zum letzten Drittel oder Viertel des 15. Jahrhunderts dürfte die Sterblichkeitsrate die Geburtenquote übertroffen haben.

Die Folgen des Schwarzen Todes für die Überlebenden waren tiefgreifend und vielfältig. Die spätmittelalterliche Sozialordnung hatte große Schwierigkeiten bei dem Versuch, der Katastrophe standzuhalten. Widersprüchlich waren denn auch die Reaktionen: von der Askese bis zur Selbstbetäubung im Lebensgenuß, von der Massenhysterie bis zu Massenverbrechen. Als Ursache der Seuche hielt man neben dem schlechten Einfluß der Gestirne, verdorbener Luft, Ansteckung und Vergiftung vor allem Gottes Strafgericht über die Verderbnis des Zeitalters für maßgebend. Die Figur des Todes rückte in Kunst und Literatur ein. Der vom Tod angeführte Reigen der Menschen jeden Standes und Alters wurde als Totentanz dargestellt. Die Amtskirche vermochte ein sinnlos und grausam erscheinendes Sterben den meisten nicht so tröstend verständlich zu machen, wie es der »Ackermann aus Böhmen« von 1400/01 darlegte. In diesem wohl bedeutendsten deutschen Prosakunstwerk des Zeitalters deutete der Dichter Johann von Tepl den Tod als Heimkehr in die Geborgenheit im Willen Gottes. Konrad von Megenberg hingegen bezeugte eine Generation zuvor, daß konservative Intellektuelle in der destruktiv erscheinenden »modernen« Logik etwa Wilhelms von Ockham einen geistigen Sündenfall sahen, der Gottes Zorn herausgefordert habe.

Landwirtschaftliche Depression

Zahlreich, vielfältig und weitverbreitet waren Krisenzeichen in der deutschen Landwirtschaft spätestens von der zweiten Hälfte des 14. Jahrhunderts an, ganz im Westen schon wesentlich früher, wahrscheinlich vor 1300. Sie fügten sich zu einer Depression, Stagnation oder Kontraktion zusammen und mochten sich gegenseitig steigern: aufgegebene Fluren, verlassene Höfe, entvölkerte oder geschrumpfte Weiler und Dörfer, Rückgang des Getreidebaus, Wachstum der Wälder, langfristiger Verfall der Getreidepreise zumindest im Vergleich zu den Betriebskosten und den Preisen städtischer Produkte, Verminderung der grundherrlichen Einkünfte und des Wertes landwirtschaftlich genutzter Böden. Die seltenen positiven Merkmale bäuerlichen Wirtschaftens in diesem Zeitalter sind vielfach in der Nähe dichter Städtelandschaften aufzufinden. Zumal am Niederrhein gelang es, die Agrarerzeugung besser bezahlten höheren Ansprüchen anzupassen. Im ganzen veränderte die Depression die spätmittelalterliche Wirtschaftsstruktur nicht grundsätzlich, führte aber zu beträchtlichen Verschiebungen innerhalb dieses Gefüges. Der Anteil des Bodens an der gesamten Wertschöpfung sank, während die Anteile des Kapitals und der Arbeit zunahmen. Darin macht sich wohl ein wenn auch schmerzhafter Modernisierungsvorgang bemerkbar. In ähnlicher Weise kann man einen Teil des ländlichen Depressionsphänomens – die Abwanderung in die Städte – auch als Rationalisierung verstehen. Es wurden Dörfer und Fluren aufgegeben, die in unrentable Grenzbereiche vorgetrieben worden waren. Aus kleinen Siedlungen zog man in größere Dörfer, und aus einer Anzahl von Dörfern wurden die Bewohner in nahe Städte umgesiedelt, die gestärkt werden sollten. So verweisen verhältnismäßig einheitliche Vorgänge nicht auf einheitliche Ursachen.

Die beiden wichtigsten Merkmale der Agrardepression waren die Aufgabe von Siedlungen und Fluren, also das Entstehen von Wüstungen, und der Preisverfall des Getreides. Heute ist man vorsichtiger denn je, wenn Wüstungen und Preisverfall auf ihre Ursachen und auf ihren Beitrag zur Charakterisierung der Krise befragt werden. Wüstungen sind offensichtlich zu allen Zeiten entstanden, in kleinerer Zahl selbst in Rodungsperioden, und sie entstehen noch heute. Dabei wirken viele Ursachen ineinander, in erster Linie Bevölkerungsrückgang und Siedlungsballung. Das Zeitalter der Depression ist durch besonders viele neue Wüstungen charakterisiert. Von Landschaft zu Landschaft waren die Verhältnisse sehr unterschiedlich. Im allgemeinen jedoch dürften kleine und junge Siedlungen am meisten gefährdet gewesen sein, desgleichen weniger fruchtbare Böden und abgelegene Gegenden. Im nordhessischen Landkreis Hofgeismar gehörten um 1300 zu einer Siedlung 4 Quadratkilometer Land, nach der Depression 15; für den Landkreis Holzminden lauten die entsprechenden Zahlen 5 und 10 Quadratkilometer. Die Mittelgebirge waren besonders betroffen. Um Wernigerode gibt es 44 jetzt im Wald liegende Wüstungen; der Oberharz ist im 14. Jahrhundert in hohem Maße entsiedelt worden. Der Höhepunkt des Wüstungsgeschehens scheint von West nach Ost »gewandert« zu sein: Im Linksrheinischen hat man ihn schon vor und um 1300 anzunehmen, in Westfalen um 1350, in der Oberpfalz bei Amberg zwischen 1370 und 1470, im Gebiet des bayerischen Klosters Tegernsee um 1385, in Mähren in der zweiten Hälfte des 14. Jahrhunderts und danach, in Sachsen etwa gleichzeitig und noch später. Kurz zuvor lag wohl jeweils das Enddatum des Landesausbaus. In Flandern erkennt man es schon zwischen 1275 und 1280, in Westfalen um 1300, im deutschen Osten erst um 1350 oder gar danach. In dem von der ersten

Die spätmittelalterlichen Wüstungen in Deutschland (nach Abel)

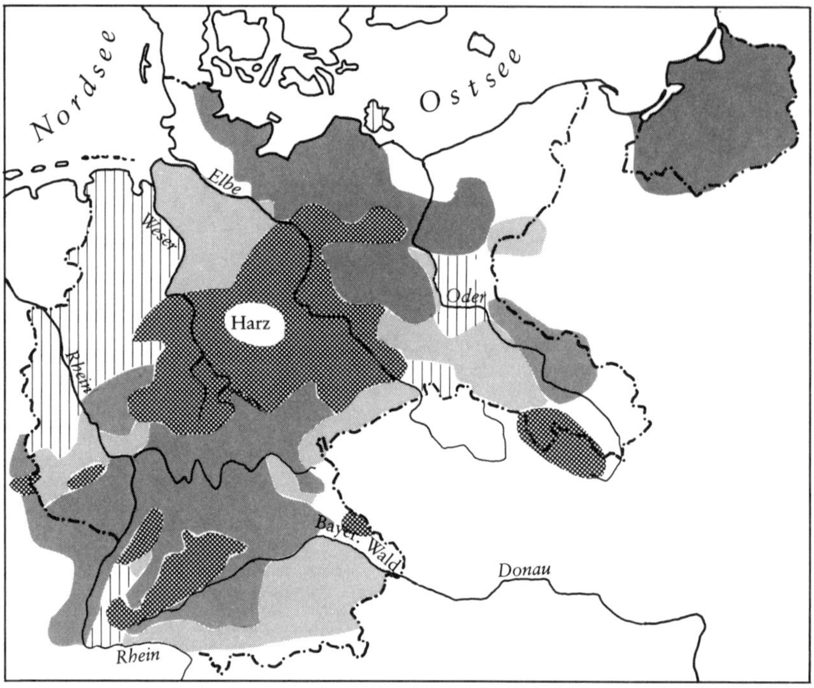

Wüstungsquotient	0–9	10–19	20–39	über 40	
Ausmaß der Wüstungen	unbedeutend	gering	mittelmäßig	stark	keine Unterlagen

Pestwelle verschonten Franken nimmt man eine Bevölkerungsvermehrung noch nach 1350 an. Die gern errechneten landschaftlichen »Wüstungsquotienten«, die den Anteil der erloschenen Siedlungen an den insgesamt bekannten mitteilen, sind mit Vorsicht aufzunehmen. Dabei wird weder die Größe der Wüstung noch die Frage berücksichtigt, ob die Siedlung nur zeitweise erloschen gewesen ist. Als Anhaltspunkt mag dienen, daß man den ungefähr 130.000 im Deutschen Reich von 1937 bestehenden Siedlungen ungefähr 40.000 Wüstungen, also 23 Prozent, gegenübergestellt hat. Eine genauere Prüfung dürfte die Zahl der Wüstungen, die mit der Krise in Zusammenhang zu bringen sind, sinken lassen.

Am Wüstungsproblem zeigt sich, daß die Folgen der Depression je nach den sozialen Verhältnissen der Betroffenen ganz unterschiedlich sein konnten. Viele kleine Grundherren waren Leidtragende, während offenbar so mancher Bauer infolge des Menschenmangels und des Überangebots an Hofstellen Abgabenbe-

Roggenpreise in Antwerpen, Frankfurt am Main und Straßburg 1360–1500

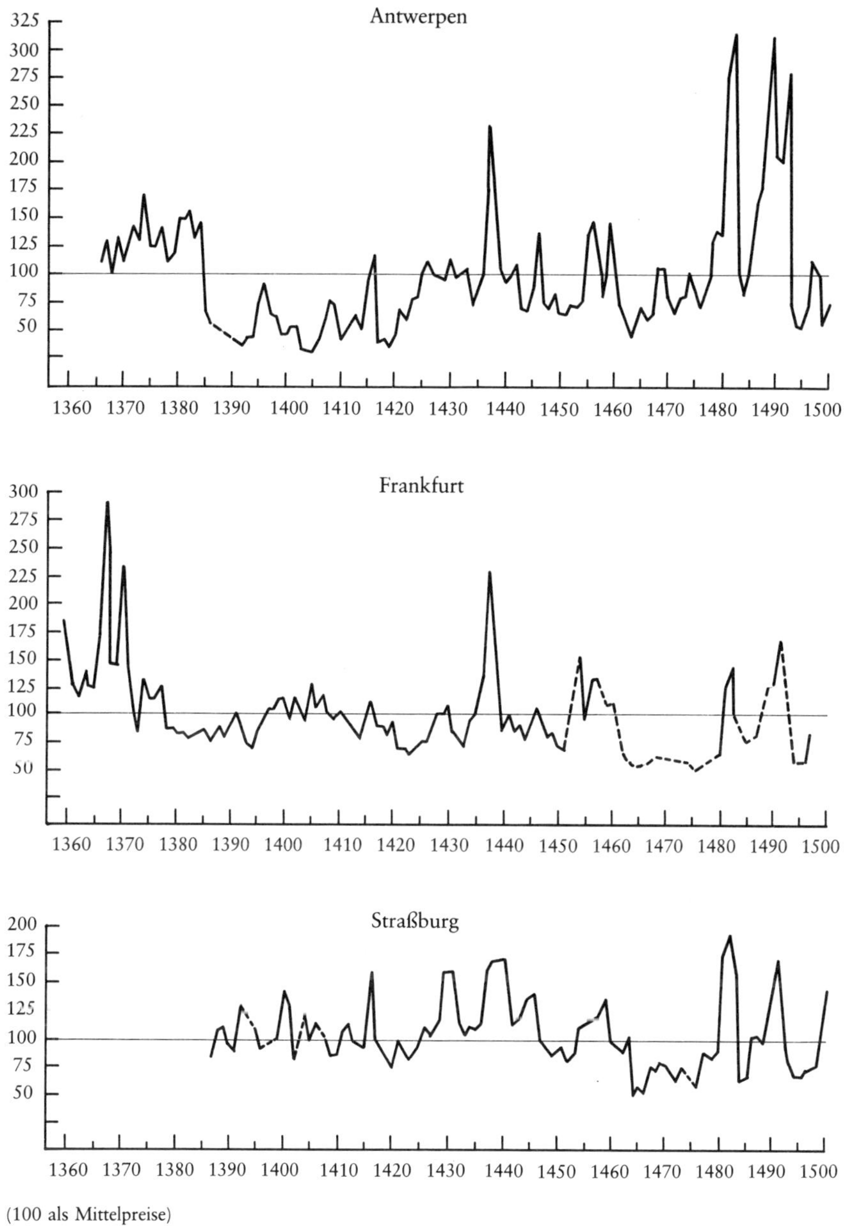

(100 als Mittelpreise)

dingungen und Rechtslage verbesserte. Neuverleihungen wurden mit Zinsermäßigungen oder Freijahren verbunden. Seltener war das Umgekehrte, der Versuch, dem Abgabenschwund und der Landflucht durch die Verschärfung des Untertanenverhältnisses zu begegnen. Dies ist im urbanisierten, kommerzialisierten und politisch zersplitterten Südwesten zu beobachten und hat dort in kleineren Herrschaften, aber auch in der ansehnlichen Grafschaft Württemberg zur sogenannten jüngeren Leibeigenschaft geführt. Vom Schwarzwald-Kloster St. Blasien und von der oberschwäbischen Abtei Schussenried sind derartige Operationen 1370 und 1386 urkundlich belegt. Doch in beiden Fällen waren diese Bestimmungen nicht von Dauer. In den Jahren 1383 und 1439 kam es zu einer Abgabenreduzierung, sei es daß sich die Verhältnisse gebessert hatten oder daß der bäuerliche Widerstand zu stark geworden war.

Kaum weniger kompliziert als die Frage nach den Wüstungen und ihren Begleitumständen ist die Frage nach dem Getreidepreis. Getreide war das einzige Grundnahrungsmittel. Die Nachfrage entsprach recht genau dem Ernährungsbedarf der jeweiligen Bevölkerung. Die Rolle des Getreidepreises als Konjunkturbarometer ist nicht unumstritten – vor allem wegen der starken Einwirkung der Witterung auf die Ernte –, doch bisher ist kein anderer Indikator an seine Stelle getreten. Es geht dabei stets um die wenigen überlieferten lokalen Preisnachrichten, die zum Ausgleich der Geldentwertung und komplizierter Münzverhältnisse auf den Edelmetallwert umgerechnet werden. Unter solchen Voraussetzungen ist dreierlei einigermaßen zuverlässig zu erkennen. Erstens: Von ungefähr 1370 bis ungefähr 1470 fielen aufs Große gesehen die Getreidepreise. Zweitens: Dieses Absinken war von Jahr zu Jahr von scharfen Preisausschlägen nach oben und unten begleitet, die dem konkreten Ernteergebnis entsprachen. Drittens: Der Preisverfall setzte wohl infolge von Marktstörungen erst um 1370, also nicht vor dem Ende derjenigen Periode ein, die man als Übergangsphase vom Zeitalter des Wachstums zum Zeitalter der Depression verstehen kann. Bei allen drei Punkten handelt es sich um Durchschnittsfeststellungen. Städtenahe Gegenden wie diejenige des niederländischen Süd-Limburg wiesen dauernd ein stabiles Preisniveau auf.

Für die langfristige Entwicklung der Getreidepreise sind Stagnation und Schrumpfung der Bevölkerungszahl als maßgebliche Ursachen anzunehmen. Durch den Verzicht auf schlechte Böden und die Vergrößerung der Betriebseinheiten stieg offensichtlich die marktbezogene Produktion. So kam es für eine immer von neuem reduzierte Bevölkerung trotz eines absoluten Rückgangs der Produktion häufig zu einem Überangebot an Getreide. Dementsprechend reagierten die Preise. Weil ganz grob gerechnet ungefähr ein Viertel jeder Ernte für nichtländliche Verbraucher verblieb, erbrachte ein geringer Mehrertrag über das Normalmaß hinaus womöglich schon ein doppeltes Angebot mit entsprechend fallenden Preisen und umgekehrt. Der Höchstpreis konnte etwa das Dreifache

Die Goldene Bulle Kaiser Karls IV. vom Jahr 1356

Blatt 14 in der 1400 in Prag für König Wenzel geschaffenen Prachtausgabe Wien, Österreichische Nationalbibliothek

Das faksimilierte Blatt zeigt auf seiner Vorderseite den Erzkanzler des engeren deutschen Reiches, den Erzbischof von Mainz, und den König von Böhmen, auf seiner Rückseite den Erzbischof von Trier und den Pfalzgrafen vom Rhein. Der Text gehört zum dritten Kapitel des vom Kaiser 1356 erlassenen Privilegs oder Gesetzes und behandelt die Sitzordnung der Erzbischöfe von Trier, Köln und Mainz. Um des besseren Verständnisses willen sind einige ergänzende Worte auf der voranliegenden Seite 13v und der nachfolgenden Seite 15r hinzugenommen und durch eckige Klammern markiert.

[Decor et gloria sacrosancti Romani imperii et honor cesareus et reipublice grata compendia] venerabilium et illustrium principum electorum concordi voluntate foventur, qui velut columpne sacrum edificium circumspecte prudentie solerti pietate sustentant, quorum presidio dextra imperialis potentie roboratur, et quanto mutui favoris ampliori benignitate stringuntur, tanto uberioris pacis et tranquillitatis commoda feliciter profluunt populo christiano. Ut igitur inter venerabiles Maguntinensem, Treverensem et Coloniensem archiepiscopos sacri imperii principes electores omnium litium et suspectuum [materie], qui et que de prioritate seu dignitate sessionum suarum in curiis imperialibus et regalibus suboriri valerent inposterum,

Rückseite

perpetuis inantea temporibus amputentur, et ipsi in eorum animis quieta conditione manentes de oportunitatibus sacri imperii concordi favore et virtuose dilectionis studio convenientius meditari valeant pro consolatione populi christiani, habita deliberatione cum omnibus principibus electoribus tam ecclesiasticis quam secularibus et de ipsorum consilio decernimus et de imperatorie potestatis plenitudine sanccimus, quod supradicti venerabiles archiepiscopi, Treverensis videlicet ex opposito id est lineari directione versus imperatoris faciem, Maguntinensis vero in suis diocesi et provincia et extra provinciam suam in toto cancellariatu suo Germanico, provincia Coloniensi dumtaxat excepta, [et demum Coloniensis in suis diocesi et provincia et extra provinciam suam in tota Italia et Gallia in dextro latere Romanorum cesaris sedere possint, valeant et debeant in omnibus publicis actibus imperialibus, puta iudiciis, collationibus feudorum et in refectionibus mensarum ac eciam in consiliis et omnibus aliis agendis, propter que contingit seu continget eosdem pro honore seu utilitate imperiali tractandis mutuo convenire.]

Übersetzung

[Das Ansehen und der Ruhm des Heiligen Römischen Reiches, die Ehre des Kaisers und der dankenswerte Nutzen des Gemeinwohls] werden durch den einmütigen Willen der ehrwürdigen und erlauchten Kurfürsten gestärkt, die gleich Säulen den heiligen Bau mit umsichtiger Klugheit und wachsamem Pflichtgefühl stützen. Durch ihren Beistand werden die Kräfte der kaiserlichen Gewalt gestärkt, und je mehr sie durch gegenseitige Güte und Gunst verbunden werden, desto reichlichere Vorteile des Friedens und der Ruhe ergeben sich für die Christenheit. Es sollen zwischen den ehrwürdigen Erzbischöfen von Mainz, Trier und Köln, den Kurfürsten des Heiligen Reiches, alle Anlässe zu künftigen Streitigkeiten und Verdächtigungen wegen des Vorrangs oder der Würde ihrer Sitze auf kaiserlichen und königlichen Hoftagen für immer beseitigt werden, damit sie mit ruhigem Gemüt den Nutzen des Heiligen Reiches einträchtig und liebevoll zum Trost des Christenvolkes noch besser bedenken können. Daher verfügen und verordnen wir nach Beratung mit allen geistlichen und weltlichen Kurfürsten und nach ihrem Rat kraft kaiserlicher Vollgewalt, daß die ehrwürdigen Erzbischöfe bei allen öffentlichen kaiserlichen Veranstaltungen – Gerichtssitzungen, Belehnungen, Gastmählern und auch bei Beratungen und allen anderen Gelegenheiten, derentwegen sie zusammenkommen, um wiederum über die Ehre und den Nutzen des Reiches zu verhandeln – in folgender Weise sitzen können, dürfen und müssen: Der von Trier gerade gegenüber dem Antlitz des Kaisers; auf der rechten Seite des Römischen Kaisers der von Mainz, wenn sich der Tagungsort in seiner Diözese und Kirchenprovinz befindet, und außerdem im ganzen Bereich seiner Kanzlerwürde für Deutschland – die Kölner Kirchenprovinz ausgenommen –; [und dann der von Köln in seiner Diözese und Kirchenprovinz und außerhalb seiner Provinz in ganz Italien und Gallien.]

Entwicklung der grundherrlichen Einnahmen im 14. Jahrhundert durch Münzverschlechterung und Getreidepreisverfall im Oberrhein-Gebiet (nach Rösener)

Zeitraum	Münzverschlechterung	Getreidepreisentwicklung	Verhältnis von Natural- zu Geldrenten von 50:50
1310–1320	112,0	167,8	139,9
1340–1350	100,0	123,9	111,9
1350–1360	100,0	100,0	100,0
1380–1390	88,7	84,5	86,6
1390–1400	62,9	86,3	74,6

(Basisjahrzehnt 1350–1360 = 100)

des niedrigsten Preises erreichen. In der Aufeinanderfolge von Preisanstieg und -abfall hat man einen Zyklus von rund elf Jahren erkannt. Die niedrigsten Preise am Ende jedes Zyklus lagen normalerweise tiefer als diejenigen des vorausgegangenen. Schlimme Hungersnöte gab es in den dreißiger und vierziger Jahren des 15. Jahrhunderts. Ein Lohnarbeiter aus Frankfurt am Main konnte von seinem Tagesverdienst 1433 dreizehn Kilogramm Roggen, 1437 nur noch vier Kilogramm kaufen. Da eine Person ungefähr sechshundert Gramm täglich verbrauchte, sollte die Aussagekraft der Getreidepreise aber auch nicht überschätzt werden. Ein Preisverfall dürfte sich auf dem Lande je nach der Marktverflechtung der Betroffenen sehr verschieden ausgewirkt haben. Größere Bauern, die auf dem Markt verkauften, erlitten in Jahren niedriger Preise starke Einnahmeverluste, erst recht wenn sie hohe Löhne zu zahlen genötigt waren. Kleinere Bauern, die im wesentlichen zur Selbstversorgung produzierten oder gar Nahrungsmittel hinzukauften, waren wenig betroffen oder sahen sich begünstigt. Für das Marktgeschehen ist auch diejenige Getreidequote zu beachten, die als Abgabe an die Herrschaft geflossen und von ihr weiterverkauft worden ist; leider weiß man darüber sehr wenig. Jedenfalls wurde immer mehr Getreide vom Markt erfaßt; es diente auch der Spekulation und den immer planvoller betriebenen Versorgungsmaßnahmen der größeren Städte. Sie kauften alles im Umland Erreichbare auf und pflegten durch Ausfuhrverbote, Bevorratung in Kornhäusern und Kontrolle der Bäcker ihre Interessen. Auch in modernen Territorien, wie im Ordensland Preußen, gab es Lenkungsmaßnahmen in Form von Ausfuhrverboten in schwierigen Jahren.

Glanz und Elend des Städtewesens

Positionsbehauptung und Positionsverlust

Das 14. Jahrhundert gilt im allgemeinen als die Blütezeit der mittelalterlichen deutschen Stadt. Es empfiehlt sich allerdings zu unterscheiden. Positives erwartet man in erster Linie für die größeren und großen Städte, die sich viel deutlicher als die kleinen vom umgebenden Land und seinen Sorgen abgehoben haben. Vom 14. Jahrhundert an gewannen jedenfalls die Städte ihre uns vertraute äußere Gestalt als geschlossene Anhäufung von Bürgerhäusern aus Fachwerk oder immer häufiger aus Stein, aus welcher die geistlichen und weltlichen Repräsentationsbauten hervorragten. Macht und Pracht der Kommune wollte man aller Welt kundtun. Ausländischen Beobachtern erschienen die deutschen Städte zumal im 15. Jahrhundert als besonders bemerkenswert, selbst wenn man manche Übertreibung abrechnet. »Wenn man Nation mit Nation vergleicht«, schrieb Enea Silvio Piccolomini, der spätere Papst Pius II. (1464 gestorben), »so gibt es keinen Grund, die italienischen über die deutschen Städte zu stellen. Deutschland bietet gewissermaßen einen jugendlichen Anblick, und die Städte erwecken den Eindruck, als wären sie erst vor wenigen Tagen entstanden oder erbaut.« In Wien fiel, wie anderswo, das prächtige Aussehen der Großbürgerhäuser auf, die auf manche Fremde wie Fürstensitze wirkten.

Machtpolitisch betrachtet und bei der Abwägung der Hauptkräfte der Reichsverfassung wendete sich freilich die Lage der Städte schon am Ende des 14. Jahrhunderts und noch entschiedener um 1450 zum Schlechteren, bis dann ihre große Zeit in der zweiten Hälfte des 16. Jahrhunderts ausklang. Viele Städte waren am Beginn des 19. Jahrhunderts politisch kaum anders geprägt und auch nicht volkreicher als um 1450. Dies alles sind freilich problematische Durchschnittsaussagen, die die Fülle der konkreten Erscheinungen schnell ins Unrecht setzen kann. Denn neben Städten, die wie Straßburg, Hamburg oder Danzig im 15. Jahrhundert weiter wuchsen und gediehen, gab es solche, die stagnierten oder gar verfielen. Mochte die gemeinsame Selbstbehauptung in Bünden an Grenzen stoßen – die große Einzelstadt konnte weiterhin Erfolg haben: Zu den glücklichen »Kriegsgewinnlern« gegenüber dem Kurfürstentum Pfalz zählte am Anfang des 16. Jahrhunderts Nürnberg. Die Städte blieben attraktiv im Vergleich zum flachen Land. Manchen Landesherren schien es nach wie vor zweckmäßig zu sein, zum territorialen Ausbau weitere Städte zu gründen.

Die erstarkende Stadt des späten Mittelalters, zumal die große Stadt, spielte eine wesentliche Rolle beim langdauernden Ausgleichsprozeß in Europa, der die gegenüber dem Süden und Westen des Kontinents historisch benachteiligte Mitte immer besser stellte. Das in der Mitte neu Entfaltete wurde an den Norden und

Osten weitergereicht. Die Unterschiede verringerten sich gewiß nicht im Hinblick auf jede Dimension städtischer Existenz, jedoch sehr deutlich in einigen wesentlichen Bereichen, besonders im technisch-»industriellen«, nach und nach auch im finanziellen. Ein neues deutsches Selbstbewußtsein gerade aufgrund dieser städtischen Leistungen meldete sich schon im 15. Jahrhundert. Was für ganz Europa galt, traf auch für das Reich selbst zu: Obwohl das linksrheinische uralte Köln die größte und vielseitigste Wirtschaftsmetropole blieb, wird man als Hauptbeispiele spezifisch spätmittelalterlicher Städte eher das stürmisch aus dem Waldland hervorwachsende Nürnberg oder das gleichermaßen emporstrebende Lübeck nennen.

Die innenpolitische Bedeutung der starken Städte zeigte sich vor allem in der weiteren Lockerung des Verhältnisses zum Stadtherrn, im Erwerb eines eigenen Landgebiets und im Zusammenschluß zu Städtebünden. Solches ausgreifende Handeln mußte früher oder später auf die andere weiterwachsende Macht, die fürstliche Landesherrschaft, stoßen. Das Ergebnis dieses Kräftespiels entschied mit über die künftige Reichsverfassung.

Der Wandel der Königsstädte zu Reichsstädten und damit die Emanzipation von ihrem Stadtherrn war einer der wichtigsten Prozesse des Zeitalters. Indem die Reichsstädte wie die Kurfürsten prinzipiell königsnah blieben und dennoch dem Begriff »Reich« ein neues, gegen den Herrscher aufbietbares Verständnis abgewannen, wurden sie Mitspieler und Gegenspieler zugleich und dadurch ein unentbehrlicher Bestandteil des kommenden institutionalisierten Dualismus. Wichtige Städte bildeten Zentren des Verfassungslebens: Frankfurt am Main, Aachen und Nürnberg, später noch Augsburg und Regensburg. Diese Zentren und andere große Städte waren Knotenpunkte jenes sich immer mehr verdichtenden Beziehungsnetzes, das das Reich mit zusammenhielt.

Wie die Reichsstädte sich vom König lösten, so taten es die Freien Städte weitestmöglich von ihren bischöflichen Herren und viele starke Territorialstädte von ihren Landesfürsten. Die volle Emanzipation erreichte von den Fürstenstädten am Ende nur Hamburg (1618 beziehungsweise 1768); die anderen wurden wieder ins Territorium zurückgezwungen, so Wien seit 1517 und Rostock 1573. Aber auch als Residenzstadt im Territorium verankert zu sein brachte manchen Vorteil, und zwar um so mehr, je weiter die Zeit fortschritt. Der Höhepunkt städtischer Bewegungsfreiheit im Territorium stellte sich in der zweiten Hälfte des 14. Jahrhunderts ein, als etwa Breslau vom Kaiser die Hauptmannschaft des gleichnamigen Fürstentums erwarb (1357). Der Ratsälteste nahm wie ein Fürst die Huldigung von Adel und Prälaten entgegen, und Ratsleute saßen den Landesgerichten vor.

Eine Anzahl von Städten erwarb vom 14. Jahrhundert an Landgebiete. Bedeutend waren diese bei Bern und Zürich, Nürnberg, Ulm, Straßburg, Metz, Rothenburg, Schwäbisch Hall und Rottweil, ansehnlich auch bei Bremen und

Die Wirtschaftseinheit Köln im 15. Jahrhundert (nach Irsigler)

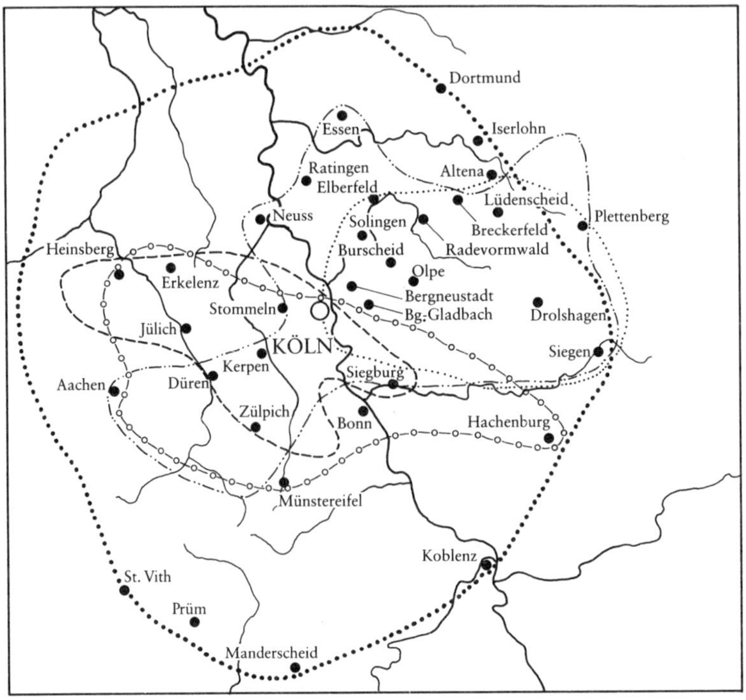

o—o—o—o—o— Kölner Tuchbezirk
– – – – – – – – – Gebiet der Hopfenlieferanten
•••••••••••••• Gebiet der Pelzwerklieferanten
—··—··—··— Gebiet der Eisen- und Kupferlieferanten
.... Gebiet der Stahl- und Stahlwerklieferanten

Greifswald. Die Rechtsformen solcher Gebiete wichen erheblich voneinander ab. Über förmliche städtische Landesherrschaft hinaus griff man in oft viel weiter gedehnte Zonen politischer und wirtschaftlicher Hegemonie aus. Kölns ökonomische Herrschaft erstreckte sich in unterschiedlicher Dichte von der Lippe bis zur Mosel und von Dortmund bis zur Maas. In größerer Nähe spielten Kauf und Pfandnahme von Grundherrschaften, Besitz und Öffnungsrechte von Burgen, Haus- und Landbesitz von Großbürgern und städtischen Einrichtungen, berechtigte oder stillschweigende Übernahme alter Königsrechte, Soldverträge und vieles andere eine Rolle. Am Ende des alten Reiches umfaßte das Nürnberger Landgebiet eintausendfünfhundert Quadratkilometer mit sechs Städten. Nürnberg herrschte über dieses Territorium wie ein absoluter Fürst. Nur im Egerland kam es bei einer Quasi-Herrschaft der Reichsstadt über das Umland seit dem 15. Jahrhundert zur Ständebildung. Ansonsten handelte es sich normalerweise um geduckt gehaltene Untertanen von ländlichem Status, bei weitem nicht um Inhaber des Bürgerrechts. Sie blieben dem Wirtschaftsinteresse der Stadt und strenger Besteuerung unterworfen. Kaum je ist die Übermacht feudalen Denkens besser erkennbar als in diesen Fällen städtischer Herrschaft, während die Stadt selbst natürlich nicht feudal beherrscht sein wollte. Solche Expansion ist auch im Zusammenhang mit der Eindämmung des Fehdewesens zu sehen, das die Städte stark belästigt hat. Abgesehen von eindeutigen Raubüberfällen hatte die Reichsstadt Frankfurt allein von 1385 bis 1425 mit zweihundertneunundzwanzig Fehden zu tun, die wenigstens den Schein des Rechts beanspruchten.

Ihre deutlichste Ausprägung erfuhr die städtische Außenpolitik in den Städtebünden. Die Motive für Vereinbarungen dieser Art waren zunächst ganz elementarer Natur: Sie reichten von der Sicherung des Friedens bei Krisen der maßgebenden Ordnungsmächte über Abmachungen hinsichtlich Straßenunterhaltung oder Gleichbehandlung von Kaufleuten bis zur Frontstellung gegen den beutesuchenden Niederadel und ausgreifende Landesherren. Der städtische Zusammenschluß konnte sich sogar gegen den König richten, wenn er, wie Karl IV., die Reichsstädte hart besteuerte oder als politische Dispositionsmasse auffaßte. Städtebünde im Territorium dienten der Landesordnung im Auftrag des Fürsten oder der Opposition gegen ihn. Mehr oder weniger dauerhafte Städtebünde gab es überall im Reich: in Thüringen (seit 1303/04), in der Oberlausitz (seit 1346), im Elsaß (seit 1354) oder in Niedersachsen unter der Führung Braunschweigs und Magdeburgs (seit 1382).

In unmittelbaren Gegensatz zur Reichsgewalt trat der Schwäbische Städtebund von 1376 unter der Leitung Ulms. Die Zahl der Mitglieder stieg von 14 rasch auf 27, bis 1385 sogar auf 40 an. Im Jahr 1381 kam ein Bündnis mit dem Rheinischen Städtebund und vier Jahre später mit der als Städtebund aufgefaßten Eidgenossenschaft zustande. Der Schwäbische war der am besten organisierte Zusammenschluß. Seine Bundesversammlung faßte Mehrheitsbeschlüsse und kannte ein unterschiedliches Stimmgewicht großer und kleiner Städte; bald fungierte sie auch als Schiedsinstanz. Der erste Städtekrieg von 1388/89 mit Niederlagen in Schwaben und am Rhein gegen fürstliche Heere zwang zur Selbstauflösung des Bundes zugunsten des Landfriedens von Eger. Aber schon ein Jahr später zeigten sich neue Bundesbestrebungen. Der alte Elan war freilich gebrochen. Dies erwies sich noch im Zeitalter Sigismunds, als der hausmachtlose König einen herrschergeführten Städtebund anstrebte. Dieses Projekt wurde wie andere nicht Wirklichkeit. Erst die vierziger Jahre führten einen neuen Schwäbisch-Fränkischen Städtebund herbei. Er mündete dann direkt in den zweiten Städtekrieg von 1449/50 und in den Konflikt der Reichsstadt Nürnberg mit dem Markgrafen Albrecht Achilles von Ansbach (bis 1453). Obwohl Nürnberg standhielt, ging der Kampf für die Städte abermals unglücklich aus. Der Friede mußte mit hohen Zahlungen erkauft werden. Der Bund zerfiel. Die Zeit selbständiger Großraumpolitik von Städtegruppen war zu Ende; die Territorien hatten die Oberhand gewonnen. Nur die größten Kommunen vermochten sich weiterhin als einigermaßen unabhängige Kräfte zu behaupten.

Oberdeutsche Hochfinanz

Der vitalen Stadt ist eine der zukunftsreichsten Neuerungen entsprungen, die die beiden letzten Jahrhunderte des Mittelalters mit sich gebracht haben: das Heranwachsen des großen Geldes. Man braucht das Wort »Frühkapitalismus« nicht zu meiden, wenn man beachtet, daß jeweils mehr oder weniger ausgeprägte, sich wandelnde handelskapitalistische Einzelmerkmale zu berücksichtigen sind. Sie sollten zunächst den allgemeinen Rahmenbedingungen des Zeitalters und erst danach langfristig-isolierenden Theorien über die Entstehung des Kapitalismus zugeordnet werden. Den wichtigsten Beitrag zu diesem Thema haben die Städte Oberdeutschlands geleistet.

Das Vorbild waren die Italiener vor allem in Florenz, Lucca, Siena, Pisa und Piacenza. Noch heute sind die Weltsprache der Wirtschaft und die deutsche Fachsprache mit italienischen Begriffen durchsetzt. Mit sehr deutlichem Vorsprung vor allen anderen Wirtschaftskräften des Kontinents hatten die Italiener ihr »Finanz-Europa«, den Mittelmeerraum und den Westen bis zum Rhein, mit ständigen Niederlassungen überzogen und damit noch einmal die alte, nunmehr zur Ergänzung anstehende spätantik-hochmittelalterliche Kulturordnung abgebildet. Im Rheinland führten sie im Kreditgeschäft mindestens bis 1400. Im Reichsgebiet östlich des Rheins und nördlich der Alpen gab es sehr wenige Italiener, obwohl dieser Raum zur Mitte Europas aufrückte und ansehnliche Wirtschaftsgüter anbot. Die Herausforderungen, die sich hier stellten, griffen die Oberdeutschen auf und bezogen damit auch diese Region nach und nach in das alteuropäische System ein. Solche Aufgaben fielen den Städten zu, nicht den Staaten oder anderen Kräften; das Ergebnis freilich – ein weiterer Ausgleichs- und zugleich Modernisierungsprozeß – war ein Resultat für alle an der deutschen Geschichte Beteiligten. Die Oberdeutschen waren neben den Flamen und Brabantern die besten Schüler der Italiener und haben sie wohl am Beginn der Neuzeit eingeholt, besonders in der Augsburger Hochfinanz. Das späte Mittelalter hat dieses Ereignis vorbereitet.

Es gibt leider keine Möglichkeit, das Gewicht der großen, Europa umspannenden Finanz gegenüber den vielen lokal-regionalen Geldbewegungen überall im Reich abzuwägen. Das zeittypische Gepräge boten jedenfalls die vielen Kleinen auf den Messen und erst recht auf den zahlreichen Jahrmärkten. Fernhandel war nicht wie von selbst großer Handel; denn auch bei ansehnlichen Firmen konnte es Teilhaber mit ganz geringem Kapitaleinsatz geben. Die »kapitalistische« Handhabung des Geldes war ständisch nicht gebunden, sondern dem Adeligen ebenso möglich wie gelegentlich der Dienstmagd für ihr Erspartes. Die Macht, die große Kapitalkonzentration mit sich brachte, wurde durch Geld und Können, nicht durch hohe Geburt legitimiert. Dies war eine grundsätzlich wichtige Neuerung. Im Zusammenhang damit kann man offenbar von einem weit verbreiteten Mentalitätswandel in der Stadt vor allem seit der Mitte des 14. Jahrhunderts sprechen. Mit dem Geld drang Rationalität, weltliche Zukunftsberechnung und dergleichen Neues nach vorn. In der Goldenen Bulle stand nichts darüber, wieviel die Wahlstimme eines fast zahlungsunfähig gewordenen Kurfürsten galt, die – wie jedermann wußte – durch Augsburger Geld »programmiert« worden war. Dementsprechend stellte sich auch harte Kritik ein. Als besonderer berufsspezifischer Gewissenskonflikt des Kaufmanns erwies sich die Frage nach dem gerechten Preis.

Das Entstehen der großen Kapitalvermögen, das auf vielen kleinen Geldbewegungen aufbaute, ist in den oberdeutschen Städten nicht leicht zu durchschauen. Die Zeitgenossen haben diese Vorgänge verständlicherweise verhüllt. Am klarsten erkennt man wohl in Augsburg, daß die entscheidende Geldanhäufung dem

Vermögensentwicklung in Augsburg 1396–1461

Vermögensklasse	Steuerpflichtige Familien im Jahr 1396	Gesamtsumme der Vermögen	Steuerpflichtige Familien im Jahr 1461	Gesamtsumme der Vermögen
bis 1.199	2.930	–	4.730	–
1.200– 1.500	22	29.934	26	34.436
1.500– 1.800	11	18.330	24	40.624
1.800– 2.000	7	13.119	13	25.058
2.000– 2.400	10	22.377	30	67.434
2.400– 3.000	9	23.772	25	67.296
3.000– 4.000	4	14.070	8	49.111
4.000– 5.000	4	18.690	11	35.428
5.000– 6.000	1	5.100	11	60.727
6.000– 7.000	1	6.600	1	6.372
7.000– 8.000	2	15.540	3	22.868
8.000–10.000	1	8.880	1	9.840
10.000–15.000	1	13.440	3	36.380
15.000–25.000	1	21.630	1	16.452
Gesamtzahl über 1.200	74	211.482	160	472.026

Handelsgewinn zu verdanken gewesen ist. Die Vermögensbildung konnte auf verschiedenen Voraussetzungen beruhen: auf der Umorientierung vom Grundrentenbezug zum Handelskapitalsertrag bei altpatrizischen Familien, der Fortentwicklung älterer Kaufmannsaktivität, dem Aufstieg aus dem Handwerkshandel. Denen, die Erfolg hatten, standen viele gegenüber, die scheiterten und alles verloren. Denn der Umgang mit dem Geld war in diesen Pioniertagen eine äußerst risikoreiche Angelegenheit. Spekulationen waren nicht selten, wofür der zu extremen Preisschwankungen neigende Pfefferhandel besonders geeignet zu sein schien. Jedenfalls wuchsen in vielen deutschen Städten Vermögen von insgesamt erstaunlicher Höhe an. Man kann das schon an den Anlagekapitalien etwa der Bierbrauer in ihren Anwesen ermessen. Für Hamburg nimmt man in der ersten Hälfte des 15. Jahrhunderts ganz grob dreihundert Bräuhäuser an, die alle eine recht kostspielige Grundausstattung benötigt haben. Auch die Gewinne aus dem Gewerbe gehörten daher zur Leistungskraft der städtischen Wirtschaft. In Oberdeutschland war die Familienfirma als Kapitalgesellschaft nach dem Senioratsprinzip führend. Sie wurde von einem »Hauptherrn« geleitet. Im besten Fall konnten materielles Kapital und Erfahrung von einer älteren Generation übernommen und weitergegeben werden.

Merkmal solcher Gesellschaften war der Handel mit häufig ganz verschiedenen Waren sehr unterschiedlicher Größenordnung. Das ergab sich schon daraus, daß die Wagen vom Bestimmungsort nicht leer zurückfahren sollten. Aus dem Warenhandel erwuchsen das Geschäft mit dem Geld, also das Bankwesen, und die Teilnahme an der Produktion. Dieses geschah durch direkte Investitionen, etwa im Bergbau, oder auch durch den »Verlag«. Das Verlagswesen bestand darin, daß der Kaufmann, der Verleger, dem Handwerker oder Arbeiter die Rohstoffe lieferte, womöglich Werkzeuge und Geräte lieh und die Erzeugnisse abnahm. Der wirtschaftliche Fortschritt konnte auf diese Weise beschleunigt werden. Doch der Produzent geriet vielfach in drückende Abhängigkeit vom Verleger. Bisher besteht über Anfänge und Ausformungen des Verlagssystems nicht genügend Klarheit, doch man kann im deutschen 14. Jahrhundert mit seiner weiten Verbreitung rechnen.

Die großen Firmen waren über beträchtliche Entfernungen hinweg miteinander verbunden, so daß allmählich ein einheitliches Geldsystem zustande kam. Es war die Voraussetzung für den bargeldlosen Zahlungsverkehr und für die Geldschöpfung durch den Wechsel, der 1345 in Nürnberg erstmals bezeugt ist. Er ermöglichte in einem Zeitalter großer Verkehrsgefahren und drückenden Metallgeldmangels die Ausweitung des Finanzvolumens, barg freilich auch neues Risiko in sich. Auf ungefähr 1370 datiert man die Teilhabe Nürnberger Firmen am internationalen Geldgeschäft. Wohl seit dem Ende des 14. Jahrhunderts kann man von einem funktionierenden Geld- und Wechselmarkt in Oberdeutschland sprechen. Dazu trug auch der Kapitalbedarf der Städte bei, dem offensichtlich die Bereitschaft zur Kreditgewährung gegenüberstand. Territoriale Münzabsprachen erleichterten den Geldverkehr. Im 15. Jahrhundert gab es schon das vom Warenhandel gelöste Wechselgeschäft. So entfaltete sich im 14. und 15. Jahrhundert das deutsche rechtsrheinische Bankwesen einerseits aus dem Warenhandel, andererseits aus dem System der städtischen Wechselstuben, die wegen der unterschiedlichen Münzsorten unentbehrlich waren.

Die sich rasch steigernde Schriftlichkeit war ein Hauptkennzeichen frühkapitalistischen Handelns. Aus einer Fülle von Kaufmannsbüchern und Kaufmannsbriefen, die es seit 1350 gegeben haben muß, sind nur wenige durch glückliche Zufälle erhalten geblieben. Die arabischen Ziffern, die für unsere Vorstellung das moderne Rechnen erst möglich machen, sind für Nürnberg seit dem ausgehenden 14. Jahrhundert nachgewiesen. Die Technik der Buchführung holte im Lauf des 15. Jahrhunderts den italienischen Vorsprung ein. Die in Italien wohl seit 1300 entwickelte, für 1336 belegte doppelte Buchführung ist in Nürnberg erst 1476 bezeugt. Übergangsformen waren jedoch schon hundert Jahre zuvor in Gebrauch. Die Auseinandersetzung mit dem Problem der begrenzten Haftungspflicht der Einleger vollzog sich ebenfalls im 15. Jahrhundert, lange Zeit vor der gesetzlichen Einführung der Gesellschaft mit beschränkter Haftung in Deutschland (1892). Ein Privileg Kaiser Friedrichs III. von 1464 sicherte den Nürnbergern die Beschränkung der Haftung auf die Einlage der Kommanditisten zu.

Die Gewinne schwankten stark, weil die Preise und sonstigen Konditionen angesichts der Unberechenbarkeiten der spätmittelalterlichen Lebenswirklichkeit ebensosehr schwankten. Eine Risikoprämie war wenn möglich im Gewinn enthalten. Vermutungen über eine oberdeutsche Gesamthandelsbilanz und den Konjunkturverlauf sind sehr ungewiß; sie scheinen im Bereich der städtischen Großwirtschaft noch zweifelhafter zu sein als im Agrarmilieu. Mit aller Vorsicht darf man annehmen, daß die oberdeutsche Handelsbilanz im 14. und 15. Jahrhundert insgesamt passiv gewesen ist. Das Leinen vom Bodensee, fränkische Metallwaren und wenige andere gefragte Güter vermochten den Import von Textilrohstoffen, Tuchen, Gewürzen und Luxuswaren aus der Mittelmeerwelt und aus Flandern sowie den Geldabfluß an die Kurie nicht auszugleichen. Die politischen Subsidien an Königtum und Fürsten aus Westeuropa, aber auch der Lohn und die Beute süddeutscher Söldner in Italien dürften der Zahlungsbilanz aufgeholfen haben. Der wichtigste Ausgleichsfaktor war offenbar der Export von Edelmetallen aus den vom oberdeutschen Kapital beherrschten Gruben in den Mittelgebirgen und in Ungarn. Besonders dieses Gold und Silber hielten vor dem Kolonialzeitalter Europa finanziell flüssig. Im Hinblick auf den nichtagrarischen Konjunkturverlauf vermutet man im 14. Jahrhundert eine verhältnismäßig günstige Periode, stellt nach 1400 eine Wende zum Negativen fest – mit dem Tiefpunkt in den dreißiger und vierziger Jahren – und beobachtet eine entscheidende Neubelebung seit etwa 1460 oder 1470.

Nürnberger Handel im Spätmittelalter und dessen wichtigste Wege

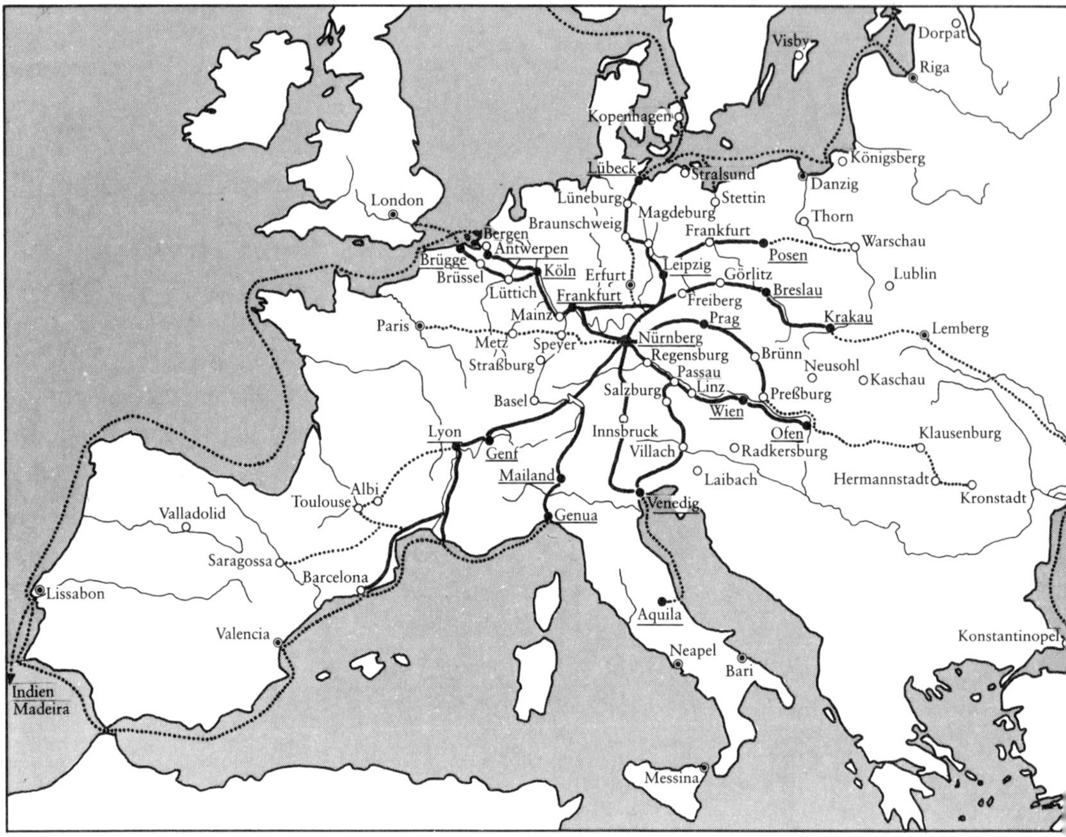

● Lübeck = Hauptstützpunkte
◉ Lissabon = Sitz von Faktoreien und ständigem Nürnberg-Handel
○ Stralsund = Wesentliche Handelsziele

——— Haupthandelsstraßen
········ Seltener oder später benutzte Haupthandelsstraß

Das Beispiel Nürnberg

In vieler Hinsicht kann Nürnberg als ein hervorragendes Beispiel oberdeutscher Wirtschaftsleistung im späten Mittelalter gelten. Ja, man kann – nach dem Auslaufen der Vorherrschaft Regensburgs – ungefähr von 1350 bis etwa 1470, als sich die großen Jahre Augsburgs ankündigten, geradezu von einem Nürnberger Zeitalter reden. Damit sind alle wesentlichen Zweige städtischer Wirtschaft angesprochen: Gewerbe, Handel und Geldwesen. Der Stadt, die als damals größte Kommune Oberdeutschlands vor oder neben Straßburg und Wien

20.000 bis 25.000 Einwohner zählte, war eine solche Wirtschaftskraft nicht in die Wiege gelegt worden. Die um 1040 entstandene königliche Siedlung lag nicht an einem schiffbaren Fluß und zwang die Räder der Planwagen bis ins 18. Jahrhundert, sich durch lange Strecken sandigen Weges zu mahlen. Erst indem Nürnberg durch eigene Leistung die Fernstraßen auf sich konzentrierte, statt daß sie nach Bamberg oder Fürth verliefen, kam die überaus günstige Großraumlage zur Geltung: Nürnberg lag ziemlich genau in der Mitte des spätmittelalterlichen Wirtschaftseuropa. Die Voraussetzungen für das so zukunftsreiche Metallgewerbe waren hervorragend. Als Energieträger stand genügend Wasserkraft zur Verfügung, die Rohstoffe Holz und Eisen waren nahe, reichlich und gut organisierbar. Die benachbarte Oberpfalz kann – vielfach dank der Nürnberger Einwirkung – als das Ruhrgebiet des Mittelalters gelten. Als in die riesigen Wälder des Nürnberger Umlands Lücken geschlagen waren, entwickelte Peter Stromeir von Nürnberg 1367 die Nadelholzsaat – ein für die europäische Forstwirtschaft bahnbrechendes Verfahren.

Das zielbewußte, weitblickende und gegebenenfalls rücksichtslose Wirtschaftshandeln einer Gruppe von Fernhandelsfamilien, die die Stadt beherrschten und, kaum beeinflußt durch Handwerkerinteressen, mit jahrhundertelanger Konsequenz ihre Absichten durchgesetzt haben, ist wohl die entscheidende Grundlage für den Erfolg Nürnbergs geworden. Nach dem Untergang der Staufer wandelten die Nürnberger die Handelsbegünstigungen an vielen Plätzen, die diese Dynastie ihrer Königsstadt wie anderen Orten hatte zukommen lassen, aus eigener Kraft in ein System gegenseitiger Handelsvorteile um. Solche Vorteile erbrachten am Ende dem Stärkeren – und das wurde rasch Nürnberg – den größten Nutzen. Ähnlich wie die Hanse, jedoch auf ein einziges Zentrum bezogen, arbeitete der Nürnberger Fernhandel mit einem vermutlich in Europa einmaligen System von Präferenzen. Das Nürnberger »Modell« wird 1332 in einer Urkunde Ludwigs des Bayern greifbar, und zwar durch Zollfreiheiten in siebzig Städten. Nürnberger in verschiedenen Funktionen traf man überall im spätmittelalterlichen Europa an, bis zur Krim und zu den Tataren.

Nürnbergs Aktivitäten entsprangen den einheimischen Familien-Handelsgesellschaften, die nach 1350 deutlicher hervortraten: die Firmen der Pfinzing, Mendel, Stromeir, Kreß, Rummel, Pirckheimer, Koler, Granetel und Imhof. Je Handelshaus kann man die Einzelbeziehungen nach Italien, Frankreich, Flandern, England, Spanien und Osteuropa aufzeigen, die in ihrer Summe die Wirtschaftsleistung der Stadt ausgemacht haben. Ebenso erkennbar wird das Unternehmertum in der Nähe: in Gestalt von Hammerwerken und Walkmühlen und den Produkten des heimischen Metallhandwerks, die ihresgleichen suchten und die Stadt berühmt gemacht haben. Schon 1363 beherbergte sie 1.216 Handwerksmeister, die scharfer städtischer Qualitätskontrolle unterlagen. Der Ruf der Waren Nürnbergs und seines Umlands spannte sich noch weiter als der

Nürnberger Firmenzeichen des späten Mittelalters (nach Stromer)

eigene Handel. Nürnberger Erzeugnisse gehörten zu den wenigen in Europa, die bis in den Orient und nach Afrika gelangten. Auch das Textilgewerbe spielte eine ansehnliche Rolle. In keiner anderen deutschen Stadt existierte eine so frühe, so weit verbreitete und so hoch entwickelte Schriftlichkeit des Handels. Bis 1300 allein gibt es gegen fünfzig Nachweise von Kaufmannsschreibern und Kaufmannsschriften. Das älteste vollständige deutsche Handelsbuch stammt ebenso aus Nürnberg (1304–1307) wie das älteste erhaltene Rechnungsbuch mit arabischen Ziffern (1389). Seit 1363 beschäftigte die Stadt gelehrte Juristen als Ratskonsulenten.

Im Jahr 1358 verzichtete Venedig nach zwölfjährigem Streit darauf, nördlich der Alpen zwischen Rhein und Böhmen Handel zu treiben, um sein Adria-Monopol zu erhalten. Damit waren die Positionen zwischen der Serenissima und der Pegnitz-Stadt abgesteckt. Vom Norden hingegen, dem Raum an Ost- und Nordsee, war der Nürnberger Handel nicht auszuschließen, während die Hanse im Süden wenig Erfolg hatte. Nürnberg erreichte 1340 in Köln und 1373 in Lübeck gegenseitige Zollfreiheit und erwarb 1362 durch Blockadebruch gegen die Hanse sein großes Flandern-Privileg. Zur gleichen Zeit drängte sich die Stadt in den südpolnischen Handel bis zur Linie Posen–Warschau (1365). Noch 1461 versuchte der livländische Landtag, die Nürnberger zu verdrängen, doch vergeblich; sie waren auch längst in Breslau, Krakau, Wien und Ofen in die städtischen Führungsgruppen eingesickert.

Besonders bemerkenswert ist die Hegemonie der oberdeutschen Hochfinanz, vor allem der nürnbergischen, in Ungarn. Das wenig entwickelte Land war wegen seines Edelmetallreichtums attraktiv und wurde deshalb vom italienischen Geld durchsetzt, während die technische Seite des Bergwesens deutschen Ostsiedlern oblag. Das erste Nürnberger Ungarn-Privileg wurde 1357 erworben. Aus einem heftigen Konkurrenzkampf mit italienischen Firmen gingen die Nürnberger im letzten Jahrzehnt des 14. Jahrhunderts als Sieger hervor. Im Jahr 1403 ließ König Sigismund von Ungarn, der Sohn Kaiser Karls IV. und seit 1410 auch deutscher König, die Florentiner verhaften und ihr Vermögen beschlagnahmen. Damit war bis ungefähr 1440 über das Schicksal von neunzig Prozent der europäischen Goldproduktion und je dreißig Prozent des Silber- und Kupferabbaus entschieden. Der Großteil des Goldes dürfte nach Deutschland gelangt sein. Nürnberger Fachleute nahmen die entsprechenden Amtspositionen ein und berieten den König. Ausschlaggebend war dabei nicht zuletzt das Monopolwissen um die großtechnische Anwendung des Saigerverfahrens. Unter Zusatz von Blei erlaubte es das Herauslösen des Silbers aus Kupferverbindungen in rationeller Weise. Das Blei stammte aus polnischen Erzgruben, die ebenfalls unter Nürnberger Einfluß geraten waren. Außerdem dürften schon damals besondere oberdeutsche Verfahren, »ertrunkene« Bergwerke zu sanieren, eine beachtliche Rolle gespielt haben. Gleiches galt für andere technische Neuerungen. Dazu gehörten die Entwicklung der Drahtzichmühle, das Verzinnen großer Bleche und der Aufbau einer Papiermühle. In solcher Weise wurden die hervorragenden feinmechanischen Erfindungen am Anfang der Neuzeit von der Taschenuhr über das Gewehrradschloß bis zum Schraubstock vorbereitet.

Nürnberg blieb auch im späten Mittelalter die Reichsstadt mit dem engsten Kontakt zum Königtum und zu den rivalisierenden Großdynastien. Deshalb konnte ein rascher Stellungswechsel, wie er im Jahr 1400 erforderlich wurde, ohne Schaden vollzogen werden. Der große Handel brauchte großräumige Sicherheit, der König benötigte Kredite, Fachkenntnisse und Nachrichtenverbindungen. Die wichtigste Stadt der Luxemburger, die Altstadt Prag, hatte Nürnberger Recht erhalten. Konrad Groß von Nürnberg war Hofbankier Ludwigs des Bayern. In der Kanzlei und in der Territorialverwaltung der Luxemburger in Böhmen und Ungarn saßen Nürnberger. Der Wittelsbacher König Ruprecht war in jeder Hinsicht auf sie angewiesen. Im Jahr 1424, unter Sigismund, kamen die Reichsinsignien nach Nürnberg. Die Stadt erfüllte damit wesentliche Hauptstadtfunktionen. Demzufolge handelten die Herrscher in politischen Fragen öfter zu ihren Gunsten. So mochte sich das große Risiko politischen Kredits wenigstens indirekt und auf die Dauer lohnen. Selbst der Ausplünderung und Ermordung der Nürnberger Juden, die zur Konkurrenz geworden waren, versagte der König seine Zustimmung nicht (1349, 1385 und 1390). Nachdem schon die Hussitenbewegung den Nürnbergern Rückschläge gebracht hatte, sind dann in der Krise der dreißiger und vierziger Jahre des 15. Jahrhunderts manche Handelspositionen samt altangesehenen Firmen – Kreß, Stromeir, Pirckheimer und Mendel – zusammengebrochen.

Als wichtigste Mit- und Gegenspieler Nürnbergs im oberdeutschen Süden können neben Regensburg die schwäbischen Reichsstädte, insbesondere Augsburg, gelten. Die »Gesellschaft der Mehrer« faßte in der Stadt am Lech die führenden Kaufleute verschiedener Herkunft zu einer bald untereinander versippten Gruppe zusammen. Italien-Handel, Textilgewerbe und Geldgeschäfte bereiteten den mit der Konjunkturwende des späteren 15. Jahrhunderts verbundenen Aufstieg Augsburgs zu einem Finanzzentrum Europas vor. Der Raum um den Bodensee und Oberschwaben, mit ihren zahlreichen mittelgroßen Reichsstädten, vereinigten sich zu einer Leinen- und Barchentlandschaft, die große Exporterfolge verzeichnete, auch im anspruchsvollen Mittelmeergebiet. Unter einer stattlichen Anzahl von Unternehmen aus Ulm, Memmingen, Biberach, Kempten, aber auch aus St. Gallen und Basel und anderen Orten war die Große Ravensburger Handelsgesellschaft, die von etwa 1380 bis 1530 bestand, wohl die erste deutsche Firma des Mittelalters. Sie wurde anfangs vor allem von den Ravensburger Humpis, den Konstanzer Muntprat und den Buchhorner Mötteli getragen, später hatten insgesamt einhunderteinundzwanzig Familien an ihr Anteil. Drei »Regierer« standen an der Spitze, daneben arbeitete eine Art Aufsichtsrat von neun Personen. Das Haus, in dem sich der Hauptsitz befand, steht am Markt in Ravensburg. Die Gesellschaft exportierte die oberschwäbischen Waren an viele Plätze des In- und Auslandes.

Zweimal im Jahr konzentrierte sich – wie schon vor 1350 – das Wirtschaftsleben Nürnbergs, ganz Oberdeutschlands und darüber hinaus auf Frankfurt am Main. Die Messen ließen die Main-Stadt zu jenem Wirtschafts- und Bankenzentrum aufsteigen, das sie bis heute geblieben ist. Seit König Sigismund lief der Zahlungsverkehr zwischen Venedig und Brabant vielfach über Frankfurt. Die Nord-Süd-Handelsstraßen wurden zum Teil vom Rhein weg nach Osten ver-

Leinen- und Barchent-Vertriebswege 13.–15. Jahrhundert

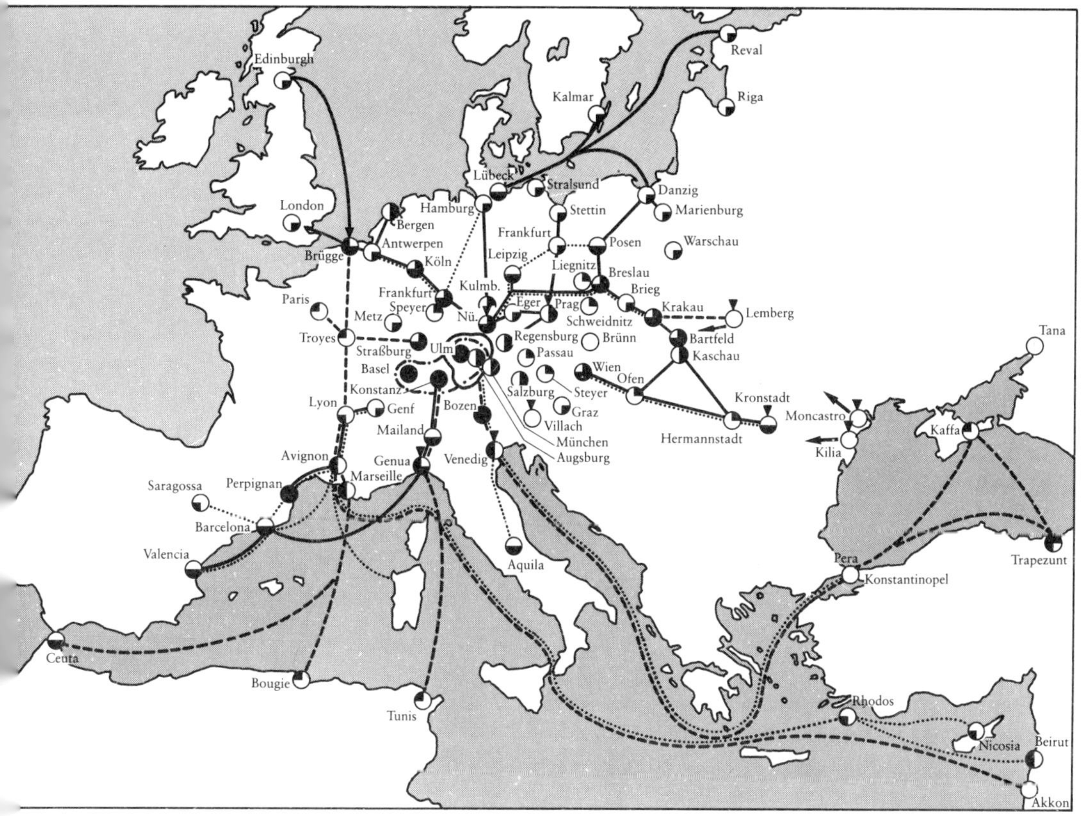

---- Leinen-Vertrieb 13. Jahrhundert
········ Leinen-Vertrieb 15. Jahrhundert
-·-·- Bodensee-Leinenrevier
Barchent-Produktion 14. und 15. Jahrhundert
Barchent-Vertrieb 14. und 15. Jahrhundert
Schwäbisches Barchentrevier
Baumwolleinfuhr
▼ Baumwollmarkt

schoben, um den Verkehr rascher nach Frankfurt zu führen. Die Messen beeinflußten die Handelsgeographie selbst der größten deutschen Städte nachhaltig. Die übrigen oberdeutschen Messen in Friedberg, Nördlingen, Zurzach, Linz und Bozen vermochten über regionalen Rang nicht hinauszugelangen. Eigenes Gewicht außerhalb dieses Wirtschaftsraumes gewannen die Messe in Genf, bis sie der französische König 1464 zugunsten Lyons erstickte, und die erst in der zweiten Hälfte des Jahrhunderts wirklich blühenden Messen in Antwerpen und Bergen-op-Zoom.

Konflikte und Unruhen

Das stark verdichtete politische, soziale und wirtschaftliche Leben zumal in den mittleren und großen Städten war ein günstiger Nährboden für Konflikte ganz verschiedener Art. Im Hochmittelalter hatte die Auseinandersetzung mit dem Stadtherrn im Vordergrund gestanden. Die spätmittelalterlichen Konflikte fanden ihren Schwerpunkt in der mündiger gewordenen Stadt selbst. Gleichwohl blieben auswärtige Mächte – vom König abwärts – je nach der Verfassungszuordnung und dem inneren Gefüge der Stadt beteiligt. Entscheidend war freilich jetzt dieses Gefüge selbst.

Zum Verständnis des politischen Gegeneinanders in der Stadt sind drei Grundgedanken hilfreich. Erstens: Die Stadtverfassung war nicht anpassungsfähig genug, um sich rechtzeitig auf wirtschaftlich-soziale Veränderungen in der Stadt einzustellen. Das führende Gremium, der Rat – teilweise auch noch das ältere Schöffenkollegium –, war vornehmlich durch Selbstergänzung in den erblichen Besitz eines kleinen Kreises bevorrechtigter Familien gelangt. Diese stellten nach einiger Zeit nicht mehr die ökonomisch führenden und dynamischen Kräfte der Stadt dar, behaupteten jedoch die Macht. Zweitens: Die Auseinandersetzung mit dem Problem der Veränderbarkeit der Machtelite war ein langfristiger Vorgang. Dazu gehörten Perioden relativer Stabilität und problematischer Labilität ebenso wie Versuche friedlicher und gewaltsamer Konfliktlösung. Unruhen waren demnach nur Höhepunkte im langdauernden Prozeß der städtischen Herrschaftsumbildung. Vieles, vom Anspruch breiter Gruppen bis zum politischen Ehrgeiz von Einzelpersonen, hatte innerhalb, aber auch außerhalb der Stadt daran teil; mehrere Motive konnten sich verflechten. Drittens: Weil jede Stadt in allen diesen Hinsichten ein Individuum war, gab es keine stadtübergreifenden Konfliktbewegungen, besonders keine »revolutionäre« Solidarität über die Mauern hinaus. Auch die Ergebnisse der Herrschaftsumbildung waren von Stadt zu Stadt anders. Es handelte sich eben um politische Auseinandersetzungen, eventuell mit sozialen Aspekten, aber nicht um Sozialkonflikte im neueren Sinne. Übergreifend wurde im Laufe der Zeit allein das defensive Verhalten der alten Führungsgruppen. Innerhalb der Städtebünde vereinbarte und praktizierte man wechselseitige Unterstützung gegen die jeweiligen Neuerer. Dies geschah im Schwäbischen Städtebund und besonders intensiv in der Hanse. So brach eine gegen Stettin verhängte »Verhansung« den Widerstand der Gemeinde, die die 1418 vom Hansetag beschlossene Aufstellung einer Tafel hinnehmen mußte, die ein Aufruhrverbot verkündete.

Die Anzahl derjenigen städtischen Konflikte, die sich bis zur gewaltsamen Unruhe gesteigert haben, ist groß. Es waren mehrere Hundert in sicherlich mehr als hundert Städten. Einige wenig deutliche Auseinandersetzungen bald nach 1250 in Köln, Dortmund, Soest, Wetzlar und Basel machten den Anfang. Klarer

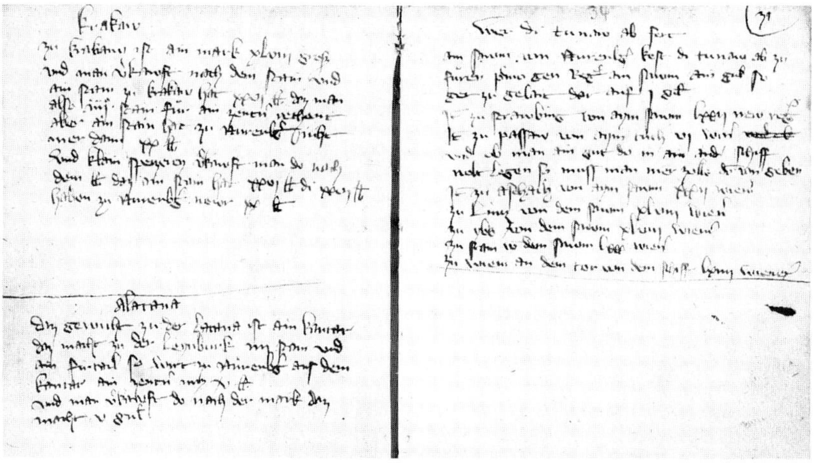

Aufzeichnungen Ulman Stromeirs über fremde Handelsbräuche. Zwei Seiten in seinem um 1400 entstandenen »Püchel von meim geslechet und von abentewr«. Nürnberg, Germanisches Nationalmuseum. – Abwiegen eines Handelsguts auf der Stadtwaage zu Nürnberg. Steinrelief von Adam Kraft, 1497. Nürnberg, Germanisches Nationalmuseum

Nürnberger Handwerksmeister bei der Fertigung ihrer Spezialprodukte – Drahtzieher, Panzerhemdenmacher und Messerschmied – und ein Kaufmann mit seinen Waren. Aquarellierte Zeichnungen in dem im 15. und 16. Jahrhundert in Nürnberg entstandenen dreibändigen Werk »Hausbuch der Mendelschen Zwölfbruderstiftung«. Nürnberg, Stadtbibliothek

sichtbar wird der gewaltsame, teilweise noch durch die Auseinandersetzung mit dem Stadtherrn verursachte Konflikt von den achtziger Jahren des 13. Jahrhunderts an, zumal in Erfurt (1283), Rostock (1286), Braunschweig und Magdeburg (1293). Von den vielen Städten, in denen es im 14. Jahrhundert Revolten gegeben hat, lassen sich hier nur einige nennen: Straßburg (1308), Metz (1326), Breslau (1333), Zürich (1336), Nürnberg (1348), Frankfurt am Main (1364) und Lübeck (1380). Mehrfach in Konflikte verwickelte Städte waren unter anderen: Aachen, Köln, Braunschweig, Konstanz, Ulm und Augsburg. Das Reichsgebiet war in seiner ganzen Ausdehnung betroffen. Darunter befanden sich auch nicht wenige Kommunen, die, wie Görlitz oder Bautzen, als Territorialstädte weniger Bewegungsfreiheit genossen als Reichsstädte und Freie Städte. Augsburg, Regensburg, Ulm, aber auch Köln erlebten innerstädtische Auseinandersetzungen bei Versuchen aus dem Stadtadel, es den oberitalienischen Städten gleichzutun und eine diktaturähnliche Signorie zu errichten. Basel, Straßburg und Köln hatten sich mit besonders starken, inzwischen den landgesessenen Rittern nahegerückten Stadtadelsgruppen auseinanderzusetzen, Lüneburg und Reval mit der Stadtgeistlichkeit in sogenannten Pfaffenkriegen. Auch im 15. Jahrhundert ereigneten sich zahlreiche gewaltsame Konflikte.

Der Durchschnittsfall einer Auseinandersetzung in einer mittleren Stadt mit ungefähr 3.000 bis 4.000 Einwohnern kann am Beispiel der Reichsstadt Wetzlar dargelegt werden. Auch hier handelte es sich um einen langfristigen Prozeß vom 13. bis zum 15. Jahrhundert. Er war nach 1350 von den großen politischen und wirtschaftlichen Schwierigkeiten einer zunehmend stärker eingeengten Kommune gekennzeichnet. Gegenüber den Grafschaften Nassau und Solms und der Landgrafschaft Hessen verblieb immer weniger Spielraum, je weiter der Stadtherr, der König, in die Ferne rückte. Gleich hinter der Stadtmauer begann das »Ausland«. Handelsstraßen wurden gesperrt und verlegt. Die Selbstbehauptung kostete immer mehr Geld, während die Wollweberei, das Hauptgewerbe, bereits abnahm. Der ganz kleine Kreis der alten Familien, der die Stadt im Schöffenkolleg beherrschte, hatte mit Handel und Handwerk nicht mehr viel zu tun. Er nahm seine Zuflucht zur riskanten Kreditschöpfung durch die Ausgabe neuer Leibrentenbriefe, die schließlich den Zinsendienst der Stadt unerträglich aufblähten. Zünfte und »Gemeinde« setzten 1357 eine Beteiligung am Rat durch, die aber keinen Kurswechsel mit sich brachte. Als Karl IV., der Stadtherr, auf seinem zweiten Italien-Zug weit entfernt war (1369), erzwang die Opposition die Mitkontrolle der Finanzen. Kurz darauf stellte Wetzlar die Rentenzahlungen ein; es war – modern formuliert – bankrott. Ein kaiserliches Urteil, welches gemäß der Rechtslage im Interesse der Gläubiger und der alten Familien ausfiel und zwangsläufig in eine interne Steuererhöhung mündete, führte 1372 zum gewaltsamen Umsturz. Der radikale Teil der Opposition, die von einigermaßen wohlhabenden Handwerkern geführt wurde, bemächtigte sich der Stadt gegen

Wüst gewordene Häuser in der Reichsstadt Wetzlar 1350–1450

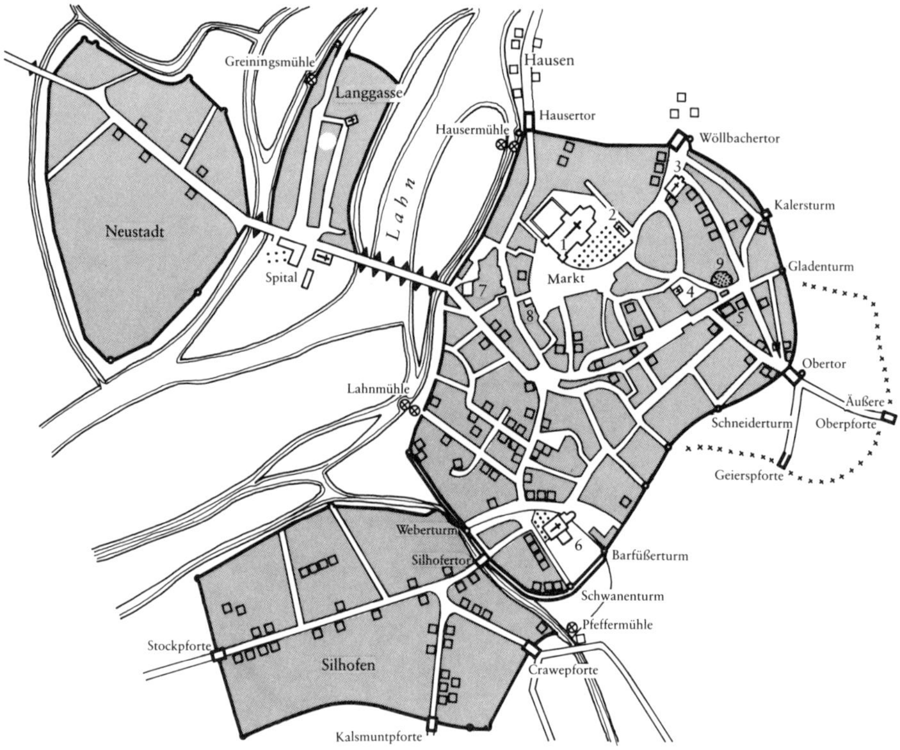

1 Stiftskirche
2 Michaelskapelle
3 Walpurgiskapelle
4 Deutschordenshof
5 Hof des Klosters Arnsburg
6 Franziskanerkloster
7 Hof des Klosters Altenberg
8 Rathaus
9 Kalkgrube

den Willen anderer Neuerer. Die Häuser einiger Schöffen wurden geplündert, diese selbst gingen ins Exil. Auch die alte Führungsgruppe verhielt sich nicht einheitlich, da die einen beim Kaiser intervenierten, die anderen mit der Opposition gemeinsame Sache machten. Ungeachtet der Reichsacht behauptete sich der neue Rat drei Jahre lang, bis ein Graf von Solms im Bund mit den Exilierten ihn überrumpelte und nach fünf Hinrichtungen die alte Ordnung wiederhergestellt zu haben schien. In Wirklichkeit suchte er die Stadt zu territorialisieren und mußte abermals drei Jahre später vom kaiserlichen Landvogt der Wetterau vertrieben werden. Jetzt war Wetzlar auch in der Praxis wieder Reichsstadt geworden. Aber die Labilität der Lage blieb bestehen. Ein Umsturzversuch einer diesmal hessenfreundlichen Partei endete 1394 mit einem tumultuarischen Totschlag an sechs Neuerern. Dieser Gewaltakt zerstörte die seit einigen Jahren bestehende hessische De-facto-Kuratel über die Stadt zugunsten der alten so problematischen Freiheit. Sie ging in eine hilflose Kümmerexistenz zwischen weit überlegenen Nachbarn über. Die Zahl der verfallenen Häuser in der Stadt bezeichnet die Krise des Spätmittelalters, die hier eine städtische Krise war. Wie in vielen anderen Fällen konnte die formale Wiederherstellung der alten Ordnung die alten Sozialverhältnisse nicht restituieren. Vielmehr begann ein langfristiger Wandel der Führungsgruppe, die sich aus neuen und alten Kräften zu neuer Verfestigung zusammenfand.

Als gemeinsame Wesenszüge städtischer Konflikte kann man wenigstens vier feststellen. Erstens: Es handelte sich im Kern um einen Machtkampf, um die Ablösung einer älteren, den aktuellen Wirtschaftsanforderungen nicht mehr voll gewachsenen Elite durch eine jüngere, die die Gegenwartsprobleme der Stadt besser zu bewältigen schien. Wie Recht und Unrecht verteilt gewesen sind, ist heute kaum mehr erkennbar. Die Lösung des juristischen und die des sozialen Teils der Auseinandersetzung konnten sich decken, aber auch konträr ausfallen. Mochte der alte Rat formal voll wiederhergestellt werden, wie in Frankfurt am Main oder in Lübeck, oder mochten sich die Zünfte formal ganz durchsetzen, wie in Augsburg und Köln, oder handelte es sich wie meist um einen Verfassungskompromiß – auf längere Sicht ging es schwerlich um eine »Demokratisierung«. Es ging vielmehr um eine neue Kräftemischung und mittelfristig oft um eine soziale Verschmelzung und einen Ausgleich von alten und neuen Bestandteilen. So besaß auch die neue Führungsgruppe viele Eigenschaften der alten, ja, sie konnte bald in die prekäre Stellung einer alten einrücken. Die Außenvertretung der Stadt wurde selbst bei einem Sieg der Neuerer häufig von denen übernommen, deren sozialer Abstand zur Adelswelt des Reiches am geringsten war, die am leichtesten abkömmlich waren und die meiste Erfahrung besaßen, also von Mitgliedern der alten Familien. Zweitens: Bei Konflikten traten selbständige Aktionen oder selbständige Programme von Unterschichten oder Randgruppen nicht in Erscheinung. Sie wurden allenfalls zugunsten anderer Interessen eingesetzt oder beteiligten sich am Beutemachen. Drittens: Akuter Anlaß der Auseinandersetzung war häufig eine lokale Finanz- oder Steuerneuerung, die vom Stadtvolk nicht akzeptiert wurde. Viertens: Selbst gewaltsame Konflikte haben nicht gewisser Formen und Regeln entbehrt, so daß sie zumindest am Anfang als Ausdruck eines vertragsähnlichen Verhältnisses von Herrschenden und Beherrschten erschienen. Die gewaltsame Begründung der Stadtherrschaft von Neuerern versuchte man ebenfalls in alten Formen abzuwickeln. Solchen Zwekken dienten die Versammlung der bewaffneten Bürger auf dem Marktplatz, der prozessionsartige Protestzug mit den Bannern der Zünfte, die formelle Übergabe von Stadtbüchern, Siegeln, Privilegien und Schlüsseln und die öffentliche und gemeinsame Eidleistung auf neue oder wiederhergestellte Verhältnisse.

Lebenshaltung

Die sozialen Unterschiede in den mittleren und großen Städten haben sich nach 1350 weiter vertieft. Diejenigen, die es sich leisten konnten, gestalteten ihre Lebensführung angenehmer und bequemer. Die hergebrachte Kargheit schwand. Nicht zu Unrecht hat man aufgrund archäologischer Funde festgestellt, daß das urbane Niveau der klassischen Antike allmählich wieder erreicht wurde. Somit konnte nach und nach der tiefe Einschnitt überwunden werden, den das archaische Zeitalter von der Völkerwanderung an mit sich gebracht hatte. In einer Stadt wie Lübeck mit etwa 25.000 Einwohnern mögen einige Tausend Silbergefäße im Bürgerbesitz gewesen sein, je Haushalt wird man Geschirr aus Kupfer und Zinn mit einem Gesamtgewicht von zwanzig Kilogramm besessen haben. Dies sind freilich Durchschnittsannahmen; die Armen haben sich nach wie vor mit Behältern aus Holz und Ton begnügt. Auch bei der Kleidung stiegen die Ansprüche. Sie wurde zum hervorstechenden Statussymbol der Stadtgesellschaft.

Luxus in krasser Form war auf wenige beschränkt. Der Frankfurter Großbürger B. Rorbach erhielt im Jahr 1466 von seinem Vater einen Hifthornriemen im Wert von einhundertfünfundvierzig Gulden geschenkt. Das entsprach ungefähr dem Jahreslohn dreier Handwerksmeister. Rorbach ließ den Riemen für weitere siebzig Gulden umarbeiten. Ketten aus Korallen, die für viel Geld aus dem Orient importiert worden waren, durften nach Göttinger Ratsverordnung nur die Frauen jener Bürger tragen, die ein Vermögen von mehr als zweihundert Mark versteuerten. Das waren knapp zehn Prozent der Steuerzahler. Besonders dieser Gruppe galten die zahlreichen Luxusverbote und Kleiderordnungen. Sie wurden seit ungefähr 1350 von städtischen Instanzen aus religiösen Gründen erlassen, zur Bekämpfung der Hoffart, aber wohl auch, um den allgemeinschädlichen Ruin einiger Leichtfertiger zu verhindern.

Dem »guten« Bürgertum wird man das zuschreiben, was man um 1350 als Entstehung der Mode bezeichnen kann. Sie betraf beide Geschlechter. Die Limburger Chronik bringt diese bemerkenswerte Neuerung mit dem Ende der ersten Pestwelle in Verbindung. »Da begann die Welt wieder zu leben und fröhlich zu sein.« Der Autor beschreibt den Wandel von dem traditionell-zeitlosen, locker den Körper umgebenden »Kleid«, das nur durch die Qualität des Stoffes wirken konnte, zu der neuen, eng anliegenden Gewandung. Sie war, meinte er, »so eng, daß ein Mann nicht darin gehen konnte«. Modern wurden auch Mäntel aus einem Stück, die man »Glocken« nannte. Den Knöpfen als Hilfsmittel, wenn das Gewand schon den Körper abformen sollte, schenkte man besondere Aufmerksamkeit. Gleichzeitig kamen die »langen Schnäbel an den Schuhen« auf, und schließlich »trugen die Frauen so tiefe Ausschnitte, daß man beinahe zur Hälfte ihren Busen erblickte«. Die verheiratete Frau kultivierte das

Kopftuch aus feinem Leinen, aus Seide oder einem schleierartigen Gewebe. Den nächsten Umschwung datiert die Limburger Chronik auf 1389, als wieder eine Mode der Stofffülle folgte. Durch vielerlei Ermahnungen hat die Kirche die neue »Torheit« zu bekämpfen gesucht. Ohne Zweifel vergeblich; denn die Mode jener Generation machte auch vor den in Kunstwerken dargestellten Gestalten der Heilsgeschichte nicht halt. Genauso umsonst eiferte der Reformator Johannes Hus gegen den gottlosen Luxus, wobei ihm zweifellos das Bild der feinen Prager Hof- und Großbürgergesellschaft zur Zeit Wenzels vor Augen stand. Wer arm war oder gar eine Randexistenz führte – und das waren wohl mehr als die Hälfte oder gar zwei Drittel der Stadtbevölkerung –, hat sich keine Sorgen jener Art gemacht. Hier bediente man sich des beliebten Altkleiderhandels oder kaufte den in Mengen hergestellten Barchent, ein Mischgewebe aus Baumwolle und Leinen, das billiger war als reines Leinen.

Das Arbeitsjahr des Handarbeiters hatte etwa zweihundertfünfundsechzig Tage. Infolge der zahlreichen kirchlichen Feste kann man im Durchschnitt von einer Fünftagewoche sprechen. Als sich vom ausgehenden 13. Jahrhundert an die mechanische Uhr mit Rädern und Gewichten in der Stadt durchsetzte, regelten nicht mehr nur Tageslicht und Gewohnheit die tägliche Arbeitszeit. Die gleichlange Stunde ersetzte die längere Sommertages- und die kürzere Wintertagesstunde. Die Arbeitszeit war für moderne Begriffe lang, im Extremfall bis zu dreizehn Stunden am Tag, die allerdings kaum ebenso intensiv wie in der Moderne genutzt wurden. Weil nicht wenige Berufe saison- und konjunkturabhängig waren, gab es in ungünstigen Zeiten öfter weniger zu arbeiten, als erwünscht war.

Über Jahrzehnte oder gar Generationen hinweg haben sich die Löhne je Lohnstufe nur wenig verändert, sofern man sie in die Goldwährung des rheinischen Gulden umrechnet. Die Unterschiede zwischen niedrigen und hohen Arbeitsentgelten waren kraß; das Verhältnis konnte nahezu eins zu zwanzig betragen. Man kann vier Hauptlohngruppen unterscheiden: Hausgesinde, ungelernte Tagelöhner, Handwerker, also fachlich Ausgebildete im Meister- oder Gesellenstatus, und städtische Gehaltsempfänger im engeren Sinne. Die Bareinkünfte des Gesindes waren bei freier Kost, Station und wohl auch Altersversorgung sehr gering. Mägde dürften drei Gulden im Jahr, Knechte das Doppelte bekommen haben. Ein Geselle, der unter ähnlichen Bedingungen im Haushalt des Arbeitgebers lebte, erhielt kaum mehr: ungefähr sieben Gulden. Dagegen verdiente ein Geselle selbständiger Existenz, etwa im Baugewerbe, wohl um fünfunddreißig Gulden jährlich. Für Handlanger gab es unter den gleichen Maßgaben zwanzig Gulden oder auch weniger. Ein Meisterjahreslohn in derselben Sparte blieb normalerweise knapp unter fünfzig Gulden. Sehr schwer sind die Einnahmen selbständig arbeitender kleiner Handwerksmeister zu berechnen. Dafür, daß sie kaum größer als fünfzig Gulden gewesen sind, spricht die gut

Tageslöhne für ungelernte Bauarbeiter (Hüttenknechte, Tagelöhner) in Nürnberg

	1445/46	1462/63	1466/67	1476	1481–1486	1494
Winterlohn	12d	12d	14d	14d	12/14d	–
Sommerlohn	16d	15d	17d	17d	16d	16/20d
Badegeld/Woche	1d	2d	2d	2d	2d	–
Gesamtbezüge pro Jahr in d	3.920d	3.800d	4.330d	4.330d	3.972–4.158d	–
Gesamtbezüge pro Jahr in fl	24,8fl	17,5fl	18,5fl	18fl	15,8–16,5fl	–

(d = Pfennige; fl = Rheinische Goldgulden)

Tageslöhne für Zimmergesellen in Nürnberg

	1445–1449	1462/63	1463/64	1464/65	1466/67	1481–1485	1489	1494
Winterlohn	12/15d	16d	16d	18d	18d	18d	20d	20d
Sommerlohn	17/20d	20d	20d	20d	22d	22d	24d	24d
Badegeld/Woche	2/3d	3d	3d	3d	2d	2d	2d	2d
Gesamtbezüge pro Jahr in d	4.144–4.991d	5.084d	5.084d	5.270d	5.562d	5.562d	6.092d	6.092d
Gesamtbezüge pro Jahr in fl	26,2–31,6fl	23,5fl	23fl	23,4fl	23,8fl	22,1fl	24,17fl	24,17fl

(d = Pfennige; fl = Rheinische Goldgulden)

erkennbare Tatsache, daß hier wohl vielfach mit einer geringeren Verzinsung des eingesetzten Materials und Kapitals als der üblichen von fünf Prozent gerechnet werden muß. Im mittleren oder auch kleinen Handel ist eine höhere Rate anzunehmen. Im Bereich der Gehaltsempfänger kann man bei Spezialisten in städtischen oder vergleichbaren Diensten mit Jahreseinkünften bis zu hundert Gulden rechnen. Sonderfälle lagen darüber, zum Beispiel bei Universitätsprofessoren. Bei allen Tätigkeiten sind Neben- und Sondereinnahmen nicht kalkulierbar.

Den genannten Zahlen mag man die einigermaßen begründete Vermutung gegenüberstellen, daß ein Jahreseinkommen von fünfzig Gulden das Minimum für ein einfaches Familienleben gewesen sein dürfte. Über mehr Geld mögen nur dreißig bis fünfzig Prozent der Städter verfügt haben. Von zwanzig bis fünfzig

Gulden leben bedeutete für viele eine Existenz von der Hand in den Mund. Die große Unbekannte in diesem bescheidenen Sozialmilieu ist die Zahl der Familiengründungen und der Mitverdiener. Eine alleinstehende Person blieb mit zwanzig Gulden Jahreseinkommen auch bei selbständigem Wirtschaften deutlich über dem Existenzminimum, während ein gleichgestellter Ehemann Frau und Kinder, die nicht mitverdienten, zu einem Leben in Armut verurteilte. Gestützt auf die aus zahlreichen Städten überlieferten Steuerlisten darf man vermuten, daß bis zu einem Steuervermögen von zweihundert Gulden von der unteren Mittelschicht, bis zu einem solchen von hundert Gulden von der Unterschicht zu reden ist. Ein Steuervermögen von zweihundert bis fünfhundert Gulden läßt auf eine »gut bürgerliche« Lebensführung schließen.

Die notwendige, wenngleich nicht selten einseitige Ernährung war im Zeitalter der Agrarkrise, von wenigen Extremjahren abgesehen, auch für die Armen in der Stadt gesichert. Diejenigen, die anspruchsvoller zu essen imstande waren, hätten zu Unrecht von einer wenig abwechslungsreichen Speisekarte gesprochen. Bei besonders ärmlicher Lebensführung verwendete man rund die Hälfte der Ausgaben für Getreide und Brot und je fünfzehn Prozent für tierische Produkte, Kleidung und Wohnung, den Rest für Getränke. Ein alleinstehender Tagelöhner mit einem Jahresverdienst von siebzehn Gulden mag die Hälfte seiner Einkünfte für Essen und Trinken ausgegeben haben. Bei den Begüterten dürften die Kosten für die Ernährung dreißig Prozent der Gesamtausgaben betragen haben, fünf Prozent weniger, als man derzeit im Durchschnitt für die Bundesrepublik Deutschland errechnet hat.

Je Kopf des Städters vermutet man einen jährlichen Getreideverbrauch von 217 Kilogramm. Ein Erwachsener zahlte für seinen Bedarf normalerweise 2 bis 3,5 Gulden jährlich; die äußersten Schwankungen in Überfluß- und Hungerjahren beliefen sich in Nürnberg auf 1,03 Gulden (1468) und 6,42 Gulden (1491). Weil Getreide verhältnismäßig billig war, gab es einen ansehnlichen Spielraum für die Umstellung der Ernährungsgewohnheiten in Mangelzeiten. Dies zeigte sich beim Brot, das in normalen Jahren heller hergestellt wurde als derzeit, während es in Notjahren dunkler und gröber ausfiel. Es wurde normalerweise weniger Brotgewicht aus dem Getreidegewicht gewonnen als heute. Den Fleischverbrauch schätzt man für das 15. Jahrhundert in Basel auf 50 bis 65 Kilogramm pro Person jährlich. Will man die Zahl für die oberdeutschen Städter verallgemeinern, wird man sich besser an die Untergrenze halten. Im Vergleich zu den Zahlen aus der frühen Neuzeit und noch aus dem frühen 19. Jahrhundert war dies verhältnismäßig viel. Den Weinverbrauch pro Kopf der oberdeutschen Stadtbevölkerung schätzt man auf 250 Liter jährlich; das ergibt für jeden Erwachsenen 350 Liter. In Weingegenden trank man mehr als anderswo. So enthielt das Straßburger Weinmaß 1,5 Liter, während das Nürnberger nur 0,7 Liter faßte.

Selbst einfache Kost übertraf qualitativ diejenige, die sinkende Massenkaufkraft und gestiegene Bevölkerungszahl seit dem 16. Jahrhundert möglich machten. Über die Grundbedürfnisse hinaus war freilich für den Tagelöhner das meiste unerschwinglich. Immerhin konnte er damit rechnen, daß ihm durch eine allmählich intensivierte städtische Vorsorge das Schlimmste erspart blieb. In den Jahren 1315/16 starben noch viele Kölner an Hunger, später trat derartiges nicht mehr ein.

Arme, Außenseiter, Massenbewegungen

Die Zahl der Armen und Außenseiter, der irgendwie kraß Benachteiligten, war nicht gering. Dabei sind Einheimische und Fremde, Arme und Außenseiter zu unterscheiden. Denjenigen Anteil der festansässigen Stadtbevölkerung, der in seiner Existenz durch Armut unmittelbar bedroht gewesen ist, kann man auf fünf bis mindestens zehn Prozent schätzen. Dazu gehörten die Leute unterhalb der Gruppe der Tagelöhner: vor allem Almosenempfänger, Bettler und Krüppel, wohl die meisten der »unehrlichen« Leute und lichtscheuen Elemente. Unbekannt ist die Anzahl jener Armen und Außenseiter, die als Entwurzelte von Stadt zu Stadt gezogen sind. Sie waren heimatlos und keiner festen Herrschaft oder Obrigkeit zugeordnet. Die festgefügten kleinen Welten der Städte stießen Ankömmlinge aus der Ferne, Andersartige und Verdächtige ab, und zwar um so konsequenter und schneller, je weiter das späte Mittelalter voranschritt. Selbst angesehene Besucher standen unter beschränkendem Fremdenrecht, wenn nicht Verträge zwischen den Städten günstigere Bedingungen auf Gegenseitigkeit schufen. Wer in der eigenen Stadt lebte, sich aber klar vom Üblichen unterschied, konnte zum Angehörigen einer Randgruppe gestempelt werden. Solche Menschen konnten oder wollten gesellschaftliche Regeln nicht anerkennen und wurden demzufolge von der Mehrheit ausgegrenzt, erst recht, wenn sie eine Sonderkultur pflegten. Juden, Bettler oder Dirnen bildeten zunehmend Randgruppen, die man durch besondere Abzeichen markierte. Vermutlich hat die allgemeine Verunsicherung des krisenreichen 14. Jahrhunderts, als die Gesellschaft vielfältig erschüttert war und sich häufig bedroht fühlte, die meisten Anstöße hierzu gegeben. Auf die Bahn der Armen und Außenseiter gelangte man durch sozialen Abstieg, wegen Entwurzelung durch Krieg, Unglücksfall oder Krankheit sowie durch berufliche Entscheidung.

Im deutschen Spätmittelalter war der Begriff der Armut mehrdeutig. Der hörige Bauer hieß der »arme Mann«, so auch der zum Tod Verurteilte. »Arm und reich« faßte alle Menschen zusammen. Rudolf von Habsburg hielt man für einen »armen Grafen«. Die »Armut« in den Steuerbüchern der Städte war ein finanztechnischer, kein sozialer Begriff. Es gab unfreiwillige und freiwillige Armut. Jene war Folge unzureichender Lebensbedingungen, diese entsprach der aus der Bibel gewonnenen Überzeugung, daß der wahrhaft Arme Gott nahe sei. Durch die im Neuen Testament versprochene Erhöhung der Armen im Jenseits erfuhr die Armut auch im Diesseits eine Neubewertung. Die Gelegenheit, für seine Sünden schon auf Erden büßen zu dürfen, galt als Gnade Gottes. Anders als die heidnische Antike akzeptierte die christliche Gemeinde die Armen und suchte ihnen zu helfen.

Im Zeitalter der Stadt wandelte sich das Armutsproblem. Mit der Zunahme der Bevölkerung wuchs die Zahl der materiell Armen. Im 14. und 15. Jahrhundert scheint die Armut weiter zugenommen zu haben und eine unheilvolle Verbindung mit schweren Krankheiten eingegangen zu sein. Es fehlte das Instrumentarium für einen Überblick und für Analysen, die eine umfassende Problemlösung ermöglicht hätten. So entsprach allein punktuelles Handeln den Möglichkeiten der Zeitgenossen. Amtliche Zahlen über die ortsfesten Armen sind selten. In Köln zählte man 1403 1.400 Arme, die im Heiliggeistspital verpflegt wurden. Im Jahr 1474 behauptete der Kölner Rat, daß die Zahl der Armen in der Stadt mehr als 3.000 betrage; das wären etwas weniger als zehn Prozent der Bevölkerung. In Löwen, wo das Tuchgewerbe im 15. Jahrhundert in eine schwere Krise geriet, vermehrten sich die Armenspeisungen zusehends. Durchschnittlich wurden hundert bis einhundertfünfzig Personen in fünf Pfarreien versorgt. Dies waren wohl etwa vier Prozent der Stadtbevölkerung. Sie erhielten Roggenbrot und Schweinefleisch, an großen Festen auch ein wenig Wein. Die Armenfürsorge der städtereichen Landschaft am Niederrhein kann als vorbildlich gelten, wenigstens soweit die Ansässigen betroffen waren. Schlechter erging es überall den Armen ohne festen Wohnsitz, die sich in der Stadt Almosen erhofften, aber nach kurzer Zeit wieder fortgeschickt wurden. Ihre Zahl erhöhte sich offenbar sprunghaft bei Mißernten und Hungersnöten.

Unter den fluktuierenden Armen trat der Typ des Bettlers hervor. Doch es gab auch fest Ansässige, für die Betteln eine regelmäßig ausgeübte Tätigkeit war. In Augsburg zählte man 1475 knapp zweihundert solcher Berufsbettler. Ungefähr seit 1350 zeigte sich eine geordnete städtische Armenpflege nach dem Vorbild der Kirche. Die älteste deutsche Bettelordnung stammt aus Nürnberg und gehört in die Zeit um 1370. Sie machte das Betteln vom Tragen eines Abzeichens abhängig, das nur Einheimische erhielten. Das war die Abstempelung und Ausgrenzung einer Sondergruppe. Fremde durften in Nürnberg nicht länger als drei Tage betteln. Ein Jahrhundert später wurde dort das Ausmaß der Bedürftigkeit schon genau geprüft, obwohl die maßgebenden kirchlichen Almosenlehren eine Kontrolle grundsätzlich abgelehnt hatten. Zum Ende des Mittelalters hin gab es in hochentwickelten Städten eine Bettlerverwaltung – nicht nur ein Zeugnis für die Zunahme der Not, sondern auch ein Beweis für die nun fast überall zugreifende »moderne« städtische Obrigkeit. So wandelte sich der Bettler im Verlauf des Spätmittelalters vom christlich Integrierten, der die erwünschte Gelegenheit zur heilswirksamen Mildtätigkeit bot, zum verwalteten Anspruchsberechtigten. Die zugelassenen Bettler unterstanden einem Bettlermeister. Leute, die ohne Zulassung und betrügerisch bettelten, sollten bestraft werden. Besondere Probleme mit dem Bettelwesen hatte die Stadt Köln wegen ihrer zentralen Lage, Größe und Wirtschaftskraft. Eine Bettelordnung von 1403 enthielt gegen Verstöße außerordentlich strenge Strafandrohungen, bis zur Todesstrafe. Aber die recht redseligen Kölner Chronisten erzählen von keinem derartigen Fall. Die Überzeugung, daß die Obrigkeit Ordnung schaffen und zwischen unverschuldeter und verschuldeter Armut unterscheiden solle, hat sich dann im 16. Jahrhundert weithin durchgesetzt. Auch die Anfänge der Pädagogisierung der Armen – mit der Aufforderung zur Arbeit und dem Ausschluß aus Wirtshäusern – liegen bereits im 15. Jahrhundert. Gleichzeitig finden sich Anzeichen einer gewissen Selbstorganisation der Armen. Im niederrheinischen Zülpich entstand 1454 eine Bettlergilde, in Straßburg bildete sich 1469 eine Bruderschaft der Bettler unter der Aufsicht eines Pfarrers.

Auf die Frage nach der Sozialfürsorge in der Stadt des 14. und 15. Jahrhunderts gibt es verschiedene Antworten. Die weitaus meisten Menschen in Not waren auf ihre Familie, auf Verwandte und Nachbarn angewiesen. Wohlhabende Familien mochten regelmäßig für einen »Hausarmen« sorgen. Andere, die nicht bettelten und nicht in Hospitälern lebten, wurden in ihren Wohnungen unterhalten. Pfarreien, Klöster, Zünfte und Bruderschaften betreuten Arme. Die Beteiligung der »öffentlichen Hand« hingegen war verhältnismäßig gering, wie es ihrem kleinen Anteil am Sozialprodukt entsprach; die ganzen Jahreseinnahmen einer Stadt hätten normalerweise kaum ausgereicht, um einen angemessenen Getreidevorrat für die Bevölkerung anzukaufen. Die kirchliche Almosenlehre regelte die privaten Stiftungen und Vermächtnisse, die dem Seelenheil des Spenders dienten. Demgegenüber trat die Problematik des Empfängers oft zurück.

Das seit dem Hochmittelalter bekannte Hospital blieb die wichtigste öffentliche Institution der Sozialfürsorge. Die Anzahl der Hospitäler wuchs jetzt stark an; sie wurden von Städten und Einzelpersonen gestiftet und vermochten im Laufe der Zeit bedeutenden Grund- und Kapitalbesitz zu konzentrieren. Hospitalinsassen waren nicht notwendig arm; viele waren Pfründner, die ihr Vermögen eingebracht hatten, um bei Alter und Krankheit versorgt zu sein, und indirekt die Armenpfründen mittrugen. Die meisten Hospitäler waren Allzweckversorgungsstätten, besonders Alters- und Pflegeheime, zusätzlich Pilger- und Fremdenherbergen; die medizinische Versorgung blieb Nebensache. Das Nürnberger Heiliggeistspital, Stiftung des reichen und mächtigen Bürgers Konrad Groß, nahm zweihundert Personen auf, das Hospital in Schwäbisch Hall achtzig bis hundert Menschen. Ein bedeutendes Beispiel ist das Heilig-Geist-Hospital in Lübeck, das – um 1230 gegründet – im heutigen Kern-Bauzustand 1290 vollendet und später erweitert worden ist. Der räumliche Zusammenhang von Hospitalkirche und Hospitalhalle erlaubte hier selbst Bettlägerigen, dem Gottesdienst wenigstens akustisch zu folgen. Die Insassen waren einer verhältnismäßig strengen, klosterähnlichen Regel unterworfen. Offenbar standen die Betten in vier langen Reihen frei im Raum. Begüterte Eheleute, die die Hälfte ihres Vermögens dem Hospital vermacht hatten, durften in gesonderten Wohnungen zusammenleben; sonst war beim Eintritt das Gelübde der Keuschheit abzulegen. Für diese Insassen waren Aufenthalt und Verpflegung kostenlos, mit Ausnahme der im voraus zu bezahlenden Begräbniskosten.

Wer von der furchtbaren Krankheit der Lepra befallen war, kam in ein Leprosenhaus, auch Gutleuthaus oder Sondersiechenhaus genannt. In Nürnberg bestanden vier solche Anstalten. Die Leprosen hoben sich durch eine besondere Tracht von der übrigen Bevölkerung ab; mit Rasseln oder Klappern warnten sie vor ihrer Berührung. Sie hatten gelegentlich Bettelerlaubnis, mußten aber dabei Gesichtsmasken tragen und ihre Sammelbüchsen an langen Stäben führen. In einer feierlichen Zeremonie, die einem Requiem ähnelte, wurden diese »lebenden Toten« öfter aus der irdischen Welt verabschiedet. Sie bildeten eine Randgruppe im vollen Sinne des Wortes; denn sie lebten weitab von den Siedlungen der Gesunden. Auch wer an der Pest erkrankt war, wurde aus der Gesellschaft ausgestoßen, sofern nicht die allgemeine Ordnung zusammengebrochen war – oft freilich für eine nur noch kurze Lebenszeit. So sind Pesthäuser anders als Leproserien in Deutschland verhältnismäßig selten gewesen. Auch die Behandlung der Geisteskranken war durchaus vorwissenschaftlich. Dazu gehörte das Einsperren in Narrenkäfige. Zum Jahr 1386 wird ein solcher in Hamburg erwähnt. Narrenkäfige bedeuteten Verwahrung und zugleich Appell an die Mildtätigkeit der Vorübergehenden. Eine andere Möglichkeit, Geisteskranke zu isolieren, war ihre Unterbringung in Türmen der Stadtmauer. Aus Lübeck und Nürnberg ist bekannt, daß man angesehenen Familien leihweise Räume in Türmen überlassen hat, um erkrankte Angehörige unterzubringen. Geisteskranke in Hospitälern sind dann gegen Ende des 15. Jahrhunderts bezeugt.

In der Stadt galten einige Berufe als »unehrlich«, besonders diejenigen des Henkers, Schinders, Büttels, Totengräbers, Nachtwächters und Turmhüters, unter den Handwerkern der Beruf des Baders. Die soziale Abgrenzung verfestigte sich im 15. Jahrhundert, während das 14. Jahrhundert noch großzügiger gewesen war. Soziale Diskriminierung führte zu erzwungener Distanz und zum Ausgestoßensein der Betroffenen. Sie wurden leicht zu Sündenböcken gemacht und mit Vorurteilen beladen, bei denen Angst und Scheu, Unwissenheit und Aberglaube die Hauptrollen spielten. Weil jedoch der größere Teil der »unehrlichen« Berufe durchaus notwendig und unersetzlich gewesen ist, kann man im

Hinblick auf die Gesamtgesellschaft kaum umhin, von Schizophrenie und Heuchelei zu sprechen. Die »Unehrlichkeit« brachte eine beträchtliche Beschränkung der Rechtsfähigkeit mit sich, vor allem den Verlust der Glaubwürdigkeit; sie war aber nicht dasselbe wie Rechtlosigkeit. Der Henker stellte den Extremfall unter den »unehrlichen« Berufen dar. Das Befremdliche der mittelalterlichen Welt tritt hier klar vor Augen. Der Henker mußte auffallende Kleidung tragen und war häufig von den kirchlichen Gnaden ausgeschlossen. Ein Wirtshaus durfte er nur betreten, wenn kein anderer Gast Einspruch erhob; dann konnte er an einem besonderen Tisch auf einem dreibeinigen Schemel sitzen. Die Heirat eines Henkers war normalerweise nur mit einer Henkerstochter möglich.

Bei der Prostitution, die ebenfalls als »unehrlich« galt, unterschied man zwischen seßhafter halblegaler in den städtischen, manchmal auch landesherrlichen Frauenhäusern und illegaler Prostitution der »fahrenden« Frauen. Die einschlägigen Zahlen waren, wenn man den Chronisten glauben könnte, phantastisch groß. Das Konstanzer Konzil von 1414 bis 1418 soll 1.400 Dirnen angelockt haben, das Heer Herzog Karls des Kühnen von Burgund vor Neuß 1475 sogar 4.000. Die Obrigkeiten der größeren Städte haben systematische Regelungen der Prostitution getroffen. Frauenhäuser gehörten zum festen Bestand der Gemeindebauten. Straßburg hatte im 15. Jahrhundert bei wohl 20.000 bis 25.000 Einwohnern etwa dreißig Institutionen dieser Art. Ein rotes Kopftuch oder ein gelber Schleier kennzeichneten immer öfter die Dirnen, die damit zu einer Gruppe zusammengefaßt und an den Rand der Gesellschaft gedrängt wurden. Auch diese »Abstempelung« war eine Sache der verwaltenden Stadt; die Kirche hatte sich toleranter verhalten.

Der mobile Teil der Ausgegrenzten war vielfältig und verschiedenartig. Man zog ein Leben lang oder nur einige Jahre umher: als Händler, Schausteller, Spielmann, Gaukler, Arzt und Quacksalber, Wahrsager, Traumdeuter, aber auch als entlassener Söldner, Verbannter, Prostituierte, Krimineller und Taugenichts, im ambulanten Gewerbe als Korb- und Kesselflicker, Scherenschleifer, Wanderschmied oder Hausierer. Weder eine vollständige Aufzählung noch eine eindeutige Abgrenzung ist möglich. Die Umherziehenden bildeten keinen abgeschlossenen Stand und hatten kein gemeinsames Selbstbewußtsein. Eine Kerngruppe der Fahrenden waren die Spielleute. Jahrmärkte, Kirchweihen und Wallfahrten haben sie besonders angelockt. Wenn die Limburger Chronik nicht übertreibt, fanden sich anläßlich des Frankfurter Tages von 1397 dort vierhundertfünfzig fahrende Leute aller Arten ein. Durch die Kleidung, dem so wesentlichen Zeichen ständischer Schichtung im alten Europa, unterschieden sie sich von den anderen. Manchmal wurde von der Obrigkeit eine besondere Kennzeichnung verlangt, vor allem durch aufgenähte bunte Lappen.

Auch das Gaunertum – als Herd schwerer Kriminalität von Berufsverbrechern vornehmlich ein Problem der frühen Neuzeit – hat seine Wurzeln im späten

Mittelalter. Gerade hier gab es verhältnismäßig stabile soziale Formen, etwa als Bandenbildung mit dem Ziel, sich dem Zugriff der Obrigkeit zu entziehen. Zum Gaunertum gehörten wohl auch jene, die in den Landfrieden als »landschädliche Leute« bezeichnet wurden. Man erkennt ihren Zusammenhalt an der gemeinsamen Sprache, die der Chronist Matthias von Kemnat 1475 »rottwelsch« oder »keimisch« genannt hat. Sie taucht in Ansätzen schon vor 1350 auf. Als Augsburg 1342 seine Tore vor Vagabunden schloß, wurden sie bereits mit Spezialausdrücken aus ihrer eigenen Sprache bezeichnet. Ein Jahr später unterschied man noch genauer; man nannte zum Beispiel Huerlentzer, Clamyerer, Grantner, Mümser, Sinweger, Scherpierer, Spanvelder oder Kappsierer. Ein Basler Text des frühen 15. Jahrhunderts beschreibt sechsundzwanzig Kategorien aus dieser Unterwelt so genau, daß man geradezu Parallelen zur wachsenden handwerklichen Spezialisierung in der Stadt ziehen kann.

Signale der allgemeinen Verunsicherung und Entwurzelung, zum Teil auch Hinweise auf eine »Modernisierung« der Gesellschaft, aber wohl zumeist Zeichen des uralten, im späten Mittelalter besonders wachen Bedürfnisses nach religiösem Halt waren die Massenbewegungen. Als solche kann man das ganze Zeitalter hindurch die zahlreichen Wallfahrten betrachten, immer wieder auch die Bauernbewegungen und in den Jahren 1348 bis 1350 vor allem die Geißlerzüge. Die Selbstgeißelung als Massenbewegung trat erstmals 1260 in Italien auf. Über Friaul drang sie nach Österreich vor und von dort bis Schlesien, Bayern, Franken und Schwaben. Ihr Ende fand sie wohl 1261 in Straßburg. Die Amtskirche hatte sie endlich mit Erfolg unterdrückt. Der Ausgangspunkt der neuen Geißelungswelle ist ungewiß. Für September 1348 sind Geißler jedenfalls in der Steiermark erstmals sicher bezeugt. Ähnlich wie 1260/61 rückten sie vor und erreichten im Juni 1349 den Rhein. Im Herbst, als die Bewegung anderswo im Reich schon fast erloschen war, fanden sich Geißler in den heutigen Niederlanden, wo sie bis 1350 auftraten.

Ziel der Geißler war es, Sühne für die Verderbnis der Welt zu leisten, um das Strafgericht Gottes abzuwenden. Sie erkannten Anzeichen dafür im schweren Erdbeben von 1348 in Kärnten, vor allem aber in der Ausbreitung der Pest. Eine zentrale Organisation bestand nicht und nicht einmal Personenkontinuität, weil jeder Geißler gemäß der Zahl der Lebensjahre Christi nur dreiunddreißigeindrittel Tage sühnte. Die Geißler bildeten Laienbruderschaften mit selbstgewählten Führern, den Meistern. Prozessionsartig und singend durchzogen sie das Land. Ihre Gruppen bestanden aus mehreren hundert Personen, selten aus mehr als tausend. Alle Schichten nahmen teil, untere am meisten. Es ist zweifelhaft, ob sich im Laufe der Monate ein sozialer Abstieg der Geißler und eine wachsende Radikalisierung ergeben haben. Die Selbstgeißelung fand zweimal täglich öffentlich und einmal nachts nichtöffentlich statt. Sie war mit der Lossprechung von den Sünden durch den Meister und mit dessen Predigt verbunden. In deren Mitte stand die Verlesung des angeblichen Himmelsbriefes, der in Jerusalem aufgefunden worden sei. Christus wolle von der schon festgesetzten Vernichtung der Menschheit ablassen, wenn sie durch Selbstgeißelung Buße tue und den Sonntag heilige. Frauen nahmen an Geißlerprozessionen zunächst nicht teil. Ihre spätere Zulassung ist wohl als Entartung des Geißlertums zu verstehen. Nur in den Niederlanden sah man wie in Italien die Geißler unter geistlicher Führung. Überall sonst war die anti-amtskirchliche Tendenz unverkennbar, die auf die verbreitete Unzufriedenheit mit der vielfach diskreditierten Heilsanstalt hinwies. Auch deshalb wurde das Geißlertum von der Kirche bekämpft. Als sie gegen Ende 1349 damit Ernst machte, zerfiel die Geißlerbewegung tatsächlich; sie hatte ihren Höhepunkt wohl schon überschritten. Vereinzelte lokale Formen zeigten sich im späteren 14. und im 15. Jahrhundert ohne nennenswerte Weiterwirkung.

Juden

Das Widersprüchliche und Befremdliche der spätmittelalterlichen Welt tritt besonders deutlich zutage, wenn vom Schicksal der Juden gesprochen wird. Es war ein Schicksal der Verflechtung, der Fremd- und Selbstisolation und am Ende der Verfolgung, Vertreibung und Vernichtung. Die Juden fühlten sich als ein Volk besonderer Art, das mit keinem anderen vergleichbar sei, als das erwählte Gottesvolk. Nach der Zerstörung des Tempels von Jerusalem hatten sie sich auf das Leben in der Diaspora umstellen müssen und zumindest von Deutschland aus die Verbindung mit Palästina verloren. Gerechtfertigt durch eine gottbegnadete Vergangenheit lebten sie für eine verheißene bessere Zukunft – dort, wo sie erfolgreich unter Christen wirkten, und dort, wo sie während der Verfolgung durch Christen nicht wußten, ob sie den nächsten Tag überstehen würden.

Die jüdische war die einzige nichtchristliche Religion, die im päpstlichen Europa geduldet wurde. Dies geschah vor allem, weil die Juden in ihren heiligen Schriften Zeugnisse bewahrt hatten, die zu Zeugnissen christlicher Lehre geworden waren. Papst Gregor IX. (1241 gestorben) hatte untersagt, die Juden zu behelligen und zu berauben; sie sollten aber getrennt von den Christen wohnen und ein Unterscheidungszeichen tragen. Das Ergebnis dieser Weisung war im Positiven wie im Negativen nicht besser als das Resultat vieler anderer Befehle. Die geschichtliche Wirklichkeit war wesentlich komplizierter.

Jüdischer Kult und jüdische Tracht, hebräische Schrift und eine besondere Sozialordnung dürfen nicht an der Tatsache irremachen, daß die Juden des mittelalterlichen Deutschland als Gebende und Nehmende, Handelnde und Leidende zur deutschen Geschichte gehören. Wo die Beziehung zur Antike am

Jüdische Siedlungen im Rhein-Gebiet bis zur großen Judenverfolgung 1348–1350

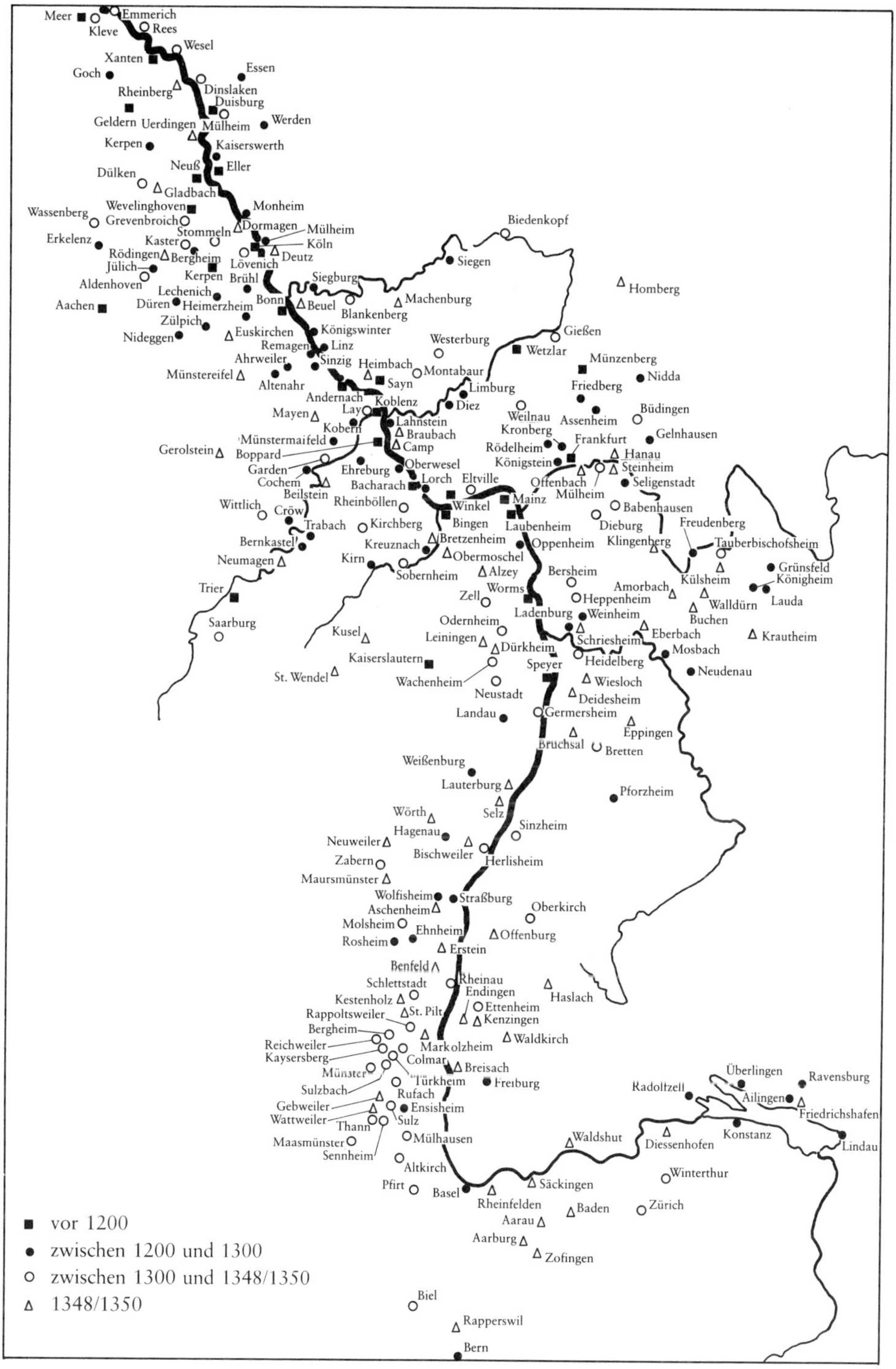

festesten geknüpft war, im Rheinland, lebten spätestens seit dem 4. Jahrhundert Juden; dort wohnten auch im Mittelalter die meisten. Dann breiteten sie sich mit dem Fortschreiten des Städtewesens und der Geldwirtschaft, längs der Handelsstraßen, weiter nach Osten aus. In Prag, Magdeburg, Regensburg und in weiteren wichtigen Orten entstanden größere Judengemeinden. Das Jiddische, die Sprache der Juden, war ein um hebräische und slawische Elemente bereichertes Mittelhochdeutsch. Ihre Volksliteratur griff die gleichen Themen auf wie die deutsche: Heldenepen und Ritterromane. Ihr Recht und ihre Lebensgewohnheiten, zum Beispiel die Stellung der Frau, die Sitte der Einehe und selbst das Trauungszeremoniell, wurden von der sie umgebenden christlichen Kultur beeinflußt. Die Häuser, die die Juden bewohnten, waren wie die Häuser der Christen gebaut. Wie andere Sozial- und Berufsgruppen wohnten die Juden vor den großen Verfolgungen zumeist, aber nicht ausnahmslos, verhältnismäßig geschlossen, öfter in den besten Vierteln der Stadt. Für Herren und Obrigkeiten waren sie gesuchte Spezialisten des Geldwesens, der Medizin und der Technik. Kurfürst Balduin von Trier (1354 gestorben), einer der erfolgreichsten Territorialfürsten, ließ sich von Juden finanziell beraten. Als Endres Tucher in Nürnberg im Jahr 1462 nach einer Maschine Ausschau hielt, die hölzerne Wasserleitungsrohre rascher herstellte, als es die alte Handarbeit vermochte, beauftragte er mit der Konstruktion einen Juden. Reichsstädtische Juden gehörten verfassungstechnisch gesehen zu den Königsnahen, seitdem sie dem Kaiser als seine Kammerknechte zugeordnet waren.

Vor und selbst längere Zeit nach den großen Verfolgungen war vor allem das Kreditwesen der Juden eng mit der christlichen Umwelt verbunden. Es paßte sich der jeweiligen regionalen Situation an. Auf ländlich-adelige Kunden traf es daher vorwiegend im agrarischen Bereich, wie in Main-Franken, während der volkreichen Stadt die jüdische Großfinanz entsprach. Im Jahr 1389 war die Stadt Nürnberg mit mehr als der Summe eines Jahreshaushalts bei ihren Juden verschuldet; deren Außenstände machten damals mindestens 80.000 Gulden aus. Bis ungefähr 1470 – bis zu ihrem Zusammenbruch – ist dort zwar kein absoluter, aber ein kräftiger relativer Rückgang der jüdischen Finanz festzustellen. Durch die Verfolgungen geschwächt, konnte sie mit der gewaltigen Ausweitung des oberdeutschen Wirtschaftsvolumens nicht mehr Schritt halten.

Prinzipiell waren die Juden eine Randgruppe und wurden dies in immer höherem Maße, je weiter das Mittelalter fortschritt. Sie waren die einzige Randgruppe mit einer hochentwickelten Sonderkultur. Daß die Juden die Nichtjuden als Barbaren auffaßten, hatte gute Gründe. Das Lesen und Schreiben war bei den Juden unvergleichlich weiter verbreitet als bei den Christen. Das soziale Gefüge der Judengemeinden hatte etwas Kopflastiges: Während der Unterbau der einfachen Leute schmal war, bestand eine breite wohlhabende Oberschicht. Noch in der Zeit extremer Einengung und Mißachtung, als die Nürnberger

Liebespaar in modischer Kleidung. Zeichnung vom Meister des Hausbuches, um 1480. Berlin, Staatliche Museen Preußischer Kulturbesitz, Kupferstichkabinett. – Fahrende Spielleute. Kolorierter Holzschnitt eines oberrheinischen Künstlers, um 1450. Braunschweig, Herzog Anton Ulrich-Museum

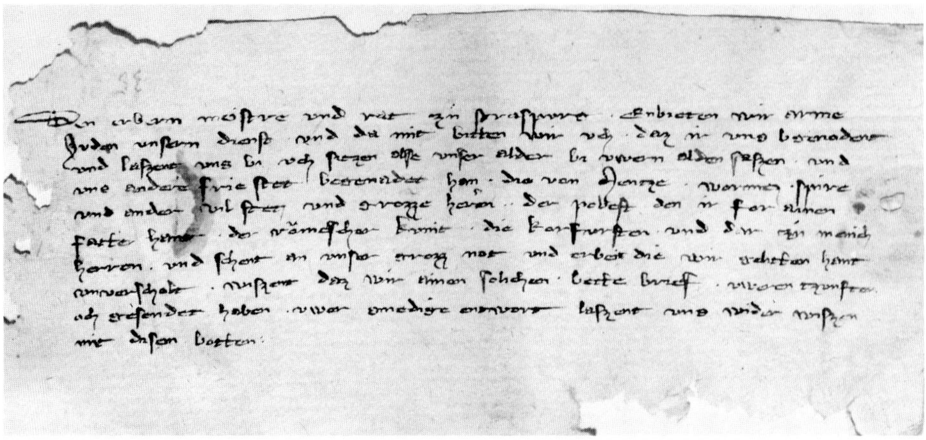

Notschrei vertriebener Juden an den Rat der Stadt Straßburg aus dem Jahr 1349. Handschriftliches Gesuch um Rücknahme der Ausweisung nach den Beispielen in Mainz, Worms und Speyer. Straßburg, Archive Municipale. – Mazza-Zubereitung zum Jozer des Pesach-Festes. Miniatur in einem 1347/48 in Hammelburg entstandenen Machsor. Darmstadt, Hessische Landes- und Hochschulbibliothek. – »Komm, meine Braut...«, Illustration zum »Hohenlied« (4,8). Miniatur in einem um 1300 im westdeutschen Raum entstandenen Siddur. Hamburg, Staats- und Universitätsbibliothek

Judengemeinde nur noch fünfzehn Haushalte zählte (1489), gehörten dazu zehn Geld- und Pfandleiherfamilien patriarchalischer Ausformung und vier Familien gehobener Gemeindebediensteter. In zehn der fünfzehn Häuser gab es einen Hauslehrer. Gemeindevorsteher waren – wie vielfach bei den Christen – die Reichsten.

Die Juden lebten nach eigenem jüdischen Recht, das als wichtigste Quellen das Alte Testament und den Talmud kannte, die Zusammenfassung der Überlieferungen und Vorschriften des nachbiblischen Judentums. Die Juden waren in Gemeinden organisiert; Versuche zu einer zentralen Ordnung scheiterten. Die Judengemeinden in Mainz und Trier zählten ungefähr zweihundertfünfzig bis dreihundert Köpfe. Die Kölner Ansiedlung war größer und erst recht diejenige in Nürnberg mit ungefähr 1.500 Menschen. An der Spitze der Gemeinde standen Ältestenrat und Judenmeister, die vom Rabbiner beraten wurden. Finanzielle, soziale und schulische Angelegenheiten wurden selbst geregelt. Eine Hauptsorge galt der Synagoge. Die Gelehrten standen in hohem Ansehen. Das geistige Leben der Juden zeigte sich, solange das Judentum nicht dezimiert war, dem christlichen in Deutschland überlegen. Einer der letzten gelehrten Führer hohen Ranges war Rabbi Me'ir ben Baruch von Rothenburg (1293 gestorben), der in Worms, einem Judenzentrum ersten Ranges, geboren wurde und dort begraben ist. Rund eintausendfünfhundert seiner Gutachten und Entscheidungen in Rechtsfällen sind erhalten geblieben. Sein bedeutender Schüler Ascher ben Jechi'el (1327 gestorben) ist im Jahr 1303 nach Spanien ausgewandert.

Die tragische Seite jüdischer Existenz erwuchs aus Absonderung und Verflechtung zugleich. Die Feindschaft der mittelalterlichen Christen gegen die Juden wurzelte in zwei Motivkreisen: dem religiösen und dem wirtschaftlich-sozialen. Die politisch-ideologische und die biologisch-rassistische Judenfeindschaft sind neuzeitlich. Das wichtigste, das religiöse Motiv belastete die Juden vor allem mit der Verantwortung für den Tod Christi, sekundär mit ihrer Ablehnung der Apostel und Bekenner. In Deutschland tauchte erstmals 1235 die zuvor in England und Frankreich erhobene Beschuldigung des Ritualmordes an Christenkindern auf. Sie war genauso unbegründet und sinnlos wie der vom Ende des 13. Jahrhunderts an wiederholte, ebenfalls von außen gekommene Vorwurf des Hostienfrevels. Die wirtschaftlich-soziale Judenfeindschaft gründete in der Rolle der Juden als Geldverleiher und Wucherer. Ihnen war das Zinsnehmen erlaubt, den Christen war es verboten. Angesichts des hohen Risikos und zunächst wohl auch wegen geringer Konkurrenz waren kurze Laufzeiten üblich und die Zinsen sehr hoch. Man hat Jahreszinssätze errechnet, die sich zwischen dreiundvierzig und fünfundsechzig Prozent bewegt haben. Aber auch niedrigere und noch höhere Zinsen wurden in einem seinerzeit unausgeglichenen, stark regionalisierten und personalisierten Geldmarkt verlangt. Solche Aufschläge, der Anschein des Illegalen und ganz allgemein die geringe Einsicht in die Regeln des Geldgeschäfts wurden zu Quellen des Hasses. Er konnte sich, von finsterem Aberglauben genährt, bis zur Dämonisierung der Juden steigern.

Mit verhängnisvoller Auswirkung in die christliche Welt verflochten waren die Juden auch an einem anderen, besonders kritischen Punkt: Als nicht verteidigungsfähiges Schutzvolk waren sie je nach den lokalen Verhältnissen von verschiedenen Herren und Obrigkeiten abhängig, ja ihnen ausgeliefert. Im deutschen Mittelalter standen Herrschaftsordnungen häufig gegeneinander und waren prinzipiell wenig stabil. Theorie und Praxis unterschieden sich beträchtlich, Krisen waren zahlreich. Die unsicheren Zeiten Ludwigs des Bayern und die wenig überzeugenden Anfänge Karls IV. hatten einen Autoritätsschwund der Zentralgewalt mit sich gebracht. So erhob sich eine politische Judenfrage gerade in den Jahren, als Pestfurcht und Pest die allgemeine Desorientierung auf den Höhepunkt führten. Als Sündenböcke boten sich diejenigen an, die in dieser Richtung schon abgestempelt waren, die man gefahrlos neuerlich verleumden und mit wenig Risiko verfolgen, berauben und ermorden konnte. Auf solche Weise verbanden sich lang- und kurzfristige Gefahrenmomente zu einem verhängnisvollen Syndrom.

Ältere regionale Judenverfolgungen hatten bereits gezeigt, wie gering der Anstoß sein konnte, der Massenhysterie und vielfaches Morden auslöste. Ein Pogrom des Jahres 1298 in Franken, der Oberpfalz, Schwaben und Hessen forderte allein am Main ungefähr 3.000 Opfer, darunter 900 in Würzburg. In den Jahren 1336 bis 1338 trug sich in Bayern, im Elsaß und in Österreich Ähnliches zu. Der kleine Ritter Arnold von Uissigheim bei Wertheim, »König Armleder« genannt, betätigte sich als Hetzer und Anführer, bis er vom Bischof von Würzburg gefaßt und hingerichtet wurde (1336). Im November 1348 begannen die größten Judenverfolgungen und Judenmorde des Zeitalters. Sie dauerten bis zur Jahresmitte 1350. Die letzten fanden wohl in Minden und Görlitz statt. Man beschuldigte die Juden der Brunnenvergiftung, wie es zuerst in Südfrankreich bezeugt ist. Nicht unbedingt typisch, aber verhältnismäßig klar dokumentiert ist der Ablauf des Pogroms in Straßburg, wo er in eine städtische Verfassungskrise eingeflochten war. Von Rittern, Zünften und dem breiten Volk wurde der Ammeister, ein Stadtoberhaupt, unter Druck gesetzt und zugleich die Forderung erhoben, die Juden zu töten. Der Schutz der Juden durch die Stadtgewalt war mit dem Wunsch verbunden, den korrekten Rechtsweg und die Privilegien der Stadt und damit die eigene Stellung zu verteidigen. Die Neuerer hingegen wollten das Chaos des Pogroms dem Umsturz dienstbar machen. Sie siegten. Nach der Absetzung des Ammeisters begann sogleich die Verfolgung, über die der Chronist Fritsche Closener berichtet: »Am Freitag (13. Februar 1349) fing man die Juden, am Samstag verbrannte man sie. Ihrer waren ungefähr zweitausend. Die sich taufen lassen wollten, ließ man am Leben. Es wurden auch gegen den Willen der Väter und Mütter viele Kinder aus dem Feuer geholt und getauft. Was man den Juden schuldig war, war alles erledigt. So wurden alle Schuldpfänder und Schuldbriefe, die sie hatten, zurückgegeben. Das bare Geld, das sie besaßen, nahm der Rat und verteilte es unter die Zünfte. Das war das Gift, das die Juden tötete.« Der Besitz des ins Exil gegangenen Ammeisters wurde ebenfalls enteignet und unter die Ratsmitglieder verteilt.

Die Überlieferung kennt zwei Extreme der Judenverfolgung, zwischen die die meisten bekannten Fälle einzuordnen sind: die Planung und Inszenierung der Beraubung und des Mordes durch Führungsgruppen, wie in Freiburg im Breisgau am 30. Januar 1349, und den spontanen Überfall durch Plünderer und Beutemacher, wie in Mainz am 23. August 1349, bei dem sich das einfache Volk ausgetobt hat. Die Geißler waren nur einmal nachweislich beteiligt, am 24. Juli 1349 in Frankfurt am Main. Über die Güter der Juden in Nürnberg, wo am 5. Dezember 1349 568 Menschen, mehr als ein Drittel der Gemeinde, ermordet wurden, hatten König und Rat offenbar bereits vorher verfügt. Mit Erfolg schützte der Rat in Regensburg oder Würzburg die Juden. So kann man in diesen Unglücksmonaten keine bestimmte soziale Gruppe der Christen allein belasten. Diejenigen Zeitgenossen, die das Treiben durchschauten und verurteilten, hielten das Motiv der Bereicherung und Entschuldung für das wichtigste. Damit hatten sie das Richtige getroffen, wenn man die allgemeine Erregung, Verunsicherung und Autoritätskrise mit einbezieht.

Selbst dort, wo Grausamkeiten dieser Art nicht zu beobachten sind, wie in Kärnten, oder wo sich die Judengemeinden rasch wieder erholten, wie in Speyer oder Nürnberg, waren entweder von den siebziger Jahren an oder spätestens im nächsten Jahrhundert Rückgang der Kopfzahlen, Vermögensschrumpfung und Diskriminierung zu verzeichnen. Die Juden mußten sich in einem schlechteren Stadtviertel ansiedeln, sie wurden öfter nur für bestimmte Fristen geduldet, zu hohen Schutzgeldzahlungen und zu Schuldenermäßigungen erpreßt. Der aus Italien stammende Begriff des Ghettos setzte sich im 15. Jahrhundert durch. Judenhut und gelber Fleck machten die Ausgrenzung augenfällig. Das jüdische Kreditwesen verlor an Bedeutung und verlagerte sich allmählich auf das kleine Trödelgeschäft. Aus immer mehr Städten und Ländern wurden die Juden ausgewiesen, aus Straßburg (1389), Prag (1400), Wien (1421), Augsburg (1440), Breslau (1453) und Kärnten (1496). Aus England und Frankreich waren sie schon längst vertrieben worden, von der Iberischen Halbinsel dann bis zum Jahr 1497. Im Reich hielten sie sich allenfalls auf dem Lande unter dem Schutz kleinerer Dynasten, vor allem in Oberdeutschland. Viele Juden wanderten nach Polen aus, wo sie in einer wenig entwickelten Gesellschaft das vielerorts schwache Bürgertum ergänzten. Im Westen und in der Mitte Europas war ihre wirtschaftliche Unentbehrlichkeit geschwunden, so daß sich die religiösen Vorbehalte durchsetzen konnten. Je weniger Juden es gab, um so mehr mochten andere zu Sündenböcken werden, etwa die Hexen in der frühen Neuzeit. Je weniger man von Juden wissen konnte, um so leichter ließen sie sich dämonisieren: Den Ewigen Juden, der Jesus verspottet habe, wollte man an verschiedenen Orten gesehen haben. Zur Strafe durfte er nicht sterben und mußte bis zum Jüngsten Gericht über die Erde wandern.

Zur See und zu Lande: die Hanse

Von der Kaufmannshanse zur Städtehanse

Die Hanse war die mit weitem Abstand bedeutendste Vereinigung von Kaufleuten und Städten des europäischen Spätmittelalters. Zu ihren Wurzeln gehörten: lokale niederländisch-niederrheinische Kaufmannsgruppen vor allem des 12. Jahrhunderts, die sich wegen ihrer besonderen Rechtsform und ihrer Vorrechte in der Fremde, in England, als »Hansen« bezeichnet haben; die wohl um 1160 eingerichtete Genossenschaft der Kaufleute des Reiches, die die Ostsee-Insel Gotland aufsuchten; die 1158/59 gegründete Stadt Lübeck, das künftige Haupt der Hanse. Lübeck – einzigartig günstig gelegen – wuchs zur ersten vollausgebildeten Großstadt und zugleich zur jahrhundertelang größten Stadt im Nordostviertel Europas heran. Es war das Vorbild für zahlreiche jüngere Städte. Lübeck führte die Kaufleute von der Küste und aus dem Binnenland zusammen. Die Basis der hansischen Vor- und Frühzeit bildete die gut entwickelte Wirtschaftskraft des Rheinlandes und Westfalens, auch von Teilen Niedersachsens. Zur Entfaltung und Ausdehnung der Hanse trug der Aufstieg des Städtewesens ebenso bei wie das Fortschreiten der Ostsiedlung. Bis in die Neuzeit hinein beobachtet man eine West-Ost-Wanderung von Kaufleuten von Stadt zu Stadt, vom Rhein bis nach Livland, aber auch Rück- und Querwanderungen, die insgesamt ein dichtes Netz von Personenbeziehungen geschaffen haben. Die soziale Gliederung des rheinisch-westfälischen Westens wiederholte sich in zahlreichen Fällen im Osten, bis zur Übereinstimmung der Sprache und der Namen.

Die Führungsgruppe dieses weithin einheitlichen Sozial- und Wirtschaftsgefüges bestand aus einem Fernhandel treibenden und städtebeherrschenden Großbürgertum, zugleich aus einem weiträumig verwandten und verflochtenen Personenkreis. So handelte es sich bei der Hanse nicht oder nicht in erster Linie um ein politisch-institutionelles Gebilde, sondern um einen Personenverband mit gleicher Interessenlage im Beruf, in der Lebenswelt, ja in der Gesinnung. Aus dem Fernhandel und aus der sozialen Führungsstellung erwuchsen dann nach außen und nach innen politisches Handeln und politisches Zusammenwirken, ohne daß dadurch wirtschaftliche Konkurrenz und bittere Animositäten ausgeschlossen worden wären.

Nach ganz grober Schätzung umfaßte der Raum, in dem Glieder der Hanse auf diese Weise wirkten, im Norden und Nordosten des Kontinents ungefähr zwei Millionen Quadratkilometer mit rund fünfzehn Millionen Einwohnern. Wohl die Hälfte dieser Bevölkerung gehörte dem Reich an. Der Süden und Westen des hansischen Gebiets war viel dichter besiedelt als sein Norden und

Verkehrsnetz der Hanse 1295

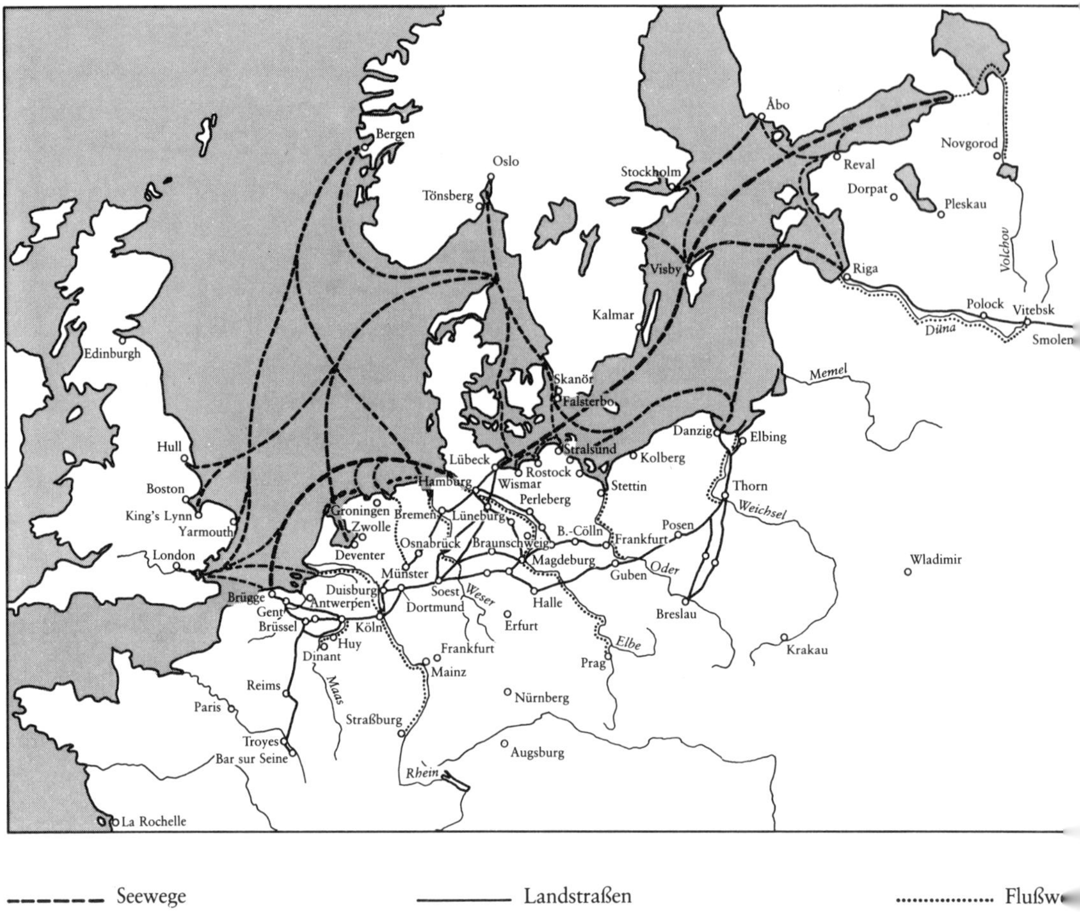

Osten. In Norwegen und Schweden zusammen wohnten zum Beispiel weniger als eine Million Menschen.

Die Geschichte der Hanse erstreckt sich von der Mitte des 12. bis zur Mitte des 17. Jahrhunderts. Bis etwa 1230 kann man die Frühzeit der Hanse ansetzen. Bis dahin hatte vor allem Lübeck das Wirtschaftshandeln an Nord- und Ostsee verknüpft, war eine Niederlassung in Nowgorod unweit des Ilmensees geschaffen, war der Transport des Herings, der wichtigsten Fastenspeise, aus dem damals dänischen Schonen zum Kontinent in hansischer Hand, wurde der Stockfisch aus dem norwegischen Bergen importiert, waren die ersten überseeischen deutschen Städte gegründet: Riga (1201) und Reval (1230). Zwischen 1220 und 1290 erwarb man die grundlegenden Handelsprivilegien, darunter die besonders wichtigen flämischen von 1252/53 und die englischen. Die Kölner waren wohl seit Generationen die führenden deutschen Kaufleute in London; ihre Gildehalle ist 1157 bezeugt. Hundertzehn Jahre später stellte der englische König die Hamburger und Lübecker gleich; seit 1281 gab es nur noch eine Hanse der deutschen Fernhändler in London. Bis 1290 war das hansische Städtesystem rund um die Ostsee vollendet, in Mecklenburg und Pommern ebensogut wie in Schweden. Es erschloß die Ausfuhrgüter des flachen Landes, vorwiegend Getreide im Süden und Erze im Norden. Im Westen handelte man intensiv mit England. Das flandrische Brügge verband die Hanse mit dem maßgebenden west- und südeuropäischen Wirtschaftssystem. Sehr wichtig war ihre breite und tiefe Verankerung im Altsiedelland des Reiches vom Rheinland bis zur Elbe.

Um 1290 löste Lübeck die Vorherrschaft Gotlands ab; oder anders formuliert: Spätestens jetzt trat an die Stelle des Wanderhandels der Handel mittels des Kontors. Vom Rand des hochmittelalterlichen Wirtschaftseuropa aus waren noch vor 1300 die Ostsee und die östliche Nordsee aus Grenzmeeren mit skandinavischer und slawischer Kleinschiffahrt zu Teilen des europäischen Güterkreislaufs gemacht worden. Im 14. Jahrhundert wurde dann aus einer »Pioniersituation« (D. Ellmers) Normalität, nachdem eine Strukturkrise um und nach 1300 überwunden war. Das 14. Jahrhundert war das klassische Zeitalter der Hanse. Der hansische Kernraum umfaßte jetzt ungefähr 1.500 Kilometer in der Länge und mehrere hundert Kilometer in der Tiefe, zwischen der Zuidersee und dem Finnischen Meerbusen bis zur Linie Köln–Erfurt–Halle–Frankfurt an der Oder–Thorn. Südlich davon lagen Breslau und Krakau, im Norden die schwedischen Städte und Visby auf Gotland, die ebenfalls von deutschen Kaufleuten geführt wurden. Insgesamt gab es etwa siebzig aktive und hundert bis hundertdreißig passive Hansestädte. Allein in Westfalen waren es mehr als achtzig, darunter auch ganz kleine und solche, deren Stadteigenschaft zweifelhaft war. Dazwischen lagen Städte, die nicht zur Hanse gehörten, wie Antwerpen, Emden, Flensburg und Schwerin sowie die Städte der Grafschaften Holland und Seeland.

Die Hanse entwickelte sich von einer Vereinigung von Kaufleuten zu einer Vereinigung von Städten. Der Weg dahin war weit; man rechnet mit einer langen Übergangszeit bis ungefähr zum Jahr 1400. Offenbar waren Einzelpersonen auf die Dauer nicht in der Lage, die Privilegien gegen wachsende Widerstände und angesichts zunehmender herrschaftlich-staatlicher Verdichtung zu behaupten. Am Ende des 14. Jahrhunderts erschien das Bürgerrecht in einer Hansestadt als Voraussetzung für die Teilhabe an den Auslandsprivilegien. Ein formelles Bündnis aller Hansestädte, das man auf einen bestimmten Tag datieren könnte, hat es nicht gegeben. Erst 1358 sprach man ausdrücklich von den »Städten von der deutschen Hanse«, erst danach vermochte eine Stadt in die Hanse einzutreten

Verkehrsnetz der Hanse 1500

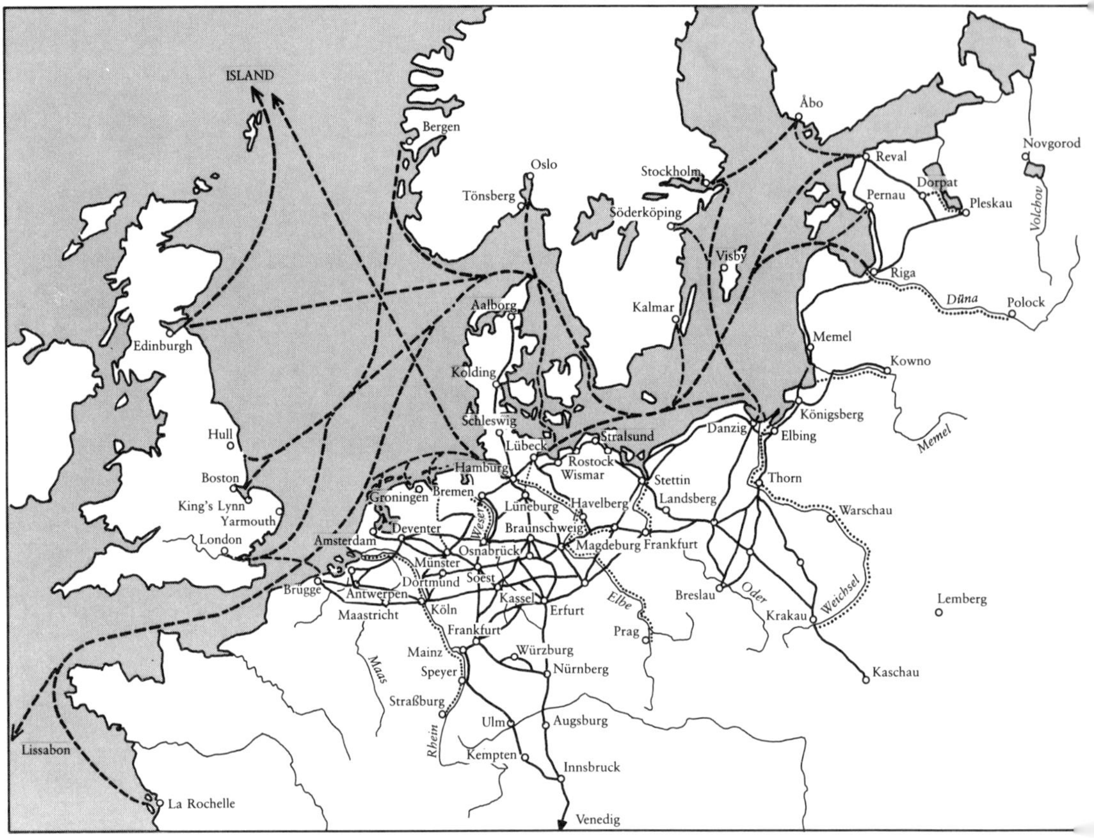

------- Seewege ——— Landstraßen .... Flußwe[ge]

oder aus ihr auszutreten oder auch ausgeschlossen zu werden. Hinderlich für ein enges Bundesverhältnis war der unterschiedliche Verfassungszustand der Städte. Zur Hanse gehörten nur sehr wenige Freie Städte und Reichsstädte, dagegen in erdrückender Mehrheit Territorialstädte, die verschiedenen Herren zugeordnet waren. Aufs Ganze gesehen entwickelte sich die Landesherrschaft im Norden langsamer als im Süden oder am Rhein und wies mehr Rückschläge auf, was der Bewegungsfreiheit der Städte zugute kam. Die Hanse war keine »juristische Person«. Dauernde gemeinsame Finanzen bestanden nicht. Erst aus dem 15. Jahrhundert kennt man Mitgliederlisten, doch sie können nicht als vollständig und korrekt gelten. Auch als tätige Gesamtheit war die Hanse fiktiv, weil immer nur Städtegruppen innerhalb ihrer handelten und Bündnisse auf Zeit und für bestimmte Zwecke schlossen.

Am ältesten war das Bündnis Lübecks mit Hamburg spätestens von 1241. Wohl seit 1265 gab es den Wendischen Städtebund mit Lübeck, Kiel, Wismar, Rostock und Stralsund, dem später auch die nichtwendischen Städte Hamburg und Lüneburg zugeordnet wurden. Ebenso konnte Lübeck allein oder mit den von ihm überzeugten oder beeinflußten Städten handeln. Als politischen Kern der Hanse wird man den Stadtrat von Lübeck ansehen; denn die Stadt war der allgemein anerkannte Hauptort der Vereinigung. Wie beim Reich oder bei den Eidgenossen bestand bei der Hanse ein umfassendes faktisches Gefüge, das nur punktuell und bei konkreter Notwendigkeit schriftlich fixiert wurde. Sehr alte Rechtsvorstellungen und -tatbestände konnten daher lange fortleben. Auf diese Weise bewältigte man auch die Interessenunterschiede, die in einem so großen Raum unvermeidlich waren. In Westfalen zum Beispiel sind die Beziehungen der Städte untereinander so beschaffen gewesen, daß das anderswo bewährte Begriffspaar »Kaufmannshanse/Städtehanse« kaum zutrifft. Wie beim Reich oder bei der Eidgenossenschaft drängte Neues in Richtung auf zunehmende Verfestigung und Institutionalisierung. Eben dieser Wandel schränkte dann die Teilnahme an der Hanse wieder ein. Im übrigen genügte es, wenn auf Herausforderungen reagiert wurde, wenn den Privilegienverletzungen oder anderen Behinderungen, wie die Hanse sie sah, möglichst solidarisch entgegengetreten wurde. Dies ist im ganzen mit einer Energie und Effektivität geschehen, die in Erstaunen setzt. Man scheute weder Geldopfer noch harten militärischen Einsatz. Nur Herausforderungen des Glaubens beantwortete man im Reich noch deutlicher, »nationale« Herausforderungen hingegen lange Zeit viel lascher.

Die ersten gemeinsamen Aktionen mehrerer Hansestädte richteten sich 1277/78 und 1280/81 gegen Handelsbehinderungen in Nowgorod und Brügge, dann 1284/85 gegen Norwegen. Das Mittel des Boykotts erwies sich als erfolgreich. Brügge kapitulierte 1282, der norwegische König 1294. Zur weiteren Festigung der Hanse haben Begegnungen von Vertretern der interessierten Städte beigetragen, die man mit einem zunächst noch etwas zu konkreten Begriff »Hansetage« nennt. Das Jahr 1356 wird als Termin des ersten allgemeinen Hansetags bezeichnet, zu dem der Lübecker Rat eingeladen hatte. Selten waren mehr als zehn bis zwanzig Personen anwesend, die zum Teil mehrere Städte vertraten. Für Abwesende war das Beschlossene nicht verbindlich. In der Regel war nur reagierendes Handeln, dem man kaum mehr ausweichen konnte, konsensfähig; es mochte allerdings von großer Tragweite sein. Trotz der weitaus größeren Homogenität der Mitglieder dürfte die Problematik des Hansetags nicht geringer gewesen sein als diejenige des Reichstags. Anstöße Lübecks zur festeren Organisation trafen auf recht gedämpfte Gegenliebe. Regionale Tage fanden häufiger statt.

Im Jahr 1358 beschloß ein Hansetag die Blockade Flanderns. Das war eine bisher unerhörte Kraftprobe, der Konflikt mit der größten Wirtschaftsmacht nördlich der Alpen. Die Aktionen wurden mit erstaunlicher Exaktheit geplant und verwirklicht. Zwei Jahre später gab Flandern den Kampf auf; es war durch das Ausbleiben der Getreidezufuhr ausgehungert worden. Die Privilegien der Hanse wurden vermehrt und beträchtliche Entschädigungen gezahlt. Gleichzeitig forderte der dänische König die Hanse durch die Eroberung Gotlands heraus (1360). Jetzt kam es zum ersten Mal zu großen Kriegsanstrengungen der Städte, aber zunächst auch zu einem schweren Rückschlag. Daraufhin beschloß ein Hansetag in Köln (1367) ein förmliches Kriegsbündnis der interessierten Städte zwischen Utrecht und Dorpat, das schließlich bis 1385 verlängert wurde. Diese Kölner Konföderation erhob eine Kriegssteuer und legte für jede beteiligte Stadt die Anzahl der zu stellenden Schiffe und Mannschaften fest. Die Hanseflotte zerstörte Kopenhagen und verwüstete die Küsten Dänemarks und Norwegens. Der Friede von Stralsund vom 24. Mai 1370 war ein politischer Höhepunkt in der Hansegeschichte: Die Privilegien der Hanse wurden bestätigt; die vier Burgen, die die Durchfahrt durch den Sund bewachten, sollten auf fünfzehn Jahre an die Städte abgetreten werden; der Nachfolger des jetzt regierenden Herrschers sei mit ihrer Zustimmung zu wählen. Tatsächlich wurde 1376 der Kandidat der Hanse dänischer König.

Weil das ganze System der Hanse auf Vorrechten und auf Hegemonie gründete, die notwendigerweise zu Lasten der einheimischen Kaufmannschaft gingen, war angesichts der großen Ausdehnung und Vielfalt Nordosteuropas kaum ein Problem gelöst, als sich schon wieder neue erhoben. So traten 1388 etwa gleichzeitig in drei Regionen Handelsauseinandersetzungen auf: mit England, Flandern und Rußland. Die Hanse reagierte zugleich auf allen Schauplätzen. In jedem der drei Fälle wurden die Konflikte in einer für die Hanse positiven Weise gelöst – ohne große militärische Aktionen. Hier kam das Maßhalten zur Geltung, das als politischer Grundsatz der Hanse ausdrücklich formuliert worden war, vor allem aber aus ihrem Wesen und Gefüge wie von selbst hervorwuchs.

Probleme kleinerer Dimension, doch nicht geringerer Dringlichkeit stellten sich unterhalb der Ebene des Umgangs mit Königen und Fürsten. Einzelne englische Schiffe, geführt von den »Merchant adventurers«, trieben nicht nur in der Nordsee Handel, sondern suchten in die Ostsee einzudringen. Man machte ihnen so viele Schwierigkeiten wie nur möglich, aber es gelang bis 1474 nicht, sie gänzlich zu verdrängen, auch weil sich die preußischen Hansestädte am direkten Kontakt mit England interessiert zeigten. Noch mehr Sorgen bereitete die Seeräuberei, zumal die Unterscheidung zwischen Kriegs- und Piratenschiff ziemlich unklar war. Am Ende des 14. Jahrhunderts förderten die skandinavischen Thronkämpfe und die Interessen friesischer Häuptlinge das Seeräuberunwesen. Sogar zwei Hansestädte, Rostock und Wismar, wurden unter dem Druck des Herzogs von Mecklenburg zeitweise zu Stützpunkten von Piraten, hauptsächlich aber Gotland. Ein Militärbündnis führender Hansestädte und des Deutschen Ordens machte dem Spuk ein Ende. Der Orden besetzte 1398 Gotland mit vierundachtzig Schiffen, und die Hanse befriedete die Ostsee. Die letzten Seeräuber, die sich in die Nordsee geflüchtet hatten, wurden 1400 und 1401 besiegt. In diesem Jahr wurden Anführer und Mitkämpfer, darunter der durch die Sage bekannt gewordene Klaus Störtebeker, in Hamburg hingerichtet.

Auch das 15. Jahrhundert war in vieler Hinsicht ein erfolgreiches Zeitalter der Hanse. Ein Umschwung deutete sich allerdings insofern an, als sich defensives Denken stärker als früher geltend machte. Außerdem wurde die Konkurrenz kräftiger, zumal in Gestalt der Holländer. Obwohl die Grafschaften Holland und Seeland zum Reich gehörten, wuchsen ihre Kaufleute, wohl wegen des geringeren Alters ihrer Städte, anfänglich nicht in den Sozialverband der Hanse hinein und wurden später nicht mehr aufgenommen. Vom zweiten Viertel des 15. Jahrhunderts an standen Hanse und Holländer fast ständig im Konflikt. Auch gegenüber Flandern wurde noch mehrmals eine Wirtschaftsblockade verhängt; jedesmal obsiegte die Hanse. Besonders deutlich war der Erfolg von 1457, als nach mehrjährigen Auseinandersetzungen die Stadt Brügge abermals eine Entschädigung zahlte und der Herzog von Burgund die hansischen Privilegien aufs neue bestätigte. Im Jahr 1426 errichtete der König von Dänemark einen Zoll am Sund. Nach einem neunjährigen Krieg überwand ihn die Hanse. Der Friede von 1435 ließ zwar den Sund-Zoll bestehen, doch wurden die wendischen Hansestädte davon befreit und gewannen damit einen Vorsprung. Nach Jahrzehnten friedlicher Beziehungen kam es 1469 zum Krieg mit dem König von England und 1470 mit dem König von Frankreich. Im Verlauf des Kampfes brachte 1473 ein großes hansisches Schiff modernsten Typs aus Danzig unter Kapitän Paul Beneke vor der englischen Kanalküste eine florentinische Galeere mit einer unschätzbar wertvollen Ladung auf. Dazu gehörte Hans Memlings Bild vom Jüngsten Gericht, das seitdem in Danzig hängt. Obwohl sich das mächtige Köln wegen seiner abweichenden Interessen nicht solidarisch zeigte und 1471 sogar aus der Hanse ausgeschlossen wurde, unterlagen sowohl England als auch Frankreich. Der Friede von Utrecht 1474, ein Werk des Lübecker Bürgermeisters Hinrich Castorp, war ein bedeutender politischer Erfolg. Der König von England bestätigte alle Privilegien und zahlte eine große Entschädigung. Köln mußte kapitulieren und wurde gegen eine Strafsumme wieder in die Hanse aufgenommen. Im Jahr 1483 kam es zum sogenannten Ewigen Frieden mit Frankreich, in welchem auch für dieses Land die Hanseprivilegien erneuert wurden.

Um 1470/80 zeigte sich die Hanse institutionell gefestigt und den Mächten des nördlichen Europa in vornationalen Konflikten militärisch überlegen. Die Hansestädte waren sich zwar ihrer Identität als deutsche Städte klar bewußt, aber sie führten keine nationalen Kriege, sondern Kriege zur Erhaltung eines Rechtssystems, wie es seit Jahrhunderten gewachsen war. Gerade im 15. Jahrhundert mochte der Handel der Hanse nach Ausdehnung und Volumen den Konkurrenten weit voraus gewesen sein. Trotzdem ging die große Zeit der Hanse unwiderruflich zu Ende. Dies lag am Wesen der Hanse als Vereinigung von Städten und Kaufleuten selbst, oder – so könnte man auch sagen – daran, daß sich das spezifische unverdichtete Gefüge der mittelalterlichen Staatlichkeit und Wirtschaft verengte und verfestigte. In neuzeitliche nationale und territoriale Staaten paßte eine weiträumige vornationale Privilegien-Ökonomie nicht mehr hinein.

Die neue »partikulare« Wirtschaftsform blieb als Alternative freilich auch den großen Hansestädten. Dementsprechend zeigt der nachmittelalterliche Ausklang der Hanse ein durchaus widersprüchliches Bild. Die gemeinsamen Außenpositionen wurden aufgehoben, wie in Nowgorod 1494, oder verfielen, wie in Brügge oder London, einem sich länger hinziehenden Niedergang. Zur gleichen Zeit bewahrten die Stadtstaaten oder Beinahe-Stadtstaaten, Lübeck, Danzig oder Hamburg, ihren Wirtschaftsstatus oder bauten ihn weiter aus. Jetzt ging es um Handelskonkurrenz im modernen Sinne. Der Kern der Hanse zeigte sich auch auf diesem Feld den Mitbewerbern durchaus gewachsen. In dieser Hinsicht war auch noch das 16. Jahrhundert ein hansisches Zeitalter. Die Sund-Schiffahrt hatte sich um 1600 gegenüber 1500 ungefähr versechsfacht. Dem neuartigen Stadium einer zwar weiterhin »Hanse« genannten, aber sich in ihrem Wesen wandelnden Gemeinschaft hat der Dreißigjährige Krieg ein Ende gemacht, nicht freilich den Hansestädten selbst. Sie blieben je für sich Knotenpunkte eines sich verändernden Welthandels. Hamburg war nie mächtiger als im 17. Jahrhundert, da es zur größten Stadt Deutschlands heranwuchs. So hatte die meerbeherrschende »Polis als Großmacht« (A. v. Brandt) – wie im Süden Venedig – noch eine lange Nachblüte.

Handel und Wandel

Das hansische Handelssystem zwischen West und Ost, Süd und Nord beruhte auf einer in Europa wohl einmalig günstigen Austauschsituation. Austausch war hier nicht nur ein wirtschaftlicher, sondern angesichts des europäischen Entwicklungsgefälles in nördlicher und östlicher Richtung auch ein zivilisatorischer Tatbestand. Die Hanse zog Gewinn aus diesem Gefälle und trug zugleich zu seinem Ausgleich bei, wenn sie Bereiche der Rohstoffproduktion und des Warenbedarfs mit solchen der Warenproduktion und des Rohstoffbedarfs in Verbindung brachte. Weil der Handel beträchtliche Produktionssteigerungen hervorrief, verstärkte sich die gegenseitige Abhängigkeit immer mehr. Langwährende und weiträumige Erfolge, wie sie die Hanse aufwies, waren nur möglich, wenn sie eine sachlich begründete und anerkannte, gleichsam symbiotische Funktion erfüllte. Aus gesamteuropäischer Perspektive gesehen traf die Hanse auf eine Randsituation mit verhältnismäßig urtümlichen Wirtschaftsformen. Das minderte die Chancen, daß sich Konkurrenz erheben konnte, beträchtlich. Lenker, ja Beherrscher dieses Systems war nicht der häufig nichthansische Rohstofflieferant oder Warenproduzent, sondern der hansische Kaufmann mit seinem Schiff und seinem Geld. Man kann von einem breit gelagerten Leistungsmonopol der Hanse wohl zwischen der Mitte des 13. und dem Ende des 14. Jahrhunderts reden; dann differenzierte es sich immer deutlicher nach einzelnen Warengattungen. Das Schwinden von Monopolen war aber in Zeiten kräftig steigenden Handelsvolumens nicht dasselbe wie ein absoluter Rückgang.

So bedeutsam es war, daß die Hanse im Ausland als Privilegien- und Rechtsgemeinschaft mit Herrschergarantien und Kostenvorsprung auftreten konnte – für die Städte untereinander bestanden keine Absprachen im Sinne eines Zollvereins. Die Hanse war in erster Linie eine Realität nach außen. Die vier großen Kontore der Hanse befanden sich in Brügge, London, Bergen und Nowgorod; zu ihnen traten zahlreiche kleinere Niederlassungen hinzu. Ein Kontor umfaßte ein rechtlich geschütztes, außer in Brügge auch räumlich abgeschlossenes Areal mit verschiedenen Gebäuden. Die anwesenden Kaufleute, zeitweilig mehr als hundert, unterstellten sich einer selbst gewählten Obrigkeit von »Ältermännern«. Seit 1336 übernahmen die Hansestädte die Regie über die vier Kontore, weil die örtliche genossenschaftliche Leitung mit den Problemen, die der sich verschärfende Wettbewerb hervorrief, nicht mehr fertig wurde.

Die klassische Seehandelsstraße der Hanse war durch die Zentren London/Brügge–Hamburg–Lübeck–Nowgorod markiert. Seit etwa 1350 fuhr man bis an die französische und portugiesische Atlantikküste und im 15. Jahrhundert bis nach Island, ins Mittelmeer zu Handelszwecken nicht vor dem 16. Jahrhundert. Zwischen Hamburg und Lübeck wurde lange Zeit gern der Landweg benutzt, bevor man sich an die schwierige Umsegelung Dänemarks wagte. Der Weg nach Norden führte von Köln nach London, von Lübeck oder Hamburg nach Dänemark, Norwegen, Schweden und nach Finnland.

Über die Quantitäten im Warengeschäft der Hanse weiß man leider sehr wenig – höchstens Daten folgender Art: Im Kriegsjahr 1368 verließen 912 Schiffe den Lübecker Hafen und fuhren 863 darin ein, davon 250 Schiffe mit Heringen. Die Haupthandelswaren der Hanse waren Wolle, Wolltuche und Leinwand, Pelze, Holz, Kupfer, Eisen, Metallwaren, Pech, Wachs, Salz, Trocken- und Salzfisch, Getreide, Bier, Wein, Honig und Öl. Der Westhandel scheint wichtiger gewesen zu sein als der Osthandel. Der Handel nach Süden, von Oberdeutschland bis Ungarn und selbst Italien, ist schwer erkennbar, obwohl er ohne Zweifel sehr bedeutsam war; erst recht galt dies für den Handel im engeren Umkreis der Städte.

Warenverkehr der Hanse von und nach Lübeck 1368

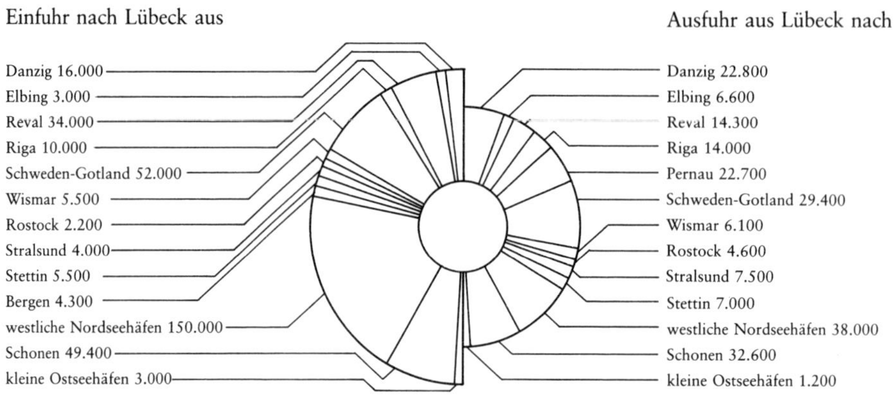

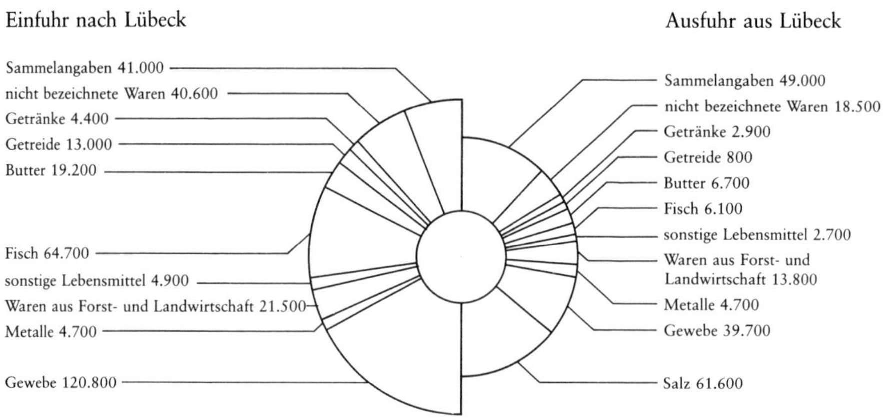

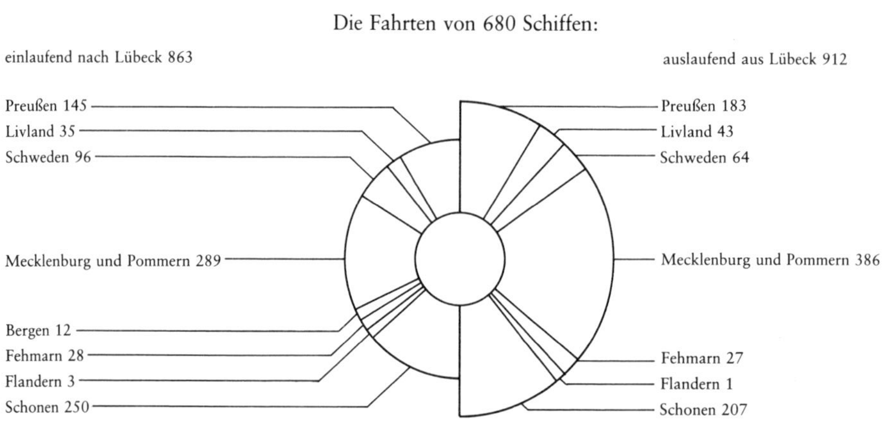

Ein- und Ausfuhr geordnet nach Art der Waren, Wertangaben in Lübischen Mark

Ein- und Ausfuhr regional aufgeschlüsselt, Wertangaben in Lübischen Mark

Regionale Einordnung von insgesamt 1775 Seereisen der 680 in den Lübischen Pfundzollisten verzeichneten Schiffe

Im Vergleich zu den führenden oberdeutschen Städten waren im küstenhansischen Gebiet Geldwesen und Gewerbe wohl weniger entwickelt. Diese Einschränkung galt für die binnenhansischen Städte nicht. In der ersten Hälfte des 14. Jahrhunderts waren Dortmunder Kaufleute im Rahmen des rheinisch-westfälischen England-Handels Gläubiger der englischen Krone. Köln war vermutlich noch vor Nürnberg die wichtigste Gewerbestadt Deutschlands, mit bedeutenden Handelsfirmen, ansehnlichem Geldmarkt, den Anfängen eines Verlagswesens und wichtigen technischen Neuerungen. Braunschweig mit seinem Metallgewerbe oder Erfurt mit der Organisation des Waidanbaus als Grundstoff für die Tuchfärbung erwiesen sich ebenfalls als »modern«. An der Küste war vor allem der Schiffbau heimisch, ansonsten kann man hier am ehesten von einem relativen »innovatorischen Rückstand« (W. v. Stromer) sprechen. Allgemein waren küstenhansische Handelsunternehmen weniger kapitalkräftig als oberdeutsche. Nur sehr selten scheint es im Hansebereich zur Kartell- und Konzernbildung gekommen zu sein, wie bei dem von Thorn, Danzig, Breslau und Posen aus wirkenden Kupferunternehmen Johann und Jakob Falbrechts (seit 1408). In den Nord- und Ostseestädten lebten nur wenige Juden. Der Wechsel war natürlich auch an der Küste bekannt, aber am häufigsten wohl in Verbindung mit Brügge. Die Seeversicherung war anders als im Mittelmeerraum nicht gebräuchlich. Gegen das hohe Risiko der Schiffahrt schützte man sich bei der Hanse durch Aufteilung der einzelnen Ladungen, so daß ein größerer Kaufmann an mehreren Schiffen beteiligt war. Handelsgesellschaften organisierten sich mehr auf Zeit und für einen bestimmten Zweck als auf Dauer, wie es bei den oberdeutschen Familienunternehmen üblich war. Es gab keine so großen Einzelvermögen wie im Süden. Kredit war Warenkredit und Geschäftsbeteiligung, weniger reiner Geldkredit. Dynamik und Risikobereitschaft handelskapitalistischer Art waren vornehmlich Sache des vom Mittelmeerraum angeregten und herausgeforderten Oberdeutschland. So war es kaum ein Zufall, daß im 16. Jahrhundert keine Lübecker Flotte, sondern das Augsburger Geld im Bündnis mit den Habsburgern in die koloniale Welt vorstieß.

Von den Handelspartnern der Hanse ragten aus dem Bereich der Warenproduktion Flandern und unter den Rohstofflieferanten England, Dänemark und Schweden hervor. Das flämische Brügge war der wichtigste Knotenpunkt der hansischen Außenwirtschaft; ungefähr von 1450 an trat Antwerpen an seine Stelle. In beiden Städten fand die Hanse Anschluß an das Handelsnetz Süd- und Westeuropas und an das höchstentwickelte nordalpine Wirtschaftsgebiet hauptsächlich für Textilwaren. Dieses war seinerseits auf Nahrungsmitteleinfuhr angewiesen und daher ein Großabnehmer für das Getreide, das die Koggen aus dem Ostseeraum herbeischafften.

Im Wollausfuhrland England waren Hansekaufleute von alters her vielfältig tätig. Im Jahr 1379 wollte England in aller Form in die Hanse aufgenommen werden, doch der Antrag wurde abgelehnt. Der Hauptpartner war Köln. Für die Getreide- und Holzeinfuhr wurden die preußischen Städte bevorzugt. Die gleichsam naturgegebenen Interessenunterschiede der Hansestädte zeichneten sich kaum je deutlicher ab als im England-Handel. Schon vor 1450 kann man nicht mehr von einer einheitlichen England-Politik der Hanse sprechen. Genaue Zahlen über den Handelsverkehr kennt man erst aus dem späteren 15. Jahrhundert, als die großen Jahre der Hanse zu Ende gingen. Damals betrug ihr Anteil in Konkurrenz mit Holländern und Italienern ungefähr ein Fünftel bis ein Sechstel des englischen Außenhandels. Darunter war ein gutes Drittel des englischen Tuchexports, und zwar bis etwa 1550, ungeachtet eines wesentlichen Anstiegs des Handelsvolumens.

Das hansische Interesse an Dänemark konzentrierte sich – abgesehen von der Durchfahrtsfrage am Sund – auf den Heringsimport von Schonen. Auf den Halbinseln Skanör und Falsterbo hatten Hansekaufleute Niederlassungen mit handfesten Anzeichen der Exterritorialität errichtet. Um 1400, so schätzt man, holten die wendischen Hansestädte jährlich etwa 150.000 Fässer mit Heringen aus Schonen. Hansisches Salz, das zuerst von Lüneburg, später auch von der französischen Atlantikküste herbeitransportiert wurde, machte sie haltbar. Die Schonen-Messen von Ende Juli bis Ende Oktober waren ein Hansemonopol. Im späteren 15. Jahrhundert verringerte sich der Fang vor Schonen immer mehr, der Nordsee-Hering wurde wichtiger. Konkurrenz machte längst der teurere Stockfisch, vor allem getrockneter Kabeljau, den hansische Schiffe im Tausch gegen Getreide und Mehl aus der größten Stadt Norwegens, Bergen, abholten. Die Hanse, besonders Lübeck, machte ganz Norwegen praktisch zu einer Handelskolonie. Der schwedische Bergbau, die einzige »Industrie« weit und breit, förderte Kupfer und Eisen. Das wenig entwickelte Königreich lernte das Städtewesen in der hansischen Form kennen. Die Einwanderung von Niederdeutschen in die entstehenden schwedischen Städte läßt sich mit den Verhältnissen der Ostsiedlung vergleichen, nur daß Adel und Bauern gefehlt haben. Fast alle skandinavischen Städte, auch Kopenhagen, waren im späten Mittelalter zweisprachig; die Kultur der Ländergruppe war stark hansisch bestimmt, und man studierte mit Vorliebe an deutschen Universitäten. Stockholm mit vielleicht 5.000 Einwohnern war ein kleines Lübeck, mit einer deutschen Rats- und wohl auch Bevölkerungsmehrheit. Lübeck verteilte das schwedische Kupfer und stand damit in Konkurrenz zu dem von Nürnbergern, Danzigern und Thornern verkauften Karpaten-Kupfer. So angeregt wuchs die bis dahin bescheidene Ausbeute der schwedischen Bergwerke steil an. Auch die schwedische Landwirtschaft, deren Produkte die Hanse nach Westen exportierte, steigerte ihren Ertrag.

Außer auf den besonderen Leistungen des hansischen Kaufmanns beruhte die Vorherrschaft der Hanse in Nordosteuropa auf der Überlegenheit im Schiffbau.

Die wiederhergestellte Bremer Hansekogge von etwa 1380, ein 23,23 Meter langes, 7,77 Meter breites und in der Mitte 4,40 Meter hohes seegängiges Handelsschiff. Bremerhaven, Deutsches Schiffahrtsmuseum. – Hansekogge mit Schiffseigner und Steuermann beim Schwur. Lübecker Stadtsiegel, 1253–1256. Lübeck, Archiv der Hansestadt. – Handelsschiff des Holktyps. Danziger Stadtsiegel, 1400. Bremerhaven, Deutsches Schiffahrtsmuseum

Beanstandungen der Augsburger Prüfstelle auf einem Barchentstück Conrat Fuggers aus dem Jahr 1461. Schloß Babenhausen, Fugger-Museum. – Stundenglas als Reisesanduhr in doppeltem Lederbehälter. Wohl oberdeutsche Arbeit, 15. Jahrhundert. Wuppertal-Elberfeld, Historisches Uhren-Museum

Am Ende des 12. Jahrhunderts erscheint in den Quellen des hansischen Raumes die Kogge – eigentlich korrekt: der Koggen. Dieses Schiff, das den Seeverkehr im Norden revolutionierte, war wohl friesischen Ursprungs; es stammte offenbar aus dem Rhein-Mündungsgebiet. Es war ein zwanzig bis dreißig Meter langes Fahrzeug mit ungefähr sieben Meter Breite und etwa drei Meter Tiefgang, es führte einen Mast und ein Segel. Aus einander dachziegelartig überlappenden Planken bestand die Schale, die die ganze Konstruktion trug. Sehr bald erhielt die Kogge ein Heckruder und konnte gegen den Wind kreuzen. Eine 1962 in Bremen geborgene Kogge von ungefähr 1380, 23,23 Meter lang, das einzige erhaltene Schiff dieses Typs, kann im Deutschen Schiffahrtsmuseum in Bremerhaven besichtigt werden. Die Ladung betrug ungefähr einhundertzwanzig Tonnen, die Besatzung fünfzehn bis zwanzig Mann. Im 14. Jahrhundert kam als neuer Schiffstyp der Holk auf, der vermutlich für die Kontinent-England-Fahrt benutzt wurde und abermals zuerst bei den Friesen nachweisbar zu sein scheint. Der Holk war ein größeres, überwiegend flachbodiges, weiterhin einmastiges Schiff, das dreihundert Tonnen oder mehr laden konnte. Bruchstücke eines Holks von 24,50 Meter Länge sind 1969 bis 1975 im Hafen von Danzig gehoben worden. Es gab auch Mischtypen zwischen Kogge und Holk. Nach 1450 erschien als dritter Schiffstyp das Kraweel, französisch Caravelle genannt, ein dreimastiges Schiff italienischer und atlantischer Herkunft. Es mochte vierzig Meter lang sein und achthundert Tonnen tragen. Das Kraweel besaß einen glatten Rumpf; seine Planken stießen unmittelbar aneinander. Das Schiff wurde von seinem Spantengerüst stabil gehalten. Damit war die technologische Schranke gefallen, die Kogge und Holk bei einer bauartbedingten Höchstgröße festgehalten hatte. Es gab aber offenbar auch schon Schiffe vom Holktyp, die in der Art des Kraweels gebaut waren. Anscheinend setzte um 1470 eine sehr rasche Fortentwicklung des Schiffbaus ein. Schon wenig später, 1493, zeigte das Siegel Maximilians von Habsburg, des späteren Kaisers, das vollentwickelte dreimastige Segelschiff, das in seinen Grundeigenschaften fortan kaum mehr verbessert wurde. Es war der Schiffstyp, mit dem Kolumbus Amerika entdeckte und die Europäer die Welt eroberten. Prinzipiell ganz ähnlich waren noch die Schiffe der napoleonischen Zeit beschaffen. Erst die Dampfmaschine und das Eisenschiff leiteten eine neue Phase ein.

Obwohl die Hanse ihrem Wesen nach keine militärische Macht war, führte sie eine Anzahl großer Seekriege, zumal gegen die Könige von Dänemark, England und Frankreich. Kogge und Holk hatten etwa seit den achtziger Jahren des 14. Jahrhunderts Pulvergeschütze an Bord. Im Mittelalter gab es keine ständigen Kriegsschiffe; man bediente sich umgerüsteter Handelsschiffe. Der Kampf zur See wurde vorwiegend durch den Enterangriff entschieden. Erst im 16. Jahrhundert bauten die Hansestädte große Kriegsschiffe, wie den Lübecker »Adler« mit achtundsechzig Geschützen.

Die Schiffahrt in der Ostsee war küstennah. Der Winter bot solche Hindernisse und Schwierigkeiten, daß man lange Zeit, von Mitte November bis in die letzte Februarwoche, im Hafen blieb. Dem Geleitzugsystem gab man den Vorzug. Als Hauptnavigationsmittel dienten Merkzeichen an der Küste, besonders Kirchtürme, und das Lot. Der Kompaß war seit dem 13. Jahrhundert bekannt, hat jedoch keine große Rolle gespielt. Das erste hansische Seehandbuch, das die nordeuropäischen Schiffahrtswege knapp beschreibt, entstammt dem ausgehenden 15. Jahrhundert. Ein bemerkenswertes technisches Denkmal ist der 1398 vollendete Stecknitz-Kanal, der Lübeck mit der Elbe verband. Er war vor allem für den Transport des Lüneburger Salzes bestimmt, aber für Seeschiffe nicht befahrbar.

Bildung und Wissenschaft, Literatur und Kunst

Lesen, Schreiben und Unterrichten

Im Laufe des 13., 14. und 15. Jahrhunderts gewöhnten sich immer mehr Menschen daran, lesen und schreiben zu lernen, ohne daß dieses Können bereits etwas Selbstverständliches für jedermann wurde. Wie vieles im alten Europa waren Erwerb und Gebrauch des Lesens und Schreibens an soziale Voraussetzungen gebunden; bei Königen und Fürsten verhielt es sich anders als beim Klerus, bei Bürgern anders als bei Bauern. Von Rudolf von Habsburg bis Ludwig dem Bayern konnten die meisten Herrscher infolge ihrer ritterlichen Bildung weder lesen noch schreiben. Das änderte sich mit Karl IV., der unvermittelt den Schritt zum literarisch gebildeten und selbst literarisch tätigen König vollzog. Friedrich III. konnte beinahe schon als aktenstudierender Herrscher gelten. Beim Klerus unterschied sich nach hochmittelalterlicher Tradition noch ungefähr bis 1350 Lese- und Schreibfertigkeit recht deutlich. Wenn es nach Kirchenrecht dem Geistlichen verboten war, ein »Illiteratus« zu sein, so war damit zunächst nur die Pflicht des Lesens gemeint. Viele Kleriker in Deutschland – wie anderswo – waren bis zur Mitte des 14. Jahrhunderts schreibunkundig. Auch in der ritterlichen Kultur zumal des niederen Adels nahm die Schriftlichkeit zunächst nur geringen Rang ein, doch hier wandelte sich dann im 15. Jahrhundert vieles. Es kann als gesichert gelten, daß die große Dichtung des deutschen Rittertums um 1200 in hohem Maße schriftlos gewesen ist, wenngleich einige Autoren, wie Hartmann von Aue, lesen konnten. Vom Südtiroler Ritter Oswald von Wolkenstein (1445 gestorben), dem so lebensvolle Verse gelangen, nimmt man an, daß er weder das Lesen noch das Schreiben beherrscht hat. Neben einer schriftlichen Kultur konnten auch geistig hochrangige mündliche Kulturen bestehen – besonders in einer Zeit, als dem Gedächtnis eine unvergleichlich höhere Qualität zukam als in der Moderne. Analphabetentum war jahrhundertelang nicht dasselbe wie Unbildung und bedeutete schon gar nicht ein Kriterium des sozialen Ranges. Beides stellte sich erst ein, als die spätmittelalterliche Welt immer komplizierter wurde, spätestens im 15. Jahrhundert. Schon zuvor hatte sich das Papier als Beschreibstoff durchgesetzt und damit das Zeitalter des Vielschreibens eröffnet. Im späten 13. Jahrhundert war die Brille erfunden worden, so daß auch die Sehschwachen noch im Alter lesen und schreiben konnten.

Von den Stadtbewohnern waren die Juden als einzige wohl fast ausnahmslos schrift- und lesekundig. Für die christlichen Städter boten der Bedarf der gehobenen Kaufmannschaft, der heranwachsenden kirchlichen, kommunalen, territorialen und königlichen Verwaltung und das Bedürfnis des entstehenden

Bildungswesens selbst die entscheidenden Anstöße zur Schriftlichkeit. Die Stadt schuf oder konzentrierte auch die für das Spätmittelalter so bezeichnende, zahlenmäßig ansehnliche Gruppe der »Minoristen«, der Kleriker mit niederen Weihen. Sie wurden trotz schriftbezogener Ausbildung und klerikaler Vorrechte nie Priester, konnten in den Laienstand zurücktreten und Laienberufe ergreifen. Man schätzt, daß vor dem Beginn der Reformation zehn bis dreißig Prozent der Städter und damit zwei bis sechs Prozent aller Deutschen lesen und schreiben gelernt hatten. Unter den Bauern waren beide Fertigkeiten kaum bekannt. Dorfschulen, ausgenommen am hochentwickelten unteren Niederrhein, scheinen sehr selten gewesen zu sein. Man kann damit rechnen, daß die Zunahme der Lese- und Schreibfähigkeit zunächst langsam und zuletzt sehr rasch vor sich gegangen ist. Als Anhaltspunkt dafür mag die Schätzung dienen, daß mehr als zwei Drittel aller mittelalterlichen Handschriften, die wir insgesamt besitzen, aus dem 15. Jahrhundert stammen. Der Buchdruck hat diese Beschleunigung noch wesentlich gefördert.

Das einigermaßen institutionalisierte Schulwesen bewältigte Ausbildung und Bildung bei weitem nicht allein. Standardisierende Schulpflicht und übergreifende Schulordnungen gab es nicht, statt dessen auch auf diesem Gebiet viel personenbezogenes und individuelles Handeln. In der Familie mochten sich Verwandte, kaufmännische Gehilfen des Hausvaters oder vagierende Kleriker beim Unterricht betätigen, und der Pfarrer mochte es für richtig halten, einige Kinder zwecks Ausgestaltung seines Gottesdienstes zu unterrichten. Die Pfarrschule wurde die maßgebliche Schule des beginnenden Spätmittelalters in den vielen Städten, in denen nicht im Schatten einer Bischofskirche oder eines großen Kollegiatstifts schon ältere Ausbildungsstätten bestanden. Besonders viele Pfarrschulen gab es im Westen des Reiches, in den späteren Niederlanden, im Rheinland und im Elsaß. Für diese Einrichtungen galt ganz besonders, was für die meisten älteren Schulen zutreffen dürfte: Sie standen zwischen der Geistlichkeit mit ihren hergebrachten Schulrechten und ihrem alten Bildungsmonopol und dem zur allumfassenden Obrigkeit hinstrebenden Rat. Das schuf eine typische Konfliktsituation, die zu jahrzehntelangen Auseinandersetzungen führen konnte, welche bis vor König und Papst gebracht wurden. Es gab aber keine moderne Front zwischen »Kirche« und »Staat«; denn es ging nicht um Bildungspolitik oder um Bildungsinhalte, sondern um die Verteidigung von Rechtssphären innerhalb der gemeinsamen christlichen Welt und um das Schulgeld der Eltern. Am wenigsten gab es ein geschlossenes laikales Konzept der Schulbildung mit langfristigen Überlegungen. Daß das Beinahe-Bildungsmonopol des Klerus durchbrochen wurde, war eine – freilich hochwichtige – Nebenwirkung.

Die Pfarrschule war eine Lateinschule; in ihr lernte man lesen und schreiben auf der Basis der lateinischen Sprache. Demgemäß war die Schriftlichkeit der Verwaltung und der Kaufleute bis tief ins 14. Jahrhundert hinein lateinisch. Für den nach geistigen Gütern Strebenden stellte diese Sprache ohnehin ein Bildungsgut an sich und den einzigen Schlüssel zur gelehrten Welt dar. Auch im 15. Jahrhundert blieb die Lateinschule führend, wenigstens in den etwas größeren Städten. Pfarrschulen bestanden verhältnismäßig früh dort, wo es keine geistliche Bildungsstätte hochmittelalterlichen Typs gab oder wo die Übermacht des Rates das Neue leicht durchsetzen konnte. Spät zeigten sie sich dort, wo das Bedürfnis nach Schulbildung anders erfüllt wurde oder kommunalpolitisch umkämpft war. Im allgemeinen war für die größeren Städte – ob in Schwaben oder an der Ostsee – die zweite Hälfte des 13. Jahrhunderts das entscheidende Zeitalter der Pfarrschulgründungen, in kleinen Städten dann das 14. oder gar das 15. Jahrhundert. Die vermittelten Inhalte sollte man sich weder entschieden kirchlich noch entschieden kaufmännisch, sondern auf geistlicher Grundlage flexibel vorstellen. Es war öfter der Fall, daß eine unter stärkerem Ratseinfluß stehende Schule nur Elementarunterricht erteilte und damit der kirchlich bestimmten, anspruchsvolleren Anstalt untergeordnet blieb – zumindest so lange, bis sich die städtischen Instanzen am Ende des Mittelalters politisch durchsetzten.

Konflikte gab es nicht nur um Lateinschulen, sondern erst recht um neuzuerrichtende »deutsche« Schulen, besonders vom 15. Jahrhundert an. Ihre Wurzeln führen in die zweite Hälfte des 14. Jahrhunderts zurück, am unteren Niederrhein auch noch weiter. Die neuen »Schreib- und Leseschulen« lehrten diese Fertigkeiten auf der Grundlage der deutschen Sprache und vermittelten das Lateinische erst später, zum Teil dürftig oder gar nicht; manchmal wurde ihnen der Lateinunterricht sogar verboten, um den Qualitätsunterschied zu betonen. Auch die »deutschen« Schulen waren weniger ein Grundsatzproblem, als daß sie den alten Zuständigkeitsstreit wieder aufgriffen. Sie verschärften ihn allerdings durch die Fragwürdigkeit, ja Illegalität vieler neuer Gründungen als »Winkelschulen«. Ihre Qualität wurde dann nach und nach gesteigert, notfalls unter dem Druck des Rates. Diese Schulen waren billiger und nahmen erheblich mehr Kinder als bisher auf. Außerdem mochte ihr Unterricht »praxisnäher« ausfallen. Der Klerus gab den Widerstand gegen sie auf, wenn die Machtverhältnisse dies erzwangen, oder schloß die Augen, wenn die kirchliche Schulhoheit im Grundsatz anerkannt blieb. So konnte das Positive der Neuerung allmählich in den Vordergrund treten. Die »deutsche« Schule war für kleine Städte oder Flecken besonders geeignet und behauptete sich auch in den größeren Städten mit Erfolg im Wettbewerb, so daß die Lateinschulen sogar Zweige des neuen Typs eröffneten oder sich beide Typen vermischten. Bei alledem gewann die deutsche Sprache – wiewohl mühselig – grammatisch und didaktisch an Eigenständigkeit. Andererseits lockerte sich für das gesamte, nun erweiterte Schulwesen – wenn man es als Einheit sehen darf – der Kontakt zur lateinischen Mutterkultur; die alte Spaltung in Alphabeten und Analphabeten wurde, soweit sie Ausdruck zweier verschiedener Kulturen war, kaum gemildert als Spaltung der Schulbildung weitergeführt. Der Preis für die soziale Öffnung der Schule bestand darin, daß die drei Hauptelemente des spätmittelalterlichen Unterrichts – die sittlich-religiöse Belehrung, das Elementar-Praktische und das Gelehrt-Lateinische – nicht vereint blieben.

Der Lateinunterricht vollzog sich in drei Stufen. Der erste Schritt war das Lesen- und Schreibenlernen mit Wachstafel und Griffel nach kleinen ABC-Blättchen oder -Täfelchen, die der Lehrer hergestellt hatte. Es folgte der »Mittelstufen«-Unterricht nach der spätantiken Grammatik des Aelius Donatus oder nach deren verkürzter Ausgabe, der »Ars minor«. Die Fortgeschrittenen lernten aus der um 1200 entstandenen Versgrammatik Alexanders von Villa Dei. Ziel war die Sprechfähigkeit im Lateinischen mit einer oft abenteuerlichen Umformung der klassischen Regeln, kaum die Lektüre antiker Autoren. Diese wurde erst durch die »Brüder vom gemeinsamen Leben« für den Nordwesten und Norden wiederbelebt. Schulen wie diejenigen in Zwolle und Deventer waren am ehesten fortschrittliche Bildungsstätten, doch vielfach sah es anders aus. Eine anspruchsvolle Nürnberger Lateinschule, die Lehrer und Schüler pointiert von den »Leyen« unterschieden sehen wollte (1485) und nur das Lateinische als Unterrichts- und Verkehrssprache zuließ, erteilte täglich am Vormittag und am Nachmittag je drei Stunden Unterricht. Die Schüler waren nach ihren Fähigkeiten in drei Stufen gegliedert, hielten sich jedoch alle in ein und demselben Raum auf. Vier der sechs Stunden dienten der Einübung in die kirchliche Liturgie, zwei Stunden waren dem übrigen Unterricht gewidmet. Im lateinischen Schulwesen bestand eben die ursprüngliche Funktion der Schule als Hilfsinstitution der Kirche fort. Dabei ging es nicht so sehr um den Klerikernachwuchs als um das Mitwirken beim Gottesdienst. Das lateinische Gebet und der Kirchengesang waren die wichtigsten Fächer. Hier griff der Nürnberger Rat ein, wenn auch erst um 1500, und setzte für die erste Stufe sechs »eigentliche« Unterrichtsstunden täglich durch. Immer wieder gingen Veränderungen solcher Art von Rat und Bürgerschaft aus, ohne daß sie sich gegen das lateinische Schulwesen an sich wandten. Die zweiundzwanzig um 1370 vollgeschriebenen Wachstäfelchen aus der Lübecker Pfarrschule bei St. Jakobi, die man 1866 in einer aufgegebenen Kloake gefunden hat, enthalten vielerlei kaufmännische und stadtpolitische Übungstexte – mit einer einzigen Ausnahme in lateinischer Sprache.

Die älteste bekannte Fibel in deutscher Sprache, 1486 bis 1493 entstanden, aus dem Besitz des Augsburger Kaufmanns Claus Spaun, erlaubt einen Einblick in die Unterrichtspraxis einer »deutschen« Schule. Das grammatische Verständnis der deutschen Sprache klammerte sich noch sklavisch an das Latein. Wesentlich überzeugender und sichtlich aus langjähriger Praxis erwachsen waren die Übungsteile. Ihr Wortschatz entstammte der Welt des Kaufmanns. Illustrationen erleichterten das Wiedererkennen von Lauten; so ist beispielsweise zum »st« ein

Star, zum »sp« ein Specht abgebildet. Das erste gedruckte deutsche Rechenbuch (1482) stammt aus Nürnberg, wo dieses Unterrichtsfach intensiv gepflegt wurde. Rechnen galt in der Schule vorerst weniger als Elementarstoff denn als Sonderleistung.

Die Schüler fanden sich zumeist in engen und ungastlichen Schulräumen zusammen. Für die Bürgerkinder wurde Schulgeld gezahlt, während arme Schüler auf Wohltätigkeit angewiesen blieben. Der Schulbesuch erfolgte nicht unbedingt regelmäßig; öfter ging man nur im Winter zur Schule. Die Jüngsten waren wohl fünf bis sechs Jahre alt. Über die Dauer der Schulzeit entschieden die Eltern. Im Mittelpunkt des Unterrichts stand das Auswendiglernen, vermutlich häufig eingebleut mit Hilfe der Rute, des Standessymbols des Schulmeisters. Es gab keine festgelegten Ferien, doch zahlreiche kirchliche Feste und lokale Anlässe sorgten für freie Tage. In »deutsche« Schulen wurden – anders als in Lateinschulen – auch Mädchen aufgenommen. Mancherorts entstanden sogar Mädchenschulen. Wenn man den einzigartigen Einblick verallgemeinern darf, den die Schülerlisten der Schule an St. Georg in Hagenau seit 1413 bieten, dann hat der Schulmeister im Durchschnitt fünfzig Jungen und zwanzig Mädchen unterrichtet. Sie waren nach Schulgeld und Ausbildung gänzlich gleichgestellt.

Die Schule einfacheren Zuschnitts ist dem handwerklichen Milieu eng verbunden gewesen. Die Bamberger Vorschrift für »teutsche Schulmeister und Schulfrawen« von 1491 rangiert unter den Handwerksordnungen. Die »deutsche« Schule war ein Broterwerb für den Lehrer, seine Frau und seinen Lehrling im Sinne einer privaten Werkstatt, die sich der Konkurrenz anderer Unternehmen stellte. So ließ sich uber Abwerbung von Schülern, Unterbietung des Schulgelds und üble Nachrede klagen. Wenigstens wurde die Qualität der Schule wie etwa im Tuchgewerbe immer wieder obrigkeitlich kontrolliert, doch ohne daß es eine Meisterprüfung gab. Die Vorbildung der Lehrer und Lehrerinnen war sehr unterschiedlich und hatte bei weitem nicht immer mit dem Besuch einer Universität zu tun; in vielen Fällen gab es eine Art Lehrzeit bei einem Schulmeister. Viele Schulen waren kurzlebig, weil die Lehrer weiterwanderten oder in ihrer Tätigkeit ein Zwischenstadium auf dem Weg zu einer Pfründe erblickten. Immerhin handelte es sich beim Lehrer am Ende des Mittelalters um einen recht verbreiteten Beruf – mit nicht selten kümmerlicher Existenz. Der Aufstieg war am ehesten für Rechenmeister möglich, die gesuchte Spezialisten waren.

Aus dem Quellendunkel treten einige ansehnliche Figuren des Lehrerstandes hervor. Zu ihnen gehörte im 14. Jahrhundert der Rektor der Dresdener Kreuzschule, Nikolaus von Düben, der, nachdem er wohl in Prag den Magistertitel erworben hatte, weit verbreitete Hand- und Lehrbücher verfaßte, unter anderen Brief- und Urkundenmuster. Wie Nikolaus in die Scholastik zurückblickte, so wies der von Jakob Wimpheling gerühmte Paderborner Ludwig Dringenberg, ein Magister der Universität Heidelberg, in das humanistische Zeitalter voraus.

Er war von 1441 bis 1476 Lehrer der Lateinschule an St. Georg in Schlettstadt, deren ausgezeichneten Ruf er begründete. Ihm darf man pädagogischen Eifer ungefähr im modernen Sinne zusprechen.

Wissenschaft und Wissenschaftler

Wissenschaft im vollen Sinne ist moderne Wissenschaft. Unter den Merkmalen jedoch, die moderne Wissenschaft bestimmen, sind einige wesentliche viel älter als diese. Sie entstammen der Antike und dem Mittelalter. Insofern kann man von mittelalterlicher Wissenschaft sprechen – allerdings unter der Bedingung, daß man andere, im heutigen Wissenschaftsbegriff nicht mehr enthaltene Wesenszüge mitbedenkt. Wie die moderne Wissenschaft war die mittelalterliche international, und zwar seit dem 13. Jahrhundert nicht nur innerhalb des lateinischen Kulturkreises; denn griechisches, jüdisches und arabisches Gedankengut floß damals in reichem Maße in das lateinische Europa ein. Wie die moderne Wissenschaft war die mittelalterliche rational, das heißt logisch durchgeformt, kritisch und von formaler Zucht geprägt. Wie die moderne Wissenschaft war die mittelalterliche allumfassend vom Abstraktesten bis zum Konkretesten und an zahllosen Einzelphänomenen interessiert. Wie die moderne Wissenschaft wurde die mittelalterliche von ihren Organisationsformen und ihrer sozialen Umwelt beeinflußt und wirkte auf diese zurück. Wie die moderne Wissenschaft war die mittelalterliche das Produkt von Individuen, den Wissenschaftlern, die auf geistige Abenteuer ausgingen und leidenschaftliche Kontroversen ausfochten, sich mit Blindheit geschlagen in Irrwege verrannten und blitzartig unverlierbare Einsichten gewannen.

Anders an mittelalterlicher Wissenschaft war im Vergleich zur Moderne vor allem ihre Zuordnung zur größten geistigen Macht der Vergangenheit: zur Kirche. Offenbarung und gelehrte Autoritäten wie die Kirchenväter hatten die Wahrheit kundgetan und eine innere Einheit der Welt von Gott dem Schöpfer bis zum kleinsten Teilchen vorgegeben. Auch Ursprung und Ziel des Universums waren bekannt. Nach modernem Denken waren dies hemmende Kräfte, die sich vornehmlich in den Bereichen der Empirie und des Experiments zeigten. Diese beiden waren geläufig; nicht geläufig war jene fachliche Selbstbestimmung und Eigengesetzlichkeit des Denkens, die so viel zu den Fortschritten der Moderne beigetragen hat. Dementsprechend betrachtete man den einzelnen Forschungsgegenstand weniger um seiner selbst willen denn als ein Objekt, das der offenbarten Wahrheit zu- und untergeordnet war. Blinder Glaube an Autoritäten oder gar Aberglaube lagen da nicht sehr fern. Vom fachgesteuerten System der modernen Einzelwissenschaften aus geurteilt mochten daher im »fremdgesteuer-

Der Bakkalaureus am Schreibpult beim Unterrichten seiner Schüler. Miniatur in einer in der ersten Hälfte des 15. Jahrhunderts entstandenen alchimistischen Sammelhandschrift. Prag, Universitätsbibliothek

Allegorie auf die Gott dienenden Wissenschaften und das der Theologie unterworfene Lehren und Lernen: die Dreifaltigkeit mit dem »Schmerzenskind« als Sinnbild der Theologie, der ranghöchsten Fakultät; die Personifikation der Philosophie, der rangniedrigsten Fakultät; Unterricht in einer Lateinschule mit der sie personifizierenden Grammatik. Kolorierte Zeichnung in einer um 1480 entstandenen Sammelhandschrift mit mittelhochdeutschen Texten. Wien, Österreichische Nationalbibliothek

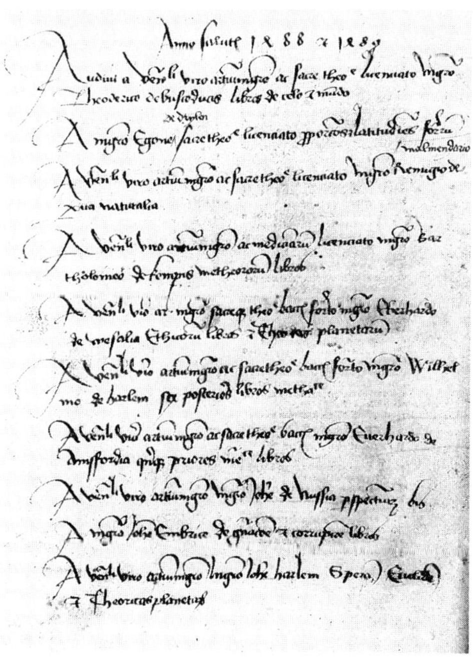

Die von Herzog Rudolf IV. 1365 gegründete Universität Wien sowie Magister und Scholaren während einer Vorlesung. Randminiatur auf der ersten Seite einer zwischen 1386 und 1406 in Wien entstandenen Handschrift der mittelhochdeutschen Fassung des ursprünglich lateinisch geschriebenen »Rationale divinorum officiorum« von Guilelmus Durandus. Wien, Österreichische Nationalbibliothek. – Verzeichnis von Vorlesungen an der Universität Köln in den Jahren 1488/89. Eintragung eines Mönches des Paderborner Klosters Abdinghof in einer Sammelhandschrift. Paderborn, Erzbischöfliche Akademische Bibliothek. – Medizinischer Vortrag am Beispiel von Erkrankten. Holzschnitt in dem 1491 in Mainz erschienenen Druck »Ortus sanitatus«. Nürnberg, Germanisches Nationalmuseum

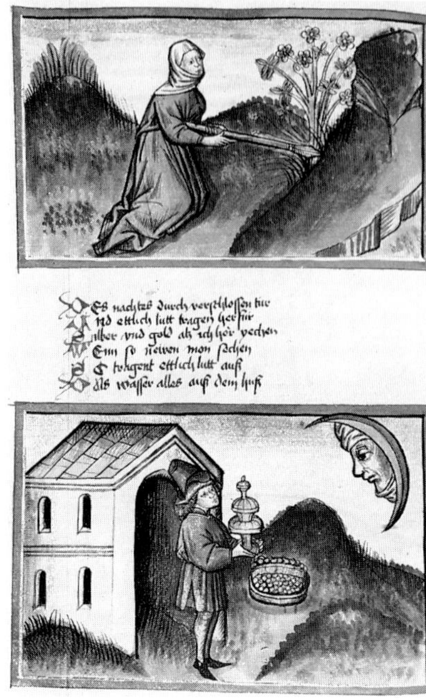

Das moralisch-allegorische Lehrgedicht »Der Renner« des Hugo von Trimberg. Eine Seite in einer im 15. Jahrhundert entstandenen illuminierten Handschrift. München, Bayerische Staatsbibliothek. – Zauberei. Miniatur in der 1411 in Tirol entstandenen Handschrift »Die Blumen der Tugend« des Hans von Vintler. Gotha, Landesbibliothek. – Der deutsche Alexander-Roman von Johann Hartlieb. Zwei Seiten in einer 1455 entstandenen illuminierten Handschrift. München, Bayerische Staatsbibliothek

ten« mittelalterlichen Universalsystem Richtiges und Falsches unvermittelt aneinanderstoßen. Solche Einschränkungen werden allerdings dadurch relativiert, daß die Wahrheit Gottes sehr unterschiedlich verstanden werden konnte. Es ist zweifelhaft, ob es je ein einziges Universalsystem gegeben hat. Mittelalterliche Wissenschaft in ihrer Blüte war kontrovers und in ständiger Bewegung begriffen, gerade weil es zuletzt um ein einziges, ihr so außerordentlich wichtig erscheinendes Thema ging: um Gott und seine Welt.

Am Anfang des Spätmittelalters faßte man das Wissen der Periode, aufbauend auf dem Erbe der Antike, in großen Enzyklopädien zusammen. Die wichtigste ist diejenige des Dominikaners Vinzenz von Beauvais (1264 gestorben). Sein »Speculum« zeigt in der Anordnung des Stoffes die Theologie als Königin der Wissenschaften, läßt jedoch das weltliche Wissen von der Geschichte bis zu Landwirtschaft und Technik nach Umfang und Vielfalt überwiegen.

Die Organisationsformen, in welchen solche Wissenschaft betrieben wurde, waren vielgestaltig. An ihrer Spitze befand sich die vor und um 1200 entstandene abendländische Universität. Schon für Alexander von Roes war sie – zwei oder drei Generationen später – neben der von Gott eingesetzten Kirche und dem gottgewollten Reich die dritte Säule menschlich-christlicher Existenz. Gemäß der zivilisatorischen West-Ost- und Süd-Nord-Entfaltung Europas war auch die Universität ein Produkt des Westens und des Südens. Im ersten Jahrhundert des späten Mittelalters hatten die Deutschen in der Mitte des Kontinents nur insoweit daran teil, als sie an auswärtigen Universitäten lernten und lehrten und in Deutschland universitätsähnliche Institutionen einrichteten. Die hervorragende Rolle, die das 13. Jahrhundert in der Geschichte der Schriftlichkeit, Kultur und Wissenschaft Europas spielte, war zunächst eine Sache der romanischen Länder, auch Englands. Der deutsche Anteil scheint dort am größten gewesen zu sein, wo die günstigsten Voraussetzungen bestanden hatten: im Nordwesten und Westen. Bereits im Hochmittelalter hatten Deutsche an anspruchsvollen Schulen im nordalpinen Raum oder in West- und Südeuropa gelernt und gelehrt, doch es handelte sich um recht geringe Zahlen. Erst im späten Mittelalter wurde das Studium zur mitbestimmenden Kraft in der Gesellschaft.

Das wichtigste Zentrum der Theologie und Philosophie war Paris. Das Kirchliche und das Römische Recht wurden von Bologna geprägt. Bei der Medizin, die als gelehrte Wissenschaft eine verhältnismäßig geringe Rolle spielte, galten Salerno und Montpellier am meisten. Das Pariser Modell einer Universität mit vier Fakultäten – mit der Basisfakultät der Artes, später Philosophische Fakultät genannt, und den drei höheren Fakultäten der Theologie, Jurisprudenz und Medizin – wurde auf Jahrhunderte hinaus für das nordalpine Europa verbindlich. Fast alle Studenten waren Kleriker. So erwies sich das päpstliche Privileg von 1219, das die Einkünfte der heimischen Pfründen für fünf

Jahre sicherte, wenn man zum Studium abwesend war, als eine entscheidende Hilfe. An der Universität selbst spielte sich die Kontrolle der Magister über die künftigen Kollegen und damit der Anfang der Graduierung und des Prüfungswesens ein. Man konnte bei den Artisten den Grad des Baccalaureus und des Magisters erwerben und in den höheren Fakultäten abermals Baccalaureus und dann Lizentiat und Doktor werden. Dieses erste, internationale Zeitalter der europäischen Universitätsgeschichte währte bis 1378, bis zum Ausbruch des Großen Schismas.

Von 1268 bis 1562 kennt man die Namen von 4.368 Deutschen, die in Bologna Kirchenrecht oder die Rechte studiert haben; die wirkliche Zahl dürfte wesentlich höher gewesen sein. Ein abgeschlossenes Studium dauerte wohl sieben Jahre; es war sehr teuer und demzufolge sozial exklusiv. Von 1333 bis 1406 gehörten der gemeinsamen Englisch-Deutschen Nation in Paris 1.700 Studierende an. Ein großer Teil der deutschen Führungsgruppen hat das Studienerlebnis von Generation zu Generation in Italien erfahren und damit die alte Verbindung über die Alpen neuartig belebt. Den prägenden Einfluß des Lernens in der Fremde und des Zusammenlebens von Landsleuten unterschiedlicher regionaler Herkunft kann man schwerlich überschätzen. An den älteren Universitäten schlossen sich die Lernenden in landsmannschaftlichen Einungen zusammen, die sich »Nationen« nannten. Die Deutsche Nation war infolge des großen Einzugsgebiets normalerweise die zahlreichste und mächtigste.

Mit welcher Schnelligkeit sich der soziale Wandel durch das Studium schon vor der Gründung deutscher Universitäten vollziehen konnte, beobachtet man am besten im hochentwickelten Raum, den das Bistum Lüttich im Nordwesten des Reiches umspannte. Dort sind zwischen 1200 und 1300 im kirchlichen oder weltlichen Dienst 380 Graduierte nachweisbar, in den vierzig Jahren nach 1300 fast 200 und allein zwischen 1340 und 1350 mehr als hundert weitere. Darunter waren viele mit einer nur artistischen Grundausbildung, aber auch bereits einige Juristen, die nach Adel und Großbürgern zu einer weiteren politischen Führungsgruppe heranwuchsen.

Das höhere Bildungswesen innerhalb Deutschlands zeigt im ersten Jahrhundert des Spätmittelalters ein buntes Bild. Ein deutlicher Unterschied zu West- und Südeuropa bestand darin, daß die deutschen Hohen Schulen keine akademischen Grade erteilten. Während die institutionelle Geschichte der deutschen Universität erst 1348 beginnt, kann man die Geschichte der anspruchsvollen wissenschaftlichen Lehre wesentlich früher einsetzen lassen, am besten mit dem Anfang des Wirkens von Albertus Magnus in Köln im Jahr 1248. Neben den Bettelordensstudien bildeten einzelne weltgeistliche Schulen, wie in Prag und Wien, oder ein Schulverbund, wie in Erfurt, oder alte Domschulen, wie in Würzburg, durchaus bemerkenswerte Mittelpunkte. Man konnte also auch außerhalb der Universität studieren, sofern man auf die akademische Graduierung verzichtete. Lehrer- und Studentenwechsel von solchen Schulen an auswärtige Universitäten und zurück waren nicht selten.

Besonders wichtige Hohe Schulen in Deutschland waren die Generalstudien der Bettelorden, zeitweise um den Preis scharfer innerer Spannungen zwischen Ordensideal und gelehrter Welt. Niemals zuvor in der Kirchengeschichte zeigten sich Glaube und Wissenschaft so eng verbunden und noch dazu in einer modern-zentralisierten und auf Effektivität bedachten Form. Die Bettelordenslehrstühle der Theologie in Paris wurden durch personellen Austausch mit den führenden Generalstudien dieser Orden in Europa verknüpft; die Generalstudien waren bei Lehrern und Schülern international besetzt und bauten auf einem Netz von Partikularstudien auf. Eines der glänzendsten Generalstudien dieser Art war die 1248 eröffnete Dominikaneranstalt in Köln, wo Albertus Magnus und Meister Eckart lehrten und Thomas von Aquin und Seuse ausgebildet wurden. Hier sind Theologie, Philosophie und Naturwissenschaften gepflegt worden.

Das zunächst einzige deutsche Generalstudium der Franziskaner befand sich wohl seit 1228 in Magdeburg. Sein zweiter Lektor, der Engländer Bartholomäus, war Autor einer der großen Enzyklopädien des Zeitalters mit beachtenswerter naturwissenschaftlicher Akzentuierung. Dann bildete sich dort, wie auch im jüngeren Franziskanerstudium in Erfurt, ein Schwerpunkt des Kirchenrechts. Magdeburg dürfte der erste Platz in Deutschland gewesen sein, an dem wissenschaftliche Jurisprudenz betrieben und gelehrt worden ist. So mag es kein Zufall sein, daß eines der großen Rechtsbücher, der »Schwabenspiegel«, von einem Franziskaner verfaßt worden ist (1275/76). Am Kölner Studium der Franziskaner war kurze Zeit – bis zu seinem Tod – der erste englischsprachige Theologe des Zeitalters, Johannes Duns Scotus (1266–1308) tätig. So ansehnlich solche Leistungen waren – sie wurden fast ausschließlich an relativ wenige Hörer aus dem eigenen Orden weitergegeben. Zudem war das Erarbeitete möglicherweise der Lebenswelt des Ordens stärker zugeordnet als der Eigengesetzlichkeit mittelalterlicher Wissenschaft.

Der bedeutendste deutsche Gelehrte des Zeitalters war der Schwabe Albert von Lauingen (wohl 1193–1280). In der Wissenschaftsgeschichte trägt er als einziger den Beinamen des Großen. Der Sohn vermutlich ministerialischer Eltern trat früh in den Dominikanerorden ein. In den Jahren 1245 bis 1248 lehrte er als erster Nichtfranzose Theologie auf dem Pariser Lehrstuhl seines Ordens. Am Kölner Generalstudium wirkte er von 1248 bis 1254 und von 1257 bis 1260. Von seinem Kölner Schüler Thomas von Aquin wurden anscheinend zwei eigenhändige Nachschriften von Alberts Vorlesungen überliefert. Albertus Magnus ist eine der Gestalten des Geisteslebens, bei denen schon die Arbeitskraft und die Vielseitigkeit Staunen abnötigen; die Neuausgabe seiner Werke wird vierzig großformatige Bände umfassen. Albert und Thomas haben das gerade in lateinischer Sprache verfügbar gewordene Riesenwerk des Aristoteles geordnet und durchgearbeitet und gegen beträchtliche Widerstände der christlichen Lebenswelt eingefügt. Sie haben damit das Wissen und den Glauben zu versöhnen gesucht. So eröffneten sie – auf dem Gipfel der Scholastik – eine neue Epoche der Kirchen- und Geistesgeschichte und trugen dazu bei, daß das 13. Jahrhundert als die Höhe des europäischen Mittelalters gelten kann. Albert, der »Doctor universalis«, griff am weitesten aus und wirkte am vielseitigsten; Thomas, der »Doctor communis«, war der unvergleichlich klare und scharfe Denker und umfassendste Synthetiker. Albert fühlte sich als Theologe, gleichwohl trug sein Wirken viel dazu bei, daß sich die Philosophie gegenüber der Theologie verselbständigte und naturwissenschaftliches Denken größeres Gewicht gewann. Von der Moderne her betrachtet, kann er in der Geschichte der Zoologie und der Botanik, als exakter Beobachter und Systematiker, als wichtigster »Fachvertreter« zwischen der griechischen Antike und dem 16. Jahrhundert gelten. Geologie und Mineralogie interessierten ihn sehr; er vertrat auch die Lehre von der Kugelgestalt der Erde. Doch solche Einsichten waren für ihn – selbstverständlich – nur untergeordnete Teilstücke eines auf Gott verweisenden Ganzen. Hier tut sich in der Sache ein unüberwindlicher Graben zur modernen Naturwissenschaft auf; anders mag es vielleicht sein, wenn man Alberts Denksystem selbst und dessen Regeln ins Gespräch ziehen möchte. Weil er dem Neuplatonismus mit Sympathie gegenübergestanden hat, führte von ihm auch ein Weg zur wissenschaftlichen Mystik, vor allem zu Meister Eckart. Noch der andere große Denker des deutschen Spätmittelalters, Nikolaus von Kues, verdankte ihm viele Anregungen. Für die Offenheit des wissenschaftlichen Mittelalters ist es bezeichnend, daß sich schon neben dem gewaltigen Lebenswerk Alberts und des Aquinaten gegensätzliche Denkrichtungen zu Wort gemeldet haben. Im 14. und 15. Jahrhundert entwickelte sich dann das Verständnis von Gott und Welt vielfach ganz anders weiter, als es die Hochscholastik vorgezeichnet hatte.

Die erste Universität

Im Jahr 1348 rief Karl IV. in Prag die erste Universität des nordalpinen Reiches ins Leben. Zugleich war es die erste Hohe Schule außerhalb des geistig führenden Westens und Südens des Kontinents. Bis dahin waren in diesen Teilen Europas schon etwa dreißig mehr oder minder ausgebaute Anstalten entstanden, von denen wohl die Hälfte florierte. Die erste deutsche Universität entstand nicht in Köln oder anderswo am Rhein, wie es »natürlich« gewesen wäre. Denn die Kraftentfaltung der großen Dynastie der Luxemburger und der von ihr in Dienst genommenen Landesherrschaft gestaltete die alte, zivilisatorisch bestimmte Landkarte um, wenn auch zunächst eher punktuell als flächenhaft. Es dauerte aber nicht lange, bis der flächenhafte Staat das Schicksal der Hohen Schulen bestimmte. Die Carolina war eine obrigkeitliche, eingepflanzte Gründung wie alle folgenden deutschen Universitäten, geschaffen von dem ersten »modernen« Monarchen in Deutschland, einem der wenigen Intellektuellen auf einem europäischen Thron, der Frankreich und Italien aus jahrelangen Aufenthalten genau kannte. Der Papst hatte im Januar 1347 seinem »Stellvertreter« im Kampf gegen den verfluchten Bayern ein äußerst großzügiges Privileg erteilt, das der ungewöhnlichen Situation des Thronstreits entsprach. Alle vier Fakultäten, auch die von der Kurie sonst nach Kräften kontrollierte Theologie, durften eingerichtet werden. Für Papst und König ging es dabei vorrangig um eine politische Entscheidung, die eine Erhöhung der Dynastie und ihres Landes Böhmen bedeutete, wie zuvor die Aufwertung der Prager Diözese zum Erzbistum, und eine Stärkung der landesherrlichen Existenz. Dies war gerade für Böhmen notwendig, wo der Adel fünfzig Jahre zuvor einen Universitätsplan Wenzels II. zunichte gemacht hatte. Der Schritt von 1348 erbrachte dann wesentlich mehr: ein Stück Bildungsdiffusion in Europa, wie sie inzwischen überfällig war.

Materielle Träger der Gründung waren die »Schatulle« Karls und vor allem das Erzbistum Prag, mit 280 Klerikern an der Domkirche und 2.180 Pfarreien eine der großen Kirchen im Reich, die damals mit dem König aufs engste zusammenwirkte. Böhmen insgesamt, die ganze Hausmacht oder gar das gesamte Reich beteiligten sich nicht an den Kosten der Neugründung. Gleichwohl war die Universität, nicht anders als der Hof, eine Institution für ganz Böhmen und alle Hausmachtländer, für das gesamte Reich und schließlich, was die Studenten betraf, für das zum Ausgleich anstehende Gebiet der Mitte, des Nordens und Ostens Europas. Die Carolina war die einzige Hohe Schule dieser riesigen Region, die am internationalen Zeitalter der europäischen Universitätsgeschichte teil hatte; die wenigen anderen vor dem Schisma gegründeten Konkurrenten – in Krakau, Wien und Fünfkirchen – blieben zunächst ohne Lebenskraft. Abgesehen von den fortdauernden Einflüssen aus dem Süden und Westen Europas wurde daher die Carolina zur Mutter der deutschen Universitäten.

Die Anfänge waren bescheiden. Es bestanden fünf theologische Lehrstühle, von denen drei jetzt inkorporierten Bettelordensstudien entstammten, zwei Lehrstühle der Jurisprudenz und einer der Medizin. Einige Magister lehrten die Grundwissenschaften der Artistenfakultät, nach vollem Ausbau Grammatik, Rhetorik, Dialektik, Arithmetik, Geometrie, Astronomie und Musik. Die beiden wesentlichen Lehrformen waren wie üblich die Vorlesung, der einen maßgeblichen Autor auslegende und kommentierende Vortrag, und die Disputation, das nach festen Regeln ablaufende Streitgespräch unter Lehrpersonen oder zur Übung auch unter Scholaren. Es bot zunächst Schwierigkeiten, Lehrer mit ausreichender Graduierung zu finden; hier half abermals der Papst.

Eine Sondersteuer, die wohl 1352 dem Klerus des Erzbistums auferlegt wurde, schuf die finanzielle Basis für den Anfang. Karl IV. selbst griff mit Nachdruck erst nach der Gründung einer Universität in Wien ein, mit welcher sich die zweite Großdynastie in Gestalt Herzog Rudolfs IV. von Habsburg zu Wort meldete (1365). Ein Jahr später schuf der Kaiser mit dem Karlskolleg einen Versorgungsplatz für zwölf Artisten und Theologen. Elf Pfründen des Allerheiligenstifts sollten nach ihrem Freiwerden dem gleichen Kreis zur Verfügung stehen. Damit war ein fester Kern geschaffen. Im Laufe der Zeit schlossen sich weitere Kollegien sowie Bursen an, das heißt Studentenwohnheime, die unter der Leitung von Lehrern zugleich der Ausbildung dienten. Ungefähr um 1370 war die Universität so weit entwickelt, daß sie international einigermaßen konkurrenzfähig erschien. Es traten jene Formen der Selbstverwaltung hervor, die im Detail zu zahllosen Konflikten Anlaß boten, im ganzen jedoch sich bis in unser Jahrhundert bewährt haben: Rektor und Dekan, Fakultäten und studentische Gemeinschaften, Matrikel und Examina.

Mit dem Begriff des Studenten wird man bei der mittelalterlichen Universität vorsichtig umgehen. Er konnte ebensogut vierzehnjährige Lateinschüler wie wohlbepfründete Geistliche mindestens doppelten Alters meinen, die ihrer Sammlung von Würden einen akademischen Grad hinzufügen wollten. Die Artistenfakultät war nach modernen Begriffen nicht viel mehr als ein Gymnasium, das mit dem Magisterium als einer Art von Abitur abschloß. Magister der Artistenfakultät, die dort als Teil ihrer Graduierungsleistung lehrten, studierten zur gleichen Zeit in einer höheren Fakultät. In den siebziger und achtziger Jahren weilten gleichzeitig ungefähr 1.300 bis 1.400 Universitätsbesucher aller Kategorien in Prag. Im Jahr 1385 wurden 234 Bakkalare promoviert. Nach landsmannschaftlicher Herkunft trat der Student einer von vier Nationen bei. Die größte war die Sächsische; es folgten die Polnische, das heißt eigentlich Schlesische, dann die Bayerische und die Böhmische Nation. Wie bei den Juristen am besten erkennbar, gliederte die Universität ihre Studenten in Adelige, die im Hörsaal des Rechtslehrers auf einer besonderen Bank saßen, und in »Einfache«, Simplices; diese wiederum bestanden aus Normalzahlern und aus »Armen«, Pauperes, denen die Gebühren gestundet oder erlassen wurden. Studienvoraussetzungen gab es nicht. Der Abgang ohne Examen war am häufigsten und keineswegs diskreditierend. Die große Mittelgruppe der Normalzahler stellte die typischen Prüfungskandidaten, während sich der Adelige dem Examen nur selten aussetzte. Seine Geburt qualifizierte ihn besser als jeder andere Nachweis. Umgekehrt beanspruchten Hochgraduierte, zumal Doktoren der höheren Fakultäten, immer wieder Adelsgleichheit. Eine Graduierung in den höheren Fakultäten war teuer und damit einem sozialen Numerus clausus ausgesetzt. Auch die Carolina erwies sich als Knotenpunkt von Sozialbeziehungen, die sich im späteren Berufs- und Pfründenleben und in der Politik auswirken konnten. So stellte die Universität mitnichten eine vom Profanen unberührte Insel reiner Wissenschaft dar; sie war den sozialen Regeln ihrer Umwelt zugeordnet und wandte sie genauso selbstverständlich in ihrem Binnenleben an.

Die Carolina sollte, wie es 1348 hieß, nach dem Vorbild von Paris und Bologna eingerichtet werden. Doch die Lebenswelten des artistisch-theologischen Studiums an der Seine und der italienischen Jurisprudenz waren grundverschieden. Daraus entsprang eines der beiden Grundprobleme der Prager Gründung. Von Anfang an gab es wohl zwei, wenngleich stets als Einheit privilegierte Prager Universitäten, die dann 1372 auch formell getrennt wurden: die Universität der Artisten-Theologen-Mediziner und die Universität der Juristen. Erfolglos versuchte der Erzbischof, sie zusammenzuhalten; soziale Regeln waren eben stärker als ausgeklügelte Statuten. Mittelalterlichem Denken schien es unzumutbar zu sein, daß sich »gestandene«, vornehme und besitzende Juristen-Scholaren einem Magister-Rektor unterordnen sollten, der vor nicht langer Zeit »Abitur« gemacht haben und ein Habenichts sein mochte – auch wenn die Basisfakultät achtzig Prozent oder mehr der Studierenden umfaßte.

Unter den Prager Rechtsstudenten befanden sich bis 1417 mindestens 250 Kanoniker oder vergleichbare Würdenträger und beinahe 200 Pfarrer oder Geistliche ähnlichen Ranges. Die Kirche dürfte auch die weitaus meisten Absolventen aufgenommen haben. Die Rechtslehrer bekleideten in ihrer Mehrzahl hohe Ämter in der Hierarchie des Prager Erzbistums oder durften darauf hoffen. Die ältere Universitätsprofessur war gerade für die Erfolgreichen ein Durchgangsstadium. Mit dieser Situation mochte es zusammenhängen, daß die Rechtslehrer in den kommenden Jahren religiöser Erregung ein unerschütterliches Zentrum des alten Glaubens bildeten, während die Artistenmagister häufig der Neuerung anhingen. Der produktivste Jurist der Carolina, Wilhelm Horborch (1384 gestorben), entstammte einer vermögenden Hamburger Großbürgerfamilie; Vater und Bruder waren Bürgermeister der großen Hansestadt. Wilhelm selbst war zuerst päpstlicher Steuereinnehmer und zuletzt Auditor am päpstlichen Gericht der Rota. Seine Entscheidungssammlung der Rota wurde für mehrere Generationen zum meistverbreiteten Standardwerk.

Aber auch die vielen Namenlosen sind bemerkenswert. Die Gesamtzahl von 3.563 Prager Immatrikulationen in der Rechtswissenschaft stellt sich als beträchtlicher Fortschritt gegenüber der ersten Jahrhunderthälfte dar. Neunzehn Prozent davon entfielen auf die Böhmische Nation, das heißt in erster Linie auf Böhmen und Mähren, was auf eine erstaunlich große »Juristendichte« schließen läßt. So erwuchs der Berufsstand der Juristen auf der Basis des Studiums auch im Reich durch einigermaßen gleichmäßige Qualifikation und soziale Geltung und leitete die Verwissenschaftlichung des öffentlichen Lebens oder die Rezeption des Kirchlichen und des Römischen Rechts ein. Zuerst diente man der Kirche, dann auch König, Fürsten und Städten in Verwaltung und Diplomatie und schließlich in der Rechtspflege; dies alles machte man allmählich zum Lebensberuf. Es war »Herrschaftswissen«, das der Konfliktlösung und besseren Durchgestaltung von Ämtern und Verfahren und damit der Stabilisierung der politischen Systeme zugute kam. Auch um das Unrecht zu beschönigen, bediente man sich gelehrter Juristen.

Die schwere Krise, die die Carolina in den Abgrund riß, entwickelte sich aus der Ausdehnung und Zuspitzung der religiösen Unruhe im Land. Was hier geschah, war erstmalig, ja einmalig im deutschen Mittelalter: nicht möglich ohne die Kristallisationspunkte der Großstadt, der Universität und einer schweren Herrschaftskrise der zuständigen Obrigkeit. Mittelalterlich-alteuropäisch war daran das eindeutige Vorwiegen religiöser Streitfragen; nationale und soziale Probleme folgten in zweiter Linie. Religiöses und Politisches ließen sich freilich in der Situation des Schismas nicht trennen. Die Entwicklung zur Landesuniversität, die das Ende des internationalen Zeitalters markierte, zeichnete sich am Anfang der achtziger Jahre des 14. Jahrhunderts ab. Besonders angesehene, traditionsbewußte Lehrer, wie die Theologen Heinrich Totting von Oyta und Matthäus von Krakau, wurden von den Neugründungen in Wien und Heidelberg »abgeworben«. Im Jahr 1384, gleichzeitig mit dem Ausbruch der Herrschaftskrise Wenzels und der Krise des Erzbistums, kam es zum ersten gewaltsamen Konflikt zwischen Böhmen und Nichtböhmen. An dieser Grenzlinie begann sich immer deutlicher eine Front zu bilden, in die religiöse, nationale, politische und soziale Momente einbezogen waren.

Den tiefsten Einschnitt brachte das sogenannte Kuttenberger Dekret König Wenzels von 1409 mit sich. Es reagierte radikal auf die allzu kompliziert gewordene Situation zwischen zwei Königen und zwei Päpsten und einer drohenden weiteren Kirchenspaltung. Als die große Mehrheit der Universität in Gestalt der drei nichtböhmischen Nationen eine konservative Haltung einnahm, kehrte der König das Stimmenverhältnis von drei zu eins in eins zu drei um. Drei Viertel oder mehr der Angehörigen einer schon geschrumpften Universität entschlossen sich zur Abwanderung. Die meisten zogen nach Leipzig, dessen Universität im selben Jahr die Pforten öffnete.

In der Phase der Agonie wurden die Töne der radikalen Artistenmagister immer schriller. Grundlage des Neuen waren zunächst die Lehren des Oxforder Theologieprofessors John Wyclif (um 1320–1384). Aus der Schrift als einziger Glaubensquelle hatte er die Armutspflicht des Klerus und die Heilsnotwendigkeit des Laienkelchs abgeleitet und sich zur Ablehnung des Papsttums, der Klöster und des Zölibats bekannt. Die Prager junge Generation entwickelte diese Lehren fort. Es entstanden in der böhmischen Kirche zwei unversöhnliche Lager. Der König, der selbst längst zum Feind der böhmischen Amtskirche geworden war, begünstigte zunächst die Neuerer, schreckte dann aber vor dem Vorwurf der Ketzerei zurück. Im Jahr 1414 kam es zur offenen kirchlichen Revolte inmitten der Universität. Das Konstanzer Konzil entzog ihr daher im Herbst

Religiöse Malerei unter Einbeziehung spätmittelalterlich-realistisch dargestellter Details beim Festmahlszubehör. Aus der Tafel »Die Hochzeit zu Kanaan« vom Buxtehuder Altar des Meisters Bertram von Minden, Ende des 14. Jahrhunderts. Hamburg, Kunsthalle

Der Arzt im Talar und mit Gelehrtenkappe, den Kennzeichen seines Standes, in der Tätigkeit eines Apothekers. Steinskulptur am Heiligen Grab im Münster zu Konstanz, 14. Jahrhundert

1417 die Rechte und Privilegien und machte damit ihre Graduierungen über das neugläubige Innerböhmen hinaus wertlos. Trotz einiger Anläufe zur Restauration sollte es für die Zukunft dabei bleiben. So lebte die Carolina nur noch als regionale Artistenschule weiter. Erst 1562 wurde eine Jesuitenakademie in Prag eingerichtet und damit ein neuer, auf seine Weise problematischer Anfang gemacht.

Vierzehn Universitäten und zweihunderttausend Studenten

Die zweite Phase der deutschen Universitätsgeschichte, die bis zur Reformation währte, begann mit dem Ausbruch des Schismas von 1378. Es entstand eine größere Zahl neuer Universitäten verhältnismäßig einheitlichen Typs. Die Erneuerung der Rudolfina in Wien machte 1384 den Anfang. Neugründungen folgten in Heidelberg (1386), Köln (1388), Erfurt (1392), Leipzig (1409), Rostock (1419), Löwen (1424), Greifswald (1456), Basel und Freiburg im Breisgau (1460), Ingolstadt (1472), Trier (1473), Tübingen und Mainz (1477). Gründungsversuche in Würzburg, Kulm, Pforzheim, Lüneburg und anderswo scheiterten sogleich oder nach wenigen Jahren.

Die Anstöße zu den Neugründungen boten die Abwanderung deutscher Lehrer und Studenten aus Paris, das jetzt dem Papst von Avignon gehorchte, und die Krise der Prager Carolina. Als kaum weniger wichtig erwies sich, daß das Papsttum, das bisher einer »Universitätsinflation« widerstanden hatte, in seiner Verdoppelung nun zur Nachgiebigkeit gezwungen war. Die führenden Fürsten, zuerst aus den Großdynastien Habsburg und Wittelsbach, und führende Städte, voran Köln und Erfurt, erkannten und nutzten die neue Lage. Was zunächst vorwiegend als Produkt obrigkeitlichen Ehrgeizes erschien und Juristen und Theologen als Berater bequem verfügbar machte, wurde im Laufe der Zeit zu einer Neuerung von außerordentlichem Gewicht: An die Stelle einer einzigen universalen Anstalt im kaiserlichen Prag und teurer Auslandsuniversitäten trat ein regionalisiertes Hochschulsystem, das die heimischen »Bildungsreserven« in ganz anderer Weise als bisher auszuschöpfen begann.

Verhältnismäßig einheitlich wirkten die neuen Gründungen vor allem im Vergleich zur widersprüchlichen Situation des universalen Zeitalters der Universitätsgeschichte. Das Papsttum in seiner Schwäche gestattete anders als zuvor die anspruchsvollste Organisationsform, die Vierfakultäten-Universität nach Pariser Vorbild, auch dem kleinsten Antragsteller. Mochten sich dessen praktische Möglichkeiten erst allmählich diesem Rahmen anpassen, so war doch von Anfang an formale Gleichartigkeit und Gleichheit gegeben, insbesondere ein überall anerkanntes Graduierungsrecht. Einheitlichkeit schuf auch die Tatsache, daß es sich meist um verhältnismäßig kleine Stifter und insgesamt um kleinräumige Verhältnisse handelte. Die heranwachsende dichte Staatlichkeit der Territorien oder der großen Städte zähmte und integrierte die Universitäten, die in Paris, Bologna und selbst noch in Prag recht ungebärdig gewesen waren. Von Universitätsautonomie sollte man nicht sprechen. Einheitliches schuf auch der Prager Einfluß auf die ersten Neugründungen. Später bewirkten dies zahlreiche Mutter-Tochter-Verhältnisse zwischen den Hohen Schulen. Die führenden Leute kannten einander. Die Universitätslehrer, die im Verfassungsgefüge der Anstalten immer wichtiger wurden, neigten überall zur sozialen Verankerung in der Nähe der Universität und zur Ausbildung eines Netzes sozialer Beziehungen untereinander, das Fremde und Emporkömmlinge mehr und mehr ausschloß. Wo Professoren aus dem Status des Vollklerikers heraustraten – zuerst in den Fächern des Römischen Rechts und der Medizin –, zeigten sich schon im 15. Jahrhundert die Anfänge jener Kastenbildung, die für die nachreformatorische »Familienuniversität« so bezeichnend war. Der Lehrkörper wurde zunehmend bürgerlicher.

Andererseits war jede deutsche Universität insofern ein Individuum, als verschiedenartige regionale Kräfte intensiv auf sie einwirkten. Die herkömmliche Gruppierung nach Territorial- und Stadtuniversitäten ist nicht streng durchführbar. Der formelle Gründer, die entscheidenden Geldgeber und die vorantreibenden Interessenten konnten verschiedene Personen sein. Auch der Typus des Wissenschaftsorganisators läßt sich gut erkennen. Der Hesse Heinrich von Langenstein in Wien, der Niederländer Marsilius von Inghen in Heidelberg und der einheimische Großbürger und Jurist Heinrich Rubenow in Greifswald waren hervorragende Persönlichkeiten dieser Art.

Zwischen 1348 und 1505 gab es im nordalpinen Reich ungefähr zweihunderttausend Universitätsbesucher. Die durchschnittliche Zuwachsrate betrug seit 1385 1,75 Prozent im Jahr, während die Gesamtbevölkerung stagnierte oder sogar zurückging und erst von etwa 1470 an wieder anstieg. Nahezu alle zwanzig Jahre verdoppelten sich die Besucherzahlen der Universitäten, außer seit 1480; oder anders formuliert: In den siebziger Jahren des 15. Jahrhunderts besuchten fünfmal soviel Lernende die Hohen Schulen wie im letzten Jahrzehnt des 14. Jahrhunderts. Beim Blick über das ganze Reich kann man zwei Aufschwungs- und zwei Stockungsphasen unterscheiden. Aufschwungsphasen waren die Jahre 1394 bis 1428/1434 und 1450 bis 1480. Die größte Universität des Zeitalters war mit knappem Vorsprung die Wiener Rudolfina mit mehr als 40.000 Immatrikulationen. Danach folgten Erfurt, Leipzig, Köln und Löwen. Im einzelnen gab es starke Schwankungen. Im Vierteljahrhundert nach 1476 zum Beispiel lag Löwen an der Spitze, gefolgt von Köln, Leipzig und Wien. Der Zulauf war von äußeren Faktoren abhängig, vor allem von der Größe der gastgebenden Stadt, dem Entwicklungsstand des Umlandes und der Verkehrsla-

Jährliche Immatrikulationen an deutschen Universitäten 1385–1500 (nach Schwinges)

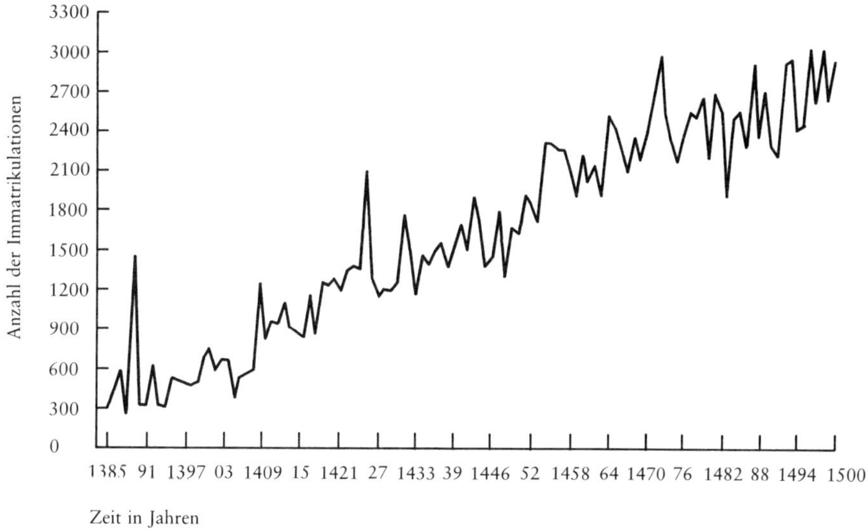

ge. Zunächst bestand ein Interesse der Obrigkeit eher an den Lehrern als an den Studenten. Eine Bildungspolitik im neueren Sinne gab es nicht. Statt dessen dachte man an das Prestige des Landesherrn und der Stadt und gegebenenfalls an großbürgerliche Investitionen und den Nutzen für die Kommunen.

Die großen Zahlen lassen nicht einfach auf eine breite geistige Führungsschicht oder gar einen Akademikerstand wie in der Moderne schließen. Denn mit heutigen Studenten sind die Universitätsbesucher des 14. und 15. Jahrhunderts nicht ohne weiteres vergleichbar, weil mindestens vier Fünftel von ihnen in der Artistenfakultät nur in einem sehr elementaren Sinne studierten. Der Besitz eigener Bücher war wohl noch etwas Besonderes. Weniger als drei Prozent der Studenten erwarben einen akademischen Grad in einer höheren Fakultät. Jeder Besucher nahm weiterhin seinen angeborenen sozialen Rang in die Universität mit hinein. Die Spielregeln von Begünstigung und Abhängigkeit und das Leben im sozialen Netzwerk blieben bestehen, vor allem auch der Sonderstatus der Adeligen und der gut bepfründeten Kleriker. Sie fand man am häufigsten bei dem vornehmsten Studium in der Rechtsfakultät. Formale und rechtliche Gleichheit schufen also noch keine soziale Gleichheit; treffender wird man von der Umwandlung finanziellen und sozialen Vorsprungs in einen akademischen reden. Mitgebrachte regionale Bindungen wirkten ebenfalls an der Universität weiter.

Der typische Herkunftsort des deutschen Universitätsbesuchers war die kleine und mittlere Stadt, die eine Schule und eine untere Verwaltungsstelle besaß. Nicht grundsätzlich ausgeschlossen waren die Dörfler, die an der Universität Köln achtzehn Prozent der Besucher ausmachten. Der wöchentliche Lebensunterhalt kostete den Durchschnittsstudenten bis zu einem halben Gulden. Etwa fünfzehn Prozent der Studenten sah man hierfür als zahlungsunfähig und demgemäß als arm an. Dieser Anteil dürfte ungefähr der allgemeinen Sozialsituation in Stadt und Land entsprochen haben. In den großen Universitätsstädten, wo es mehr Gelegenheit zum Hinzuverdienen oder zum Sichdurchschlagen gab, fanden sich überdurchschnittlich viele arme Scholaren; nur wenige weilten an teuren und vornehmen Universitäten wie Erfurt oder Rostock.

Nach 1480 verringerte sich das Wachstum der deutschen Universitäten beträchtlich – vermutlich ein Zeichen für eine erste Krise durch ein Zuviel an Studienabgängern. Es wäre zu fragen, ob hiervon mittelbare oder gar unmittelbare Wirkungen auf die Reformation abzuleiten sind. Mit größerer Sicherheit darf man das Überangebot an Universitätsbesuchern als Teilursache der jetzt deutlich zunehmenden »Akademisierung« im Bereich von Geistlichkeit, Verwaltung und Schriftwesen auffassen. Die Kirche blieb der größte Arbeitgeber dieser Gruppe. Aber auch an den Höfen und in der Territorialverwaltung wurde sie im Zuge sich mehrender moderner Staatlichkeit gebraucht. In der Stadt fand man Universitätsbesucher in den Ratsfamilien, unter Notaren, Schreibern, Lehrern und Schulgehilfen. Durch ein größeres Angebot von Lehrern mögen mehr Schulen entstanden sein, die wiederum mehr Schüler anzogen. Aus Ämtern mittleren Ranges drohten studierte Bürger den Adel zu verdrängen, bis dieser selbst – beginnend am Ende des Mittelalters – den Wert des Studiums entdeckte. Die Zahl der mittellos umherziehenden Scholaren war nicht gering. Gleichwohl wurden bei weitem nicht alle prinzipiell verfügbaren Positionen durch Universitätsbesucher besetzt. Die Lehre in handwerklicher Art blieb als Bildungsweg für Ärzte, Notare und viele andere bestehen. Der »Bildungsaufbruch« des 15. Jahrhunderts hat die bestehende Sozialstruktur kurzfristig weniger verändert als ergänzt.

Auf lange Sicht hingegen spielte dieser Bildungsaufbruch in der Mitte Europas eine bedeutende Rolle. Am Vorabend der Reformation besaß Deutschland mehr Universitäten als jedes andere Land Europas. Seine jährliche Zuwachsrate an Scholaren dürfte nirgends im Ausland erreicht worden sein. Dadurch, daß neue Konzentrationspunkte entstanden waren, wurde das Zusammenwachsen des ganzen Landes begünstigt. Die Anziehungskraft der mitteldeutschen Universitäten in Erfurt und Leipzig und der Wiener Rudolfina stand hinter dem am höchsten entwickelten Niederrhein mit Köln und Löwen kaum zurück. Von der Ostsee bis zu den Alpen ist mit einer weitverbreiteten, ausgleichenden »Diffusion de la culture« zu rechnen.

Die große konstruktive, »synthetische« Zeit der Scholastik war inzwischen zu Ende gegangen. Es folgte eine Spätphase kritischer, ja »zersetzender« Einzelanalysen. Formale Logik und Erkenntnistheorie gewannen an Gewicht und verbanden sich besonders mit der Schulrichtung des Nominalismus, der seine Tradition auf Wilhelm von Ockham zurückführen konnte. An den Universitäten trat diese »Via moderna« leidenschaftlich gegen die altscholastisch-»realistische« »Via antiqua« in die Schranken. Nominalisten bezweifelten, daß Glaubenssätze beweisbar seien, und sahen sich einem ungebundenen, ja launenhaften Gott gegenüber. Nur Einzeldinge seien wirklich. Allgemeinbegriffe seien – anders als für die Realisten – allein gedankliche Gebilde, nur »Namen«. Die Krise der herkömmlichen Theologie war überall in Europa unverkennbar.

Das naturwissenschaftliche Erkennen war gemäß den Kommunikationsbedingungen des Zeitalters stärker personen- und ortsgebunden. Die Wiener mathematisch-astronomische Schule ist ein besonders bedeutsames Beispiel. Vielleicht schon von Heinrich von Langenstein angeregt, arbeiteten Johann von Gmunden (Oberösterreich, vor 1385–1442), Georg Aunpeck von Peuerbach (Niederösterreich, 1423–1461) und vor allem Johann Müller aus Königsberg in Franken, genannt Regiomontan (1436–1476), als Mathematiker und praktische und theoretische Astronomen von hohem Rang. Regiomontan, der auch die ebene und sphärische Trigonometrie wesentlich weiterentwickelte, war wohl der bedeutendste Naturwissenschaftler seiner Generation. Die Universitätsmedizin blieb demgegenüber eine vielfach buchgebundene, die antiken Klassiker tradierende Wissenschaft. Die praktischen Ärzte wurden außerhalb der Universität ausgebildet. Wundärzten dieser Art, auch solchen jüdischen Glaubens, und Apothekern oblag die medizinische Versorgung der Bevölkerung.

Die wohl wichtigste geistige Leistung der deutschen Universitäten des 15. Jahrhunderts bezog sich in der letzten von der Kirche bestimmten Ära des Mittelalters auf eben diese Kirche, die zwischen dem Ausbruch des Großen Schismas und dem Ende der deutschen Konzilien (1378–1449) von den schwersten Krisen gezeichnet war. Seit 1394 versandten der unsicher gewordene Papst und seit 1406 die Kardinäle die Anzeige ihrer Wahl auch an die Hohen Schulen. Verantwortungsbewußte und sorgenerfüllte Universitätslehrer, wie Heinrich von Langenstein (1325–1397) aus Wien und Matthäus von Krakau (1335/1340 bis 1410) aus Heidelberg, auch der mit der Heidelberger Universität verbundene Hofgelehrte Job Vener (um 1370–1447), begannen, konstruktive Grundsatz- und Einzelkritik an der Kirche zu üben. Auf ein neues Selbstbewußtsein gestützt, traten sie äußerst energisch für Reformen ein. Ihre Analysen und Vorschläge trugen wesentlich zum Beginn der Konzilien, zumal des Konzils von Konstanz, bei. So wurde zum dritten Mal – nach der rheinischen Scholastik des 13. Jahrhunderts und dem Ringen um die Positionen Ludwigs des Bayern – die kirchliche Welt des späten Mittelalters von deutschem Boden aus maßgeblich geprägt.

Schöne und fachliche Literatur

Im späten Mittelalter wuchs zum ersten Mal eine Literatur heran, die nicht wie in der staufischen Klassik oder in der Hochscholastik von ganz kleinen Zirkeln getragen wurde. Teile dieser Literatur kann man schon als ein Kommunikationsmittel für viele ansehen, nicht unähnlich wie in der Moderne. Dies galt zuerst für das religiöse und das fachliche Schrifttum, die beiden besonders erfolgreichen Themenbereiche, dann auch für einige Werke der schönen Literatur. Die neuen und entscheidenden Kennzeichen des spätmittelalterlichen Schrifttums sind das steile Ansteigen der Zahl der Autoren und Werke und die Vielfalt und Komplexität des Geschriebenen. Diese Literarisierung ging zuerst langsam, dann immer rascher vor sich – und nicht spannungsfrei. Der Zusammenhang mit dem Hochmittelalter blieb insofern bestehen, als die Angehörigen der Kirche und die Adeligen maßgebliche Träger der Literatur blieben. Zu ihnen traten jetzt angesehene Bürger und allmählich auch Leute niederen Standes. Dies alles geschah parallel zur Verschriftlichung von Wirtschaft, Verwaltung und Recht und wurde beschleunigt durch die Verbreitung des Papiers, das seit dem Ende des 14. Jahrhunderts auch in Deutschland hergestellt wurde, und nach 1450 durch die Erfindung des Buchdrucks.

Im ganzen Spätmittelalter war die Schriftkultur mehrsprachig. Das Lateinische beherrschte zunächst in Gestalt des herkömmlichen Mittellateins und seit ungefähr 1450 auch in Form des humanistischen Neulateins den kirchlichen und den gelehrten Bereich. Noch um 1500 verhielten sich bei den gedruckten Büchern lateinische und deutsche Exemplare wie vierzehn zu eins. Das Lateinische verknüpfte die Lesenden im Reich weiterhin mit der gesamteuropäischen Literatur und vermittelte deren alte und neue »Welterfolge«, die im deutschen Sprachraum kaum weniger gelesen wurden als die meisten volkssprachlichen Werke. Ein Import dieser Art war die »Goldene Legende« des Jacobus de Voragine aus dem Genuesischen (1263–1273), das wegen seiner hohen Qualität wohl am weitesten verbreitete »Volksbuch« des Zeitalters. Zu den erfolgreichen Exporten gehörten die Papst- und Kaiserchronik des Schlesiers Martin von Troppau (1268/69), ein führendes historisches Kurzhandbuch, oder die Erbauungsschrift »Die Nachfolge Christi« des Kurkölners Thomas von Kempen (nach 1420). Übersetzungen in beiden Richtungen, vor allem aus dem Lateinischen in die Volkssprachen, wurden immer zahlreicher. Manche Autoren publizierten in zwei Sprachen oder schufen doppelsprachige Texte, wie das schöne Weihnachtslied des 14. Jahrhunderts »In dulci jubilo, nun singet und seid froh«.

Währenddessen drangen die Volkssprachen – das Oberdeutsche, das Niederdeutsche-Niederländische, das Tschechische, auch das Jiddische – immer stärker in die Literatur ein. Damit kamen bisher mündlich überlieferte Volksdichtung und erzähltes Volkswissen, aber noch öfter neue Stoffe und Themen, neue

Gattungen und Formen aufs Pergament und Papier. Neben die hergebrachte kirchliche Schriftkultur trat in der Breite die Schriftlichkeit der Laiensprachen – eine Veränderung von großer Bedeutung, die von der Besorgnis der Amtskirche begleitet wurde. Denn im selbständigen Umgang von Laien mit kirchlichen, besonders biblischen Texten sah sie die Gefahr der Häresie.

Während die kulturelle Welt durch neue Texte in neuen Sprachen verändert wurde, wurde das alte Kulturgut weitergetragen, ja fand jetzt viel mehr Leser als je zuvor. Die Anzahl der spätmittelalterlichen Bibliotheken kann nicht mehr überblickt werden. Dome, Klöster, Stifte, Pfarreien, Kleriker, Könige, Fürsten, Adelige, Stadträte, Bürger, Universitäten, Fakultäten und Gelehrte sammelten und bewahrten Bücher – häufig von den Schriften der Kirchenväter oder gar der klassischen Antike an. Das waren Schätze, die vorwiegend der beruflichen Nützlichkeit verpflichtet waren; daher überwog in der Regel die theologische und juristische Fachliteratur. Unübersehbar große Mengen an Handschriften und Fragmenten vor allem aus dem 15. Jahrhundert sind überliefert. Gerhard Eis schätzt, daß jedem erhaltenen Text 150 verlorene entsprechen. Wir kennen zum Beispiel 86 Handschriften und Fragmente des »Parzival« Wolframs von Eschenbach, 380 Handschriften des »Schwabenspiegels« und 196 von Albrants Roßarzneibuch aus dem Zeitalter Kaiser Friedrichs II.; die meisten Texte entstammen dem Spätmittelalter.

Weniger die Namen großer Autoren als die großen Veränderungen, die von vielen kleinen Verfassern herbeigeführt worden sind, stehen im Mittelpunkt des Interesses am spätmittelalterlichen Schrifttum; einen herausragenden Höhepunkt wie die staufische Klassik hat es nicht gegeben. Als gemeinsame Wesenszüge zumal der schönen Literatur kann man ungeachtet der großen Formenvielfalt wohl die Hochschätzung des Details, eine gewisse Individualisierung und sogar Rationalisierung und den Respekt vor der Vielgestaltigkeit der Welt erkennen, den man »Pluralismus« oder »Realismus« nennen mag.

Für das Epos blieb zunächst die höfisch-staufische Tradition bestimmend. Die besten Leistungen brachten der formal sehr befähigte Konrad von Würzburg (um 1225–1287) und Albrecht, von einigen Albrecht von Scharfenberg genannt, wohl ein Bayer, hervor. Dieser schuf in Nachahmung Wolframs von Eschenbach einen umfangreichen »Titurel«. Heroisch-Abenteuerliches dieser Art blieb ein beliebtes Thema. Ebenso hielt der aus der klassischen Zeit bekannte Einfluß der französischen Literatur an. Dem Epos formal und stofflich am nächsten stand die Geschichtsschreibung in Versen. Deren umfangreichstes und wohl bedeutendstes Werk war die »Steirische Reimchronik« Ottokars aus der Geul mit fast hunderttausend Versen (vor 1320). Das Neue des 15. Jahrhunderts bezeichnet der Einzelgänger Heinrich Wittenweiler vom Bodensee mit seinem Epos »Ring« (nach 1400). Der alten Form entsprach jetzt ein neuer satirisch-didaktischer Inhalt, indem die vertrauten Kampfszenen in ein groteskes Bauernmilieu hinabgezogen wurden. Der niederländischen Literatur entstammte das Tierepos »Van den Vos Reynaerde« (um 1250), das von einer 1498 in Lübeck gedruckten niederdeutschen Fassung als »Reynke de vos« seinen Weg in die neuzeitliche Literatur nahm – bis hin zu Goethe. Unter den zahlreichen und thematisch äußerst vielfältigen Kleinepen nimmt die Verserzählung »Meier Helmbrecht« von Wernher dem Gartenaere, einem sonst unbekannten bayerisch-österreichischen Dichter, den ersten Rang ein (1250–1280). Das Scheitern bäuerlichen Aufstiegs in das Kriegermilieu wurde hier erbarmungslos nachgezeichnet.

Auch die Lyrik folgte zunächst den großen Vorbildern und fand dabei im vielseitigen Konrad von Würzburg einen ebenso produktiven wie feinsinnigen Meister. In der zweiten Hälfte des 13. Jahrhunderts wirkte er bereits nicht mehr an einem Hof, sondern in der Stadt Basel im Kreis von kunstsinnigen Adeligen und Großbürgern mit beinahe schon privater Atmosphäre, die man freilich noch nicht als spezifisch städtisch bezeichnen kann. Derartiges war auch in Straßburg, Konstanz und Zürich eine neue Form literarischen Interesses. Man pflegte das Andenken der alten Meister und vereinigte um und nach 1300 ihr Werk in mehreren umfangreichen Sammlungen. Die sogenannte Große Heidelberger Liederhandschrift, die mit der Zürcher Familie Manesse in Verbindung gebracht wird, ist mit ihren Texten und einhundertsiebenunddreißig Miniaturen eines der kostbaren Vermächtnisse des Mittelalters. Innerhalb der höfischen Welt, in der nach staufischer Tradition der Minnesang weiterhin gepflegt wurde, rückte jetzt gemäß der Strukturveränderung des Spätmittelalters das Schwergewicht nach Osten. Am wichtigsten war wohl der Přemyslidenhof in Prag, dem sich der Tannhäuser (um 1205–nach 1267) und Heinrich von Meißen, genannt Frauenlob (um 1250–1318), verbunden fühlten, beides Dichter von Rang. Der Durchbruch zu neuen, individuellen, zeitnahen Tönen gelang erst dem Südtiroler Oswald von Wolkenstein (um 1376–1445), den man als einen genialen Poeten bezeichnen kann. Seine Produktion, aus der fruchtbaren ersten Generation des 15. Jahrhunderts, weist mehr nach vorn als zurück zu den Klassikern.

Die nächstverwandte Spruchdichtung, in Groß- und Kleinformen fast unübersehbar zahlreich, scheint mit ihrem moralisierend-lehrhaft-zeitkritischen Verhalten für das Spätmittelalter besonders typisch zu sein. Das erfolgreichste große Lehrgedicht war der »Renner« Hugos von Trimberg, der als Schulrektor in Bamberg wirkte (um 1230–nach 1313). Als wohl bester Spruchdichter der Kleinform sei Heinrich der Teichner aus Steiermark genannt (um 1370 gestorben). Eine neue Heimstatt fanden Spruchdichtung und Minnesang in zunftartigen Zusammenschlüssen städtischer Liebhaber und Nachahmer, die Dichtkunst dieser Art für lehr- und lernbar und zuletzt für meßbar hielten. Selbst in den fortschrittlichen Niederlanden geschah dies vermutlich erst nach 1400. Was man später »Meistersang« nannte, hat keine sehr klaren Vorläufer und wird erst nach 1450 in Oberdeutschland genauer erkennbar, zuerst in Augsburg, dann in

Nürnberg. Hier entstand um 1480 ein Zentrum des Meistersangs in Handwerkerkreisen, denen Hans Schnepper, genannt Rosenplüt (nach 1400–um 1470), den Weg gewiesen hatte. Auch das Volkslied mit Motiven aus Liebe und Tanz, Historie und Religion war im 15. Jahrhundert äußerst beliebt. Es wurde nicht vom anonymen Volk geschaffen, sondern von zumeist unbekannten Dichtern, jedoch vom Volk aufgenommen und weitergetragen.

Die wichtigste formale Neuerung der spätmittelalterlichen Literatur war der immer entschiedener vollzogene Übergang auch der deutschsprachigen schöngeistigen Schriften zur Prosa. Der Prosaroman, die bedeutendste Gattung der neuzeitlichen Literatur, konnte am Anfang das meiste von biblischen und historischen Texten in lateinischer und deutscher Sprache lernen.

Im 14. Jahrhundert entstanden auf der Basis der »Vulgata« zahlreiche Einzelübersetzungen biblischer Schriften ins Deutsche. Die erste Vollbibel wurde um 1350 ins Oberdeutsche übertragen, bald auch ins Tschechische. Nach 1400 betrieb man im ober- und niederdeutschen Raum den Absatz biblischer Schriften schon gewerbsmäßig. Der ersten gedruckten Bibelübersetzung (1476 in Köln) folgten vor Luther vierzehn oberdeutsche und drei weitere niederdeutsche Bibeldrucke.

Die Geschichtsschreibung blieb mehrsprachig. Auch hier löste im 14. Jahrhundert die Prosa den Reim ab. Die anspruchsvollsten Werke hielten an der lateinischen Sprache fest, so die chronikalischen Darstellungen des Kärntner Zisterzienserabts Johann von Viktring (um 1346 gestorben), des oberrheinischen Klerikers Matthias von Neuenburg (1364 gestorben) und des dem Bodensee verbundenen Franziskaners Johann von Winterthur (1348 oder nach 1348 gestorben). Ein Kabinettstück ist die Jugendautobiographie Kaiser Karls IV. (1316–1378), die den großen Herrscher als Kriegsabenteurer, Politiker und theologisch nachdenkenden Christen vorführt. Auch die gelehrtesten Werke des 15. Jahrhunderts, wie die umfangreichen Chroniken des Wiener Universitätslehrers Thomas Ebendorfer aus Niederösterreich (1387–1464), sind lateinisch geschrieben. Der deutschen Sprache bedienten sich die zahlreichen Städtechroniken, deren beste Beispiele aus Bern, Straßburg, Nürnberg und Magdeburg stammen. Die Verengung auf Landes- und Lokalhistorie wurde für die vorhumanistische Geschichtsschreibung immer typischer, wobei ein Hauptinteresse der detailgetreuen und lebensvollen Schilderung galt.

Die Anfänge des Prosaromans in deutscher Sprache lagen im 13. Jahrhundert; ein relativ geschlossener Zusammenhang der Gattung gehörte aber erst dem 15. Jahrhundert an. Die Gräfin Elisabeth von Nassau-Saarbrücken (um 1390–1456) kann mit ihren vier historischen Romanen mehr als Übersetzerin und Bearbeiterin französischer Vorlagen gelten. Ähnlich verhielt es sich beim Liebes- und Abenteuerroman »Pontus und Sidonia« der Erzherzogin Eleonore von Österreich (1435 bis 1486). Selbständiger war der Berner Großbürger Thüring von Ringoltingen (um

1410–1495) mit seiner 1456 beendeten, bald danach gedruckten »Melusine«. Beliebtheit und Verbreitung der Romane wurden durch ihre inhaltlichen wie stilistischen Vorzüge garantiert: Tatsachenreichtum, geradlinige Handlung und Verzicht auf rhetorische Spielereien. Dem Roman verwandt waren die sogenannten Volksbücher, deren Verbreitung durch das kommerzielle Interesse von Verlegern bald gefördert wurde. Eingang in die Weltliteratur fand vor allem die Volksbuchfigur Till Eulenspiegels, seitdem eine wohl in Braunschweig entstandene Erstfassung um 1478 in niederdeutscher Sprache in Lübeck gedruckt worden war.

Solcher betont schlichten Prosa stand in lateinischer und deutscher Sprache seit 1350 eine von neulateinischen Vorbildern angeregte Kunstprosa gegenüber. Ein erster Meister in beiden Sprachen war der Kanzler Kaiser Karls IV., Johann von Neumarkt (1380 gestorben). Ihren Gipfel erreichte die deutsche Kunstprosa im »Ackermann aus Böhmen« (1400/01) des Saazer Stadtschreibers Johann von Tepl (um 1350–1414). Das leidenschaftliche Streitgespräch zwischen dem Ackermann und dem Tod, das Gott entscheidet, gehört zu den ersten Leistungen der deutschen Literatur.

Das Drama in lateinischer Sprache und mit geistlichem Inhalt entstand im Hochmittelalter. Das erste deutschsprachige Drama dieser Thematik war das Osterspiel von Muri im Aargau (um 1250). Das Erhaltene dürfte den ganz geringen Rest einer weitverbreiteten Gattung vornehmlich mündlicher Kultur darstellen. Als das bedeutendste geistliche Drama deutscher, diesmal niederdeutscher Zunge gilt das Redentiner Osterspiel von 1464, das wohl in Wismar aufgeführt worden ist. Die Anfänge des Schauspiels weltlichen Inhalts sind dunkel. Vom kirchlichen Bereich abgezweigte Fastnachtsunterhaltung, aber auch historische Stoffe mögen Anknüpfungspunkte geboten haben. Das weltliche Drama findet man als eine städtische Gattung kaum zufällig zuerst in den Niederlanden vor, wo von 1370 bis 1380 drei Fürstendramen einer Brabanter Wandertruppe in niederländischer Sprache bezeugt sind. In Lübeck kennt man Fastnachtspiele seit 1430. Nach 1450 bildete sich ein wichtiger Schwerpunkt in Nürnberg aus. Hans Rosenplüt ist dort der erste als Person bekannte Autor.

Die zahlenmäßig und nach internationaler Reputation mit Abstand wichtigste Gattung spätmittelalterlicher Literatur war das Fachbuch in lateinischer und deutscher Sprache. Soweit es sich um deutsche Texte handelte, war ihr spezieller Wortschatz dem Lateinischen stark verhaftet und hat seinerseits auf die Volkssprachen der Nachbarn im Osten und Norden weitergewirkt. Die Zahl der Gattungen vom Kochbuch über medizinische und alchimistische Traktate, militärische und technische Darlegungen bis zur theologischen und philosophischen Abhandlung war groß. Erst recht ist die Menge der Texte, die noch ständig zunahm, unübersehbar. Eine Fülle alten und neuen Wissens ist auf diese Weise unter Fachleuten, aber immer mehr auch an Laien, die nur eine Volkssprache beherrschten, weitergegeben worden.

Architektur und bildende Künste

Unbeschadet der Eigengesetzlichkeit des schöpferischen Akts reagierte die Kunstausübung – als zumeist auftragsgebundene und bezahlte Tätigkeit – noch empfindlicher als die Literatur auf Tatsachen und Bedingungen des politisch-sozial-wirtschaftlichen Lebens im späten Mittelalter und brachte deren Wandel auf ihre Art zum Ausdruck. Schon deshalb genügt das eingebürgerte vereinheitlichende Etikett »Gotik« schwerlich, das dazu noch eine kaum übersehbare Vielzahl und Vielfältigkeit von Kunstwerken bezeichnen oder gar verständlich machen soll. Nur zur groben Orientierung sollte man daher von ungefähr 1250 bis ungefähr 1350 das Zeitalter der noch einigermaßen überschaubaren, von Frankreich her akzentuierten Hochgotik rechnen. Daran schloß sich bis 1420/1430 eine erste Phase der Spätgotik an, die »nationale« Besonderheiten in eine Periode gegenseitigen »internationalen« Einwirkens und Ausgleichs einmünden ließ. Darauf folgte eine zweite Phase der Spätgotik mit sich kräftig steigernder Regionalisierung und Individualisierung und einer Anzahl bedeutsamer Neuerungen. Das ganze Zeitalter stellte eine Periode der Hochblüte deutscher Kunst mit hervorragenden Einzelleistungen dar. Ein einziges maßgebliches Zentrum der deutschen Kunst bestand nicht; vielmehr gab es zahlreiche weitverteilte Auftraggeber an Höfen und Kirchen, in Orden und Städten. Man bemühte sich je nach Einsicht und Kapitalkraft um das Modernste oder bevorzugte das Traditionelle. Im allgemeinen spricht man besser vom Hinzutreten des Neuen als von der Ablösung des Alten.

Das sich immer stärker differenzierende Phänomen »deutsche Gotik« weist drei besonders charakteristische Merkmale auf. Erstens: Die Kunstgattungen verselbständigten sich durch die Ablösung des alten übergreifenden und verpflichtenden Gesamtkunstwerks der Kathedrale; ein vergleichbarer neuer Integrationsfaktor zeigte sich nicht. Zweitens: Neben die sakrale Auffassung der Kunst und zum Teil an deren Stelle trat allmählich ein menschlich-naturbezogenes Verständnis. Auch das Heilige wurde humanisiert und in einen wirklichkeitsnahen Raum gestellt. Mit dem Zuwachs an Realität und Individualisierung konnten sich Vitalität und Ausdruck, ja Dramatik und Leidenschaft leichter entfalten. Drittens: Die Adressaten von Kunst vermehrten und vereinzelten sich. Die Kunst selbst gewann an Autonomie. Der Betrachter der Kunstwerke mochte sich an ihnen um ihrer selbst willen erfreuen.

Mit dem Kölner Dom, der »jüngsten, vielleicht schönsten Schwester der französischen Kathedralen«, und dem vielbewunderten Straßburger Münster klang ein großes Zeitalter aus. Seit 1248 baute der Staufersieger Konrad von Hochstaden an seinem Dom; im Jahr 1276 wurde das Langhaus des Münsters geweiht, dem die berühmt gewordene Westfassade und der höchste im Mittelalter abgeschlossene Turmbau – mit einhundertzweiundvierzig Metern – folgten.

Das Vorbild beider Gotteshäuser wirkte durch die umfänglichen Bauhütten weit nach Osten. Ebenso bezeichnend war der politisch-soziale Umschwung in beiden Bischofsstädten, der die großen Bauwerke in die Trägerschaft der Bürger übergehen ließ. Erst recht wurde die weitverbreitete Bauaufgabe der gotischen Pfarrkirche Sache der Städte und führte in den ehrgeizigsten Kommunen zu hervorragenden Leistungen. Beispiele bieten das Münster in Freiburg im Breisgau mit dem seit etwa 1260 errichteten »schönsten Turm der Christenheit« und das 1377 begonnene Ulmer Münster.

Das großdynastische Machtstreben des Hauses Luxemburg führte 1344 zu dem Entschluß, in Prag noch einmal eine Kathedrale klassischen Typs, die allerletzte, zu errichten. Im Jahr 1353 oder 1356 übertrug Karl IV. die Bauleitung an Peter Parler aus Schwäbisch Gmünd (1330/1333–1399), der zur führenden Gestalt der deutschen Kunstgeschichte des 14. Jahrhunderts heranwuchs. Der im Mittelalter unvollendet gebliebene Dom wies daher in die Zukunft statt in die Vergangenheit und bot den Ausgangspunkt für ein ganz neues Phänomen, das der politischen Gesamtsituation dieser Generation angemessen zu sein schien: Dem hegemonialen Herrscher entsprach die Hegemonie des Künstlers, der mit seinen Verwandten das Baugeschehen und die Bildhauerei großräumig und nachhaltig beeinflußte – an der Westfassade des Straßburger Münsters ebenso wie an der Pfarr- beziehungsweise Stiftskirche St. Stephan in Wien, dem Hauptwerk der österreichischen Gotik, das weit in den Südosten hineinwirkte. Einst waren die Parler aus der Kölner Dombauhütte hervorgegangen oder jedenfalls eng mit ihr verbunden; nun schufen sie ein bedeutendes Kunstzentrum außerhalb des alten rheinischen Kulturbodens. Mit den Parlern begann die Spätgotik. Das Selbstbewußtsein des Künstlers Peter Parler offenbarte sich in seiner Porträtbüste auf der Triforiumsgalerie des Prager Veitsdoms, einer Steinskulptur, die nicht kleiner ausfiel als die Büsten der kaiserlichen Familie.

Ungeachtet des hohen Ranges des mit der Kathedrale verschwisterten Bautypus der Basilika wurde die Hallenkirche oder die Kirche mit einem Hallenchor zur besonders bezeichnenden Bauform der Spätgotik. Dabei entfalteten sich individuelle Formen. Zu den meisterhaften Lösungen zählen so unterschiedliche Bauten wie der Hallenchor und die mächtige Staffelhalle in St. Stephan in Wien (seit 1304), die 1331 oder 1343 begonnene Wiesenkirche in Soest mit ihren schwerelos wirkenden Säulen und Bögen oder die vom Innviertler Benedikt Ried (um 1454–1534) vollendete Barbarakirche im böhmischen Kuttenberg mit ihrer unübertroffenen Eleganz. Die Zeit nach den Parlern war gleichfalls eine Periode großer Baumeister, unter denen Ulrich von Ensingen (um 1359–1419) in Ulm und Straßburg, Hans von Burghausen (um 1350/1360–1432) in Landshut und Madern Gertener (um 1365–1430) in Frankfurt am Main aus einer einzigen Generation fast beliebig herausgegriffene Beispiele bieten.

Alle bisher genannten Bauwerke wurden aus behauenem Stein geschaffen, der in der Mitte und im Süden des Reiches zur Verfügung stand. Im deutschen und europäischen Norden und Nordosten, wo dieses Material fehlte, entfaltete sich im späten Mittelalter die gotische Backsteinarchitektur zu reicher Blüte. Ihre Ausdrucksformen wirken strenger und flächiger und insgesamt konservativer. Die Hauptkirche der Backsteingotik war die Lübecker Pfarrkirche St. Marien, die um 1250 begonnen wurde – ein Vorbild selbst für den Lübecker Bischofsdom. Hielt sich in diesen Fällen die Form der Basilika, so setzte sich anderwärts die Halle durch, am großartigsten in der 1502 vollendeten Danziger Marienkirche, die 15.000 Menschen, die Hälfte der Stadtbevölkerung, faßte. Die hohen Türme der Backsteinkirchen an der Ostsee waren Wahrzeichen bürgerlicher Macht.

Die Verluste, die beim gotischen Profanbau beklagt werden, sind groß, weniger beim Repräsentativ- als beim Wohnbau. Zu den hauptsächlichen Bauaufgaben in Haustein und Backstein gehörten Burgen und in den Städten Rathäuser, Kaufhäuser, Kornhallen, Hospitäler und die Stadtbefestigung. Die bedeutendsten architektonischen Leistungen des gotischen Burgenbaus stellen die Festen des Deutschen Ordens in Preußen und Livland dar, zumal die Marienburg und deren Hochmeisterpalast. Unter den Burgen aus Haustein fallen jene Anlagen besonders auf, die für große Herrscher geschaffen worden sind, so die Burg Karlstein bei Prag für Karl IV. Auf dem Burgberg von Meißen begann Arnold von Westfalen (1481 gestorben) im Jahr 1471 eine ungewöhnlich reich gegliederte Schloßanlage, die schon über die Gotik hinauswies. Der Ladislaus-Saal der Prager Burg ist eine besonders kühne Schöpfung Benedikt Rieds aus der spätesten Gotik (seit 1493). Die schönsten Rathäuser finden sich im niederländisch-niederdeutschen Raum von Brüssel und Löwen über Köln, Lüneburg, Lübeck und Stralsund bis Thorn. Das spätestens 1317 errichtete Kaufhaus in Mainz ist ein besonders frühes Beispiel eines großen Profanbaus, der seiner Zweckbestimmung gemäß entworfen worden ist.

Auch im Bereich der Plastik begann das künstlerische Wirken des Spätmittelalters unter französischem Einfluß, der freilich von bodenständigen Traditionen umgeformt wurde. Dies zeigen schon die historisch noch auf das Hochmittelalter zurückbezogenen, aber wegen ihrer realistischen, auf scharfer Beobachtung beruhenden Durchgestaltung zugleich vorausweisenden Stifterfiguren im Westchor des Naumburger Doms, die um und nach 1250 entstanden sind. Sie waren gleich den Skulpturen in Reims und Siena, wie man geurteilt hat, erstmals wieder den Leistungen der Antike ebenbürtig. Die hier zu beobachtende Lösung der Plastik aus dem strengen architektonischen Verband war bald allgemein verbreitet. Neben die alten Hauptaufgaben des Fassaden- und Pfeilerschmucks traten neue, vor allem das Grabmal und als Schnitzwerk das Chorgestühl und der Altar. Große Leistungen im klassischen Sinne sind die Skulpturen der Westfassade des Straßburger Münsters (seit 1280) und die Pfeilerfiguren des Kölner Doms (um 1322). Damals, im frühen 14. Jahrhundert, zeigte sich ein neues Stilgefühl wohl als Folge der allgemeinen und politisch-kirchlichen Krisen des Zeitalters und regional bedingt auch aufgrund der Gedankenwelt der Mystik. In der Holzskulptur wurden das Vesperbild mit der Klage der Gottesmutter um ihren toten Sohn, der Schmerzensmann und die Schutzmantelmadonna zu beliebten Motiven. Dabei war die Darstellung des Vergänglichen, ja Häßlich-Erschreckenden zugelassen. Die Künstler zur Zeit der Parler antworteten darauf nach 1350 mit einem kräftigen, frischen und selbstbewußten Realismus. Wie bei der Architektur bildeten Prag, Köln und Nürnberg Zentren einer wieder irdischer gewordenen Bildhauerei. Mag das plastische Werk Peter Parlers schwer abzugrenzen sein – er und seine Schule beeinflußten jedenfalls das mittel- und osteuropäische Kunstschaffen seiner Generation rasch und intensiv.

Seit etwa 1380 zeichnete sich für beinahe ein halbes Jahrhundert beim internationalen oder weichen Stil zum letzten Mal im mittelalterlichen Europa eine verhältnismäßig einheitliche Ausdrucksform der Plastik wie der Malerei ab. Ihre Merkmale sind: sehr schlanke Proportionen, harmonische Körperhaltung, unproblematische Schönheit und adelige Eleganz, die auch außerhalb der Höfe hochgeschätzt wurden. Es handelte sich wohl um die erste weitverbreitete Stilwelle, die nicht mehr eindeutig und allein auf westliche oder südliche Vorbilder zurückgeführt werden muß; zumindest die Tafelbilder der sogenannten Schönen Madonnen dürften ihren Ursprung im salzburgisch-österreichischen oder böhmisch-schlesischen Raum gehabt haben. Jedenfalls stehen die im Osten entstandenen Werke denen westlicher Herkunft weder qualitativ noch zeitlich nach.

Seit den Jahren von 1430 bis 1440 schlug man den Weg zu einem neuen, strengeren Realismus mit fortan individueller Ausprägung ein. Die Plastik des späteren 15. Jahrhunderts stellt einen Höhepunkt deutscher Kunst dar. Im Zusammenwirken von Skulptur, Malerei und Elementen der Architektur entstanden in den Altarretabeln neuartige »Gesamtkunstwerke«. Die Hauptmeister waren der Holländer Nicolaus Gerhaert von Leyden (um 1430–1473), der an Rhein und Donau, zuletzt in kaiserlichen Diensten wirkte, Jörg Syrlin d. Ä. (um 1425–1491) in Ulm, der Oberpfälzer Erasmus Grasser (um 1450–1518) in München, Bernt Notke aus Pommern (um 1440–1509) in Lübeck und Skandinavien, Adam Kraft (um 1460–1508/09), Erzgießer in Nürnberg, Michael Pacher (um 1435–1498) in Österreich, der Schwabe Veit Stoß (um 1448–1533) in Nürnberg und Krakau, Tilman Riemenschneider (um 1460–1531) in Würzburg. Der Erzgießer Peter Vischer d. Ä. von Nürnberg (um 1460–1529) schuf 1490 mit der kleinen Bronze des sogenannten Astbrechers wohl das erste deutsche Renaissance-Kunstwerk.

Seit dem 14. Jahrhundert erlangte das Tafelbild künstlerisch allmählich jenen Rang und jene zentrale Stellung, die in romanischer Zeit die Wandmalerei innegehabt hatte. Bedeutungsvoll für seine Entwicklung in Deutschland war nach 1350 zunächst die Malerei am Hof Karls IV. und in Böhmen mit Nikolaus Wurmser aus Straßburg, dem Meister Theoderich (1381 gestorben) und den Meistern von Hohenfurt und Wittingau. Die Prager Malerzeche mag die älteste bekannte Malerzunft Europas gewesen sein. Neben den gewohnten religiösen Motiven schätzten einige Auftraggeber und Künstler dieser Generation auch das Porträt. Dessen ältestes erhaltenes, noch anonymes Beispiel stellt das Tafelbild Herzog Rudolfs IV. von Österreich dar (um 1365). Die Malerei mündete wie die Plastik um 1400 in den internationalen Stil ein. Die Bildinhalte dieser Stilphase beschränkten sich nicht auf die Darstellung des Zarten und Lieblichen in Gestalt der Schönen Madonnen, sondern deckten auch die »Nachtseite« menschlicher Existenz auf, zumal in Märtyrerszenen. In Köln, einem Hauptmittelpunkt der Malkunst nach 1400, schätzte man allerdings mehr das Anmutig-Naive, wie es der Meister der heiligen Veronika und Stefan Lochner (um 1400–1450/51) bezeugen. Weiter nördlich wirkten als erste namentlich bekannte Maler Meister Bertram von Minden (1415 gestorben), Konrad von Soest (1394–1422 tätig) und Meister Francke von Hamburg (erstes Viertel des 15. Jahrhunderts).

Eine epochale, allerdings nicht unvorbereitete Wende in der Geschichte der nordalpinen Malerei vollzog sich um 1420/1430 in den Niederlanden. Der Maasländer Jan van Eyck (um 1390–1441) verwandelte die dreidimensionale Welt überzeugend in den perspektivischen Tiefenraum des Tafelbildes und erfaßte damit die Wirklichkeit der Landschaft. Ebensosehr bemühte er sich um das lebensechte Porträt und um eine bessere Öltechnik. Nach seiner holländischen Zeit arbeitete er am burgundischen Hof in Brügge. Die höchstentwickelte burgundische Kultur, die sich rittlings auf der deutsch-französischen Grenze angesiedelt hatte und der romanischen Lebenswelt verbunden war, was in den illuminierten Handschriften besonders deutlich zum Ausdruck kommt, bildete den einen maßgebenden Faktor des niederländischen Geisteslebens; den anderen stellte der Geschmack der reichen Großstädte dar: Gent und Brügge in Flandern, Brüssel und Löwen im reichsangehörigen Brabant. Der kulturelle Schwerpunkt rückte mit dem wirtschaftlichen im Laufe des 15. Jahrhunderts immer deutlicher nach Osten, von Flandern nach Brabant. Dorthin gehörte die Mehrzahl der kaum weniger begabten Nachfolger van Eycks, zunächst Rogier van der Weyden (1399–1464). In Brüssel arbeitete auch der Holländer Dirk Bouts (um 1415/1420–1475). Den Mainfranken Hans Memling (nach 1430–1494) zog es nach Brügge. Der Brabanter Hieronymus Bosch (um 1450–1516), der von der Moderne meistbeachtete altniederländische Maler, brachte sein Leben in der Heimat zu.

Die niederländischen Errungenschaften wirkten auf die binnendeutschen Meister früher oder später kraftvoll ein: unmittelbar im benachbarten Köln, bei den Süddeutschen wohl zuerst auf den Schwaben Konrad Witz (vor 1410–1445/46) in Basel und den Allgäuer Hans Multscher (um 1400–1467) in Ulm. Auch die Nürnberger Hans Pleydenwurff (um 1420–1472) und Michael Wolgemut (1434–1519), der Lehrer Dürers, zeigten sich vom Niederländischen beeindruckt. Eine eigene Handschrift führten die bedeutendsten Künstler, Martin Schongauer aus Colmar (um 1450–1491) und der Schwabe Hans Holbein d. Ä. (um 1465–1524).

Der Holzschnitt und der Kupferstich waren die ersten Kunsterzeugnisse, die als Handelsware für eine größere Zahl von Interessenten verbreitet wurden. Sie konnten privater Andacht und Liebhaberei dienen. Den Einblattholzschnitt kannte man bald nach 1400, den Kupferstich seit dem zweiten Viertel des 15. Jahrhunderts. Bücher mit ganzseitigen Bilddrucken und Begleittexten nach Holzschnittafeln, sogenannte Blockbücher, wurden vor und nach der Erfindung des Buchdrucks mit beweglichen Lettern geschaffen. Auch hier beobachtet man die allmähliche Bereicherung der religiösen Themen durch profane Motive. Realismus und Lebendigkeit im Detail mehrten sich. Der Kupferstich gewann nach dem Wirken anonymer Meister mit Schongauer einen ersten Höhepunkt. So trat eine neue, eigenständige Kunstgattung ans Licht, die sich im europäischen Vergleich gerade im deutschen 15. Jahrhundert als besonders leistungsfähig erwies.

Eidesleistung vor dem Weseler Stadtregiment. Gemälde von Derick Baegert, 1493. Wesel, Städtisches Museum

Kampf der siegreichen Osmanen gegen ein Kreuzheer Sigismunds bei Nikopolis an der Donau im Jahr 1396. Miniatur in den um 1468/69 entstandenen sogenannten Breslauer »Chroniques de France...« von Jean Froissart. Berlin, Staatsbibliothek Preußischer Kulturbesitz

Gefährliche Herausforderungen und ungenügende Antworten: Verfassung und Politik (1400–1470)

Der Machtverfall des Königtums und des Deutschen Ordens

Wenzel und Ruprecht (1400–1410/1419)

Die politische Geschichte des 15. Jahrhunderts weist einen tiefen Einschnitt auf. Um 1470 setzte die Phase der Verdichtung ein, die in Form des institutionalisierten Dualismus die Reichsverfassung für die Zukunft bestimmte. Das Zeitalter zuvor kann man als eine Periode zunächst großer Schwäche des Königtums und dann aufgeschobener und unzureichender Entscheidungen charakterisieren. Damals wurde ausgetragen, was sich schon vor 1400 abgezeichnet hatte: die Neuordnung des regionalen Kräftespiels durch zahllose Fehden und Kriege. Sie entschieden darüber, daß am Ende nur eine Auslese der Mächtigsten selbständige Bewegungsfreiheit bewahrte. Die Kleineren, auch die Städte, verloren beträchtlich an Bedeutung.

Am 21. August 1400 wurde Pfalzgraf Ruprecht III. mit den vier rheinischen Kurstimmen in Rhens zum König gewählt. Bei dem Zeremoniell war fast allein der Anhang der westlichen Kurfürsten anwesend. Man versuchte, die Unrechtstat durch gelehrte Juristen rechtfertigen zu lassen. Daß erstmals in der deutschen Geschichte aus diesem Anlaß solche Dienste beansprucht wurden, anstatt auf die Waffen zu vertrauen, war für das neue Königtum, aber auch für das neue Jahrhundert bezeichnend. Ruprecht war ungeachtet der angesehenen Stellung seines Fürstentums, der rheinischen Pfalz um Heidelberg und der Oberpfalz um Amberg, nicht hinreichend ausgestattet, um in der Art seiner Vorgänger im Königsamt auftreten zu können. Seine treuesten Helfer waren der Burggraf von Nürnberg und die Stadt Nürnberg, während sich die bayerischen Verwandten zurückhielten. Die östlichen Kurfürsten erkannten ihn nicht an. Der Norden des Reiches stand ihm fern, wie einst vor und um 1300. So blieb Ruprecht von seinen Wählern, zumindest von deren Wortführer, dem Kurmainzer, abhängig wie vordem ein »kleiner« König. Seine Regierung kann als unzeitgemäß gewordene Reaktion auf das Phänomen der Großdynastie verstanden werden und ist darum gescheitert. So wird man urteilen, obwohl sein Jahrzehnt nicht in einer politischen Katastrophe ausklang. Davor hat ihn vielleicht sein Tod bewahrt.

Währenddessen geriet Wenzel in Böhmen immer stärker ins Abseits, wiewohl er weiterhin Königsrang und Königsrolle beanspruchte. Seine Anhängerschaft außerhalb der Hausmacht schmolz rasch hinweg. Bei keinem Träger der Krone zeigte sich deutlicher, daß königliche Herrschaft ein Dialog mit den Beherrschten war: Er verlor sein Hofgericht, weil nicht mehr zu richten und daher für das Personal nichts mehr zu verdienen war; Rat und Kanzlei reduzierten sich ohnehin auf binnenterritoriale Maßstäbe. In den Jahren 1402/03 geriet Wenzel erneut in Gefangenschaft, diesmal in die des Stiefbruders Sigismund, wurde an

Österreich ausgeliefert und mußte nach seiner Flucht und Rückkehr gänzlich vor dem Hochadel kapitulieren. Erst das Konzil von Pisa im Jahr 1409, das ihn gegen den romtreuen Ruprecht als König anerkannte, erweckte wieder Hoffnungen. Weil Wenzel kinderlos blieb, richteten sich aber selbst in der Hausmacht die Blicke immer wahrnehmbarer auf seine Verwandten Jobst von Mähren-Brandenburg und Sigismund von Ungarn. Religiös-politisch-soziale Auseinandersetzungen in Prag und Böhmen – jetzt immer deutlicher im Zusammenhang mit Gegensätzen zwischen Tschechen und Deutschen – erschwerten seine Lage zusehends. Johannes Hus und seine Freunde wandten sich gegen Mißstände in der Amtskirche und traten für ein biblisches Christentum ein. Der Rest des Respekts, der Wenzel verblieb, ist dadurch markiert, daß trotz aller wachsenden Krisenregungen der offene Ausbruch der hussitischen Bewegung beinahe bis zu seinem Tod am 16. August 1419 hintangehalten wurde.

Zu einem Kampf der beiden Könige auf Leben und Tod kam es nicht, außer daß Ruprechts Heer die luxemburgische Oberpfalz eroberte und damit die vielfältigen Anstrengungen Karls IV. zunichte machte. Eine Auseinandersetzung um das Krongut war nicht mehr zeitgemäß, die beiden Hegemonialbereiche berührten sich kaum, und die Rechtgläubigkeit Wenzels wurde ernstlich nicht bezweifelt. Im Westen, Nordwesten und Süden des Reiches sah sich Ruprecht zunehmend anerkannt. Weil er zunächst noch nicht einmal vom Schisma-Papst approbiert wurde, trat er gleichsam die Flucht nach vorn an: Mit seinem Italien-Zug von 1401/02 bietet er ein Beispiel für das im deutschen Mittelalter und darüber hinaus unverkennbare Maß von Mißachtung konkreter Umstände, das öfter dem anderwärts vernünftigen Handeln der Könige beigemengt war. Denn sein Hauptfeind, der von Wenzel zum Herzog von Mailand erhobene Gian Galeazzo Visconti, war dem anrückenden Söldnerheer um ein Mehrfaches überlegen. Der Zug nach Italien war überhaupt nur möglich geworden, weil ihn die Florentiner Medici-Bank und Nürnberger Großfirmen vorfinanziert hatten. Ruprecht kam kaum weiter als bis nach Brescia, wo ein unglückliches Gefecht stattfand. Zu weiteren Operationen fehlte das Geld, so daß im darauffolgenden Frühjahr ohne wirkliche Kraftprobe der Rückzug angetreten wurde.

Nach der Heimkehr sah sich Ruprecht unmittelbar dem Kernproblem seiner Regierung gegenüber: dem territorialen Gegensatz von Kurpfalz und Kurmainz. Er war eine der Konstanten der spätmittelalterlichen Reichspolitik, mit der jedermann rechnete, ausgenommen zunächst Ruprecht. Keine der ungefähr gleichstarken Kräfte konnte die andere zu überwinden hoffen. Aber die Mainzer Opposition drohte den König politisch zu lähmen. Denn die traditionell aggressive und erfolgreiche Pfälzer Landesherrschaft, die auch im Jahrzehnt Ruprechts weiter ausgebaut wurde, und die Notwendigkeit, den engen Anerkennungsbereich finanziell stark zu belasten, hatten ringsum einen Kreis potentieller Gegner geschaffen. Kurmainz sammelte diese im Marbacher Bund von 1405. Dessen

Zergliederung nahm Ruprecht sogleich und nicht ohne Erfolg in Angriff. Er verlor sich jedoch damit in jene bloße Selbstbehauptung des Königtums, die angesichts der Aufgaben und Erwartungen, zumal gegenüber der kritischen Lage der Papstkirche und dem Unfrieden im Reich, längst unzeitgemäß geworden war. Die Approbation (1403) band Ruprecht fest an den römischen Papst und machte vorsichtige Versuche zunichte, im Kontakt mit Frankreich mehr Spielraum zu gewinnen – abgesehen davon, daß der König damit hinter die bereits vor 1400 gegenüber dem Papsttum erreichten De-facto-Positionen zurückfiel.

So vollzog sich der Übergang zum Zeitalter der Konzilien ohne die aktive Mitwirkung Ruprechts, aber auch Wenzels. Die Kardinäle beider Päpste einigten sich, ohne diese zu fragen, gestützt auf die sich verbreitende Konziliarismusdebatte der Theologen und Kanonisten, über die Einberufung eines Konzils nach Pisa (1409). Ruprecht lehnte diese Versammlung ab, weil er die Kardinäle mit Recht als politisch nicht neutral, sondern als frankreichhörig ansah; die französische Politik bedrohte inzwischen tatsächlich Positionen im Westen des Reiches. Doch seine Feinde aus dem Nahbereich schlossen sich Pisa an, voran Kurmainz, und das tat auch Wenzel. Damit brachten sie Ruprecht in eine fast hoffnungslose Lage, zumal ihm nur noch die schärfsten Gegner des Mainzer Erzbischofs treu blieben. Das Konzil wählte einen neuen Papst, Alexander V., der sich mit Erfolg eine eigene Obödienz errang und auf diese Weise die westliche Christenheit in drei Teile zerfallen ließ; denn weder der Papst in Rom noch der in Avignon dachte an einen Rücktritt. Am 18. Mai 1410 starb der Pfälzer Herrscher, als ein Krieg mit Kurmainz wohl gerade bevorstand. Damit ging das letzte rheinische Königtum der Reichsgeschichte zu Ende.

Manche Wesenszüge der Herrschaft Ruprechts wiesen im Vergleich zu den Vorgängern in eine modernere, »staatliche« Zukunft. Organisatorisch-geistige Kräfte sollten – wie vierhundert Jahre später in Preußen – ersetzen, was an physischen fehlte. Ruprechts Rat und seine Kanzlei waren die wohl bestqualifizierten im deutschen Spätmittelalter. Niemals zuvor wurden Urkunden und selbst Akten so sorgfältig und wohlgeordnet abgeschrieben und bewahrt. Seine Kanzleiregister sind später an Sigismund übergegangen und eröffnen heute die mehrhundertbändige Reihe der sogenannten Reichsregister, die die Tätigkeit der zentralen Herrscherkanzlei bis zum Ende des alten Reiches dokumentieren. Der körperschaftliche Charakter des Hofgerichts anstelle des altertümlichen persönlichen Richtertums eines Hofrichters und die Rechtsgelehrsamkeit am Hofe traten viel deutlicher als bisher hervor. Die Universität Heidelberg wurde eng an den »Staat« herangezogen. Die Qualität der im Umkreis des Hofes verfaßten Denkschriften hält wohl dem Vergleich mit den Leistungen der alten Wissenschaftszentren im Westen und Süden Europas stand; nur konnte Papier auch damals nicht Geld und Truppen ersetzen.

Der Niedergang des Deutschen Ordens in Preußen

Im gleichen Jahr, als König Ruprecht starb, erlitt das Heer des Deutschen Ordens in Preußen bei Tannenberg eine vernichtende Niederlage gegen den König von Polen (15. Juli 1410). Der Hochmeister Ulrich von Jungingen und ein Großteil der Gebietiger fielen, einundfünfzig erbeutete Banner wurden im Krakauer Dom aufgehängt. Weil gemäß mittelalterlicher Gewohnheit keine Reserve gebildet worden war, ging im ersten Schrecken fast das ganze Land verloren. Heinrich von Plauen, der Komtur von Schwetz, hielt jedoch die Marienburg, bis das polnische Heer wieder abzog, und leitete die Rückeroberung ein. So brachte der Friede von Thorn (1411) nur geringe Gebietsverluste; verhängnisvoll jedoch war die außerordentlich hohe Auslösesumme für die Kriegsgefangenen: hunderttausend Schock böhmische Groschen, was mehr als einer Viertelmillion Gulden entsprach. Beide Seiten sahen den Frieden als ein zu revidierendes Zwischenergebnis an. Da sich aber die Ausgangsbedingungen des Ordens immer mehr verschlechterten, brachten ihm die mehrfach erneuerten Auseinandersetzungen nur weitere Rückschläge. Im Frieden vom Melnosee (1422) wurde die preußisch-litauische Grenze zugunsten des Ordensgegners so verändert, wie sie bis 1920 bestanden hat. Ein Schiedsverfahren vor König Sigismund auf dem Konzil von Konstanz hatte nicht zu einem befriedigenden Ergebnis geführt. Die schwere Legitimitätskrise des Ordens, dessen Aufgabe des Heidenkampfes nach der Christianisierung Litauens weggefallen war, tat ihre Wirkung. Die Wahl einer neuen Zielvorstellung aus eigener Kraft überforderte die Zeitgenossen. So hielten die Ritter am Alten, immer mehr Überholten fest.

Die entscheidenden Wandlungen, die sich unter dem Stichwort »Niedergang des Deutschen Ordens in Preußen« zusammenfassen lassen, waren weniger militärisch-punktueller Natur, als daß sie langfristig die Landesverfassung im weitesten Sinne betrafen. Die Finanznot erzwang 1411 das Ersuchen an Adel und Städte um Beisteuer und Hilfe. Gleiches war auf dem Weg zum Ständetum überall in Mittel- und Osteuropa üblich; im geistlichen Staat jedoch behinderten Kirchenrecht und Ordensregel den Übergang zur dualistischen Verfassung, vor allem aber kaum überwindbare und sich noch weiter verschärfende soziale Vorbehalte der adeligen Ritterschaft, die von weither kam, gegen das Städtewesen und die eingesessenen Standesgenossen. Immer deutlicher wandelte sich der Orden zur Versorgungsanstalt für jüngere Söhne vorwiegend südwest-, süd- und westdeutscher Niederadelsfamilien, von denen viele wirtschaftlich abstiegen. So lag ein pfründenbezogenes, rückwärtsgewandtes Besitzstandsdenken näher als »moderne« staatliche Erwägungen, die freilich auch ein recht unzeitgemäßes Handeln entgegen der Adelsmentalität erfordert hätten. Der anderen Seite stand das Vorbild der Freien Städte im Reich und des polnischen Adels vor Augen, der sich um seinen Herrn kaum kümmerte; man wollte verständlicherweise auch über die Verwendung der aufgebrachten Mittel mitbestimmen. Man mag es tragisch nennen, daß auf diese Weise zwei je für sich konsequente, nur eben nicht zu vereinbarende »Staatsideen« in der ausgesetzten Lage des Landes nicht Zeit und Gelegenheit zur internen Abklärung gefunden haben, wie es im Binnenreich zwischen Herrn und Ständen vielfach möglich gewesen ist.

Auch gegen den Widerstand des Ordens gewannen in den Jahrzehnten nach Tannenberg Städte und Adel immer mehr Einfluß. Nur mit Zugeständnissen an sie konnten das Lösegeld von 1411 und die hohen Söldnerkosten aufgebracht werden. Im Jahr 1440 schlossen sich die großen Städte und ein Teil des Adels zumal im höher entwickelten Westteil des Landes zur Wahrung ihrer Rechte, wie sie sie sahen, zu einem Bund zusammen. Orden, Kaiser und Papst traten gegen den Bund für das alte Recht und das Kirchenrecht ein. Nach einem Gerichtsverfahren am Kaiserhof erging 1453 die Auflösungsverfügung. Der Bund antwortete – auch aus Furcht vor Sanktionen – mit dem Aufstand. Dreizehn Jahre hindurch währte ein schweres, selbstzerstörerisches Ringen. Weil Widerstand ohne ein Haupt undenkbar zu sein schien, wandten sich die Stände an die Fürsten von Brandenburg, Österreich, Böhmen und Dänemark, um einen von ihnen als neuen Herrn anzunehmen. Nachdem alle abgelehnt hatten, befragte man den König von Polen, der zusagte. Ein Nationalbewußtsein stand jenem Schritt noch nicht im Weg, zumal der König jegliche Autonomieforderung bewilligte. Zusätzlich lockten Handelsvorteile die Ratsfamilien der Großstadt Danzig, die sich im Mittelpunkt des Kampfes gegen den Orden befand. Der Krieg verlief zunächst äußerst wechselvoll: zwischen dem Verlust der Ordensburgen bis auf drei und dem Wiedergewinn der meisten samt der Niederlage der Polen bei Konitz (1454). Vom Kaiser geächtet und vom Papst exkommuniziert, gerieten die Aufständischen in Bedrängnis. Da verkauften Ordenssöldner, denen die Marienburg für unbezahlten Sold verpfändet worden war, diese Hauptfeste an den Gegner (1456). Dies war ein katastrophaler Rückschlag und brachte den Verlust der Weichsel-Position mit sich. Der Hochmeister sah sich zum Rückzug nach Königsberg gezwungen, von wo aus noch neun Jahre lang hinhaltender Widerstand geleistet wurde.

Nicht der Kaiser, sondern der Papst rettete seinen Orden in Preußen vor dem gänzlichen Zusammenbruch und griff damit – selbst längst auf dem Rückzug befindlich – ein letztes Mal stabilisierend in das deutsche 15. Jahrhundert ein. Der Legat Rudolf von Rüdesheim nahm offen für die Ritter Partei. Gleichwohl riß die Niederlage des Ordens das Land mit hinab. Der zweite Thorner Frieden (1466) führte zu einer Teilung – ungefähr nach dem Frontverlauf jenes Jahres – in ein radikal verkleinertes Ordensland im Osten und ein Königliches Preußen im Westen. Es entstand ein »Doppelland« (K. Gorski). Obwohl zunächst ein Zusammengehörigkeitsgefühl und gemeinsame Institutionen weiterbestanden, auch Papst und Kaiser, Deutschmeister und livländischer Landmeister den

Deutschordensland Preußen nach dem zweiten Thorner Frieden 1466

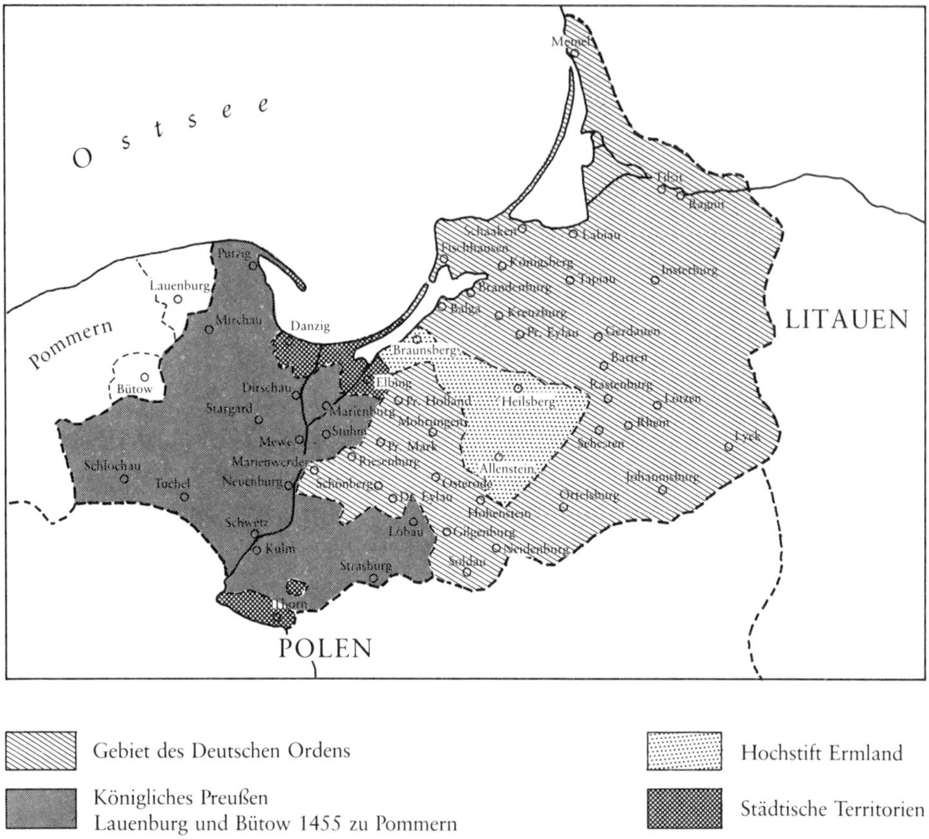

Frieden nicht oder nicht gänzlich anerkannten, wirkte sich spätestens im 16. Jahrhundert die Macht der neuen Tatsachen aus. Preußen ist erst 1772/1793 wiedervereinigt worden.

Der Westen, der aus Pommerellen, dem Kulmer Land, den alten Komtureien Marienburg, Stuhm, Elbing und Christburg sowie dem Hochstift Ermland bestand, war der augenfällig wertvollere Teil. Seine Stände unterschätzten die Entschlossenheit des Königs, der sie nach und nach weiter zurückdrängte, als es der Orden vermocht hätte. Am besten behaupteten sich die großen Städte, deren Hansemitgliedschaft und deutscher Charakter fortbestanden. Danzig zehrte bis 1793 von seinem Privileg von 1457. Auf dem Land zeigten sich auch außerhalb des ohnehin großenteils polnisch sprechenden Pommerellen gegen Ende des 15. Jahrhunderts Polonisierungsbestrebungen, die später im Namen der Gegenreformation fortgesetzt wurden. Demgegenüber hielt das Reich an seinen Rechten wenigstens theoretisch fest, sei es aufgrund der Lehnsherrschaft über Pommerellen aus der Vorordenszeit oder infolge eines neuen territorialen Verständnisses des universalen Imperium. So fühlte sich das Kammergericht weiterhin für Danzig zuständig.

Was von Ordenspreußen nach 1466 verblieb, war mit Ausnahme der Königsberger Städte im wesentlichen ein Agrarland. Auch hier führte die Landesteilung zu beträchtlichen Wandlungen. Zur Entschädigung der Söldnerführer standen nur noch Landgüter zur Verfügung, so daß jetzt ein Großgrundbesitz und ein einheimischer Hochadel entstanden. Bauern und Kleine Freie hingegen stiegen sozial allmählich ab. Auch der Orden selbst »feudalisierte« sich insofern, als der geistliche Amtsgedanke im lokalen Bereich zugunsten »privat«-ständischer Handhabung und an der Zentrale zugunsten fürstlich-höfischer Lebensformen aufgelöst wurde. Das Konventsleben alten Stils schwand dahin. Das soziale Gefüge war noch am stabilsten; die Thorner Vertragsbestimmung, die Hälfte der Ordensmitglieder sollten fortan Polen sein, blieb wirkungslos. Der Hochmeister war geschwächt und mußte trotz aller Vorbehalte der Vertragspflicht, sich als geschworener Rat des Königs von Polen zu bekennen und damit in gewisser Weise dessen Oberhoheit zu respektieren, wenigstens eine Generation hindurch nachkommen. Die Kriegshilfe, die er in bestimmten Fällen leisten sollte, wurde einmal verwirklicht. Seit 1497 wählte man einen Reichsfürsten zum Hochmeister, um mehr Rückhalt im Westen zu finden. Die Säkularisierung hatte in der Praxis schon ansehnliche Fortschritte gemacht, als Hochmeister Albrecht von Brandenburg im Jahr 1525 lutherisch wurde, das Ordensland in ein weltliches Herzogtum umwandelte und vom polnischen König, seinem Onkel, zu Lehen nahm. Bis 1660 blieb diese Abhängigkeit bestehen und wurde dann durch die volle Souveränität abgelöst. Diese ermöglichte dem Markgrafen von Brandenburg im Jahr 1701, sich »König in Preußen« zu nennen. Seitdem ist der Name des Ordenslandes allmählich auf den Gesamtstaat übertragen worden.

Die Absonderung des livländischen und des binnendeutschen Ordenszweiges machte nach 1466 rasche Fortschritte. Im Jahr 1526 wurde der livländische Ordensmeister Reichsfürst und behauptete sein Land bis 1561/1563. Der Deutschmeister war schon 1494 Reichsfürst geworden und nahm seinen Sitz im fränkischen Mergentheim, seit 1527 verwaltete er das vakante Hochmeisteramt. In dieser Tradition besteht der Orden weiter.

Anstrengung und Überforderung

Sigismund (1410–1437)

An den Tod Ruprechts knüpften sich Bestrebungen zur Neuwahl, ohne daß man die Fortdauer des Königtums Wenzels beachtete. Eine andere Dynastie als die luxemburgische kam nicht in Frage. Die Vermischung dynastischen Ehrgeizes und kirchenpolitischer Polarisierung führte zur letzten Doppelwahl des Mittelalters. Die Erhebung des Halbbruders Wenzels, König Sigismunds von Ungarn, durch Kurpfalz und Kurtrier und mit Hilfe der unrechtmäßig geführten Stimme Brandenburgs am 20. September 1410 war nicht korrekt. Die Wahl des Markgrafen Jobst von Mähren und Brandenburg am 1. Oktober erreichte die notwendige Mehrheit. Die böhmische Stimme wurde mitgezählt, obwohl sie von Wenzel herrührte; hier dürfte die unzulässige Sonderung von angestrebtem Kaisertum und neu zu besetzendem Königtum fingiert worden sein. Jobst starb aber schon am 18. Januar 1411. So ersparte der Zufall neben dem päpstlichen ein königliches Dreierschisma. Am 21. Juli 1411 gelang eine diesmal einmütige Neuwahl Sigismunds.

Der dynastische Ehrgeiz des Kronensammelns ließ den geistvollen und politisch befähigten Kaisersohn und Herrscher von Ungarn zum Prototyp des überforderten Königs werden – ein Grund, daß ihn viele Zeitgenossen für unzuverlässig hielten. Tatsächlich war seine Lage schwieriger denn je. Er verblieb nämlich bis zum Tod Wenzels ohne Hausmacht im Reich und war auch danach angesichts der Hussitenbewegung mit recht problematischen Mitteln ausgestattet. Die einer Personalunion vergleichbare Verbindung Ungarns mit dem Reich bot keinen ausreichenden Ersatz; ihr wichtigstes negatives Moment war die abwechselnde jahrelange Abwesenheit des Herrschers und Hofes von einem der beiden Reiche, die hier oder dort ein politisches Vakuum schuf und Ersatzlösungen geradezu herbeizwang. Als Gemeinsames für beide Länder kann die auswärtige Politik gelten, die weithin das persönliche Geschäft des Herrschers gewesen ist, und vielfach auch sein Finanz- und Wirtschaftsgebaren.

Im Reich suchte Sigismund seine Basis in einer längst überholten Krongutspolitik, besonders bei den Reichsstädten, dann bei den Königsnahen zumal des Südwestens, die ebenfalls nicht stärker geworden waren, und im Bündnis mit jeweils einem führenden Fürsten. Herausgefordert und überfordert war er in vierfacher Hinsicht: als Herr der kontrollbedürftigen und von den Türken bedrohten ungarischen Königtümer, als König und Kaiser im Reich angesichts der nun schon eine Generation währenden Kirchenkrise, gegenüber dem »freien Kräftespiel« der Teilgewalten und im Ringen mit den Hussiten. So bedrohten Unstetigkeit und Inkonsequenz sein herrscherliches Handeln. Seine besten Leistungen waren persönlicher Natur, ohne daß sie die Reichsverfassung wesentlich weiterentwickelten. Am Ende war die Selbstbehauptung ähnlich wie bei den »kleinen« Königen schon ein rühmenswerter Erfolg. Für das 15. Jahrhundert ist es allerdings problematisch, in dieser Weise das historische Urteil auf ein Minimum an Anforderungen zu gründen – um so mehr, als im Zeitalter Sigismunds erstmals nennenswerte Merkmale der Neuzeit zutage getreten sind. Er selbst als vielgereister und weitausgreifender Kenner der Welt, als kühner Pläneschmied und Lebenskünstler wies renaissancehafte Wesenszüge auf, die er mit dem althergebrachten Sendungsbewußtsein des Kaisertums zu verbinden verstand. Sein Hof war wohl die längste Zeit hindurch viersprachig: deutsch, ungarisch, italienisch und tschechisch.

Burggraf Friedrich VI. von Nürnberg-Zollern, dessen Familie sich schon generationenlang im Königsdienst bewährt hatte, baute die Brücke von Ruprecht zu Sigismund, der bis 1414 nicht ins Reich kam. Deshalb kann man die Übertragung der heruntergekommenen Mark Brandenburg an Friedrich, die 1411 eingeleitet und 1415/1417 vollendet worden ist, auch als Entlohnung verstehen. Ungewollt ist damit eine weltgeschichtliche Entscheidung getroffen worden, die ein halbes Jahrtausend weiterwirkte. Wie bei der Vergabe der sächsischen Kurwürde der erloschenen Askanier an das Haus Wettin im Jahr 1423 sollte dieser Schritt nach Sigismunds Absicht einen zuverlässigen Partner sichern, allerdings beide Male ohne Erfolg. Unbeabsichtigt führten beide Maßnahmen zur Schaffung eines Kurkollegs, das diesen Namen erstmals wirklich verdiente, mit starken, vom König unabhängigen Partnern auch im Osten – ein weiteres Stück großräumigen politischen Ausgleichs im Reich. So blieb ungeachtet des jetzt beginnenden machtpolitischen Abstiegs der geistlichen Kurfürsten ein Verfassungsorgan bestehen, das in Krisenlagen auch ohne den König zu handeln vermochte und am Ende die vornehmste Reichstagskurie bildete. Zugleich wurde der Kreis der Fürsten geschwächt und in seiner ständischen Konzentration zurückgeworfen.

Der Kampf gegen die Hussiten war die erste große Herausforderung des deutschen Spätmittelalters, die solidarisches Handeln in dualistischer Form auf den Weg brachte. Der Legat des Papstes und die Kurfürsten – die gleichen, die anderwärts das Königtum zu beschränken suchten – beriefen gegen die Feinde des rechten Glaubens Königslose Tage und organisierten Selbstverpflichtungen allein aufgrund der Tatsache der Reichszugehörigkeit, die bisher für viele ein praktisch pflichtenloses Dasein dargestellt hatte. Im Jahr 1422 wurden in Nürnberg in einer ersten, noch recht unvollkommenen Matrikel der Reichsglieder deren militärische Leistungen festgelegt. Der geringe Erfolg dieses Schrittes ist zu messen an den jahrhundertealten Traditionen regionalen Denkens und Handelns, nicht an der Durchsetzungsfähigkeit des modernen Staates. Spätere Matrikeln, zuletzt jene von Worms aus dem Jahr 1521, wiesen in vervollkommneter Form die Reichsunmittelbarkeit und schließlich die Reichszugehörigkeit nach. Während der König von 1426 bis 1430 wiederum von Deutschland abwesend war, legten sich die dualistischen Kräfte am 2. Dezember 1427 in Frankfurt am Main eine Geldsteuer auf. Es war die erste allgemeine Steuer der deutschen Geschichte, die von allen Christen über fünfzehn Jahren und von allen Juden bezahlt werden sollte. Für die Christen war es eine Kombination von Kopf-, Vermögens-, Einkommen- und ständischer Personalsteuer, für die Juden eine weitaus höhere Kopfsteuer. Für das Eintreiben der Abgabe sah man in bisher unerhörter Weise eine vierstufige, territorienübergreifende Verwaltung in Form von zahlreichen Kommissionen vor. In Köln, Nürnberg, Erfurt, Salzburg und Breslau sollten die einlaufenden Gelder gesammelt werden. In Nürnberg, das somit die erste dualistische Reichshauptstadt war, sollte eine neunköpfige Kommission zusammen mit dem Obersten Kriegshauptmann mehrheitlich über den Verwendungszweck entscheiden. Sechs kurfürstliche und drei reichsstädtische Stimmen in dieser Kommission repräsentierten den bis dahin erreichten Stand des Dualismus, der einerseits vom Königswahlrecht und andererseits von der alten Krongutszugehörigkeit abgeleitet war. Die Fürsten standen abseits. Es ist unsicher, wieviel von dieser Selbstverpflichtung verwirklicht worden ist, die so viel Neues auf einmal zumutete. Von der zentralen Kommission war jedenfalls noch 1429 die Rede. Viel Geld ist gewiß nicht eingegangen, und ebensowenig Dauer fanden weitere Anläufe und Projekte dieser Art bis 1495. Gleichwohl ist rückblickend Bemerkenswertes erkennbar: Es gab konsens- und gestaltungsfähiges Handeln auch ohne den König, das der Reichsverfassung Neues hinzufügen und damit ein Mehr an Staat schaffen konnte.

Die innere Politik Sigismunds war von dem Versuch geprägt, Bündnispartner zu gewinnen und ihnen als Entgelt und Gegengewicht die Würde des Königtums und der Dynastie oder gar den Einsatz der eigenen Person gegenüberzustellen. Viel mehr an machtpolitischer Substanz war nicht vorhanden. Im Südwesten handelte es sich um Grafen und Herren, Reichsstädte und Ritter, darüber hinaus vor allem um einige Fürsten. Diese waren Bündnispartner mit zumeist starken eigenen Interessen, nicht nur Lehnsleute; hier war auch die Stetigkeit der Partner am geringsten. So konnten weder die Kurpfalz durch das Eintreten Sigismunds in die Kontinuität zu Ruprecht noch Zollern und Wettiner durch die Übertragung der Kurwürde dauerhaft gebunden werden; denn gemäß dem Verfassungsgefüge war jedesmal die Vorweghingabe des königlichen Entgelts notwendig, so daß sich der Anreiz für die Partnerschaft zusehends abschwächte. Nur der Schwiegersohn des söhnelosen Königs, Herzog Albrecht von Österreich, zeigte sich auf die Dauer loyal.

Daß die Selbstbehauptung Sigismunds trotz so problematischer Voraussetzungen relativ gut gelang, ermöglichten ihm einige Umstände, die er selbst kaum beeinflussen konnte. Der unüberwindliche Gegensatz von Kurpfalz und Kurmainz gestattete einheitliche Aktionen der Kurfürsten zu Lasten des Königs nur für ganz kurze Zeit, womöglich nur für einige Monate. So gefährdete auch der alle Königswähler außer Böhmen verbindende Kurverein von Bingen von 1424 den König nicht ernstlich. Die rivalisierenden Großdynastien waren insgesamt gesehen verhältnismäßig loyal oder wenig aktiv; die Furcht vor den Hussiten solidarisierte auch hier. Auf diese Weise konnten Akte Sigismunds zur Geltung kommen, die sonst auf der Waage der Macht nicht mehr viel bedeutet hätten: zunächst die Privilegien zugunsten der Ritterschaft von 1422 und 1431 sowie die Förderung von Rittereinungen, die unter anderem 1430 den schwäbischen St. Jörgen-Schild mit der Ritterschaft zu Franken und dem bayerischen Bund zum Einhorn zusammenführten. Beim Versuch, Schwabens Königsnähe als Hausmachtersatz auszuwerten, stieß der König auf eine aus schmerzlicher Erfahrung skeptische und zugleich wirtschaftlich selbstbewußte Gruppe von Reichsstädten. Sie ließ sich nicht mit Rittern und Herren zusammenführen und nicht widerspruchslos in Dienst nehmen. Hinhaltende und abwehrende Interessenpolitik, die Geben und Nehmen nüchtern abwog, war für sie Maßstab des Handelns. Ein schwäbischer Städtebund unter königlicher Führung kam nicht zustande. Am besten zur Deckung zu bringen waren Sigismunds Interessen mit denjenigen Nürnbergs, das als einer der wichtigsten und treuesten Bündnispartner des Königs, ja als seine Reichshauptstadt gelten kann. Im Jahr 1424 überführte der König die Reichsinsignien »für ewige Zeiten« nach Nürnberg, wo sie fortan unter der Obhut von Rat und Stadt aufbewahrt wurden.

Der Zwang, die Rechte des Königtums auszuschöpfen, führte zu Verwaltungsverbesserungen, brachte aber auch eine vermehrte Bestechlichkeit mit sich. In der Kanzlei wurden Traditionen Ruprechts und Wenzels aufgegriffen. Hier begann Kaspar Schlick aus Eger (vor 1400–1449), der spätere Kanzler Sigismunds, Albrechts II. und Friedrichs III., seinen Weg als einfacher Schreiber. Er war der erste Laie, der so weit aufstieg – schwerlich ohne Erinnerung an das Prager und Nürnberger Großbürgertum, das in den Hofkanzleien des 14. Jahrhunderts so mächtig gewesen war; die Handelsstadt Eger liegt auf halbem Weg zwischen den beiden Metropolen. Bedeutsam für den streng legitimistischen Kurs Sigismunds mochte gewesen sein, daß die unterliegenden »konservativen« Gegner der hussitischen Neuerung in Böhmen den Weg zu ihm fanden. Der Ausbau des Finanzwesens wurde vorangetrieben. Das alte Erbkämmereramt, an sich nur ein Ehrenamt, das jetzt die tatkräftige Familie Weinsberg wahrnahm, wurde ebenso wie das Marschallamt der Pappenheim aktiviert. Konrad von Weinsberg (1370–1448) war der maßgebende königliche »Finanzminister« im früheren 15. Jahrhundert. Die Judenbesteuerung und das königliche Münzwesen wurden gegen starke Widerstände ausgebaut. Dauerhaftes entstand freilich nicht, ja Konrad ruinierte sich, weil Friedrich III. nicht in die Verpflichtungen seiner Vorgänger eintreten wollte. Verwaltungen solcher Art enthielten – nach

Machtverhältnisse im Nahen Osten um 1430

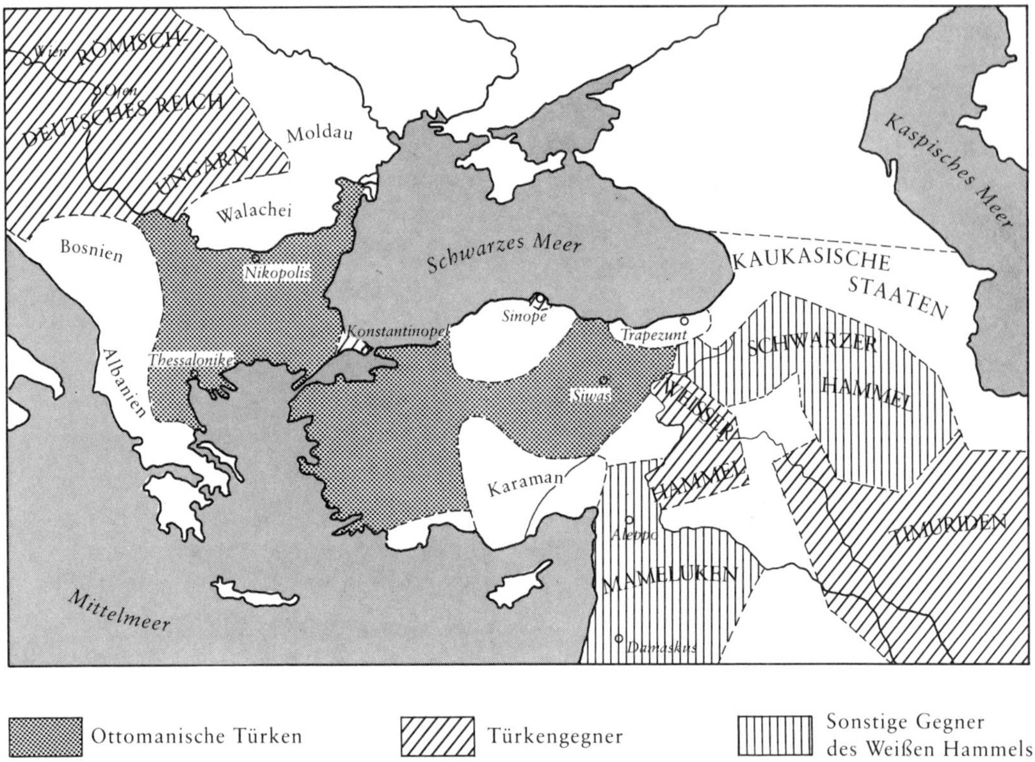

modernen Maßstäben geurteilt – mancherlei Unternehmerisch-Privatrechtliches, andernfalls hätten sie nicht funktionieren können. Die Rechtsprechung wurde im gleichen Sinne belebt. In der Tatsache, daß sich Sigismund stark auf italienische Juristen gestützt hat, kann man einen Reflex ungarischer Erfahrungen vermuten. Das erstmals 1415 bezeugte Königliche Kammergericht stellte einen neuen Ausdruck der allumfassenden königlichen Gerichtshoheit dar und war nach Besetzung und Verfahren weniger eng an Formalien gebunden als das ältere Hofgericht. Der erste Fiskalprokurator, der die königlichen Rechte im Reich vor Gericht hauptamtlich vertrat, war Dr. Bartolus aus Pisa (1421).

Die Wirtschaftsinteressen Sigismunds dehnten sich weiter aus als jemals zuvor; erstmals kann man von einer deutschen Orient-Politik sprechen. Der große Gegenspieler des ungarischen Königs war Venedig, das Dalmatien besetzt hatte und sich nach Reichsitalien hinein ausweitete – parallel zu den Erfolgen der dichteren Staatlichkeit Frankreichs an der Westgrenze. Nur mühsam wurde am Ende das Gesicht insofern gewahrt, als der Doge die italienischen Erwerbungen 1435 vom Kaiser zu Lehen nahm; für Dalmatien kam eine rechtliche Regelung nicht zustande. Jahrelang hatte Sigismund eine Blockade Venedigs durch die deutsche Wirtschaft angestrebt, ohne daß dies voll durchgesetzt werden konnte. Diesem Vorhaben sollte die Umlenkung der Handelsstraßen einerseits nach Mailand und Genua und andererseits über das Nordufer des Schwarzen Meeres nach Asien und dem Orient dienen. Hier tauschte man Seide, Drogen und Gewürze vor allem gegen Metallwaren. Auch wenn jene Fernhandelspolitik mit den Mitteln der Zeit Stückwerk geblieben ist, dürfte sie einen Beginn der »neuzeitlich-weltumspannenden« Verbindung politischer und wirtschaftlicher Interessen Deutschlands bezeichnen. Überall waren die kapitalstarken Nürnberger Firmen beteiligt, selbst an den Bündniskontakten mit dem Turkmenenfürsten Qara Yuluq vom Weißen Hammel (1435 gestorben) in seiner Hauptstadt Diarbekr, einem Hauptgegner der Osmanen.

Die Personalunion zwischen dem Reich und Ungarn hat den kleineren Partner wesentlich stärker beeinflußt. Die Königswahl von 1410 exekutierte geradezu, was die Wirtschaft durch die Verknüpfung Ungarns mit dem oberdeutschen System schon vorgezeichnet hatte. Als der Luxemburger an die Stelle der Anjous trat, war die Ablösung des italienischen durch das oberdeutsche Geld und technische Wissen vorentschieden. Einheimische Kräfte waren viel zu schwach, um eine selbständige Rolle zu spielen; längst hatte auch die deutsche Ostsiedlung die Führungsgruppen der größeren Städte und die Bergbaugebiete geprägt. Um 1395 begann der Rückzug der Italiener aus Ungarn, zehn Jahre später war der Sieg der Oberdeutschen vollendet. Nürnberger Wirtschaftsberater formten das Berg- und Münzwesen, die wichtigsten Außenwirtschaftszweige, ja, sie dürften das wenig entwickelte Städtewesen beeinflußt oder gelenkt haben, soweit königliche Reformversuche betroffen waren. Die Städte hatten allerdings noch keineswegs die Kraft, zusammen mit dem kleinen Adel ein Gegengewicht gegen die großen Barone zu bilden; immerhin verlief die zweite, die »deutsche« Phase der Regierung Sigismunds in Ungarn wesentlich ruhiger als die erste. Durch diese Sachzwänge und wegen der Erfolge Venedigs in Dalmatien wurde Ungarn vom Mittelmeer abgedrängt und wandte sich allmählich Mitteleuropa zu – ein Prozeß, den die Habsburger und die Fugger zu Ende führten. Es war eine bis in die Moderne nachwirkende Umorientierung.

Ein anderer maßgeblicher Faktor der inneren Entwicklung Ungarns, der in die gleiche Richtung wies, war der phasenweise wiederkehrende, sich immer mehr verstärkende Druck der osmanischen Türken. Schon gegen die mit geringem Kräfteaufwand eingesetzten schnellen Reitertruppen, die die Technik der »verbrannten Erde« übten, fand man kein wirksames Mittel. Niemand schien die erstaunliche Entfaltung des kleinen inneranatolischen Stammes, der viele vorderasiatische Kräfte aufgenommen und assimiliert hatte, aufhalten zu können. Sigismund war einer der ersten, die das wachsende Maß der Bedrohung für das

Reich erkannten. Für seine Kaiser- und Kirchenpolitik war dies ein wesentliches, vielleicht das wesentlichste Motiv.

Sigismunds Italien-Zug von 1431 bis 1433 führte zur Krönung zum König von Italien und zur Kaiserkrönung. Währenddessen hatte das Konzil von Basel begonnen. Es erbrachte wie schon die Versammlung in Konstanz eine schiedsrichterliche Stellung des Herrschers, diesmal zwischen den Vätern und dem Papst. Abermals sind Einsatz und Leistung Sigismunds hoch zu veranschlagen. Wie bei Karl IV. war das Todesjahr – Sigismund starb am 9. Dezember 1437 im mährischen Znaim und liegt in Großwardein begraben – von einer sich neu anbahnenden Kirchenspaltung überschattet.

Die Konzilien von Konstanz und Basel

Die bedeutendste Leistung des Zeitalters Sigismunds war die Überwindung der Kirchenspaltung durch das Konzil von Konstanz (1414–1418). Diese bis dahin größte Kirchenversammlung bildete zusammen mit dem Konzil von Basel (1431–1449) den Höhepunkt der internationalen Rolle Deutschlands und seines Königtums-Kaisertums im späten Mittelalter. Uralte Kaiserrechte gegenüber der Kirche konnten sich unter allgemeiner Anerkennung bewähren, weil die französische Monarchie im Hundertjährigen Krieg ihre schwerste Krise durchlebte. Zugleich befreite sich das Reich endgültig vom letzten Stauferererbe, den Resten der päpstlichen Oberherrschaft, und tat weitere Schritte zur Modernisierung seiner politischen Gesellschaft. Als die Kirche gleichsam nach Deutschland verlegt wurde, zeigte sich freilich auch, daß ihre äußere Verfassung leichter in Bewegung zu bringen war als die Reichsverfassung. Gedanklich parallelisierte man Kirchen- und Reichsreform in den Reformschriften Dietrichs von Nieheim (um 1340–1418), Job Veners (um 1370–1447) oder Nikolaus' von Kues (1401 bis 1464), doch in der Realität geschah für die Kirche mehr.

Die großen Konzilien auf deutschem Boden waren Ereignisse der allgemeinen Kirchengeschichte und der deutschen Sozial- und Bildungsgeschichte, aber auch der politischen Geschichte Europas. Wo die Welt durch die Kirche mitgestaltet wurde, gestaltete die Welt die Kirche um. Die Konzilien stellten geradezu Knotenpunkte politischen Handelns dar. Daß trotz der schwierigen Lage der deutschen Zentralgewalt ein zweites französisches Jahrhundert der Kirchengeschichte verhindert und diese damit offengehalten werden konnte, ist im gesamteuropäischen Zusammenhang wohl besonders bemerkenswert. Das allgemeinste Ergebnis war die endgültige Verselbständigung staatlicher Existenz und in dieser Hinsicht das Ende des Mittelalters.

Einberufung und Durchführung eines Konzils entsprachen dem politischen

Adelige Gesellschaft bei Vergnügungen. Kupferstich vom Meister der Liebesgärten, zwischen 1430 und 1440. Berlin, Staatliche Museen Preußischer Kulturbesitz, Kupferstichkabinett

Graf Rudolf von Werdenberg-Albeck als Hochmeister des Johanniterordens in deutschen Landen. Wappenscheibe des Zürcher Glasmalers Lukas Zeiner, vor 1498. Zürich, Schweizerisches Landesmuseum, Gottfried-Keller-Stiftung

Willen Sigismunds zu möglichst konkreter Kirchenherrschaft in Ungarn und Deutschland und standen im Einklang mit der öffentlichen Meinung, die jetzt eigenes politisches Gewicht gewonnen hatte. Unter den verschiedenen Möglichkeiten zur Lösung der Schismafrage schien nur diejenige eines allgemeinen Konzils übriggeblieben zu sein. Der Konziliarismus war kein einheitliches Gedankengebäude, obwohl sich zeigte, daß über einige Grundideen Übereinstimmung bestand. Am wichtigsten war die Überzeugung von einer schwerwiegenden Notlage der Kirche, die Ungewöhnliches rechtfertigte: vor allem die Superiorität eines allgemeinen Konzils selbst über das Papsttum und, wenigstens für eine Anzahl der Beteiligten, die besondere Rolle des Schutzvogts der Kirche, des Königs-Kaisers.

Unter hartem Druck Sigismunds erklärte sich der Pisaner Papst Johannes XXIII. (1410–1415) bereit, ein Konzil nach Konstanz einzuberufen. Die Wahl einer Stadt im königsnahen Reichsgebiet war von außerordentlicher, präjudizierender Bedeutung; denn dies ermöglichte nicht nur die Neutralisierung des immer noch beachtlichen französischen Einflusses, sondern auch die Majorisierung der Italiener und – wenigstens am Anfang – die Konkretisierung der an sich recht unbestimmten Rolle des Königs als Schutzvogt der Kirche »in eigener Vollmacht« (O. Engels). Diese Position wirkte sich für die Beseitigung des Schismas vorteilhaft aus. Sie meinte nicht Leitung, nach Möglichkeit aber Lenkung des Konzils. Im einzelnen, zumal bei der Krisenbewältigung, stützten sich die bemerkenswerten Erfolge Sigismunds darauf, daß die Entscheidungsprozesse auf engstem Raum konzentriert waren. Seit dem Ausgang der Antike dürfte kein König eine vergleichbare Rolle gespielt haben.

Sigismund veranlaßte den Pisaner Papst zur Eröffnung des Konzils am 5. November 1414, der römische Papst Gregor XII. (1406–1415) erkannte es an, nur Benedikt XIII. von Avignon (1394–1417) – auf dem Rückzug nach Spanien befindlich – leistete Widerstand. Als sich die Stimmung gegen Johannes wandte, entfloh er mit Hilfe Herzog Friedrichs von Österreich-Tirol aus Konstanz. So konstituierten sich die Väter durch das Dekret »Haec sancta« vom 6. April 1415 als ein jedermann übergeordnetes Generalkonzil. Johannes wurde als Gefangener zurückgeführt und abgesetzt, Gregor trat zurück, Benedikt wurde als abgesetzt erklärt. Noch bevor die Sache der Kirchenreform ausreichend behandelt war, wählte man am 11. November 1417 den neuen Papst, Martin V. Das Dekret »Frequens« sollte die Einberufung weiterer Kirchenversammlungen im Abstand von zunächst fünf und sieben und danach von jeweils zehn Jahren im Sinne der Reformer sichern. Nach wie vor wurden als Grundübel das Wachstum der Kurie, die juristische und finanzielle Überwucherung der Kirche und die Auswüchse des Pfründenwesens angesehen.

Die organisatorischen Probleme einer Versammlung ohne Beispiel waren groß. Für die ganze Dauer des Konzils hat man bisher 2.290 geistliche und weltliche Teilnehmer identifiziert, darunter mindestens 409 Graduierte aller Fakultäten. Die Konzilsväter gliederten sich in vier Nationen, die zunächst mehr als geographische Ordnungsprinzipien gedacht waren, sich aber bald kräftig politisierten oder gar nationalisierten. Zur italienischen, deutschen, französischen und englischen Nation trat später die spanische hinzu; auch dem Kardinalskolleg wurden die Rechte einer Nation zugebilligt. An den Nationen ließen sich Entwicklungsrichtungen und -realitäten innerhalb Europas erkennen; so gehörten der deutschen Nation auch die Skandinavier, Polen und Ungarn an, während andererseits Reichsfürstentümer im französischen und italienischen Grenzraum diesen Nationen zugerechnet wurden. Beim Ringen um den Vorrang von Reform oder Papstwahl standen die deutsche und die englische Nation öfter den konservativeren romanischen Nationen gegenüber. Bei der Papstwahl von 1417 war neben der Zweidrittelmehrheit des Kardinalskollegiums dieselbe Mehrheit eines sechsköpfigen Abstimmungsgremiums jeder Nation erforderlich, so daß tatsächlich eine Übereinkunft von ungewöhnlicher Breite zustande gekommen ist.

Ungeachtet kritischer Stimmen schon der Zeitgenossen war das Konstanzer Konzil eines der bedeutendsten der Kirchengeschichte. Es hat das Papsttum wiederhergestellt und zugleich erkennbar gemacht, daß dieses keine politische Macht europäischen Ranges mehr darstellte. Dem König von Ungarn billigte der Papst landeskirchliche Herrschaft in seinem Reich zu, mit der engeren deutschen Nation wurde ein fünfjähriges Konkordat milderen Zuschnitts vereinbart. Die Prinzipien des Pfründenwesens, die nach jahrhundertelangem Heranwachsen die Existenzbasis der Klerikerkirche und eine Grundstruktur der mittelalterlichen Welt bildeten, waren jedoch ohne unabsehbare Konsequenzen nicht veränderbar. Lautstarke zeitgenössische Kritik an der Stellenbesetzungspraxis der Kurie ist dahingehend zu prüfen, ob sie nicht darauf abzielte, daß man Personalentscheidungen im eigenen sozialen Kreis nicht gestört sehen wollte.

Gemäß dem Dekret »Frequens« trat 1423/24 ein bald wieder aufgelöstes Konzil in Pavia und Siena und am 23. Juli 1431 dann das bedeutende Konzil von Basel zusammen. Seine Aufgabe war nicht wie in Konstanz die Beseitigung eines Notstands, sondern die Weiterarbeit an der Kirchenreform. Papst Eugen IV. (1431–1447) hat die Basler Versammlung von Anfang an nur widerwillig hingenommen und wollte sie möglichst rasch wieder auflösen – jedoch vergeblich. Der Widerstand der Väter fand Beifall in der politischen Welt Europas. Sigismund vermittelte abermals, und das Konzil konnte bald auf erfolgreiche Gespräche und Abschlüsse mit dem gemäßigten Flügel der Hussiten verweisen. Man schätzt die Zahl der offiziellen Teilnehmer bei starker Fluktuation im einzelnen auf insgesamt mehr als 3.500. Darunter waren viele Kleriker mittleren Ranges und Universitätsbesucher. Abgestimmt wurde nach vier sachlich abgegrenzten Deputationen, innerhalb derer die Nationen ihre Rolle spielten. Diesmal handelte es sich um ein verschleiertes Schisma; denn die wichtigsten Reformdekrete beschränkten das Handeln des Papstes, ja zogen dessen Funktionen an das Konzil, während die Interessen der Teilnehmer selbst geschont oder begünstigt wurden. Immer deutlicher stellte sich auch organisatorisch die Alternative: Kurie oder Konzil, da dieses eine eigene Verwaltung und eine eigene Universität aufzubauen begann. Es war der Gipfel des Konziliarismus oder sogar ein »dramatischer Höhepunkt europäischer Verfassungsdiskussion« (E. Meuthen). Die Reformarbeit Basels für die kirchliche Praxis und bei der gedanklichen Durchdringung des Problems, was Kirche eigentlich sei, ist beachtenswert. Für Basel wie für Konstanz ist die Frage nach den realen Auswirkungen der Konzilsarbeit in den deutschen Bistümern noch kaum beantwortet; schwerlich kann man von Erfolglosigkeit sprechen.

Im September 1437 verlegte der Papst im Namen einer kurientreuen Konzilsminderheit die Versammlung nach Ferrara und später nach Florenz, um dort auch die prestigeträchtige Union mit der griechischen Kirche beraten und beschließen zu können. Aber die Mehrheit der Väter blieb in Basel, so daß ein offenes Schisma zweier Generalkonzilien eintrat, gerade als der Kaiser starb. Im Jahr 1439 folgten in Basel die Absetzung Eugens IV. und die Wahl des letzten Gegenpapstes der Kirchengeschichte, Felix' V. (1439–1449), des Herzogs Amadeus VIII. von Savoyen. Erneut wurde staatlicher Interessenpolitik, besonders der französischen, viel Bewegungsfreiheit eröffnet. Früchte dieser Jahre waren die landeskirchliche Pragmatische Sanktion des französischen Königs und – viel mehr dem Konsens verpflichtet – in der Thronvakanz die Neutralitätserklärung der Kurfürsten vom 17. März 1438. In der ebenfalls vermittelnden Mainzer Akzeptation übernahmen ein Jahr später König Albrecht II. und das Reich die wesentlichen Basler Reformdekrete für die deutschen Kirchen, jedoch ohne papstfeindliche Zuspitzung.

Allmählich bröckelte die Konzilspartei ab, und der Papst gewann, nicht zuletzt durch weitere Zugeständnisse an den neuen König, Friedrich III. (1440 bis 1493), an Boden. Dies lag auch daran, daß die Basler den Kampf immer mehr verschärft und 1439 die Superiorität des Konzils im Sinne von »Haec sancta« zum Dogma erhoben hatten. In diesen Gewissensfragen verhielten sich die geistig führenden Köpfe unterschiedlich: Bischof Johannes Schele von Lübeck (1420–1439) und Heinrich Toke (um 1390–nach 1455) blieben dem Konzil treu, Nikolaus von Kues und der damals mit Deutschland und bald mit dem König besonders verbundene Humanist Enea Silvio Piccolomini, der spätere Pius II. (1458–1464), wechselten auf die Seite des Papstes. Viele entschieden sich in dieser Phase politisch und ohne viel Rücksicht auf theologische Argumente. Papst Nikolaus V. (1447–1455) schloß 1448 mit dem König das Wiener Konkordat ab, welches das Verhältnis von Kurie und Reichskirche bis 1803/1806 regelte. Für den Papst fiel der Vertrag vergleichsweise günstig aus, nachdem sich der König für seinen engeren Einflußbereich längst viel weiterreichende Kirchenrechte gesichert hatte. Das Konzil mußte im gleichen Jahr nach Lausanne umziehen, Felix V. trat zurück, und am 25. April 1449 löste sich die Versammlung selbst auf. Im Januar 1460 verbot die päpstliche Bulle »Execrabilis« fortan Appellationen an ein Konzil gegen päpstliche Entscheidungen. Im Bündnis mit der Staatenwelt hatte ein neuer, nur noch innerkirchlicher Zentralismus des Papsttums Fuß zu fassen begonnen.

Die Konzilien von Konstanz und Basel waren auch insofern beachtenswerte Stationen deutscher Geschichte, als sie neuartige Treffpunkte von Intellektuellen und Märkte für den Austausch von Nachrichten und Büchern darstellten. Dies war angesichts der verhältnismäßig weitgedehnten und zersplitterten deutschen Verhältnisse sowohl geistesgeschichtlich als auch für die politische Entwicklung bedeutsam. Für so manche Bibliothek brachten die Konzilsjahre guten Zuwachs. Dabei ging es weniger um philologisch-literarische Humanistenaktivität, von der man bei Nichtitalienern noch kaum reden kann, als um die Verbreitung theologischen und juristischen Fachschrifttums älteren und neueren Datums. Außerdem wurden Notwendigkeit und Erfolg der Universitätsbildung den Beteiligten, aber auch den Außenstehenden deutlich gemacht, bis hin zum Auftreten der Graduierten als Interessengruppe, wie man es in Paris oder Oxford schon gelernt hatte.

Die Hussitenbewegungen

Das Konstanzer Konzil übernahm die Sorgen des Papsttums ob der kirchlichen Situation in Böhmen. Im Kreis einiger Magister der Prager Philosophischen Fakultät hatten die Lehren des englischen Kollegen John Wyclif (um 1320 bis 1384) Beifall gefunden, der für die Armut der Kirche, ein untadeliges Leben des Klerus und dann, sich radikalisierend, gegen nichtbiblische Glaubenslehren und das Papsttum eingetreten war. Es handelte sich nicht nur um akademische Diskussionen, sondern bald auch um die offenbar naheliegende Nutzanwendung auf die heimische Kirche. Hier war der Ort des gegen 1370 in Südböhmen als Sohn wenig bemittelter Eltern geborenen Johannes Hus, der weniger als großer theologischer Denker denn als moralisch engagierter Seelsorger und Praktiker hervortrat. Er war vor allem reformerischer Synodalprediger des Erzbischofs gegenüber dem Landesklerus und Volksprediger in tschechischer Sprache an der Prager Bethlehemskapelle, die gegen dreitausend Zuhörer aufnehmen konnte. Er setzte sich für die Besserung der Kirche ein, an soziale Neuerungen dachte er nicht. In den im intellektuell-städtischen Milieu Prags heranwachsenden nationalen Spannungen war er kein Scharfmacher. Aber es läßt sich eine wachsende

Zuspitzung seiner Theologie feststellen, was 1411 zur Exkommunikation durch den Erzbischof und 1412 zur Flucht aus Prag führte. Sein Hauptwerk »Von der Kirche«, das ein biblisches Christentum forderte, schrieb Hus 1413. Zahlreiche pastorale Schriften und Briefe in tschechischer Sprache machten ihn immer bekannter und ließen ihn eine wichtige Rolle in der Entwicklung der heimischen Schriftsprache einnehmen.

Als er vor das Konzil berufen wurde, um sich zu rechtfertigen, schien ihm eine Abklärung seiner Denkweise innerhalb des breiten Spektrums der Konstanzer Lehrmeinungen nicht unmöglich zu sein. Tatsächlich darf man Hus nicht im Licht der späteren oder selbst gleichzeitiger Radikalisierungen in Böhmen beurteilen. Er war mäßiger als Wyclif und wollte eine bessere, keine andere Welt. Hus war kein Hussit. König Sigismund sagte ihm freies Geleit zu, dessen Umfang umstritten ist; für den später in Böhmen behaupteten Bruch eines Geleitversprechens gibt es keinen sicheren Beweis. Auf dem Konzil entschloß man sich zu einem förmlichen Gerichtsverfahren, wie es die unsichere Gesamtsituation zu gebieten schien. Der Prozeß wurde korrekt und ohne »nationalen« Akzent durchgeführt, die Hauptgegner des Angeklagten waren Prager Kollegen orthodoxer Richtung. Mehrfach suchten Konzilsvertreter zu einem Vergleich zu gelangen, doch Hus lehnte jedes Nachgeben oder gar den Widerruf ab. Er bestand auf dem Schriftprinzip mit solcher Strenge, daß ihm auch die Konstanzer Reformer nicht zu folgen vermochten. Offenbar wollte oder konnte er aus moralischem Rigorismus und angesichts seiner Anhängerschaft dem Martyrium nicht ausweichen. Er »opferte sich in reformatorischem Selbstbewußtsein« (F. Seibt). So waren Urteil und Hinrichtung auf dem Scheiterhaufen am 6. Juli 1415 unausbleiblich. Niemand konnte voraussehen, daß sein Tod ein wichtiger Anlaß für leidenschaftliche Auseinandersetzungen werden sollte, die Böhmen und das ganze Reich zwei Jahrzehnte lang in Anspruch nahmen.

Während Hus in Konstanz gefangensaß, fiel in Prag eine fundamentale theologische Entscheidung. Sein Kollege Jakobellus von Mies (um 1373–1429) verwirklichte die Kommunion unter beiderlei Gestalt auch für Laien, um diese den Priestern anzugleichen, und setzte sich damit durch. Der Laienkelch gab den religiösen Bewegungen in Böhmen ein Symbol, das alle verstanden, das dann auch auf den Fahnen vorangetragen wurde. Gleichrangigkeit der Laien meinte das Ende der Vorrechte der Kleriker und bald auch des Reichtums der Kirche.

Nur ein religiöser Impuls, der zugleich Wandlungen im konkreten Leben für viele verhieß, war in Verbindung mit einem allgemeinen Krisenbewußtsein und wohl auch mit einer wirklichen Krise vor allem im Süden des Landes imstande, für kurze Zeit etwas Bemerkenswertes, im Grunde Unmittelalterliches zu verwirklichen: Ganz verschiedene soziale Gruppen nahmen ein und denselben Anstoß auf – in der Weise, daß sie wenigstens von außen mit einem gemeinsamen Namen, dem Schimpfnamen der Hussen oder Hussiten, benannt werden konnten. Intern haben die Neuerer kein Bedürfnis verspürt, sich einheitlich zu bezeichnen. Sowenig wie es eine übergreifende hussitische Theologie gab, sondern nur die punktuelle Einigung auf ein vielfältig auslegbares Minimalprogramm, sowenig gab es eine einheitliche hussitische Bewegung; es bestanden immer mehrere Bewegungen, die unter Feindesdruck zeitweilig Koalitionen eingingen, in der Regel sich aber gegeneinander durchzusetzen suchten oder bestenfalls nebeneinander lebten. Obwohl niemals ganz Böhmen hussitisch war, diente die stabile territoriale Fortexistenz des Landes den Neuerern als ideeller Rahmen und schuf damit die Vorstellung von einer wenn schon nicht religiösen oder sozialen, so doch nationalen Gemeinschaft.

In der Kernphase der Hussitenzeit von 1419 bis 1422 traten fünf Gruppen besonders klar hervor: erstens die radikalen Prager Magister, deren Dispute freilich nur wenige verstanden und deren Bedeutung um so rascher dahinschwand, je unruhiger die Zeiten wurden; zweitens der böhmische Hochadel hussitischer Richtung, der am Ende Sieger blieb und den Sieg mit den katholischen Standesgenossen teilte; drittens die relativ vornehme Prager Altstadt als altes Landeszentrum mit hegemonialem Anspruch und – wie beim Hochadel – verhältnismäßig »konservativer« Gesinnung; viertens die Prager Neustadt, deren Sozialstruktur wenigstens zeitweise eine radikale Diktatur zuließ; fünftens die religiösen Bruderschaften auf den Bergen Tabor und Horeb, wo die »Auserwählten Gottes« zunächst in einer dem Urchristentum angenäherten Lebensweise das Weltende erwarteten und nach dessen Ausbleiben den militärischen Kern der hussitischen Bewegungen darstellten.

Für kurze Zeit wurden in der außerordentlichen Erregung dieser Jahre große Energien konzentriert. So besiegelten 452 böhmische Herren und Ritter, eine später nie mehr erreichte Anzahl, den Protestbrief an das Konzil nach der Hinrichtung von Hus, die sie auch als »Schmach für die tschechische Zunge« auffaßten; der mächtigste Herr, Ulrich von Rosenberg, fehlte freilich. Die neuen religiösen Bindungen setzten sich bei weitem nicht gänzlich gegen die alten Sozialbeziehungen durch; wie Bauern aus dem revolutionären Tabor zum katholischen Grundherrn Rosenberg zurückkehrten, so ging der hochadelige Militärführer der Neuerer, Hinko Kruschina von Lichtenberg, ein Sieger von 1420, sechs Jahre später zu Sigismund über. Auch Hussitengruppen regelten ihre Abgrenzungsprobleme gegenüber den Allerradikalsten gewaltsam: Sie vernichteten ihre Ketzer.

Bis zum Beginn des Jahres 1419 waren fast alle Prager Kirchen zur Kelchkommunion und zum Gottesdienst in der Landessprache übergegangen und hatte sich die Neuerung auch auf dem Land zu verbreiten begonnen – zumal dort, wo der sympathisierende Adel die Pfarrstellen besetzte. Nach dem Ende des Konzils sah sich König Wenzel zu energischen Gegenmaßnahmen gedrängt, die den Katholizismus wenigstens in den königlichen Städten wiederherstellen sollten.

Diesem Zwang wichen die Kelchgläubigen durch Massenwallfahrten aus, auf denen ihnen die ausgewiesenen Priester unter freiem Himmel Brot und Wein reichten. Die Initiative verlagerte sich vom Hochadel auf Unter- und Mittelschichten unter geistlicher Leitung. Geführt vom ehemaligen Prämonstratensermönch Johann von Seelau erstürmte am 30. Juli 1419 eine solche Gruppe das Rathaus der Prager Neustadt und ermordete die Schöffen. Kurz darauf starb König Wenzel und überließ die Städte für wenige Wochen dem Chaos. Es führte zur Vertreibung der altgläubigen Geistlichkeit und führender Prager, vor allem deutscher Familien gleicher Gesinnung aus der Altstadt. Das umverteilte Haus- und Grundvermögen ließ eine Gruppe von neuen Besitzern entstehen, die im Rahmen des Umsturzes wieder etwas zu verteidigen hatten – wie der Adel das an sich gezogene Kirchengut. Von 1420 bis Mitte 1421 bestand eine Führungsrolle der Prager Altstadt in Böhmen, die die alte geburtsständische Rangordnung außer Kraft setzte. Zudem stützte sich die Altstadt auf einen Städtebund unter ihrer Leitung. In der Neustadt errichtete Johann von Seelau eine auf kleine Leute gestützte religiös-soziale Diktatur, bis er von gemäßigten Kräften 1422 gestürzt und hingerichtet wurde. In denselben Jahren fanden erbitterte Kämpfe um die königlichen Städte Böhmens statt, die sich unter Führung der deutschen Oberschichten häufig der Neuerung verschlossen und unter blutigen Greueln erobert wurden; wo die Altgläubigen zunächst stärker waren, wie in Kuttenberg, verfuhren sie mit den Gegnern ebenso grausam.

Im Jahr 1420 scheiterte der Versuch Sigismunds, die Erbschaft Wenzels in Böhmen anzutreten. Er konnte sich zwar im Veitsdom auf der Burg krönen lassen, vermochte aber Prag nicht einzunehmen und unterlag in zwei Schlachten. In den Nebenländern Mähren, Schlesien und Lausitz wurde er hingegen anerkannt. Im Angesicht des Feindes besannen sich die Neuerer auf ein gemeinsames nationales Bewußtsein und formulierten ein gemeinsames Religionsdokument: die Vier Prager Artikel. Sie forderten den Laienkelch, freie Predigt, Armut der Kirche und Bestrafung der Todsünden. Für die einen war es schon das Maximum, für die anderen ein Minimum; auch die Unterschiede im Ritus vertieften sich immer mehr. Nur die Gegnerschaft nach außen und der Wunsch, als die besseren Christen zu erscheinen, hielten die Gruppen zusammen.

Vor allem die radikalen Bergbruderschaften trennten sich von den neuen Herren Prags, nachdem sie sich dort nicht hatten durchsetzen können. Taboriten und Horebiten blieben zwar im Verhältnis zum ganzen Land kleine, kurzlebige und wenig nachwirkende Gebilde, doch in ihrer Grundsätzlichkeit waren sie unter den hussitischen Bewegungen tatsächlich bemerkenswerte, in Mitteleuropa einmalige Phänomene. Die wichtigste der Wandergruppen setzte sich im März 1420 auf der verlassenen südböhmischen Burg Hradiště fest und gründete unter dem alttestamentarischen Namen Tabor eine neue Siedlung. Zum Februar 1420 hatte man das Weltende erwartet; bis dahin war man ohne festen Platz in urchristlicher Gütergemeinschaft beisammengeblieben und hatte jede öffentliche Ordnung abgelehnt, weil das buchstäblich verstandene Gesetz Gottes genügte. Allmählich setzten sich freilich selbst in Tabor die sozialen Regeln einer verdichteten Nachbarschaft durch und erzwangen die Vernichtung der Radikalsten und die Rückkehr zum allgemein Üblichen, auch zum grundherrlichen Verhalten gegenüber den abhängigen Bauern. Sogleich nach dem Sieg der Monarchie ersuchte man um Annahme als königliche Stadt und führte dann den Adler Sigismunds im Wappen. Doch zunächst, zumal unter Führung Johann Žižkas bis 1423, bildete Tabor das überall gefürchtete Zentrum der hussitischen Kriegführung, der Kämpfer Gottes, und innenpolitisch den Gegenpol des Hochadels und der Prager Städte. Auch Tabor organisierte einen Bund von Städten und behauptete sich wie Prag auf einer höheren ständischen Stufe, als sie seinem Sozialstatus entsprach.

Nach dem Weggang Žižkas, der 1424 als militärischer Führer der rivalisierenden Bruderschaft vom ostböhmischen Berg Horeb starb, erwuchs den Taboriten ein zweiter hervorragender Feldherr in Gestalt Prokops des Großen. Dieser stammte zumindest mütterlicherseits aus dem deutschsprachigen Prager Großbürgertum; der Name des Großvaters, Johanns von Aachen, verweist auf die niederrheinische Abkunft der Familie. Die Taboriten bildeten den Kern der hussitischen Heere, die den anrückenden Kreuzzugskämpfern eine Niederlage nach der anderen beibrachten: 1421 bei Saaz, 1422 bei Deutsch-Brod, 1426 bei Aussig, 1427 bei Mies und 1431 bei Taus. Seit 1426 griffen die Hussiten gewaltsam über Böhmen hinaus und durchzogen Schlesien, Sachsen, Brandenburg, Franken und Österreich. Für die Schlacht bei Kuttenberg 1421 sind erstmals in der europäischen Kriegsgeschichte Feuerwaffen nachgewiesen. Die neue böhmische Kampftaktik von disziplinierten Fußkämpfern, die sich auf eine Wagenburg stützen konnten, machte die nach Ritterart vereinzelt fechtenden Angreifer zunächst hilflos, bis sie von den Feinden lernten; im niederösterreichischen Waidhofen an der Thaya erlitten die Hussiten 1431 ihre erste größere Niederlage. Den kurzlebigen Versuchen, die gemeinsame Militärorganisation des Reiches zu verbessern, standen erfolgreichere Bestrebungen der Territorien gegenüber; besonders wirksam handelten die Österreicher.

Trotz jener bedeutenden Erfolge stellte sich heraus, daß die hussitischen Bewegungen nach innen uneinig und nach außen isoliert blieben, selbst gegenüber Mähren. Es war nicht einmal gelungen, ganz Böhmen hussitisch zu machen. Vor allem verharrten im Vorfeld Nürnbergs die Städte Eger und Pilsen mit ihrem Umland beim alten Glauben und nicht anders die Herrschaften des katholischen Flügels des Hochadels, zumal Ulrichs von Rosenberg. Auf die Dauer war die Lage der Hussiten hoffnungslos. Dies erkannte man in den über die Außenwelt am besten orientierten Kreisen, in Prag und beim Hochadel, am frühesten. Sie beteiligten sich kaum mehr am Krieg und strebten nach Ausgleich,

Kaiser Sigismund. Temperabild von Antonio di Puccio Pisano, genannt Pisanello, 1433. Wien, Kunsthistorisches Museum. – König Albrecht II. von Habsburg. Kopie eines unbekannten Originals der dreißiger Jahre des 15. Jahrhunderts. Wien, Kunsthistorisches Museum

Das Konzil von Konstanz: Kirchenvertreter und Gelehrte während eines Disputs im Münster der Stadt. Lavierte Zeichnung in der in der zweiten Hälfte des 15. Jahrhunderts entstandenen Konstanzer Handschrift der Konzilschronik von Ulrich Richental. Konstanz, Rosgartenmuseum

Die apostolische Armut. – Johann Žižka an der Spitze eines hussitischen Heeres im Jahr 1419. Miniaturen in einer in der zweiten Hälfte des 15. Jahrhunderts entstandenen Handschrift tschechischer didaktischer Texte auf der Grundlage der wohl 1412 von Nikolaus von Dresden verfaßten »Fabule veteris et novi coloris seu cortina de Antichristo«. Göttingen, Niedersächsische Staats- und Universitätsbibliothek

Die Krönung Friedrichs III. zum Kaiser durch Papst Nikolaus V. am 19. März 1452: die letzte Kaiserkrönung in Rom. Aus der Vordertafel eines Cassone mit Malerei in der Art des Benozzo Gozzoli, nach 1452. Worcester, Mass., Art Museum

zunächst durch monarchische Legitimation. Der litauische Prinz Sigismund Korybut war zeitweise die Hoffnung der Gemäßigten, bis er 1427 wegen Konspiration mit dem Papst in Haft genommen wurde.

Zur gleichen Zeit, als man in Böhmen müde wurde, gaben Kirche und Reich die Hoffnung auf eine militärische Lösung der Hussitenfrage auf. Das Konzil von Basel lud 1431 zu Gesprächen ein, zwei Jahre später kam eine große Gesandtschaft aus Böhmen. Als der Druck von außen nachließ, fanden die innerböhmischen Gegensätze freie Bahn. Am 30. Mai 1434 kam es zur Schlacht von Lipan östlich von Prag; die Gemäßigten, der Hochadel und die Altstadt Prag, siegten mit mährischer und anderer katholischer Hilfe über Taboriten, Horebiten und Prag-Neustädter. Prokop fiel. Die Sieger mußten sich in den Prager oder Basler Kompaktaten, die 1436 in Iglau verkündet wurden, mit einem verhältnismäßig bescheidenen Verhandlungserfolg begnügen. Als regionaler Kult wurde der Laienkelch zugelassen, im übrigen aber der altkirchliche Standpunkt im wesentlichen wiederhergestellt. Der Papst hat selbst diese Vereinbarung nicht anerkannt und 1462 aufgehoben. Im Jahr 1436 zog Sigismund, schon schwer krank, als allgemein anerkannter, wenn auch politisch nur noch wenig erfolgreicher König in sein Erbland ein. Die Rolle Böhmens als »Unruheherd« (H. Koller) war zu Ende.

Als Fortsetzerin des gemäßigten Hussitismus formte sich eine utraquistische Landeskirche aus, die neben der wiederhergestellten katholischen Kirche bestehenblieb, bis sie im Protestantismus oder auch Katholizismus des 16. Jahrhunderts aufging. Als Traditionsträger der strengen Richtungen entstand seit 1467 die Gemeinschaft der Böhmischen Brüder, die in Bauern- und Handwerkergemeinden nach strengem Schriftprinzip weltabgewandt und gewaltlos lebten, bis sie sich 1494 als dritte Kirche in Böhmen organisierten. Ihr führender Kopf war Peter von Cheltschitz (um 1390–um 1460), ein Laientheologe, der jene Ideale in zahlreichen Schriften mit Überzeugungskraft vertrat. Außerhalb Böhmens wurden hussitische Ideen vor und nach 1436 von der Inquisition unerbittlich verfolgt. Deutsche Hussiten, welcher Richtung auch immer, gab es im 15. Jahrhundert in geographisch weiter Verbreitung, auch mit Ansätzen zu kirchlicher Organisation, aber stets im Untergrund und ohne Hoffnung auf öffentliche Wirksamkeit.

Obwohl die Hussitenbewegung religionsgeschichtlich gesehen ohne viel Folgewirkung ausklang und mit dem Ausbruch der Reformation nichts zu tun hatte, ist sie als Massenphänomen besonderer Art in dreierlei Hinsicht von beträchtlichem allgemeinhistorischen Interesse. Erstens: Sie drängte die bisher alleinherrschende Papstkirche mitten im Reich in erstaunlichem Maße in die Enge. Nach 1436 wurden Kirchengut und Pfründensystem, die in der mittelalterlichen Gesellschaft unzerstörbar verankert zu sein schienen, in Inner-Böhmen nicht wiederhergestellt, so daß »revolutionär« geschaffene Tatsachen bestehenblieben. Auch eine »erste konfessionelle Spaltung« (E. Meuthen), obschon mit unsicherer Zukunft, erhielt sich. Dies waren Folgen einer bisher unbekannten Dynamik und Konsequenz des Handelns und Ergebnisse autonomen Nachdenkens.

Zweitens: Die hergebrachte weltlich-soziale Ordnung Böhmens war – zumal in den ersten Hussitenjahren – ebenfalls stark erschüttert worden, jedoch mit geringerer Dauerwirkung als beim kirchlichen Leben. Der hohe Adel erwies sich vor und nach der Hussitenzeit als die mächtigste Kraft im Land; das Königtum war davor und danach schwach; die Bauern blieben vor, während und nach dieser Periode ohne Rechte. Die Stadt Prag konnte den Erfolg von 1420/21 nicht behaupten. Die radikalen Theorien blieben Theorien. Die Zahl der Deutschen in den Städten hatte sich in Fortsetzung eines bereits vor 1419 begonnenen Prozesses verringert, in den Landgebieten aber kaum verändert, so daß nicht lange nach 1500 wieder ein Ausdehnungsvorgang eintrat. Nicht für alle Teile der hussitischen Bewegungen war die Sprachenfrage wesentlich, nicht wenige Tschechen blieben katholisch, und nicht wenige Deutsche gaben den alten Glauben auf. Gleichwohl ereignete sich in den Hussitenjahren ein Stück tschechischer Nationsbildung, das nicht mehr nur mittelalterliche Züge aufwies. Zeitweise trat eine Nation vor Augen, die für die einfachen Leute vor allem durch die Sprache oder »Zunge« und damit verbunden durch die neue religiöse Überzeugung gestaltet erschien und somit alte soziale Tatbestände überformte.

Drittens: Als Folge der Hussitenbewegungen trat eine Isolierung Böhmens von der Außenwelt ein, die zwar in kultureller und wirtschaftlicher Hinsicht nach und nach wieder überwunden wurde, im politischen Bereich und im Verfassungsleben jedoch bleibende Spuren hinterließ. Böhmen nahm an der »Verdichtung« des Binnenreiches und an seinem institutionalisierten Dualismus, wie sie seit etwa 1470 zu beobachten sind, nicht teil und gewann erst recht nicht die Rolle einer Zentrallandschaft des Reiches zurück, wie es Karl IV. geplant hatte und es noch in den dreißiger Jahren gefordert worden war. Die kraftvolle Großdynastie Habsburg befestigte seit 1526 Böhmens Stellung im Reich neu, aber als Teil der Erblande, die ihrerseits dem übrigen Reich dualistisch gegenübertraten. Insgesamt half das Hussitentum, wenngleich ungewollt, nach seiner Wiederentdeckung im 19. Jahrhundert der späteren Eigenstaatlichkeit der böhmischen Länder den Weg zu bereiten.

Randkönigtum: Albrecht II. und Friedrich III. (1438–um 1470)

Schwiegersohn und Erbe Sigismunds war Herzog Albrecht V. von (Nieder- und Ober-)Österreich, der sich längst als fähiger Landesherr erwiesen hatte. Er wurde zum Herrscher von Ungarn und Böhmen erhoben und am 18. März 1438 einmütig zum römisch-deutschen König gewählt. Jene Länderkombination in habsburgischer Hand bildete die Situation vor, wie sie bis 1918 bestanden hat, auch schon mit dem Zentrum in Wien. In vielem schloß sich Albrecht an Sigismund an, selbst seine Lasten waren kaum geringer als die des Vorgängers: Die Opposition in Böhmen blieb stark, die Kurfürsten erstrebten die Mitregierung, die Türken drohten. In den zwanzig Monaten seines Wirkens kam Albrecht nicht ins Binnenreich und daher auch nicht zur Krönung nach Aachen. Seine politischen Absichten, die auf gewisse Reformen zugunsten des Königtums abgezielt haben mögen, konnten keine klaren Umrisse gewinnen. Am 27. Oktober 1439 starb er unweit von Gran auf dem Rückweg von der Türkenfront an der Ruhr.

Auch der Nachfolger Friedrich III., Herzog von Steiermark, Kärnten und Krain, aus einer anderen, leopoldinischen Linie des Hauses Habsburg, wurde am 2. Februar 1440 einhellig gewählt. Ihm war die längste Regierungszeit aller deutschen Herrscher beschieden: dreiundfünfzig Jahre. Angesichts seiner geringen und exzentrisch gelegenen Hausmacht war die Vormundschaft über die minderjährigen Erben der beiden anderen habsburgischen Ländergruppen, in Nieder- und Oberösterreich sowie in Tirol und den alemannischen Vorlanden, besonders wichtig; an die Donau-Herzogtümer waren gemäß den Erbansprüchen des postum geborenen Albrecht-Sohnes Ladislaus die Kronen Ungarns und Böhmens gebunden. Die Verknüpfung von Herrscher und Binnenreich lockerte sich infolge der gewachsenen Entfernung und des dichter gewordenen erbländischen Territorialgefüges. Der Hof erlitt einen Rangverlust und schrumpfte. Wie schon in der kurzen Ära Albrechts gab es seit 1442 nicht mehr eine einzige, sondern zwei Hofkanzleien, die Österreichische für die Erbländer und die Reichs-Hofkanzlei für das übrige Reich. Man wollte oder konnte die für die Vereinigung der reichsbezogenen und der erbländischen Verwaltungs- und Personaltradition erforderliche Energie, die zuvor selbstverständlich aufgebracht worden war, nicht mehr einsetzen.

Auf der Krönungsreise nach Aachen erließ Friedrich einen allgemeinen Landfrieden, die sogenannte Reformatio Friderici vom 14. August 1442. Sie war mehr Programmpaket und Orientierungspunkt als Ausdruck konkreten Handlungswillens, bekundete jedoch die Entschlossenheit des Königs, jedes nur denkbare Herrscherrecht zu beanspruchen und kompromißlos festzuhalten. Dabei blieb es auch in der Zukunft, ungeachtet der Tatsache, daß Friedrich viele ganz anders beschaffene Realitäten stillschweigend hinnehmen mußte.

Unter den leidvollen militärischen Konflikten, die fast seine gesamte Regierungszeit begleiteten, war einer der blutigsten das abermals erneuerte Ringen um die Eidgenossenschaft und innerhalb von ihr (1436–1450 mit dem Höhepunkt 1443/44). Die Auseinandersetzung macht die Veränderungen des politischen Gefüges im späteren 15. Jahrhundert deutlich: Es gab kaum mehr isolierte Fehden nach ritterlicher Manier, vielmehr band jede größere Kraftprobe weite Kreise im Reich und auch darüber hinaus. Die im Nachteil befindliche Partei suchte die Niederlage durch ausgreifende Bündnispolitik oder durch Werbung von Söldnerscharen, bei denen der Krieg den Krieg ernährte, abzuwenden; zugleich mischten sich immer mehr Mächte von sich aus ein. So wurden die Konflikte länger und verlustreicher. Dann folgten jahrelange Friedensverhandlungen, die die neugeschaffenen Realitäten in Worte faßten und gelehrte Juristen in Brot setzten. Seit der neuen Lage des Vertrags von Arras (1435), der den Hundertjährigen Krieg beendet hatte, war auch der König von Frankreich mit von der Partie, und zwar in durchaus machtpolitisch-skrupelloser Form. Der Zweite Städtekrieg und innerhalb seiner der sogenannte Markgrafenkrieg (1448–1453, mit einer »heißen« Phase von 1449/50) stellten den Bund von einunddreißig schwäbischen und fränkischen Reichsstädten und eine Fürstenpartei einander gegenüber, besonders Nürnberg und den Markgrafen Albrecht Achilles von Ansbach (1440–1486). Der engere Konflikt ging unentschieden aus; die Phase selbständiger Politik der Städte im Reich erwies sich durch ihre Niederlage als im wesentlichen abgeschlossen. Die letzten Hegemonialkämpfe Kurkölns, die Soester Fehde (1444–1449) und die Münstersche Stiftsfehde (1450–1456), beendeten die Hoffnungen des Erzbischofs auf Hegemonie am Niederrhein für immer.

Zwischen 1444 und 1471, also siebenundzwanzig Jahre hindurch, kam Friedrich III. nicht ins Binnenreich. Hierfür regierte er reagierend aus großer Ferne. Dieser Umstand hatte bedeutsame Folgen. Der Kontakt der Königsnahen zum Hof verdünnte sich beträchtlich, dieser selbst »provinzialisierte« sich und büßte seine Integrationsfähigkeit ein. Das auf ständigen Kontakt mit dem Binnenreich angewiesene Hofgericht erlosch 1451 für immer. Weil sich die Königsnahen neu orientieren mußten, gestaltete sich das Reich um: Die Schwachen verloren an Gewicht, der Herrscher rückte gleichsam nach außen, der Dualismus vertiefte sich. Die Reichsstädte gelangten endgültig auf die Bahn zum Reichsstand und dokumentierten damit die Auflösung des alten Kronguts.

Gleichzeitig vollzog sich im Binnenreich die Umwandlung von Königsgütern in Königsrechte, aus Positionen der Politik wurden Objekte fiskalischer Nutzung. Was draußen im Land unaufhaltsam verlorenging, suchte man durch die

Fiskalisierung des Hofes wettzumachen, der zu einem einzigen großen »Unternehmen« wurde. Selbst die Reichs-Hofkanzlei und das Kammergericht blieben viele Jahre hindurch verpachtet. Das Lehnswesen, die Regalienleihe, die Privilegienerteilung und -erneuerung und das Strafrecht wurden als Einnahmequellen aktiviert. Die Erfolge waren nicht gering, wenn man die sehr ungünstigen Rahmenbedingungen berücksichtigt, aber extrem ungleichmäßig. Dies hing mit der entscheidenden Tatsache zusammen, daß die Fiskalisierung die Verrechtlichung des Reiches, also ein höheres Maß verdichteter Staatlichkeit, eigentlich schon voraussetzte, obwohl diese noch kaum bestand und gutenteils erst durch die Fiskalisierung heranzuwachsen begann. Statt um Verrechtlichung ging es im Zeitalter Friedrichs mehr um Legitimität. Legitimität war wohl ein Schlüsselwort dieser Generation: Die Großen, die sich vielfach dem ordentlichen Rechtsgang entziehen konnten, sahen sich früher oder später der Frage gegenüber, ob und wie lange sie ohne Belehnung und Regalienleihe ihre territorialen Rechte auszuüben vermochten. Glaubten sie ohne Legitimierung nicht auskommen zu können, was am Ende für viele oder gar schon für fast alle galt, sahen sie sich einer mit Härte betriebenen Fiskalisierung ausgesetzt. In dieser Hinsicht brachte dem Herrscher die wachsende Verdichtung des Reiches, die ihn politisch immer mehr ausschloß, keinen Schaden, sondern Nutzen.

Besonders deutlich erkennt man das Neue im Rechtswesen. Die prinzipiell unanfechtbare herrscherliche Gerichtsbarkeit wurde auf dem Weg über das Kammergericht oder auf andere Weise zu einem Hauptinstrument politischen Verhaltens. Es war ebensosehr von einer Verschärfung des Zugriffs wie von extremer Ungleichheit des Erfolgs gekennzeichnet. Denn die Vollstreckung blieb sehr problematisch; oft war eine allgemeine Verunsicherung, in die der juristisch Besiegte geriet, die einzige, aber angesichts seiner Feinde und eines wachsenden Rechtsgefühls immer weniger belanglose Folge des Verfahrens. Die Exekution als das einzige Prozeßziel zu verstehen war ohnehin mittelalterlichem Denken fremd. Daß die Gefahr, vielleicht doch in den Bereich der Vollstreckung zu geraten, ernst genommen wurde, zeigt das Beispiel der Landfrieden Friedrichs III. Als 1467 in diesen so oft unbeachtet gebliebenen Texten eine extreme Strafverschärfung in Gestalt des Majestätsverbrechens angedroht wurde, wuchs die Besorgnis so stark, daß sich der Kaiser 1471 wieder auf die Reichsacht beschränken mußte. Eine gelungene Exekution nach dem Rechtsstatus von 1467 hätte die Vernichtung des Betroffenen bedeutet. Gelang der Zugriff, war Friedrich unerbittlich. So wurde der vielerprobte kaiserliche Söldnerführer Andreas Baumkircher beim Verdacht einer Verschwörung aufgrund der imperialen Vollgewalt ohne Verzug und ohne Prozeß hingerichtet (1471). Die zweite Schwäche des Rechtswesens blieb das unzureichende Ausmaß der Institutionalisierung selbst am Hof, geschweige denn außerhalb von ihm. Beim Kammergericht gab es jahrelange Perioden der Untätigkeit, die im Reich auf harte Kritik stießen. Trotz des unerbittlichen Monismus des Kaisers zeigte sich immer deutlicher, daß eine wachsende Verdichtung des Reiches selbst bei der Justiz nur in Form eines funktionierenden Dualismus zu bewältigen war. Der Fortschritt in der Generation Friedrichs, der letzten vor diesem säkularen Wandel in der deutschen Geschichte, erwies sich daher eher in der steigenden Zahl seiner Juristen. In seinem Umkreis zählt man ebenso viele Rechtsgelehrte wie bei den spätmittelalterlichen Vorgängern zusammengenommen. Alle großen politischen Juristen des Zeitalters – Gregor Heimburg, Heinrich Leubing, Peter Knorr, Martin Mair, Johann von Lieser – haben mit dem Kaiserhof zu tun gehabt. Sie trugen dazu bei, daß sich das politische Leben im Reich veränderte und modernisierte.

Währenddessen trieb Friedrich III. in erster Linie dynastische Politik auf der Basis der Erblande. Auch dies war inzwischen europäische Politik geworden. Die Randlage Österreichs besaß den positiven Aspekt, daß hier Veränderungen ohne Gleichgewichtsstörungen im Reich möglich waren. Der Versuch, nach dem Prinzip des Seniorats auch die Donau-Länder und Tirol samt den Vorlanden möglichst lang in der Hand zu behalten, führte aber zu schweren hausmachtinternen Konflikten mit den Berechtigten und den selbstbewußten Ständen der Territorien. Mehr als einmal geriet Friedrich in eine verzweifelte Lage. Im Jahr 1452 wurde er in Wiener Neustadt und 1461 in Wien belagert. Mit seinem Bruder Albrecht VI. führte er beinahe bis zu dessen Tod im Jahr 1463 Krieg. Ladislaus, der nachgeborene Sohn und Erbe König Albrechts, war schon 1457 gestorben. Jedenfalls gelangte allmählich, wenn auch mit Ausnahme Tirols und der Vorlande, alles Habsburger Gut in den dauernden Besitz Friedrichs. Seine Hauptresidenzen lagen nach wie vor in Wiener Neustadt, das damals zur Steiermark gehörte, und in Graz.

Friedrich III. entschied sich gegen das Basler Konzil und für den Papst (1445), was zum Italien-Zug und zur Kaiserkrönung am 19. März 1452 führte, der letzten, die in Rom stattfand. Im Verhältnis zur Kirche hatte er bedeutendere Erfolge als die meisten Herrscher seit dem Investiturstreit zu verzeichnen. Im Bündnis mit dem Papsttum war er der stärkere. Bezeichnend dafür ist, daß sein ehemaliger Kanzleibeamter Enea Silvio Piccolomini als Pius II. Papst wurde (1458–1464). In den Jahren 1445/46 ließ sich der König kirchliche Stellenbesetzungsrechte großen Umfangs in den Erblanden, darunter für sechs Bischofssitze, zusichern. Im Jahr 1448 schloß er, ohne ein Reichsglied zu befragen, das Wiener Konkordat ab, das das Verhältnis der Kurie zum Reich bis 1803/1806 regelte. Dieser Vertrag war gegenüber dem Papsttum wesentlich milder als die französischen oder ungarischen Abmachungen; große Reichsfürsten hatten jedoch zuvor schon Einzelkonkordate abgeschlossen, die ihnen weitgehende Sonderrechte zubilligten. Der Kaiser erreichte den Höhepunkt seiner Erfolge, als er 1478 Besetzungszusagen gegenüber siebzehn Bischofsstühlen des Reiches empfing. Tatsächlich schied in diesen Jahren – also einige Jahrzehnte vor der Reformation

– das Papsttum als selbständige Macht aus dem innerdeutschen Kräftespiel aus, das es vierhundert Jahre hindurch mitgestaltet hatte, und hinterließ den noch auszutragenden innerdeutschen Dualismus zwischen Herrscher und Ständen. Schon nach der Eroberung Konstantinopels durch die Türken am 29. Mai 1453, einem schockartig wirkenden Ereignis, hatte sich die Kurie zu mancherlei Zugeständnissen an die abendländischen Herrscher genötigt gesehen, um den Widerstand oder gar die Rückeroberung betreiben zu können.

Das »Randkönigtum« Friedrichs korrespondierte mit jener entscheidenden Entwicklungsphase, während der in dem sich selbst überlassenen, von außen immer noch relativ wenig gestörten Binnenreich die überlieferte Vielgestaltigkeit realpolitisch drastisch reduziert wurde. An die Stelle von Antriebskräften aus dem Bereich des Glaubens und der Kirche traten profanere Motive. Künftig konnten sich nur noch wenige hegemoniale Mächte politisch frei bewegen. Sie wurden dazu angeregt, großräumige Interessen zu bilden. Dadurch wurden Ost- und Westteil des Reiches einander nähergerückt. Diese Tatbestände sowie das Schwinden eines selbständigen regionalen Städtewesens und das Zurückbleiben der geistlichen Kurfürsten stellen sich als weitgespannter politischer Ausgleichsprozeß innerhalb des Reiches dar. Das Verfassungserbe des 13. Jahrhunderts mit dem Vorwalten der Königswähler und der Krongutsstädte und damit des Rheinlandes und des Südwestens wurde zugunsten eines gleichmäßigeren, geographisch weitergedehnten, den machtpolitischen Realitäten näherstehenden Gefüges überwunden. Auch im System von Königsnähe und Königsferne und in den bislang weithin sich selbst genügenden Großregionen traten Wandlungen zugunsten weiträumigerer Konfigurationen ein. Dies alles waren wesentliche Voraussetzungen für die kommende ständische Durchorganisation des Reiches.

Am sichtbarsten wurde das alte Gefüge vom dynastischen Ehrgeiz unterschiedlichen Antriebs umgeformt. Eine maßgebliche politische Konstante war die ungeminderte Rivalität der einzigen übriggebliebenen konkurrierenden Großdynastie: der Wittelsbacher. Friedrich der Siegreiche von der Pfalz (1451 bis 1476), ein besonders erfolgreicher Territorialherr und Kriegsmann, führte die Kurpfalz auf den machtpolitischen Höhepunkt ihrer mittelalterlichen Geschichte. Er unterwarf große Teile des Mittel- und Oberrheins und war der heftigste, nie besiegte Gegner des Kaisers. Damit suchte er einer bedenklichen rechtlichen Schwäche zuvorzukommen; er hatte es verstanden, die Kurwürde in reichsrechtlich unzulässiger Weise seinem Neffen vorzuenthalten. Bei den bayerischen Vettern griff die Linie Landshut am weitesten aus. Herzog Ludwig der Reiche (1450–1479) schreckte vor der Reichsstadt Donauwörth nicht zurück; auch Nördlingen, Regensburg oder gar Tirol gehörten bald zu den Zielen wittelsbachischen Ausdehnungsdrangs. Die größten Erfolge errang die Dynastie am Anfang der sechziger Jahre, als vor ihnen sogar der treueste fürstliche Anhänger des Kaisers, Albrecht Achilles von Zollern, zurückweichen mußte.

Erst am Jahrhundertende sollten sich die Habsburger dieser gefährlichen Gegnerschaft vorerst entledigen können.

Nach dem Tod des Ladislaus von Österreich-Böhmen-Ungarn im Jahr 1457 brach in den beiden Königreichen ein Zeitalter hochadelig-ständischer Vorherrschaft an. Auf dieser Basis schwangen sich »nationale« Könige empor: Georg von Podiebrad (1458–1471) und Matthias Corvinus (1458–1490). Sie waren durch zwei miteinander eng verbundene Eigenschaften gekennzeichnet: durch vielgestaltige »moderne« oder gar hektische Aktivitäten und durch den Mangel an Legitimität. Jedenfalls war der stets zögernde Friedrich gleich von zwei Seiten bedroht oder gar bedrängt. Erst allmählich stellte sich heraus, daß alle Anstrengungen jener Art vergeblich waren und nur der habsburgischen Monarchie in die Hände arbeiteten. Entscheidend blieb, daß sich Friedrich nicht einmal in der schwersten Krise seine Rechtspositionen entwinden ließ. So wurden Böhmen und Ungarn 1526, für beinahe vierhundert Jahre, habsburgisch.

Infolge des Verdachts hussitischer Ketzerei, der nie ganz zum Schweigen gebracht wurde, war Georgs Situation besonders problematisch. Sie führte ihn zu abenteuerlichen Projekten innerhalb des Reiches und darüber hinaus, die ausnahmslos scheiterten, weil ihnen die unerschütterlichen Rechtsstandpunkte der kaiserlichen Dynastie und des wieder konsolidierten Papsttums gegenüberstanden. Georg endete im päpstlichen Bann; sein Herrschaftsbereich wurde geteilt, so daß einstweilen Böhmen polnischer und die Nebenlande ungarischer Herrschaft zufielen, jedoch mit weiterhin offener Flanke gegenüber den habsburgischen Rechtsansprüchen. Der Kaiser sicherte sich gegenüber Ungarn, das als außerhalb des Reiches gelegene Monarchie schwerer zu beeinflussen war, durch einen Vertrag von 1463 den Königstitel und das Erbrecht. Dafür lieferte er die Stephanskrone aus, die er als Vormund von Ladislaus an sich gezogen hatte.

In der anderen Himmelsrichtung verkörperte Herzog Philipp der Gute (1419 bis 1467) die unvergleichlich glanzvollere burgundische Macht, die sich am unteren Niederrhein tief ins Reichsgebiet hinein weiter ausdehnte. Doch auch dieses Handeln war rechtlich unsicher. Denn Kaiser Sigismund hatte die Belehnung beharrlich verweigert, als Philipp auf »privatrechtlichem« Weg die Herzogtümer Brabant und Limburg und die Grafschaften Namur, Hennegau, Holland und Seeland an sich gezogen hatte. Der dessen ungeachtet betriebene Erwerb des Herzogtums Luxemburg wurde 1451 durch Pfandschaft eingeleitet und 1462 vollendet. Schon zuvor war im Westen des Reiches eine Polarisierung großen Stils für oder gegen Burgund eingetreten, deren Ausmaß mit dem Gegensatz gegen das hussitische Böhmen verglichen werden kann. Seit 1442 führte der Herzog immer wieder unterbrochene und zuletzt gescheiterte Verhandlungen über eine Lehnshuldigung und damit Rechtsabsicherung. Er träumte von einem Königreich Brabant oder Friesland mit weitem Hegemonialbereich bis an den oberen Niederrhein und schöpfte einstweilen aus der unwiderstehlichen Anziehungskraft des wohl prachtvollsten Hoflebens auf europäischem Boden reichen Gewinn.

Was auch immer in diesen faszinierenden Konstellationen zwischen Kraftentfaltung und beharrlich festgehaltenem Rechtsstandpunkt geschah – die Realitäten gewannen im letzten mittelalterlichen Jahrhundert keine selbständige, machtgegründete Rechtsgewißheit. Der König-Kaiser blieb auch dann die einzige unbezweifelbare, unentbehrliche, durch die Ausbreitung des Römischen Rechts immer neu gespeiste Quelle der Legitimation, als die Spannung zwischen Theorie und Praxis fast unerträglich gesteigert erschien.

Was dieses steirische Kaisertum gegenüber der »modernen« Dynamik so bedeutender Herren am Leben erhielt und zuletzt über sie triumphieren ließ, kann man seinerseits als den Beginn einer Dynamik bezeichnen: der großdynastischen Dynamik des »Hauses Österreich«. Sie war zunächst rückwärtsgewandt und vorerst nicht machtpolitischer, sondern geistig-ideologischer Natur, aber bei weitem nicht altertümlich. Auf der Grundlage älterer, schon unter König Albrecht niedergelegter Auffassungen verband Friedrich III. die unverbrüchliche Selbstgewißheit der Dynastie, die jetzt mit ihrer territorialen Basis im Südosten eng verknüpft war, mit dem Kaisertum. Dieses hielt tatsächlich die verschiedenartigen Herrschaftsteile am leichtesten zusammen. In diesen Zusammenhang gehören die Bestätigung des gefälschten Privilegium maius von 1358/59, das nun geltendes Recht wurde (1442), die Betonung des großen Abstands zwischen Herrscher und Fürsten, der selbst die Distanz Karls IV. zu übertreffen scheint, und der Anspruch auf kaiserliche Vollgewalt gegenüber jedermann, auch gegenüber der Kirche. Man kann im Licht der älteren Translationstheorien von einer letzten gelungenen »Übertragung des Reiches«, wie seinerzeit angesichts Karls des Großen oder Ottos des Großen, sprechen – nur diesmal nicht an die Franken oder die Deutschen, sondern allein an eine Dynastie, die dadurch für die Zukunft einzigartigen Rang gewann. Sie speicherte ein so gewaltiges, konkurrenzloses Potential an Legitimität, daß sie das »Moderne« nicht nur im Falle Böhmens, Ungarns und Burgunds zum Emporkömmling ohne Erfolgschance stempelte und es beerbte.

Neues Wachstum und Verfassungsdualismus (1470–1490)

Aufbruch in Gesellschaft und Wirtschaft

Die neue Dynamik

Ungefähr um 1470 änderte sich zum zweiten Mal im deutschen Spätmittelalter die Richtung des Geschehens in vielen Bereichen: An die Stelle vorwiegender Stagnation und Krise trat ein Zeitalter aufsteigender Konjunktur, der Expansion und Dynamik. Wie bei der Wende des 14. Jahrhunderts handelte es sich nicht um einen einheitlich-eindeutigen Vorgang; die sicherlich komplexen Ursachen und zahlreichen Wechselwirkungen sind noch nicht klar zu erkennen. Es spricht allerdings vieles dafür, daß die Bewegung zunächst wiederum vom Westen ausging und sich nach Osten fortsetzte. Im Rheinland traten entsprechende Phänomene schon um oder gar vor 1450 auf, in Schlesien oder Preußen hingegen teilweise erst um die Jahrhundertwende. Auch diesmal dürfte es ein europäischer Prozeß gewesen sein.

Eine Hauptursache der Veränderung stellte offensichtlich die Bevölkerungsvermehrung dar, die ungeachtet immer neuer Pestwellen wieder einsetzte. Im Linksrheinischen war die Phase der zahlreichen Dorfwüstungen schon um 1400 abgeschlossen, und am Ende des 15. Jahrhunderts empfand man bereits starken Bevölkerungsdruck. In der zweiten Hälfte des Jahrhunderts begann weiter östlich die Menschenzahl anzuwachsen, zum Beispiel in Niedersachsen, Schwaben und der Eidgenossenschaft, in Sachsen dann wohl kurz vor 1500 und in Schlesien nach 1500. Damals wurde auch Böhmen wieder ein Ziel deutscher Einwanderer. Nürnberg wuchs im 15. Jahrhundert von wohl 25.000 auf nahezu 40.000 Einwohner, ungefähr eine Generation später folgte Augsburg. Andere Landschaften scheinen stagniert zu haben, wie das Elsaß; kriegerische Ereignisse konnten die Erholung unterbrechen oder hinausschieben, so in Brabant bis in die neunziger Jahre. Infolge der Bevölkerungsvermehrung stiegen seit 1470 die Getreidepreise und damit die Lebenshaltungskosten in den Städten wieder an; in Antwerpen datiert man diesen Umschwung auf das Jahr 1472. Kamen gar noch Münzmanipulationen hinzu, so konnte der Vorgang als eine Art Inflation empfunden werden und zu sozialer Unruhe führen.

Viele wichtige jener neuen Phänomene lassen sich durch den Begriff der Verdichtung am besten beschreiben. Dies trifft zuvorderst auf das Gesamtreich zu. Seine Bewohner fühlten sich enger zusammengehörig als je zuvor. Sie glaubten – selbst gegen alltägliche Erfahrungen – immer häufiger, eine gemeinsame deutsche Sprache zu sprechen. Auch politisch rückten sie in Schüben – um 1470, 1485 und 1495 – einander näher. Derart entstand der institutionalisierte Dualismus: der neben dem Herrscherhof fortan gut legitimierte Reichstag und eine zunehmend horizontal-reichsumfassende, nicht mehr zumeist vertikal-regionale politische Kultur. Beiderseits des Dualismus – beim König-Kaiser und bei den Fürsten – wurden neue Energien wach. Als Herausforderungen, die das bewirkt haben, können der Widerstand gegen die vorrückenden Türken und der ausbrechende Hegemonialkampf der Großdynastien Habsburg und Valois gelten. Sie mobilisierten zumal fiskalisch und militärisch bisher ungeahnte Kräfte im Reich.

Eine zunächst unscheinbare Neuerung mit dann doch sehr bedeutsamen Folgen mag diesen Wandel illustrieren: die Entstehung des Postwesens. Das ältere, »unverdichtete« Mittelalter hatte nur den Einzelboten gekannt, der in eigener Person eine Nachricht vom Absender zum Empfänger überbrachte. Im 15. Jahrhundert wurden in dem verhältnismäßig kleinen Herzogtum Mailand entlang bestimmter Routen feste Stationen, sogenannte Posten, eingerichtet, die eine stafettenartige Weitergabe von Briefschaften ermöglichten, wobei Boten und Pferde immer ein und dieselbe kurze Strecke zurücklegten. Der König von Frankreich dürfte 1464 oder erst 1480/1482 diesen Brauch übernommen haben. Am 11. Dezember 1489 ist Johannet Dax, eigentlich Janetto de Tassis, als »Obrister Postmeister« König Maximilians bezeugt. Im folgenden Jahr war die erste ständige Postlinie Innsbruck–Mecheln im Betrieb, welche die beiden Zentren der neuen »Weltmacht« Österreich–Burgund verband. Die Memminger Chronik berichtet für das Jahr 1490: »Es lag allweg 5 Meil wegs ein Post von der andern... und must alweg ein Pot des andern warten, und so bald der ander zu ihn ritt, so bliess er ein hörnlin, das hört ein Bott, der in der Herberg lag, und must gleich auf sein. Einer musste all Stund ein Meil... weit reiten, oder es ist ihm am Lohn abzogen, und musten sie reiten Tag und Nacht.« Gegen viele Widerstände und Unzulänglichkeiten hat sich die italienische Unternehmerfamilie aus der Gegend von Bergamo von Generation zu Generation als Träger des Postdienstes im Reich durchgesetzt, mit großen Zuwachsraten schon im 16. Jahrhundert; als Thurn und Taxis wurde sie zur Krönung einer wohlverdienten und erstaunlichen Karriere 1695 in den Reichsfürstenstand erhoben. Die Fachsprache des deutschen Postwesens war, wie das Wort »Post« selbst, italienischen Ursprungs. Als zurückgelegte Tagesstrecke sind schon vor 1500 durchschnittlich 140 Kilometer errechnet worden; die Stationen lagen zunächst rund 38 Kilometer voneinander entfernt. Die fast 1.300 Kilometer lange Strecke von Mecheln bis Wiener Neustadt über Innsbruck durchmaß man bald in neun Tagen. In relativ kurzer Zeit wurden immer mehr Postlinien geschaffen. Wie die Telegraphie des 19. Jahrhunderts war die Post anfänglich eine für Staat und Herrschaft bestimmte Einrichtung, die den Habsburgern einen beträchtlichen Informationsvorsprung verschaffte. Aber bald beförderte man, mißbräuchlich oder geduldet, auch private Briefe. Kaum weniger bedeutsam war es, daß in Gestalt des Postdienstes außerhalb der Erblande gegenüber dem dualistisch gewordenen Reich ein neues Monopol des König-Kaisers beansprucht und durchgesetzt wurde. Es durchbrach die Abschließungsversuche der Landesherren und erhärtete die Präsenz des Herrschers im Reich.

Zur gleichen Zeit kann man in zahlreichen großen Territorien »Sammlung der Kräfte und Aufschwung« (A. Kraus) beobachten: den Weg in den frühmodernen Staat. Wohl schon seit 1450 setzten wenigstens in den fortgeschrittenen Landschaften – zum Teil nach einer Phase der Stagnation – Entwicklungsbeschleunigung und Modernisierung in der Landesherrschaft ein. In Sachsen und Tirol geschah dies als Folge des neuen Bergsegens, anderswo und häufiger dank einer besseren Organisation der alten heimischen Kraftquellen. In beiden Fällen strebte man nach Erhöhung der Einnahmen. Niederbayern unter den drei »reichen« Herzögen – unter Heinrich (1394–1450), Ludwig (1450–1479) und Georg (1479–1503) – ist eines der besten Beispiele dafür, welche Erfolge eine Verdichtung dieser Art mit sich bringen konnte. Die Nettoeinnahmen der Landesherren – vor allem aus der agrarischen Nutzung des Kammerguts und aus den Salzzöllen – stiegen von 42.136 bayerischen Pfund Pfennigen im Durchschnitt der Jahre 1452 bis 1460 auf 58.414 Pfund im Durchschnitt der Jahre 1491 bis 1500. Dies entsprach rund 48.000 und 66.750 rheinischen Gulden jährlich. Die ungefähr alle zehn Jahre bewilligten ständischen Landsteuern haben diese Summen nur wenig erhöht. Auch wenn damit das reichste habsburgische Einzelterritorium, die Grafschaft Tirol, nicht erreicht wurde, deren Inhaber 1479 104.000 Gulden bezog – davon 79.000 allein aus dem Silberbergbau –, ermöglichten solche Gelder beachtliche politische Bewegungsfreiheit. Zur gleichen Zeit begann die landesherrliche Gesetzgebung in Polizeisachen in die Breite zu wirken, wurden der Landfriede wirklich durchgesetzt, das Militärwesen umgestaltet, die kirchlichen Angelegenheiten noch stärker verstaatet und die Landesbehörden vermehrt. Der neue Staat zog tragende Schichten an sich heran, die ihr Interesse mit dem des Landesherrn verbanden, wie die »Ehrbarkeit« in Württemberg. Anderwärts traten die Stände organisierend gar an die Stelle des ständig oder oft abwesenden Territorialherrn, so in der Steiermark. Auf solche Weise entstand im Reich ein neues Gefüge aus entwickelten und weniger entwickelten Territorien, wofür zum Beispiel Mecklenburg oder Pommern gelten können. Gleichzeitig war die alte rheinisch-geistliche Kurfürstenherrlichkeit dabei, machtpolitisch in sich zusammenzusinken. So waren jetzt die gut entwickelten Länder viel gleichmäßiger über das Reich verteilt, als sie das aus dem Hochmittelalter herrührende West-Ost- und Süd-Nord-Gefälle einst angeordnet hatte.

Zeitlich parallel spielte sich ein dritter, in dieselbe Richtung weisender Prozeß ab: die wirtschaftliche Verdichtung des Reiches. Bei der neuen Dynamik seit ungefähr 1470 handelte es sich vor allem auch um eine kräftige Wirtschaftskonjunktur. Das galt allerdings nicht für alle Bereiche. Ältere Gewerbe, zumal in der Textilbranche, konnten in Schwierigkeiten geraten und damit ganze Städte oder

Städtebezirke, wie in Brabant oder in der Eidgenossenschaft, leiden lassen; auch Böhmen stagnierte vielfach. Währenddessen drängte stürmisch nach vorn, was mit Metallproduktion und Metallverarbeitung zu tun hatte. Über das Edelmetall Silber war dieser Wirtschaftszweig aufs engste mit dem Geldwesen und mit dem fiskalischen Interesse der Landesherren verbunden. Er veränderte die Struktur ganzer Landschaften und bot ungeheure, noch nie dagewesene Möglichkeiten wirtschaftlichen Aufstiegs für Gesellschaften und Einzelpersonen. Auch hierfür sind die letzten Ursachen noch nicht geklärt, insbesondere nicht die Frage nach der Priorität von Kapitalanhäufung und neuen rationalen Geldtechniken oder von technologischen Innovationen. Jedenfalls begann jetzt in vielen Teilen Deutschlands die »industrielle« Neuzeit: Das Reich wurde – eigentlich überraschend – auf dem Gebiet der »Wachstumsindustrien« zum führenden Land Europas. Diese Spitzenstellung beobachtet man von der Grundstofferarbeitung im Bergbau bis zur diffizilen Feinmechanik und in ganz neuen, bis dahin nicht vorstellbaren Techniken; das klassische Beispiel hierfür ist der Buchdruck. Dieses Vorwärtsdrängen erbrachte eine Fülle neuer Verflechtungen. Man kann sagen, daß die Oberdeutschen nach außen fortan als »einheitliche Wirtschaftsnation« (W. v. Stromer) auftraten.

Am wichtigsten war die Hochkonjunktur im Berg- und Hüttenwesen. Hier trat in der Mitte des Reiches an die Stelle Böhmens, das aus der Sicht des 14. Jahrhunderts dafür prädestiniert gewesen wäre, nun aber als Folge der Hussitenbewegungen stagnierte, das wettinische Sachsen. Leipzig begann seinen Aufstieg als Messestadt. Die ersten reichen Silberfunde bei Schneeberg im westlichen Erzgebirge kann man auf 1470 datieren. Auch im Harz, in Tirol, Steiermark, Kärnten und Thüringen entwickelte sich der Bergbau zusehends. Nach grober Schätzung hat sich die Silberproduktion im Reich zwischen 1460 und 1530 verfünffacht; die Geldmenge wuchs ebenfalls schnell an. Seit 1484 prägte man in Tirol den Guldiner, eine große Silbermünze im Wert eines Guldens. Damit setzte die geldgeschichtliche Neuzeit ein. Nicht geringer war der Aufschwung am oberen Niederrhein. Köln und Aachen führten beim Einfluß auf den Bergbau der Randgebirge und in der Metallverarbeitung; das rheinische Kapital drang bis nach Ungarn und Polen vor. Köln fungierte als ein führender Metallmarkt Europas. Das Sauerland und das Bergische Land gewannen seit etwa 1450 vor allem durch das Kleineisengewerbe an Bedeutung; der Name »Solingen« wurde durch seine Waren bekannt. Mit der »industriellen« Verdichtung vermehrte sich die Bevölkerung. Nicht mehr nur das Umland großer Städte, sondern ganze Regionen sind nun als nichtagrarische Wirtschaftseinheiten anzusehen.

In der Bewältigung des Raumes machte man gleichfalls deutliche Fortschritte, so daß sich sogar der Erztransport über weite Entfernungen zu lohnen begann. Die große Ausdehnung des Reiches wirkte sich immer weniger nachteilig aus; ihre positiven Seiten – wirtschaftliche Vielfalt und Ergänzungsfähigkeit bei wachsenden Gemeinsamkeiten – kamen zur Geltung. Paolo Morosini schätzte den Umsatz der deutschen Kaufleute in Venedig für 1472 auf die ungeheure Summe von einer Million Dukaten. Fünf Jahre später erschien am selben Ort, von Adam von Rottweil herausgegeben, der erste gedruckte Reiseführer für deutsche Italien-Besucher. Den Tuchverkehr zwischen Frankfurt am Main und Nürnberg veranschlagte man für 1476 auf rund hunderttausend Gulden; in der Pegnitz-Stadt verzichtete man jetzt auf die Aufenthalts- und Handelsbeschränkungen für fremde Kaufleute. Enge personelle Beziehungen zwischen den Großen im Geldwesen und in den Staaten, beispielsweise zwischen den Geldleuten von Aachen und Köln und den Männern der habsburgischen Finanzverwaltung in den neugewonnenen Niederlanden, waren etwas Selbstverständliches. In Form des Kuxes, des Anteilscheins an Bergwerken, begann zuerst für das sächsische Freiberg ein börsenartiger, rasch zur Spekulation verführender Wertpapierhandel auch zwischen Interessenten, die weit entfernt vom Grubenplatz lebten. Begriffe wie Marktverflechtung, Monopol, Kartell, Fusion, Kampf um Marktanteile, Verdrängungswettbewerb, Preismanipulation, die sich auf die vorangegangenen Verhältnisse nur mit großer Vorsicht anwenden lassen, sind von nun an zur Charakterisierung des Geschehens unentbehrlich.

Immer noch schien Nürnberg das eigentliche Zentrum dieser Dynamik zu sein. Aber neue Namen wie Karl und Peter Wolff aus Köln und Aachen oder Martin Römer aus Zwickau lassen die nach älteren Maßstäben unglaubliche Geschwindigkeit der Kapitalakkumulation und Wirtschaftskonzentration besser erkennen. Das im erzgebirgischen Bergbau und kursächsischen Beamtendienst angehäufte Vermögen Römers (gestorben 1483) hat man auf annähernd eine halbe Million Gulden geschätzt. Im »klassischen« oberdeutschen Gebiet nahm damals das Haus Fugger seinen Aufstieg. Er ist einzuordnen in die erstaunliche Entwicklung Augsburgs zum »Weltfinanzzentrum«, die im 16. Jahrhundert gipfelte. Das Gesamtvermögen der Augsburger hat sich von 1470 bis 1500 vervierfacht und ist bis 1550 auf das Dreizehnfache gestiegen. Die Lage Augsburgs war in der neuen europäischen Konstellation unter der Führung der Habsburger und im Hinblick auf deren erste Geldquelle, das Tiroler Silber, geradezu ideal. Außer an die Fugger ist an ältere, zunächst erfolgreichere Handelshäuser, wie die Meuting, Höchstätter oder Gossembrot, und an die gleichzeitigen Konkurrenten zu denken; vier Brüder schlossen sich 1473 zur bald weltumspannenden Firma Welser zusammen. Alle freilich übertraf der geniale Jakob Fugger »der Reiche« (1459–1525), der ebenfalls 1473 die Geschicke seiner Familie in die Hand nahm. Im Jahr 1476 begann die Geschäftsbeziehung zur päpstlichen Kammer, kaum zehn Jahre darauf das noch zukunftsreichere Zusammenwirken mit dem Tiroler Landesherrn und seinem Silberbergbau, spätestens 1492 der erste Kontakt zu König Maximilian und drei Jahre danach die Teilhabe an dem ungarischen Bergbau. Bis dahin dürfte die Firma in Tirol

400.000 Gulden verdient haben, und Jakob Fugger konnte als der größte Bankier seiner Zeit gelten. Für eine Kapitalkraft solchen Ausmaßes wurde die Verflechtung mit der Großdynastie der Habsburger unvermeidlich. Dies leitete einen Typus politisch-finanzieller Dynamik ein, der zuvor nirgends bekannt war.

Die sozialen Kosten all dieser Neuerungen waren erheblich. Gewiß gab es viele Kleinunternehmer handwerklichen Typs, doch dem großen Geld trat eine schnell wachsende, fast besitzlose Arbeiterschaft gegenüber. Ein rasches Auf und Ab der lokalen und regionalen Wirtschaftszweige, Unsicherheiten im Geldwesen und unsoziales Verhalten der Arbeitgeber konnten Krisen, auch Streiks auslösen. Unruhen zeigten sich zumal in den Ballungsräumen von Hamburg bis in die Alpen. Dieses Problem sollte das 16. Jahrhundert intensiv beschäftigen.

Verkehr, Bergbau, Technik

Im 15. Jahrhundert häuften sich in Deutschland und Europa auf ungewöhnliche Weise neue technische Entwicklungen. Universalgeschichtlich gesehen verschafften sie der europäischen Kultur eine Vormachtstellung, ja ließen sie die Welt verändern. Gleichwohl weiß man weniger von ihnen als von anderen Bereichen mittelalterlichen Lebens; am wenigsten kennt man die elementaren Fakten. So fehlt eine zuverlässige Übersicht über die Wirksamkeit der Energieträger, vor allem auf der Basis von Holz und Wasser, gerade weil »im ganzen Mittelalter... Wassermühlen viel verbreiteter als Kirchen« waren (L. White jr.). Die Anzahl der Einzelumstände, die bei wirtschaftlich-technischen Veränderungen – vom »menschlichen Kapital« an – mitwirkten, war sehr groß und entzieht sich der Berechnung. Dabei dürfen die maßgeblichen Innovationen des Zeitalters, die das Interesse auf sich lenken, nicht den Blick für das Weiterdauern des Alten, für die Bedeutung der vielen kleinen Veränderungen und für die großen Unterschiede von Region zu Region trüben. Besonders gut beobachten läßt sich dies im Bereich des Textilgewerbes, wo alte Zentren kriselten und neue aufblühten. Der technische Fortschritt konnte hier auf unüberwindliche soziale Hemmnisse stoßen; so setzte sich die 1412 aus Italien nach Köln importierte Seidenzwirnmühle wegen des Widerstandes der Zünfte nicht durch. Der Erfolg einer Neuerung war in einer ständig komplizierter werdenden Welt von einer Vielzahl unterschiedlicher Vorbedingungen abhängig.

Ein Beispiel für allmähliche Veränderungen und Verbesserungen ohne prinzipielle Innovation bietet das Straßenwesen. In der Regel handelte es sich weiterhin um unbefestigte Trassen mit Erd- oder Grasdecke, die nur an gefährlichen oder stark beschädigten Stellen überarbeitet oder entschlammt wurden. Ungeachtet allen Wirtschaftswachstums entsprach dieser Zustand einer im Vergleich zur Moderne recht geringen Verkehrsdichte. Immerhin gab es eine kräftige Konkurrenz regionaler und lokaler Kräfte um den Verlauf der Straßenzüge. Sie zeigte sich besonders deutlich an den Engstellen, den Brücken und Pässen. Die Brückenbauten, selbst über große Ströme, scheinen am Ende des Mittelalters den Bedarf so hinreichend gedeckt zu haben, daß Neukonstruktionen seltener wurden. Auch aus militärischen Gründen schlug man Brücken, wie die Straßburger 1388 über den Rhein gegen Baden. Nicht geringe, vom Wettbewerb erzwungene Verbesserungen gab es an den großen Alpenstraßen. Der Brenner, der als einziger Paß mit Wagen befahrbar war, behauptete eine Vorzugsstellung. Längere Transportwege auch für Massengüter wurden jetzt möglich und rentabel. Das Fernstraßennetz hatte sich so stark verdichtet, daß selbst berühmte Routen, wie der vom Rhein nach Osten führende Hellweg oder die Hohe Straße von Frankfurt am Main nach Leipzig und Breslau, nicht konkurrenzlos blieben. Verlauf und Zustand des Straßenwesens wurden bis ins 18. Jahrhundert kaum mehr wesentlich verändert.

Der älteste »Industriezweig«, dessen Verfahren großtechnisch genannt werden könnten, war die Salzgewinnung. Salz war für die Konservierung von Fisch und Fleisch unentbehrlich. Ein Musterbeispiel der Salzproduktion stellt die Lüneburger Saline dar. Schon im späteren 13. Jahrhundert zählte man dort vierundfünfzig Siedehäuser mit je vier Pfannen, die aus der am Ort vorhandenen natürlichen Sole Salz bereiteten. Den Jahresertrag schätzt man für 1388 auf 14.000 bis 15.000 Tonnen, für 1497 auf mehr als 17.000 Tonnen. Andere Zentren der Salzgewinnung waren Halle an der Saale, Salins in der Freigrafschaft Burgund, Schwäbisch Hall – vermutlich der älteste Industrieort im deutschen Südwesten – und die alpenländischen Salinen Hall in Tirol, Hallein, Aussee, Hallstatt und Reichenhall. Hier sind wohl durch Erhart Han von Zabern die ersten wassergetriebenen Schöpfwerke errichtet worden (1438/1440).

Eisenerzbergbau und Eisenverarbeitung stellten die mit Abstand am weitesten verbreiteten Metallgewerbe dar – von Lothringen bis Krain. Dabei waren der Stand der Technologie und die Herausforderung zu weiteren Fortschritten sehr unterschiedlich beschaffen. Außerdem zeigten sich Eigentümer und Kapitalträger, vielfach bäuerlich-handwerklicher Herkunft, stärker differenziert als diejenigen, die mit anderen Metallen zu tun hatten. So war der Einfluß der Verleger aus dem Bereich des Handelskapitals groß, die Wirksamkeit der Landesherren hingegen geringer. Zu den wichtigsten Eisenrevieren gehörten die Oberpfalz und die Steiermark. Dort, im »Ruhrgebiet des Mittelalters«, bestanden dank des Holz- und Wasserreichtums und der Nähe Nürnbergs sehr günstige Standortbedingungen, hier war im »Erzberg« die weitaus eindrucksvollste Konzentration des Rohstoffs gegeben. Demgemäß wurde hier wie dort die Landschaft großräumig beeinflußt oder gar umgestaltet. Man schätzt, daß nach 1475 ein Fünftel oder ein Viertel der Oberpfälzer Bevölkerung mit dem Eisenwesen zu tun hatte. Die Amberger Eisenbergwerksgesellschaft verfügte 1464 mit wohl 12.000 Gulden über ein in der Branche ungewohnt großes Kapital. In der Oberpfalz und in den Alpenländern benutzte man bis tief in die Neuzeit hinein Schacht- und Stucköfen zum Schmelzen; das Siegerland, ein besonders fortgeschrittenes Eisen- und Stahlrevier, kannte schon vor der Mitte des 15. Jahrhunderts den Hochofen. Ein Siegerländer Hüttenwerk vermochte 1445 den Auftrag für den Guß von dreißig Kanonen – samt Anfertigung der Gußformen – innerhalb von drei Monaten zu bewältigen. Es verarbeitete dafür etwa vierzig Tonnen Eisenerz zu ungefähr 7,35 Tonnen Gußeisen. Die Weiterbehandlung des dem Schachtofen entstammenden Eisens durch schwere wasserbetriebene Hämmer zu Halbfabrikaten war wohl spätestens seit dem 14. Jahrhundert üblich. In der Oberpfalz gab es 1326 mindestens vierunddreißig Hammerwerke, 1387/1390 schon einundneunzig. Dem alpinen Eisenwesen traut man im Wachstumsjahrhundert nach 1466 eine Verfünffachung der Produktion zu, anderswo mag Ähnliches zu verzeichnen sein. Die jährliche Erzeugung in Europa schätzt man am Ende des Mittelalters, wohl sehr vorsichtig, auf 40.000 Tonnen; die Hälfte davon entfiel auf das Reich. Die Obergrenze der Produktion wurde bald durch das Energieproblem mitbestimmt, das erst im ausgehenden 18. Jahrhundert mittels der Steinkohle gelöst wurde. Bis dahin verblieb man im wesentlichen auf dem technischen Stand des späten Mittelalters.

In jeder Hinsicht anspruchsvoller war die Erschließung und Verarbeitung der Nichteisenmetalle; auf diesem Sektor machte sich das technologische Vorwärtsstreben besonders stark bemerkbar. Am wichtigsten waren das Kupfer, das teurer als Eisen, aber leichter und äußerst vielseitig zu verarbeiten war, und das Silber als das erste Münzmetall. Durch Kupferlegierungen entstanden Bronze und Messing. Mit diesen Metallen und den daraus gewonnenen Erzeugnissen wurde Deutschland führend; selbst die Fachsprache des Bergbaus blieb bis ins Türkische hinein vom Deutschen geprägt. Ausschlaggebend bei Produktion und Verarbeitung war der innovatorische Zwang zur engen Verknüpfung ganz verschiedener Handwerkszweige. Dabei konnte man sich inzwischen auf eine ansehnliche Gruppe befähigter Fachleute stützen. So wurde die Bergbaukrise des 14. Jahrhunderts überwunden, die mit Absatzschwächen, aber auch mit technischen Schwierigkeiten bei der Entwässerung und Belüftung der Stollen und Schächte, zumal in größerer Tiefe, verbunden gewesen war. Zugleich kann man eine sich verstärkende Kapitalzufuhr feststellen. Nürnberg und Köln, sodann Frankfurt am Main, Leipzig und Augsburg wurden führende europäische Metallmärkte. Die allgemeine Rohstoffknappheit einer rasch wachsenden Wirtschaft brachte es mit sich, daß immer mehr große Unternehmen mit weitreichender Kapitalverflechtung dominierten, während die kleineren zurückgedrängt wurden. Die Blütezeit des Bergbaus seit etwa 1470 ist wohl am besten mit dem technischen Aufbruch während der industriellen Revolution des 19. Jahrhunderts zu vergleichen.

Die ersten kupferproduzierenden Regionen Europas waren die habsburgischen Alpenländer, dann die mitteldeutschen Reviere und Oberungarn, das bald die Fugger beherrschten. Auch der Harzer Rammelsberg nahm nach 1450 einen neuen Aufschwung, der seit 1453 zu Fördermengen bis zu 30.000 Tonnen Erz im Jahr führte. Im böhmischen Kuttenberg stellte sich ebenfalls eine wenn auch nur vorübergehende Erholung ein. Man rechnet jedenfalls mit einem steilen Zuwachs des Kupferangebots seit 1470, das schnell Absatz fand. Entscheidend dafür war das Saigerverfahren, das vor 1450 wohl im Nürnberger Raum zur Großproduktionsreife entwickelt wurde, die in diesem Bereich »bedeutendste Neuerung seit der Antike« (L. Suhling). In einem kapitalintensiven Prozeß trennte man Kupfer und Silber unter Zusatz von Blei. Die sechs in und bei Nürnberg seit 1450 errichteten Saigerhütten wurden nach 1461 in den Thüringer Wald verlegt, weil dort das Holz als unentbehrlicher Rohstoff in Mengen vorhanden war. Diese Hütten bewirkten in der Mitte Deutschlands eine erstrangige technische und finanzielle Konzentration. Hauptverarbeitungsstätten waren Braunschweig, Aachen und Nürnberg. Sie sahen sich am Ende des Jahrhunderts einem anonym gewordenen Kontinentalmarkt gegenüber, der für Waffenproduktion und Schiffsausrüstung immer mehr Kupfer verlangte.

Zur gleichen Zeit waren die rheinischen Mittelgebirge im näheren und weiteren Umkreis von Köln zu einem Zentrum der Eisen- und Buntmetallproduktion geworden, gestützt auf die Förderung von hochwertigem Blei und Galmei, wie man die Zinkblende nannte. Die Messingindustrie zwischen Maas und Rhein war die wichtigste Europas; man darf von 1446 bis 1493 mindestens eine Verdreifachung der Produktion vermuten. Draht, Waffen und zahlreiche private Gebrauchsgegenstände wurden aus Messing hergestellt. Der Bleibergbau gedieh auch in den Alpen, im Erzgebirge und Harz, in Thüringen und den Karpaten.

Das wertvollste Metall, das seit 1470 in rasch zunehmender Menge gefördert wurde, war das Silber. Im Erzgebirge und in Tirol verzeichnete man die höchsten Zuwachsraten. Das Bauerndorf Schwaz im Tal des Inn wuchs zur größten Siedlung Tirols heran, die dann um 1520 auf 20.000 Einwohner geschätzt wurde. Die Produktion wird für die siebziger Jahre auf 5.700 und für die achtziger Jahre auf 10.900 Kilogramm jährlich veranschlagt. Der erzgebirgische Schneeberg produzierte nach 1477 allein 7.348 Kilogramm jährlich. Für Kuttenberg vermutet man von 1461 bis 1510 durchschnittlich 4.500 Kilogramm im Jahr. Kleinere Silberlager gab es weit verstreut, vom elsässischen Markirch bis in die Steiermark. Besonders wichtig war der Silberanfall aus den Kupfererzen, den das neue Saigerverfahren im Mansfeldischen und im Erzgebirge erbrachte. Unsicher ist noch, inwieweit man Silber und Gold durch das auf Quecksilber gestützte

Amalgamierungsverfahren zu trennen vermochte, das im 15. Jahrhundert im Fichtelgebirge bekannt gewesen zu sein scheint. Quecksilber förderte man jedenfalls in der linksrheinischen Kurpfalz und seit 1490 vor allem im krainischen Idria.

Die bedeutsamste technische Neuerung des Jahrhunderts war die Erfindung des Buchdrucks mit beweglichen Lettern durch den genialen Mainzer Großbürger Johannes Gensfleisch, genannt Gutenberg (vor 1400–1468). Das sehr bedauerliche Quellendunkel um dieses epochale Ereignis erlaubt nur wenige zuverlässige Aussagen. Grundlagen waren an erster Stelle das »unmittelalterliche« Verständnis einer Mehrzahl von an sich getrennten Fertigungsvorgängen und deren organisatorische Koordination. Beides muß in einem bis dahin nicht gekannten Ausmaß und mit hohem Wirkungsgrad geschehen sein. Nach Vorbereitungen, die einige Jahre in Anspruch nahmen, druckte Gutenberg wohl von 1452 bis zur Jahreswende 1453/54 eine zweiundvierzigzeilige Bibel in lateinischer Sprache. Dieses zweibändige Werk mit zusammen 1.282 Seiten dürfte in einer Auflage von 180 bis 200 Exemplaren erschienen sein. Davon sind 48 ganz oder fragmentarisch erhalten geblieben, darunter 12 von vermutlich 35 Ausgaben, die auf Pergament gedruckt wurden. Eine ungebundene Gutenberg-Bibel auf Papier mag damals dreißig bis fünfzig Gulden gekostet haben. Für dieses kaum jemals übertroffene Meisterwerk wurden annähernd 60.000 Bogen Papier und die Häute von fast 10.000 Kälbern verarbeitet. Schon das vermittelt einen Eindruck von den Leistungen der finanziellen Planung und technischen Organisation. Daran schloß sich – mit dem Datum des 22. Oktober 1454 – der erste Massenauftrag an: der Druck von Tausenden von Ablaßbriefen wider die Türken. Der Betrieb dürfte fünfzehn bis zwanzig Personen beschäftigt haben, von denen sechs den zuvor unbekannten Beruf des Setzers ausübten.

In vierfacher Hinsicht stellte die Erfindung Gutenbergs einen Einschnitt in der technischen und allgemeinen Geschichte dar. Erstens: Soweit man sieht, erdachte man zum ersten Mal einen so vielteiligen, sinnvoll ineinandergreifenden Produktionsprozeß, der sich als voll ausgereift erwies. Die einzelnen Arbeitsvorgänge in ein und derselben Werkstatt erforderten die Rezeption, aber auch die Neuentwicklung ganz unterschiedlicher Verfahren im Umgang mit Eisen, Buntmetallen und Holz, mit Legierungen und Gießinstrumenten, mit Farbe und Presse. Bis zum Zeitalter des Licht- und Computersatzes ist Gutenbergs Technik zwar fortentwickelt, aber nicht grundsätzlich verändert worden. Zweitens: Gutenbergs Verfahren steht am Anfang der industriellen Massenfertigung völlig gleicher Produkte. Die rund drei Millionen Lettern, die für den Bibeldruck gebraucht wurden, sind im Gießverfahren mit einer Blei-Zinn-Antimon-Legierung aus ungefähr zweihundertundzwanzig Matrizen hergestellt worden. Die Matrizen gestatteten eine unbegrenzte Vervielfältigung der Lettern. Der Schriftguß war also das Kernstück der Erfindung. Drittens: Der Buchdruck bildete neben der gleichzeitig in Deutschland entwickelten Druckgraphik das erste Massenmedium der Geschichte. Es verlieh politischen und sozialen Vorgängen fortan gänzlich neue Qualitäten und Quantitäten. Schon das Geschehen der Reformation ist ohne den Buchdruck nicht vorstellbar. Viertens: Gutenberg hat »der menschlichen Kultur völlig neue Wege eröffnet« (S. Corsten). Durch keine andere Erfindung ist das geistige Leben in gleicher Weise umgestaltet worden.

Diesen Aspekt haben bereits die Zeitgenossen als umwälzend erkannt und gemäß der Zeitstimmung gern mit dem damals heranreifenden Nationalbewußtsein verbunden. Der Kolophon des vielleicht von Gutenberg selbst veranstalteten Drucks der umfangreichen Enzyklopädie des Dominikaners Johannes Balbus, des »Catholicon«, sprach 1460 von der edlen Stadt Mainz und der ruhmreichen deutschen Nation, die Gottes Gnade vor den anderen Völkern der Erde bevorzugt und verherrlicht habe. »Gensfleisch, unsterblicher Mann, durch dich ist Deutschland unsterblich«, dichtete 1499 der überschwengliche Humanist Jakob Wimpheling.

Die Ausbreitung des Buchdrucks und die Zunahme seiner Erzeugnisse geschahen mit gleichsam neuzeitlicher Geschwindigkeit. Schon 1454/55 ergab sich aufgrund eines Rechtsstreits die Spaltung in zwei Mainzer Druckereien. Die eine verblieb Gutenberg, während die andere von seinem bisherigen Geldgeber Johannes Fust (1466 gestorben) und seinem früheren Gehilfen Peter Schöffer betrieben wurde. In Bamberg und Straßburg druckte man 1459/60, in Köln 1464/1466, in Basel und Eltville 1467, in Augsburg 1468, in Nürnberg 1470, in Speyer 1471, in Esslingen 1472, in Erfurt, Lübeck, Ulm, Utrecht, Merseburg und Lauingen 1473, in Marienthal im Rheingau 1474, in Trient, Löwen, Breslau, Blaubeuren und Burgdorf 1475. Wie zu vermuten, drang die Buchdruckerkunst von Oberdeutschland am raschesten über die Alpen. Nach Subiaco bei Rom gelangte sie, hier und später zumeist von Deutschen betrieben, schon im Jahr 1465, nach Rom 1467, Venedig 1469, Neapel 1470, Mailand, Florenz und Bologna 1471. In westlicher Richtung brauchte sie etwas länger: Paris 1470, Lyon 1473, Brügge und Valencia 1475, Sevilla und Westminster 1477. Am spätesten erreichte die neue Technik den Osten und Norden: Ofen und Krakau 1473, Stockholm 1483. Bis zum Jahrhundertende kennt man über 1.100 Druckereien an 265 Orten; man schätzt ihre Produktion auf 27.000 bibliographische Einheiten mit einer Gesamtauflage von mehreren Millionen Exemplaren. Der erste Großdrucker und Großverleger war der Nürnberger Anton Koberger (1440/1445–1513), der mit ungefähr hundert Gesellen und einem weitverzweigten Netz von Filialen arbeitete. Mit alledem verband sich eine stürmische Ausweitung der Papierproduktion. Die erste europäische Papiermühle in Fabriano bei Ancona (1276) fand erst 1390 eine Entsprechung in Deutschland durch das Unternehmen des Nürnberger Großkaufmanns Ulman Stromeir. Doch um 1450 gab es schon ungefähr zehn, um 1500 dann etwa sechzig deutsche

Papiermühlen. Der Buchdruck traf zunächst auf einen unübersichtlichen Markt und rang wie andere Branchen – unter beträchtlichem Konkurrenzdruck – um das kommerzielle Überleben. Im riesigen handschriftlichen Textreservoir und erst recht in der Produktion zeitgenössischer Autoren wurde regelmäßig nach dem Gängigen und Sicheren gesucht. So erklären sich die vielen Bibeldrucke, liturgischen Bücher und »amtlichen« Drucksachen für den vorerst wichtigsten Absatzmarkt: die Kirche.

Bauernunruhen

Auch am Ende des Mittelalters lebten vier Fünftel der Deutschen auf dem Lande. Die Situation war vielfach labil, wiewohl es recht unsicher ist, ob man ungeachtet der neuen Agrarkonjunktur von einer weitverbreiteten Verschlechterung der Lebensbedingungen vieler Bauern um die Jahrhundertwende sprechen soll. Die allgemeine Entwicklungsbeschleunigung mochte aber aus latenten Spannungen offenkundige Zerreißproben machen. Jedenfalls konnten Konfliktsituationen nicht überall in der Weise bereinigt werden, daß der Friede erhalten blieb. Am leichtesten gelang dies offenbar in großen und modernen Territorien, vor allem im Westteil des Reiches. Hier kann man gelegentlich – wie im welfischen Gebiet – von einer Bauernschutzpolitik sprechen, die kleine Grundherren im Zaum hielt. Auf der anderen Seite kam es auf die Durchbildung der Gemeindeverfassung an, die das Selbstbewußtsein und die Selbstorganisation der Bauern in erster Linie trug. In dieser Hinsicht war der schwäbische Südwesten am weitesten entwickelt. Im Osten des Reiches deutete sich schon der frühneuzeitliche Weg in die Gutsherrschaft an, indem wesentliche Teile der landesherrlichen Rechte an den Ritteradel übergingen. Er suchte die Bauern zunehmend stärker zu binden und zu belasten und damit den alten kolonisatorischen Freiheiten nach und nach ein Ende zu setzen.

Die landesherrlichen Verdichtungsbestrebungen im Westen wirkten sich im bäuerlichen Bereich verschieden aus: In großen Territorien verminderten sie eher das Konfliktpotential, in kleinen Gebieten oder gar angesichts einer Gemengelage der Herrschaftsrechte vermehrten sie es. Schwache und krisenanfällige Herren glaubten neue Steuern schaffen und alte erhöhen zu müssen, leibherrliche Befugnisse auswerten und ausbauen zu sollen, auch die hergebrachte bäuerliche Bewegungsfreiheit in Wald, Weide, Gewässernutzung und Allmende und in der Selbstverwaltung beschneiden zu können. Gleichzeitig aber büßten sie vielfach die legitimierende Funktion des Schutzes der Hintersassen ein. Bei einem nahen Machthaber war dies leicht durchschaubar. Eine Hauptursache für die von Jahrzehnt zu Jahrzehnt kritischer werdende Situation in vielen Dörfern war der neue Bevölkerungszuwachs, der durch Rodung und Landaufteilung nur eine Zeitlang ausgeglichen werden konnte. In einigen Gegenden Schwabens vermutet man eine Verdoppelung der Einwohnerzahl innerhalb von siebzig Jahren. So wurde das Dorf ein sozialer Krisenherd bis hin zur Hungersnot, während die politischen Erwartungen der Bauern eher größeren Spielraum gewannen.

Die einfachste Form bäuerlichen Widerstandes war die Beschwerde bei der Herrschaft. Blieb sie ergebnislos, folgte ihr das Vorenthalten der Huldigung und demgemäß – weil kein beiderseits anerkanntes Herrschaftsverhältnis mehr bestand – die Verweigerung der Abgaben. Kam immer noch kein Ausgleich zustande, konnte dies zur gewaltsamen Erhebung führen. Der Normalfall war die Niederwerfung der Revolte und das Strafgericht über die Anführer, ohne daß dadurch neue vertragsähnliche oder gar vertragliche Zugeständnisse an die Bauern ausgeschlossen worden wären. Weil jedesmal und überall unterschiedliche Rahmenbedingungen gültig waren, bietet weder die vollzogene Erhebung ein sicheres Zeichen für ein hartes Joch noch ihr Ausbleiben die Gewähr für zufriedenstellende Verhältnisse.

Der Überblick über die spätmittelalterlichen Bauernrevolten, wie er heute besteht, läßt drei lehrreiche Tatbestände erkennen: Keine der deutschen Erhebungen war auch nur annähernd so gewichtig wie der flandrische Aufstand von 1323 und 1328, die nordfranzösische Jacquerie von 1358 oder der englische Konflikt von 1381. Die Anzahl der Unruhen nahm im Laufe der Zeit deutlich zu, so daß man vorerst für das ganze 14. Jahrhundert nur vier, dann bis 1450 mindestens vierzehn und von da an bis 1500 weitere sechsundzwanzig zählt. Von den Aufständen war in erster Linie ein verhältnismäßig kleines Gebiet betroffen: der Südwesten des Reiches und das salzburgisch-innerösterreichische Alpenland.

Sosehr man bei der Abfolge mehrerer Einzelkonflikte im gleichen Raum – wie in Salzburg oder am südlichen Oberrhein – an lokal-regionale Kontinuitäten denken wird, so zweifelhaft ist ein den Zeitgenossen bewußt gewordener Zusammenhang der deutschen Bauernrevolten im Großen. Man kann sich nicht vorstellen, wie in diesem sozialen Milieu raumübergreifende oder gar theoretisch fundierte Kontakte zustande gekommen sein sollen. Damit wird auch die Vorstellung von einer langgestreckten konkreten Vorgeschichte des Bauernkriegs fraglich, wenigstens für die Zeit vor 1490/1500. Die weitverbreitete Furcht der Herren vor einer Erhebung des »gemeinen Mannes« wird man ebenfalls besser nach 1500 datieren. Erwägenswert bleibt hingegen das Wirken allgemeiner, den Zeitgenossen kaum bewußt gewordener Basisprozesse im sozialen, wirtschaftlichen und rechtlichen Leben und übergreifender Einstellungen des Bewußtseins, über welche man freilich wenig Zuverlässiges weiß. Grundsätzlich Neues brachte dann die Reformation mit sich. Die Belege für eine umgreifende, einheitliche Krise um 1500, die alle Einzelphänomene und damit auch die Bauernerhebungen als Ergebnisse eines einzigen Geschehenszusammenhangs zu deuten erlaubte, reichen nicht aus.

Es lassen sich drei Ziele bäuerlicher Erhebungen feststellen, die miteinander verbunden sein konnten: die Beseitigung von Steuererhöhungen und die Anerkennung hergebrachter Nutzungsrechte; das Ende leibherrlicher Abhängigkeit mit ihrer Beschränkung der Freizügigkeit und ihren Abgabelasten; die Erhaltung oder Mehrung der Gemeinderechte. Der Herrschaft wurden angemessen erscheinende, nicht aber wachsende Einkünfte zugestanden. Nur selten und schwerlich in repräsentativer Weise gab es vor 1490/1500 wirklich radikale, umstürzlerische Forderungen, die realer Erfolgsaussichten entbehrten; das Hauptargument der Bauern war im Gegenteil die Berufung auf das alte Herkommen.

Die älteren Bauernunruhen kann man in drei Kategorien einteilen. Im fränkischen Niklashausen zeigte sich 1476 spontan, aber kurzlebig, weil nicht in konkreten Dorfverhältnissen verwurzelt, das Phänomen der Massenwallfahrt. Der Pauker und Pfeifer Hans Behem aus dem nahe gelegenen Helmstadt, ein Laie, rief ekstatisch zur Marienverehrung und in Verbindung mit ihr zur Buße und Selbsterlösung, zum Pfaffenhaß und zur Entmachtung des Adels auf. Nachdem ihn der Bischof von Würzburg verhaftet hatte, versuchten Unbewaffnete durch einen Massenaufzug seine Freilassung zu erwirken. Dieses Aufbegehren scheiterte vor den geschlossenen Stadttoren. Bischöfliche Reiter trieben die Menge auf dem Rückweg gewaltsam auseinander. Behem wurde hingerichtet.

Eine zweite Kategorie bildete die Verschwörung. Jakob Hanser, der Schultheiß des elsässischen Reichsdorfs Blienschweiler bei Schlettstadt, folgte 1493 einer am Oberrhein schon einige Jahrzehnte alten Tradition bei seinem Plan, die Bundschuhfahne aufzupflanzen, um damit das Signal zur Erhebung gegen die bäuerliche Verschuldung bei den Juden und gegen die Vollstreckungsmöglichkeiten vor allem der kirchlichen Gläubiger zu geben. Mißernten dürften vorausgegangen sein. Diese Verschwörung blieb ohne Ergebnis, weil sie im Ansatz verraten wurde.

Größere Bedeutung gewannen die Revolten, die im territorialen Rahmen auf Herrschaftsverdichtung und Herrschaftskrisen reagierten. Anlässe dieser Art kann man bei mehreren Konflikten im Landgebiet eidgenössischer Reichs- und Landstädte, im Hochstift Münster 1449 und in der Grafschaft Holland 1491/92 feststellen oder vermuten. Im Erzstift Salzburg wich der Landesherr 1462 vor dem offenen Widerstand gegen eine Steuererhöhung zurück. Der Druck der Türken auf die Steiermark und auf Kärnten seit 1471, dem der Landesfürst, Kaiser Friedrich III., wenig entgegenzusetzen wußte, führte zu einer schweren Vertrauenskrise, welche die Bauern zum Zusammenschluß, zur Selbstverteidigung und zu Mit- oder gar Alleinherrschaftsbestrebungen drängte. Den Höhepunkt bildete der Kärntner Bauernbund von 1478. Er verlangte aufgrund schriftlich formulierter Artikel die Reduktion der Abgaben auf den Stand des vorangegangenen Jahrhunderts, eigene bäuerliche Gerichtsbarkeit, freie Pfarrerwahl und die Bestrafung adeliger Verräter, wie er sie sah. Nirgendwo sonst gab es im 15. Jahrhundert derart weitgehende Forderungen, aber auch kaum jemals eine so bedrohliche Situation. Die Türken überrannten die Kärntner Bauerntruppe, den Rest besorgte die Obrigkeit.

Die nahezu einzige größere Bauernbewegung mit politischem Erfolg – sieht man von der besonderen Situation der Urkantone ab – fand im Appenzellischen statt. Die Appenzeller setzten sich gegen ihren Landesherrn, den Fürstabt von St. Gallen, dessen Herrschaft angesichts der Verkleinerung des Konvents auf zwei oder drei Mönche kaum mehr glaubwürdig war, beharrlich zur Wehr. Die Nähe der Eidgenossen und der selbstbewußten schwäbischen Reichsstädte tat ein übriges. Nach einem Sieg der Bauern von 1405 konnten sie trotz eines jahrzehntelangen Hin und Hers nicht mehr unter das formale Recht gebeugt werden. Am Anfang der Neuzeit traten sie der Eidgenossenschaft bei.

Kirchenkrise und Kirchenreformen

Die Generation am Ende des Mittelalters war zugleich die letzte Generation vor dem Auftreten Luthers. An sie richtet sich ganz pointiert die Frage nach dem Zustand der vorreformatorischen Kirche. Abermals ist keine einfache und einheitliche Antwort möglich, weil die Einzelumstände des religiösen Lebens im ausgedehnten Reichsgebiet allzu verschieden gewesen sind. Dennoch vermag man die Situation in Umrissen zu skizzieren. Besonders wichtig dürfte die Feststellung sein, daß die Hauptentwicklungsrichtungen der Volksfrömmigkeit und der Amtskirche deutlicher als zuvor auseinanderstrebten.

Das ausgehende 15. Jahrhundert war »eine der kirchenfrömmsten Zeiten des Mittelalters« (B. Moeller). Das Christentum blieb der wirkungskräftigste Teil des menschlichen Lebens. Bekannte Erscheinungsformen der Religiosität steigerten sich, und neue Elemente traten hinzu. Graf Werner von Zimmern ließ 1483 tausend Messen für sein Seelenheil feiern. Die Zahl der neuen Meßstiftungen stieg in Oberösterreich von 1450 bis 1490 stetig an und hielt sich dann bis 1517 auf dem Höchststand. Die meisten religiösen Bruderschaften in Hamburg – insgesamt neunundneunzig – entstanden nach 1450. Das Wallfahrtswesen, zum Beispiel das Pilgern zu den Bluthostien im brandenburgischen Wilsnack, weitete sich aus und führte zu kaum mehr kontrollierbaren Auswüchsen, was die Besorgnis verantwortlicher Kirchenmänner hervorrief; doch gegen die Lokalinteressen vermochten sie sich schwerlich durchzusetzen. Die rückläufige Zahl der Inquisitionsprozesse verrät eine Abnahme des Ketzertums. Immer mehr Kirchen wurden mit Altarbildern und -skulpturen geschmückt, die geistliche Belehrung auf anschauliche Weise ermöglichten. Auch die weitaus wichtigste Sparte der Buchproduktion diente der Erbauung und kirchlichen Unterrichtung. Der religiöse Vollzug erwies sich wie manche anderen »modernisierenden« Veränderungen des Zeitalters als stärker materiell geprägt und leichter meßbar gemacht; so breitete sich das Ablaßwesen aus, das Bußleistungen durch Geld abzulösen erlaubte. Auch kirchliche Dispense von mancherlei sonst Unzulässigem wurden mehr und mehr zu einer finanziellen Frage.

Die zeitgenössische Kritik an der Amtskirche – innerhalb und außerhalb der eigenen Reihen – gewann an Eindringlichkeit. Dies läßt sich selbst dann nicht überhören, wenn man berücksichtigt, daß mißbräuchliches Handeln mehr Aufmerksamkeit erregt als gewissenhaftes und korrektes Verhalten, und wenn man beachtet, daß es sich nicht um theologisch fundierte Grundsatzkritik, sondern um den Anstoß an der äußeren Erscheinung handelte. In den Städten und allmählich auch in den Bistümern fielen die Sünden des Klerus jetzt mehr auf als zuvor. Das Konkubinat muß, zumindest regional, weit verbreitet gewesen und zäh verteidigt worden sein. Um 1500 genügte im Herzogtum Kleve nur die Hälfte der Pfarrer persönlich der Amtspflicht, die anderen ließen sich durch schlechtbezahlte und womöglich weniger qualifizierte Hilfspriester vertreten. In hochentwickelten Landschaften, wie im Bistum Straßburg, machte die Intensivierung der Wirtschaftsinteressen von Stiften und Klöstern – bis zur gewinnbringenden Getreidespekulation – die Geistlichkeit unpopulär oder verhaßt. Der Elsässer Bundschuh von 1493 wollte sich gegen derartige Praktiken erheben, die als bedrückend und unzeitgemäß empfunden wurden, weil Gewinne ohne Arbeit nicht mehr einleuchteten und eine vergleichbare Effektivitätssteigerung im geistlichen Bereich ausblieb. Das Wort »Pfaffenhaß« wurde am Oberrhein zur geläufigen Vokabel. Gleichzeitig ließ die Ausweitung obrigkeitlicher Macht in Städten und Territorien die Privilegien der Kleriker, ihren alten Schutzwall, schwinden. Das Renaissance-Papsttum bot weniger Rückhalt als zuvor, ja mochte nun als fremde Macht empfunden werden, so daß sich wohl schon vor 1500 die Personenbeziehungen nach Rom verringerten. Die Krise der Reformation kündigte sich bereits an.

Die Antworten auf diese Situation waren vielgestaltig und nicht selten respektabel, im ganzen aber unzureichend. An vielen Orten verbesserte man die Qualität der Predigt. Johannes Geiler von Kaysersberg (1445–1510), der 1478 zum ersten Straßburger Münsterprediger berufen worden war, geißelte schonungslos die Mängel der Kirche und forderte die Rückkehr zur Einfachheit. Diözesansynoden erließen reformierende Richtlinien, religiöses Schrifttum verbreitete sich unter dem Klerus weiter denn je, die Unbildung im geistlichen Stand galt immer mehr als auszurottendes Übel. Die Legationsreise des Nikolaus von Kues durch Deutschland 1451/52 bezeugt das Eintreten gegen Verweltlichung und Amtsmißbrauch. Selbst die schrecklichen Hexenverfolgungen sollten ihrem

Grundgedanken nach Schaden von den Christen abwenden, da das Hexentum als Ketzerei verstanden wurde. Die ersten Verfolgungen fanden in den achtziger Jahren in Süddeutschland statt. Die Dominikaner Heinrich Krämer und Jakob Sprenger veröffentlichten 1487 das fortan maßgebende Handbuch, den »Hexenhammer«. Er wies dem furchtbaren Tun im 16. und 17. Jahrhundert den Weg.

Tief im Mittelalter verankert waren die Bestrebungen, das christliche Gemeinschaftsleben mit neuem Geist zu erfüllen, der immer auch dem Geist der Zeit entsprach. So war die neue Frömmigkeit, die »Devotio moderna«, die den Niederlanden entstammte, im Ursprung großbürgerlich. Ihr Vater war Geert Groote (1340–1384), Sohn reicher Eltern aus Deventer und Schüler des einheimischen Mystikers Jan van Ruusbroec (1293–1381). Nach seiner geistlichen Umkehr gab Groote den Anstoß zur Entfaltung der Brüder und Schwestern vom gemeinsamen Leben und zu jener bedeutenden Klosterreformbewegung, die vom Augustinerchorherrenstift Windesheim bei Zwolle ausging. Er war ein unerbittlicher Bußprediger, der den Klerus nicht verschonte und von ihm als Kanzelredner mundtot gemacht wurde; gleichwohl war sein nordniederländisch geschriebenes »Getijdenboek« die meistverbreitete volkssprachliche Schrift am unteren Niederrhein. Die Grundgedanken waren ungelehrt, aber gerade einfache Gottesfurcht und Alltagsheiligung fanden das größte Echo. Für die Zeit um 1450 schätzt man die Zahl der Devoten, die im ganzen Reich in halbklösterlichen Bruderschaften lebten, auf 30.000 bis 40.000 Personen. Die Windesheimer Kongregation umfaßte bis 1500 siebenundachtzig Niederlassungen. Der wichtigste Nachfolger Grootes war Thomas von Kempen (1380–1471), der nach 1420 das ungemein populäre Buch von der »Nachfolge Christi« schrieb oder herausgab. Auch fast alle älteren Orden bemühten sich um mehr oder weniger erfolgreiche Reformbestrebungen. Die Benediktiner schufen sich in Kastl in der Oberpfalz, Melk an der Donau, Bursfelde an der Weser und St. Jakob in Lüttich Mittelpunkte der Erneuerung. Die Franziskaner spalteten sich in die strengen Observanten und die großzügigeren Konventualen. Der buchbeflissene Kartäuserorden mit seiner harten Regel erlebte jetzt seine Blütezeit. Anderwärts, wie in Nürnberg und Augsburg, hatte das Reformstreben, da es alle Klöster am Ort ungeachtet ihrer Ordenszugehörigkeit erfaßte, einen lokalbezogenen Charakter. Besonders hier sind Zusammenhänge mit dem Wachstum von Bevölkerung und Wirtschaft zu vermuten. Dabei handelte es sich um ein »höchst komplexes Phänomen« (K. Elm), von dem aus auch die Brücke zur katholischen Erneuerung des 16. Jahrhunderts geschlagen werden kann.

Der Tatbestand, daß es trotz aller Reformbestrebungen in der Kirche des 15. Jahrhunderts keine Gesamterneuerung gegeben hat, wodurch die Reformation unnötig geworden wäre, hat sicherlich viele Ursachen. Zwei davon dürften ausschlaggebend gewesen sein: die gerade in Deutschland unauflöslich gewordene Verflechtung von Kirche und Welt und die immer noch bestehende Regionalisierung fast aller Lebensbereiche. Die führenden und mittleren Kirchenämter waren vielfach zum sozialen Besitzstand regionaler und lokaler Gruppen aus Adel und gehobenem Bürgertum geworden. Deren Lebensformen hatten in der Kirche Platz gegriffen; so das unbeirrte Festhalten an jenen Positionen auch um den Preis von »Verteilungskämpfen« gerade in einer Generation, die nach langen Krisenjahrzehnten Hoffnungen auf neue Fortentwicklung hegte. Man verhielt sich wirtschaftlich vernünftig ausgerechnet dort, wo dasselbe Handeln unter dem Gesichtspunkt der Qualität der Seelsorge zu beklagen war: beim Streben nach Pfründenhäufung, beim sich immer mehr steigernden Pfründentausch, bei der Sorge für die Nachfolge von Verwandten in den Pfründen, bei der Vertretung in den weniger »rentablen« Pfründen durch Mietlinge, wie die Zeitgenossen am Oberrhein sagten. Auch das inzwischen herangewachsene Geflecht des Kirchenrechts, das zahlreiche Sonderregelungen zuließ, lähmte das Reformhandeln. So ging es weniger um die Frage nach dem individuellen guten Willen als um Grundstrukturen des geistlichen Lebens, die sich allmählich zu bedrohlicher Versteifung entwickelt hatten. Auflockerungsvorgänge, wie das Vordringen der Universitätsqualifikation als Ausweis für den Pfründenerwerb, vollzogen sich nicht rasch genug; Sensibilisierung und Kritik gediehen schneller. Die große Krise brach aber noch nicht aus – weil das gewohnte regionale Denken und Handeln noch wenig übergreifende und umfassende Merkmale angenommen hatte und vor allem weil die Person noch fehlte, die den allgemein überzeugenden Anstoß zu geben vermochte.

Die Entfaltung des Humanismus

Nicht lange vor der Mitte des 15. Jahrhunderts begann die zusammenhängende Geschichte des Humanismus auf deutschem Boden. Entscheidend dafür waren italienische Einflüsse und Anregungen, die man zuerst mühsam nachahmte, dann immer selbständiger verarbeitete und stets mit einheimischen Geistestraditionen verflocht und verschmolz, so daß ein besonderer deutscher Humanismus erwuchs. Man hat Oberdeutschland »ein zweites Italien« (F. Braudel) genannt, aber im Vergleich zum goldenen Zeitalter des Südens handelte es sich wohl nur um ein »Monument of bronze« (L. W. Spitz), das zudem mit beträchtlicher Verspätung entstand; denn als erster Humanist im vollen Sinne hat schon Petrarca (1304–1374) zu gelten. Wiewohl der frühe deutsche Humanismus bis 1490/1500 noch ein individuell-»elitäres«, von wenigen getragenes Phänomen war, brachte er ansehnliche Neuerungen im Geistesleben und insgesamt eine Erweiterung des Horizonts mit sich. Die Zeitgenossen bezogen den Begriff »Humanista« auf die Bereiche Grammatik, Rhetorik, Dichtkunst, Geschichtsschreibung und Moralphilosophie. Das Neue war zunächst inselhaft in das fortdauernde »mittelalterlich-scholastische« Denken eingelagert, so daß überall Überschneidungen und Vermischungen stattfanden. Den Nur-Humanisten gab es in der Praxis kaum, auch wenn die – oft unerfüllt gebliebenen – Programme der Neuerer ihn vorauszusetzen schienen.

Zum ersten Mal wurde jetzt die klassisch-heidnische Antike als Ganzes in den Blick genommen. Ihre Mythologie, Geschichte, Literatur und Philosophie, aber auch ihre Lebensauffassungen und -inhalte führten ungeachtet des selbstverständlichen Fortgeltens christlicher Existenz zu einer Hinwendung zum diesseitigen Menschen und zur Natur sowie zur Schönheit, Kraft und Würde beider. Insofern ein solches Verständnis über Literatur und Bildung hinaus das Streben nach vielseitiger Erkenntnis förderte, kann man auch für Deutschland den umfassenderen Begriff »Renaissance« anwenden. Er ordnet den neuen Textwissenschaften das Neue in Naturwissenschaft und Geographie zu, das zunächst in Nürnberg überzeugend hervortrat. Erwähnt seien die Landkarten Erhard Etzlaubs (um 1455–1532) – die erste, 1501 gedruckte Deutschland-Karte von 1494 und die zwei Jahre ältere erste exakte politische Detailkarte – sowie der älteste erhaltene Erdglobus von Martin Behaim (1459–1507), einem Schüler Regiomontans. Dieser Globus von 1492 war »eine der großartigsten Schöpfungen renaissancehafter Neugierde und Mitteilsamkeit« (G. Hamann).

Sammelpunkte des deutschen Humanismus waren Fürstenhöfe, größere Städte und – vermehrt erst nach 1490/1500 – Universitäten, zunächst vorwiegend in Oberdeutschland, dann auch in den Niederlanden und in Mitteldeutschland, schließlich beinahe überall im Reich. Der traditionell dichte Personenverkehr über die Alpen hinweg legte dafür die Grundlage. Den zahlreichen deutschen Italien-Studenten traten die Italiener gegenüber, die nördlich der Alpen tätig waren oder reisten. Neben den mündlichen Kontakten bediente man sich mehr und mehr des Briefeschreibens und der Verbreitung gedruckter Reden, kurzer Traktate und umfangreicher Abhandlungen, um die neuen Gedanken zu vermitteln. Der soziale Ort des deutschen Humanismus war weniger klar umgrenzt als bei älteren vergleichbaren Personenkreisen – wohl ein Zeichen der »Modernisierung«. Gleichwohl ist die tonangebende Kerngruppe deutlich zu erkennen: das gut bemittelte Bürgertum aus größeren Städten, dem sich einerseits die Landadeligen und andererseits die Handwerker- oder gar Bauernsöhne anschlossen. Der ausschlaggebende Beruf war zunächst der des gelehrten Juristen, der die Mitte zwischen der älteren Sozialfigur des humanistischen Kirchenmannes und der jüngeren des Literaten bildete. Ganz langsam, kaum mehr im Mittelalter, formten sich, zumal an den Höfen, kleine Eliten von Literaten aus, die dort neben die längst anerkannten Gruppen der geistlich, ökonomisch und juristisch Geschulten traten. Hier wuchs ein neues Selbstbewußtsein heran, das in den Dichterkrönungen des Kaisers gipfelte; im Jahr 1442 wurde Enea Silvio Piccolomini, dann, 1487, als erster Deutscher Konrad Celtis mit dem Lorbeer ausgezeichnet.

Den größten Denker des 15. Jahrhunderts, Nikolaus von Kues (1401–1464), wird man nicht dem Humanismus zurechnen, obgleich er manche damit verwandten Wesenszüge aufwies. Den Aufstieg nahm dieser universale Geist als geistlicher Jurist; daraus erwuchsen ihm immer größere kirchenpolitische und politische Aufgaben und zuletzt der Kardinalsrang (1448). Ebensogut kann man ihn als Handschriftenforscher, Rechtshistoriker, vergleichenden Religionswissenschaftler und Mathematiker bezeichnen. Unter seinen zahlreichen theologisch-philosophischen Werken sind »Die belehrte Unwissenheit« (1440) und »Die Mutmaßungen« (1442/43) am wichtigsten. Man wird Nikolaus von Kues den Vollender und Überwinder des mittelalterlichen Denkens über Gott, die Welt und den Menschen nennen dürfen. Während er auf Albertus Magnus, Meister Eckhart und selbstverständlich auf der klassischen und christlichen Antike fußte, dachte er weit in die Neuzeit hinaus; ungeachtet einer nur geringen unmittelbaren Nachwirkung kann man seine Einsichten mit denjenigen von Kopernikus, Descartes und Leibniz oder gar des deutschen Idealismus, bis hin zu Hegel, parallelisieren.

Das Hauptinteresse des Kusanus galt der Suche nach der Einheit als Versöhnung der Gegensätze und Aufhebung der Vielheit, zuletzt nach der Einheit in Gott, die alles Begreifen übersteigt. Auf dem Weg dahin, den er als Erkenntnisprozeß auffaßte, prüfte er die verschiedenen Möglichkeiten der Wahrheitsfindung; so konnte die Mathematik ein Stück weit helfen oder zumindest Analogien bieten. Die Unterscheidung von Verstand und Vernunft ermöglichte es ihm, Begriffswelt und Regelwerk der Scholastik zu durchstoßen, die dem Verstand zugeordnet waren; die Vernunft beobachtete gleichsam den Verstand bei seiner letztlich – vor Gott – zum Scheitern verurteilten Arbeit und erlaubte das Unbegreifliche wenigstens anzurühren. Derart können auch kontradiktorische Gegensätze zusammenfallen, wenn die unendliche Einheit Gottes, die als Fülle des Seins und Lebens mathematisch nicht faßbar ist, angesprochen wird. Kusanus war sich bewußt, daß er »bisher Unerhörtes« niederschrieb. Ihm gelangen Einsichten, die Jahrhunderte vorauswiesen: Sie betrafen die Verfahren experimentellen Arbeitens, die Notwendigkeit kontrollierten Wissensverzichts und das Erkennen der Unbegrenztheit, aber nicht Unendlichkeit des Weltalls. Unüberbrückbar »mittelalterlich« bleibt es jedoch, daß solche Ergebnisse nicht methodisch-fachimmanent, sondern spekulativ im Hinblick auf eine theologische Endfrage gewonnen wurden.

Enea Silvio Piccolomini (1405–1464), der länger als zwei Jahrzehnte in Deutschland lebte, stand seit den frühen vierziger Jahren am Königshof Friedrichs III. im Mittelpunkt humanistischer Bestrebungen. Von vollendeter Beherrschung des an den antiken Klassikern geschulten Neulateins zeugt unter ande-

Das kaiserliche Feldlager vermutlich bei Neuß während des Reichskrieges gegen Karl den Kühnen von Burgund im Jahr 1475. Lavierte Zeichnung vom Meister des Hausbuches, um 1480. Wolfegg, Fürstlich zu Waldburg-Wolfeggsches Kupferstichkabinett

Die Übergabe von Brügge an Maximilian (I.) Ende Juni 1485 als Abschluß seiner Kämpfe um die Hoheitsrechte in Flandern. Zeichnung von Jörg Breu d. Ä. für eine Glasscheibe des Augsburger Hofmalers Hans Knoder zur Zierde des Neuen Turmes in Lernvoo. München, Staatliche Graphische Sammlung

Die Krönung Maximilians (I.) zum römischen König am 9. April 1486 in Aachen. Holzschnitt von Wolf Traut für die geplante Holzschnittserie »Ehrenpforte Kaiser Maximilians«. Wien, Graphische Sammlung Albertina

Feier aus Anlaß der Eröffnung der Universität Basel am 4. April 1460 in Anwesenheit des Bischofs und des Bürgermeisters. Titelminiatur in der Basler Rektoratsmatrikel von 1460. Basel, Universitätsbibliothek

rem seine elegant geschriebene Novelle »Euryalus und Lukretia« (1444), die ein Liebesabenteuer des Kanzlers Schlick in Siena nachzuzeichnen scheint. Im Brieftraktat »Germania« (1457) suchte Enea Anklagen gegen die Ausbeutung Deutschlands durch die Kurie zu widerlegen und schuf damit ein zweites literarisches Vorbild, diesmal für die Landesbeschreibung. Beispielhaft arbeitete er auch als Historiker und Erziehungstheoretiker.

Eine einheimische Zentralfigur gewann der Wiener Humanismus erst durch die habsburgische Restauration nach dem ungarischen Zwischenspiel, als 1497 König Maximilian Konrad Celtis, eigentlich Bickel (1459–1508), berief, den »deutschen Erzhumanisten«. Dieser Aufsteiger aus dem Dorf Wipfeld bei Würzburg war wohl die größte dichterische Begabung des deutschen Humanismus, dazu ein befähigter Gelehrter und gut formulierender Programmatiker. Wichtiger als seine gefällige lateinische Lyrik war das von ihm verfaßte erste humanistische Dichterlehrbuch in Deutschland (1486). Viel Aufsehen erregte sein von Haßliebe zu Italien diktiertes Bemühen, das neuentdeckte germanisch-deutsche Altertum gegenüber der klassischen Antike als gleichrangig nachzuweisen. In einer Rede an der Universität Ingolstadt, die noch auf wenig Gegenliebe stieß, sprach er dies 1492 in grundsätzlichen Worten aus. Damit sollte endlich eine kulturell-wissenschaftliche Verspätung aufgeholt werden, nachdem die geeignete Quellengrundlage, die »Germania« des Tacitus, 1455 im Kloster Hersfeld wiederentdeckt worden war. Von der geplanten »Germania illustrata« ist allerdings nur eine Vorarbeit, die »Norinberga«, 1495 erschienen. Gleichwohl wurde dem deutschen Nationalbewußtsein, wenn auch gutenteils »romantisch«-überhöht oder gar polemisch-überzeichnet, eine neuartige historische Basis angeboten, die das Gewicht der Translationstheorien minderte.

Celtis' Mentor war Rudolf Agricola (1443/44–1485) aus Baflo bei Groningen, eine »Vaterfigur« des deutschen Humanismus. Lehrer und Schüler sind wie Reuchlin oder Wimpheling mit dem Hof des Pfalzgrafen Philipp und seinem Kanzler Johannes von Dalberg in Heidelberg verknüpft. Die italienischen Humanisten hatten Agricola bei seinem langen Aufenthalt im Süden als ihresgleichen anerkannt. Er schrieb eine Petrarca-Biographie und ein bahnbrechendes Lehrbuch, das die alte Kunst der Dialektik zur wissenschaftlichen Methodik im neueren Sinne hinüberleitete. Sein jüngerer Mitstreiter, Johannes Reuchlin aus Pforzheim (1455–1522), ein Gelehrter europäischen Ranges, kann als Mitbegründer der klassischen Altertumswissenschaft und der Hebraistik in ihren modernen Formen gelten.

Einen zweiten Sammelpunkt des frühen Humanismus stellten die großen oberdeutschen Städte dar. Neben Augsburg ist vor allem Nürnberg zu nennen. Hier wie dort vollzog sich der Übergang von der alten Gelehrsamkeit und Bibliophilie zur neuen literarischen Bildung über Jahrzehnte oder gar Generationen hinweg. Die großbürgerliche Familie Pirckheimer bietet dafür ein klassisches

Beispiel, bis zum Höhepunkt mit Willibald Pirckheimer (1470–1530) im Jahrhundert der Reformation. Aus Nürnberg stammen auch die ersten Versuche einer humanistischen Geschichtsschreibung, die freilich hinter den italienischen Spitzenleistungen weit zurückblieben: Sigismund Meisterlins Stadtchronik (1488) und die prachtvoll ausgestattete, inhaltlich jedoch bescheidener entwikkelte Weltchronik Hartmann Schedels von 1493. Stärker war das historische Interesse in Basel und Straßburg, weil es sich hier mit einer begeistert aufgenommenen Helferrolle gegenüber König Maximilian und mit der entrüsteten Ablehnung französischer Interessenpolitik verband. Auch dabei wurden Grundlagen für die Wissenschaft vom germanischen Altertum und deutschen Mittelalter gelegt. Doch während man alte Mythen beiseiteschob, schuf man neue. Jakob Wimpheling aus Schlettstadt (1450–1528), ein leidenschaftlicher Patriot, sah schon die Umkehrung des alten Süd-Nord-Gefälles am Horizont. Seine »Germania« von 1501 kann als erste deutsche Geschichte im Sinne der Moderne gelten. Mit gleicher Einstellung arbeitete der Straßburger Sebastian Brant (1457–1521) als Professor der Rechte in Basel und dann in Diensten seiner Geburtsstadt. Er wurde auf andere Weise berühmt: durch den größten binnenländischen und internationalen Bucherfolg der deutschen Literatur vor Goethes »Werther« (1774). Brants »Narrenschiff« von 1494 verarbeitete antik-mittelalterliche Stoffe mit humanistischer Gewandtheit und Übersicht und zugleich in volkstümlicher Manier. Das Buch hielt dem Zeitalter und der zeitlosen menschlichen Torheit den Spiegel vor.

Der Weg zur »Reichsreform«

Der Aufstieg der Großdynastie Österreich-Burgund

Um 1470 verschlechterte sich die außen- und innenpolitische Situation von Kaiser und Reich. Gleichzeitig stieg der Bedarf an politisch-militärischer Entscheidung und militärisch-fiskalischer Kraftentfaltung. Die Türken fielen seit 1471 in die Steiermark ein, der Ungarnkönig Matthias suchte in Böhmen einzugreifen und besetzte schließlich Mähren, Schlesien und die Lausitzen. Zur selben Zeit strebte Burgund dem Höhepunkt zu. Herzog Karl der Kühne (1467 bis 1477) fühlte sich für sein westliches Lehnsgut von französischer Lehnsherrschaft frei, schuf neue, nicht mehr an die Pariser Revisionsinstanz gebundene Obergerichte und trieb die Zentralisierung seiner verschiedenartigen Herrschaften voran. Auch nach Osten zu beschleunigte er die Ausdehnungspolitik seines Vaters. Am Niederrhein setzte er die Hegemonie über das Hochstift Lüttich gewaltsam durch (1468) und erwarb 1472/73 das Herzogtum Geldern und die Grafschaft Zutphen. Am Oberrhein hatte ihm Sigismund von Habsburg-Tirol erbländischen Besitz besonders im Elsaß verpfändet (1469), um Hilfe gegen die Eidgenossen zu finden.

Erstmals seit vielen Jahren sah sich Kaiser Friedrich III. genötigt, auf den Reichstagen von Regensburg (1471) und Augsburg persönlich zu erscheinen, um bei den Fürsten um Unterstützung gegen Ungarn und Türken zu werben. Ganz plötzlich fand auch er sich aus dem Zeitalter der Statik in eine Periode extremer politischer Bewegung versetzt. Im November 1473 kam es in Trier zu einem aufsehenerregenden Treffen mit Karl von Burgund. Dieser wollte abermals eine regionale Königswürde im Reich – ähnlich wie sie in Böhmen bestand – gegen ein Ehebündnis zwischen seinem einzigen Kind, der Erbtochter Maria, und dem Kaisersohn Maximilian (am 22. März 1459 geboren) eintauschen. Die Begegnung blieb ergebnislos. Karl mischte sich daraufhin in einen Kölner Bistumsstreit ein und belagerte dabei zehn Monate lang – vergeblich – die Stadt Neuß. Das Vorrücken des Burgunders an den oberen Niederrhein forderte nicht nur den üblichen Widerstand der Nachbarn gegen hegemoniales Streben heraus; diesmal fühlten sich mehr Handelnde im Reich betroffen als je zuvor bei einem vergleichbaren Konflikt. Der erstmals an ein deutsches Nationalbewußtsein appellierende Kaiser fand ungeahnten Widerhall; auch bislang herrscherferne Machtträger sandten ihm militärische Kontingente zu. Vor dem heranrückenden kaiserlichen Heer zog sich Karl kampflos zurück (1475) und bestätigte den Trierer Heiratsplan auch ohne Königskrone. Schon zuvor hatte ein habsburgisch-eidgenössischer Ausgleich, die Konstanzer »Ewige Richtung« vom 30. März 1474, zu einer antiburgundischen Koalition am Oberrhein geführt und den Sturz des verhaßten

Landvogts Peter von Hagenbach veranlaßt. Etwa gleichzeitig verständigten sich die Könige von Frankreich und England in Picquigny über einen Ausgleich; auch Ludwig XI. (1461–1483), der die französische Großmachtstellung neu befestigte, gewann damit freie Hand gegen den ungetreuen Lehnsmann. Die Überwältigung des Herzogs von Lothringen im Jahr 1475 war der letzte Erfolg Karls des Kühnen. Bei Grandson und Murten wurde er von den Eidgenossen geschlagen (1476); am 5. Januar 1477 fiel er bei Nancy gegen Schweizer, Elsässer und Lothringer. Kostbare Beute machten in diesen Treffen vor allem die Eidgenossen, politisch aber obsiegte Habsburg.

Trotz aller Bemühungen des französischen Königs, das unermeßlich reiche Ländererbe an sich zu ziehen, wurde die Ehe Maximilians und Marias eilig durch Prokuration symbolisch vollzogen und dann am 19. August 1477 in Gent verwirklicht – ein glänzender Erfolg des kaiserlichen Gesandten Dr. Georg Heßler, der mit dem Kardinalshut belohnt wurde. Heßler wußte, worum es ging: »um die ewige Ehre des Reiches und des Hauses Österreich« – und nach seiner Schätzung um Einkünfte von 1,2 Millionen Gulden jährlich allein aus den Niederlanden. Es war die zweite der weltgeschichtlichen Heiraten der Habsburger nach der Hochzeit Albrechts II. mit der luxemburgischen Erbtochter. Der Vater beeilte sich, den Sohn umfassend zu belehnen; im französischen Kronlehen Flandern zog Maximilian die Herrschaft als Vormund seiner Gemahlin an sich und verteidigte diese Rechtsauffassung bei Guinegate (1479) mit Erfolg gegen Ludwig XI. Im Jahr 1526 hat dann der französische König auf die Lehnshoheit verzichtet. So sind die reichsten Länder des nordalpinen Europa, die flämisch-reichsniederländischen Territorien, habsburgisch geworden. Das gleiche galt für die Freigrafschaft Burgund im Süden, nur das stets französisch gewesene Herzogtum Burgund westlich davon vermochte Ludwig an sich zu ziehen.

Die habsburgische Herrschaft in den Niederlanden trat in der zeitüblichen Form einer schwachen Oberhoheit über starke Stände und mit unterschiedlichen Rechtstiteln von Land zu Land ins Leben. Maria hatte sogleich nach dem Tod des Vaters auf jegliche Zentralisierung verzichten müssen. Stets gleichzeitig mit französischen Einwirkungen lief von 1477 an eine fünfzehnjährige bürgerkriegsähnliche Kraftprobe ab, die Auskunft darüber gab, was die Großdynastie Österreich-Burgund gegenüber der herkömmlichen Städte- und Adelsmacht bedeutete. Der achtzehnjährige Maximilian vermochte 1477 kaum mehr als Namen und Rang seines Hauses in das politisch-militärische Spiel mit so hohem Einsatz einzubringen. So waren Legitimität und Zuneigung Marias und die dadurch mobilisierbaren Kräfte sehr wichtig, ebenso aber auch die ganz persönliche Leistung Maximilians und der Widerhall seines Tuns in einem national immer bewußter werdenden Reich. Angesichts solcher Voraussetzungen kann es als Zeichen einer Zeitenwende gelten, daß als Sieger des sich endlos hinziehenden, wechselvollen und überaus grausamen Ringens nicht wie erwartet die mittelalterliche Ständemacht, sondern die neuzeitliche Großdynastie hervortrat. Der Sieg führte nicht zur Vernichtung des Gegners, sondern zur Ausbildung eines neuen, zugunsten des Hauses Habsburg verschobenen Gleichgewichts.

Der erste Wendepunkt war der unverhoffte Tod Marias durch einen Jagdunfall 1482. Der dadurch entstandene Legitimitätsverlust ließ sich nur mühsam wettmachen. Der Friede von Arras im selben Jahr entriß die Kinder und Erben, Philipp und Margarete, der Verfügungsgewalt des Vaters zugunsten der Stände und des französischen Königs, bis Brügge und Gent drei Jahre später unterworfen werden konnten. Im Jahr 1488 wurde Maximilian von den Brüggern gefangengenommen und erst unter äußerst demütigenden Bedingungen freigelassen. Der alte Kaiser rückte mit einem Heer heran und erklärte das Abkommen als nichtig. Im Jahr 1490 eroberten Maximilians Feldhauptleute Brügge und bestraften es hart, zwei Jahre später Gent und als letzte Feste Sluis. Der Friede von Senlis mit Frankreich am 23. Mai 1493 sicherte das burgundische Erbe endgültig.

Land und Dynastie hatten sich nach so riesigen Kraftanstrengungen verändert. Weite Gebiete waren verwüstet, der alte Glanz der widerstrebenden flandrischen Städte war gebrochen, und auch Brabants Entwicklung war so gestört, daß hier der neue Wirtschaftsaufschwung um zwanzig Jahre verzögert wurde. Hingegen bereicherte sich das kooperierende Antwerpen, das zu einer Welthandelsmetropole des 16. Jahrhunderts wurde. Maximilian hatte durchgesetzt, woran die französischen Könige gescheitert waren: die Unterwerfung Flanderns, und hatte die Einbruchsversuche des großen Nachbarn abgewehrt. Der Beginn des Mächte-Europa der Neuzeit läßt sich ebensogut durch diesen Ereigniszusammenhang wie durch das gleichzeitige Eindringen Frankreichs in Reichsitalien 1494, in der Nachbarschaft Österreichs, datieren. Beide Ereignisse benennen die kommenden Rivalen um die Vorherrschaft auf dem Kontinent: Habsburg und Valois.

Maximilian knüpfte betont an herzoglich-burgundische Traditionen an. Daß Kinder und Enkel, auch der spätere Kaiser Karl V., burgundische und nicht habsburgisch-österreichische Namen trugen, war für alle erkennbar. Ähnliches galt für Hof, Verwaltung, Finanzen und Militär mit wichtigen modernisierenden Nachwirkungen auch auf die alten Erblande im Süden und Südosten, so daß diese bald bedeutende Leistungen bei der Türkenabwehr erbringen konnten. Maximilian war der Vater der Landsknechte und der Artillerie. Er nahm Strukturwandlungen auf, die schon vor 1477 begonnen hatten, wie die Verlagerung des Schwerpunkts der nordburgundischen Ländergruppe nach Osten, von Flandern nach Brabant, mit dem Zentrum in Brüssel. Er konnte zudem ein gewisses burgundisches Gemeinschaftsgefühl für sich aktivieren, das dann 1512 in der Rechtsform des Burgundischen Reichskreises Gestalt gewann. Auch außenpolitisch trat er in die überlieferte Konstellation ein, mit Bündnisbeziehungen zu England und selbst zu Spanien und mit dem jahrhundertelang fortwirkenden Gegensatz zu Frankreich.

Am gegenüberliegenden Ende des Reiches, im Südosten, vollzogen sich ebenfalls dramatische Ereignisse. Im Jahr 1477 erklärte Matthias von Ungarn dem Kaiser den Krieg und eröffnete damit ein zehnjähriges Ringen, das von schweren Rückschlägen gekennzeichnet war, während die Türkengefahr anhielt. Am schlimmsten war der ungarische Ansturm seit 1484. Ein Jahr später gingen Wien und zwei Jahre danach auch Wiener Neustadt, die Kaiserresidenz, an Matthias verloren. Friedrich mußte sich donauaufwärts zurückziehen und schlug seine bescheiden gewordene Heimstatt in Linz auf, wenn er nicht das Binnenreich durchzog. Dieser Zustand währte bis in die Mitte der achtziger Jahre, bis die Reichsstände den Ernst der Lage erkannten. Obwohl ihre Hilfe auch danach problematisch blieb, muß das nun Geleistete an der Tatsache gemessen werden, daß nach weiterhin gültiger »Staats«vorstellung der Herrscher seine Ausgaben aus dem Eigenen bestreiten sollte. Immerhin betrug die Türkenhilfe der Reichsstadt Lübeck 1485 das Sechzehnfache ihrer dem Kaiser geschuldeten Jahressteuer und in den beiden Folgejahren dann das Acht- und Vierfache. Gleichwohl konnte die Lage im Südosten erst wiederhergestellt werden, als König Matthias im April 1490 starb. Daraufhin brach sein Reich wie ein Kartenhaus zusammen. Niederösterreich fiel dem einrückenden Maximilian zu, der nach Ungarn weiterzog und die Krönungsstadt Stuhlweißenburg einnahm. Der Friede von Preßburg mit dem neugewählten König Wladislaus von Böhmen-Ungarn (1491) beließ das Haus Habsburg im Besitz westungarischer Randgebiete, des Königstitels und des Erbanspruchs auf die Krone, der 1526 verwirklicht wurde.

Räumlich wie zeitlich gleichsam inmitten der beiden großen Aktionsbereiche und Krisenphasen der Dynastie wurde der Kaisersohn Maximilian am 16. Februar 1486 in Frankfurt am Main einhellig zum König gewählt und danach in Aachen gekrönt, zum ersten Mal seit einhundertzehn Jahren wieder zu Lebzeiten des Vaters. Gleichzeitig verkündete der alte Kaiser einen zehnjährigen allgemeinen Landfrieden mit vollem Fehdeverbot; es war der letzte mit einer zeitlichen Begrenzung. Das sieben Jahre währende Zeitalter der Doppelregierung von Kaiser und König war bei allem prinzipiellen Vorwalten des dynastischen Gedankens, der gemeinsames Handeln erforderte, von nicht wenigen offenkundigen Meinungsverschiedenheiten geprägt. Der Vater behielt recht mit dem Verbot politischen Entgegenkommens gegenüber Matthias von Ungarn, wozu der auch anderwärts wendige Sohn voreilig geneigt hatte. Andererseits verstand Friedrich das unaufhaltsam heraufziehende Neue im staatlichen Leben nicht mehr; ihm fehlte beispielsweise der Sinn für die Entfaltung höfischen Glanzes aus propagandistischen Gründen. Dennoch waren beide in vieler Hinsicht einig, so bei der ungeachtet aller persönlichen Frömmigkeit betriebenen Instrumentalisierung der Kirche einschließlich des Papsttums für politische Zwecke, was im

14. Jahrhundert gänzlich unvorstellbar gewesen wäre. Einträchtig dachten sie auch über die Notwendigkeit, die konkurrierenden Wittelsbacher zu bändigen und zurückzudrängen. Zu diesem Zweck wurde 1488 der »Kaiserliche Bund in Schwaben« geschaffen, der Reichsstädte, Prälaten, Herren und Ritter sowie Tirol und Württemberg umfaßte. Es gelang tatsächlich, das Ausdehnungsstreben der Herzöge von München und Landshut, vor allem ihre Hoffnungen auf Tirol und Regensburg, zu vereiteln. Auch der Friedenswahrung im Detail diente der Schwäbische Bund recht erfolgreich und erreichte insgesamt das Höchstmaß an Durchorganisation und Effektivität, das man von solchen Einungen vernünftigerweise erwarten mochte.

Eine bedeutende Stärkung der Positionen von Kaiser und König, besonders Maximilians, brachte die Abtretung Tirols und der Vorlande an den jungen König mit sich, zu welcher sich der söhnelose Herzog Sigismund 1490 gewillt zeigte. Damit wurde ein Krisenpotential beseitigt und noch viel mehr gewonnen, nämlich der neue »Drehpunkt des habsburgischen Schicksals« (H. Wiesflecker). Tirol verknüpfte die Interessen der Dynastie im Nordwesten, Süden, Südosten und in Italien, öffnete einen bequemen Weg ins Binnenreich, zumal zum aufblühenden oberdeutschen Geldwesen in Augsburg, und bot in Gestalt seiner Silbergruben eine kaum auszuschöpfende Geldquelle. Das weltgeschichtliche Bündnis von Habsburgern und Fuggern konnte nun seine Wirkung entfalten. Innsbruck wurde neben Brüssel und vor Wien ein großdynastisches Zentrum von Repräsentation, Verwaltung, Geldwesen und Militärmacht, von Kunst und Kultur, so daß Maximilian ein volkstümlicher Herrscher werden konnte. Diese Aspekte gewannen – von neuen Medien getragen – große politische Bedeutung.

Als Friedrich III. am 19. August 1493 in Linz starb, vereinigte das Haus Österreich-Burgund in der Hand des Sohnes umfangreichere und wertvollere Güter als je zuvor in der Reichsgeschichte. So wurde der Reform-Reichstag von Worms von 1495, der für die Geschichte der engeren Reichsverfassung bedeutsam war, auch ein Knotenpunkt dynastischen Handelns. Der Entschluß, gegen Frankreichs Vordringen in Italien fortdauernden Widerstand zu leisten, führte zur Option für Spanien, so daß am Ende Kolumbus Amerika für die Habsburger entdeckt hatte. In einem weiterhin von außerordentlicher Dynamik gekennzeichneten Zeitalter beanspruchte die Großdynastie den uralten imperialen Vorrang über Herren und Völker und stellte sich zugleich als Kern moderner hochwirksamer Verdichtung dar.

Die Entstehung des institutionalisierten Dualismus

Der für das Ende des deutschen Spätmittelalters vielgebrauchte Begriff der Reichsreform ist ebenso problematisch wie der Begriff des Interregnums für den Anfang des Zeitalters, weil auch durch jenen der Blick unzulässig verengt oder in eine falsche Richtung gelenkt wird. Es empfiehlt sich statt dessen, in möglichst umfassender Weise von der Umformung der Reichsverfassung in einer Periode unerhörter Herausforderungen und zuvor unbekannter Dynamik zu sprechen. Die führenden politischen Kräfte verfolgten eigene Interessen, die sich angesichts überall ablaufender Verdichtungsvorgänge immer mehr gegeneinander stellten, statt wie bisher vielfach nebeneinander Platz zu finden. Nicht abstrakte Überlegungen, sondern konkrete Notwendigkeiten führten zu Entscheidungsprozessen von großer Tragweite. In Abläufen, die die Zeitgenossen weder angemessen durchschauten noch systematisch-theoretisch zu analysieren vermochten, waren die ungewollten Nebenwirkungen nicht weniger bedeutsam als das planvoll Beabsichtigte. Maßgebende Faktoren waren der Druck von Burgundern und Franzosen, Ungarn und Türken, das Heranwachsen der habsburgischen Großdynastie und ein allgemeines Mißverhältnis von Mitteln und Aufgaben. Das Grundproblem bestand darin, daß im Unterschied zu den Nachbarmonarchien keiner der beiden Partner, weder der König noch die großen Herren, stark genug waren, den anderen zu unterwerfen.

Seit langem hatte das Auseinandertreten von Ideal und Wirklichkeit, der allumfassenden Rechte des König-Kaisers und seiner unzureichenden Durchsetzungsfähigkeit gegenüber den Fürsten, zu schriftlich fixierten Überlegungen geführt, dic man gern als »Reichsreformliteratur« zusammenfaßt. Auch hier ist große Vorsicht geboten. In den zumeist spärlich überlieferten und isoliert gebliebenen Texten wird man nicht den Ausdruck einer öffentlichen Meinung, sondern Einzelauffassungen sehen, die man nur als Indizien bewerten kann. Nicht zufällig brachte das Konzilszeitalter die wichtigsten Schriften hervor; denn weitaus ausführlicher, besser fundiert und wirksamer wurde über die Reform der Kirche als über die Reform des Reiches gehandelt. Charakteristisch ist endlich ein großes Maß von Wirklichkeitsferne – zumindest insofern, als selbst konkret erscheinende Reformforderungen die maßgebenden Rahmenbedingungen und ihren Wandel außer acht ließen. Es gab eben keine politische Wissenschaft, die auch nur annähernd den Rang der zeitgenössischen Theologie erreicht hätte.

Gemeinsam waren den meisten Autoren die Klage über den Niedergang des Reiches im Vergleich zur verklärt gesehenen hochmittelalterlichen Vergangenheit, eine »konservative« Grundhaltung und ein warmer Patriotismus. Der verwaltungserfahrene Jurist Dr. Job Vener (um 1370–1447) schlug 1417 parallel zu dem von ihm angestrebten Wahlverfahren für die Kardinäle die Regionalisierung des Reiches durch Wahlbezirke mit kaiserlichen Räten vor. Je Bezirk sollten drei Räte jeweils geistliche und weltliche Fürsten sowie Städte vertreten. Die Räte sollten in ihrem Gebiet das Gerichtswesen besorgen und sich zeitweise an einem festen Ort in der Mitte des Reiches zusammenfinden. Konziliar angeregt befaßte sich Vener auch mit dem Dualismus »König–Fürsten«: Wenn es um bestimmte »Grundfreiheiten« der Fürsten und Städte ging, durfte der Herrscher nicht gegen die Mehrheit der Räte handeln – ein »konstitutionelles« Modell, das dem Dualismus hätte gerecht werden können, wenn man sich im schriftgläubigen 19. Jahrhundert, nicht aber in einer Adelswelt befunden hätte. Nikolaus von Kues (1401–1464) behandelte in seinem Buch »Die allgemeine Eintracht« von 1433 ähnliche Fragen. Auch er empfahl in zwölf oder mehr Gerichtssprengeln je drei Richter, die jährlich mit Kurfürsten und Städtevertretern in Frankfurt am Main zusammentreten sollten; an die Mitwirkung von Fürsten war gemäß dem damaligen Stand des Dualismus nur bei besonderem Anlaß gedacht. Der Kaiser sollte regelmäßige Steuereinkünfte erhalten; ein Fehdeverbot konnte ergehen, wenn ein stehendes Heer die Exekution garantierte. Die höchste Gewalt sollte auf den Konsens der Beherrschten gegründet sein. Der anonyme Autor der »Reformation Sigismunds« von 1439, wohl dem Gebiet der heutigen Schweiz entstammend, schrieb im Gegensatz zu den gelehrten Vorgängern in deutscher Sprache, aber vage im Detail und ohne Schlüssigkeit im Gesamtkonzept. Die Überlieferung zeigt, daß dieser Text nahezu amtlichen Charakter gewann, weil er als Verlautbarung des Kaisers galt. Für die Praxis blieb er ebenso wirkungslos wie seine Vorläufer und Nachfolger.

Seit Kaiser Friedrich III. sich 1471 dem Binnenreich zuwandte, kann man die Anfänge der »Reichsreform« als eines einigermaßen geschlossenen Handlungszusammenhangs beobachten. In diesem Jahr fanden sich die Reichsstädte und Freien Städte in Frankfurt am Main erstmals zu einem allgemeinen, die regionalen Gruppierungen übergreifenden Städtetag zusammen. Solche Versammlungen wiederholten sich fortan, zumal um eine gemeinsame Haltung gegenüber den Geldforderungen von Herrscher und Fürsten zu erarbeiten. Ununterbrochen stand das Thema »Reform« seit der Königswahl Maximilians 1486 auf der Tagesordnung der Reichsversammlungen, die man von da an ohne Zögern »Reichstage« nennen kann. Wie sehr die Dinge in Bewegung geraten waren, erkennt man daran, daß es im Zeitalter des neuen Königs offenbar mehr Tage gegeben hat als zuvor und danach in einer gleichlangen Periode der älteren Geschichte. Unter der Last der Besetzung Niederösterreichs durch Matthias von Ungarn drängten Kaiser und König auf die Hilfe der Reichsglieder, die ihre alten Forderungen dagegenstellten: ein ständiges Kammergericht am festen Ort unter Beteiligung von Kurfürsten und Fürsten sowie eine Landfriedensorganisation ähnlichen Zuschnitts. Ein genossenschaftliches Verständnis des Reiches kehrte sich dabei gegen das monarchisch-monistische Denken Friedrichs III., während sich Maximilian, wenigstens vorerst, verbindlicher zeigte. Friedrich machte keinerlei Zugeständnisse, so daß die Stände nur unwillig und zögernd Hilfe leisteten. Besonders deutlich formulierte Erzbischof Berthold von Mainz (1484 bis 1504) diese Gegenposition; er strebte, auf das Erzkanzleramt gestützt, immer deutlicher eine institutionell-konstitutionelle Machtumschichtung an, um den Verfall seines Kurstaats abzuwenden oder darüber hinwegzutäuschen. Im übrigen gab es beinahe so viele Meinungen, wie Herren von Rang auf den Reichstagen vertreten waren. Wesentlich war, daß nun auch – wohl seit 1487 – die Fürsten neben den Kurfürsten als Gruppe auftraten.

Die Städte scheinen seit 1489 regelmäßig geladen worden zu sein, blieben jedoch Befehlsempfänger ohne selbständiges Gewicht. Berthold gewann für alle drei Gruppen eine Art Sprecherrolle, wodurch dem Herrscher erstmals ein ständisches Gegenüber im vollen Sinne erwuchs, und unternahm – schwerlich weitsichtig geplante – Versuche, die Kurfürstengruppe geheim und vom Herrscher abgeschirmt tagen zu lassen. Dies ist zum ersten Mal für 1487 bezeugt, während es 1495 offenbar nicht verwirklicht werden konnte. Die Selbstorganisation des Reichstags war anfangs recht unklar und hat vor dem 16. Jahrhundert kaum feste Form gewonnen. So sehr der König die neuen Regeln auch ablehnte – es handelte sich offenkundig nicht mehr um den alten Hoftag, der fast nach dem Belieben des Königs zusammengesetzt und gelenkt worden war.

Dem ständischen Handeln trat allerdings in Gestalt Maximilians ein ungewohnt aktiver Herrscher gegenüber. Es kam zu scharfen Kontroversen, die man schon als quasi-institutionell bezeichnen kann. Denn man stritt auf einer gemeinsamen Spitzenplattform um die Handlungsmacht gegenüber dem Reich. So herausgefordert, wendeten beide Seiten neue Mittel an. Berthold behinderte in nahezu hochverräterischer Weise königliche Aktionen, selbst gegenüber der niederländischen Hausmacht der Habsburger, und suchte sich in die Reichslehnsverfassung einzudrängen. Friedrich drohte bei Unterlassung der Heerfolge mit der Anklage wegen Majestätsverbrechen; Vater und Sohn setzten die Gegenspieler mit nationalen Argumenten unter den wachsenden Druck der öffentlichen Meinung, zumal der Humanisten. Beide Seiten hatten auf ihre Weise Erfolg und erwiesen, sicherlich ohne daß es den Handelnden bewußt wurde, etwas Neues: die Vereinigung der entscheidenden politischen Kraftfelder und Machtmittel der Zeitgenossen zu einem einzigen Handlungszusammenhang, wie es nie zuvor der Fall gewesen war.

Auf seinem ersten selbständigen Reichstag, 1495 in Worms, sah sich Maximilian unter dem Druck der Finanznot zu einem breiter angelegten Übereinkommen mit Kurfürsten und Fürsten gezwungen. Es kam ein Augenblickskompromiß zustande, den beide Seiten in ihrem Sinne weiterzuentwickeln oder rückgängig zu machen hofften. Später erst entschied sich, daß man im Hin und Her des Kräftespiels auf 1495 wie auf ein Normaljahr oder einen Herrschaftsvertrag zurückblickte. Es ging um die Umgliederung eines Teils der Königsrechte zugunsten der stärksten Stände als Entgelt für finanzielle Hilfeleistungen, wie es der innenpolitischen Machtsituation des Tages entsprach. Die urkundlich niedergelegten Hauptergebnisse waren der Ewige Landfriede, der sich nach etwa einer Generation wirklich durchsetzte und fortan die Rechtsgemeinschaft des Reiches konstituierte oder befestigte; die Umorganisation des Königlichen Kammergerichts zugunsten größeren Ständeeinflusses; eine auf vier Jahre ausgeschriebene Steuer für alle Reichsuntertanen, der »Gemeine Pfennig«; ein Abkommen über die Stabilisierung des Reichstags, die »Handhabung (des) Friedens und (des) Rechts«. Ein den König beschränkendes Reichsregiment, wie es Berthold anstrebte, wurde nicht verwirklicht.

Ein Hauptresultat wurde nicht ausdrücklich formuliert: die De-facto-Legitimierung des heranwachsenden Reichstags als Organ des dadurch institutionalisierten Dualismus. Der Reichstag wurde neben dem neuausgebauten Herrscherhof das zweite Hauptforum der politischen Existenz im Reich, die künftig erste und größte Ständeversammlung Europas. Dies alles vollzog sich nicht abstrakt-repräsentativ oder gar parlamentarisch, sondern zuerst im Hinblick auf den König, der als Allzunaher ausgeschlossen oder auch als Abwesender ersetzt werden mußte. Die Erblande waren demgemäß auf dem Reichstag nicht vertreten, es sei denn durch den Herrscher selbst. Die Beschlüsse des Reichstags waren zunächst Selbstverpflichtungen und Verpflichtungsversuche gegenüber gleichrangigen Abwesenden und Ausdruck von Rat und Hilfe, die man dem König von alters her schuldig war. Die Mitbestimmung des Reichstags vollzog sich durch die Verfügung über die selbstaufgebrachten Gelder und durch das Hinwirken auf Gegenleistungen des Herrschers, zum Teil in vertraglicher Form. Das einmal Entstandene entwickelte seine Eigengesetzlichkeit. Es wuchsen Materien heran, die einvernehmlich zu behandeln beiden Seiten zweckmäßig erschien, und es gab Gelegenheit zur eigenmächtigen Ausweitung der Kompetenz, besonders bei Königskrisen. Andere wesentliche Neuerungen waren die Selbsterfahrung und gegenseitige Kenntnisnahme der ständischen Kräfte, die Vergrößerung der Zahl der auf diese Weise im Gesamtreich Mithandelnden, das Einüben einer Art Rangliste der Machtträger und der sich eher noch beschleunigende Machtverlust der Kleinen zugunsten der Großen. Das naheliegende Bemühen der Stände, möglichst viel mitzubestimmen und möglichst wenig zu leisten, erwies sich als Fehlkalkulation; die Mitgliedschaft im Reich wurde immer teurer und erfaßte auch diejenigen Gewalten, die nicht durch das alte Lehnsband oder die ehemalige Zugehörigkeit zum Krongut verpflichtet waren.

Auf der anderen Seite gelang es dem Herrscher nicht, das Wormser Geschehen, wie wohl beabsichtigt, rückgängig zu machen; eine monarchische Verfügung über das Reich blieb Illusion. Maximilian mußte ein Stück ständischer Modernisierung akzeptieren, die sich gegen ein Königtum auswirkte, das seine institutionellen Probleme seit Generationen nicht hatte befriedigend lösen können. Doch der Herrscher behauptete sich weiterhin politisch und befestigte langfristig seine Stellung. Mit Mauern aus Papier war die Majestät des König–Kaisers nur schwer einzugrenzen, zumal er sich immer stärker auf die Macht der Großdynastie und auf wirksame Modernisierungsvorgänge am Hof und in den Erblanden stützen konnte. Auch im Reichstag blieb der Herrscher unentbehrlich. Die Königslosen Tage nahmen ein Ende. Die Verhandlungsgegenstände zu bestimmen und die Ergebnisse, wenn er sie für richtig hielt, rechtsgültig zu verkünden, oblag dem König. Seine Reichstagspolitik mit den alten zergliedernden Mitteln der Hoftagspraxis war keinesfalls erfolglos. Am Ende stand ein gestärkter Herrscher einem kompakter gewordenen Reich gegenüber.

So wurden – aus größerer Distanz betrachtet – ungeachtet des zermürbenden Ringens der Zeitgenossen bei der Konsolidierung des Reiches bedeutende Fortschritte gemacht. Von den drei spätmittelalterlichen Konzeptionen der Zentralgewalt war die dritte auf den Weg gebracht: diejenige, die den realen Machtverhältnissen am besten entsprach und gleichwohl ein zunehmendes Maß an Zusammenarbeit der Machtträger mit sich brachte. Weil man andererseits das »konstitutionelle« Element der Reichsverfassung wenigstens um 1500 nicht überschätzen sollte, spricht man am besten von einer gemischten Verfassung, die Archaisches und Moderneres in sich barg.

Angesichts der langen Geschichte der »Offenen Verfassung«, die für die Starken so viele Vorteile mit sich gebracht hatte, ist der Weg des Reiches zur einigermaßen einvernehmlich gestalteten »Verdichtung« nicht selbstverständlich gewesen. Er zeugt von der Wirksamkeit eines Grundkonsenses, von Traditionsbewußtsein und Rechtsgefühl, Loyalität und Zuneigung. Sie waren von den Handelnden kaum je ausgesprochene, aber offensichtlich unentbehrliche Voraussetzungen jenes entscheidenden Prozesses. Selbstverständlich handelte es sich um einen Minimalkonsens, der von einer Fülle von Konflikten und von mühseligen und quälend langsamen Verfahrensweisen begleitet war und am besten bei Feindesdruck funktionierte. Es handelte sich aber auch um einen Konsens von räumlicher Ausdehnung und sachlicher Komplexität ohnegleichen in Europa und schließlich um einen Konsens in einer Adelswelt, die sich an Langfristiges und Weitausgreifendes, an verbindliche schriftliche Fixierung und an zweckmäßigen Umgang mit dem Geld nur langsam gewöhnte. Die notwendigen Kompromisse wurden vielfach durch Praxis und Gewohnheit eingeübt, während Papiere unrealistische Extrempositionen enthielten. Der Konsens allerdings blieb durch ernste Probleme belastet: So waren die beiden Ländergruppen der Großdynastie im institutionalisierten Dualismus vorerst nur durch die Person des Monarchen verankert; die Eidgenossen faßten den Wandel zur Verdichtung des Reiches als unzulässige Neuerung auf und fühlten sich fortan nur dem Reich der »Offenen Verfassung« zugehörig.

Die Erprobung der gerade ausgeformten Ordnungen ließ nicht lange auf sich warten. Als Maximilian 1519 starb, schien die neue Königswahl den Höhepunkt dynastischer Verfügbarkeit von Christenheit und Welt mit sich zu bringen. Das Imperium wurde vom deutschen Schicksal abgerückt und legitimierte im Weltreich Karls V. die Zusammenballung einer bis dahin unerhörten Dynastenmacht. Diesem Kaiser traten die deutschen Fürstentümer als kraftvolle Einheiten gegenüber. Zwischen Weltimperium und Territorialstaat eingezwängt stand das deutsche Wahlreich als verfaßte Einheit auf der Probe. Während das Imperium Karls V. gedieh und als es trotz übermenschlicher Anstrengung scheiterte, blieb die deutsche Geschichte im herkömmlichen Sinne bestehen. Dies war zu einem Teil das Ergebnis des dynastischen Zufalls, der dem Kaiserbruder Ferdinand erfolgreiches Wirken in den Erblanden und darüber hinaus ermöglichte. Vor allem aber stellte jene Tatsache dem Funktionieren der überkommenen mittelalterlichen Verfassungselemente, dem gerade eingerichteten Dualismus, dem beiden Faktorenbündeln zugrunde liegenden Konsens und der Wirksamkeit vielfältiger Verdichtungsvorgänge an der »Basis« ein bemerkenswertes Zeugnis aus. Das Kaisertum wurde wieder in das binnendeutsche Kräftespiel hineingezogen und bildete abermals einen konstitutiven Teil von dessen Existenz. Selbst die beispiellose Polarisierung der Reformation hat die Gültigkeit der Goldenen Bulle oder das Gegenüber von Kaiser und Reichstag nicht ins Wanken gebracht. Die Konturen der deutschen Geschichte, wie sie das späte Mittelalter eingeprägt hatte, blieben bestehen.

Bibliographie

Personen- und Ortsregister

Quellennachweise der Abbildungen

Vorbemerkung

Die folgende Bibliographie ist nach Kapiteln und innerhalb ihrer im allgemeinen chronologisch nach dem Erscheinungsjahr der Publikationen geordnet. Obwohl es sich um mehr als tausend Titel handelt, stellen diese nur eine verhältnismäßig knappe Auswahl dar, die jeweils die wichtigsten und die neuesten Veröffentlichungen bevorzugt. Diese enthalten zumeist weitere Literaturangaben. Quellenpublikationen sind mit ganz geringen Ausnahmen nicht angegeben, weil der zur Verfügung stehende Raum für deren ausreichende Dokumentation nicht genügt; die entsprechenden Nachweise mögen der Literatur, zumal den hier zuerst genannten »Hilfsmitteln« und »Handbüchern«, entnommen werden. Um Platz zu sparen, ist auch in der Regel auf die Angabe der Buchreihe verzichtet worden, innerhalb welcher ein Einzelwerk erschienen ist. Nur sehr selten wird ein für mehr als einen Zusammenhang wichtiger Titel zweimal genannt. Daher läßt sich mit Hilfe des Inhaltsverzeichnisses danach Ausschau halten, ob nicht weitere einschlägige Literatur bei einer benachbarten Thematik aufzufinden ist; dies gilt besonders für mehrfach aufgegriffene Themen wie »Stadt« oder »Kirche«. Ebenso sollten jedesmal die einleitenden Teile der Bibliographie »Hilfsmittel, Reihenwerke, Handbücher, Gesamtdarstellungen« und »Verfassung, Recht, Kirche, Wirtschaft, Gesellschaft, Alltag« konsultiert werden. Neudrucke sind nicht angegeben.

Abkürzungen

Abh. Göttingen (Heidelberg, München, Wien) = Abhandlungen der Akademie der Wissenschaften in Göttingen (der Heidelberger, der Bayerischen bzw. der Österreichischen Akademie der Wissenschaften), Phil.-hist. Klasse

AQDGM = Ausgewählte Quellen zur deutschen Geschichte des Mittelalters, Freiherr vom Stein-Gedächtnisausgabe

BDLG = Blätter für deutsche Landesgeschichte

DA = Deutsches Archiv für Erforschung (bis Bd 7: für Geschichte) des Mittelalters

HGB = Hansische Geschichtsblätter

HJLG = Hessisches Jahrbuch für Landesgeschichte

HRG = Handwörterbuch zur deutschen Rechtsgeschichte

HZ = Historische Zeitschrift

JfL = Jahrbuch für fränkische Landesforschung

JGMOD = Jahrbuch für die Geschichte Mittel- und Ostdeutschlands

MIÖG = Mitteilungen des Instituts für österreichische Geschichtsforschung

RhVjB = Rheinische Vierteljahrsblätter

SB Göttingen (Heidelberg, München, Wien) = Sitzungsberichte der Akademie der Wissenschaften in Göttingen (der Heidelberger, der Bayerischen bzw. der Österreichischen Akademie der Wissenschaften), Phil.-hist. Klasse

VSWG = Vierteljahresschrift für Sozial- und Wirtschaftsgeschichte

TRE = Theologische Realenzyklopädie

VuF = Vorträge und Forschungen

WdF = Wege der Forschung

ZBLG = Zeitschrift für bayerische Landesgeschichte

ZfO = Zeitschrift für Ostforschung

ZGO = Zeitschrift für die Geschichte des Oberrheins

ZHF = Zeitschrift für historische Forschung

ZRG = Zeitschrift der Savigny-Stiftung für Rechtsgeschichte

Hilfsmittel, Reihenwerke, Handbücher, Gesamtdarstellungen

Hilfsmittel

DAHLMANN-WAITZ, Quellenkunde der deutschen Geschichte, Bibliographie der Quellen und der Literatur zur deutschen Geschichte, Bde 1 ff., Stuttgart [10]1969 ff.

Jahresberichte für deutsche Geschichte, Berichtsjahr 1949 ff., Bde 1 ff., Berlin 1952 ff.

Jahrbuch der historischen Forschung in der Bundesrepublik Deutschland, Berichtsjahr 1974 ff., Stuttgart (ab 1982 München) 1974 ff.

Hochschulschriften zur Geschichte und Kultur des Mittelalters 1939–1972/1974, zusammengestellt von Mitarbeitern der Monumenta Germaniae historica, 3 Teile, München 1975.

W. BAUMGART, Bücherverzeichnis zur deutschen Geschichte, München [5]1982 (sehr knapp).

Lexikon des Mittelalters, Bde 1 ff., München und Zürich 1980 ff.

O. Lorenz, Deutschlands Geschichtsquellen im Mittelalter seit der Mitte des 13. Jahrhunderts, Berlin ³1886/87 (vielfach veraltet).
L. Genicot (Hg.), Typologie des sources du moyen âge occidental, 1 ff., Turnhout 1972 ff.
Repertorium fontium historiae medii aevi, Bd 1, Rom 1962; Additamenta 1, Rom 1977.
R. C. van Caenegem, Guide to the sources of medieval history, Amsterdam ²1978.
K. Ruh u. a. (Hg.), Die deutsche Literatur des Mittelalters, Verfasserlexikon, Bde 1 ff., Berlin und New York ²1978 ff. (auch lateinisch schreibende Autoren).
H. Boockmann, Einführung in die Geschichte des Mittelalters, München 1978.
O. Brunner, W. Conze und R. Koselleck (Hg.), Geschichtliche Grundbegriffe, Bde 1 ff., Stuttgart 1978 ff.
A. v. Brandt, Werkzeug des Historikers, Stuttgart ⁹1980 (Hilfswissenschaften).
H. Rössler u. a. (Hg.), Sachwörterbuch zur deutschen Geschichte, München 1958 (teilweise veraltet).
Großer historischer Weltatlas, Teil 2: Mittelalter, München 1970; E. W. Zeeden (Hg.), Erläuterungen, München 1983.

Weltgeschichte und europäische Geschichte

Historia Mundi, Bd 6: O. Brunner u. a., Hohes und spätes Mittelalter, Bern 1958.
Propyläen Weltgeschichte, Bd 5: G. Mann und A. Nitschke (Hg.), Islam, Die Entstehung Europas, Berlin 1963;
Fischer Weltgeschichte, Bd 11: J. Le Goff, Das Hochmittelalter, Frankfurt am Main 1965; Bd 12: R. Romano und E. Tenenti, Die Grundlegung der modernen Welt, Frankfurt am Main 1967.
B. Schmeidler, Das spätere Mittelalter, Von der Mitte des 13. Jahrhunderts bis zur Reformation, Leipzig und Wien 1937 (klassisch).
W. Näf, Die Epochen der neueren Geschichte, Bd 1, Aarau ²1959.
E. Hassinger, Das Werden des neuzeitlichen Europa, 1300–1600, Braunschweig ²1964.
D. Waley, Later medieval Europe, London 1964.
A General History of Europe, Bd 4: J. H. Mundy, Europe in the high middle ages, 1150–1309, London 1973; Bd 5: D. Hay, Europe in the fourteenth and fifteenth centuries, London 1966.
History of Modern Europe: E. F. Rice, The foundations of early modern Europe, 1460–1559, London 1971.
Nouvelle Clio, Bd 18: L. Genicot, Le XIIIe siècle européen, Paris 1968; Bd 22: B. Guenée, L'Occident aux XIVe et XVe siècles, Les états, Paris 1971 (Diskussion des Forschungsstandes, Bibliographie).
Handbuch der europäischen Geschichte, Bd 2: in Vorbereitung; Bd 3: J. Engel (Hg.), Die Entstehung des neuzeitlichen Europa, Stuttgart 1971.
Propyläen Geschichte Europas, Bd 1: H. Diwald, Anspruch auf Mündigkeit, um 1400–1555, Berlin ²1976.
Studienbuch Geschichte, Darstellung und Quellen, Heft 4: J. Leuschner und H. Boockmann, Europa im Hoch- und Spätmittelalter, Stuttgart 1982.
R. Fossier, Le moyen âge, Bd 3: Les temps des crises, 1250–1520, Paris 1983.
Oldenbourg Grundriß der Geschichte, Bd 8: in Vorbereitung; Bd 9: E. Meuthen, Das 15. Jahrhundert, München ²1984 (reiche Bibliographie, Diskussion des Forschungsstandes).

Deutsche Geschichte

O. Brandt, A. O. Meyer und L. Just (Hg.), *Handbuch der deutschen Geschichte,* Bd 1,5: H. Heimpel, Deutschland im späteren Mittelalter, Konstanz 1957; Bd 1,6: M. Seidlmayer, Weltbild und Kultur Deutschlands im Mittelalter, Konstanz 1957.
B. Gebhardt und H. Grundmann (Hg.), *Handbuch der deutschen Geschichte,* Bd 1: Frühzeit und Mittelalter, Stuttgart ⁹1970.
J. Leuschner (Hg.), *Deutsche Geschichte,* Bd 3: Ders., Deutschland im späten Mittelalter, Göttingen 1975.
B. Töpfer und E. Engel, Vom staufischen Imperium zum Hausmachtkönigtum, Weimar 1976.
W. Conze, The shaping of the German nation, London 1979.
H. Bartel u. a. (Hg.), *Deutsche Geschichte in zwölf Bänden,* Bd 2: E. Engel, B. Töpfer u. a., Die entfaltete Feudalgesellschaft von der Mitte des 11. bis zu den siebziger Jahren des 15. Jahrhunderts, Berlin 1983; Bd 3: A. Laube u. a., Die Epoche des Übergangs vom Feudalismus zum Kapitalismus von den siebziger Jahren des 15. Jahrhunderts bis 1789, Berlin 1983.
W. Conze und V. Hentschel (Hg.), Ploetz Deut-

sche Geschichte, Freiburg i. Br. und Würzburg ³1983.
D. GROH u. a. (Hg.), *Propyläen Geschichte Deutschlands,* Bd 4: H. LUTZ, Das Ringen um deutsche Einheit und kirchliche Erneuerung, Berlin 1983.
H. THOMAS, Deutsche Geschichte des Spätmittelalters, 1250–1500, Stuttgart 1983.
P. MORAW u.a. (Hg.), *Neue Deutsche Geschichte,* Bd 2: A. HAVERKAMP, Aufbruch und Gestaltung, Deutschland 1056–1273, München 1984.
H. BEUMANN (Hg.), Kaisergestalten des Mittelalters, München 1984.
K. F. WERNER, T. STRUVE, O. ENGELS, P. MORAW u.a., Deutschland, in: Lexikon des Mittelalters, Bd 3, 4. Lieferung, München und Zürich 1984, 781 ff.
H. BOOCKMANN, H. SCHILLING u.a., Mitten in Europa, Deutsche Geschichte, Berlin 1984.

Landesgeschichte

R. OBERSCHELP, Die Bibliographien zur deutschen Landesgeschichte und Landeskunde, Frankfurt am Main ²1977.
Handbuch der historischen Stätten Deutschlands, 11 Bde, Stuttgart ¹⁻⁴1959–1980.
Handbuch der historischen Stätten: Ost- und Westpreußen, Stuttgart 1966; Schlesien, Stuttgart 1977.
Handbuch der historischen Stätten Österreichs, 2 Bde, Stuttgart ¹⁻²1966–1978.
G. W. SANTE (Hg.), Geschichte der deutschen Länder, *Territorien-Ploetz,* Bd 1, Würzburg 1964.
F. UHLHORN und W. SCHLESINGER, Die deutschen Territorien, in: B. GEBHARDT und H. GRUNDMANN (Hg.), *Handbuch der deutschen Geschichte,* Bd 2, Stuttgart ⁹1970, 546–789.
M. SPINDLER (Hg.), *Handbuch der bayerischen Geschichte,* Bde 2 und 3, München ²1976–1979.
B. SÜTTERLIN, Geschichte Badens, Bd 1, Karlsruhe 1965.
K. und A. WELLER, Württembergische Geschichte, Stuttgart und Aalen 1971.
F. METZ (Hg.), Vorderösterreich, Freiburg i. Br. ²1967.
Geschichtliche Landeskunde des Saarlandes, 2 Bde, Saarbrücken 1977/78.
F. PETRI und G. DROEGE (Hg.), Rheinische Geschichte, Bd 1,4, in Vorbereitung.
K. E. DEMANDT, Geschichte des Landes Hessen, Kassel und Basel ²1972.
H. PATZE und W. SCHLESINGER (Hg.), Geschichte Thüringens, Bde 2 und 3, Köln und Wien 1967–1974.
W. KOHL (Hg.), Geschichte Westfalens, Bd 1, Düsseldorf 1983.
H. PATZE (Hg.), Geschichte Niedersachsens, Bd 1, Hildesheim 1977.
Geschichte Schleswig-Holsteins, Bd 4,2: E. HOFFMANN, Spätmittelalter und Reformationszeit, Neumünster 1981 ff.
M. HAMANN, Das staatliche Werden Mecklenburgs, Köln und Graz 1962.
O. EGGERT, Geschichte Pommerns, Bd 1, Bielefeld 1974.
R. KOETZSCHKE, Sächsische Geschichte, Bd 1, Dresden 1939.
J. SCHULTZE, Die Mark Brandenburg, Bde 1–3, Berlin 1961–1963.
Geschichte Schlesiens, Bd 1, Stuttgart ³1961.
B. SCHUMACHER, Geschichte Ost- und Westpreußens, Würzburg ⁴1959.
PH. DOLLINGER (Hg.), Histoire d'Alsace, Toulouse 1970.
J. A. VAN HOUTTE u.a. (Hg.), Algemene Geschiedenis der Nederlanden, Bde 2–4, Utrecht und Antwerpen 1950–1952.
Geschiedenis der Nederlanden, Teil 1, Amsterdam und Brüssel 1977.
Algemene Geschiedenis der Nederlanden, Bde 2–4, Haarlem 1980–1982.
K. und M. UHLIRZ, Handbuch der Geschichte Österreich-Ungarns, Bd 1, Graz, Wien und Köln ²1963.
A. LHOTSKY, Geschichte Österreichs seit der Mitte des 13. Jahrhunderts, 1281–1358, Wien 1967.
E. ZÖLLNER, Geschichte Österreichs, München ⁶1979.
K. GUTKAS, Geschichte des Landes Niederösterreich, St. Pölten ⁴1973.
Tausend Jahre Oberösterreich, 2 Teile, Linz 1983.
H. DOPSCH (Hg.), Geschichte Salzburgs, Bd 1, Salzburg 1981–1984.
Handbuch der Schweizer Geschichte, Bd 1, Zürich 1972.
Geschichte der Schweiz und der Schweizer, Bd 1, Basel und Frankfurt am Main ²1983.
K. BOSL (Hg.), *Handbuch der Geschichte der böhmischen Länder,* Bd 1, Stuttgart 1967.
Z. FIALA, Předhusitské Čechy, Prag ²1978.
Přehled dějin Československa, Bd 1,1, Prag 1980.
R. WITTRAM, Baltische Geschichte, München 1953.

Verfassung, Recht, Kirche, Wirtschaft, Gesellschaft, Alltag

Verfassung und Recht

R. SCHRÖDER und E. FRHR. v. KÜNSSBERG, Lehrbuch der deutschen Rechtsgeschichte, Leipzig ^{7}1932; TH. MAYER, Mittelalterliche Studien, Lindau und Konstanz 1959; H. CONRAD, Deutsche Rechtsgeschichte, Bd 1, Karlsruhe ^{2}1962; H. COING (Hg.), *Handbuch der Quellen und Literatur der neueren europäischen Privatrechtsgeschichte,* Bd 1, München 1963; O. BRUNNER, Neue Wege der Verfassungs- und Sozialgeschichte, Göttingen ^{2}1968; H. QUARITSCH, Staat und Souveränität, Bd 1, Frankfurt am Main 1970; O. KIMMINICH, Deutsche Verfassungsgeschichte, Frankfurt am Main 1970; A. ERLER und E. KAUFMANN (Hg.), *Handwörterbuch zur deutschen Rechtsgeschichte,* Bde 1ff., Berlin 1971 ff.; H. WEBER (Hg.), Politische Ordnungen und soziale Kräfte im Alten Reich, Wiesbaden 1980; P. MORAW und V. PRESS, Probleme der Sozial- und Verfassungsgeschichte des Heiligen Römischen Reiches im späten Mittelalter und in der frühen Neuzeit, 13.–18. Jahrhundert, in: ZHF 2, 1975, 95–108; P. MORAW, Fragen der deutschen Verfassungsgeschichte im späten Mittelalter, in: ZHF 4, 1977, 59–101; K. KROESCHELL, Deutsche Rechtsgeschichte, Bd 2, 1250–1650, Opladen ^{4}1981; H. MITTEIS und H. LIEBERICH, Deutsche Rechtsgeschichte, München ^{17}1985; K. G. A. JESERICH, H. POHL und G.-C. v. UNRUH (Hg.), Deutsche Verwaltungsgeschichte, Bd 1, Stuttgart 1983 (reiche Literaturangaben für Reich und Territorien); H. BOLDT, Deutsche Verfassungsgeschichte, Bd 1, München 1984.

Kirche

A. HAUCK, Kirchengeschichte Deutschlands, Bd 5, Leipzig $^{1-2}$1911–1920; *Histoire de l'Église,* Bd 12: G. LE BRAS, Institutions ecclésiastiques de la chrétienté médiévale, Tournai 1959–1964; Bd 13: A. FOREST, F. VAN STEENBERGHEN und M. DE GANDILLAC, Le mouvement doctrinal du XIe au XIVe siècle, Tournai 1956; Bd 14: E. DELARUELLE, E.-R. LABANDE und P. OURLIAC, L'église au temps de Grand Schisme et de la crise conciliaire, 1378–1449, Paris 1962–1964; Bd 15: R. AUBENAS und R. RICARD, L'église et la Renaissance, 1449–1517, Paris 1951; K. GALLING (Hg.), *Die Religion in Geschichte und Gegenwart,* 6 Bde, Tübingen ^{3}1957–1965; J. HÖFER und K. RAHNER (Hg.), *Lexikon für Theologie und Kirche,* 10 Bde, Freiburg i. Br. 1957–1965; K. D. SCHMIDT und E. WOLF (Hg.), *Die Kirche in ihrer Geschichte,* Bd 2 H 1: B. MOELLER, Spätmittelalter, Göttingen 1966; Bd 2 G 2: H. GRUNDMANN, Ketzergeschichte des Mittelalters, Göttingen 1963; H. JEDIN (Hg.), *Handbuch der Kirchengeschichte,* Bd 3,2: Vom kirchlichen Hochmittelalter bis zum Vorabend der Reformation, Freiburg i. Br. 1968; H. JEDIN u.a. (Hg.), *Atlas zur Kirchengeschichte,* Freiburg i. Br. 1970; H. E. FEINE, *Kirchliche Rechtsgeschichte,* Bd 1: Die katholische Kirche, Köln und Wien ^{5}1972; G. KRAUSE und G. MÜLLER (Hg.), *Theologische Realenzyklopädie,* Bde 1 ff., Berlin 1976 ff.; R. KOTTJE und B. MOELLER (Hg.), *Ökumenische Kirchengeschichte,* Bd 2: Mittelalter und Reformation, Mainz ^{3}1983; *Nouvelle Clio,* Bd 25: F. RAPP, L'église et la vie religieuse en Occident à la fin du moyen âge, Paris ^{3}1983; M. GRESCHAT (Hg.), *Gestalten der Kirchengeschichte,* Bd 4: Mittelalter II, Stuttgart 1983; Bd 11: Das Papsttum I, Stuttgart 1984; Bd 12: Das Papsttum II, Stuttgart 1984.

Wirtschaft und Gesellschaft

M. M. POSTAN und H. J. HABAKKUK (Hg.), *The Cambridge Economic History of Europe,* Bde 1–4, Cambridge $^{1-2}$1952–1967; A. HAUSER, Schweizerische Wirtschafts- und Sozialgeschichte von den Anfängen bis zur Gegenwart, Erlenbach, Zürich und Stuttgart 1961; R. L. REYNOLDS, Europe emerges, Madison und London 1967; H. A. MISKIMIN, The economy of early Renaissance Europe, 1300–1460, Englewood Cliffs, N. J., 1969; F. TREMEL, Wirtschafts- und Sozialgeschichte Österreichs, Wien 1969; E. SCHREMMER, Die Wirtschaft Bayerns, München 1970; G. DUBY, Les sociétés médiévales, Une approche d'ensemble, in: Annales E.S.C. 26, 1971, 1–13; R. H. BAUTIER, The economic development of medieval Europe, London 1971; R. S. LOPEZ, The commercial revolution of the middle ages, 950–1360, Englewood Cliffs, N. J., 1971; H. AUBIN und W. ZORN (Hg.), *Handbuch der deutschen Wirtschafts- und Sozialgeschichte,* Bd 1, Stuttgart 1971; *Die Wirtschaftsgeschichte Österreichs,* Wien 1971; G. A. J. HODGETT, A social and economic history of medieval Europe, London 1972; *Nouvelle Clio,* Bd 23: J. HEERS, L'Occident aux XIVe et XVe siècles,

Aspects économiques et sociaux, Paris [4]1973; H. HELBIG, Gesellschaft und Wirtschaft der Mark Brandenburg im Mittelalter, Berlin und New York 1973; F. W. HENNING, Das vorindustrielle Deutschland, 800–1800, Paderborn 1974; N. J. G. POUNDS, An economic history of medieval Europe, London 1974; R. SPRANDEL, Verfassung und Gesellschaft im Mittelalter, Paderborn 1975; K. BOSL und E. WEIS, Die Gesellschaft in Deutschland I, Von der fränkischen Zeit bis 1848, München 1976; H. A. MISKIMIN, The economy of later Renaissance Europe, 1460–1600, Cambridge 1977; J. A. VAN HOUTTE, An economic history of the Low Countries, 800–1800, London 1977; J. H. VAN STUIJVENBERG (Hg.), De economische geschiedenis van Nederland, Groningen 1977; M. LE MENÉ, L'économie médiévale, Paris 1977; C. M. CIPOLLA und K. BORCHARDT (Hg.), Europäische Wirtschaftsgeschichte, Bde 1 und 2, Stuttgart und New York 1978/79; B. KIRCHGÄSSNER, Einführung in die Wirtschaftsgeschichte, Düsseldorf 1979; E. PITZ, Wirtschafts-und Sozialgeschichte Deutschlands im Mittelalter, Wiesbaden 1979 (gute knappe Darstellung); H. KELLENBENZ (Hg.), *Handbuch der europäischen Wirtschafts- und Sozialgeschichte,* Bd 2: J.A. VAN HOUTTE (Hg.), Europäische Wirtschafts- und Sozialgeschichte im Mittelalter, Stuttgart 1980; H. OTT und H. SCHÄFER (Hg.), *Wirtschafts-Ploetz,* Freiburg i. Br. und Würzburg 1984.

Alltag

A. WAAS, Der Mensch im deutschen Mittelalter, Graz und Köln 1964; D. H. W. SCHWARZ, Sachgüter und Lebensformen, Berlin 1970; A. BORST, Lebensformen im Mittelalter, Frankfurt am Main, Berlin und Wien 1973; I. HLAVÁČEK, Beiträge zum Alltagsleben im vorhussitischen Böhmen, in: JfL 34/35, 1974/75, 865–882; The secular spirit, life and art at the end of the middle ages, New York 1975; H.-F. und H. ROSENFELD, Deutsche Kultur im Spätmittelalter, 1250–1500, Handbuch der Kulturgeschichte, Wiesbaden 1978 (problematisch); H. KÜHNEL (Hg.), Europäische Sachkultur des Mittelalters, in: SB Wien 274, Wien 1980; O. BORST, Alltagsleben im Mittelalter, Frankfurt am Main 1983; H. KÜHNEL (Hg.), Alltag im Spätmittelalter, Graz 1984.

Deutschland im späten Mittelalter: Vielfalt und Wandel

V. v. KRAUS, Deutsche Geschichte im Ausgange des Mittelalters, Bd 1, Stuttgart und Berlin 1905; E. KEYSER, Das Wesen des Späten Mittelalters, in: Deutsche Vierteljahrsschrift für Literaturwissenschaft und Geistesgeschichte 9, 1931, 363–388; B. SCHMEIDLER, Die Bedeutung des späteren Mittelalters für die deutsche und europäische Geschichte, in: Historische Vierteljahrsschrift 29, 1935, 93–108; H. HEIMPEL, Deutsches Mittelalter, Leipzig 1941; DERS., Der Mensch in seiner Gegenwart, Göttingen [2]1957; O. HALECKI, Europa, Grenzen und Gliederung seiner Geschichte, Darmstadt 1957; F. HARTUNG, Deutsche Verfassungsgeschichte vom 15. Jahrhundert bis zur Gegenwart, Stuttgart [7]1959; W. ANDREAS, Deutschland vor der Reformation, Stuttgart [6]1959; C. HINRICHS und W. BERGES (Hg.), Die deutsche Einheit als Problem der europäischen Geschichte, Stuttgart 1959; F. TRAUTZ, Die Könige von England und das Reich, 1272–1377, Heidelberg 1961; A. v. BRANDT, Der Anteil des Nordens an der deutschen Geschichte im Spätmittelalter, in: Die Welt als Geschichte 23, 1963, 13–26; F. GRAUS, Mittelalter, in: Sowjetsystem und demokratische Gesellschaft, Bd 4, Freiburg i. Br. 1971, 569–588; P. MORAW, Gedanken zur politischen Kontinuität im deutschen Spätmittelalter, in: Festschrift für H. HEIMPEL, Bd 2, Göttingen 1972, 45–60; H. THOMAS, Zwischen Regnum und Imperium, Bonn 1973; K. ZERNACK, Osteuropa, Eine Einführung in seine Geschichte, München 1977; F. GRAUS, Europäisches Mittelalter, Schlagwort oder Forschungsaufgabe?, in: ZHF 7, 1980, 385–399; A. HAVERKAMP und H. ENZENSBERGER, Italien im Mittelalter (Literaturbericht), in: HZ Sonderheft 7, München 1980; D. GERHARD, Old Europe, New York 1981; P. BLICKLE, Deutsche Untertanen, Ein Widerspruch, München 1981; TH. SCHIEDER, Probleme einer europäischen Geschichte, in: O. FRANZ (Hg.), Am Wendepunkt der europäischen Geschichte, Göttingen und Zürich 1981, 10–27; TH. NIPPERDEY, Mittelalter und Neuzeit, Das Problem historischer Nachwirkung, in: Mittelalterforschung, Berlin 1981, 151–157; J. EHLERS, Frankreich im Mittelalter (Literaturbericht), in: HZ Sonderheft 11, München 1982; H. LUTZ, Die deutsche Nation zu Beginn der Neuzeit, München 1982; P. MORAW, Krisen und Wandlungen im späten Mittelalter, in: W. CONZE und V. HENTSCHEL (Hg.), Ploetz Deutsche Geschichte, Freiburg

i. Br. und Würzburg ^{3}1983, 101–111; W. EHBRECHT und H. SCHILLING (Hg.), Niederlande und Nordwestdeutschland, Köln und Wien 1983; R. VIERHAUS, Handlungsspielräume zur Rekonstruktion historischer Prozesse, in: HZ 237, 1983, 289–309; J. FAVIER (Hg.), *Histoire de France,* Bd 1: K. F. WERNER, Les origines, Paris 1984.

Ein Jahrhundert des Wachstums

Das Land und die Menschen

Landesnatur und Klima: H. HASSINGER, Geographische Grundlagen der Geschichte, Freiburg i. Br. 1953; E. MEYNEN, I. SCHMITTHÜSEN u. a. (Hg.), *Handbuch der naturräumlichen Gliederung Deutschlands,* 2 Bde, Bad Godesberg 1953–1962; H. MORTENSEN, Die mittelalterliche deutsche Kulturlandschaft und ihr Verhältnis zur Gegenwart, in: VSWG 45, 1958, 17–36; *Climate and History,* Princeton, N. J., 1961; H. H. LAMB, The changing climate, London 1966; E. LE ROY LADURIE, Histoire du climat depuis l'an mil, Paris 1967; DERS., Times of feast, times of famine, London 1972; G. DELIBRIAS, M. und E. LE ROY LADURIE, La forêt fossile de Grindelwald, Nouvelles datations, in: Annales E.S.C. 30, 1975, 137–147; H. JANKUHN, Einführung in die Siedlungsarchäologie, Berlin und New York 1977; M. L. PARRY, Climatic change, agriculture and settlement, Folkestone 1978; H. JANKUHN und R. WENSKUS (Hg.), Geschichtswissenschaft und Archäologie, in: VuF 22, Sigmaringen 1979 (grundlegend); H. KELLENBENZ (Hg.), Wirtschaftsentwicklung und Umweltbeeinflussung, 14.–20. Jahrhundert, Wiesbaden 1982.

Alte und neue Siedlung: W. KRALLERT, Atlas zur Geschichte der deutschen Ostsiedlung, Bielefeld 1958; H. HELBIG und L. WEINRICH (Hg.), Urkunden und erzählende Quellen zur deutschen Ostsiedlung im Mittelalter, 2 Teile, in: AQDGM 26, Darmstadt 1968/1970; M. BORN, Die Entwicklung der deutschen Agrarlandschaft, Darmstadt 1974; H.-J. NITZ (Hg.), Historisch-genetische Siedlungsforschung, in: WdF 300, Darmstadt 1974; *Siedlungs- und Bevölkerungsgeschichte Österreichs,* Wien 1974; H. PATZE (Hg.), Geschichte Niedersachsens, Bd 1, Hildesheim 1977; W. SCHLESINGER (Hg.), Die deutsche Ostsiedlung des Mittelalters als Problem der europäischen Geschichte, in: VuF 18, Sigmaringen 1975 (grundlegend); H. K. SCHULZE, Die deutsche Ostsiedlung des Mittelalters, Bilanz und Aufgaben, in: ZfO 26, 1977, 453–466; J. J. MENZEL, Die schlesischen Lokationsurkunden des 13. Jahrhunderts, Würzburg 1977; K. H. SCHRÖDER und G. SCHWARZ, Die ländlichen Siedlungsformen in Mitteleuropa, Bad Godesberg ^{2}1978 (grundlegend); TH. SPORN, Die Stadt zu polnischem Recht und die deutschrechtliche Gründungsstadt, Frankfurt am Main 1978; H. K. SCHULZE, Die Besiedlung der Mark Brandenburg im hohen und späten Mittelalter, in: JGMOD 28, 1979, 42–178; *Archäologie in Lübeck,* Lübeck 1980; W. H. FRITZE (Hg.), Germania slavica, Bd 1, Berlin 1980; Bd 2, Berlin 1981; Bd 3: W. H. FRITZE, Frühzeit zwischen Ostsee und Donau, Berlin 1982; H. LINGENBERG, Die Anfänge des Klosters Oliva und die Entstehung der deutschen Stadt Danzig, Stuttgart 1982; K. FEHN, Historische Geographie, Siedlungsgeschichte und archäologische Siedlungsforschung, in: BDLG 118, 1982, 406–430, 751; W. KUHN, Neue Beiträge zur schlesischen Siedlungsgeschichte, Sigmaringen 1984.

Politische Geographie und Grenzen: K. KRETSCHMER, Historische Geographie von Mitteleuropa, München und Berlin 1904; P. KIRN, Politische Geschichte der deutschen Grenzen, Mannheim ^{4}1958; H. JÄGER, Historische Geographie, Braunschweig ^{2}1973; H. THOMAS, Zwischen Regnum und Imperium, Bonn 1973; E. HOFFMANN, Historische Voraussetzungen für die Herausbildung der heutigen deutsch-dänischen Staatsgrenze, in: Zeitschrift der Gesellschaft für Schleswig-Holsteinische Geschichte 106, 1981, 9–29.

Die Bewältigung des Raumes: H. SESSLER, Das Botenwesen der Reichsstadt Nürnberg, Ms. Diss. Erlangen 1946; H. AMMANN, Vom geographischen Wissen einer deutschen Handelsstadt des Spätmittelalters, in: Ulm und Oberschwaben 34, 1955, 39–65; H. KRÜGER, Des Nürnberger Meisters Erhard Etzlaub älteste Straßenkarten von Deutschland, in: JfL 18, 1958, 1–286; H. C. PEYER, Das Reisekönigtum des Mittelalters, in: VSWG 51, 1964, 1–21; A. M. DRABEK, Reisen und Reisezeremoniell der römisch-deutschen Herrscher im Spätmittelalter, Wien 1964; H. KOLLER, Die Residenz im Mittelalter, in: Jahrbuch für Geschichte der oberdeutschen Reichsstädte 12/13, 1966/67, 9–39; Kartengeschichte und Kartenbearbeitung, Festschrift für W. BONACKER, Bad Godesberg 1968; H. PATZE, Die Bildung der landesherrlichen Residenzen im Reich während des 14. Jahrhunderts, in: W. RAUSCH (Hg.), Stadt und Stadtherr im 14. Jahrhundert, Linz 1972, 1–54; H. SAMSONOWICZ, Das Verhältnis zum Raum bei den hansischen Bürgern im Mittelalter, in: HGB 95, 1977,

27–37; P. MORAW, Zur Mittelpunktsfunktion Prags im Zeitalter Karls IV., in: Europa slavica, Europa orientalis, Festschrift für H. LUDAT, Berlin 1980, 445–489; R. DRÖGEREIT, Die Ebstorfer Weltkarte und Hildesheim, in: DERS., Sachsen, Angelsachsen, Niedersachsen, Bd 3, Hamburg und Ottendorf 1978, 165–205 (hier Neudatierung statt wie bisher um 1250); M. LINDEMANN, Nachrichtenübermittlung durch Kaufmannsbriefe, München und New York 1978; G. NEUMANN, Erfahrungen und Erlebnisse Lübecker Syndici und Prokuratoren in Österreich zur Zeit Kaiser Friedrichs III., 1455–1470, in: Zeitschrift des Vereins für lübeckische Geschichte und Altertumskunde 59, 1979, 29–62; DERS., Vom Lübecker Botenwesen, in: Aus der Geschichte der Post in Lübeck, Lübeck 1979, 11–17.

Bevölkerung: E. KEYSER, Bevölkerungsgeschichte Deutschlands, Leipzig ³1943; R. MOLS, Introduction à la démographie historique des villes d'Europe du XIVe au XVIIIe siècle, 3 Bde, Gembloux 1954–1956; J. C. RUSSELL, Late ancient and medieval population, in: Transactions of the American Philosophical Society, N. S. 48, 3, 1958, 5–148; E. W. BUCHHOLZ, Raum und Bevölkerung in der Weltgeschichte, Bd 3, Würzburg ³1966; M. REINHARD, A. ARMENGAUD und J. DUPÂQUIER, Histoire générale de la population mondiale, Paris ³1968; K. BLASCHKE, Bevölkerungsgeschichte Sachsens bis zur industriellen Revolution, Weimar 1968 (beste Regionalmonographie); H. WUNDER, Siedlungs- und Bevölkerungsgeschichte der Komturei Christburg, 13.–16. Jahrhundert, Wiesbaden 1968; G. ACSÁ und J. NEMESKÉRI, History of human lifespan and mortality, Budapest 1970; P. GUILLAUME und J. P. POUSSON, Démographie historique, Paris 1970; C. M. CIPOLLA und K. BORCHARDT (Hg.), Bevölkerungsgeschichte Europas, München 1971; La démographie médiévale, sources et méthodes, Paris 1972; W. KUHN, Vergleichende Untersuchungen zur mittelalterlichen Ostsiedlung, Köln und Wien 1973; K. KLEIN, Siedlungswachstum und Häuserbestand Niederösterreichs im späten Mittelalter, in: Jahrbuch für Landeskunde von Niederösterreich NF 43, 1977, 1–63; A. E. IMHOF, Einführung in die Historische Demographie, München 1977; W. SCHULLER u. a., Bevölkerung, in: Lexikon des Mittelalters, Bd 2, München und Zürich 1983, 10–21.

Sprache: A. BORST, Der Turmbau von Babel, Bd 2,2, Stuttgart 1959; Bd 3,1, Stuttgart 1960; Germanische Dialektologie, Festschrift für W. MITZKA, 2 Bde, Wiesbaden 1968; F. TSCHIRCH, Geschichte der deutschen Sprache, Bd 2, Berlin ²1975; *Zur Ausbildung der Norm der deutschen Literatursprache, 1470–1730,* 3 Bde, Berlin 1976; W. KÖNIG, dtv-Atlas zur deutschen Sprache, München 1978; P. WIESINGER, Das Verhältnis des Prager Kreises um Karl IV. zur neuhochdeutschen Schriftsprache, in: H. PATZE (Hg.), Kaiser Karl IV., 1316–1378, Neustadt/Aisch 1978, 847–863; S. GROSSE, Zur Diskussion über die Entstehung der neuhochdeutschen Schriftsprache, in: F. SEIBT (Hg.), Kaiser Karl IV., Staatsmann und Mäzen, München 1978, 260–264, 459; W. BESCH, Schriftsprache und Landschaftssprachen im Deutschen, in: RhVjB 43, 1979, 323–343; W. HOFFMANN, Deutsch und Latein im spätmittelalterlichen Köln, in: RhVjB 44, 1980, 117–147; H. P. ALTHAUS u. a. (Hg.), Lexikon der Germanistischen Linguistik, Tübingen ²1980; K. J. MATTHEIER, Sozialgeschichte und Sprachgeschichte in Köln, in: RhVjB 46, 1982, 226–253.

Vom Leben und Zusammenleben

Haus und Familie: O. BRUNNER, Neue Wege der Verfassungs- und Sozialgeschichte, Göttingen ²1968 (bahnbrechend); P. LASLETT (Hg.), Household and family in past time, London und New York 1972; K. BOSL, Die »Familia« als Grundstruktur der mittelalterlichen Gesellschaft, in: ZBLG 38, 1975, 403–424; D. SCHWAB, Familie, in: O. BRUNNER, W. CONZE und R. KOSELLECK (Hg.), Geschichtliche Grundbegriffe, Bd 2, Stuttgart 1975, 253–301; G. DUBY und J. LE GOFF (Hg.), Famille et parenté dans l'Occident médiéval, Rom 1977; F. DEBUS, Zur Entstehung der deutschen Familiennamen, in: Name und Geschichte, Festschrift für H. KAUFMANN, München 1978, 31–54, M. MITTERAUER, Grundtypen alteuropäischer Sozialformen, Stuttgart Bad Cannstatt 1979; DERS., Faktoren des Wandels historischer Familienformen, in: H. PROSS (Hg.), Familie, wohin?, Reinbek 1979, 83–124; M. MITTERAUER und R. SIEDER, Vom Patriarchat zur Partnerschaft, München ²1980; E. MASCHKE, Die Familie in der deutschen Stadt des späten Mittelalters, in: SB Heidelberg, Heidelberg 1980; G. L. SOLIDAY (Hg.), History of the family and kinship, A select international bibliography, Milwood und New York 1980; H. REIF (Hg.), Die Familie in der Geschichte, Göttingen 1982; R. SCHMIDT-WIEGAND, Personennamen, in: HRG, 23. Lieferung, 1983, 1607–1623; A. HAVERKAMP (Hg.), Haus und Familie in

der spätmittelalterlichen Stadt, Köln und Wien 1984.
Ehe, Frau und Kinder: P. MIKAT, Ehe, in: HRG 1, 1971, 809–833; S. FELGENHAUER, Tönerne Spielzeugpferdchen des Mittelalters in Österreich, in: Jahrbuch des oberösterreichischen Musealvereins 119, 1974, 39–52; *Recueils de la Société Jean Bodin,* Bd 36: L'enfant, Bd 2, Brüssel 1976; D. SCHWAB, Kind, in: HRG 2, Berlin 1978, 717–725; K. ARNOLD, Kind und Gesellschaft in Mittelalter und Renaissance, Paderborn 1980; H. RABE, Die Entdeckung der Kindheit, Konstanz 1980; M. WENSKY, Die Stellung der Frau in der stadtkölnischen Wirtschaft im Spätmittelalter, Köln und Wien 1980; B. HÄNDLER-LACHMANN, Die Berufstätigkeit der Frau in den deutschen Städten des Spätmittelalters und der beginnenden Neuzeit, in: HJLG 30, 1980, 131–175; K. WESOLY, Der weibliche Bevölkerungsanteil in spätmittelalterlichen und frühneuzeitlichen Städten und die Betätigung von Frauen im zünftigen Handwerk, in: ZGO 128, 1980, 69–117; S. SHAHAR, Die Frau im Mittelalter, Königstein 1981; S. JENKS, Frauensiegel in den Würzburger Urkunden des 14. Jahrhunderts, in: ZBLG 45, 1982, 541–553; K. ELM, Die Stellung der Frau in Ordenswesen, Semireligiosentum und Häresie zur Zeit der heiligen Elisabeth, in: St. Elisabeth, Sigmaringen 1982, 7–28; E. UITZ, Zur Darstellung der Stadtbürgerin, ihrer Rolle in Ehe, Familie und Öffentlichkeit in der Chronistik und in den Rechtsquellen der spätmittelalterlichen deutschen Stadt, in: Jahrbuch für Geschichte des Feudalismus 7, 1983, 130–156; P. KETSCH, Frauenarbeit im Mittelalter, Düsseldorf 1983; E. ENNEN, Frauen im Mittelalter, München 1984.
Jugend und Alter: H. FEILZER, Jugend in der mittelalterlichen Ständegesellschaft, Wien 1971; H. R. HAGEMANN, Alter, in: HRG 1, 1971, 134–137; Die Alten, in: Beiträge zur historischen Sozialkunde 5, 1975, Heft 1; PH. ARIÈS, Studien zur Geschichte des Todes im Abendland, München und Wien 1976; W. GOEZ, Die Einstellung zum Tode im Mittelalter, in: Der Grenzbereich zwischen Leben und Tod, Göttingen 1976, 111–153; Jugend im historischen Wandel, in: Beiträge zur historischen Sozialkunde 6, 1976, Heft 2; PH. ARIÈS, Geschichte des Todes, München 1980; R. SPRANDEL, Altersschicksal und Altersmoral, Stuttgart 1981.

Adelige Gesellschaft

Stände, Schichten, Gruppen: W. SCHWER, Stand und Ständeordnung im Weltbild des Mittelalters, Paderborn 1934; H. GRUNDMANN, Freiheit als religiöses, politisches und persönliches Postulat im Mittelalter, in: HZ 183, 1957, 23–53; N. ELIAS, Die höfische Gesellschaft, Neuwied und Berlin 1969 (klassisch); M. MITTERAUER, Probleme der Stratifikation in mittelalterlichen Gesellschaftssystemen, in: J. KOCKA (Hg.), Theorien in der Praxis des Historikers, Göttingen 1977, 13–43; J. FLEKKENSTEIN (Hg.), Herrschaft und Stand, Göttingen [2]1979; A. ZIMMERMANN (Hg.), Soziale Ordnungen im Selbstverständnis des Mittelalters, 2 Bde, Berlin und New York 1979/80; D. SAALFELD, Die ständische Gliederung der Gesellschaft Deutschlands im Zeitalter des Absolutismus, in: VSWG 67, 1980, 457–483; V. PRESS, Führungsgruppen in der deutschen Gesellschaft im Übergang zur Neuzeit um 1500, in: H. H. HOFMANN und G. FRANZ (Hg.), Deutsche Führungsschichten in der Neuzeit, Eine Zwischenbilanz, Boppard 1980, 29–77; G. DUBY, Die drei Ordnungen, Frankfurt am Main 1981; TH. MAYER (Hg.), Das Problem der Freiheit in der deutschen und schweizerischen Geschichte, Mainau-Vorträge 1953, in: VuF 2, Sigmaringen [4]1981; J. FLECKENSTEIN, Ordo, in: HRG, 22. Lieferung, 1983, 1291–1296; T. STRUVE, Pedes rei publicae, in: HZ 236, 1983, 1–48; O. G. OEXLE, Gesellschaft/Gesellschaft und Christentum V, Mittelalter, in: TRE 12, 1984, 773–780.
König, Fürsten, Grafen, Herren: J. FICKER und P. PUNSCHART, Vom Reichsfürstenstande, 2 Bde, Innsbruck 1861–1923 (klassisch); H. RÖSSLER (Hg.), Deutscher Adel, 1430–1555, Darmstadt 1955; G. HEINRICH, Die Grafen von Arnstein, Köln und Graz 1961; P. FELDBAUER, Der Herrenstand in Oberösterreich, Wien 1972; DERS., Herren und Ritter, München 1973; O. P. CLAVADETSCHER, Nobilis, edel, fry, in: Historische Forschungen für W. SCHLESINGER, Köln und Wien 1974, 242–251; H. WUNDER (Hg.), Feudalismus, München 1974; La noblesse au moyen âge, XIe–XVe siècles, Paris 1976; F. TRAUTZ, Noblesse allemande et noblesse anglaise, in: Famille et parenté dans l'Occident médiéval, Rom 1977, 63–81; R. SABLONIER, Adel im Wandel, Göttingen 1979; H. GF. V. ARNIM und W. A. BOELCKE, Muskau, Berlin [3]1979; K. F. WERNER u.a., Adel, in: Lexikon des Mittelalters, Bd 1, München und Zürich 1980, 118–141; P. DE WIN, De adel in het hertogdom Brabant van den vijftiende eeuw, in: Tijdschrift

voor Geschiedenis 93, 1980, 391–409; Die Kuenringer, Niederösterreichische Landesausstellung Stift Zwettl, Wien 1981 (sehr materialreich); M. PARISSE, Noblesse et chevalerie en Lorraine médiévale, Nancy 1982; I. TOUSSAINT, Die Grafen von Leiningen, Sigmaringen 1982; D. RÜBSAMEN, »Kleine Herrschaftsträger« im Pleißenland, Ms. Diss. Gießen 1984.

Ritter und edle Knechte: O. MERKER, Die Ritterschaft des Erzstifts Bremen im Spätmittelalter, Stade 1962; J. M. VAN WINTER, Rittertum, München 1969; A. FRHR. VON REITZENSTEIN, Rittertum und Ritterschaft, München 1972; K. BOSL, Die Grundlagen der modernen Gesellschaft in Deutschland, 2 Teile, Stuttgart 1972; E. MASCHKE und J. SYDOW (Hg.), Stadt und Ministerialität, Stuttgart 1973; W. PARAVICINI, Die Erhebung der Herren von Staufen in den Freiherrenstand, in: Schau-ins-Land 92, 1974, 69–76; F. L. WAGNER (Hg.), Ministerialität im Pfälzer Raum, Speyer 1975; K. RUSER, Zur Geschichte der Gesellschaften von Herren, Rittern und Knechten in Süddeutschland während des 14. Jahrhunderts, in: Zeitschrift für württembergische Landesgeschichte 34/35, 1975/76, 1–100; R. SPRANDEL, Die Ritterschaft und das Hochstift Würzburg im Spätmittelalter, in: JfL 36, 1976, 117–143; A. BORST (Hg.), Das Rittertum im Mittelalter, in: WdF 349, Darmstadt 1976; A. BICKEL, Die Herren von Hallwil im Mittelalter, Aarau 1978; K.-H. SPIESS, Reichsministerialität und Lehnswesen im späten Mittelalter, in: Geschichtliche Landeskunde 17, 1978, 56–78; V. RÖDEL, Reichslehnswesen, Ministerialität, Burgmannschaft und Niederadel, Darmstadt und Marburg 1979; K. BRUNNER und F. DAIM, Ritter, Knappen, Edelfrauen, Wien, Köln und Graz 1981; K. ANDERMANN, Studien zur Geschichte des pfälzischen Niederadels im späten Mittelalter, Speyer 1982; V. FELLER-VEST, Die Herren von Hattstadt, Bern und Frankfurt am Main 1982; TH. SCHILP, Die Reichsburg Friedberg im Mittelalter, in: Wetterauer Geschichtsblätter 31, 1982; TH. VOGTHERR, Wirtschaftlicher und sozialer Wandel im Lüneburger Landadel während des späten Mittelalters, Hildesheim 1983.

Höfe, Burgen, feste Häuser: H. KUNSTMANN, Mensch und Burg, Würzburg 1967; M. PIENDL, Hab und Gut eines bayerischen Ritters im 14. Jahrhundert, in: Festschrift für M. SPINDLER, München 1969, 193–213; G. HÖDL, Friedrich der Schöne und die Residenz Wien, in: Jahrbuch des Vereins für Geschichte der Stadt Wien 26, 1970, 7–35; D. MENCLOVÁ, České hrady, 2 Bde, Prag 1972; R. ENDRES, Adelige Lebensformen in Franken zur Zeit des Bauernkriegs, Würzburg 1974; H. PATZE (Hg.), Die Burgen im deutschen Sprachraum, 2 Bde, in: VuF 19, Sigmaringen 1976 (grundlegend); Burgen aus Holz und Stein, Olten und Freiburg i. Br. 1979; W. HOTZ, Kleine Kunstgeschichte der deutschen Burg, Darmstadt ⁴1979; Adelige Sachkultur des Spätmittelalters, in: SB Wien 400, Wien 1982; G. BINDING u. a., Burg, in: Lexikon des Mittelalters, Bd 2, München und Zürich 1983, 957–1003; A. ANTONOW, Planung und Bau von Burgen im süddeutschen Raum, Frankfurt am Main 1983; M. BITSCHNAU, Burgen und Adel in Tirol zwischen 1050 und 1300, in: SB Wien 403, Wien 1983.

Ländliches Leben und Wirtschaften

Grundherrschaft und Dorf; Bauern und Häusler; Ackerbau, Viehzucht und besondere Kulturen: K. LAMPRECHT, Deutsches Wirtschaftsleben im Mittelalter, 3 Teile, Leipzig 1885/86 (klassisch); H. MENDTHAL (Hg.), Geometria Culmensis, Leipzig 1886; K. S. BADER, Studien zur Rechtsgeschichte des mittelalterlichen Dorfes, 3 Bde, Weimar, Köln und Wien 1957–1973 (äußerst materialreich, grundlegend für den Südwesten); H. DUBLED, Grundherrschaft und Dorfgerichtsbarkeit im Elsaß, in: DA 17, 1961, 518–526; G. DUBY, L'économie rurale et la vie des champagnes dans l'Occident médiéval, 2 Bde, Paris 1962; F. POSCH (Hg.), Das Bauerntum in der Steiermark, Graz 1963; B. H. SLICHER VAN BATH, The agrarian history of Western Europe, a.D. 500–1850, London 1963; Die Anfänge der Landgemeinde und ihr Wesen, 2 Bde, in: VuF 7/8, Konstanz und Stuttgart 1964; G. FRANZ (Hg.), Quellen zur Geschichte des deutschen Bauernstandes im Mittelalter, in: AQDGM 31, Darmstadt 1967; W. STÖRMER, Probleme der spätmittelalterlichen Grundherrschaft und Agrarstruktur in Franken, in: ZBLG 30, 1967, 118–160; W. A. BOELCKE, Wandlungen der dörflichen Sozialstruktur während Mittelalter und Neuzeit, in: Wege und Forschungen der Agrargeschichte, Festschrift G. FRANZ, Frankfurt am Main 1967, 80–103; G. FRANZ (Hg.), *Deutsche Agrargeschichte,* Bd 2: W. ABEL, Geschichte der deutschen Landwirtschaft vom frühen Mittelalter bis zum 19. Jahrhundert, Stuttgart ³1978; Bd 3: F. LÜTGE, Geschichte der deutschen Agrarverfassung vom frühen Mittelalter bis zum 19. Jahrhundert, Stuttgart ²1967; Bd 4: G. FRANZ, Geschichte des deutschen Bauernstandes vom frühen Mittelalter bis zum 19. Jahrhundert, Stuttgart ²1976; E. WEIS, Ergebnisse eines Vergleichs der grundherrschaftlichen Strukturen Deutschlands und Frankreichs vom 13. bis zum Ausgang des 18. Jahrhunderts, in: VSWG 57, 1970, 1–14; H. JÄNICHEN, Beiträge zur Wirtschaftsgeschichte des schwäbischen Dorfes, Stuttgart 1970; G. FOURQUIN, Le paysan d'Occident au moyen âge, Paris 1972; H. KELLENBENZ (Hg.), Agrarisches Nebengewerbe und Formen der Reagrarisierung im Spätmittelalter und 19./20. Jahrhundert, Stuttgart 1975; G. FRANZ (Hg.), Bauernschaft und Bauernstand, 1500–1970, Limburg an der Lahn 1975; W. GUDDAT, Die Entstehung und Entwicklung der privaten Grundherrschaften in den Ämtern Brandenburg und Balga (Ostpreußen), Marburg 1975; S. EPPERLEIN, Der Bauer im Bild des Mittelalters, Leipzig 1975; J. HÄHNEL, Die Stube, Münster 1975; M. NIKOLAY-PANTER, Entstehung und Entwicklung der Landgemeinde im Trierer Raum, Bonn 1976; G. FRANZ (Hg.), Deutsches Bauerntum im Mittelalter, in: WdF 416, Darmstadt 1976; J. GOODY u. a. (Hg.), Family and inheritance, Rural society in Western Europe, 1200–1800, Cambridge 1976; P. BLICKLE (Hg.), Deutsche Ländliche Rechtsquellen, Stuttgart 1977; G. SIVÉRY, Structures agraires et vie rurale dans le Hainaut à la fin du moyen âge, 2 Bde, Lille 1977/1980; K. BEDAL, Historische Hausforschung, Münster 1978; F. W. HENNING, Landwirtschaft und ländliche Gesellschaft in Deutschland, Bd 1: 800 bis 1750, Paderborn 1979; E. ENNEN und W. JANSSEN, Deutsche Agrargeschichte, Wiesbaden 1979; W. RÖSENER, Die spätmittelalterliche Grundherrschaft im südwestdeutschen Raum als Problem der Sozialgeschichte, in: ZGO 127, 1979, 17–69; H.-M. MAURER, Masseneide gegen Abwanderung im 14. Jahrhundert, in: Zeitschrift für württembergische Landesgeschichte 39, 1980, 30–99; U. BENTZIEN, Bauernarbeit im Feudalismus, Berlin 1980; J. CHAPELOT und R. FOSSIER, Le village et la maison au moyen âge, Paris 1980; W. RIBBE, Zur rechtlichen, wirtschaftlichen und ethnischen Stellung der Kossäten, in: W. H. FRITZE (Hg.), Germania slavica, Bd 2, Berlin 1981, 21–40; W. RÖSENER u. a., Bauer, Bauerntum, in: Lexikon des Mittelalters, Bd 1, München und Zürich 1980, 1563–1604; K. BEDAL und H. HINZ, Bauernhaus, in: Lexikon des Mittelalters, Bd 1, 1606–1619; PH. DOLLINGER, Der bayerische Bauernstand vom 9. bis zum 13. Jahrhundert, München 1982 (klassisch); J. KÜMMELL, Bäuerliche Gesellschaft und städtische Herrschaft im Spätmittelalter, Konstanz 1983; H. PATZE (Hg.), Die Grundherrschaft im späten Mittelalter, 2 Bde, in: VuF 27, Sigmaringen 1983 (grundlegend); K. J. HEINISCH, Landes-, Grund- und Gutsherrschaft in Schlesien am Beispiel von Dittersdorf bei Neustadt O. S., in: Jahrbuch der Schlesischen Friedrich-Wilhelms-Universität zu Breslau 24, 1983, 127–162; G. DROEGE, Gemeindliche Selbstverwaltung und Grundherrschaft, in: K. G. A. JESERICH, H. POHL und G.-C. v. UNRUH (Hg.), Deutsche Verwaltungsgeschichte, Bd 1, Stuttgart 1983, 193–213; H. REYER, Die Dorfgemeinde im nördlichen Hessen, Marburg 1983; Bäuerliche Sachkultur des Spätmittelalters, in: SB Wien 439, Wien 1984.

Zwei Beispiele: Mußbach in der Pfalz und Königshagen am Harz: K. BAUER, Zur ländlichen Verfassung der Vorderpfalz, in: Mitteilungen des Historischen Vereins der Pfalz 52, 1954, 47–110; O. SARTORIUS, Mußbach, Speyer 1959; Neustadt an der Weinstraße, Neustadt 1975; W. JANSSEN, Königshagen, Hildesheim 1965. – Ähnliche Einzeluntersuchungen: V. NEKUDA, Pfaffenschlag, Brünn 1975; D. NICHOLAS, Weert, A Scheldt Polder village in the fourteenth Century, in: Journal of Medieval History 2, 1976, 239–268; M. BALZER, Untersuchungen zur Geschichte des Grundbesitzes in der Paderborner Feldmark, München 1977; W. A. BOELCKE, Die Grundbesitzverhältnisse auf der Gemarkung Kornwestheim um 1365, in: Historischer Atlas von Baden-Württemberg, Erläuterungen, 8. Lieferung (Beiwort zu Karte IX,3), Stuttgart 1980.

Städtisches Leben und Wirtschaften

Hinter der Mauer – Allgemeines: E. KEYSER (Hg.), Bibliographie zur Städtegeschichte Deutschlands, Köln und Wien 1969; W. RAUSCH (Hg.), Bibliographie zur Geschichte der Städte Österreichs, Linz 1984; E. KEYSER und H. STOOB (Hg.), Deutsches Städtebuch, Bde 1–5,2, Stuttgart und Berlin 1939–1974; A. HOFFMANN (Hg.), Österreichisches Städtebuch, Bde 1–5,1, Wien 1968–1980; H. STOOB (Hg.), Deutscher Städteatlas, 1.–3. Lieferung, Dortmund 1973–1984; M. WEBER, Wirtschaft und Gesellschaft, J. WINKELMANN (Hg.), Köln und Berlin 1964 (klassisch); W. RAUSCH (Hg.), Die Städte Mitteleuropas im 12. und 13. Jahrhundert, Linz 1963; H. STOOB, Forschungen zum Städtewesen in Europa, Bd 1, Köln und Wien 1970; W. RAUSCH (Hg.), Stadt und Stadtherr im 14. Jahrhundert, Linz 1972; DERS. (Hg.), Die Stadt am Ausgang des Mittelalters, Linz 1974;

B. TÖPFER (Hg.), Stadt und Städtebürgertum in der deutschen Geschichte des 13. Jahrhunderts, Berlin 1976; C. HAASE (Hg.), Die Stadt des Mittelalters, 3 Bde, in: WdF 243–245, Darmstadt $^{2-3}$1976–1984; E. ENNEN, Gesammelte Abhandlungen zum europäischen Städtewesen und zur rheinischen Geschichte, Bonn 1977; W. EHBRECHT (Hg.), Voraussetzungen und Methoden geschichtlicher Städteforschung, Köln und Wien 1979; H. STOOB (Hg.), Die Stadt, Köln 1979; W. MÄGDEFRAU (Hg.), Europäische Stadtgeschichte in Mittelalter und früher Neuzeit, Weimar 1979; E. ENNEN, Die europäische Stadt des Mittelalters, Göttingen ^{3}1979; E. MEYNEN (Hg.), Zentralität als Problem der mittelalterlichen Stadtgeschichtsforschung, Köln und Wien 1979; E. MASCHKE, Städte und Menschen, Wiesbaden 1980; W. BERNHARDT (Hg.), Acht Jahrhunderte Stadtgeschichte, Sigmaringen 1981; F. B. KAISER und B. STASIEWSKI (Hg.), Stadt und Wirtschaft im deutschen Osten und in Ostmitteleuropa, Köln und Wien 1982; B. DIESTELKAMP (Hg.), Beiträge zum spätmittelalterlichen Städtewesen, Köln und Wien 1982; H. JÄGER, F. PETRI und H. QUIRIN (Hg.), Civitatum communitas, Festschrift für H. STOOB, 2 Teile, Köln und Wien 1984. – *Moderne Stadtgeschichten:* G. PFEIFFER (Hg.), Nürnberg, Geschichte einer europäischen Stadt, München 1971; Wien im Mittelalter, Wien o. J. (1975); E. LICHTENBERGER, Die Wiener Altstadt, Wien 1977, G. LIVET und F. RAPP (Hg.), Histoire de Strasbourg des origines à nos jours, Bd 2, Straßburg 1981; H.-D. LOOSE (Hg.), Hamburg, Geschichte der Stadt und ihrer Bewohner, Bd 1, Hamburg 1982; W. EGER (Hg.), Geschichte der Stadt Speyer, Bde 1 und 2, Stuttgart ^{2}1983; H.-P. BECHT (Hg.), Pforzheim im Mittelalter, Sigmaringen 1983; G. GOTTLIEB u. a. (Hg.), Geschichte der Stadt Augsburg, Stuttgart 1984. – *Städtisches Leben:* A. BERNT und G. BINDING (Hg.), Das deutsche Bürgerhaus, 34 Bde, Tübingen 1959–1984; A. BERNT, Deutsche Bürgerhäuser, Tübingen 1968; E. MASCHKE und J. SYDOW (Hg.), Stadterweiterung und Vorstadt, Stuttgart 1969; Das Leben in der Stadt des Spätmittelalters, in: SB Wien 325, Wien 1977; Archäologie des Mittelalters und der Neuzeit in Niedersachsen, Hannover o. J. (um 1978); M. HASSE, Neues Hausgerät, neue Häuser, neue Kleider, in: Zeitschrift für Archäologie des Mittelalters 7, 1979, 7–83; Archäologie in Lübeck, Lübeck 1980; J. SYDOW (Hg.), Städtische Versorgung und Entsorgung im Wandel der Geschichte, Sigmaringen 1981; B. KIRCHGÄSSNER und J. SYDOW (Hg.), Stadt und Gesundheitspflege, Sigmaringen 1982; H. KELLENBENZ (Hg.), Wirtschaftsentwicklung und Umweltbeeinflussung, 14.–20. Jahrhundert, Wiesbaden 1982; Aus dem Alltag der mittelalterlichen Stadt, Bremen o. J. (1982); C. MECKSEPER, Kleine Kunstgeschichte der deutschen Stadt im Mittelalter, Darmstadt 1982.

Verfassung und Recht: F. KEUTGEN, Ämter und Zünfte, Jena 1903 (klassisch); H. LENTZE, Der Kaiser und die Zunftverfassung in den Reichsstädten bis zum Tode Karls IV., Breslau 1933; H. RABE, Der Rat der niederschwäbischen Reichsstädte, Köln und Graz 1966; G. LANDWEHR, Die Verpfändung der deutschen Reichsstädte im Mittelalter, Köln und Graz 1967; P. EITEL, Die oberschwäbischen Reichsstädte im Zeitalter der Zunftherrschaft, Stuttgart 1970; G. F. SOLLBACH, Autonomie und Selbstverwaltung der Reichsstadt Dortmund im Mittelalter, in: Jahrbuch des Vereins für Geschichte und Heimatkunde in der Grafschaft Mark 73, 1975; B. SCHEPER, Frühe bürgerliche Institutionen norddeutscher Hansestädte, Köln und Wien 1975; E. MASCHKE und J. SYDOW (Hg.), Städtisches Haushalts- und Rechnungswesen, Sigmaringen 1977; W. JANSSEN, Stadt und Stadtherr am Niederrhein im späteren Mittelalter, in: RhVjB 42, 1978, 185–208; P. MORAW, Reichsstadt, Reich und Königtum im späten Mittelalter, in: ZHF 6, 1979, 385–424; E. ISENMANN, Reichsstadt und Reich an der Wende vom späten Mittelalter zur frühen Neuzeit, in: J. ENGEL (Hg.), Mittel und Wege früher Verfassungspolitik, Stuttgart 1979, 9–223; Wiens Bürgermeister im Spätmittelalter, Wien 1980; B. SCHEPER, Anmerkungen zur Entstehung des Rates in Deutschland mit besonderer Berücksichtigung der nordwestdeutschen Städte, in: Die alte Stadt 7, 1980, 237–255; H.-R. HAGEMANN, Basler Rechtsleben im Mittelalter, Basel und Frankfurt am Main 1981; G. DROEGE, Die Stellung der Städte, in: K. G. A. JESERICH, H. POHL und G.-C. v. UNRUH (Hg.), Deutsche Verwaltungsgeschichte, Bd 1, Stuttgart 1983, 177–187; H. BOOCKMANN, Spätmittelalterliche deutsche Stadt-Tyrannen, in: BDLG 119, 1983, 73–91.

Ratsfamilien und Handwerker: R. STEIN, Der Rat und die Ratsgeschlechter des alten Breslau, Würzburg 1963; P. WILPERT (Hg.), Beiträge zum Berufsbewußtsein des mittelalterlichen Menschen, Berlin 1964; A. DREHER, Das Patriziat der Reichsstadt Ravensburg, Stuttgart 1966; E. MASCHKE und J. SYDOW (Hg.), Gesellschaftliche Unterschichten in den südwestdeutschen Städten, Stuttgart 1967; H. RÖSSLER (Hg.), Deutsches Patriziat, 1430–1740, Limburg an der Lahn 1968; K. SCHULZ, Die Ministerialität als Problem der Stadtgeschichte, in: RhVjB 32, 1968, 184–219; DERS., Ministerialität und Bürgertum in Trier, Bonn 1968; E. MASCHKE und J. SYDOW (Hg.), Städtische Mittelschichten, Stuttgart 1972; DIES. (Hg.), Stadt und Ministerialität, Stuttgart 1973; TH. MAYER (Hg.), Untersuchungen zur gesellschaftlichen Struktur der mittelalterlichen Städte in Europa, in: VuF 11, Sigmaringen ²1974; A. HAVERKAMP, Die »frühbürgerliche« Welt im hohen und späten Mittelalter, in: HZ 221, 1975, 572–602; F. GÖTTMANN, Die Frankfurter Bäckerzunft im späten Mittelalter, Frankfurt am Main 1975; J. ELLERMEYER, Sozialgruppen, Selbstverständnis, Vermögen und städtische Verordnungen, in: BDLG 113, 1977, 203–275; F. GÖTTMANN, Handwerk und Bündnispolitik, Wiesbaden 1977; W. HERBORN, Die politische Führungsschicht der Stadt Köln im Spätmittelalter, Bonn 1977; H. STOOB (Hg.), Altständisches Bürgertum, 2 Bde, in: WdF 352 und 417, Darmstadt 1978; W. EHBRECHT (Hg.), Städtische Führungsgruppen und Gemeinde in der werdenden Neuzeit, Köln und Wien 1980; J. FLECKENSTEIN, Vom Stadtadel im spätmittelalterlichen Deutschland, in: Zeitschrift für Siebenbürgische Landeskunde IV. F. 3, 1980, 1–13; G. WUNDER, Die Bürger von Hall, Sigmaringen 1980; J. ELLERMEYER, »Schichtung« und »Sozialstruktur« in spätmittelalterlichen Städten, in: Geschichte und Gesellschaft 6, 1980, 125–149; W. REININGHAUS, Die Entstehung der Gesellengilden im Spätmittelalter, Wiesbaden 1981; G. MEYER, Geld und Amt in der ersten Hälfte des 14. Jahrhunderts, Der Aachener Bürger Arnoldus Parvus, in: RhVjB 45, 1981, 112–134; B. BERTHOLD, Charakter und Entwicklung des Patriziats in mittelalterlichen deutschen Städten, in: Jahrbuch für Geschichte des Feudalismus 6, 1982, 195–241; O. G. OEXLE, Die mittelalterliche Zunft als Forschungsproblem, in: BDLG 118, 1982, 1–44; G. MÖNCKE (Hg.), Quellen zur Wirtschafts- und Sozialgeschichte mittel- und oberdeutscher Städte im Spätmittelalter, in: AQDGM 37, Darmstadt 1982; U. DIRLMEIER, Merkmale des sozialen Aufstiegs und der Zuordnung zur Führungsschicht in süddeutschen Städten des Spätmittelalters, in: H.-P. BECHT (Hg.), Pforzheim im Mittelalter, Sigmaringen 1983, 77–106; Aristocrazia cittadina e ceti popolari nel tardo medioevo in Italia e in Germania, Bologna 1984; R. SCHRÖDER, Zur Arbeitsverfassung des Spätmittelalters, Berlin 1984; K. SCHULZ, Handwerksgesellen und Lohnarbeiter, Sigmaringen 1985; B. SCHWINEKÖPER (Hg.), Gilden und Zünfte, in: VuF 29, Sigmaringen 1985.

Geld, Handel, Gewerbe: G. SCHMOLLER, Die Straßburger Tucher- und Weberzunft und das Deutsche Zunftwesen vom 13. bis 17. Jahrhundert, Straßburg 1881 (klassisch); O. GÖNNENWEIN, Das Stapel- und Niederlagsrecht, Weimar 1939; E. WASCHINSKI, Währung, Preisentwicklung und Kaufkraft des Geldes in Schleswig-Holstein von 1226 bis 1844, Neumünster 1952; DERS., Die Münz- und Währungsverhältnisse des Deutschen Ordens in Preußen, ihre historischen Probleme und seltenen Gepräge, Göttingen 1952; H. AMMANN, Maastricht in der mittelalterlichen Wirtschaft, in: Mélanges FELIX ROUSSEAU, Études sur l'histoire du pays mosan au moyen âge, Brüssel 1958, 21–46; E. NAU, Stadt und Münze in späterem Mittelalter und beginnender Neuzeit, in: BDLG 100, 1964, 145–158; P. BERGHAUS, Die Münzpolitik der deutschen Städte im Mittelalter, in: Finance et comptabilité urbaines du XIIIe au XVIe siècle, Brüssel 1964, 75–84; DERS., Umlauf und Nachprägung des Florentiner Guldens nördlich der Alpen, in: Congresso internazionale di Numismatica Roma ... 1961, Rom 1965, 595–607; B. KIRCHGÄSSNER, Währungspolitik, Stadthaushalt und soziale Fragen südwestdeutscher Reichsstädte im Spätmittelalter, in: Jahrbuch für Geschichte der oberdeutschen Reichsstädte 11, 1965, 90–127; U. DIRLMEIER, Mittelalterliche Hoheitsträger im wirtschaftlichen Wettbewerb, Wiesbaden 1966; A. SUHLE, Deutsche Münz- und Geldgeschichte von den Anfängen bis zum 15. Jahrhundert, München 1970; G. NAGEL, Das mittelalterliche Kaufhaus und seine Stellung in der Stadt, Berlin 1971; F. WIELANDT, Badische Geldgeschichte, Karlsruhe ²1973; G. PROBSZT, Österreichische Münz- und Geldgeschichte, Wien, Köln und Graz 1973; W. GOEZ, Augsburg und Italien im Mittelalter, in: Zeitschrift für Stadtgeschichte, Stadtsoziologie und Denkmalspflege 1, 1974, 196–220; R. SPRANDEL, Das mittelalterliche Zahlungssystem nach hansisch-nordischen Quellen des 13.–15. Jahrhunderts, Stuttgart 1975; Zwei Jahrtausende Kölner Wirtschaft, Bd 1, Köln 1975; I.-M. PETERS, Das mittelalterliche Zahlungssystem als Problem der Landesgeschichte, in: BDLG 112, 1976, 139–183, und 113, 1977, 141–202; F. IRSIGLER, Die wirtschaftliche Stellung der Stadt Köln im 14. und 15. Jahrhundert, Wiesbaden 1979; E. MÜLLER-MERTENS u. a. (Hg.), Zins, Profit, Ursprüngliche Akkumulation, in: Hansische Studien 5, Weimar 1981;

Deutsches Handwerk in Spätmittelalter und früher Neuzeit, Göttingen 1983.

Frömmigkeit und Kirche

Beten, Opfern, Gott schauen: K. RUH (Hg.), Altdeutsche und Altniederländische Mystik, in: WdF 23, Darmstadt 1964; R. KIESSLING, Bürgerliche Gesellschaft und Kirche in Augsburg im Spätmittelalter, Augsburg 1971; M. ZENDER, Räume und Schichten mittelalterlicher Heiligenverehrung in ihrer Bedeutung für die Volkskunde, Düsseldorf [2]1973; DERS., Heiligenverehrung im Hanseraum, in: HGB 92, 1974, 1–15; H. STAHLEDER, Das Weltbild Bertholds von Regensburg, in: ZBLG 37, 1974, 728–798; H. MOLITOR, Frömmigkeit in Spätmittelalter und früher Neuzeit als historisch-methodisches Problem, in: Festgabe für E. W. ZEEDEN, Münster 1976, 1–20; B. HAMM, Frömmigkeit als Gegenstand theologischer Forschung, in: Zeitschrift für Theologie und Kirche 74, 1977, 464–497; H. JOHAG, Die Beziehungen zwischen Klerus und Bürgerschaft in Köln zwischen 1250 und 1350, Bonn 1977; M. WEITLAUFF, Margareta Ebner, in: K. RUH u. a. (Hg.), Die deutsche Literatur des Mittelalters, Verfasserlexikon, Bd 2, Berlin und New York [2]1980, 303–306; K. RUH, Meister Eckhart, ebd., 327–348; J. SYDOW (Hg.), Bürgerschaft und Kirche, Sigmaringen 1980; L. COGNET, Gottes Geburt in der Seele, Freiburg i. Br. 1980; K. RUH, Vorbemerkungen zu einer neuen Geschichte der abendländischen Mystik im Mittelalter, in: SB München, München 1982; U. KERN, Meister Eckhart, in: TRE 9, 1982, 258–264; P.-G. GIERATHS, Die deutsche Dominikanermystik des Mittelalters, in: Aus Kirche und Reich, Festschrift für F. KEMPF, Sigmaringen 1983, 431–445.
Papst, Bischof, Pfarrer, Vikar: A. WERMINGHOFF, Verfassungsgeschichte der deutschen Kirche im Mittelalter, Leipzig und Berlin [2]1913; D. KURZE, Pfarrerwahlen im Mittelalter, Köln und Graz 1966; E. FRHR. V. GUTTENBERG und A. WENDEHORST, Das Bistum Bamberg, Bd 2, in: Germania sacra II, 1,2, Berlin 1966; B. MOELLER, Kleriker als Bürger, Göttingen 1972; R. W. SOUTHERN, Kirche und Gesellschaft im Abendland des Mittelalters, Berlin und New York 1976; D. KURZE, Der niedere Klerus in der sozialen Welt des späteren Mittelalters, in: Beiträge zur Wirtschafts- und Sozialgeschichte des Mittelalters, Festschrift für H. HELBIG, Köln und Wien 1976, 273–305; I. HLAVÁČEK, Zum Urkunden- und Geschäftsgut der Pfarreien und ihrer Pfarrherren im vorhussitischen Böhmen, in: Grundwissenschaften und Geschichte, Festschrift für P. ACHT, Kallmünz 1976, 242–255; D. DEMANDT, Stadtherrschaft und Stadtfreiheit im Spannungsfeld von Geistlichkeit und Bürgerschaft in Mainz, 11.–15. Jahrhundert, Wiesbaden 1977; H. PATZE, Bürgertum und Frömmigkeit im mittelalterlichen Braunschweig, in: Braunschweigisches Jahrbuch 8, 1977, 9–30; B. SCHIMMELPFENNIG, Zölibat und Lage der »Priestersöhne« vom 11. bis 14. Jahrhundert, in: HZ 227, 1978, 1–44; R. HOLBACH, Stiftsgeistlichkeit im Spannungsfeld von Kirche und Welt, 2 Teile, Trier 1982; P. MORAW, Geistliche Fürstentümer I, Mittelalter, in: TRE 11, 1983, 711–715; B. SCHIMMELPFENNIG, Das Papsttum, Darmstadt 1984.
Bettelmönche, fromme Frauen, Ketzer: E. G. NEUMANN, Rheinisches Beginen- und Begardenwesen, Meisenheim 1960; H. GRUNDMANN, Religiöse Bewegungen im Mittelalter, Darmstadt [2]1961; M. SCHNEIDER, Europäisches Waldensertum im 13. und 14. Jahrhundert, Berlin und New York 1961; G. LEFF, Heresy in the later middle ages, 2 Bde, Manchester und New York 1967; A. PATSCHOVSKY, Der Passauer Anonymus, Stuttgart 1968; Hérésies et sociétés dans l'Europe préindustrielle, XIe–XVIIIe siècles, Paris und Den Haag 1968; B. E. J. STÜDELI, Minoritenniederlassungen und mittelalterliche Stadt, Werl 1969; J. B. RUSSELL, Witchcraft in the middle ages, Ithaca und London 1972; F. GRAUS, Ketzerbewegungen und soziale Unruhe im 14. Jahrhundert, in: ZHF 1, 1974, 3–12; A. PATSCHOVSKY, Straßburger Beginenverfolgungen im 14. Jahrhundert, in: DA 30, 1974, 56–198; D. KURZE, Quellen zur Ketzergeschichte Brandenburgs und Pommerns, Berlin und New York 1975; R. KIECKHEFER, European witch trials, London 1976; J. B. FREED, The friars and German society in the thirteenth century, Cambridge, Mass., 1977; J.-C. SCHMITT, Mort d'une hérésie, Paris 1978; A. BORST, Mönche am Bodensee, 610–1525, Sigmaringen 1978; D. KURZE, Häresie und Minderheiten im Mittelalter, in: HZ 229, 1979, 529–573; K. ELM, Verfall und Erneuerung des Ordenswesens im Spätmittelalter, in: Untersuchungen zu Kloster und Stift, Göttingen 1980, 188–238; Klösterliche Sachkultur des Spätmittelalters, in: SB Wien 367, Wien 1980; M. D. L. LAMBERT, Ketzerei im Mittelalter, München 1981; K. ELM (Hg.), Stellung und Wirksamkeit der Bettelorden in der städtischen Gesellschaft, Berlin 1981; B. NEIDIGER, Mendikanten zwischen Ordensideal und städtischer Realität, Berlin 1981; K.

Elm und R. Manselli, Beg(h)arden, Beg(h)inen, in: Lexikon des Mittelalters, Bd 1, München und Zürich 1980, 1798–1803; K. Elm, Bettelorden, ebd., 2088–2093; G. Jászai (Hg.), Monastisches Westfalen, Klöster und Stifte, 800–1800, Münster 1982; M. Parisse, La Lorraine monastique, Nancy 1981; K. Elm u. a. (Hg.), Die Zisterzienser, Bonn 1980; Ergänzungsband, Köln 1982; M. Erbstösser, Ketzer im Mittelalter, Stuttgart 1984.

Das Erbe der Staufer und seine Überwindung

Reich und König

Idee und Wirklichkeit des Reiches; Papsttum und Kaisertum: W. Goez, Translatio Imperii, Tübingen 1958; F. Baethgen, Der Anspruch des Papstes auf das Reichsvikariat, in: Ders., Mediaevalia, Bd 1, Stuttgart 1960, 110–185; F. Trautz, Die Reichsgewalt in Italien im Spätmittelalter, in: Heidelberger Jahrbücher 7, 1963, 45–81; W. Conze u. a., Monarchie, in: O. Brunner, W. Conze und R. Kosselleck (Hg.), Geschichtliche Grundbegriffe, Bd 4, Stuttgart 1978, 133–214; E. Schubert, König und Reich, Göttingen 1979; H. Lutz (Hg.), Das römisch-deutsche Reich im politischen System Karls V., München 1982; H. Heimpel, Königlicher Weihnachtsdienst auf den Konzilien von Konstanz und Basel, in: N. Kamp und J. Wollasch (Hg.), Tradition als historische Kraft, Berlin und New York 1982, 388–411; Ders., Königlicher Weihnachtsdienst im späteren Mittelalter, in: DA 39, 1983, 131–206; L. Weinrich (Hg.), Quellen zur Verfassungsgeschichte des römisch-deutschen Reiches im Spätmittelalter, 1250–1500, in: AQDGM 33, Darmstadt 1983; P. Moraw, Reich I–III, in: O. Brunner, W. Conze und R. Koselleck (Hg.), Geschichtliche Grundbegriffe, Bd 5, Stuttgart 1984, 423–456.

Der überforderte König: W. Küster, Das Reichsgut in den Jahren 1273–1313, Diss. Leipzig 1883; H. Troe, Münze, Markt und Zoll und ihre finanzielle Bedeutung für das Reich vom Ausgang der Staufer bis zum Regierungsantritt Karls IV., Stuttgart und Berlin 1937; K. Colberg, Reichsreform und Reichsgut im späten Mittelalter, Ms. Diss. Göttingen 1966; H. Angermeier, Königtum und Landfriede im deutschen Spätmittelalter, München 1966; F. Wieacker, Privatrechtsgeschichte der Neuzeit, Göttingen [2]1967; G. Landwehr, Königtum und Landfriede, in: Der Staat 7, 1968, 84–97; D. Unverhau, Approbatio – Reprobatio, Lübeck 1973; W. Becker, Der Kurfürstenrat, Münster 1973; P. Moraw, Zum königlichen Hofgericht im deutschen Spätmittelalter, in: ZGO 121, 1973, 307–317; F. Battenberg, Gerichtsschreiberamt und Kanzlei am Reichshofgericht 1235–1451, Köln und Wien 1974; E. Schubert, Die Stellung der Kurfürsten in der spätmittelalterlichen Reichsverfassung, in: Jahrbuch für westdeutsche Landesgeschichte 1, 1975, 97–128; P. Moraw, Noch einmal zum königlichen Hofgericht im deutschen Spätmittelalter, in: ZGO 123, 1975, 103–114; E. Schubert, Königswahl und Königtum im spätmittelalterlichen Reich, in: ZHF 4, 1977, 257–338; B. Diestelkamp, Der Stand der Arbeiten zur Erschließung der Quellen des Reichskammergerichts, in: Consilium magnum, 1473–1973, Brüssel 1977, 199–213; B. Castorph, Die Ausbildung des römischen Königswahlrechts, Göttingen 1978; U. Rödel, Königliche Gerichtsbarkeit und Streitfälle der Fürsten und Grafen im Südwesten des Reiches, 1250–1313, Köln und Wien 1979; K.-F. Krieger, Die Lehnshoheit der deutschen Könige im Spätmittelalter, ca. 1200–1437, Aalen 1979; F. Battenberg, Das Hofgerichtssiegel der deutschen Kaiser und Könige, 1235–1451, Köln und Wien 1979; Ders., Beiträge zur höchsten Gerichtsbarkeit im Reich im 15. Jahrhundert, Köln und Wien 1981; P. Hoffmann, Die bildlichen Darstellungen des Kurfürstenkollegiums von den Anfängen bis zum Ende des Hl. Römischen Reiches, 13.–18. Jahrhundert, Bonn 1982; P. Moraw, Die kurfürstliche Politik der Pfalzgrafschaft im Spätmittelalter, in: Jahrbuch für westdeutsche Landesgeschichte 9, 1983, 75–97.

Die Verwaltung des Königs: Th. Fellner und H. Kretschmayr, Die österreichische Zentralverwaltung, Abt. 1, Bd 1–2, Wien 1907; I. Žolger, Der Hofstaat des Hauses Österreich, Wien und Leipzig 1917; F. Schunder, Das Reichsschultheißenamt in Frankfurt am Main bis 1372, in: Archiv für Frankfurts Geschichte und Kunst 42, 1954, 7–99; U. Knolle, Studien zum Ursprung und zur Geschichte des Reichsfiskalats im 15. Jahrhundert, Diss. Freiburg i. Br. 1960; W. Trusen, Anfänge des gelehrten Rechts in Deutschland, Wiesbaden 1962; D. Karasek, Konrad von Weinsberg, Diss. Erlangen 1967; G. Landwehr, Die Verpfändung der deutschen Reichsstädte im Mittelalter, Köln 1967; W. Hermkes, Das Reichsvikariat in Deutschland, Karlsruhe 1968; H.-G. Krause, Pfandherrschaften als verfassungsgeschichtliches Problem, in: Der Staat 9, 1970, 387–404, 515–

532; H. Patze, Neue Typen des Geschäftsschriftguts im 14. Jahrhundert, in: Ders. (Hg.), Der deutsche Territorialstaat im 14. Jahrhundert, Bd 1, VuF 22, Sigmaringen 1970, 9–64; A. Wendehorst, Gregor Heimburg, in: Fränkische Lebensbilder, Bd 4, Würzburg 1971, 112–129; F. Schwind, Die Landvogtei in der Wetterau, Marburg 1972; H. Coing (Hg.), Handbuch der Quellen und Literatur der neueren europäischen Privatrechtsgeschichte, Bd 1, München 1973; P. Moraw, Franken als königsnahe Landschaft im späten Mittelalter, in: BDLG 112, 1976, 123–138; Ders., Hessen und das deutsche Königtum im späten Mittelalter, in: HJLG 26, 1976, 43–95; H. Patze, Die Hofgesellschaft Karls IV. und König Wenzels in Prag, in: Ders. (Hg.), Kaiser Karl IV., 1316–1378, Forschungen über Kaiser und Reich, Neustadt/Aisch 1978, 733–773; H. E. Erlanger, Die Reichsmünzstätte in Nürnberg, Nürnberg 1979; H.-G. Hofacker, Die schwäbischen Reichslandvogteien im späten Mittelalter, Stuttgart 1980; H. Hattenhauer, Geschichte des Beamtentums, Köln 1980; E. Isenmann, Reichsfinanzen und Reichssteuern im 15. Jahrhundert, in: ZHF 7, 1980, 1–76, 129–218; P. Moraw, Zur Mittelpunktsfunktion Prags im Zeitalter Karls IV., in: Europa slavica – Europa orientalis, Festschrift für H. Ludat, Berlin 1980, 445–489; Ders., Wesenszüge der Regierung und Verwaltung des deutschen Königs im Reich, ca. 1350–1450, in: W. Paravicini und K. F. Werner (Hg.), Histoire comparée de l'administration, IVe–XVIIIe siècles, München 1980, 149–167; H. Boockmann, Zur Mentalität spätmittelalterlicher gelehrter Räte, in: HZ 233, 1981, 295–316; K. G. A. Jeserich, H. Pohl und G.-C. v. Unruh (Hg.), Deutsche Verwaltungsgeschichte, Bd 1, Stuttgart 1983; W. Wild, Steuern und Reichsherrschaft, Bremen 1984; R. Schnur (Hg.), Die Rolle der Juristen bei der Entstehung des modernen Staates, in Vorbereitung.

Politische Gesellschaft und politische Kultur: M. Mitterauer, Grundlagen politischer Berechtigung im mittelalterlichen Ständewesen, in: K. Bosl (Hg.), Der moderne Parlamentarismus und seine Grundlagen in der ständischen Repräsentation, Berlin 1977, 11–41; P. Moraw, Versuch über die Entstehung des Reichstags, in: H. Weber (Hg.), Politische Ordnungen und soziale Kräfte im Alten Reich, Wiesbaden 1980, 1–36.

Nachdenken über Deutschland: J. Wagner, Äußerungen deutschen Nationalgefühls am Ausgang des Mittelalters, in: Deutsche Vierteljahrsschrift für Literaturwissenschaft und Geistesgeschichte 9, 1931, 389–424; H. Heimpel, Alexander von Roes und das deutsche Selbstbewußtsein des 13. Jahrhunderts, in: Archiv für Kulturgeschichte 26, 1936, 19–60; P. Joachimsen und J. Leuschner, Vom deutschen Volk zum deutschen Staat, Göttingen ^{3}1956; H. Kohn, Die Idee des Nationalismus, Frankfurt am Main 1962; F. Šmahel, The idea of the nation in Hussite Bohemia, in: Historica 16, 1968, 143–247, und 17, 1969, 93–197; K. F. Werner, Les nations et le sentiment national dans l'Europe médiévale, in: Revue historique 244, 1970, 285–304; A. Schröcker, Die Deutsche Nation, Lübeck 1974; H. Beumann und W. Schröder (Hg.), Aspekte der Nationenbildung im Mittelalter, Sigmaringen 1978; P. de Ridder, Dynastisches und nationales Gefühl in Brabant während der Regierungszeit Herzogs Jan I., in: Jahrbuch des Kölnischen Geschichtsvereins 50, 1979, 193–220; G. Landwehr, »Nation« und »Deutsche Nation«, in: Aus dem Hamburger Rechtsleben, W. Reimers zum 65. Geburtstag, Berlin 1979, 1–35; F. Graus, Die Nationenbildung der Westslawen im Mittelalter, Sigmaringen 1980; R. C. Schwinges, »Primäre« und »sekundäre« Nation, in: Europa slavica – Europa orientalis, Festschrift für H. Ludat, Berlin 1980, 490–532; H. Lutz, Die deutsche Nation zu Beginn der Neuzeit, in: HZ 234, 1982, 529–559; U. Nonn, Heiliges Römisches Reich Deutscher Nation, in: ZHF 9, 1982, 129–142; J. Ehlers, Nation und Geschichte, in: ZHF 11, 1984, 205–218; E. Bruckmüller, Nation Österreich, Wien, Köln und Graz 1984.

Entstehung und Entfaltung der Territorien

Herren und ihre Länder: O. Brunner, Land und Herrschaft, Darmstadt ^{5}1965 (klassisch); H. Aubin, Grundlagen und Perspektiven geschichtlicher Kulturraumforschung und Kulturmorphologie, Bonn 1965; F. Petri und G. Droege (Hg.), Collectanea F. Steinbach, Bonn 1967; H. Patze (Hg.), Der deutsche Territorialstaat im 14. Jahrhundert, 2 Bde, in: VuF 13/14, Sigmaringen 1970/71 (weitausgreifende Aufsatzsammlung); A. Lhotsky, Aufsätze und Vorträge, 5 Bde, München 1970–1976; F. Petri, Zur Geschichte und Landeskunde der Rheinlande, Westfalens und ihrer westeuropäischen Nachbarländer, Bonn 1973; D. Willoweit, Rechtsgrundlagen der Territorialgewalt, Köln und Wien 1975; P. Moraw, Landesgeschichte und Reichsgeschichte im 14. Jahrhundert, in: Jahrbuch für westdeutsche Landesgeschichte 3,

1977, 175–191; P. FRIED (Hg.), Probleme und Methoden der Landesgeschichte, in: WdF 492, Darmstadt 1978; W. JANSSEN, Die Erzbischöfe von Köln und ihr »Land« Westfalen im Spätmittelalter, in: Westfalen 58, 1980, 82–95; J. KUNISCH (Hg.), Der dynastische Fürstenstaat, Berlin 1982; L. PETRY, Dem Osten zugewandt, Sigmaringen 1983; M. NIKOLAY-PANTER, Terra und Territorium in Trier an der Wende vom Hoch- zum Spätmittelalter, in: RhVjB 47, 1983, 67–123; P. MORAW, Geistliche Fürstentümer I, Mittelalter, in: TRE 11, 1983, 711–715; DERS., Die Entfaltung der deutschen Territorien im 14. und 15. Jahrhundert, in: Landesherrliche Kanzleien im Spätmittelalter, München 1984, 61–108; E. ZÖLLNER, Probleme und Aufgaben der österreichischen Geschichtsforschung, München 1984.

Das Funktionieren des Territorialstaats: H. HELBIG, Der wettinische Ständestaat, Münster und Köln 1955 (klassisch); W. TRUSEN, Anfänge des gelehrten Rechts in Deutschland, Wiesbaden 1962; H. J. COHN, The government of the Rhine Palatinate in the fifteenth century, London 1965; G. DROEGE, Die finanziellen Grundlagen des Territorialstaats in West- und Ostdeutschland an der Wende vom Mittelalter zur Neuzeit, in: VSWG 53, 1966, 145–161; B. DIESTELKAMP, Das Lehnrecht der Grafschaft Katzenelnbogen, Aalen 1969; W. JANSSEN, Ein niederrheinischer Fürstenhof um die Mitte des 14. Jahrhunderts, in: RhVjB 34, 1970, 219–251; DERS., Landesherrliche Verwaltung und landständische Vertretung in den niederrheinischen Territorien, 1250–1350, Bonn 1971; A. UYTTEBROUCK, Le gouvernement du duché de Brabant au bas moyen âge, 1355–1430, 2 Bde, Brüssel 1975; W. LEIST, Landesherr und Landfrieden in Thüringen im Spätmittelalter, 1247–1349, Köln und Wien 1976; R. SPRANDEL, Die territorialen Ämter des Fürstbistums Würzburg im Spätmittelalter, in: JfL 37, 1977, 45–64; K.-H. SPIESS, Lehnsrecht, Lehnspolitik und Lehnsverwaltung der Pfalzgrafen bei Rhein im Spätmittelalter, Wiesbaden 1978; L. G. DUGGAN, Bishop and chapter, New Brunswick 1978; P. M. HAHN, Kirchenschutz und Landesherrschaft in der Mark Brandenburg, in: JGMOD 28, 1979, 179–220; H. PATZE, Die Herrschaftspraxis der deutschen Landesherren während des späten Mittelalters, in: W. PARAVICINI und K. F. WERNER (Hg.), Histoire comparée de l'administration, IVe–XVIIIe siècles, München 1980, 363–391; W.-R. BERNS, Burgenpolitik und Herrschaft des Erzbischofs Balduin von Trier, 1307–1354, in: VuF Sonderbd 27, Sigmaringen 1980; F. QUARTHAL, Landstände und landständisches Steuerwesen in Schwäbisch-Österreich, Stuttgart 1980; E. WISPLINGHOFF, Der bergische Herzogshof um die Mitte des 15. Jahrhunderts, in: Düsseldorfer Jahrbuch 57/58, 1980, 21–46; I. H. RINGEL, Studien zum Personal der Kanzlei des Mainzer Erzbischofs Dietrich von Erbach, 1434–1459, Mainz 1980; E. ENNEN und K. FLINK (Hg.), Soziale und wirtschaftliche Bindungen im Mittelalter am Niederrhein, Kleve 1981; H. PATZE und G. STREICH, Die landesherrlichen Residenzen im spätmittelalterlichen Deutschen Reich, in: BDLG 118, 1982, 204–220; F.-R. ERKENS, Siegfried von Westerburg, Bonn 1982; Die Fürstenkanzlei des Mittelalters, München 1983; K. G. A. JESERICH, H. POHL und G.-C. v. UNRUH (Hg.), Deutsche Verwaltungsgeschichte, Bd 1, Stuttgart 1983; Landesherrliche Kanzleien im Spätmittelalter, München 1984; R. GRESKY, Die Finanzen der Welfen im 13. und 14. Jahrhundert, Hildesheim 1984; Gesetzgebung als Faktor der Staatsentwicklung, in: Der Staat, Beiheft 7, Berlin 1984.

Das Ordensland Preußen: H. PATZE, Der Frieden von Christburg vom Jahre 1249, in: JGMOD 7, 1958, 39–91; H. H. HOFMANN, Der Staat des Deutschmeisters, München 1964; P. G. THIELEN, Die Verwaltung des Ordensstaates Preußen vornehmlich im 15. Jahrhundert, Köln und Graz 1965; K. WIESER (Hg.), Acht Jahrhunderte Deutscher Orden in Einzeldarstellungen, Bad Godesberg 1967; H. WUNDER, Siedlungs- und Bevölkerungsgeschichte der Komturei Christburg, 13.–16. Jahrhundert, Wiesbaden 1968; K. MILITZER, Die Entstehung der Deutschordensballeien im deutschen Reich, Bonn Bad Godesberg 1970; U. ARNOLD (Hg.), Von Akkon bis Wien, Marburg 1978; J. FLECKENSTEIN und M. HELLMANN (Hg.), Die geistlichen Ritterorden Europas, in: VuF 26, Sigmaringen 1980; N. VON HOLST, Der Deutsche Ritterorden und seine Bauten, Berlin 1981; H. BOOCKMANN, Der Deutsche Orden, München 1981 (grundlegend); W. PARAVICINI, Die Preußenreisen des europäischen Adels, in: HZ 232, 1981, 25–38; U. ARNOLD und M. BISKUP (Hg.), Der Deutschordensstaat Preußen in der polnischen Geschichtsschreibung der Gegenwart, Marburg 1982.

Nach dem Triumph der Stauferfeinde

Das Erbe der Staufer: A. NITSCHKE, Der Prozeß gegen Konradin, in: ZRG 73, Kanon. Abt. 42, 1956, 25–54; K. E. DEMANDT, Der Endkampf des staufischen Kaiserhauses im Rhein-Maingebiet, in: HJLG 7, 1957, 102–164; G. RAUCH, Die Bündnisse deutscher Herrscher mit Reichsangehörigen vom Regierungsantritt Friedrich Barbarossas bis zum Tode Rudolfs von Habsburg, Aalen 1966; Staufisches Erbe im bayerischen Herzogtum, Ausstellung ... München (1968), Kallmünz o. J. (1968); F. GELDNER, Konradin und das alte deutsche Königtum, Opfer der hohenstaufischen Italienpolitik, in: ZBLG 32, 1969, 495–524; E. ENGEL, Städtebünde im Reich von 1226 bis 1314, Eine vergleichende Betrachtung, in: Hansische Studien 3, Weimar 1975, 177–209; Die Zeit der Staufer, Bde 1–4, Stuttgart 1977, Bd 5, Stuttgart 1979; W. KLÖTZER, War Frankfurt wirklich stauferfreundlich?, in: Aus Geschichte und ihren Hilfswissenschaften, Festschrift W. HEINEMEYER, Marburg 1979, 544–563; H. SCHWARZMAIER, Das Ende der Stauferzeit in Schwaben, Friedrich II. und Heinrich (VII.), in: Bausteine zur geschichtlichen Landeskunde von Baden-Württemberg, Stuttgart 1979, 113–127; O. ENGELS, Die Stauferzeit, in: Rheinische Geschichte 1,3, Düsseldorf 1983, 199–296; DERS., Die Staufer, Stuttgart [3]1984; P. MORAW u. a. (Hg.), *Neue Deutsche Geschichte*, Bd 2: A. HAVERKAMP, Aufbruch und Gestaltung, Deutschland 1056–1273, München 1984.

Päpstlich-rheinische Könige: J. KEMPF, Geschichte des Deutschen Reiches während des großen Interregnums, 1250–1273, Würzburg 1893; E. BIELFELDT, Der Rheinische Bund von 1254, Berlin 1937; W. FRHR. V. SCHOEN, Alfons I. von Kastilien, München 1957; H.-J. RIECKENBERG, Arnold Walpot, der Initiator des Rheinischen Bundes von 1254, in: DA 16, 1960, 228–237; F. TRAUTZ, Die Könige von England und das Reich 1272–1377, Heidelberg 1961 (grundlegend); J. E. KELLER, Alfonso X el Sabio, New York 1967; A. GERLICH, Rheinische Kurfürsten und deutsches Königtum im Interregnum, in: Geschichtliche Landeskunde 3,2, 1967, 44–126; H. STEINBACH, Die Reichsgewalt und Niederdeutschland in nachstaufischer Zeit, 1247–1308, Stuttgart 1968; F. TRAUTZ, Richard von Cornwall, in: Jahrbuch zur Geschichte von Stadt und Landkreis Kaiserslautern 7, 1969, 27–59; R. REISINGER, Die römisch-deutschen Könige und ihre Wähler, 1198–1273, Aalen 1973; N. KLÜSSENDORF, Studien zu Währung und Wirtschaft am Niederrhein vom Ausgang der Periode des regionalen Pfennigs bis zum Münzvertrag von 1357, Bonn 1974; E. ENGEL, Beziehungen zwischen Königtum und Städtebürgertum unter Wilhelm von Holland, 1247–1256, in: B. TÖPFER (Hg.), Stadt und Städtebürgertum in der deutschen Geschichte des 13. Jahrhunderts, Berlin 1976, 63–107; D. HÄGERMANN, Studien zum Urkundenwesen Wilhelms von Holland, Köln und Wien 1977; H. V. MALOTTKI, Heinrich von Leiningen, Bischof von Speyer und Reichskanzler, Kallmünz 1977; H. STEHKÄMPER, Geld bei deutschen Königswahlen des 13. Jahrhunderts, in: Wirtschaftskräfte und Wirtschaftswege, Festschrift für H. KELLENBENZ, Bd 1, Nürnberg 1978, 83–135; B. CASTORPH, Die Ausbildung des römischen Königswahlrechts, Göttingen 1978; D. HÄGERMANN, Studien zum Urkundenwesen König Heinrich Raspes, 1246/47, in: DA 36, 1980, 487–548; M. WELTIN und A. KUSTERNIG (Hg.), Ottokar-Forschungen, in: Jahrbuch des Vereins für Landeskunde von Niederösterreich NF 44/45, 178/79; H.-E. HILPERT, Richard of Cornwall's candidature for the German throne and the Christmas 1256 Parliament of Westminster, in: Journal of Medieval History 6, 1980, 185–198; W. GIESE, Der Reichstag vom 8. September 1256 und die Entstehung des Alleinstimmrechts der Kurfürsten, in: DA 40, 1984, 562–590.

»Kleine« Könige

Rudolf von Habsburg: O. REDLICH, Rudolf von Habsburg, Innsbruck 1903 (klassisch); H. RÖSSLER, Ein König für Deutschland, München und Wien 1960; A. GERLICH, Studien zur Landfriedenspolitik König Rudolfs von Habsburg, Mainz 1963; F. GRAUS, Přemysl Otakar II., Sein Ruhm und sein Nachleben, in: MIÖG 79, 1971, 57–110; E. KLEINSCHMIDT, Herrscherdarstellung, Bern und München 1975; TH. M. MARTIN, Die Städtepolitik Rudolfs von Habsburg, Göttingen 1976; DERS., Das Bild Rudolfs von Habsburg als »Bürgerkönig« in Chronistik, Dichtung und moderner Historiographie, in: BDLG 112, 1976, 203–228; H. THOMAS, Die Kirche von Toul und das Reich unter Rudolf von Habsburg und Adolf von Nassau, in: Jahrbuch für westdeutsche Landesgeschichte 3, 1977, 145–174; 1274, Année charnière, Mutations et continuités, Paris 1977; M. WELTIN und A. KUSTERNIG (Hg.), Ottokar-Forschungen, in: Jahrbuch des Vereins für Landeskunde von Niederösterreich NF 44/45, 1978/79; Die Zeit der frühen Habsburger, Wien 1979; B. MEYER, Rudolf von Habsburg, Graf, Landgraf und König, in: Schriften des Vereins für Geschichte des Bodensees und seiner Umgebung 98, 1980, 1–12; B. RESMI-

NI, Das Arelat im Kräftespiel der französischen, englischen und angiovinischen Politik nach 1250 und das Einwirken Rudolfs von Habsburg, Köln und Wien 1980; A. KUSTERNIG, Erzählende Quellen des Mittelalters, Wien und Köln 1982.

Anfänge und Entstehung der Eidgenossenschaft: K. MOMMSEN, Eidgenossen, Kaiser und Reich, Basel und Stuttgart 1958; E. P. LA ROCHE, Das Interregnum und die Entstehung der Schweizerischen Eidgenossenschaft, Bern und Frankfurt am Main 1971; B. MEYER, Die Bildung der Eidgenossenschaft im 14. Jahrhundert, Zürich 1972; *Handbuch der Schweizer Geschichte,* Bd 1, Zürich 1972; H. C. PEYER, Verfassungsgeschichte der alten Schweiz, Zürich 1978; H. BERGER, Der Alte Zürichkrieg im Rahmen der europäischen Politik, Zürich 1978; M. BECK, Wilhelm Tell, Sage oder Geschichte, in: DA 36, 1980, 1–24; F. DE CAPITANI, Adel, Bürger und Zünfte im Bern des 15. Jahrhunderts, Bern 1982; *Geschichte der Schweiz und der Schweizer,* Bd 1, Basel und Frankfurt am Main ^{2}1983.

Adolf von Nassau, Albrecht von Österreich und Heinrich von Luxemburg: W. H. STRUCK, Eine neue Quelle zur Geschichte König Adolfs von Nassau, in: Nassauische Annalen 63, 1952, 72–105; H. PATZE, Erzbischof Gerhard II. von Mainz und König Adolf von Nassau, in: HJLG 13, 1963, 83–140; F. TRAUTZ, Studien zu Geschichte und Würdigung König Adolfs von Nassau, in: Geschichtliche Landeskunde 2, 1965, 1–45; J. JARNUT, Zwischen Bündnistreue und Vertragsbruch, König Adolfs Außenpolitik im Jahre 1297, in: Nassauische Annalen 87, 1976, 26–41. – A. HESSEL, Jahrbücher des Deutschen Reichs unter König Albrecht I. von Habsburg, München 1931; F. BAETHGEN, Die Promissio Albrechts I. für Bonifaz VIII., in: DERS., Mediaevalia, Bd 1, Stuttgart 1960, 202–217; A. GERLICH, Königtum, rheinische Kurfürsten und Grafen in der Zeit Albrechts I. von Habsburg, in: Geschichtliche Landeskunde 5, 1969, 25–88; W. ULLMANN, Die Bulle Unam Sanctam, Rückblick und Ausblick, in: Römische Historische Mitteilungen 16, 1974, 45–77; G. HÖDL, Ein Weltfriedensprogramm um 1300, in: Festschrift F. HAUSMANN, Graz 1977, 217–233. – F. SCHNEIDER, Kaiser Heinrich VII., 3 Hefte, Greiz und Leipzig 1924–1928; W. M. BOWSKY, Henry VII in Italy, Lincoln, Nebr., 1960; H. G. WALTHER, Imperiales Königtum, Konziliarismus und Volkssouveränität, München 1976; F.-J. HEYEN (Hg.), Kaiser Heinrichs Romfahrt, München 1978; G. COUTAZ, Die Reichsarchivalien in Turin und die Beziehungen des Hauses Savoyen zu Heinrich VII., 1310–1313, in: MIÖG 89, 1981, 241–267; K.-U. JÄSCHKE, Zu universalen und regionalen Reichskonzeptionen beim Tode Kaiser Heinrichs VII., in: Festschrift für B. SCHWINEKÖPER, Sigmaringen 1982, 415–435.

Verfassungskampf: Ludwig der Bayer

Der Thronstreit; Verfassungsklärung und Dynastienkampf: E. E. STENGEL, Avignon und Rhens, Weimar 1930 (klassisch); H. LIEBERICH, Ludwig der Baier als Gesetzgeber, in: ZRG German. Abt. 76, 1959, 173–245; L. SCHMUGGE, Johannes von Jandun, 1285/1289–1328, Stuttgart 1966; H. BANSA, Studien zur Kanzlei König Ludwigs des Bayern vom Tag der Wahl bis zur Rückkehr aus Italien, 1314–1329, Kallmünz 1968; H.-O. SCHWÖBEL, Der diplomatische Kampf zwischen Ludwig dem Bayern und der römischen Kurie im Rahmen des kanonischen Absolutionsprozesses, Weimar 1968; J. MIETHKE, Ockhams Weg zur Sozialphilosophie, Berlin 1969; H.-J. BECKER, Das Mandat »Fidem catholicam« Ludwigs des Bayern von 1338, in: DA 26, 1970, 454–512; D. UNVERHAU, Approbatio – Reprobatio, Lübeck 1973; A. GERLICH, König Johann von Böhmen, in: Geschichtliche Landeskunde 9, 1973, 131–146; A. SCHÜTZ, Die Prokuratorien und Instruktionen Ludwigs des Bayern für die Kurie, 1331–1345, Kallmünz 1973; DERS., Die Appellationen Ludwigs des Bayern aus den Jahren 1323/24, in: MIÖG 80, 1974, 71–112; H.-D. HOMANN, Kurkolleg und Königtum im Thronstreit von 1314 bis 1330, München 1974; F. PRINZ, Marsilius von Padua, in: ZBLG 39, 1976, 39–77; G. BARISCH, Lupold von Bebenburg, in: 113. Bericht des Historischen Vereins ... Bamberg, 1977, 219–432; B. SCHIMMELPFENNIG, Benedikt der XII. und Ludwig der Bayer, in: Archiv für Kulturgeschichte 59, 1977, 212–221; H. ANGERMEIER, Bayern in der Regierungszeit Kaiser Ludwigs IV., 1314–1347, in: M. SPINDLER (Hg.), Handbuch der bayerischen Geschichte, Bd 2, München ^{2}1977, 141–181; H. THOMAS, Französische Spionage im Reich Ludwigs des Bayern, in: ZHF 5, 1978, 1–21; F. TRAUTZ, Ludwig der Bayer und die schwäbischen Reichsstädte, in: Bausteine zur geschichtlichen Landeskunde von Baden-Württemberg, Stuttgart 1979, 203–219; H. GLASER (Hg.), Die Zeit der frühen Herzöge (Wittelsbach und Bayern 1,1 und 2), München und Zürich 1980; G. BENKER, Ludwig der Bayer, München 1980; Das Haus Wittelsbach und die europäischen Dynastien, in: ZBLG 44,1, München 1981; J. Spěváček, Král diplomat, Jan Lucemburský, 1296–1346, Prag 1982 (problematisch); W. Füsslein, Berthold VII. von Henneberg, Köln und Wien 1983; J. Miethke, Kaiser und Papst im Spätmittelalter, in: ZHF 10, 1983, 421–446; Ders., Wilhelm von Ockham, in: M. Greschat (Hg.), Gestalten der Kirchengeschichte, Bd 4, Stuttgart 1983, 155–175; H. Thomas, Kaiser Ludwigs Verzicht auf das römische Königtum, in: ZHF 12, 1985, 1–10.

Höhe und Scheitern des hegemonialen Königtums

Krise und Konsolidierung; Karl IV. in Prag; Kaisertum, Goldene Bulle, Regierungssystem; Letzte Erfolge und neue Probleme; Das große Schisma: J. Mezník, Der ökonomische Charakter Prags im 14. Jahrhundert, in: Historica 17, 1969, 43–91; H. Thomas, Zwischen Regnum und Imperium, Bonn 1973; F. Seibt, Karl IV., Ein Kaiser in Europa, 1346–1378, München ³1978; Ders. (Hg.), Kaiser Karl IV., Staatsmann und Mäzen, München 1978; H. Patze (Hg.), Kaiser Karl IV., 1316–1378, Forschungen über Kaiser und Reich, in: BDLG 114, Neustadt/Aisch 1978; Kaiser Karl IV., 1316–1378, Führer durch die Ausstellung ... Nürnberg, München 1978; Z. Fiala, Předhusitské Čechy, Prag ²1978; W. v. Stromer, Die Metropole im Aufstand gegen König Karl IV., in: Mitteilungen des Vereins für Geschichte der Stadt Nürnberg 65, 1978, 55–90; Ders., Die Gründung der Baumwollindustrie in Mitteleuropa, Stuttgart 1978; B. Frey, Pater Bohemiae – Vitricus imperii, Frankfurt am Main 1978; H. K. Schulze, Karl IV. als Landesherr der Mark Brandenburg, in: JGMOD 27, 1978, 138–168; F. Kavka, Královská doména Karla IV. v Čechách a její osudy, in: Numismatické listy 33, 1979, 129–150; W. Küther, Rudolf Rule von Friedberg, in: Archiv für hessische Geschichte und Altertumskunde NF 37, 1979, 79–151; P. Moraw, Kaiser Karl IV. im deutschen Spätmittelalter, in: HZ 229, 1979, 1–24; E. Müller-Mertens, Kaiser Karl IV., 1346–1378, in: Zeitschrift für Geschichtswissenschaft 27, 1979, 340–356; Staléta Praha 9, 1979; J. Spěváček, Karel IV., Život a dílo, 1316–1378, Prag ²1980 (problematisch); H. Herkommer, Kritik und Panegyrik, in: RhVjB 44, 1980, 68–116; H. Patze, Karl IV., Kaiser im Spätmittelalter, in: BDLG 116, 1980, 57–75; P. Moraw, Zur Mittelpunktsfunktion Prags im Zeitalter Karls IV., in: Europa slavica – Europa orientalis, Festschrift für H. Ludat, Berlin 1980, 445–489; Genèse et débuts du Grand Schisme d'Occident, Paris 1980; Mezinárodní vědecká konference Doba Karla IV. v dějinách národů ČSSR, Bde 1–4, Prag 1981/82; F. Seibt, Zum Reichsvikariat für den Dauphin 1378, in: ZHF 8, 1981, 129–158; P. Moraw, Kaiser Karl IV., 1378–1978, Ertrag und Konsequenzen eines Gedenkjahres, in: Politik, Gesellschaft, Geschichtsschreibung, Gießener Festgabe für F. Graus, Köln und Wien 1982, 224–318; E. Engel (Hg.), Karl IV., Politik und Ideologie im 14. Jahrhundert, Weimar 1982; B.-U. Hergemöller, Fürsten, Herren und Städte zu Nürnberg 1355/56, Köln und Wien 1983; G. Losher, Königtum und Kirche zur Zeit Karls IV., München 1985; P. Moraw, Grundzüge der Kanzleigeschichte Kaiser Karls IV., 1346–1378, in: ZHF 12, 1985, 11–42.

Der Erbe und sein Scheitern: A. Gerlich, Habsburg–Luxemburg–Wittelsbach im Kampf um die deutsche Königskrone, Wiesbaden 1960; R. E. Weltsch, Archbishop John of Jenstein, 1348–1400, Den Haag und Paris 1968; I. Hlaváček, Das Urkunden- und Kanzleiwesen des böhmischen und römischen Königs Wenzel (IV.), 1376–1419, Stuttgart 1970 (grundlegend); J. Krása, Die Handschriften Wenzels IV., o. O. 1971; I. Hlaváček, Konrad von Vechta, in: Beiträge zur Geschichte der Stadt Vechta, 1. Lieferung, Vechta 1974, 5–35; Ders., Bořivoj von Svinaře, in: Fränkische Lebensbilder, Bd 6, Würzburg 1975, 77–91; Ders., König Wenzel IV. und Görlitz, in: R. Gross und M. Kobuch (Hg.), Beiträge zur Archivwissenschaft und Geschichtsforschung, Weimar 1977, 379–396; Ders., Lamprecht von Brunn, Bischof von Bamberg, Vor 1330–1399, in: Fränkische Lebensbilder, Bd 9, Neustadt/Aisch 1980, 46–60; Ders., Studie k dvořů Václava IV, Teil 1, in: Folia historica Bohemica 3, 1981, 135–193; D. Jank, Das Erzbistum Trier während des großen abendländischen Schismas, 1378–1417/18, Mainz 1983.

Große Krisen und große Wandlungen

Seuche und Agrarkrise

Was heißt Krise?: E. Pitz, Die Krise des Spätmittelalters, in: VSWG 52, 1965, 347–367; F. Graus, Das Spätmittelalter als Krisenzeit, in: Mediaevalia Bohemica 1, 1969, Supplementum (umfangreiche Literaturdiskussion); Ders., Vom Schwarzen Tod zur Reformation, in: P. BLICKLE (Hg.), Revolte und Revolution in Europa, HZ Beiheft 4 NF, München 1975, 10–30; R. NOVÝ, K otázce krize v předhusitských Čechách, in: Jenštejn 1977, 5–19; F. SEIBT und W. EBERHARD (Hg.), Europa 1400, Die Krise des Spätmittelalters, Stuttgart 1984.

Das große Sterben: H. REINCKE, Bevölkerungsverluste der Hansestädte durch den Schwarzen Tod 1349/50, in: HGB 72, 1954, 88–90; H. KLEIN, Das Große Sterben von 1348/49 und seine Auswirkungen auf die Besiedlung der Ostalpenländer, in: Mitteilungen der Gesellschaft für Salzburger Landeskunde 100, 1960, 91–170; E. KEYSER, Die Pest in Deutschland und ihre Erforschung, in: P. HARSIN und E. HÉLIN (Hg.), Problèmes de mortalité, Lüttich 1965, 369–377; J. VAN KLAVEREN, Die wirtschaftlichen Auswirkungen des Schwarzen Todes, in: VSWG 54, 1967, 187–202; PH. ZIEGLER, The Black Death, New York 1969; B. I. ZADDACH, Die Folgen des Schwarzen Todes (1347–51) für den Klerus Mitteleuropas, Stuttgart 1971; S. KRÜGER, Krise der Zeit als Ursache der Pest?, in: Festschrift für H. HEIMPEL, Bd 2, Göttingen 1972, 839–883; E. LE ROY LADURIE, Un concept, L'unification microbienne du monde, XIVe–XVIIe siècles, in: Schweizerische Zeitschrift für Geschichte 23, 1973, 627–696; J.-N. BIRABEN, Les hommes et la peste en France et dans les pays européens et méditerranéens, Bd 1, Paris und Den Haag 1975; S. BUCHER, Die Pest in der Ostschweiz, St. Gallen 1979; N. BULST, Der Schwarze Tod, in: Saeculum 30, 1979, 45–67; O. PICKL, Die Auswirkungen des Großen Sterbens auf die Siedlungsstruktur der Steiermark, in: Wirtschafts- und sozialhistorische Beiträge, Festschrift für A. HOFFMANN, München 1979, 41–66; W. P. BLOCKMANS, The social and economic effects of plague in the Low Countries, 1349–1500, in: Revue Belge de Philologie et d'Histoire 58, 1980, 833–863; R. E. LERNER, The Black Death and Western European eschatological mentalities, in: The American Historical Review 86, 1981, 533–552.

Landwirtschaftliche Depression: W. ABEL (Hg.), Wüstungen in Deutschland, Frankfurt am Main 1967; V. NEKUDA, Zum Stand der Wüstungsforschung in Mähren (ČSSR), in: Zeitschrift für Archäologie des Mittelalters 1, 1973, 31–57; W. JANSSEN, Studien zur Wüstungsfrage im fränkischen Altsiedelland zwischen Rhein, Mosel und Eifelnordrand, 2 Bde, Köln 1975; W. ABEL, Die Wüstungen des ausgehenden Mittelalters, Stuttgart [3]1976; A. SIMMS, Deserted medieval villages in Germany, in: Journal of Historical Geography 2, 3, 1976, 223–238; D. STAERK, Die Wüstungen des Saarlandes, Saarbrücken 1976; H. FREIBURG, Agrarkonjunktur und Agrarstruktur in vorindustrieller Zeit, in: VSWG 64, 1977, 289–327; W. ABEL, Agrarkrisen und Agrarkonjunktur, Hamburg und Berlin [3]1978; J. C. G. M. JANSEN, Tithes and the productivity of land in the south of Limburg, 1348–1790, in: H. VAN DER WEE und E. VAN CAUWENBERGHE (Hg.), Productivity of land and agricultural innovation in the Low Countries, 1250–1800, Löwen 1978, 77–95; M. BORN, Objektbestimmungen und Periodisierungen als Problem der Wüstungsforschung, in: Geographische Zeitschrift 67, 1979, 43–60; DERS., Siedlungsgenese und Kulturlandschaftsentwicklung in Mitteleuropa, Wiesbaden 1980; W. ABEL, Strukturen und Krisen der spätmittelalterlichen Wirtschaft, Stuttgart 1980; P. KRIEDTE, Spätmittelalterliche Agrarkrise oder Krise des Feudalismus?, in: Geschichte und Gesellschaft 7, 1981, 42–68; H. HOFFMANN, Das Braunschweiger Umland in der Agrarkrise des 14. Jahrhunderts, in: DA 37, 1981, 162–286; H. JÄGER, Late medieval agrarian crises and deserted settlements in Central Europe, in: N. SKYUM-NIELSEN und N. LUND (Hg.), Danish medieval history, New currents, Kopenhagen 1981, 223–237; W. ACHILLES, Überlegungen zum Einkommen der Bauern im späten Mittelalter, in: Zeitschrift für Agrargeschichte und Agrarsoziologie 31, 1983, 5–26.

Glanz und Elend des Städtewesens

Positionsbehauptung und Positionsverlust: E. ORTH, Die Fehden der Reichsstadt Frankfurt am Main im Spätmittelalter, Wiesbaden 1973; J. SCHILDHAUER, Der schwäbische Städtebund, Ausdruck der Kraftentfaltung des deutschen Städtebürgertums in der zweiten Hälfte des 14. Jahrhunderts, in: Jahrbuch für Geschichte des Feudalismus 1, 1977, 187–210; B. BERTHOLD, Überregionale Städtebundprojekte in der ersten Hälfte des 15. Jahrhunderts, in: Jahrbuch für Geschichte des Feudalismus 3, 1979, 141–179; G. KÖHN (Hg.), Soest, Stadt, Territorium, Reich, Soest 1981; E. VOLTMER, Reichsstadt und Herrschaft, Trier 1981; W. EHBRECHT und H. SCHILLING (Hg.), Niederlande und Nordwestdeutschland, Köln und Wien 1983; P.-J. HEINIG, Reichsstädte, Freie Städte und Königtum, 1389–1450, Wiesbaden 1983.

Oberdeutsche Hochfinanz; Das Beispiel Nürnberg: H. SIMONSFELD, Der Fondaco dei Tedeschi in Venedig und die deutsch-venezianischen Handelsbeziehungen, 2 Bde, Stuttgart 1887 (klassisch); A. SCHULTE, Geschichte des mittelalterlichen Handels und Verkehrs zwischen Westdeutschland und Italien mit Ausschluß von Venedig, 2 Bde, Leipzig 1900 (klassisch); DERS., Geschichte der Großen Ravensburger Handelsgesellschaft, 1380–1530, 3 Bde, Stuttgart und Berlin 1923 (klassisch); H. AMMANN, Die Diesbach-Watt-Gesellschaft, St. Gallen 1928; *Recueils de la Société Jean Bodin,* Bd 5: La foire, Brüssel 1953; E. PITZ, Schrift- und Aktenwesen der städtischen Verwaltung im Spätmittelalter, Köln, Nürnberg, Lübeck, in: Mitteilungen aus dem Stadtarchiv von Köln 45, Köln 1959; W. v. STROMER, Die Handelsgesellschaft Gruber-Podmer-Stromer, Nürnberg 1963; E. MASCHKE, Das Berufsbewußtsein des mittelalterlichen Fernkaufmanns, in: P. WILPERT (Hg.), Beiträge zum Berufsbewußtsein des mittelalterlichen Menschen, Berlin 1964, 306–335; Beiträge zur Wirtschaftsgeschichte Nürnbergs, 2 Bde, Nürnberg 1967; W. VON STROMER, Oberdeutsche Hochfinanz, 1350–1450, 3 Teile, Wiesbaden 1970 (grundlegend); DERS., Nuremberg in the international economics of the middle ages, in: The Business History Review 44, 1970, 210–225; H. AMMANN, Nürnbergs wirtschaftliche Stellung im Spätmittelalter, Nürnberg 1970; F. IRSIGLER, Köln, die Frankfurter Messen und die Handelsbeziehungen mit Oberdeutschland im 15. Jahrhundert, in: Köln, das Reich und Europa, Mitteilungen aus dem Stadtarchiv von Köln 60, Köln 1971, 341–429; H. HELBIG (Hg.), Führungskräfte der Wirtschaft in Mittelalter und Neuzeit, 1350–1850, Teil 1, Limburg an der Lahn 1973; C. SCHAPER, Die Hirschvogel von Nürnberg und ihr Handelshaus, Nürnberg 1973; W. VON STROMER, Die oberdeutschen Geld- und Wechselmärkte, in: Scripta Mercaturae 1, 1976, 23–49; W. EIKENBERG, Das Handelshaus der Runtinger zu Regensburg, Göttingen 1976; H. THOMAS, Beiträge zur Geschichte der Champagne-Messen im 14. Jahrhundert, in: VSWG 64, 1977, 433–467; H. H. HOFMANN (Hg.), Bankherren und Bankiers, Limburg an der Lahn 1978; W. v. STROMER, Funktionen und Rechtsnatur der Wechselstuben als Banken, in: Bankhistorisches Archiv 5, 1979, Heft 1, 3–34; DERS., Hartgeld, Kredit und Giralgeld, in: V. BARBAGLI BAGNOLI (Hg.), La moneta nell'economia europea secoli XIII–XVIII, Florenz 1981, 105–125; Aus dem Wirtshaus zum Wilden Mann, Funde aus dem mittelalterlichen Nürnberg, Nürnberg 1984.

Konflikte und Unruhen: W. RAUSCH (Hg.), Die Stadt am Ausgang des Mittelalters, Linz 1974; R. BARTH, Argumentation und Selbstverständnis der Bürgeropposition in städtischen Auseinandersetzungen des Spätmittelalters, Köln und Wien 1974; W. EHBRECHT, Zu Ordnung und Selbstverständnis städtischer Gesellschaft im späten Mittelalter, in: BDLG 110, 1974, 83–103; H. SCHWARZWÄLDER, »Bannerlauf« und »Verrat« in Bremen, 1365–1366, in: Bremisches Jahrbuch 53, 1975, 43–90; M. R. W. GANZMANN, Stadtherr und Gemeinde in Braunschweig im 13. und 14. Jahrhundert, Braunschweig 1976; W. EHBRECHT, Hanse und spätmittelalterliche Bürgerkämpfe in Niedersachsen und Westfalen, in: Niedersächsisches Jahrbuch für Landesgeschichte 48, 1976, 77–105; B. BERTHOLD, Innerstädtische Auseinandersetzungen in Straßburg während des 14. Jahrhunderts, in: Jahrbuch für Geschichte des Feudalismus 1, 1977, 157–186; W. v. STROMER, Die Metropole im Aufstand gegen König Karl IV., in: Mitteilungen des Vereins für Geschichte der Stadt Nürnberg 65, 1978, 55–90; B. SCHWARZ, Der »Pfennigstreit« in Hildesheim 1343, Hildesheim 1978; W. EHBRECHT (Hg.), Städtische Führungsschichten und Gemeinde in der werdenden Neuzeit, Köln und Wien 1979; K. MILITZER, Ursachen und Folgen der innerstädtischen Auseinandersetzungen in Köln in der zweiten Hälfte des 14. Jahrhunderts, Köln 1980; O. MÖRKE, Der Konflikt als Kategorie städtischer Sozialgeschichte der Reformationszeit, in: B. DIESTELKAMP (Hg.), Beiträge zum spätmittelalterlichen Städtewesen, Köln und Wien 1982, 144–161; E.-M. FELSCHOW, Wetzlar in der Krise des Spätmittelalters, Ms. Diss. Gießen 1984.

Lebenshaltung: M. J. ELSAS, Umriß einer Geschichte der Preise und Löhne in Deutschland vom ausgehenden Mittelalter bis zum Beginn des 19. Jahrhunderts, 2 Bde, Leiden 1936–1949; A. F. PRIBRAM (Hg.), Materialien zur Geschichte der Preise und Löhne in Österreich, Bd 1, Wien 1938; L. C. EISENBART, Kleiderordnungen der deutschen Städte zwischen 1350 und 1700, Göttingen 1962; U. HAUSCHILD, Studien zu Löhnen und Preisen in Rostock im Spätmittelalter, Köln und Wien 1973; F. IRSIGLER, Kölner Wirtschaft im Spätmittelalter, in: H. KELLENBENZ (Hg.), Zwei Jahrtausende Kölner Wirtschaft, Bd 1, Köln 1975, 217–319; S. FRÖHLICH, Die Soziale Sicherung bei Zünften und Gesellenverbänden, Berlin 1976; D. EBELING und F. IRSIGLER, Getreideumsatz, Getreide- und Brotpreise in Köln, 1368–1797, 2 Teile, Köln und Wien 1976/77; U. DIRLMEIER, Untersuchungen zu

Einkommensverhältnissen und Lebenshaltungskosten in oberdeutschen Städten des Spätmittelalters, in: Abh. Heidelberg, Heidelberg 1978 (grundlegend); K. SCHULZ, Löhne und Lebenshaltung im deutschen Spätmittelalter, in: ZHF 6, 1979, 345–356; M. HASSE, Neues Hausgerät, neue Häuser, neue Kleider, in: Zeitschrift für Archäologie des Mittelalters 7, 1979, 7–83; W. ABEL, Stufen der Ernährung, Göttingen 1981; H. BOOCKMANN, Leben und Sterben in einer spätmittelalterlichen Stadt, Göttingen 1983; R. SCHRÖDER, Zur Arbeitsverfassung des Spätmittelalters, Berlin 1984.

Arme, Außenseiter, Massenbewegungen: A. BUFF, Verbrecher und Verbrechen zu Augsburg in der zweiten Hälfte des 14. Jahrhunderts, in: Zeitschrift des Historischen Vereins für Schwaben und Neuburg 4, 1878, 160–231; S. REICKE, Das deutsche Spital und sein Recht im Mittelalter, 2 Teile, Stuttgart 1932 (klassisch); W. SALMEN, Die fahrenden Musiker im europäischen Mittelalter, Kassel 1960; W. DANCKERT, Unehrliche Leute, Bern und München 1963; R. OURSEL, Les pèlerins du moyen âge, Paris 1963; D. JETTER, Geschichte des Hospitals, Bd 1, Wiesbaden 1966; E. MASCHKE und J. SYDOW (Hg.), Gesellschaftliche Unterschichten in den südwestdeutschen Städten, Stuttgart 1967; J. v. STEYNITZ, Mittelalterliche Hospitäler der Orden und Städte als Einrichtungen der Sozialen Sicherung, Berlin 1970; F. GEERDS, Gaunertum, in: HRG 1, 1971, 1404–1411; W. ABEL, Massenarmut und Hungerkrisen im vorindustriellen Europa, Hamburg und Berlin 1974; Études sur l'histoire de la pauvreté, Paris 1974; Poverty in the middle ages, Werl 1975; G.-H. ALLARD (Hg.), Aspects de la marginalité, Montréal 1975; J.-L. GOGLIN, Les misérables dans l'Occident médiéval, Paris 1976; M. MOLLAT, Les pauvres au moyen âge, Paris 1978; C. SCHOTT, Armenfürsorge, Bettelwesen und Vagantenbekämpfung in der Reichsabtei Salem, Bühl 1978; G. PHILIPP, Fahrende Leute, in: HRG 2, 1978, 1858–1865; D. KURZE, Häresie und Minderheiten im Mittelalter, in: HZ 229, 1979, 529–573; A. MCCALL, The medieval underworld, London 1979; TH. FISCHER, Städtische Armut und Armenfürsorge im 15. und 16. Jahrhundert, Göttingen 1979; CH. SACHSSE und F. TENNSTEDT, Geschichte der Armenfürsorge in Deutschland, Stuttgart 1980; B. GEREMEK, Inutiles au monde, Paris 1980; U. LINDGREN, Armut und Armenfürsorge, in: Lexikon des Mittelalters, Bd 1, München und Zürich 1980, 984–990; W. MORITZ, Die bürgerlichen Fürsorgeanstalten der Reichsstadt Frankfurt am Main im späten Mittelalter, Frankfurt am Main 1981; F. GRAUS, Randgruppen der städtischen Gesellschaft im Spätmittelalter, in: ZHF 8, 1981, 385–437; W. MEZGER, Hofnarren im Mittelalter, Konstanz 1981; W. HARTUNG, Die Spielleute, Wiesbaden 1982; W. FISCHER, Armut in der Geschichte, Göttingen 1982; W. MORITZ, Das Hospital im späten Mittelalter, in: Siebenhundert Jahre Elisabethkirche in Marburg, 1283–1983, Katalog 6, Marburg 1983; P. SEGL, Geißler, in: TRE 12, 1984, 162–169; F. IRSIGLER und A. LASSOTTA, Bettler und Gaukler, Dirnen und Henker, Köln 1984.

Juden: Germania Judaica, Bd 1, Breslau 1934; Bd 2, Tübingen 1968; *Monumenta Judaica,* 2 Bde, Köln 1963; P. WILPERT (Hg.), Judentum im Mittelalter, Berlin 1966; A. MÜLLER, Geschichte der Juden in Nürnberg, 1146–1945, Nürnberg 1968; G. KISCH, The Jews in medieval Germany, New York [2]1970; D. ANDERNACHT, Die Verpfändung der Frankfurter Juden 1349, Zusammenhang und Folgen, in: Archiv für Frankfurts Geschichte und Kunst 53, 1973, 5–20; K. ARNOLD, Die Armlederbewegung in Franken 1336, in: Mainfränkisches Jahrbuch für Geschichte und Kunst 26, 1974, 35–60; K. GEISSLER, Die Juden in Deutschland und Bayern bis zur Mitte des 14. Jahrhunderts, München 1976; S. JENKS, Judenverschuldung und Verfolgung von Juden im 14. Jahrhundert, Franken bis 1349, in: VSWG 65, 1978, 309–356; A. HAVERKAMP, Die Juden im mittelalterlichen Trier, in: Kurtrierisches Jahrbuch 19, 1979, 5–57; E. KISCH, Forschungen zur Rechts-, Sozial- und Wirtschaftsgeschichte der Juden, Sigmaringen 1979; F. BATTENBERG, Zur Rechtsstellung der Juden am Mittelrhein in Spätmittelalter und früher Neuzeit, in: ZHF 6, 1979, 129–183; K. SCHUBERT, Die Kultur der Juden, Teil 2, Wiesbaden 1979; D. ASCHOFF, Die Juden in Westfalen zwischen Schwarzem Tod und Reformation, 1350–1530, in: Westfälische Forschungen 31, 1980, 78–106; H. GREIVE, Die Juden, Darmstadt 1980; A. SCHMID, Die Judenpolitik der Reichsstadt Regensburg im Jahre 1349, in: ZBLG 43, 1980, 589–612; B. MARTIN und E. SCHULIN (Hg.), Die Juden als Minderheit in der Geschichte, München 1981; A. HAVERKAMP (Hg.), Zur Geschichte der Juden im Deutschland des späten Mittelalters und der frühen Neuzeit, Stuttgart 1981 (grundlegend); M. J. WENNINGER, Man bedarf keiner Juden mehr, Wien 1981; H. HÖRBURGER, Judenvertreibungen im Spätmittelalter, Frankfurt am Main und New York 1981; W. WADE, Geschichte der Juden in Kärnten im Mittelalter, Klagenfurt 1981; Geschichte der Juden in

Speyer, Speyer 1981; M. TOCH, Der jüdische Geldhandel in der Wirtschaft des deutschen Spätmittelalters, Nürnberg 1350–1499, in: BDLG 117, 1981, 283–310; DERS., Die soziale und demographische Struktur der jüdischen Gemeinde Nürnbergs im Jahre 1489, in: Wirtschaftskräfte und Wirtschaftswege, Festschrift für H. KELLENBENZ, Bd 5, Stuttgart 1981, 79–91; TH. und M. METZGER, Jüdisches Leben im Mittelalter nach illuminierten hebräischen Handschriften im 13. bis 16. Jahrhundert, Freiburg i. Ü. und Würzburg 1983; Neunhundert Jahre Geschichte der Juden in Hessen, Wiesbaden 1983; F. SEIBT (Hg.), Die Juden in den Böhmischen Ländern, München und Wien 1983; F. GRAUS, Judenfeindschaft im Mittelalter, in: H. A. STRAUSS und N. KAMPE (Hg.), Antisemitismus, Bonn 1984, 29–46; F. REUTER, Warmaisa, Der Wormsgau, Beiheft 29, Worms 1984.

Zur See und zu Lande: die Hanse

Hansische Studien, Bde 1–5, Berlin und Weimar 1961–1981; H. WITTHÖFT, Das Kaufhaus in Lüneburg, Lüneburg 1962; F. BRUNS und H. WECZERKA, Hansische Handelsstraßen, Köln und Graz 1962–1968; A. v. BRANDT, Die Hanse und die nordischen Mächte im Mittelalter, Köln und Opladen 1962; Die deutsche Hanse als Mittler zwischen Ost und West, Köln und Opladen 1963; W. KEHN, Der Handel im Oderraum im 13. und 14. Jahrhundert, Köln und Wien 1968; F. RÖRIG, Wirtschaftskräfte im Mittelalter, Wien, Köln und Graz [2]1971 (klassisch); Hanse in Europa, Köln 1973; K. SPADING, Holland und die Hanse im 15. Jahrhundert, Weimar 1973; W. STARK, Lübeck und Danzig in der zweiten Hälfte des 15. Jahrhunderts, Weimar 1973; G. ASAERT, Westeuropese scheepvaart in de middeleeuwen, Bussum 1974; R. SPRANDEL, Das mittelalterliche Zahlungssystem nach hansisch-nordischen Quellen des 13.–15. Jahrhunderts, Stuttgart 1975; J. GOETZE, Hansische Schiffahrtswege in der Ostsee, in: HGB 93, 1975, 71–88; H. STOOB, Hansische Westpolitik im frühen 14. Jahrhundert, in: HGB 94, 1976, 1–16; K. FRIEDLAND (Hg.), Frühformen englisch-deutscher Handelspartnerschaft, Köln und Wien 1976; PH. DOLLINGER, Die Hanse, Stuttgart [2]1976 (maßgebende Gesamtdarstellung); K. FRITZE, Bürger und Bauern zur Hansezeit, Weimar 1976; I.-M. PETERS, Hansekaufleute als Gläubiger der englischen Krone, 1294–1350, Köln und Wien 1978; A. v. BRANDT, Die Stadt des späten Mittelalters im hansischen Raum, in: HGB 96, 1978, 1–14; G. P. FEHRING (Hg.), Lübecker Schriften zur Archäologie und Kulturgeschichte, Bde 1–5, Frankfurt am Main und Bonn 1978–1981; Lübeck, Hanse, Nordeuropa, Gedächtnisschrift für A. v. BRANDT, Köln und Wien 1979 (grundlegend); F. IRSIGLER, Hansischer Kupferhandel im 15. und in der ersten Hälfte des 16. Jahrhunderts, in: HGB 97, 1979, 15–35; DERS., Die wirtschaftliche Stellung der Stadt Köln im 14. und 15. Jahrhundert, Wiesbaden 1979 (grundlegend); K. FRIEDLAND und D. ELLMERS, Städtebund und Schiffahrt zur Hansezeit in Südniedersachsen, Harzburg und Pöhlde 1981; S. JENKS, War die Hanse kreditfeindlich?, in: VSWG 69, 1982, 305–338; U. PIETSCH, Die Lübecker Seeschiffahrt vom Mittelalter bis zur Neuzeit, Lübeck 1982; R. SPRANDEL u. a. (Hg.), Quellen zur Hanse-Geschichte, in: AQDGM 36, Darmstadt 1982; J. SCHILDHAUER, K. FRITZE und W. STARK, Die Hanse, Berlin [5]1982; Die Hanse-Kogge von 1380, Bremerhaven 1982; H. STOOB, Die Hanse und Europa bis zum Anfang der Neuzeit, in: Weltpolitik, Europagedanke, Regionalismus, Festschrift H. GOLLWITZER, Münster 1982, 1–17; H. WERNICKE, Die Städtehanse, 1280–1418, Weimar 1983; The interactions of Amsterdam and Antwerp with the Baltic region, 1400–1800, Leiden 1983; A. D'HAENENS, Die Welt der Hanse, Antwerpen 1984; J. SCHILDHAUER, Die Hanse, Stuttgart 1984; S. JENKS, England, die Hanse und Preußen, Handel und Diplomatie, 1377–1461, Ms. Habilitationsschrift FU Berlin 1984; R. SPRANDEL, Die Konkurrenzfähigkeit der Hanse im Spätmittelalter, in: HGB 102, 1984, 21–38; E. PITZ, Steigende und fallende Tendenzen in Politik und Wirtschaftsleben der Hanse im 16. Jahrhundert, in: HGB 102, 1984, 39–77; V. HENN, Die Hanse, Interessengemeinschaft oder Städtebund?, in: HGB 102, 1984, 119–126.

Bildung und Wissenschaft, Literatur und Kunst

Lesen, Schreiben und Unterrichten: J. MÜLLER, Quellenschriften und Geschichte des deutschsprachlichen Unterrichtes bis zur Mitte des 16. Jahrhunderts, Gotha 1882; DERS. (Hg.), Vor- und frühreformatorische Schulordnungen und Schulverträge in deutscher und niederländischer Sprache, 2 Abt., Zschopau 1885/86; J. KNEPPER, Das Schul- und Unterrichtswesen im Elsaß von den Anfängen bis gegen das Jahr 1530, Straßburg 1903; E. HESSELBACH, Die »deutsche« Schule im

Mittelalter, in: Zeitschrift für Geschichte der Erziehung und des Unterrichts 10, 1920, 1–56; R. LIMMER, Bildungszustände und Bildungsideen des 13. Jahrhunderts, München und Berlin 1928; W. WÜHR, Das abendländische Bildungswesen im Mittelalter, München 1950; R. R. POST, Scholen en onderwijs in Nederland gedurende de middeleeuwen, Utrecht und Amsterdam 1954; H. SKRYPSZAK, Stadt und Schriftlichkeit im deutschen Mittelalter, Ms. Diss. FU Berlin 1956; E. ENNEN, Stadt und Schule in ihrem wechselseitigen Verhältnis vornehmlich im Mittelalter, in: RhVjB 22, 1957, 56–72; R. ENGELSING, Analphabetentum und Lektüre, Stuttgart 1973; F. W. OEDIGER, Die niederrheinischen Schulen vor dem Aufkommen der Gymnasien, in: DERS., Vom Leben am Niederrhein, Düsseldorf 1973, 351–408; M. G. SCHOLZ, Hören und Lesen, Wiesbaden 1980; J. FLECKENSTEIN und K. STACKMANN (Hg.), Über Bürger, Stadt und städtische Literatur im Spätmittelalter, in: Abh. Göttingen 3. F. 121, Göttingen 1980; B. MOELLER, H. PATZE und K. STACKMANN (Hg.), Studien zum städtischen Bildungswesen des späten Mittelalters und der frühen Neuzeit, in: Abh. Göttingen 3.F. 137, Göttingen 1983; K. SCHREINER, Laienbildung als Herausforderung für Kirche und Gesellschaft, in: ZHF 11, 1984, 257–354; J. FRIED (Hg.), Schulen und Studium im sozialen Wandel des hohen und späten Mittelalters, in: VuF 30, Sigmaringen 1985.

Wissenschaft und Wissenschaftler: F. PAULSEN, Geschichte des gelehrten Unterrichts auf den deutschen Schulen und Universitäten vom Ausgang des Mittelalters bis zur Gegenwart, 2 Bde, Berlin und Leipzig ³1919–1921 (klassisch); A. C. CROMBIE, Robert Grosseteste and the origins of experimental science, 1100–1700, Oxford 1953; C. STROICK, Heinrich von Friemar, Freiburg i. Br. 1954; A. LHOTSKY, Umriß einer Geschichte der Wissenschaftspflege im alten Niederösterreich, Wien 1964; A. NITSCHKE, Naturerkenntnis und politisches Handeln im Mittelalter, Stuttgart 1967; J. PAUL, Histoire des intellectuels de l'Occident médiéval, Paris 1973; Wissenschaft im Mittelalter, Wien 1975; W. STÜRNER, Natur und Gesellschaft im Denken des Hoch- und Spätmittelalters, Stuttgart 1975; E. MASCHKE und J. SYDOW (Hg.), Stadt und Universität im Mittelalter und in der frühen Neuzeit, Sigmaringen 1977; D. BERG, Armut und Wissenschaft, Düsseldorf 1977; Le scuole degli ordini mendicanti, secoli XIII–XIV, Todi 1978; N. HORN, Soziale Stellung und Funktion der Berufsjuristen in der Frühzeit der Europäischen Rechtswissenschaft, in: G. DILCHER und N. HORN (Hg.), Rechtsgeschichte, München 1978, 125–144; C. RENARDY, Le monde des maîtres universitaires du diocèse de Liège, 1140–1350, Paris 1979; K. BERNATH (Hg.), Thomas von Aquin, 2 Bde, in: WdF 188 und 538, Darmstadt 1978 und 1981; R. C. DALES, The intellectual life of Western Europe in the middle ages, Washington, D.C., 1980; Albertus Magnus doctor universalis, 1280/1980, Mainz 1980; A. NITSCHKE, Albertus Magnus, Ein Wegbereiter der modernen Wissenschaft, in: HZ 231, 1980, 1–20; W. P. ECKERT, Albertus Magnus und das Studium Generale der Dominikaner in Köln, in: Geschichte in Köln 8, 1980, 16–45; Albertus Magnus, Ausstellung zum siebenhundertsten Todestag, Köln 1980; A. ZIMMERMANN (Hg.), Albert der Große, Berlin und New York 1981; G. JÁSZAI (Hg.), Monastisches Westfalen, Klöster und Stifte, 800–1800, Münster 1982; H. STEHKÄMPER, Über die geschichtliche Größe Alberts des Großen, in: Historisches Jahrbuch 102, 1982, 72–93.

Die erste Universität; Vierzehn Universitäten: H. DENIFLE, Die Entstehung der Universitäten des Mittelalters bis 1400, Berlin 1885 (klassisch); G. KAUFMANN, Die Geschichte der deutschen Universitäten, Bd 1, Stuttgart 1888; H. RASHDALL, The universities of Europe in the middle ages, 3 Bde, F. M. POWICKE und A. B. EMDEN (Hg.), Oxford ²1936 (grundlegend); G. RITTER, Die Heidelberger Universität, Bd 1, Heidelberg 1936; P. UIBLEIN, Beiträge zur Frühgeschichte der Universität Wien, in: MIÖG 71, 1963, 284–310; DERS., Die österreichischen Landesfürsten und die Wiener Universität im Mittelalter, in: MIÖG 72, 1964, 382–408; F. KAVKA (Hg.), Stručné dějiny university Karlovy, Prag 1964; E. KLEINEIDAM, Universitas studii Erffordensis, 2 Bde, Leipzig 1964 und 1969; H. KÜHNEL, Mittelalterliche Heilkunde in Wien, Graz und Köln 1965; Les universités européennes du XIVe au XVIIIe siècle, Aspects et problèmes, Genf 1967; F. ŠMAHEL, Pražké universitní studentstvo v předrevolučním období, 1399–1419, Prag 1967; A. SEIFERT, Statuten- und Verfassungsgeschichte der Universität Ingolstadt, 1472–1586, Berlin 1971; P. MORAW, Zur Sozialgeschichte der deutschen Universität im späten Mittelalter, in: Gießener Universitätsblätter 8, Heft 2, 1973, 44–60; F. SEIBT, Von Prag bis Rostock, in: Festschrift für W. SCHLESINGER, Bd 1, Köln und Wien 1973, 406–426; S. SCHUMANN, Die »Nationes« an den Universitäten Prag, Leipzig und Wien, Diss. FU Berlin 1974; H. WEISERT, Die Verfassung der Universität Heidelberg, 1386–1952, in: Abh. Heidelberg, Heidelberg 1974; R. A. MÜLLER, Universität und Adel, Berlin 1974; L. STONE (Hg.), The university in history 1, Princeton, N. J., 1974; K. H. BURMEISTER, Das Studium der Rechte im Zeitalter des Humanismus im deutschen Rechtsbereich, Wiesbaden 1974; F. KAVKA, Universitätsgeschichte von den Anfängen bis zum Humanismus, in: F. SEIBT (Hg.), Bohemia sacra, Düsseldorf 1974, 406–426; E. MASCHKE und J. SYDOW, Stadt und Universität im Mittelalter und in der frühen Neuzeit, Sigmaringen 1977; M. SVATOŠ, Hospodářské zázemi pražské univerzity v době Karla IV., 1346–1378, in: Acta universitatis Carolinae – Historia universitatis Carolinae Pragensis 18, 2, 1978, 7–36; J. PAQUET und J. IJSENWIJN (Hg.), Les universités à la fin du moyen âge, Louvain 1978; P. BAUMGART und N. HAMMERSTEIN (Hg.), Beiträge zu Problemen deutscher Universitätsgründungen der frühen Neuzeit, Nendeln 1978; J.-M. FLETCHER (Hg.), The history of European universities, Works in progress and publication, 3 Bde, o. O., 1978–1980; M. MELANOVÁ und M. SVATOŠ, Bibliografie k dějinám pražské univerzity do roku 1622, Prag 1979; R. N. SWANSON, Universities, academics, and the Great Schism, Cambridge 1979; G. HAMANN (Hg.), Regiomontanus-Studien, in: SB Wien 364, Wien 1980; W. STEFFEN, Die studentische Autonomie im mittelalterlichen Bologna, Berlin 1981; J. TŘÍŠKA, Životopisný slovník předhusitské pražské univerzity, 1348–1409, Prag 1981; M. SVATOŠ, Karel IV. a pražská univerzita, in: Acta universitatis Carolinae – Historia universitatis Carolinae Pragensis 21, 1, 1981, 65–97; R. C. SCHWINGES, Pauperes an deutschen Universitäten des 15. Jahrhunderts, in: ZHF 8, 1981, 285–309; H. HEIMPEL, Die Vener von Gmünd und Straßburg 1162–1447, 3 Bde, Göttingen 1982; P. MORAW, Aspekte und Dimensionen älterer deutscher Universitätsgeschichte, in: P. MORAW und V. PRESS (Hg.), Academia Gissensis, Marburg 1982, 1–43; G. BAADER und G. KEIL (Hg.), Die Medizin im mittelalterlichen Abendland, in: WdF 363, Darmstadt 1982; L. BOEHM und R. A. MULLER (Hg.), Universitäten und Hochschulen in Deutschland, Österreich und der Schweiz, Düsseldorf 1983; B. MOELLER, H. PATZE und K. STACKMANN (Hg.), Studien zum städtischen Bildungswesen des späten Mittelalters und der frühen Neuzeit, in: Abh. Göttingen 3. F. 137, Göttingen 1983; H. GRÖSSING, Humanistische Naturwissenschaft, Baden-Baden 1983; C. KREN, Astronomical teaching at the late medieval university of Vienna, in: History of Universities 3, 1983, 15–30; I. BUS, Johannes Regiomontan, 1436–1476, in: Fränkische Lebensbilder, Bd 11, Neustadt/Aisch 1984, 28–43; R. C. SCHWINGES, Deutsche Universitätsbesucher im 14. und 15. Jahrhundert, Ms. Habilitationsschrift Gießen 1984; DERS., Universitätsbesucher im Reich vom 14. zum 16. Jahrhundert, Wachstum und Konjunkturen, in: Geschichte und Gesellschaft 10, 1984, 5–30.

Schöne und fachliche Literatur: A. LHOTSKY, Thomas Ebendorfer, Stuttgart 1957; W. v. EINSIEDEL (Hg.), Die Literaturen der Welt in ihrer mündlichen und schriftlichen Überlieferung, Zürich 1964; K. LANGOSCH, Die deutsche Literatur des lateinischen Mittelalters in ihrer geschichtlichen Entwicklung, Berlin 1964; H. DE BOOR (Hg.), *Die deutsche Literatur, Texte und Zeugnisse,* Bd 1: H. DE BOOR, Mittelalter, 2 Teile, München 1965; Bd 2: H. HEGER, Spätmittelalter, Humanismus, Reformation, 2 Teile, München 1975 und 1978; G. EIS, Mittelalterliche Fachliteratur, Stuttgart ²1967; H. DE BOOR und R. NEWALD (Hg.),. *Geschichte der deutschen Literatur,* Bd 3,1: H. DE BOOR, Die deutsche Literatur im späteren Mittelalter, Teil 1, München ⁴1973; Bd 4,1: H. RUPPRICH, Die deutsche Literatur vom späten Mittelalter zum Barock, Teil 1, München 1970 (grundlegend); P. ASSION, Altdeutsche Fachliteratur, Berlin 1973; L. BUZAS, Deutsche Bibliotheksgeschichte des Mittelalters, Wiesbaden 1975; W. HARMS und P. JOHNSON (Hg.), Deutsche Literatur des späten Mittelalters, Berlin 1975; *Neues Handbuch der Literaturwissenschaft,* Bd 8: W. ERZGRÄBER (Hg.), Europäisches Spätmittelalter, Frankfurt am Main 1978; K. RUH u. a. (Hg.), Die deutsche Literatur des Mittelalters, Verfasserlexikon, Bde 1ff., Berlin und New York ²1978ff.; J. BUMKE, Mäzene im Mittelalter, München 1979; H. P. ALTHAUS, H. HENNE und H. E. WIEGAND (Hg.), Lexikon der Germanistischen Linguistik, Tübingen ²1980; U. MÜLLER (Hg.), Oswald von Wolkenstein, in: WdF 526, Darmstadt 1980; H. KUHN, Entwürfe zu einer Literatursystematik des Spätmittelalters, Tübingen 1980; J. FLECKENSTEIN und K. STACKMANN (Hg.), Über Bürger, Stadt und städtische Literatur im Spätmittelalter, in: Abh. Göttingen 3. F. 121, Göttingen 1980; M. G. SCHOLZ, Hören und Lesen, Wiesbaden 1980; W. RÖLL, Oswald von Wolkenstein, Darmstadt 1981; R. SPRANDEL, Gesellschaft und Literatur im Mittelalter, Paderborn 1982; G. KEIL (Hg.), Fachprosa-Studien, Berlin 1982; *Propyläen Geschichte der Literatur,* Bd 2: Die mittelalterliche Welt, 600–1400, Berlin 1982; Bd 3: Renaissance und Barock, 1400–1700, Berlin 1984; U. PETERS,

Literatur in der Stadt, Tübingen 1983; H. D. SCHLOSSER, dtv-Atlas zur deutschen Literatur, München 1983; E. SPECKER (Hg.), Stadt und Kultur, Sigmaringen 1983; M. WEHRLI, Geschichte der deutschen Literatur vom frühen Mittelalter bis zum Ende des 16. Jahrhunderts, Stuttgart ²1984 (grundlegend); K. SCHREINER, Laienbildung als Herausforderung für Kirche und Gesellschaft, in: ZHF 11, 1984, 257–354; L. GRENZMANN und K. STACKMANN (Hg.), Literatur und Laienbildung im Spätmittelalter und in der Reformationszeit, Stuttgart 1984.

Architektur und bildende Künste: A. STANGE, Deutsche Malerei der Gotik, 11 Bde, München und Berlin 1934–1961; E. GALL, Die gotische Baukunst in Frankreich und Deutschland, Braunschweig ²1955; Europäische Kunst um 1400, Wien 1962; H. JANTZEN, Die Gotik des Abendlandes, Köln ²1963; *Kunst der Welt:* M. AUBERT, Hochgotik, Baden-Baden 1963; F. W. FISCHER und J. J. M. TIMMERS, Spätgotik, Baden-Baden 1971; Gotik in Österreich, Krems 1967; H. TH. MUSPER, Altniederländische Malerei von Van Eyck bis Bosch, Köln 1968; K. M. SWOBODA (Hg.), Gotik in Böhmen, München 1969; K. GERSTENBERG, Deutsche Sondergotik, Darmstadt ²1969; H. BUSCH, Deutsche Gotik, Wien und München 1969; H. TH. MUSPER, Altdeutsche Malerei, Köln 1970; České umění gotické, 1300–1420, Prag 1970; Herbst des Mittelalters, Köln 1970; Spätgotik am Oberrhein, Karlsruhe 1970; R. RECHT, Das Straßburger Münster, Stuttgart 1971; *Propyläen Kunstgeschichte,* Bd 6: O. v. SIMSON, Das Mittelalter II: Das hohe Mittelalter, Berlin 1972; Bd 7: J. BIAŁOSTOCKI, Spätmittelalter und beginnende Neuzeit, Berlin 1972; A. KUTAL, České gotické umění, Prag 1972; A. LEGNER (Hg.), Rhein und Maas, Kunst und Kultur, 800–1400, 2 Bde, Köln 1972; Kunst um 1400 am Mittelrhein, Frankfurt am Main 1975; Pozdně gotické umění v Čechách, 1471–1526, Prag 1978; A. LEGNER (Hg.), Die Parler und der Schöne Stil, 1350–1400, 5 Bde, Köln 1978–1980; W. BRAUNFELS, Die Kunst im Heiligen Römischen Reich Deutscher Nation, Bde 1–3, München 1979–1981; E. ULLMANN, Die Welt der gotischen Kathedrale, Wien 1981; Umění 13. století v českých zemích, Prag 1983.

Gefährliche Herausforderungen und ungenügende Antworten

Der Machtverfall des Königtums und des Deutschen Ordens

Wenzel und Ruprecht: H. HEIMPEL, Das deutsche 15. Jahrhundert in Krise und Beharrung, in: Die Welt zur Zeit des Konstanzer Konzils, VuF 9, Konstanz und Stuttgart 1965, 9–29; W. ZORN, Anmerkungen zu Reichspolitik und Wirtschaftskraft zur Zeit König Ruprechts von der Pfalz, in: C. BAUER u. a. (Hg.), Speculum historiale, München 1965, 486–490; P. MORAW, Deutsches Königtum und bürgerliche Geldwirtschaft um 1400, in: VSWG 55, 1968, 289–328; DERS., Beamtentum und Rat König Ruprechts, in: ZGO 116, 1968, 59–126; DERS., Kanzlei und Kanzleipersonal König Ruprechts, in: Archiv für Diplomatik 15, 1969, 428–531; R. BÄUMER, Konrad von Soest und seine Konzilsappellation 1409 in Pisa, in: Westfalen 48, 1970, 26–37; W. v. STROMER, Das Zusammenspiel Oberdeutscher und Florentiner Geldleute bei der Finanzierung von König Ruprechts Italienzug 1401/02, in: H. KELLENBENZ (Hg.), Öffentliche Finanzen und privates Kapital im späten Mittelalter und in der ersten Hälfte des 19. Jahrhunderts, Stuttgart 1971, 50–86; F. GRAUS, Struktur und Geschichte, Drei Volksaufstände im mittelalterlichen Prag, in: VuF Sonderbd 7, Sigmaringen 1971; K. WRIEDT, Der Heidelberger Hof und die Pisaner Kardinäle, in: Festgabe für K. JORDAN, Stuttgart 1972, 272–288; J. VINCKE, Ruprecht von der Pfalz und Martin von Aragon, in: Festgabe für H. HEIMPEL, Bd 2, Göttingen 1972, 500–539; K. COLBERG, Eine Briefsammlung aus der Zeit König Ruprechts, ebd., 540–590; H. HEIMPEL, Der verketzerte Matthäus von Krakau, in: Festschrift für W. SCHLESINGER, Bd 2, Köln und Wien 1974, 443–455; H. HEIMPEL und A. SCHMIDT, Winand von Steeg, 1371–1453, in: Abh. München NF 81, München 1977; G. FOUQUET, Reichskirche und Adel, in: ZGO 129, 1981, 189–233; F. BATTENBERG, Beiträge zur höchsten Gerichtsbarkeit im Reich im 15. Jahrhundert, Köln und Wien 1981; H. HEIMPEL, Die Vener von Gmünd und Straßburg 1162–1447, 3 Bde, Göttingen 1982 (monumental); *Oldenbourg Grundriß der Geschichte,* Bd 9: E. MEUTHEN, Das 15. Jahrhundert, München ²1984 (reiche Literaturangaben); F. SEIBT und W. EBERHARD (Hg.), Europa 1400, Die Krise des Spätmittelalters, Stuttgart 1984.

Der Niedergang des Deutschen Ordens in Preußen: K. FORSTREUTER, Vom Ordensstaat zum Fürstentum, Kitzingen 1951; W. NOBEL, Michael Küchmeister, Bad Godesberg 1969; C. A. LÜCKERATH, Paul von Rusdorf, Bad Godesberg 1969; L. DRALLE, Der Staat des Deutschen Ordens in Preußen nach dem zweiten Thorner Frieden, Wiesbaden 1975; H. BOOCKMANN, Johannes Falkenberg, der Deutsche Orden und die polnische Politik, Göttingen 1975; S. EKDAHL, Die Schlacht bei Tannenberg 1410, Bd 1, Berlin und München 1982; M. BURLEIGH, Prussian society and the German order, Cambridge 1984.

Anstrengung und Überforderung

Sigismund: J. SIEBER, Zur Geschichte des Reichsmatrikelwesens im ausgehenden Mittelalter, 1422–1551, Leipzig 1910; H. HEIMPEL, Aus der Kanzlei Kaiser Sigismunds, in: Archiv für Urkundenforschung 12, 1932, 111–180; H. MAU, Die Rittergesellschaften mit St. Jörgenschild in Schwaben, Teil 1, Stuttgart 1941; J. LEUSCHNER, Zur Wahlpolitik im Jahre 1410, in: DA 11, 1954/55, 506–553; V. NIITEMAA, Der Kaiser und die Nordische Union, Helsinki 1960; E. MÁLYUSZ, Die Zentralisationsbestrebungen König Sigismunds in Ungarn, in: Études historiques publiées par la Commission Nationale des Historiens Hongrois 1, Budapest 1960, 317–357; H. OBENAUS, Recht und Verfassung der Gesellschaften mit St. Jörgenschild in Schwaben, Göttingen 1961; G. v. PROBSZT, Die niederungarischen Bergstädte, München 1966; D. KARASEK, Konrad von Weinsberg, Diss. Erlangen 1967; W. v. STROMER, Oberdeutsche Hochfinanz, 1350–1450, 3 Teile, Wiesbaden 1970; J. M. BAK, Königtum und Stände in Ungarn im 14.–16. Jahrhundert, Wiesbaden 1973; W. v. STROMER, Die ausländischen Kammergrafen der Stephanskrone, in: Hamburger Beiträge zur Numismatik 27/29, 1973/1975, 85–106 und Tafeln 12–17; DERS., Die Schwarzmeer- und Levantepolitik Sigismunds von Luxemburg, in: Bulletin de l'Institut Historique Belge de Rome 44, 1974, 601–610; E. GILOMEN-SCHENKEL, Henman Offenburg, 1379–1459, Ein Basler Diplomat im Dienste der Stadt, des Konzils und des Reiches, Basel 1975; Z. NOWAK, Internationale Schiedsprozesse als ein Werkzeug der Politik König Sigismunds in Ostmittel- und Nordeuropa, 1411–1425, in: BDLG 111, 1975, 172–188; C. MATHIES, Kurfürsten und Königtum in der Zeit der Hussitenkriege, Mainz 1978; E. WERNER, Die Geburt einer Großmacht, Die Osmanen, 1300–1481, Wien, Köln und Graz [3]1978; E. ISENMANN, Reichsfinanzen und Reichssteuern im 15. Jahrhundert, in: ZHF 7, 1980, 1–76, 129–218; F. B. FAHLBUSCH, Städte und Königtum im frühen 15. Jahrhundert, Köln und Wien 1983; E. MÁLYUSZ, Zsigmond király uralma Magyarországon, 1387–1437, Budapest 1984.

Die Konzilien von Konstanz und Basel: B. TIERNEY, Foundations of the conciliar theory, Cambridge 1955; H. HÜRTEN, Die Mainzer Akzeptation, in: Archiv für mittelrheinische Kirchengeschichte 11, 1959, 42–75; H. ANGERMEIER, Das Reich und der Konziliarismus, in: HZ 192, 1961, 529–583; A. FRANZEN und W. MÜLLER (Hg.), Das Konzil von Konstanz, Freiburg i. Br. 1964; Die Welt zur Zeit des Konstanzer Konzils, in: VuF 9, Konstanz und Stuttgart 1965; O. ENGELS, Der Reichsgedanke auf dem Konstanzer Konzil, in: Historisches Jahrbuch 86, 1966, 80–106; J. GILL, Konstanz und Basel-Florenz, Mainz 1967; W. BRANDMÜLLER, Das Konzil von Pavia-Siena, 1423/24, 2 Bde, Münster 1968 und 1974; A. J. BLACK, Monarchy and community, Cambridge 1970; H. BOOCKMANN, Zur politischen Geschichte des Konstanzer Konzils, in: Zeitschrift für Kirchengeschichte 85, 1974, 45–63; R. BÄUMER (Hg.), Die Entwicklung des Konziliarismus, in: WdF 279, Darmstadt 1976; DERS. (Hg.), Das Konstanzer Konzil, in: WdF 415, Darmstadt 1977; J. W. STIEBER, Pope Eugenius IV, the council of Basel, and the secular and ecclesiastical authorities in the Empire, Leiden 1978; G. CHRISTIANSON, Cesarini the conciliar cardinal, St. Ottilien 1979; A. J. BLACK, Council and commune, London 1979; W. KRÄMER, Konsens und Rezeption, Münster 1980; J. MIETHKE, Die Konzilien als Forum der öffentlichen Meinung im 15. Jahrhundert, in: DA 37, 1981, 736–773; Überlegungen zur Interpretation des Basler Konzils, in: Theologische Zeitschrift 38, 1982, 272–366; H. J. SIEBEN, Traktate und Theorien zum Konzil, Vom Beginn des Großen Schismas bis zum Vorabend der Reformation, 1378–1521, Frankfurt am Main 1984; E. MEUTHEN, Das Basler Konzil als Forschungsproblem der europäischen Geschichte, in: Rheinisch-Westfälische Akademie der Wissenschaften, Vorträge G 274, Opladen 1985 (grundlegend).

Die Hussitenbewegungen: I. HLAVÁČEK, Husitské sněmy, in: Sborník historický 4, 1956, 71–109; F. SEIBT, Hussitica, Köln und Graz 1965 (grundlegend); H. KAMINSKY, A history of the Hussite Revolution, Berkeley 1966; F. ŠMAHEL, The idea of the »Nation« in Hussite Bohemia, in: Historica 16, 1968, 143–247, und 17, 1969, 93–197; H. HEIMPEL (Hg.), Drei Inquisitions-Verfahren aus dem Jahre 1425, Göttingen 1969; DERS. (Hg.), Zwei Wormser Inquisitionen aus den Jahren 1421 und 1422, in: Abh. Göttingen 3. F. 73, Göttingen 1969; J. KEJŘ, Die Entwicklung der Stadtverfassung von Tabor, in: Festschrift für H. HEIMPEL, Bd 2, Göttingen 1972, 686–712; J. MACEK, Jan Hus et les traditions hussites, XVe–XIXe siècles, Paris 1973; F. SEIBT, Jan Hus, München o. J. (1973?); DERS., Vom Vítkov bis zum Vyšehrad, in: Historisches Jahrbuch 94, 1974, 89–117; P. DE VOOGHT, L'hérésie de Jean Huss, 2 Bde, Löwen ²1975; J. K. ZEMAN, The Hussite movement and the Reformation in Bohemia, Moravia, and Slovakia, 1350–1650, Ann Arbor 1977 (Bibliographie); J. M. KLASSEN, The nobility and the making of the Hussite Revolution, New York 1978; F. GRAUS, Der Wandel des Hus-Bildes seit dem 15. Jahrhundert, in: Konstanzer Blätter für Hochschulfragen 17, Heft 63, 1979/80, 48–63; Husité na Chebsku, Eger 1982; Soudce smluvený v Chebu, Eger 1982; S. PETRIN, Der österreichische Hussitenkrieg, 1420–1434, Wien 1982; M. POLÍVKA, Mikuláš z Husi a nižší šlechta v počátcích husitské revoluce, Prag 1982; F. ŠMAHEL, Základy města, Tábor 1432–1452, in: Husitský Tábor 5, 1982, 7–134; J. KEJŘ, Zur Bauernfrage im Hussitentum, in: Jahrbuch für Geschichte des Feudalismus 7, 1983, 50ff.; F. SEIBT, Revolution in Europa, München 1984.

Randkönigtum: Albrecht II. und Friedrich III.

H. BLEZINGER, Der Schwäbische Städtebund in den Jahren 1438–1445, Stuttgart 1954; G. DROEGE, Verfassung und Wirtschaft in Kurköln unter Dietrich von Moers, 1414–1463, Bonn 1957; F. TREMEL, Studien zur Wirtschaftspolitik Friedrichs III., 1435–1453, in: Carinthia 1, 146, 1956, 549–580; Aus Reichstagen des 15. und 16. Jahrhunderts, Göttingen 1958; H. GRÜNEISEN, Die westlichen Reichsstände in der Auseinandersetzung zwischen dem Reich, Burgund und Frankreich bis 1473, in: RhVjB 26, 1961, 22–77; G. KOLLER, Princeps in ecclesia, Graz, Wien und Köln 1964; F. G. HEYMANN, George of Bohemia, Princeton, N. J., 1965; O. ODLOŽILÍK, The Hussite king, New Brunswick 1965; B. HALLER, Kaiser Friedrich III. im Urteil der Zeitgenossen, Wien 1965; Kaiserresidenz Wiener Neustadt, Wien 1966; A. A. STRNAD, Johannes Hinderbachs Obedienz-Ansprache vor Papst Pius II., in: Römische Historische Mitteilungen 10, 1966/67, 43–183; Enea Silvio – Papa Pio II, Siena 1968; J. ZIEGELWAGNER, König Albrecht II. als oberster Richter im Reich, Ms. Diss. Salzburg 1969; A. LHOTSKY, Aufsätze und Vorträge, 5 Bde, München 1970–1976 (klassisch); E. SCHUBERT, Albrecht Achilles, Markgraf und Kurfürst von Brandenburg, 1414–1486, in: Fränkische Lebensbilder 4, Würzburg 1971, 130–172; H. QUIRIN, Markgraf Albrecht Achilles von Brandenburg-Ansbach als Politiker, in: JfL 31, 1972, 261–308; H. WELCK, Konrad von Weinsberg als Protektor des Basler Konzils, Schwäbisch Hall 1973; W. PARAVICINI, Die Königswahl von 1438, in: RhVjB 39, 1975, 99–115; K. KRIMM, Baden und Habsburg um die Mitte des 15. Jahrhunderts, Stuttgart 1976; F. BATTENBERG, Die Lichtenberg-Leiningensche Fehde vor dem Kammergericht Kaiser Friedrichs III., in: ZGO 124, 1976, 105–176; R. KÖLBEL, Der Erste Markgrafenkrieg, 1449–1453, in: Mitteilungen des Vereins für Geschichte der Stadt Nürnberg 65, 1978, 91–123; H. KOLLER, Beiträge zum Kaisertum Friedrichs III., in: Geschichtsschreibung und geistiges Leben im Mittelalter, Festschrift für H. LÖWE, Köln und Wien 1978, 585–599; G. HÖDL, Albrecht II., Königtum, Reichsregierung und Reichsreform, 1438–1439, Wien, Köln und Graz 1978; G. NEUMANN, Erfahrungen und Erlebnisse Lübecker Syndici und Prokuratoren in Österreich zur Zeit Kaiser Friedrichs III., 1455–1470, in: Zeitschrift des Vereins für lübeckische Geschichte und Altertumskunde 59, 1979, 29–62; V. PRESS, Die Erblande und das Reich von Albrecht II. bis Karl VI., 1438–1740, in: R. A. KANN und F. E. PRINZ (Hg.), Deutschland und Österreich, München und Wien 1980, 44–88; H. DOPSCH, Friedrich III., das Wiener Konkordat und die Salzburger Hoheitsrechte über Gurk, in: Mitteilungen des Österreichischen Staatsarchivs 34, 1981, 45–88; Y. LACAZE, Philippe le Bon et l'Empire, Bilan d'un règne, in: Francia 9, 1981, 133–175, und 10, 1982, 167–227; H. D. HEIMANN, Zwischen Böhmen und Burgund, Köln und Wien 1982; P.-J. HEINIG, Kaiser Friedrich III. und Hessen, in: HJLG 32, 1982, 63–101; I. MILLER, Jakob von Sierck, 1398/99–1456, Mainz 1983; E. MEUTHEN, Der Fall von Konstantinopel und der lateinische Westen, in: HZ 237, 1983, 1–35; H. KOLLER, Zur Herkunft des Begriffs »Haus Österreich«, in: Festschrift für B. SUTTER, Graz 1983, 277–288; DERS., Die Reformen im Reich und ihre Bedeutung für die Erforschung des Buchdrucks, in: Gutenberg-Jahrbuch 1984, 117–127.

Neues Wachstum und Verfassungsdualismus

Aufbruch in Gesellschaft und Wirtschaft

Die neue Dynamik: F. OHMANN, Die Anfänge des Postwesens und die Taxis, Leipzig 1909; R. EHRENBERG, Das Zeitalter der Fugger, Jena ²1922 (klassisch); W. SOMBART, Der moderne Kapitalismus, 2 Bde, München und Leipzig ⁵1922 (klassisch); J. STRIEDER, Zur Genesis des modernen Kapitalismus, München und Leipzig ²1935 (klassisch); F. TREMEL, Der Frühkapitalismus in Innerösterreich, Graz 1954; W. KUHN, Geschichte der deutschen Ostsiedlung in der Neuzeit, Bd 1, Köln und Graz 1955; R. DIETRICH, Untersuchungen zum Frühkapitalismus im mitteldeutschen Erzbergbau und Metallhandel, in: JGMOD 7, 1958, 141–206, 8, 1959, 51–119, 9/10, 1961, 127–194; G. FRHR. V. PÖLNITZ, Die Fugger, Frankfurt am Main 1960; E. SCHOLLIERS, De levensstandaard in de XVe en XVIe eeuw te Antwerpen, Antwerpen 1960; H. LIEBERICH, Die Anfänge der Polizeigesetzgebung des Herzogtums Baiern, in: Festschrift für M. SPINDLER, München 1969, 307–378; H. WAGENFÜHR, Franz von Taxis, in: Die Großen der Weltgeschichte, Bd 4, Zürich 1974, 579–587; M. BORN, Die frühneuzeitliche Ausbauperiode in Mitteleuropa, in: Berichte zur deutschen Landeskunde 48, 1974, 111–128; F. IRSIGLER, Rheinisches Kapital in mitteleuropäischen Montanunternehmen des 15. und 16. Jahrhunderts, in: ZHF 3, 1976, 145–164; M. DALLMEIER, Quellen zur Geschichte des europäischen Postwesens, 1501–1806, Bd 1, Kallmünz 1977; P. JOHANEK, Die »Karolina de ecclesiastica libertate«, in: BDLG 114, 1978, 797–831; W. RAUSCH (Hg.), Die Stadt an der Schwelle zur Neuzeit, Linz 1980; H. KELLENBENZ, Die Münzen und die internationale Bank Ende 15. bis Anfang 17. Jahrhundert, in: V. BARBAGLI BAGNOLI (Hg.), La moneta nell'economia europea secoli XIII–XVIII, Florenz 1981, 651–680; W. ZIEGLER, Studien zum Staatshaushalt Bayerns in der zweiten Hälfte des 15. Jahrhunderts, München 1981; W. SITTIG, Landstände und Landesfürstentum, Graz 1982; R. ENDRES, Fugger, in: TRE 11, 1983, 720–723; D. STIEVERMANN, Herzog Eberhard im Bart, 1459–1496, in: R. UHLAND (Hg.), Neunhundert Jahre Haus Württemberg, Stuttgart 1984, 82–109; W. JANSSEN, Kleve–Mark–Jülich–Berg–Ravensberg, 1400–1600, in: Land im Mittelpunkt der Mächte, Die Herzogtümer Jülich Kleve Berg, Kleve 1984, 17–40.

Verkehr, Bergbau, Technik: K. SCHWARZ, Untersuchungen zur Geschichte der deutschen Bergleute im späteren Mittelalter, Berlin 1958; L. SPORHAN-KREMPEL und W. V. STROMER, Die früheste Geschichte eines gewerblichen Unternehmens in Deutschland, Ulman Stromers Papiermühle in Nürnberg, in: Archiv für Geschichte des Buchwesens 4, 1963, 187–211; F. VOIGT, Verkehr, Bd 2,1, Berlin 1965; R. SPRANDEL, Das Eisengewerbe im Mittelalter, Stuttgart 1968; E. WESTERMANN, Das Eislebener Garkupfer und seine Bedeutung für den europäischen Kupfermarkt, 1460–1560, Köln und Wien 1971; H. STAHLEDER, Arbeit in der mittelalterlichen Gesellschaft, München 1972; M. MITTERAUER (Hg.), Österreichisches Montanwesen, Wien 1974; R. HIRSCH, Printing, selling and reading, 1450–1550, Wiesbaden ²1974; H. KELLENBENZ (Hg.), Schwerpunkte der Eisengewinnung und Eisenverarbeitung in Europa, 1500–1650, Köln und Wien 1974; C. W. GERHARDT, Geschichte der Druckverfahren, Bd 2, Stuttgart 1975; H. WIDMANN, Geschichte des Buchhandels vom Altertum bis zur Gegenwart, Bd 1, Wiesbaden ²1975; H. WITTHÖFT, Struktur und Kapazität der Lüneburger Saline seit dem 12. Jahrhundert, in: VSWG 63, 1976, 1–117; L. SUHLING, Der Seigerhüttenprozeß, Stuttgart 1976; H. KELLENBENZ (Hg.), Schwerpunkte der Kupferproduktion und des Kupferhandels in Europa, 1500–1650, Köln und Wien 1977; W. EICHENBERGER und H. WENDLAND, Deutsche Bibeln vor Luther, Hamburg 1977; E. MASCHKE, Die Brücke im Mittelalter, in: HZ 224, 1977, 265–292; F. GELDNER, Inkunabelkunde, Wiesbaden 1978; P. PEGEOT, Entre Lorraine, Alsace et Franche-Comté, La concurrence des salines au XVe siècle, in: Annales de l'Est 30, 1978, 3–24; B. BRENTJES, S. RICHTER und R. SONNEMANN, Geschichte der Technik, Leipzig 1978; E. MASCHKE und J. SYDOW (Hg.), Die Stadt am Fluß, Sigmaringen 1978; W. V. STROMER, Die Gründung der Baumwollindustrie in Mitteleuropa, Stuttgart 1979; E. E. EISENSTEIN, The printing press as an agent of change, 2 Bde, Cambridge 1979; D. DENECKE, Methoden und Ergebnisse der historisch-geographischen und archäologischen Untersuchung und Rekonstruktion mittelalterlicher Verkehrswege, in: H. JANKUHN und R. WENSKUS (Hg.), Geschichtswissenschaft und Archäologie, in: VuF 22, Sigmaringen 1979, 433–483 (reiche Literaturangaben); U. TROITZSCH und G. WOHLAUF (Hg.), Technik-Geschichte, Frankfurt am Main 1980; S. CORSTEN, Die Gutenbergbibel in heutiger Sicht, in: Imprimatur NF 9, 1980, 67–

79; H. KELLENBENZ (Hg.), Precious metals in the age of expansion, Stuttgart 1981; J. GIMPEL, Die industrielle Revolution des Mittelalters, Zürich und München [2]1981; W. v. STROMER, Die Erfindung der Drahtziehmühle, in: S. MARIOTTI (Hg.), Produttività et tecnologie nei secoli XII-XVII, Florenz 1981, 227–243; U. TROITZSCH und W. WEBER, Die Technik von den Anfängen bis zur Gegenwart, Braunschweig 1982; E. MEUTHEN, Ein neues frühes Quellenzeugnis (zu Oktober 1454?) für den ältesten Bibeldruck, in: Gutenberg-Jahrbuch 1982, 108–118; H. WIDMANN (Hg.), Der gegenwärtige Stand der Gutenberg-Forschung, Stuttgart 1982; K. ULSHÖFER und H. BEUTTER (Hg.), Hall und das Salz, Sigmaringen 1983; S. CORSTEN, Der frühe Buchdruck und die Stadt, in: B. MOELLER, H. PATZE und K. STACKMANN (Hg.), Studien zum städtischen Bildungswesen des späten Mittelalters und der frühen Neuzeit, Abh. Göttingen 3. F. 137, Göttingen 1983, 9–32; D. MERTENS, Früher Buchdruck und Historiographie, ebd., 83–111; D. HÄGERMANN und K.-H. LUDWIG, Mittelalterliche Salinenbetriebe, in: Technikgeschichte 51, 1984, 155–189; A. SIMON, Bibliographie zur Verkehrsgeschichte Deutschlands im Mittelalter, Trier 1984.

Bauernunruhen: D. SABEAN, Landbesitz und Gesellschaft am Vorabend des Bauernkriegs, Stuttgart 1972; G. FRANZ, Der deutsche Bauernkrieg, Darmstadt [10]1975 (klassisch); V. PRESS, Der deutsche Bauernkrieg als Systemkrise, in: Gießener Universitätsblätter 11, Heft 2, 1978, 106–127; P. BLICKLE (Hg.), Revolte und Revolution in Europa, in: HZ Beiheft 4 NF, München 1975; H. BOOCKMANN, Zu den geistigen und religiösen Voraussetzungen des Bauernkrieges, in: B. MOELLER (Hg.), Bauernkriegs-Studien, Gütersloh 1975, 9–27; A. ECKHARDT, Die Bechtheimer Dorfordnung aus dem Jahr 1432 und der Bauernaufstand um Worms 1431/32, in: Archiv für hessische Geschichte und Altertumskunde NF 33, 1975, 55–85; V. HENN, Der Bauernspiegel des Werner Rolevinck »De regimine rusticorum« und die soziale Lage westfälischer Bauern im späten Mittelalter, in: Westfälische Zeitschrift 128, 1978, 289–313; P. BLICKLE, Bäuerliche Erhebungen im spätmittelalterlichen Reich, in: Zeitschrift für Agrargeschichte und Agrarsoziologie 27, 1979, 208–225; P. BLICKLE u. a., Aufruhr und Empörung, München 1980; K. ARNOLD, Niklashausen 1476, Baden-Baden 1980; P. BLICKLE, Deutsche Untertanen, Ein Widerspruch, München 1981; G. PFERSCHY, Zu den politischen Aktivitäten der steirischen Bauernschaft im 15. Jahrhundert, in: Siedlung, Macht und Wirtschaft, Festschrift F. POSCH, Graz 1981, 151–157; P. BLICKLE, Die Revolution von 1525, München und Wien [2]1981; H. BUSZELLO, P. BLICKLE und R. ENDRES (Hg.), Der deutsche Bauernkrieg, Paderborn 1984.

Kirchenkrise und Kirchenreformen: B. MOELLER, Frömmigkeit in Deutschland um 1500, in: Archiv für Reformationsgeschichte 56, 1965, 5–31; R. R. POST, The Modern Devotion, Leiden 1968; R. KIESSLING, Bürgerliche Gesellschaft und Kirche in Augsburg im Spätmittelalter, Augsburg 1971; Thomas von Kempen, Beiträge zum fünfhundertsten Todesjahr, 1471/1971, Kempen 1971; F. RAPP, Réformes et Réformation à Strasbourg, Paris 1974 (Muster einer Monographie); dazu A. SCHINDLING, in: ZHF 4, 1977, 429–437; P. BAUMGART, Formen der Volksfrömmigkeit, Krise der alten Kirche und reformatorische Bewegung, in: P. BLICKLE (Hg.), Revolte und Revolution in Europa, HZ Beiheft 4 NF, München 1975, 186–204; K. TRÜDINGER, Stadt und Kirche im spätmittelalterlichen Würzburg, Stuttgart 1978; K. ELM, Verfall und Erneuerung des Ordenswesens im Spätmittelalter, in: Untersuchungen zu Kloster und Stift, Göttingen 1980, 188–238; S. OZMENT, The age of reform, 1250–1550, New Haven 1980; E. BROUETTE und R. MOKROSCH, Devotio moderna, in: TRE 8, 1981, 605–616; H. BOOCKMANN, Der Streit um das Wilsnacker Blut, in: ZHF 9, 1982, 385–408; M. GECHTER, Kirche und Klerus in der stadtkölnischen Wirtschaft im Spätmittelalter, Wiesbaden 1983; Martin Luther und die Reformation in Deutschland, Frankfurt am Main 1983; M. GRESCHAT (Hg.), Gestalten der Kirchengeschichte, Bd 4, Stuttgart 1983; A. G. WEILER, Geert Groote und seine Stiftungen, Bonn 1984; P. PRODI und P. JOHANEK (Hg.), Strutture ecclesiastiche in Italia e in Germania prima della Riforma, Bologna 1984.

Die Entfaltung des Humanismus: L. S. SPITZ, Conrad Celtis, The German Arch-Humanist, Cambridge, Mass., 1957; F. E. BARON, The Beginning of German Humanism, Berkeley 1967; TH. BALLAUF, Pädagogik, Eine Geschichte der Bildung und Erziehung, Bd 1, Freiburg i. Br. und München 1969; K. FLASCH, Nikolaus von Kues, Die Idee der Koinzidenz, in: J. SPECK (Hg.), Grundprobleme der großen Philosophen, Bd 1, Göttingen 1972, 221–261; A. RÜEGG, Anstöße, Frankfurt am Main 1973; E. RÜCKER, Die Schedelsche Weltchronik, München 1973; F. J. WORSTBROCK, Über das geschichtliche Selbstverständnis des deutschen Humanismus, in: W. MÜLLER-SEIDEL (Hg.), Historizität in Sprach- und Literaturwissenschaft, München 1974, 499–519; L. W. Spitz, The course of German Humanism, in: H. A. Oberman und Th. A. Brady jr. (Hg.), Itinerarium Italicum, Leiden 1975, 371–436; Humanismusforschung nach 1945, Boppard 1975; F. J. Worstbrock, Deutsche Antikenrezeption, 1450–1550, Bd 1, Boppard 1976; O. Herding und R. Stupperich (Hg.), Die Humanisten in ihrer politischen und sozialen Umwelt, Boppard 1976; E. Meuthen, Nikolaus von Kues, 1401–1464, Münster [3]1976; F. Krafft und D. Wuttke (Hg.), Das Verhältnis der Humanisten zum Buch, Boppard 1977; I. Hirschberger, Die Stellung des Nikolaus von Kues in der Entwicklung der deutschen Philosophie, in: SB der Wissenschaftlichen Gesellschaft an der Johann Wolfgang Goethe-Universität Frankfurt am Main 15,3, Wiesbaden 1978; L'humanisme allemand, 1480–1540, München und Paris 1979; A. A. Strnad und K. Walsh, Ohne Humanismus keine Reformation?, in: Innsbrucker Historische Studien 3, 1980, 211–318; J.-C. Margolin, L'humanisme en Europe au temps de la Renaissance, Paris 1981; N. L. Brann, The Abbot Trithemius, 1462–1516, Leiden 1981; J.-D. Müller, Gedechtnus, München 1982; F. J. Worstbrock, Die »ars versificandi et carminum« des Konrad Celtis, in: B. Moeller, H. Patze und K. Stackmann (Hg.), Studien zum städtischen Bildungswesen des späten Mittelalters und der frühen Neuzeit, Abh. Göttingen 3. F. 137, Göttingen 1983, 462–498; W. Baum, Nikolaus Cusanus in Tirol, Bozen 1983; H.-B. Harder (Hg.), Landesbeschreibungen Mitteleuropas vom 15. bis 17. Jahrhundert, Köln und Wien 1983; E. Meuthen, Charakter und Tendenzen des deutschen Humanismus, in: H. Angermeier (Hg.), Säkulare Aspekte der Reformationszeit, München 1983, 217–266; W. Reinhard (Hg.), Humanismus im Bildungswesen des 15. und 16. Jahrhunderts, Weinheim 1984.

Der Weg zur »Reichsreform«

Der Aufstieg der Großdynastie Österreich-Burgund: W. Hollweg, Dr. Georg Heßler, Leipzig 1907; E. Bock, Der Schwäbische Bund und seine Verfassungen, 1488–1534, Breslau 1927; Maximilian I., Ausstellung ... Innsbruck, Innsbruck 1969; R. Vaughan, Philip the Good, London 1970; H. Hesslinger, Die Anfänge des Schwäbischen Bundes, Ulm 1970; A. Schröcker, Maximilians I. Auffassung vom Königtum und das ständische Reich, in: Quellen und Forschungen aus italienischen Archiven und Bibliotheken 50, 1971, 181–204; H. Wiesflecker, Kaiser Maximilian I., 4 Bde, München 1971–1981; Liège et Bourgogne, Paris 1972; R. Vaughan, Charles the Bold, London 1973; G. Rázso, Die Feldzüge des Königs Matthias Corvinus in Niederösterreich, 1477–1490, Wien 1973; K. Nehring, Matthias Corvinus, Kaiser Friedrich III. und das Reich, München 1975; R. Vaughan, Valois Burgundy, London 1975; W. Paravicini, Karl der Kühne, Göttingen 1976; F. Seibt, Europa 1475, in: Österreichische Osthefte 18, 1976, 246–262; W. Höflechner, Anmerkungen zu Diplomatie und Gesandtschaftswesen am Ende des 15. Jahrhunderts, in: Mitteilungen des Österreichischen Staatsarchivs 32, 1979, 1–23; K. F. Werner u. a., Burgund, in: Lexikon des Mittelalters, Bd 2, München und Zürich 1983, 1062–1092; Matthias Corvinus und die Renaissance in Ungarn, 1458–1541, Wien 1982; V. Press, Schwaben zwischen Bayern, Österreich und dem Reich, 1486–1805, in: P. Fried (Hg.), Probleme der Integration Ostschwabens in den bayerischen Staat, Sigmaringen 1982, 17–78; G. Benecke, Maximilian I., 1459–1519, London 1982; H. Lutz (Hg.), Das römisch-deutsche Reich im politischen System Karls V., München und Wien 1982; J.-M. Cauchies, La législation princière pour le comté de Hainaut, Brüssel 1982; H. Lutz, Die deutsche Nation zu Beginn der Neuzeit, München 1982; R. Grieger, Die Pläne des Ungarnkönigs Matthias Corvinus mit Schlesien, in: Jahrbuch der Schlesischen Friedrich-Wilhelms-Universität zu Breslau 24, 1983, 163–180; D. Groh u. a. (Hg.), *Propyläen Geschichte Deutschlands,* Bd 4: H. Lutz, Das Ringen um deutsche Einheit und kirchliche Erneuerung, Berlin 1983; W. Prevenier und W. Blockmans, Les Pays-Bas bourguignons, Antwerpen und Paris 1983; E. Zöllner, Probleme und Aufgaben der österreichischen Geschichtsforschung, München 1984.

Die Entstehung des institutionalisierten Dualismus: F. Frensdorff, Reich und Reichstag, in: HGB 16, 1910, 1–43; R. Smend, Das Reichskammergericht, Bd 1, Weimar 1911 (klassisch); E. Molitor, Die Reichsreformbestrebungen des 15. Jahrhunderts bis zum Tode Kaiser Friedrichs III., Breslau 1921; H. Heimpel, Dietrich von Niem, ca. 1340–1418, Münster 1932; H. Sigrist, Reichsreform und Schwabenkrieg, in: Schweizer Beiträge zur allgemeinen Geschichte 5, 1947, 114–141; H.

LOEBEL, Reformtraktate des Magdeburger Domherren Heinrich Toke, Ms. Diss. Göttingen 1949; E. MEUTHEN, Die universalpolitischen Ideen des Nikolaus von Kues in seiner Erfahrung der politischen Wirklichkeit, in: Quellen und Forschungen aus italienischen Archiven und Bibliotheken 37, 1957, 192–221; H. ANGERMEIER, Begriff und Inhalt der Reichsreform, in: ZRG Germ. Abt. 75, 1958, 181–205; L. GF. ZU DOHNA, Reformatio Sigismundi, Göttingen 1960; J. BÄRMANN, Cusanus und die Reichsreform, in: R. HAUBST (Hg.), Das Cusanus-Jubiläum in Bernkastel-Kues vom 8. bis 12. August 1964, Mainz 1964, 74–103; G. HÖDL, Zur Reichspolitik des Basler Konzils, Bischof Johannes Schele von Lübeck, in: MIÖG 75, 1967, 46–65; A. LAUFS, Reichsstädte und Reichsreform, in: ZRG Germ. Abt. 84, 1967, 172–201; A. SCHRÖCKER, Unio atque concordia, Diss. Würzburg 1970; A. LAUFS, Der Schwäbische Kreis, Aalen 1971; H. KOLLER, Kaiserliche Politik und die Reformpläne des 15. Jahrhunderts, in: Festschrift für H. HEIMPEL, Bd 2, Göttingen 1972, 61–79; A. LAUFS, Rechtsentwicklungen in Deutschland, Berlin und New York 1973; G. BENECKE, Society and politics in Germany, 1500–1750, London und Toronto 1974; A. SCHRÖCKER, Die Deutsche Nation, Lübeck 1974; P. BLICKLE, Gemeiner Pfennig und Obrigkeit, in: VSWG 63, 1976, 180–193; H. ANGERMEIER, Bayern und der Reichstag von 1495, in: HZ 224, 1977, 580–614; T. STRUVE, Reform oder Revolution?, in: ZGO 126, 1978, 73–129; M. WATANABE, Imperial reform in the mid-fifteenth century, Gregor Heimburg and Martin Mair, in: The Journal of Medieval and Renaissance History 9, 1979, 209–235; P. MORAW, Versuch über die Entstehung des Reichstags, in: H. WEBER (Hg.), Politische Ordnungen und soziale Kräfte im Alten Reich, Wiesbaden 1980, 1–36; E. ISENMANN, Reichsfinanzen und Reichssteuern im 15. Jahrhundert, in: ZHF 7, 1980, 1–76, 129–218; B. DICK, Die Entwicklung des Kameralprozesses nach den Ordnungen von 1495 bis 1555, Köln und Wien 1981; E. KRAFT, Reformschrift und Reichsreform, Diss. Darmstadt 1982; H. HEIMPEL, Die Vener von Gmünd und Straßburg 1162–1447, 3 Bde, Göttingen 1982; H. BOOCKMANN, Zu den Wirkungen der »Reform Kaiser Siegmunds«, in: B. MOELLER, H. PATZE und K. STACKMANN (Hg.), Studien zum städtischen Bildungswesen des späten Mittelalters und der frühen Neuzeit, in: Abh. Göttingen 3. F. 137, Göttingen 1983, 112–135; K. G. A. JESERICH, H. POHL und G.-C. V. UNRUH (Hg.), Deutsche Verwaltungsgeschichte, Bd 1, Stuttgart 1983, bes. 58 ff.; H. ANGERMEIER, Die Reichsreform, 1410–1555, München 1984.

Quellen der im Text enthaltenen Diagramme, Karten und Tabellen

35: W. ABEL, Geschichte der deutschen Landwirtschaft vom frühen Mittelalter bis ins 19. Jahrhundert, Stuttgart ³1978, 75; 37: K. H. SCHRÖDER und G. SCHWARZ, Die ländlichen Siedlungsformen in Mitteleuropa, Bad Godesberg ²1978, Beilage; 86: O. MOSER, Zum Aufkommen der Stube im Bürgerhaus des Spätmittelalters, in: Das Leben in der Stadt des Spätmittelalters, SB Wien 325, Wien 1977, 213; 97: W. JANSSEN, Königshagen, Hildesheim 1965, 159; 104 f.: A. FUHS, Gelnhausen, Marburg 1960, Beilage; 116: H. DITT, Bevölkerungseinzug und Raumbeziehungen der Stadt Soest in Mittelalter und Neuzeit, in: G. KÖHN (Hg.), Soest, Stadt, Territorium, Reich, Soest 1981, nach 48; 125: C. SCHUCHARD, Die Deutschen an der päpstlichen Kurie im späten Mittelalter, 1378–1447, Ms. Diss. Gießen 1984, 66; 128: H. AMMANN, Maastricht in der mittelalterlichen Wirtschaft, in: Mélanges FELIX ROUSSEAU, Études sur l'histoire du pays mosan au moyen âge, Brüssel 1958, 37; 136, 144: R. W. SOUTHERN, Kirche und Gesellschaft im Abendland des Mittelalters, Berlin und New York 1976, 149, 315; 139: E. FRHR. V. GUTTENBERG und A. WENDEHORST, Das Bistum Bamberg, Teil 2, Berlin 1966, 32; 184: F. DOPSCH, Die Wittelsbacher und das Erzstift Salzburg, in: H. GLASER (Hg.), Die Zeit der frühen Herzöge, Teil 1, München und Zürich 1980, 273; 215, 223, 225, 227: TH. MARTIN, Die Pfalzen im 13. Jahrhundert, in: J. FLECKENSTEIN (Hg.), Herrschaft und Stand, Göttingen ²1979, nach 288 und 296; 231: H. GLASER (Hg.), Die Zeit der frühen Herzöge, Teil 2, München und Zürich 1980, 258; 238: H. ANGERMEIER, Kaiser Ludwig der Bayer und das deutsche 14. Jahrhundert, in: H. GLASER (Hg.), Die Zeit der frühen Herzöge, Teil 1, München und Zürich 1980, 373; 243, 244, 246: F. SEIBT (Hg.), Kaiser Karl IV., Staatsmann und Mäzen, München 1978, 428, 431, 432; 270: W. ABEL, Landwirtschaft, 1350–1500, in: H. AUBIN und W. ZORN (Hg.), Handbuch der deutschen Wirtschafts- und Sozialgeschichte, Bd 1, Stuttgart 1971, 302; 271: W. ABEL, Strukturen und Krisen der spätmittelalterlichen Wirtschaft, Stuttgart 1980, 65; 273: W. RÖSENER, Grundherrschaften des Hochadels in Südwestdeutschland im Spätmittelalter, in: H. PATZE (Hg.), Die Grundherrschaft im späten Mittelalter, Teil 2, in: VuF 27, Sigmaringen 1983, 162; 276: F. IRSIGLER, Stadt und Umland im Spätmittelalter, Zur zentralitätsfördernden Kraft von Fernhandel und Exportgewerbe, in: E. MEYNEN (Hg.), Zentralität als Problem der mittelalterlichen Stadtgeschichtsforschung, Köln und Wien 1979, 14; 279: J. STRIEDER, Zur Genesis des modernen Kapitalismus, München und Leipzig ^{2}1935, 10; 282: H. AMMANN, Nürnbergs wirtschaftliche Stellung im Spätmittelalter, Nürnberg 1970, Beilage; 284: W. v. STROMER, Reichtum und Ratswürde, in: H. HELBIG (Hg.), Führungskräfte der Wirtschaft in Mittelalter und Neuzeit, 1350–1850, Teil 1, Limburg an der Lahn 1973, 42 f.; 287: W. v. STROMER, Die Gründung der Baumwollindustrie in Mitteleuropa, Stuttgart 1978, 83; 289: E.-M. FELSCHOW, Wetzlar in der Krise des Spätmittelalters, Ms. Diss. Gießen 1984, 309; 294: U. DIRLMEIER, Untersuchungen zu Einkommensverhältnissen und Lebenshaltungskosten in oberdeutschen Städten des Spätmittelalters, in: Abh. Heidelberg, Heidelberg 1978, 162, 164; 303: *Monumenta Judaica,* Katalog, Köln 1963, B 62; 310, 312: Hanse in Europa, Köln 1973, 51, 55, H. WECZERKA; 339: R. C. SCHWINGES, Deutsche Universitätsbesucher im 14. und 15. Jahrhundert, Ms. Habilitationsschrift Gießen 1984, 24; 360: S. ECKDAHL, Die Schlacht bei Tannenberg 1410, Bd 1, Berlin 1982, vor 1; 366: W. v. STROMER, Eine Bittschrift des Turkmenenfürsten Qara Yuluq an König Sigismund auf dem Nürnberger Reichstag im März 1432, in: JfL 22, 1962, 436.

Personen- und Ortsregister

Nicht aufgenommen sind die Begriffe Deutschland (deutsch), Reich und ihre Äquivalente. Personen des Mittelalters sind wie üblich nach ihren Vornamen eingeordnet. Herrschernamen stehen unter dem Namen der Dynastie.

Quellennachweise der Abbildungen

Auf dem Schutzumschlag:
Abmessen des Hafers als Erfüllung einer Lehnsverpflichtung des sächsischen Kurfürsten auf kaiserlich-königlichen Hoftagen. Miniatur in der 1400 in Prag für König Wenzel geschaffenen Prachtausgabe der Goldenen Bulle Kaiser Karls IV. vom Jahr 1356. Wien, Österreichische Nationalbibliothek.

Die Vorlagen für die Bilddokumente stammen von: A. C. L., Brüssel 264 unten; Jörg P. Anders, Berlin 80, 368; Bildarchiv Foto Marburg 49 unten, 120; Foto-Sudio Müller, Babenhausen 321 oben; Foto-Studio Otto, Ebstorf, nach Foto-Matalla, Uelzen 32; Rudi Günther, Hameln 136 oben li.; Lilly Hannemann, Bonn-Bad Godesberg 376 innen; Hauptamt für Hochbauwesen Nürnberg, Bildstelle und Denkmalsarchiv 49 Mitte; Dr. Hellmut Hell, Reutlingen 57; Industrie-Foto Hilbinger GmbH, Schwaig-Behringersdorf 289; Herbert Jäger, Badendorf bei Lübeck 136 oben re.; B. P. Keiser, Braunschweig 304; Ralph Kleinhempel, Hamburg 336; Kreisbildstelle Wesel 352; Laska, Bremerhaven 320 oben und unten re.; Siegfried Lauterwasser, Überlingen 337; Lichtbildwerkstätte »Alpenland«, Wien 33, 137 li., 177, 216 innen oben, 217 innen; E. Mejchar über Bundesdenkmalamt, Wien 81 oben; Michels, Marienmünster 120 innen; Noltenhans, Paderborn 136 unten li.; Karl-Heinrich Paulmann, Berlin 353; Photohaus Hirsch, Nördlingen 56 innen, 57 innen; Rheinisches Bildarchiv, Köln 49 oben, 121 innen, 305; Helga Schmidt-Glassner, Stuttgart 216; Dr. Franz Stoedtner/Heinz Klemm, Düsseldorf 193; Verlagsarchiv 240; Wolf, Nürnberg 192; O. Zimmermann, Colmar 81 unten re. – Alle übrigen Aufnahmen lieferten die in den Bildunterschriften und auf den Deckblättern erwähnten Archive, Bibliotheken, Museen und Sammlungen.

Die Erlaubnis zur Wiedergabe von Originalen erteilten freundlicherweise die in den Bildunterschriften, auf den Deckblättern und in den Fotonachweisen genannten Institutionen und privaten Besitzer.

CIP-Kurztitelaufnahme der Deutschen Bibliothek
Propyläen Geschichte Deutschlands
hrsg. von Dieter Groh unter Mitw. von Hagen Keller…
Berlin : Propyläen Verlag
NE: Groh, Dieter [Hrsg.]
Bd. 3. → Moraw, Peter: Von offener Verfassung zu gestalteter Verdichtung. – 1985

Moraw, Peter:
Von offener Verfassung zu gestalteter Verdichtung : D. Reich im späten Mittelalter 1250 bis 1490 / Peter Moraw. – Berlin : Propyläen Verlag, 1985.
(Propyläen Geschichte Deutschlands ; Bd. 3)
ISBN 3-549-05813-6